本书的翻译受国家社会科学基金资助（18BSH00

社会网络分析手册 上卷

The SAGE Handbook of Social Network Analysis

约翰·斯科特（John Scott）
彼得·J.卡林顿（Peter J.Carrington） 主编

刘军 刘辉 等译

重庆大学出版社

The SAGE Handbook of Social Network Analysis , by John Scott（Editor）, Peter J. Carrington（Editor）. English language edition published by SAGE Publications of London, Thousand Oaks, New Delhi and Singapore, John Scott, Peter J. Carrington, 2011.

社会网络分析手册(上卷)。原书英文版由 SAGE 出版公司于 2011 年出版。版权属于 SAGE 出版公司。

版贸渝核字（2012）第 165 号

图书在版编目（CIP）数据

社会网络分析手册.上卷/（美）约翰·斯科特
（John Scott）,（美）彼得·J.卡林顿
（Peter J. Carrington）主编;刘军等译.--重庆：
重庆大学出版社,2018.7（2024.9 重印）
（万卷方法）
书名原文：The SAGE Handbook of Social Network
Analysis
ISBN 978-7-5689-0985-3

Ⅰ.①社…　Ⅱ.①约…②彼…③刘…　Ⅲ.①社会网络—分析方法—手册　Ⅳ.①C912.3-62

中国版本图书馆 CIP 数据核字（2018）第 006678 号

社会网络分析手册

（上卷）

约翰·斯科特（John Scott）　彼得·J.卡林顿（Peter J. Carrington）　主编
刘　军　刘　辉　等译
策划编辑：雷少波　林佳木
责任编辑：李桂英　邬小梅　　　版式设计：林佳木
责任校对：关德强　　　　　　　责任印制：张　策

*

重庆大学出版社出版发行
出版人：陈晓阳
社址：重庆市沙坪坝区大学城西路 21 号
邮编：401331
电话：（023）88617190　88617185（中小学）
传真：（023）88617186　88617166
网址：http://www.cqup.com.cn
邮箱：fxk@ cqup.com.cn（营销中心）
全国新华书店经销
重庆升光电力印务有限公司印刷

*

开本：787mm×1092mm　1/16　印张：29.5　字数：593 千
2018 年 7 月第 1 版　　2024 年 9 月第 3 次印刷
ISBN 978-7-5689-0985-3　定价：79.00 元

致　谢

我们感谢诸多领军学者拨冗参与本书的创作。将众多不同研究面向的学者团结起来并非易事,我们希望本书的最终出版是对作者们的慷慨与宽容的恰当回馈。这些成果的版权拥有者允许抽取他们的成果加以再版,本书的编辑和作者们深表谢意。我们高兴的是本书已在适当的位置正式致谢。此外,感谢 SAGE 出版公司的 Chris Rojek 对本书的观点提出建议,感谢 Jai Seaman 对本书的付出和对整个创作过程的耐心。作为社会网络研究者,我们更是特别意识到 SAGE 出版公司的工作人员组成了一个潜在的网络,正是得益于他们的努力,我们的最终成果才得以付梓。本书的筹备得到了加拿大社会科学与人文研究委员会的资助。感谢格莱夫国际有限公司(Glyph International)Kritika Kaul 的审稿和校对。

约翰・斯科特(John Scott)
彼得・J.卡林顿(Peter Carrington)

简明目录

上　卷

下　卷

第三部分　概念和方法

上卷目录

第一部分　一般性论题

◉ 彼得·卡林顿（Peter Carrington）　　约翰·斯科特（John Scott）

《社会网络分析手册》首次实现了尝试用单卷本来概览社会网络分析范式。其内容包括阐述社会网络分析的历史、理论与方法，并全面地评析其在诸多实质性领域中正在进行的前沿研究中的应用。我们无意在导论部分重复本书各章的内容，但为后续的讨论提供简介倒是必要的。[1]

社会网络分析的发展

到目前为止，我们仍然难以精确地厘定社会结构研究者何时开始明确地使用"社会网络"一词。不过，结构化的思想早已深植于社会学传统，直到1930年代，研究者和理论家们才开始使用社会网络之类的概念来表达社会结构的形式与特征。[2]这一点显见于德国社会学，例如，齐美尔（Simmel）的"形式社会学"和其他学者都强调社会关系的形式属性，研究因各种行动在社会场景中的交织而构成的社会关系型构。这些作者都明确地采用了新颖的术语，并且在他们分析与描述社会关系的模式中使用了"点""线""关联"等新术语。

这些形式思想影响了从事社会心理学和精神疗法的许多学者，尤其是当探讨小群体的结构通过什么方式影响其内部成员的认知和行动选择时更是如此。这一点在 Lewin(1936)和 Moreno(1934)的著作中显而易见，他们探究了社会关系的"场域"和"空间"及其作为"网络"的特征（也参见 Bott,1928）。Moreno 将这一研究进路（approach）称为"社会计量学"（sociometry），并发明了"社群图"（sociogram），用"社群图"作为一种可视化方法来表达含有点和线的社会网络。社会计量学成为教育研究（Jennings,1948；Gronlund,1959）和社区研究（Lundberg and Lawsing,1937；Lundberg and Steele,1938）中的主战场。在社会心理学中，社会计量学采取的形式是强调"群体动力学"（group dynamics）（Cartwright and Zander,1953；Harary and Norman,1953）。这主要是由密歇根大学和位于伦敦的塔维斯托克研究所（Tavistock Institute）提出来的一种研究进路。

Lundberg 最初关于社区关系的洞见由于 Warner 的不懈努力而影响广泛，Warner 最初同 Mayo 合作在芝加哥开展霍桑电气工厂的研究（Roethlisberger and Dickson，1939）。虽然社会计量学毫无疑问对他们的可视化表达有一定影响，但霍桑研究者们也同样受到他们在霍桑工厂所看见的电路图的直接影响，他们将电路图视为对群体关系的比喻。Warner 继续研究了美国城镇和城市的社区结构。受英国人类学家 Radcliffe-Brown 的研究的影响，Warner 在大型社区中寻找群体关系的结构，并用网络图来表达。1930—1935 年，Warner 在研究纽佰立波特的新英格兰镇（New England town of Newburyport）时，用矩阵形式呈现大规模的社区关系，以此来代表他所说的该城市的"派系结构"（clique structure）（Warner and Lunt，1941）。Warner 在密西西比州的南方小镇那切兹（Natchez）研究了一个小型妇女派系，霍曼斯（Homans，1950）在一项有名的评述中基于这些矩阵方法重新分析了该派系。

社会网络分析的一个重要进展发生在 1950 年代的曼彻斯特大学，当时的社会人类学家批判了主流的美国社会学对一致与融合的重视，力图在非洲和欧洲的社群内部寻找冲突与分裂。他们受到 Radcliffe Brown 自 1920 年代就开始拓展的"结构主义"观念的影响，他在 1937 年和 1940 年的公开演讲中明确地提到了"社会关系网络"（network of social relations）和"社会形态学"（social morphology）（Radcliffe-Brown，1940，1957）。发端于塔维斯托克研究所，并在 Warner 的著述中阐述的网络分析成为他们提出这些观念的工具。后来，Mitchell（1969b）报告了对非洲社区的这项研究。该研究产生了广泛的影响。在一项关于挪威的研究中，Barnes（1954）提议用关系网络隐喻来认真地探索社区关系的经纬，而在研究伦敦的亲属关系中，Bott（1955，1956）也采纳了关联度（connectedness）和密度（density）等思想。Barnes 和 Bott 与曼彻斯特的研究者紧密合作，并激励了 Nadel（1957）的系统研究和 Mitchell（1969a）对这项研究的评论。而正是后者最早总结了形式的社会网络方法论。

在 Mitchell 发表他的总结之时，Harrison White 领军的一批美国研究者已经开始提出并应用社会网络分析的一种形式方法论。在 Lévi-Strauss（1969［1949］）和其合作者 Weil 的工作基础上，White（1963a）最初使用代数来表现亲属关系结构。当 White 从芝加哥来到哈佛大学供职以后，他组建了一大批动态更替的学生和助手来共同开发网络范式（参见 Mullins，1973：第 10 章）。这些研究者包括 Levine（1972）对作为多维领域的企业权力的研究，Lee（1969）对寻找非法堕胎者的社会计量学研究，Granovetter（1973，1974）对求职的研究，Mullins（1973）对现代美国社会学的分析。White 与其他学者合作，致力于用代数方法表达和分析由社会位置和角色构成的系统（Lorrain and White，1971；Boorman and White，1976；White et al.，1976）。该群体构成了新一代社会网络研究者，他们在全球范围内传播社会网络分析。

社会网络分析应用的一个重要领域是对企业权力（corporate power）和连锁董事会（interlocking directorships）的研究。While Sweezy（1939）和其他学者在他们的早期研究中采用了特殊的技术来勾画董事会层面的关联网络图,直到 1960 年代和 1970 年代,这些建议作为社会网络分析中技术进步的一个结果才得到深化。Bearden 与其合作者(1975)的一篇开创性论文用中心度思想来探究银行在美国企业界中的权力和影响,这与 Levine(1972)引证的特定的银行及其董事有关的聚类相关联。在荷兰,由 Mokken 和 Stokman(Helmers et al.,1975)发起的研究成为探究跨国模式(Fennema,1982)和国际比较的基础(Stokman et al.,1985;参见 Scott and Griff,1984)。这项研究后来扩展成为对公司之间股权网络的比较研究(Scott,1986),并引领了在各类社会中的大量研究(参见 Scott,1997 中的述评,以及 Carroll and Sapinski,本书)。

社会网络研究的另一个重要应用领域是对社区结构的研究。以 Warner 的研究为基础,又有一批受哈佛大学的进展所影响的研究者推动了该领域的研究。Fisher(1977)和 Wellman(1979)开创的研究完全重新定位了该领域。Wellman 在加拿大的一座城市进行了一系列关于社群关系结构变迁的研究,考察了友谊在社会整合中扮演的角色。Wellman 特别考察了人们维持关系的方式的变化,给出的命题是:每一个个体都有其自己的"社群",它由那些与此个体有社会关联之人构成。因此,社群被再概念化(reconceptualised)为一个个人网络,它从先前的邻里空间边界中解放出来(Chua et al.,本书)。Wellman 最近研究了电子化的交流手段对结构的模式化和人际网络运行的影响(Wellman and Hogan,2006;Gruzd and Haythornthwaite,本书)。这项研究与社会支持的网络表述(network formulations)(Song et al.,本书)有关,并且在近期与 Putnam 提出的社会资本观点融合在一起。对这项研究的最重要的贡献是 Lin(2001)和 Burt(2005;也参见 Lin et al.,2001)。

其他大量的应用将社会网络分析拓展到了政治和政策网络(Bond and Harrigan,本书;Knoke,本书)、社会运动(Diani,本书)、犯罪与恐怖主义(Carrington,本书;van der Hulst,本书)、世界政治经济(Kick et al.,本书)、文化-科学-学术网络(DiMaggio,本书;Howard White,本书)、经济学(Goyal,本书)、地理学(Johnston and Pattie,本书)、同伴群体对态度和行为的影响(An,本书)等研究主题中,甚至包括对动物网络的研究(Faust,本书)。

与此同时,人们提出了众多网络理论,包括网络交换论(network exchange theory)、网络流理论(network flow theory)、小世界理论(small world theory)以及弱关系的强度理论(Borgatti and Lopez-Kidwell,本书)。许多学者都强调了社会网络分析与理性选择理论之间的关联,但是这通常会导致方法论的个体主义,在此框架下,结构的特征更多地会成为社会行动的结果。最近的研究考察了个体能动者和社会网络的结构特征之间的关系。White(1992)和 Emirbayer(Emirbayer and Goodwin,1994;Emirbayer,1997)尤其对"关系社会学"的理论化作出了重要贡献,Mische(本书;Mische,2003;也参见 Mische,2007)则将 White 的研究推进到文化和认同之中,使其与关系取向(relational orientation)建立重要的关联(参见 Emirbayer and Mische,1998)。

　　自 1970 年代末以来,社会网络方法论在技术贡献和应用方面都有激增。其中尤为重要的贡献是来自 Burt(1982),Freeman 和他的同事(1989),Wasserman 和 Faust(1994)等人以及 Scott 的导论性著作(2000;首版于 1991)。编著则包括 Wasserman 和 Galaskiewicz(1994),Brandes 和 Erlebach(2005)以及 Carrington 等人(2005)。

　　然而,社会网络分析近年来最显著的发展在于,物理学家将网络思想用于研究社会现象的兴趣在增加(Freeman,本书;Scott,本书)。这种兴趣的增加来自社会科学以外,首见于 Watts 和 Strogatz(1998)的论文中,该文的基础是 Milgram 对"小世界"(1967;Travers and Milgram,1969)的开拓性研究以及围绕它而增长的随机网络方面的文献。Barabási(2002)和 Watts(1999,2003)认为这些观点可以应用于社会世界,却不可思议地忽略了社会学家、人类学家、经济学家和政治科学家们早已开展的社会网络研究。他们缺乏对早期研究的关注,这令已在某些领域经年耕耘的学者惊诧和震惊——例如,他们提议对还没有被研究过的课题如董事网络进行研究。然而,在广泛的公众背景下的反应还是比较令人满意的。在许多新闻工作者和评论人看来,最近的这些学者对创新的声明是很肤浅的东西(例如,参见 Buchanan,2002),但它的确在网络分析领域开创了广泛的兴趣,当时"社交网络"的实际应用同样受到新版 Web2.0 技术的刺激。

　　Freeman(2004)出版的《社会网络分析发展史》对关于社会网络的研究中的引用模式进行了网络分析,结果表明,物理学家发表的研究很少引用社会科学家的成果(也可参见 Freeman,本书)。然而,从中还可以看出,社会网络分析学者也不愿意参与物理学家的工作。现在,这种分化正在被打破:Watts 已转入社会学,社会学家也在讨论他的观点。然而,其他学者如 Barabási 仍然固执地对 20 世纪社会科学家的研究视而不见。

　　不管怎样,物理学家的研究已经将大量议题带到前沿,而早期的社会网络分析却较少关注这些议题。特别是,这些物理学者强调网络动力学和变迁,而且他们促进了探究这些议题的技术的发展。这些研究使社会网络分析超越了典型使用的一般性的静态或横断(cross-sectional)方法,由物理学家和社会科学家所描绘的新技术也有助于解释网络过程,探索网络结构中的过程性转换。

　　社会网络分析是一个科学共同体或无形学院(invisible college),它有显著可识别的学术脉络和散布在几个研究中心的研究者群体,他们由横向的合作及互相引证而松散地连接在一起(Freeman,2004)。它还是一个科研机构,拥有专门的期刊(《社会网络》(*Social Networks*)、《社会结构杂志》(*Journal of Social Structure*)与《关联》(*Connections*)、教材和手册(如 Degenne and Forsé,1994;Wasserman and Faust,1994;Scott,2000;Knoke and Yang,2008)、专业软件(van Duijn and Huisman,本书)、协会(社会网络分析国际学会(International Network for Social Network Analysis;参见 http://www.insna.org/)))。

　　虽然社会网络分析自身已是一种界定明确的范式,但它仍然嵌入在一些传统的学科之中,如社会心理学、社会人类学、传播学、组织科学、经济学、地理学,尤其是社会学。自该学科在 1970 年代"起飞"以来,出版的有关社会网络研究的成果数量成指数增长(Knoke and Yang,2008:1-2),而正在使用社会网络分析的研究领域的数量几乎成线性增长,从少数几个发展到 1999 年的大约 60 个领域(Freeman,2004:5)。不论是出版物数量的增长,还是将社会网络分析向其他各类领域的扩展,都呈现出平稳状态。

社会网络分析的核心思想

社会网络分析的核心是数学的一个分支,即图论(Harary and Norman,1953;Harary et al.,1965;Harary,1969)。图论由一组公理和推论构成,它源于欧拉(Euler)对著名的哥尼斯堡七桥问题(seven bridges of Köningsberg)的数学研究。他探讨的问题是这样的:一座城市由 7 座桥相连接的小岛组成,能否每座桥只走 1 次,就能把这座城市游览一遍。欧拉将这个问题转换成一个抽象的点-线模型:以点表示岛、线代表桥,并表明此问题无解:该项任务是不可能完成的。此项证明为所有由点-线构成的图的各类网络研究奠定了基础。

社会网络分析是图论的一种专项应用。在图论中,用点来表示个体或诸如群体、组织等其他行动者,用线来表示他们的社会关系(Hanneman and Riddle,本书)。这种数学模型将 Moreno 在社群图中描绘的最初洞见进行了形式化。图论的定理为分析社群图的形式特征提供了基础。然而,使用图论的概念和测度,却未必需要画出社群图。关于给定的社会关系的网络数据通常被记录为一个方阵的形式——"社群矩阵"(sociomatrix),矩阵的行和列分别代表个体或其他社会行动者,每一对个体之间的社会关系存在与否都记录在矩阵的元素(cells)上。因此,社群矩阵和对应的社群图包含了同样的信息:行和列对应着点,元素的内容表示点与点之间的线是否存在。可以运用矩阵的代数运算对社群矩阵进行分析。在分析一个大规模数据集的时候,通常难以绘出一张有意义的社群网,此时利用矩阵代数法就极具优势。

虽然大多数社会网络研究都分析"1-模"网(one-mode networks),即其数据矩阵中的行和列分别代表同样的一组点或社会行动者,但还是有一些研究分析的是"2-模"网(two-mode)或"隶属"网(affiliation networks),即其中有两类点,线将一类点和另外一类点连接起来(Borgatti and Halgin,本书)。2-模数据用长方形矩阵来表示,其中的"行"表示一类点,"列"表示另一类点。例如,一类点可能表示行动者,另一类点表示行动者参与的事件或隶属的组织;矩阵的每一个元素表明其对应的行动者是否与对应的事件或组织有关。2-模网可以很轻松地转化为1-模网。

图就是由点和各对点之间的线构成的系统,图论分析的就是图的形式特征。可以将图的概念拓展到考虑"有方向"的线,以此来表示非对称的关系,如择友、信息或资源的流动等。为了表示关系的紧密度(intensity)或强度,还可以给线

"赋值",所赋的值可正可负。在每一对点之间还可以使用有多重标签的线,每一类线代表不同的关系或"关系类型"(type of tie)。如在日常的社会分析中一样,点也可以具有离散值(discrete-value)或连续值(continuous-value)的属性,用来表达由点所代表的行动者的属性。在数学中,用"网络"一词可实施对图的这些扩展,图中的点和(或)线具有方向、值、权重、多样性等属性。因此,社会网络分析就是对网络所表达的社会关系系统的分析。

　　基于这种最初的表达,网络分析可以测量诸多特征,如一个网络的整体"密度"及其中各类点的"中心度"。中心度测度主要用做权力、影响、流行度和声望等的指标。基于图论的其他网络分析包括探究点的派系和聚类,从存在的非常密集或全连接(well-connected)的子群角度,或从特别稀疏或缺乏连接的网络区域的角度出发来分析一个社会网络的结构分化,这些区域代表着潜在分裂的点。人们已经用局部聚类(local clustering)、分裂(cleavage)以及中心度等观念来研究中介或经纪角色(brokerage roles),同时带来了针对"网络还原"(network reduction)的方法的发展。这些方法将大规模、复杂的网络"还原"为较小的、更易实现管理的网络(Batagelj,本书)。

　　图论固然是社会网络分析的核心,但人们也用大量的其他数学模型来突显网络结构的一些特定方面。Harrison White 和其他研究者采用的基于矩阵的代数方法并不关注个体或群体的属性,而关注由个体所占据的社会位置(或"地位")的属性,以及与这些位置相连的角色扮演。这些所谓的位置研究(positional approach)——有时也被称为"块模型"(Ferligoj et al.,本书)——采用矩阵聚类(matrix clustering)的方法。该方法的基础是 Homans 早期的构想,即将网络分解为由 Nadel(1957)提出的一类等级位置。这些研究促使人们用各种方法来测量、分析社会位置内部诸多个体的"结构对等性"(strutural equivalence)或"可替代性"(substitutabily),用代数模型对混合的社会角色系统进行建模(Pattison,本书)。该系统在形式上对应于由人类学家提出来的混合亲属角色系统(母亲的兄弟、妻子的父亲等)(Douglas White,本书;Hamberger et al.,本书)。

　　如果网络包含的点数超过 20 个,就很难画出准确、清晰的社群图。多维量表法(multidimensional scaling)是人们最早用以消除纵横交错的线条的随机混乱(jumble)的方法之一,其目的是通过保留关系数据中内在的空间模式来展示点。许多新技术——如多重一致性分析(multiple correspondence analysis)和弹簧嵌入算法(spring embedder algorithms)——极大地改善了图的绘制。Batagel 及其同事(De Nooy et al.,2005;同样参见 http://vlado.fmf.uni-lj.si/),Krempel(2005,本书)一直在探索网络可视化的替代方案,包括网络变迁的移动图像。

　　有一些专门的技术被用来获取或生成网络数据。网络数据可能难于获取,由此产生了测量的信度和效度以及一些特定的伦理等特殊的问题(Marsden,本书)。虽然社会网络分析的重点是量化数据及分析,但质性研究也在使用,并在社会网络分析和日渐增长的近期研究中反映了基础性的人类学特征(Hollstein,本书)。

在社会网络分析中,通常不能使用诸如显著性检验、回归及方差分析等标准的抽样和统计程序,因为网络数据不能满足观察的独立性假设:的确,网络分析的基础是社会行动者的互依性假定(assumption of interdependence)。Frank(本书)开创性地研究了抽样网络数据的统计推断。常规统计模型已被调整用于网络数据(van Duijn and Huisman,本书)。在 Frank 和 Strauss(1986)研究的基础上,Wasserman 和他的同事(Wasserman and Pattison,1996;Pattison and Wasserman,1999;Robins et al.,1999;Robins,本书)将 Markov 图推广到更大的系列模型(family of models),进而发展出一套新的统计技术。给定了特定的参数后,基于一个既定的点集可以构建全部的网络集合,他们提出的所谓指数随机图模型(exponential random graph models)(或称为 $p*$ 模型)定义了该网络集合的概率分布。解一个类似于逻辑斯蒂回归模型的参数估计方程,就得出诸如传递性(transitivity)和互惠性(reciprocity)等结构性特征的效应的估计值以及点的属性效应的估计值。

最近,基于能动者的计算方法(agent-based computational methods)被用于探索网络变迁的过程,它将结构的转型与个体层面的决策导致的非预期后果关联起来(参见 Monge and Contractor,2003)。能动者根据什么规则作出决策并行动,关于此方面的知识可用来预测网络结构变化的宏观模式。网络之所以改变,是因为个体的行动受制于行动者的结构位置和网络的广泛的结构属性,尽管关于"小世界"网络的研究已表明这些结构转型在本质上可以不是线性的。Snijders(本书;Snijders and van Duijn,1997;Snijders,2001,2005)针对此问题提出了一套有力的方法,认为网络是通过持续迭代的行动而发展变化的,即少量的、增量的改变可以积累到临界点,网络结构的非线性转型就发生在此点。

结 论

在筹备本书的过程中,我们将社会网络分析视为一种"范式",而非一种理论或方法,即它是一种将社会生活进行概念化和分析的方法。这种范式引导我们选择要研究的社会行为数据,影响着将这些数据组织起来并进行分析的方法,并指定所提问题的类型(Leinhardt,1977:xiii)。

用最一般化的术语来说,社会网络分析是一种结构主义范式,即它根据行动者之间的关系结构(而不是行动者类别)对社会生活进行概念化。Harrison White 的评论"领地分封使人想起了工业的去中心化"(1963b:77)突出了结构性的对比而非类别的对比,表明了来自社会网络研究的问题类型和洞见:

> 困扰着他们的难题同样也困扰着我们。正如威廉一世(William the Conqueror)坚持令他的忠诚的封臣直接臣服于他自己一样……因此一个睿智的总统应令非正式顾问团的官员向自己献忠诚(White,1963b:78)。

一个社会科学范式是由一个或多个理论、一种方法论或一系列普遍采用的

5

方法以及经验研究构成的。本书就是围绕这个三分法组织起来的。对社会网络分析有经验的读者可将本书作为参考书,参考某些特殊的章节以便获得某个特定主题的最新总结的知识以及未来研究的趋势。社会网络分析的新手会希望在阅读关于具体主题的章节之前,先阅读由 Marin 和 Wellman,以及由 Hanneman 和 Riddle 撰写的两章导论。或者对于刚接触社会网络分析的新手来说,如果他对某一个具体的主题(如亲属关系或恐怖主义)感兴趣,或者对社会网络分析在某个专门学科(如经济学、地理学或犯罪学)中的应用感兴趣,就可以先阅读与之对应的实质性章节,如果有必要的话,再回到导读性、概念性、理论性的章节中。

　　从理论、方法和实质性的经验研究的角度看,社会网络分析正处于一个令人兴奋的时代。《社会网络分析手册》力图用单卷本对当代视角进行最高水平的呈现,也将为该领域的深入发展打下坚实的基础。

注　释

　　1.还可参见本书中由 Marin 和 Wellman,Hanneman 和 Riddle 撰写的介绍性章节。本部分内容的早期版本可参见 Scott(2010)。

　　2.关于社会网络分析历史的概述,可以参见 Scott(2000:第 2 章)和 Freeman
(2004,本书)。

参 考 文 献

Barabási, A.-L. (2002) *Linked: The New Science of Networks*. Cambridge, MA: Perseus.

Barnes, J.A. (1954) 'Class and committee in a Norwegian island parish', *Human Relations* 7: 39-58.

Bearden, J., Atwood, W., Freitag, P., Hendricks, C., Mintz, B. and Schwartz, M. (1975) 'The nature and extent of bank centrality in corporate networks', presented at the Annual Meetings of the American Sociological Association. Reprinted in J. Scott (ed.), *Social Networks*. Vol. 3. London: Sage, 2002.

Boorman, S.A. and White, H.C. (1976) 'Social structure from multiple networks Ⅱ: Role structures', *American Journal of Sociology* 81: 1384-446.

Bott, E. (1955) 'Urban families: Conjugal roles and social networks', *Human Relations* 8:

345-84.

Bott, E. (1956) 'Urban families: The norms of conjugal roles', *Human Relations* 9: 325-41.

Bott, H. (1928) 'Observation of play activities in a nursery school', *Genetic Psychology Monographs* 4: 44-48.

Brandes, U. and Erlebach, T. (eds.) (2005) *Network Analysis: Methodological Foundations*. Berlin: Springer.

Buchanan, M. (2002) *Small World: Uncovering Nature's Hidden Networks*. London: Weidenfeld and Nicolson.

Burt, R.S. (1982) *Towards a Structural Theory of Action*. New York: Academic Press.

Burt, R.S. (2005) *Brokerage and Closure: An Introduction to Social Capital*. New York: Oxford University Press.

Carrington, P.J., Scott, J. and Wasserman, S. (eds.) (2005) *Models and Methods in Social*

Network Analysis. Cambridge: Cambridge University Press.

Cartwright, D. and Zander, A. (eds.) (1953) *Group Dynamics*. London: Tavistock.

De N., Wouter, M., Andrej and Batagelj, V. (2005) *Exploratory Social Network Analysis with Pajek*. Cambridge, UK: Cambridge University Press.

Degenne, A. and Forsé, M. (1994) *Les reseaux sociaux. Une approche structurale en sociologie*. Paris: Armand Colin, 1994. Published in English as *Introducing Social Networks*. London: Sage, 1999.

Emirbayer, M. (1997) 'Manifesto for a relational sociology', *American Journal of Sociology* 103: 281-317.

Emirbayer, M. and Goodwin, J. (1994) 'Network analysis, culture, and the problem of agency', *American Journal of Sociology* 99: 1411-54.

Emirbayer, M. and Mische, A. (1998) 'What is agency?' *American Journal of Sociology* 103: 962-1023.

Fennema, M. (1982) *International Networks of Banks and Industry*. The Hague: Martinus Nijhof.

Fischer, C.S. (1977) *Networks and Places: Social Relations in the Urban Setting*. New York: Free Press.

Frank, O. and Strauss, D. (1986) 'Markov graphs', *Journal of the American Statistical Association* 81(395): 832-42.

Freeman, L.C. (2004) *The Development of Social Network Analysis: A Study in the Sociology of Science*. Vancouver: Empirical Press.

Freeman, L.C., White, D.R. and Romney, A.K. (eds.) (1989) *Research Methods in Social Network Analysis*. New Brunswick, NJ: Transaction.

Granovetter, M. (1973) 'The strength of weak ties', *American Journal of Sociology* 78, 6: 1360-80.

Granovetter, M. (1974) *Getting a Job*. Cambridge, MA: Harvard University Press.

Gronlund, N. E. (1959) *Sociometry in the Classroom*. New York: Harper & Bros.

Harary, F. (1969) *Graph Theory*. Reading, MA:

Addison-Wesley. Harary, F. and Norman, R.Z. (1953) *Graph Theory as a Mathematical Model in Social Science*. Ann Arbor, MI: Institute for Social Research.

Harary, F., Norman, R.Z. and Cartwright, D. (1965) *Structural Models: An Introduction to the Theory of Directed Graphs*. New York: Wiley.

Helmers, H.M., Mokken, R.J.R., Plijter, C. and Stokman, F.N. (1975) *Graven naar Macht. Op Zoek naar de Kern van de Nederlandse Economic*. Amsterdam: Van Gennep.

Homans, G. (1950) *The Human Group*. London: Routledge and Kegan Paul, 1951.

Jennings, H. H. (1948) *Sociometry in Group Relations*. Washington, D.C.: American Council on Education.

Knoke, D. and Yang, S. (2008) *Network Analysis*. 2nd ed. Beverly Hills, CA: Sage.

Krempel, L. (2005) *Visualisierung komplexer Strukturen*. Frankfurt: Campus Verlag.

Lee, N.H. (1969) *The Search for an Abortionist*. Chicago: University of Chicago Press.

Leinhardt, S. (ed.) (1977) *Social Networks: A Developing Paradigm*. New York: Academic Press.

Lévi-Strauss, C. (1969 [1949]) *The Elementary Structures of Kinship*, ed. Rodney Needham. Rev. ed. Boston: Beacon Press. (Originally published as *Les Structures elementaires de la Parente*. Paris: Mouton, 1949.)

Levine, J.H. (1972) 'The sphere of influence', *American Sociological Review* 37: 14-27.

Lewin, K. (1936) *Principles of Topological Psychology*. New York: Harper and Row.

Lin, N. (2001) *Social Capital: A Theory of Social Structure and Action*. New York: Cambridge University Press.

Lin, N., Cook, K.S. and Burt, R.S. (eds.) (2001) *Social Capital: Theory and Research*. New Brunswick, NJ: Transaction.

Lorrain, F.P. and White, H.C. (1971) 'Structural equivalence of individuals in social networks', *Journal of Mathematical Sociology* 1: 49-80.

Lundberg, G.A. and Lawsing, M. (1937) 'The

Sociography of Some Community Relations ', *American Sociological Review* 2: 318-35.

Lundberg, G. and Steele, M. (1938) 'Social attraction-patterns in a village', *Sociometry* 1: 375-419.

Milgram, S. (1967) 'The small world problem', *Psychology Today* 2: 60-67.

Mische, A. (2003) 'Cross-talk in movements: Rethinking the culture-network link', in M. Diani and D. McAdam (eds.), *Social Movements and Networks: Relational Approaches to Collective Action*. Oxford: Oxford University Press.

Mische, A. (2007) *Partisan Publics: Communication and Contention across Brazilian Youth Activist Networks*. Princeton, NJ: Princeton University Press.

Mitchell, J.C. (1969a) 'The concept and use of social networks', in J. Clyde Mitchell (ed.), *Social Networks in Urban Situations*. Manchester: Manchester University Press.

Mitchell, J. (ed.) (1969b) *Social Networks in Urban Situations*. Manchester: Manchester University Press.

Monge, P. R. and Contractor, N. S. (2003) *Theories of Communication Networks*. Oxford: Oxford University Press.

Moreno, J. L. (1934) *Who Shall Survive?* New York: Beacon Press.

Mullins, N.C. (1973) *Theories and Theory Groups in American Sociology*. New York: Harper and Row.

Nadel, S. F. (1957) *The Theory of Social Structure*. Glencoe, IL: Free Press.

Pattison, P. and Wasserman, S. (1999) 'Logit models and logistic regressions for social networks: II. Multivariate relations', *British Journal of Mathematical and Statistical Psychology* 52: 169-93.

Putnam, R. D. (2000) *Bowling Alone: The Collapse and Revival of American Community*. New York: Simon and Schuster.

Radcliffe-Brown, A. R. (1940) 'On social structure', *The Journal of the Royal Anthropological Institute of Great Britain and Ireland* 70: 1-12.

Radcliffe-Brown, A.R. (1957) *A Natural Science of Society*. Chicago: University of Chicago Press.

Robins, G. L., Pattison, P. and Wasserman, S. (1999) 'Logit models and logistic regressions for social networks: III. Valued relations', *Psychometrika* 64: 371-94.

Roethlisberger, F.J. and Dickson, W.J. (1939) *Management and the Worker*. Cambridge, MA: Harvard University Press.

Scott, J. (1986) *Capitalist Property and Financial Power*. Brighton: Wheatsheaf Books.

Scott, J. (1997) *Corporate Business and Capitalist Classes*. Oxford: Oxford University Press.

Scott, J. (2000) *Social Network Analysis*. 2nd ed. London: Sage.

Scott, J. (2010) 'Social network analysis: Developments, advances, and prospects', *Social Network Analysis and Mining* 1, 1.

Scott, J. and Griff, C. (1984) *Directors of Industry*. Cambridge: Polity Press.

Snijders, T. A. B. (2001) 'The statistical evaluation of social network dynamics', in M.E. Sobel and M. P. Becker (eds.), *Sociological Methodology*, 2001. Oxford: Basil Blackwell.

Snijders, T.A.B. (2005) 'Models for longitudinal network data', in Peter J. Carrington, John Scott, and Stanley Wasserman (eds.), *Models and Methods in Social Network Analysis*. Cambridge: Cambridge University Press.

Snijders, T.A.B. and van Duijn, M.A.J. (1997) 'Simulation for statistical inference in dynamic network models', in R. Conte, R. Hegelmann, and P. Terna (eds.), *Simulating Social Phenomena*. Berlin: Springer.

Stokman, F., Ziegler, R. and Scott, J. (eds.) (1985) *Networks of Corporate Power*. Cambridge: Polity Press.

Sweezy, P. M. (1939) 'Interest groups in the American economy', in National Resources Committee, *The Structure of the American Economy*, Part 1, Appendix 13. Reprinted in Paul M. Sweezy, *The Present as History*. New York: Monthly Review Press, 1953.

Travers, J. and Milgram, S. (1969) 'An experimental study of the small world problem', *Sociometry* 32(4): 425-43.

Warner, W.L. and Lunt, P.S. (1941) *The Social Life of a Modern Community*. New Haven: Yale University Press.

Wasserman, S. and Faust, K. (1994) *Social Network Analysis: Methods and Applications*. New York: Cambridge University Press.

Wasserman, S. and Galaskiewicz, J. (eds.) (1994) *Advances in Social Network Analysis*. Beverly Hills, CA: Sage.

Wasserman, S. and Pattison, P. (1996) 'Logit models and logistic regressions for social networks: I. An introduction to Markov random graphs and p * ', *Psychometrika* 60: 401-26.

Watts, D.J. (1999) *Small Worlds: The Dynamics of Networks Between Order and Randomness*. Princeton, NJ: Princeton University Press.

Watts, D.J. (2003) *Six Degrees: The Science of a Connected Age*. New York: W. W. Norton.

Watts, D. J. and Strogatz, S. H. (1998) 'Collective dynamics of "small-world" networks', *Nature* 393: 440-42.

Wellman, B. (1979) 'The community question: The intimate networks of East Yorkers', *American Journal of Sociology* 84: 1201-31.

Wellman, B. and Hogan, B. (2006) 'Connected lives: The project', in J. Purcell (ed.), *Networked Neighbourhoods*. London: Springer-Verlag, 2006.

White, H. C. (1963a) *An Anatomy of Kinship*. Englewood Cliffs, NJ: Prentice-Hall.

White, H. C. (1963b) 'Uses of mathematics in sociology', in James C. Charlesworth (ed.), *Mathematics and the Social Sciences*. Philadelphia, PA: American Academy of Political and Social Science.

White, H. C. (1992) *Identity and Control*. Princeton, NJ: Princeton University Press.

White, H.C., Boorman, S.A. and Breiger, R.L. (1976) 'Social structure from multiple networks I: Blockmodels of roles and positions', *American Journal of Sociology* 81: 730-81.

第一部分

一般性论题

SECTION Ⅰ GENERAL ISSUES

社会网络分析简介 **2**

SOCIAL NETWORK ANALYSIS: AN INTRODUCTION

◉ 亚历山德拉·马丁(Alexandra Marin)　　巴里·威尔曼(Barry Wellman)

　　社会网络分析的前提是,社会生活主要并且最重要的是通过关系以及由这些关系形成的模式创建的。社会网络被正式地界定为由一种或多种关系连接而成的一个点集(或网络成员)(Wasserman and Faust,1994)。由于网络分析学者把这些网络视为构建社会世界的基本构件,他们不仅搜集特殊类型的数据,还从一种新的视角开始他们的分析,因此,这种视角完全不同于一些研究者所采纳的个体主义视角或属性视角。

　　例如,当我们用常规方法理解创新程度高的地区(如硅谷)时,一般都会关注当地的劳动力市场中的受高层次教育者和专门知识人才。受教育程度和专业知识都是相关行动者的特征。相比之下,在研究同样的现象时,网络分析路数会关注教育机构之间的流动和多个雇主通过哪些方式在诸多组织之间创建链接(Fleming et al.,2011)。因此,从一个组织流动到另一个组织的人会带着他们的想法、专长以及默会的知识。他们还带来与同事已有的关系,而其中某些同事已流动到新的组织中。每一个组织都通过其雇员建立同其他多个组织的关联,组织之间的这种关联模式允许每一个组织利用各类来源的知识。由于将此前分散的观点结合起来就是创新的核心,也是一种有效的解题策略(Hargadon and Sutton,1997),因而这种关联模式(而不仅仅是个体行动者的人力资本)加速了相关部门和地区的创新率的提升。

　　在本章中,我们首先讨论在定义社会网络时遇到的一些问题,然后描述社会网络视角中蕴含的三个原则。我们将解释这些原则是如何使网络分析区别于基于属性或群体视角的研究的。在第二部分,我们总结网络分析的理论根基和该领域的当前状态。第三部分将讨论在用网络分析法来提问和回答问题时的一些理论探索。在第四部分,我们关注社会网络方法,视之为一组应用网络视角的工具,而非对网络分析特征的界定。在总结部分我们论证的是,最好将社会网络分析理解为社会科学中的一种视角,而非一种方法或者一种狭义界定的理论。

什么是社会网络

社会网络是由一个或多个关系连接的一组具有社会相关性的点。点或网络成员是由关系连接着的单元,我们要研究的是关系的模式。这些单元最可能的是人或者组织,但是原则上讲,任何一个与其他单元连接的单元都可能被作为点来研究。点可以包括网页(Watts, 1999)、期刊论文(White et al., 2004;White,本书)、国家(Kick et al.,本书)、社区、组织中的部门(Quan-Haase and Wellman,2006)或位置(Boorman and White,1976;White et al.,1976;Ferligoj et al.,本书)。 11

如何界定在网络分析中包含的点,这通常是研究中先提出的一个挑战。一个学者也许希望分析那些探究心脏病的医学研究者,然而在该领域中很难知道哪些被视为研究者,因为许多网络分析者尤其不喜欢利用基于群体的思路来理解社会世界。

Laumann 等(1983)界定了三种方法来处理这个边界设定问题。第一种是基于位置的方法,将一个组织的成员或那些占据着被正式界定的特殊位置的成员看成是网络成员,所有其他成员被排除在外。在上例中,网络成员可能就是被医院的心脏病科雇用的研究者,或者是心脏病专业委员会的成员。第二种是基于事件的方法,它考察的是,由哪些人参与了哪些事件构成的总体。例如,在过去3年里至少参加两次心脏病会议的研究者才被包含在内。第三种是基于关系的方法,它开始于一个被认为是处在研究者感兴趣的总体中的小点集,然后扩展以便包含其他点,这些点要与那些种子点(seed nodes)以及任何先前加入的点共享一些特殊类型的关系。例如,基于关系的方法可以从在心脏病学核心杂志上发表论文的研究者及其共同作者、合作者入手,并推及这些共同作者的共同作者和合作者,以此类推。这种基于关系的方法在个体中心网(egocentric networks)研究中很常见,本章后文将有讨论(同样参见 Hanneman and Riddle,本书;Chua et al.,本书)。这三种方法并不互斥,很多研究经常使用多种方法的组合来定义网络边界。例如,网络分析学者可以研究只在心脏病科室工作并参加心脏病学会议的研究者。

确定了网络成员之后,研究者必须确认这些点之间的关系。关系可以包括合作、友谊、贸易联系、网络链接、引用、资源流动、信息流动、社会支持的交换,或者这些特定的单元之间的任何其他可能的关系(Wasserman and Faust, 1994)。Borgatti 等人(2009)确认了关系的四大类型:相似性(similarities)、社会关系(social relations)、互动(interactions)、流动(flows)。

基于变量的分析经常研究一些类型的属性,如人口统计学特征、态度、地点或群体成员身份等,当两个点共享这些类型的属性时,就出现了相似性。唯一经常被网络分析学者视为具有关系相似性的现象就是群体成员身份(尤其是共同成员身份和连锁成员身份)。例如,网络分析学者通过研究连锁董事形成的网络来考察产业结构(Mizruchi and Stearns,1988;Mintz and Schwartz,1985;Carroll and Sapinski,本书)。

社会关系包括亲属关系(White,本书)、通常定义的其他类角色关系(如朋友、学生)、基于网络成员对其他成员的感受的情感关系(如喜欢、不喜欢)或认知觉知(cognitive awareness)(如知道)。这些是众多关系中被个人社群分析者最经常研究的关系。例如,Killworth等人(1990)研究了被访者"认识"的成员网络,Casciaro等人(1999)研究了如何用情感关系(如喜欢)来预测人们对网络形式的认知观念。

互动指的是基于行为的关系,如与某人对话、帮助某人或邀请某人到家做客。互动经常发生在社会关系的情境下,并且基于互动的测量和基于情感的测量经常交替使用。例如,研究者可能用测量的讨论网来替代核心支持网(Marsden,1987;McPherson et al.,2006)。

流动是基于点与点之间的交换或传递关系。这些可能包含资源、信息或影响通过网络流动的关系。与互动类似,以流动为基础的关系经常在其他社会关系内发生,因此学者经常假设或研究他们的共存。例如 Wellman 和 Wortley(1990)便展示了诸如亲属或朋友这样的社会关系如何影响到不同类型的支持与交情的交换。

社会网络分析的指导性原则

要想严肃地讨论社会关系,不仅需要了解如何测量网络的一些特征,如它们之间相互联系的密度,而且要了解更多。怎样才能最佳地描述和解释感兴趣的社会现象?这需要有一系列前提性的假定。网络解释不需要假定环境、属性或情境,能够独立地影响行动者。此外,它们也不假定存在着均匀地凝聚和离散地分界的群体。最后,网络分析非常重视情境,以至于经常在其他关系的情境中分析关系本身。

关系,而非属性

毋庸置疑,个体拥有特殊的属性。为了研究诸如种族、性别或教育等属性——它们是行动者的内在属性,而非存在于行动者之间——的影响,学者基于属性对个体进行分类,并确定哪些结果是为具有某些特定属性的个体所不成比例地共同所有的。这一尝试将因果关系视为源于个体内部,认为共同的属性独立地作用在个体身上以产生相似的结果。

相比之下,社会网络分析学者认为因果关系并不定位在个体身上,而是处于社会结构之中。虽然具有相似属性的人们一般具有相似的行为,但通过指出共同的属性而对这种相似性进行的解释忽视了以下事实,即具有共同属性的人在社会结构中经常占据着相似的位置。换言之,具有相似属性的人也常常占据着相似的社会网络位置。他们的相似性结果是由这些相似的网络位置创建的约束、机会和感知所导致的。

通过研究嵌入社会网络的行为,社会科学家就能够解释宏观层次的模式,不仅将它解释为举止相似的大规模人群(因为他们相似),而且解释为这样的大规模人群,即其中之人的行动以产生特殊结果的方式相互形塑。例如,基于属性的方法开展研究的学者可能会发现,在经济困难时期,玛丽(Mary)、约翰(John)、苏珊(Susan)等人都削减了开支。就每个人来说,玛丽、约翰、苏珊是独立的个体——相互不顾及,也不顾及其他人,他们在经济条件以及诸如他们的净资产、理财的知识、内化的节约意识等属性的基础上行事。相比之下,社会网络分析者会认为,要想理解这是如何发生的,就需要理解玛丽、约翰、苏珊之间的相互关系以及与其他人的关系是如何影响了他们对经济的看法、理性消费的主张以及节俭或挥霍的机会。例如,他们拥有的金融知识或可能来自网络成员的建议(Chang,2005),而基于网络的参照群体会形塑着节俭或挥霍的规范(Zelizer,1994)。尽管经济选择与属性有关,但这也是由网络位置决定的。基于网络的解释除了是一种更实在的因果模型之外,更能解释反馈环(feedback loop)是如何引领节俭风气的,甚至影响那些经济收入尚可的人,进而有助于缓解社会中的经济困境。

网络,而非群体

虽然使用网络分析方法的研究者必须界定所研究网络的边界,但是他们却没有把网络嵌入性看作是二元的(binary),也没有将点看作是仅属于互斥的群体。当研究者尝试去理解为不同位置之人提供机会和约束会有什么影响时,这太容易过度简单化,以至于不能通过将研究对象区分为离散的群体——如不同部门的雇员、不同市区的居民或不同学校俱乐部的成员——而对这些位置进行操作化。将这些群体成员视为拥有离散的边界或互斥,就使得不同层次的群体成员、多个群体中的成员、两个群体之间的横向联系等方面的重要性被视而不见。

在研究群体身份时,只有当成员身份本身有一致性,即每一位成员与其所在的群体分享着同样的关系时,才能认为身份对群体成员有一致的影响,这才是有意义的。不过这种情况是极为罕见的。即使存在这样被认识到的“群体”,也会有某些成员或多或少表现出忠诚性、或多或少同其他群体成员有关系、或多或少认同该群体、或多或少会被其他人视为该群体的共同成员。例如,大学中的教职员工被分到各个部门,每一个部门都是一个群体。然而,如果将群体成员属性统统视为有二元性,就会忽视全职人员、编外员工、合同聘用人员、客座教授、访问学者和退休人员之间的区别,更不用说学生、职员和校友之别了。也许有人会说,各个部门有其特定的利益,这些利益在多大程度上被部门成员共享,部门成员在多大程度上相互影响着对他们自己利益的理解,这些都是变动的。

　　然而,如果用网络分析方法来研究大学的院系,就会看到院系成员之间关系的强度和本质:个人开设的课程占系内课程的比例,院系拨给教职员工的资金和资源,参与院系讨论或同其他成员交往的频次。使用这种方式检验"群
13 体"有三种优势。首先,它允许研究者将个体视为以不同的程度嵌入群体之中,因而在不同程度上受制于由群体成员创造的机会、限制和影响。其次,它允许研究者考察群体结构的变化,以便决定哪个群体更团结,哪个群体有明确的界限,哪个群体更有可渗透性。这样的策略也允许网络分析者依据经验——而非先验——来界定群体。最后,有待回答的凝聚力和边界强度问题使网络研究者超越对可清晰辨认的群体的研究,转而研究不那么容易辨认但却将社会关系组构起来的人群,如在一个风力冲浪沙滩上的新老成员的聚会(Freeman et al.,1989)。

　　有一些研究假定了群体成员资格是互斥的,这样的研究阻碍了对多重群体成员(multiple group membership)模式或与多元群体的关系的研究。然而,多重群体成员是社会结构的基础,并恰好明显地在某些群体——而非其他群体——之间建起了桥梁(Blau,1994;Breiger,1974;Feld,1981)。由于人们存在于不同群体的交集上,因此多个群体中的成员之间存在着互动。他们促进或减缓了由单一群体成员所提供的机会、约束和影响,并影响着群体成员的认同。因此,如果忽略两个社交圈之间的各种重叠,关于将个体连在社会(否则就出现原子化的个体)的社会过程的研究就会受阻[Simmel,1922(1955)]。

关系情境下的关系

　　社会网络分析学者研究的是各对点之间的关系模式,而不仅仅是关系。这意味着,虽然测量的关系存在于一对点之间,但是为了理解两点之间关系的效果与意义,就需要考虑到网络中关系的普遍模式(Barnes,1972)。例如,虽然个体关系可以提供社会支持和陪伴,但是一个人向他人提供的支持总量却受到支持网络成员之间彼此熟识程度的影响(Wellman and Frank,2001)。两个人之间的关系性质也可能因二者与其他人的关系而有变化。例如,对兄弟姐妹之间的支持、嫉妒和竞争关系的理解,就需要理解并考虑到每一个孩子同父母的关系;而亲子关系同样受到每一位父母与其他父母之间关系的影响(Wellman and Frank,2001)。因此,如果假设每一对父母都独立行动,就会掩盖由网络中的宏观模式所创造的网络进程。例如,桥接(bridging)就是这样一种结构性条件,它将一个网络中先前未连接的部分连接起来。罗密欧与朱丽叶的关系构成了凯普莱特(Capulets)和蒙太古(Montagues)家族的桥梁。为了区分作为桥的关系,我们必须熟识维罗纳市(Verona)的精英网络,这样才知道凯普莱特家族和蒙太古家族未曾连接过。

社会网络分析的起源与现状

源于齐美尔

关系相对于原子化的单位具有优先性,这个思想远远早于现在所知的网络分析领域(参见 Freeman,本书)。网络学者在赫拉克利特、爱因斯坦等重要思想家,以及马克思、涂尔干、韦伯、戈夫曼,甚至帕森斯——他经常论及基于规范的研究,而此类研究常常是网络分析比较的对象(Granovetter,1985;Wellman,1988)——等社会理论巨匠的著述中(Emirbayer,1997)都找到了这种思想。格奥尔格·齐美尔(Georg Simmel)在研究中清楚地表述了关系的优先性,他的理论著作激发并预见了网络分析中的主要经验发现。齐美尔明确地阐述了这样一个前提,即社会关系是基础。不应将事物视为独立的单元,最好将事物理解为特殊关系的交集,并从这些关系的交集中获得它们的界定性特征。他认为,社会自身不是别的,就是关系网。无互动,则无"社会":

> 人与人之间互动的意义在于以下事实,即有驱动性的冲动和企图的个体正是通过互动才形成一个整合体(unity),即社会。在经验的意义上,整合体这个词不是别的,就是要素的互动。一个有机体是一个整合体,因为它的器官维持着与其他器官——而非与其他有机体——之间更亲密的能量交换;国家也是一个整合体,因为它的公民表现出类似的相互作用[Simmel,1908(1971):23]。

在这里,齐美尔反对将社会理解为大量个体的聚合。他不认为个体都基于各自的品位、倾向和信念独立地回应着环境,并且仅依据他们的行动的简单聚合就创造了环境。他认为,我们应当关注从个体行动的互动中涌现出来的结果:

> 多人的聚合不能构成一个社会,因为其中每一个人都有一种客观决定或主观推进的生活内容(life-content)。只有当这些内容的生命力(vitality)获得了交互影响的形式,只有其中之人直接或间接地相互影响,才能将空间集聚或时间延续改造成社会。[Simmel,1908(1971):24-25]

社会世界能够在互动而非个体的集合中被发现。基于此信念,齐美尔认为社会学家的主要工作是研究这些互动的模式(他称之为形式),而不是研究个体的动机、情感、思想、感觉和信念等(他称之为内容)。相似的形式能够在不同内容的领域中存在并运行;而不同的形式可以在任意一个单一内容的领域中涌现出来。因此,齐美尔认为,社会学者对形式和内容的研究必须是分开的。只有通过研究不同内容中的相似形式,人们才能真正理解这些形式是如何作为形式而起作用的,并从内容的影响中分离出形式的影响。虽然针对内容的研究也可以进行类似的讨论——只有通过研究内容在多种形式中的呈现,才能全面地理解内容——但是齐美尔认为,社会学家的角色就是关注形式,因为与内容不同,只有形式才是"完全社会性的",而内容则经常作为个体层面的特征而存在着[Simmel,1908(1971)]。

虽然齐美尔提出了多种形式的形式理论,以及多种形式在不同内容中的结果,但他没有像当今的许多网络分析学者那样,用数学方式将其理论形式化。然而,他的确认识到了其理论的内在数理逻辑。几何学家有能力分析从真实世界的呈现中抽离出来的那些纯形式,齐美尔则对形式的研究与几何学家研究的形式进行了对比[Simmel,1908(1971):24-25],他在著作中使用了几何学隐喻。他的影响体现在随后的大量网络分析研究中,例如后文描述的形式化"块模型"(White et al.,1976;Boorman and White,1976;Ferligoj et al.,本书),以及 Burt(1992,2005)有关个体是如何通过认识两个彼此陌生的人而获益的方面的实质性研究。

现状:协会、基金和期刊

如今,社会网络分析已经成为一个跨学科的研究领域,它有自己的专业协会、年会和多种期刊。Barry Wellman 于 1977 年创建了"社会网络分析国际网"(INSNA:The International Network for Social Network Analysts),截止到 2011 年 2 月,它从最初创建时的 175 位会员发展到超过 1 300 位。虽然多领域的社会学家是该协会的主体,但该网络也包含了来自人类学、传播学、计算机科学、教育学、经济学、管理科学、医学、政治科学、公共健康、心理学以及其他学科的研究者。INSNA 的年会,即阳光地带国际社会网络大会(International Sunbelt Social Network Conference)每年都吸引超过 500 名参会者,举办地点在北美的东、西海岸和欧洲之间,每三年一轮换。

社会网络分析是一个正在勃兴的研究领域。在 1998—2007 年,基于网络的研究项目基金占加拿大社会科学研究委员会(Social Science Research Council of Canana)所提供的基金总量的第四位,并且该领域也获得了数额最大的单笔基金(Klassen,2008)。应用社会网络视角的研究出现在重要的综合性社会科学期刊上,如《美国社会学期刊》(American Journal of Sociology)、《美国社会学评论》(American Sociologocal Review)、《社会力量》(Social Forces)、《人类组织》(Human Organization)与《行政科学季刊》(Administrative Science Quarterly)等;也有一些专业期刊,如《城市与社区》(City and Community)、《工作和职业》(Work and Occupations)和《信息、传播与社会》(Information, Communication and Society)等。有三本同行匿名评议的期刊专门出版社会网络方面的研究:《社会网络》(Social Networks)(INSNA 的旗舰刊物)、《关联》(Connections)(INSNA 杂志,出版短小、实时的论文)和在线出版的《社会结构杂志》(Journal of Social Structure)。

网络视角的应用

到目前为止,我们已表明网络分析学者将点与点之间的关系模式看成是进行社会学理论思索和研究的初级单位。在本部分,我们将描述网络分析学者在哪些方面运用该视角来发展理论,包括那些只关注关系模式本身的研究者,以及那些处理实质性问题的学者。

形式主义理论

形式主义理论最关注社会网络的数学形式(参见 Scott,本书)。这些理论研 15
究的是诸多形式有哪些效应(在它们是形式本身的效应的情况下来研究)以及这
些形式在结构上有哪些起因。例如,当网络是由多个紧密联系的聚类组成时,即
聚类内部各点之间的关系多,聚类之间的关系少,其结果是其中的大多数点对
(pairs of nodes)之间存在着捷径(Watts,1999)。

由于这些理论主要涉及网络在数学和理想意义上的纯形式,因此对它们的
研究可以不需要经验数据。数学建模和计算机模拟所创造的网络允许研究者观
察源自一些关系形成或破裂的规则而展开的关系模式。例如 Barabási 和 Albert
(1999)对不断有新点加入的网络进行了模拟。随着新点的加入,它们就同既存
的点形成关系,尤其是同那些已经非常受欢迎的点建立关系。基于这些仿真,
Barabási 和 Albert 认为这种偏好依附(preferential attachment)形式产生了马太效
应("因为凡有的,还要加给他,叫他有余",马太福音 25∶29;也参见 Merton,
1968),使受欢迎程度的差异加大,产生了满足幂律分布(power-law distributions)
的网络。也就是说,这种关系形成的过程创造了网络,其中的少量点拥有大量的
关系,大多数点拥有的关系都少。

最近,基于形式主义的研究在普及版图书中受到了大众关注,例如《六度分
割:一个相互联系的时代的科学》(*Six Degrees*)(Watts,2003)、《链接:网络新科
学》(*Linked*)(Barabási,2002)、《联结:小世界和开创性的网络科学》(*Nexus*)
(Buchanan,2002)。这在一定程度上是因为这种研究在现实世界中的应用令人
感兴趣。例如,偏好依附(preferential attachment)这个概念就基于这样一个经验
现实:人们是通过第三者与他人相遇的。你认识的人越多,将你引介给他人者就
越多。小世界网络(small-world network)同样呼应着公共想象力。关于小世界网
络的一个最有名的案例是由在电影和电视节目中的共同出现者所形成的网络。
这是一个聚类性的网络,这些聚类既由职业生涯所创建[如意大利演员鲁道夫·
瓦伦蒂诺(Rudolph Valentino,1895-05-06—1926-08-23)和美国电影童星达科塔·
范宁(Dakota Fanning,1994 年 2 月 23 日生)不可能联袂主演],也由演员在不同
题材内的专业化程度所创造。例如,有这样一类在浪漫喜剧中经常联袂主演的
演员:Jennifer Aniston,Hugh Grant,Meg Ryan,Tom Hanks 和 Julia Roberts。然而,

有些演员在不同的题材之间串场,拜他们所赐,基于题材的聚类就有了相互联系。例如,Tom Hanks 将浪漫喜剧中出现的演员与出现在儿童电影[《玩具总动员》(*Toy Story*)、《极地快车》(*Polar Express*)]、戏剧[《费城故事》(*Philadelphia*)]、喜剧[《福星福将》(*Turner and Hooch*)]中的演员以及由各种小说改编成的电影[《达·芬奇密码》(*The Da Vinci Code*)、《天使与魔鬼》(*Angels and Demons*)]中的演员联系在一起。跨题材的演员,如 Tom Hanks,Kevin Bacon 以及许多不很出名的跨题材演员,使得"Kevin Bacon 的六度联络人"("*Six Degrees of Kevin Bacon*")这个著名游戏成为可能。虽然识别 Kevin Bacon 的最短路径也许是一个挑战(Watts et al.,2002),但对于绝大多数出现在电视和电影中的演员来说,他们距离 Kevin Bacon 不会超过四步(Watts,1999)。

结构主义理论

结构主义理论关注的是关系模式如何能够在它们内部阐明一些实质性课题。结构主义研究的主题差异很大,如健康(Lin and Ensel,1989;Pescosolido,1992;Cohen S. et al.,1997,2001)、工作(Burt,1992;Podolny and Baron,1997;Ibarra,1993)、社区(Fischer,1982a;Wellman and Wortley,1990)。在高唱"关系重要"赞歌的时候,结构主义至少坚持了如下四种不同的方法。

用网络术语界定关键概念

在将网络视角应用于实质性领域的时候,一个方法是找到该领域的核心概念,并用网络术语加以定义。采纳这种方法的研究者就会考察对这个核心概念的新的理解如何重构了长期存在的争论,并对一些被广为接受的发现提出质疑。例如,Wellman 认为,社区并不是提供支持和服务的地理区域,而是向与自己有关联的人提供支持和服务的一些人。通过将社区理解为是"个人的",意味着个人社区仅包含与他有关系的人,Wellman 便改变了我们对现代性和城市生活是如何影响了互动和支持这一问题的理解(Wellman,1979;Wellman and Wortley,1990)。这项工作为下面的问题引起的争论设定了研究计划:社会支持网络是如何变化的(Fischer,1982a;Grossetti,2005;Hennig,2007),新技术如何影响社区(Wellman et al.,2006;Boase and Wellman,2006;Hampton,2007;Stern,2008;也参见 Chua et al.,本书)。

检验已有的理论

研究者一般始于一个现有的社会学理论。通过思索基于关系对理论的理解并检验得到的假设,这些研究者便将网络方法应用于该理论中,而该理论可能在此前已经用基于属性或基于群体的方法研究过了。例如 Wilson(1978,1987)关于底层阶层的理论认为,随着贫穷的非裔美国人越来越多地生活在贫困人口集聚地,他们就会与那些能为他们提供与劳动力市场之间关系的人失去联系。他们的社会隔离提高了找工作的难度,阻碍了社会流动。

　　虽然 Wilson 的讨论谈到了网络关联,但提供的论据依然是基于群体的,他将邻里视为一个依据其阶层构成而与劳动力市场有关联或无关联的整体。而且,该理论关注邻里内部关系,忽略了群外联系也可能提供与劳动力市场的关联。然而,事情可能更复杂。Fernandez 和 Harris(1992)发现,城市贫民的确与群体外那些致力于参与劳动力市场的人有联系,而 Smith(2005)进一步发现,非裔的美国城市贫民所缺少的是同劳动力市场中那些愿意为自己提供帮助之人的连接。这样的研究通过考察实际的关系模式,而不是基于感知到的机会缺乏而假设缺乏关系,在理论和数据之间创建了更强的关联。最初的理论——就像许多基于属性或群体的视角进行研究的社会理论一样——关注的是关系模式。因此,运用关系数据而不是群体特征数据,就可以对理论进行更有效的检验。

针对感兴趣的现象考察其网络原因

　　采用这种方法的研究者会追问:哪些类型的社会网络会导致特定的结果。这些结果可能包括找到工作(Granovetter,1973,1974)、晋升(Burt,1997,1998;Podolny and Baron,1997;Ibarra,1997)、感冒(Cohen et al.,1997,2001)、冒出好点子(Burt,2004)、变得性感(Martin,2005)或者了解不同类型的文化(Erickson,1996)。

　　基于网络对实质结果进行的解释在本质上不同于基于个体或群体属性的解释。社会网络分析学者经常较少容忍基于规范的解释,而规范恰恰被齐美尔认为是那类外在于社会解释领域的内容。此外,当因果力量被假定为内在于个人或被个人所拥有时,那么机制就通常是内化的规范或原子化的理性行动者(Granovetter,1985)。社会网络分析学者认为,内化的规范在本质上为非社会性的机制(asocial mechanisms)。因此,将这样的规范视为主要的因果机制便提供了非社会性的或心理学的解释。同样,理性行动者研究进路(rational-actor approaches)将因果锁定在个体身上,此时是一个内在的理性和计算过程。因此,当社会网络分析学者研究规范时,通常不将规范视为静态和内在的,而看成是在回应网络位置时创造出来的文化基因(memes),或弥散在社会网络中(参见下文的"适应和传递"部分)。

　　有时,基于社会网络的理论的确表现出一些合理性。然而,在研究中采取社会网络立场又会弱化这种合理性,这样的话,它就不再是主导性的因果力。反之,社会网络分析学者认为,备选机会的差异意味着一致性的理性行动者会作出不同的选择,即便作出同样的选择也会体验到不同的结果。而且,网络位置能够创造责任和承诺,这些承诺通过提升信誉(trustworthiness),并让人们不用担心他们的互动伙伴总是苛刻且冷酷的理性者,来改变理性的计算(Granovetter,1985;Uzzi,1996)。

　　研究者在用网络结构来解释实质性结果的时候,将网络数据和比较标准的统计分析结合在一起。研究者将网络作为分析单位,能够使用统计方法判定相互连接紧密的网络所提供的支持是否多于那些规模类似但关联稀疏的网络

(Wellman and Frank,2001)。若将网络位置作为分析单位,他们能够探问位于桥接位置的人是否更可能被晋升(Burt,2005)。这种组合式的方法在研究围绕着个人网络的研究者中尤为常见(参见下文的个体网)。通过对未连接的个体进行抽样,并收集他们的社会网络数据,研究者就能够对网络和网络位置进行本质上的抽样。随机选择 N 个人,他们的个体网数据本质上就是 N 个随机选择的网络数据,一个个体网对应一个人。将每个人的位置都视为一个分析单位,同样的数据就可以被处理为关于 N 个随机选择的网络位置的数据(如 Wellman,1979;Fischer,1982a;Marsden,1987;McPherson et al.,2006)。

针对感兴趣的现象考察其网络后果

17   最后,除了研究特定的网络性质及位置的效应以外,社会网络分析学者还研究网络和位置的成因。例如,McPherson 和 Smith-Lovin(1987)借用有关社会互动的焦点如何形塑着社会网络的理论(Feld,1981),认为参与人口统计学意义上的隔离的志愿组织使得友谊网络中充满了在人口统计学意义上相似之人。Hampton 和 Wellman(2003)发现,使用电子手段相互交流的邻居更容易形成邻里内部的关系。与研究网络结构的影响的学者一样,采用这种研究路数的学者还经常将基于网络的数据与统计方法相结合,把位置或网络作为他们的分析单位。

网络解释

在本部分,我们将展示网络分析学者利用哪些机制来论证某些特定类型的网络或网络位置能够引起特定的结果。我们遵循 Borgatti 等人(2009)的分类,将网络分为传递(transmission)、适应(adaptation)、绑定(binding)和排除(exclusion)四类(参见 Borgatti,本书)。

传递

基于网络的理论经常将网络连接视为许多事物流通的管道:求职信息(Granovetter,1973,1974)、社会支持(Wellman and Wortley,1990)、规范(Coleman,1988)、工作场所的身份(Podolny and Baron,1997)、疾病(Morris,1993)、疾病的免疫力(S. Cohen et al.,1997,2001)、物质援助(Stack,1974)、文化知识(Erickson,1996)等。坚持此观点的学者研究最广泛地分布在产生的各类网络、最可能接受流量(flows)的网络位置以及不同的网络结构通过哪些方式在不同的环境下创造出不同的流动模式。例如,对于既相互无关联,也与相同的他人无关联的人来说,网络最可能提供新的、无冗余的信息和观点(Burt,1992,2004,2005;Hargadon and Sutton,1997;Granovetter,1973)。此外,网络还令直接相连之人传递一致的期待和明确的规范(Coser,1975;Coleman,1988;

Podolny and Baron，1997）。

网络结构对资源在网络中流动的方式所起的效应可能不总是一致的。例如，边燕杰（Bian，1997）发现，制度性因素使影响的施加变得有风险，工作机会更可能通过强关系流动。Gibson（2005a）用计算机模拟发现，与随机网络相比，拥有少量高度连接的点可以放慢扩散的早期阶段。然而，一旦中心的行动者被感染，诸多扩散率就有可比性了。

适应

如果两个人因占据相似的网络位置，面对相似的约束和机会而作出同样的选择，那么此时就发生了适应（adaptation）。例如，加利福尼亚的酿酒师们主要用来自一个地区的葡萄酿酒，因此允许用索诺玛县（Sonoma County）红酒或纳帕谷（Napa Valley）红酒的品牌销售。虽然将不同产地的葡萄混合也可以酿出优质葡萄酒，但是缺乏基于产地的称谓（appellations），会失去其在红酒业中的地位，并使得红酒消费者作出类似的反应，即品尝其他红酒。因此，酿酒师决定不混合他们的红酒，这不是因为他们相互传递着酿酒知识，而是因为他们对相似的网络制约进行着回应。为了与消费者维持联系，他们需要同葡萄栽培地区保持关系（Podolny，2005）。

绑定

当网络被约束起来作为一个单元（unit）而行动时，绑定（binding）就发生了。这些行动或该行动的诸多后果受到网络内部结构的影响。例如，Granovetter（1973）认为，对于抵制在自己的邻里进行城区改造的许多社区来说，当他们的内部网络较少分化时，就能更好地组织他们的反抗。当社区网络内部缺乏联络时，信息就无法在网络中充分传播，并且通过间接联系促成的对领导者的信任也永远不会提升。与一个拥有比较整合的网络的社区相比，内部结构分化的社区在试图达成集合行动时的效率较低，缺乏协调，更易溃败。

排除

当一种关系的出现阻碍了另一种关系的存在，进而影响被排除的点同其他点之间的关系时，就发生了排除（exclusion）。这一机制最常见于市场或交换网络，因为在那里，一个点拥有的备选伙伴（alternative partners）增加了该点的讨价还价能力。一个制造企业如果有两个潜在的供货商，就可以令二者竞价而获得好价格。当其中的一个供货商同另一个制造商签署了一份独家供给合同时，不仅可以防止主角公司从该供货商处购买，而且极大地增加了另一个供货商给出自己报价的权力。类似地，如果一个人拥有两个潜在的浪漫约会对象，当其中的一人同他人结婚了，此人就会失去另一个潜在的对象。另外，此人也因为失去（立即可见的）备选者而失去对剩下之人的讨价还价能力。

对网络的研究及操作化

虽然社会网络分析并不仅仅是一组算法和方法,但分析者还是发展出了一套测量概念并分析关系性数据的方法。很多分析性的工具主要考虑原子化的个体,而分析关系性数据的方法之所以得到发展,是由于网络分析的关键前提——关系为先——使得它难以仅依靠这些分析性的工具发展。

从关系角度对概念进行操作化

从网络视角来研究实际现象,要求从关系角度定义至少一个具有重要理论意义的概念。这种再定义加上对其含义的考察本身就是一项开创性的研究。然而,即便一个项目的主要关注点并不是从网络角度界定一个概念,但在考察网络如何引起特定的结果,或哪些不同的力量会产生哪些类型的网络时,都要求我们在特定的网络形式上描绘社会学概念。例如,我们之所以研究网络密度(network density),是因为它是对诸如凝聚、团结或约束之类概念的一种数学表达,每个概念都与一些容易产生特殊影响的社会过程有关。例如,凝聚和团结创造了认同(Podolny and Baron, 1997)并强化着规范(Coleman, 1988; Podolny and Baron, 1997)。约束(Burt, 1992)则更像一种强化规范的否定性框架(negative framing)。我们研究结构对等性,因为它是对角色这个概念的数学表达(White et al., 1976; Boorman and White, 1976; Ferligoj et al., 本书),因此我们期待那些结构对等的行动者有相似的压力和机遇。

同样,当我们研究某些现象对网络的影响时,只有当所影响的网络测度具有社会学意义,研究结果才具有社会学意义。如果某种事物引起了网络的断裂,使得点与点之间没有了路径,则这种断裂只有因为它具有社会影响才是重要的。这些后果也许包含使互联网瘫痪(R. Cohen et al., 2000, 2001),或阻止性病在青少年中的广泛传播(Bearman et al., 2004)。甚至像某个特定点拥有的关系数这样的基本测度都因为它有一定的社会意义(即高度的网络活动(Freeman, 1979))而重要。

网络数据的搜集

研究者在搜集网络数据时,必须首先确定他们要研究的是哪些类型的网络以及哪些类型的关系。虽然有很多类型的网络数据,我们这里只讨论网络数据变化所围绕的两个重要维度:整体网对个体网,1-模网对2-模网。甚至在开始思考上文论及的边界设定问题之前,研究者都必须作出这些选择。

整体网对个体网

整体网给出社会结构的鸟瞰图,关注网络中的所有节点,而非特别关注围绕任何特定点的网络(参见 Hanneman and Riddle,本书)。这样的网络开始于在考虑范围之内的一系列点,以及关于每一对点之间是否存在关系的数据。这里有两个著名的例子:一个网络中的点是由某个工厂的全部工人构成的,展示了谁同谁游戏(Roethlisberger and Dickson,1939);另外一个网络展示了出现在电影或电视上的演员,表明谁同谁联袂主演(Watts,1999)。

使用整体网数据的研究者经常分析一种以上的关系,有时将若干关系叠加到单个网络中,如工作场所网络或支持网络(Burt,1992),有时也考察如何用不同的关系产生不同的效果。例如,Padgett 和 Ansell(1993)搜集了 15 世纪佛罗伦萨的一些精英家族(elite Florentine families)的 8 种关系数据。他们以此来展示美第奇(Medici)家族是如何运用经济关系从地理上邻近的家族那里获得政治支持,而运用与空间距离较远的家族通婚和交友关系来构建并维持家族的地位的。

个体中心网络数据(egocentric network data)关注的是围绕一个点(所谓的自我点)的网络(参见 Hanneman and Riddle,本书)。数据包括与自我点共享某种(些)所选择的关系的点以及那些点之间的关系。虽然这些网络可以扩展到二阶个体网(second-order ego network),或与自我点有关的那些点分享了某些关系的点(如朋友的朋友),但实际上一阶个体网最常被研究(如 Wellman,1979;Marsden,1987;Fischer,1982a;Campbell and Lee,1992)。

个体网数据可以从整体网数据中提取,其方法是选择一个焦点,再检验只与此点相连的点。例如,Burt(1992,2005)在研究网络约束性的影响时就经常使用整体网数据,尽管他对限制度的测量是以个体为中心的,在计算时将整体网络中的每一个点都视为临时的自我点。

与整体网数据一样,个体网数据也可以包含多元关系。这些关系可以叠加到单一的网络中,正如与提供了友谊和情感帮助的人的关系被叠加到单个支持网中一样(Fischer,1982;Wellman,1979)。或者每一个关系都可被看作是创建了属于它自己的网络,例如可以考察网络中提供物质帮助的亲属与社交网络中的亲属有何不同(Wellman and Wortley,1990)。整体网分析只关注一个或少数网络。与之不同的是,个体网分析通常抽取大量的个体及其网络。典型的做法是,将这些个体网视为分析单位,运用标准的统计方法进行研究。另一种研究路数是,将备选者(个体网络的每一个成员)视为分析单位,使用多层次方法考虑因与共同的自我点有关联而造就的依赖性(Wellman and Frank,2001;Snijders and Bosker,1999)。

1-模 数 据 对 2-模 数 据

在研究整体网时,研究者经常搜集网络中的单类点数据,可以想象,其中每个点都可以和任意其他点相连。他们分析的大多数网络都是 1-模网(one-mode networks)。然而,一些研究的问题,尤其是那些与群组成员有关的问题就需要搜集并分析两类点——通常是组织及其成员,或事件及其参与者。在这些 2-模网(two-mode networks)或隶属网(affiliation networks)中,关系是由成员或事件参与者构成的,而这类关系不能存在于同类点之间:一个人可以参与某件事或属于某个组织,但一个人无法参与或属于另一个人,而一个事件也无法参与其他事件(参见 Borgatti and Halgin,本书)。

1-模网数据可以从 2-模网数据中提取,其方法是从由共享成员/共同出席(co-membership/co-attendance)构成的关系中进行抽离,或基于拥有共同参与的成员的关系来抽离(Breiger,1974)。例如,在电影中共同出现的演员网络就是1-模网(Watts,1999),其中的点就是演员,如果他们在一部电影或电视剧中都露面,就有相互联系了。然而,这个 1-模网来自对 2-模网的分析,其中第一个模由演员构成,第二个模则由电影和电视剧构成。

关系类型

一旦选择了网络类型,确定了理论上重要的关系,研究者就必须决定如何测量他们所选择的关系。可以将关系测量为有方向或无方向的,二值或多值的。有向关系是那种从一个点指向另一个点的关系,而无向关系则存在于没有特定方向的两个点之间。寻求建议、分享信息、登门拜访或把钱借给别人等,都属于有向关系;而共同成员关系则是无向关系。有向关系可以是互惠的,例如两个人互访,或者也可以只存在一个方向,当只有一个人向另一个人提供情感支持的时候(Plickert et al.,2007)。某种类型的有向关系阻碍了互惠的可能性。例如,军官之间不可能相互发命令。

有向关系和无向关系都可以作为二元关系来测量,即在每个二方组中它要么存在,要么不存在;也可以测量为多值关系,即关系可强可弱,传递着或多或少的资源,或联系的频次或多或少。例如,朋友关系网可以用二元关系表达,这意味着两个人是否为朋友,或用多值关系来表达,即基于两个人感觉彼此的关系有多近或互动的频繁程度对关系赋予高分或低分。

如这些例子所展示的那样,将关系测量为无向还是有向,多值还是二值,这些决策有时取决于关系的理论性质:共同成员关系本质上就是无向的,权威关系本质上就是有向的。然而,对于许多类型的关系来说,可以把关系视为无向或有向、多值或二值的。至于具体如何决策,要取决于对现有数据的实用性选择、预计使用的分析方法和预期的理论目标。

20

调查法和访谈法

可以通过观察法收集网络数据(Gibson,2005b),也可以利用档案和历史资料收集(Gould,1995;Padgett and Ansell,1993),还可通过对电子通信的追踪观察来获得网络数据(Carley,2006)。我们在此讨论调查法和访谈法,因为利用调查法和访谈法直接收集的网络成员的社会网络数据涉及对社会网络数据的独特挑战(参见 Marsden,本书)。

运用调查法和访谈法搜集社会网络数据时,要求被访者回答他们同谁分享某些特定的关系。在被访者面前展示一个网络成员列表,请他们指出自己与哪些人分享某些关系,这样就可以得到整体网数据。当网络规模太大以至于不能获得一份详尽的列表,或没有一份完整的列表可供使用时,可要求被访者回忆自己与哪些人共享了某些关系,并提供一份清单。接下来的问题是,可以请被访者对他们与不同网络成员之间关系的重要性或强弱进行排序,选择他们最重要的关系,或提供关系的更多细节。由于整体网研究者也会直接从其他网络成员那里获得数据,因此被访者不需要汇报他们的备选伙伴的特征,也不需要报告与他们共享关系的人之间的关系。

个体网数据的收集经常使用提名法(name generators):请调查对象列举出他们同谁共享某些关系(Marsden,1987,2005;Burt,1984;Hogan et al.,2007)。由于这些他者不会被直接调查,因此被调查者必须给出这些关系的所有特征或研究者感兴趣的他者的特征。可以从被调查者那里搜集额外的数据,包括网络成员之间关系的信息。

无论对于被调查者还是研究者来说,这些调查或访谈都可能是困难且繁重的。个体网调查可能时间更长更无聊,因为它针对每个他者都要询问同样的问题。此外,按研究者的要求提供信息也很难。人们用不同的方式理解关系(Fischer,1982b;Bailey and Marsden,1999;Bearman and Parigi,2004):他们可能忘记同谁共享了关系(Brewer,2000;Brewer and Webster,1999;Bernard and Killworth,1977;Killworth and Bernard,1976;Marin,2004),可能误解了他者之间的关系(Freeman,1992),也许不了解他者的特征(Chen,1999)。

在用调查法和访谈法来收集网络数据时,其设计过程还有一些相关的议题。调查需要复杂的跳跃和循环模式,设计的问题不但要基于此前的回答进行询问或跳题,还要通过将先前的回答组合在一起来创设问题。鉴于有这些困难,计算机辅助访谈和基于计算机的调查变得普遍(如 Hampton,1999;Marin,2004;Manfreda et al.,2004)。然而,围绕这些困难使用的一些非基于计算机的工作方法,据此开展的调查和访谈设计中的持续创新表明模拟访谈(analog interview)还有生命力(Hogan et al.,2007)。

当研究者对社会网络的某些无须了解网络的全部结构就可以测量的特殊属性感兴趣时,他们有时候使用一些数据收集方法来只搜集相关数据。例如,对熟人的社会地位差异(Lin,1986;Lin and Erickson,2008;Erickson,本书)、社会网络规模(Killworth et al.,1990)或网络提供的资源(van der Gaag and Snijders,2005)感兴趣的研究者已经提出了特殊的数据搜集测度。

网络数据的分析

一旦收集到网络数据,社会网络分析学者就用这些数据来计算网络位置、二方组(dyads)和作为一个整体的网络的各种测度。网络位置的属性包括这样的性质,如一个点拥有的关系数以及该点在多大程度上是居于其他两个点之间的桥(Freeman,1979)。二方关系在很多方面是可变的,如两个点的关系强度或互惠性、两个点的相似性(同质性)、关系的内容、二者共享的关系类型数(关系多重性)或所使用的沟通媒介数(媒介多重性)。

当研究作为一个整体网络的属性时,研究者可以关注以下方面:相互连接的二方组数与总二方组数之比(密度)、连接一对点必须经过的路径长度的均值、关系强度的均值、网络在多大程度上受控于一个核心行动者[中心度(Freeman,1979)]或网络在多大程度上由相似点组成(同质性)或由有特定特征的点组成(成分),如网络中的女性成员所占比例。

此外,还可以通过将网络分解成子图的方式来研究网络。例如,网络可能由多个成分构成:一个点集内部的点可能直接或间接相连,但与其他点集却没有直接关系。网络也可能包括派系,即其中每一个点都与其他点直接相连。

由于社会网络分析学者不将个体作为他们的分析单位,因此,针对基于个体(或属性)分析而设计的定量分析程序包对基于关系的分析来说既不适合,又难以接受。为了回应这个问题,社会网络分析学者发展了一系列软件用来分析社会网络数据(参见 van Duijn and Huisman,本书)。最常使用的程序有 Pajek(斯洛文尼亚语为"蜘蛛"之意)(Batagelj and Mrvar,2007;Nooy et al.,2005),UCINet(Borgatti et al.,2002),MultiNet(Richards and Seary,2006),SIENA(Snijders,2001),P∗/ERGM(Snijders et al.,2006),R(R Development CoreTeam,2007;Butts,2008),ORA(Carley and DeReno,2006)及 Node XL(Smith and the Node XL Development Team,2009)。这些软件包主要用来研究整体网络数据。虽然个体网数据能够使用一些专门针对网络(network-specific)的软件包[或诸如 SAS,SPSS,Stata(Müller et al.,1999)等标准的统计包]来分析,不过 UCINet 也包含了从整个网络数据中计算个体网测度的功能。

利用质性方法落实网络视角

自社会网络分析开端以来,量化和质性研究模式就得到了应用(参见Hollstein,本书)。的确,最早的社会网络分析是质性分析,例如 Barnes(1954)对挪威渔业人员的研究,他在该项研究中发明了"社会网络"一词;Bott(1957)在解释英国女人的持家行为(domestic behaviour)时,证明亲属网要优于社会阶级;以及 Mitchell(1969)对南非移民的分析。

最近,Stack(1974)在对美国中西部一个城市的贫困家庭的民族志研究中,从关系角度将家园(families)定义为"一个有组织的、持久的、每天互动的亲属和非亲属网络,它为孩子提供家庭需求,确保他们的生存"(第 31 页)。她的研究基于互动和交换来定义家庭,而不是基于亲属或住所(households)(二者都是基于群体的界定),从而表明跨越亲属群体和住所的关系的重要性,以及家庭内部成员关系的强度在哪些方面是可变的,男人比女人更不愿意保持长久的关系。该研究也表明家庭成员有流动性——人们有时候在不同的家庭之间移动,以及家庭成员的重叠性质——人们隶属于多个家庭群体。

民族志学者和质性访谈者继续用网络视角开展他们的工作。例如,Menjívar (2000)运用对旧金山的萨尔瓦多移民(Salvadoran immigrants)的访谈,表明当经济条件和地位阻碍了互惠性的会面义务时,这种情况如何带来网络关系的紧张与割裂。Domínguez 和 Maya-Jariego(2008)运用民族志和访谈数据表明,将移民和本国原住民联系起来的网络在两个方向上都可以传播文化,都可以使移民适应,使非移民接受移民文化的诸多方面。在另一脉络下,Tilly(1984)毕生的历史分析文集强调,抗争政治和社会运动大都是从参与者之间的关系中催生的。

结 论

社会网络分析既非一种理论,也非一种方法论,毋宁说它是一种视角或范式。它的出发点在于如下前提,即社会生活主要并且最重要是通过关系以及由这些关系形成的模式创造的。与一个理论不同,社会网络分析提供了一种观察问题的方式,但它并不预测我们会看到什么。社会网络分析并不提供一系列从中可以引出假设或预测的前提。关系相对于原子化单位有优越性,而对于不平等什么时候会增长或衰落,组织如何确保成功,或谁有可能长寿并健康地生活等而言,优先性这一点并没有立即获得明确的特定意义。单独而言,网络分析只能为这些问题提供模糊的回答:阶级内或阶级之间的关系应该是重要的,组织之间的关系应该重要,与健康有关以及影响健康的关系也应该重要。然而这些答案有一个用处:虽然它们不告诉社会科学家这些问题的答案,但是它们可以为去哪里寻求答案提供方向。

致 谢

感谢 Julie Bowring,Jessica Collins,Robert Di Pede,Sherri Klassen 和 Paromita Sanyal 对本章的评论,还要感谢 Julia Chae,Stephen Di Pede,Christine Ensslen, Sinye Tang,Yu Janice Zhang 和 Natalie Zinko 在编辑方面给予的帮助。 22

参 考 文 献

Bailey, S. and Marsden, P. V. (1999) 'Interpretation and interview context', *Social Networks* 21: 287-309.

Barabási, A.-L. and Albert, R. (1999) 'Emergence of scaling in random networks', *Science* 286(5439): 509-12.

Barabási, A.-L. (2002) '*Linked: The New Science of Networks*' Cambridge, MA: Perseus.

Barnes, J.A. (1954) 'Class and committees in a Norwegian island parish', *Human Relations* 7:

39-58.

Barnes, J. A. (1972) *Social Networks*. Reading, MA: Addison-Wesley.

Batagelj, V. and Mrvar, A. (2007) 'Pajek: package for large network analysis', University of Ljubljana, Slovenia. http://vlado.fmf.uni-lj.si/pub/networks/pajek/.

Bearman, P.S., Moody, J. and Stovel, K. (2004) 'Chains of affection', *American Journal of Sociology* 110: 44-91.

Bearman, P.S. and Parigi, P. (2004) 'Cloning headless frogs and other important matters: Conversation topics and network structure', *Social Forces* 83(2): 535-57.

Bernard, H. R. and Killworth, P. (1977) 'Informant accuracy in social network data II', *Human Communication Research* 4: 3-18.

Bian, Y. (1997) 'Bringing strong ties back in', *American Sociological Review* 62(3): 366-85.

Blau, P. M. (1994) *Structural Context of Opportunities*. Chicago: University of Chicago Press.

Boase, J. and Wellman, B. (2006) 'Personal relationships: On and off the Internet', in Anita V. and Dan P. (eds.), *Cambridge Handbook of Personal Relationships*. Cambridge: Cambridge University Press. pp. 709-23.

Boorman, S. and White, H. (1976) 'Social structure from multiple networks II: Role structures', *American Journal of Sociology* 81: 1384-446.

Borgatti, S., Everett, M. and Freeman, L. (2002) UCINet 6.0 for Windows. MA: Analytic Technologies. http://www.analytictech.com/.

Borgatti, S., Mehra, A., Brass, D. and Labianca, G. (2009) 'Network analysis in the social sciences', *Science* 323(5916): 892-95.

Bott, E. (1957) *Family and Social Network*. London: Tavistock.

Breiger, R. (1974) 'The duality of persons and groups', *Social Forces* 53: 181-90.

Brewer, D. (2000) 'Forgetting in the recall-based elicitation of personal and social networks', *Social Networks* 22: 29-43.

Brewer, D. and Webster, C. (1999) 'Forgetting of friends and its effects on measuring friendship networks', *Social Networks* 21: 361-73.

Buchanan, M. (2002) *Nexus: Small Worlds and the Groundbreaking Theory of Networks*. New York: W. W. Norton.

Burt, R. (1984) 'Network items and the General Social Survey', *Social Networks*, 6: 293-339.

Burt, R. (1992) *Structural Holes*. Cambridge, MA: Harvard University Press.

Burt, R. (1997) 'The contingent value of social capital', *Administrative Science Quarterly* 42: 339-65.

Burt, R. (1998) 'The gender of social capital', *Rationality and Society* 10: 5-46.

Burt, R. (2004) 'Structural holes and good ideas', *American Journal of Sociology* 110(2): 349-99.

Burt, R. (2005) *Brokerage and Closure: An Introduction to Social Capital*. Oxford: Oxford University Press.

Butts, C. (2008) 'Network: A package for managing relational data in R', *Journal of Statistical Software* 24(2).

Campbell, K. and Lee, B. (1992) 'Sources of personal neighbor networks: Social integration, need, or time?' *Social Forces* 70 (4): 1077-100.

Carley, K. M. (2006) 'A dynamic network approach to the assessment of terrorist groups and the impact of alternative courses of action', in *Visualising Network Information* Meeting Proceedings RTO-MP-IST-063, Keynote 1. Neuillysur-Seine, France. pp. KN1-1-KN1-10.

Carley, K.M. and DeReno, M. (2006). 'ORA: Organization Risk Analyzer, ORA User's Guide.' Carnegie Mellon University, School of Computer Science, Institute for Software Research, Technical Report, CMU-ISRI-06-113.

Casciaro, T., Carley, K.M. and Krackhardt, D. (1999) 'Positive affectivity and accuracy in social network perception', *Motivation and Emotion* 23: 285-306.

Chang, M.L. (2005) 'With a little help from my friends (and my financial planner)', *Social Forces* 83(4): 1469-97.

Chen, K.K. (1999) 'The networks methodology

of proxyreporting: How well do respondents proxy-report different kinds of information on others, and how do respondents err in making these proxy-reports?' Qualifying paper, Department of Sociology, Harvard University, Cambridge, MA.

Cohen, R., Erez, K., ben-Avraham, D. and Havlin, S. (2000) 'Resilience of the Internet to random breakdowns', *Physical Review of Letters* 85: 4626-28.

Cohen, R., Erez, K., ben-Avraham, D. and Havlin, S. (2001) 'Breakdown of the Internet under intentional attack', *Physical Review of Letters* 86: 3682-85.

Cohen, S., Brissette, I., Skoner, D. P. and Doyle, W. J. (2001) 'Social integration and health: The case of the common cold', *Journal of Social Structure*, http://www.library.cmu.edu:7850/JoSS/cohen/cohen.html.

Cohen, S., Doyle, W.J., Skoner, D.P., Rabin, B.S. and Gwaltney, J.M. (1997) 'Social ties and susceptibility to the common cold', *Journal of the American Medical Association* 277: 1940-44.

Coleman, J. S. (1988) 'Social capital in the creation of human capital', *American Journal of Sociology* 94: S95-S120.

Coser, R.L. (1975) 'The complexity of roles as a seedbed of individual autonomy', in *The Idea of Social Structure: Papers in Honor of Robert K. Merton*. New York: Harcourt Brace Jovanovich.

Domínguez, S. and Maya-Jariego, I. (2008) 'Acculturation of host individuals: Immigrants and personal networks', *American Journal of Community Psychology* 42: 309-27.

Emirbayer, M. (1997) 'Manifesto for a relational sociology', *American Journal of Sociology* 103 (2): 281-317.

Erickson, B. (1996) 'Culture, class and connections', *American Journal of Sociology* 102: 217-51.

Feld, S. (1981) 'The focused organization of social ties', *American Journal of Sociology* 86: 1015-35.

Fernandez, R.M. and Harris, D. (1992) 'Social isolation and the underclass', in Adele Harrell and George Peterson (eds.), *Drugs, Crime, and Social Isolation*. Washington, D.C.: The Urban Institute. pp. 257-93.

Fischer, C.S. (1982a) *To Dwell Among Friends*. Berkeley: University of California Press.

Fischer, C.S. (1982b) 'What do we mean by friend?', *Social Networks* 3: 287-306.

Fleming, L., Colfer, L. J., Marin, A. and McPhie, J. (2011) 'Why the Valley went first: Aggregation and emergence in regional collaboration networks', in John Padgett and Walter Powell (eds.), *Market Emergence and Transformation*. Princeton, NJ: Princeton University Press.

Freeman, L. (1979) 'Centrality in social networks: Conceptual clarification', *Social Networks* 1: 215-39.

Freeman, L. (1992) 'Filling in the blanks: A theory of cognitive categories and the structure of social affiliation', *Social Psychology Quarterly* 55: 118-27.

Freeman, L., Freeman, S. and Michaelson, A. (1989) 'How humans see social groups: A test of the Sailer-Gaulin models', *Journal of Quantitative Anthropology* 1: 229-38.

Gibson, D. (2005a) 'Concurrency and commitment', *Journal of Mathematical Sociology* 29(4): 295-323.

Gibson, D. (2005b) 'Taking turns and talking ties', *American Journal of Sociology* 110(6): 1561-97.

Gould, R. (1995) *Insurgent Identities: Class, Community and Protest in Paris from 1848 to the Commune*. Chicago: University of Chicago Press.

Granovetter, M. (1973) 'The strength of weak ties', *American Journal of Sociology* 78: 1360-80.

Granovetter, M. (1974) *Getting a Job: A Study of Contacts and Careers*. Cambridge, MA: Harvard University Press.

Granovetter, M. (1985) 'Economic action and social structure: The problem of embeddedness', *American Journal of Sociology* 91: 481-510.

Grossetti, M. (2005) 'Where do social relations

come from?' *Social Networks* 27: 289-300.

Hampton, K. (1999) 'Computer-assisted interviewing: The design and application of survey software to the Wired Suburb Project', *Bulletin de Methodologie Sociologique* 62: 49-68.

Hampton, K. (2007) 'Neighborhoods in the network society: The e-Neighbors study', *Information, Communication & Society* 10(5): 714-48.

Hampton, K. and Wellman, B. (2003) 'Neighboring in Netville', *City and Community* 2(3): 277-311.

Hargadon, A. and Sutton, R. (1997) 'Technology brokering and innovation in a product development firm', *Administrative Science Quarterly* 42: 716-49.

Hennig, M. (2007) 'Re-evaluating the community question from a German perspective', *Social Networks* 29(3): 375-90.

Hogan, B., Carrasco, J.-A. and Wellman, B. (2007) 'Visualizing personal networks', *Field Methods* 19(2): 116-44.

Ibarra, H. (1993) 'Personal networks of women and minorities in management', *Academy of Management Review* 18: 56-87.

Ibarra, H. (1997) 'Paving an alternate route: Gender differences in managerial networks', *Social Psychology Quarterly* 60: 91-102.

Killworth, P. and Bernard, H. R. (1976) 'Informant accuracy in social network data', *Human Organization* 35: 269-86.

Killworth, P., Johnsen, E., Bernard, H. R., Shelley, G. A and McCarthy, C. (1990) 'Estimating the size of personal networks', *Social Networks* 12: 289-312.

Klassen, S. (2008) 'Indicators of research success in sociology at the University of Toronto', [presentation to the Faculty] Department of Sociology, University of Toronto.

Laumann, E., Marsden, P. and Prensky, D. (1983) 'The boundary specification problem in network analysis', in Ronald Burt and Michael Minor (eds.), *Applied Network Analysis*. Beverly Hills, CA: Sage. pp. 18-34.

Lin, N. (1986) 'Access to occupations through social ties', *Social Networks* 8: 365-85.

Lin, N. and Ensel, W. (1989) 'Life stress and health', *American Sociological Review* 54: 382-99.

Lin, N. and Erickson, B. (eds.) (2008) *Social Capital*. New York: Oxford University Press.

Manfreda, K. L., Vehovar, V. and Hlebec, V. (2004) 'Collecting ego-centred network data via the Web', *Metodološki zvezki* 1 (2): 295-321.

Marin, A. (2004) 'Are respondents more likely to list alters with certain characteristics? Implications for name generator data', *Social Networks* 26: 289-307.

Marsden, P. (1987) 'Core discussion networks of Americans', *American Sociological Review* 52: 122-31.

Marsden, P. (2005) 'Recent developments in network measurement', in Peter Carrington, John S., and Stanley W. (eds.), *Models and Methods in Social Network Analysis*. Cambridge, UK: Cambridge University Press. pp. 8-30.

Martin, J.L. (2005) 'Is power sexy?' *American Journal of Sociology* 111: 408-46.

McPherson, J. M. and Smith-Lovin, L. (1987) 'Homophily in voluntary organizations', *American Sociological Review* 52: 370-79.

McPherson, J. M., Smith-Lovin, L. and Brashears, M. (2006) 'Social isolation in America', *American Sociological Review* 71: 353-75.

Menjívar, C. (2000) *Fragmented Ties*. Berkeley: University of California Press.

Merton, R. (1968) 'The Matthew Effect in science', *Science* 159: 56-63.

Mintz, B. and Schwartz, M. (1985) *The Power Structure of American Business*. Chicago: University of Chicago Press.

Mitchell, J.C. (ed.). (1969) *Social Networks in Urban Situations*. Manchester: Manchester University Press.

Mizruchi, M. and Brewster Stearns, L. (1988) 'A longitudinal study of the formation of interlocking directorates', *Administrative Science Quarterly* 33(2): 194-210.

Morris, M. (1993) 'Epidemiology and social

networks', *Sociological Methods and Research* 22: 99-126.

Müller, C., Wellman, B. and Marin, A. (1999) 'How to use SPSS to study ego-centered networks', *Bulletin de Methode Sociologique* 69: 83-100.

Nooy, W.D., Mrvar, A. and Batagelj, V. (2005) *Exploratory Social Network Analysis with Pajek*. Cambridge: Cambridge University Press.

Padgett, J. and Ansell, C. (1993) 'Robust action and the rise of the Medici, 1400-1434', *American Journal of Sociology* 98 (6): 1259-319.

Pescosolido, B. (1992) 'Beyond rational choice', *American Journal of Sociology* 97: 1096-138.

Plickert, G., Côté, R. and Wellman, B. (2007) 'It's not who you know, it's how you know them', *Social Networks* 29(3): 405-29.

Podolny, J.M. (2005) *Status Signals*. Princeton, NJ: Princeton University Press.

Podolny, J. M. and Baron, J. N. (1997) 'Resources and relationships', *American Sociological Review* 62: 673-93.

Quan-Haase, A. and Wellman, B. (2006) 'Hyperconnected network', in Charles Heckscher and Paul Adler (eds.) *The Firm as a Collaborative Community*. New York: Oxford University Press. pp. 281-333.

R Development Core Team (2007) 'R: A language and environment for statistical computing', R Project for Statistical Computing, Vienna, Austria. Version 2.6.1. http://www.R-project.org/.

Richards, W. and Seary, A. (2006) MultiNet for Windows. Version 4.75. http://www.sfu.ca/~richards/Multinet/Pages/multinet.htm.

Roethlisberger, F.J., and Dickson, W.J. (1939) *Management and the Worker*. Cambridge, MA: Harvard University Press.

Simmel, G. (1908 [1971]) *On Individuality and Social Forms: Selected Writings*. Chicago: University of Chicago Press.

Simmel, G. (1922 [1955]) 'The web of group affiliations', in Kurt Wolff (ed.), *Conflict and the Web of Group Affiliations*. Glencoe, IL: Free Press. pp. 125-95.

Smith, M. and the Node XL Development Team (2009) Node XL: Network overview. Version 1.0.1.84. http://www.codeplex.com/NodeXL.

Smith, S.S. (2005) 'Don't put my name on it', *American Journal of Sociology* 111: 1-57.

Snijders, T. A. B. (2001) SIENA. Version 3.1. http://stat.gamma.rug.nl/snijders/siena.html.

Snijders, T. and Bosker, R.J. (1999) *Introduction to Multilevel Analysis*. London: Sage.

Snijders, T., Pattison, P., Robins, G. and Handock, M. (2006) 'New specifications for exponential random graph models', *Sociological Methodology* 36: 9-153.

Stack, C. (1974) *All Our Kin*. New York: Harper & Row.

Stern, M. (2008) 'How locality, frequency of communication, and Internet usage affect modes of communication within core social networks', *Information, Communication & Society* 11(5): 591-616.

Tilly, C. (1984) *Big Structures, Large Processes, Huge Comparisons*. New York: Russell Sage Foundation.

Uzzi, B. (1996) 'The sources and consequences of embeddedness for the economic performance of organizations', *American Sociological Review* 61: 674-98.

van der Gaag, M. and Snijders, T. (2005) 'The resource generator', *Social Networks* 27: 1-27.

Wasserman, S. and Faust, K. (1994) *Social Network Analysis*. Cambridge: Cambridge University Press.

Watts, D. (1999) *Small Worlds*. Princeton, NJ: Princeton University Press.

Watts, D. (2003) *Six Degrees*. New York: W. W. Norton.

Watts, D., Dodds, P. and Newman, M. (2002) 'Identity and search in social networks', *Science* 296: 1302-5.

Wellman, B. (1979) 'The community question', *American Journal of Sociology* 84: 1201-31.

Wellman, B. (1988) 'Structural analysis', in Barry Wellman and S. D. Berkowitz (eds.), *Social Structures*. Cambridge: Cambridge University Press. pp. 19-61.

Wellman, B. and Frank, K. (2001) 'Network capital in a multilevel world', in Nan Lin, K.C. and Ronald B. (eds.), *Social Capital*. Chicago: Aldine De Gruyter. pp. 233-73.

Wellman, B., Hogan, B., Berg, K., Boase, J., Carrasco, J.-A., Côté, R., Kayahara, J., Kennedy, T. and Tran, P. (2006) 'Connected lives: The project', in Patrick Purcell (ed.), *Networked Neighbourhoods*. Guildford, UK: Springer. pp. 157-211.

Wellman, B. and Wortley, S. (1990) 'Different strokes from different folks', *American Journal of Sociology* 96(3): 558-88.

White, H., Boorman, S. and Breiger, R. (1976) 'Social structure from multiple networks I: Blockmodels of roles and positions', *American Journal of Sociology* 81: 730-80.

White, H., Wellman, B. and Nazer, N. (2004) 'Does citation reflect social structure?' *Journal of the American Society for Information Science and Technology* 55(2): 111-26.

Wilson, W.J. (1978) *The Declining Significance of Race*. Chicago: University of Chicago Press.

Wilson, W.J. (1987) *The Truly Disadvantaged*. Chicago: University of Chicago Press.

Zelizer, V. A. (1994) *The Social Meaning of Money*. New York: Basic Books.

社会网络分析的发展
——侧重近期事件

3

THE DEVELOPMENT OF SOCIAL NETWORK ANALYSIS
—WITH AN EMPHASIS ON RECENT EVENTS

◉ 林顿·C.弗里曼(Linton C. Freeman)

我在最近出版的一本书中回顾了社会网络分析从最早发端到 1990 年代的发展(Freeman,2004)。在那本书中,我将社会网络分析描述成具有以下四个典型性质的一种研究路数:(1)它包含这样的直觉,即社会行动者之间的关系是重要的;(2)其基础是收集与分析将行动者联系起来的社会关系数据;(3)充分利用图像来揭示与呈现那些关系的模式;(4)发展出描述和解释那些模式的数学和计算机模型。

在那本书中,我回顾了社会网络分析的前史。我认为,在 13 世纪甚至可能更早一些,人们就开始利用上述四种性质中的一种或几种做出成果了。不过,直至 1930 年代诞生现代领域的社会网络分析之前,还没有人同时使用这四种性质。

精神病学家 Jacob L.Moreno 和心理学家 Helen Jennings(Freeman,2004:第 3 章)开创了现代社会网络分析的首次轮回。他们先在狱囚中间(Moreno,1932),后在一个女子感化院的成员中间(Moreno,1934)作了精致的社会网络研究。

Moreno 和 Jennings 称他们的研究路数(approach)为社会计量学(sociometry)。起初,社会计量学引起极大关注,尤其是在美国心理学家和社会学家中间。但是好景不长,到 1940 年代,大多数美国社会科学家还是回归了传统,重新关注个体的特征。

与此同时,由人类学家 W. Lloyd Warner 领导的另一个团队也采用了社会网络进路(Freeman,2004:第 4 章)。他们的成就集中在哈佛大学人类学系和商学院,其研究进路明显不同于 Moreno 和 Jennings 的研究。Warner 设计了"触排布线室"(bank wiring room)研究,它是著名的西部电气公司工业生产效率的研究(Roethlisberger and Dixon,1939)中的社会网络部分。在他的社区研究中,也让商学院的同事和人类学系的学生参与进来。他们在两个社区作了社会网络研究:扬基城(Yankee City)(Warner and Lunt,1941)和远南(Deep South)(Davis et al.,1941)。

但是,与 Moreno 和 Jennings 的研究相比,Warner 的研究团队从未激发起那么高的兴致。Warner 于 1935 年赴芝加哥大学任职,并转向其他研究,整个哈佛运动就此分崩离析。·

1936 年,当德国心理学家 Kurt Lewin 接受了一份爱荷华大学(University of Iowa)的工作时,第三个版本的社会网络分析就出现了(Freeman,2004:66-75)。Lewin 在爱荷华大学与许多研究生和博士后合作,他们共同提出了结构视角,并在社会心理学领域中开展社会网络研究,如 Lewin and Lippitt(1938)。

Lewin 团队于 1945 年转移到麻省理工学院,但是 Lewin 于 1947 年突然逝世,这以后,大多数团队成员再次离职,这一次他们奔赴密歇根大学任职。在随后的 20 多年时间里,这个密歇根团队为社会网络研究作出了重要贡献(如 Festinger et al.,1950;Cartwright and Harary,1956;Newcomb,1961)。

Lewin 的学生之一 Alex Bavelas 留在麻省理工学院,他在那里主持了一项著名的研究,即探讨群体结构对生产率和士气的影响(Leavitt,1951)。该研究成果在组织行为学领域中是有影响的,但是其影响也仅限于这个领域。

所有这三个团队的工作都始于 1930 年代。然而,他们当中没有一个团队能够提供被全世界的所有社会科学都接受的一种进路,也没有一个团队提供过结构研究的标准。

不过,1930 年代至 1970 年代期间出现了许多社会网络研究中心。每个研究中心在社会网络进路方面的形式与应用都各不相同。而且,他们在不同的社会科学领域和国家开展研究。表 3.1 列出了在那 30 年间涌现出来的 13 个中心。[1]

表 3.1　社会网络研究中心(1940—1969 年)

地　点	领　域	团队带头人	国家
密歇根州	农村社会学	Charles P. Loomis Leo Katz	美国
索邦大学	语言学	Claude Lévi-Strauss André Weil	法国
隆德大学	地理学	Thorsten Hägerstrand	瑞典
芝加哥	数学生物学	Nicolas Rashevsky	美国
哥伦比亚	社会学	Paul Lazersfeld Robert Merton	美国
爱荷华州	传播	Everett Rogers	美国
曼彻斯特	社会学	Max Gluckman	英国
麻省理工学院	政治科学	Ithiel de Sola Pool Manfred Kochen	美国
锡拉丘兹	社区权力	Linton Freeman	美国
索邦大学	心理学	Claude Flament	法国
密歇根州	社会学	Edward Laumann	美国
芝加哥	社会学	Peter Blau James A. Davis	美国
阿姆斯特丹	社会学	Robert Mokken	荷兰

26

到 1970 年已经有 16 个社会网络研究中心了。随着每一个研究中心的发展，学者对结构进路的了解与接受程度也在提高。然而，没有任何研究中心能成功地提供一个用社会网络进路进行社会科学研究的被普遍认可的范式。

1970 年代初期，当 Harrison C. White 和他的学生在哈佛建立了第 17 个社会网络研究中心后，所有这一切都发生了改变。我在我的书中描述了这个团队的影响（Freeman,2004:127）：

> 从一开始，White 就认识到了结构范式的广泛普适性，并且他设法把这种洞见和他自己的热情传递给整整一代的杰出学生。毫无疑问，该领域的大部分出版物都出自 White 和他以前的学生。这一代人一旦开始著书立说，就出版了非常多关于社会网络理论和研究的成果，使得所有的社会科学家，不管他们在哪个研究领域，都再也不能无视这一观念了。到 1970 年代末，社会网络分析在社会科学家中已经得到了普遍认可。

继 White 与其学生的贡献之后，社会网络分析尘埃落定，接受了标准的范式，并被广泛认为是一种新的研究领域。

但是，在 1990 年代末，该领域发生了一次革命性的变化。就在此时，物理学家开始出版社会网络方面的著作。[2]首先，Watts 和 Strogatz（1988）阐述了小世界。一年以后，Barabási 和 Albert 检验了度数中心度（degree centrality）的分布。拙作（Freeman,2004）评析了 Watts,Strogatz,Barabási 和 Albert 对社会网络研究的介入，并以此结束了对早期的论述。像所有那些早期的、可能声称自己对这个领域拥有主权的人一样，我也表达了一种虔诚的希望，即希望我们的物理学同人不过是加入这个集体的事业中而已。

但是，这一希望并没有马上实现。这些物理学家是社会网络分析中的新手，没有阅读过先前的文献，他们的所作所为就好像我们 60 年来的努力都一无是处似的。在最近的一篇文章中，我比较了新物理学家的进路与那些早期的、一直致力于社会网络研究的物理学家的进路（Freeman,2008）："其他物理学家早已致力于社会网络分析。其中不乏 Derek de Solla Price, Harrison White, Peter Killworth 等名家（如 Price,1965,1976;White,1970;White et al.,1976;Killworth et al.,2003;Killworth et al.,2006）。这些物理学家阅读社会网络文献，群策群力，致力于一个不断推进的研究过程"。但是，不论是 Watts 和 Strogatz，还是 Barabási 和 Albert 宣称的研究主题早就是社会网络分析的一部分，然而他们却将这些主题变成了物理学中的论题。

这一结果使社会网络研究共同体中的许多成员大为恼火（可能也有些嫉妒）。Bonacich（2004）这样说道：

> Duncan Watts 和 Albert-László Barabási 都是物理学家，最近却粉碎了社会网络世界，这一过程引起了某些不满。二人在更大的科学共同体中都引起了轰动，他们在一流科学期刊（如《科学》《自然》）上发表论文就是明证……最近，两位学者都撰写了科学畅销书：《六度分割》（Six Degrees）在亚马逊上位列第 2 547 位，而《链接》（Linked）排在第 4 003 位。

Watts，Strogatz，Barabási 和 Albert 首开先河，他们设法让物理学同人参与进来，这些人数量之大，足以覆没传统的社会网络分析者。因此，他们的影响在社会网络研究中掀起了一场革命。在本章中，我会关注这场革命及其后果。在此，我将回顾自这两篇文章(即 Watts 和 Strogatz 的文章，以及 Barabási 和 Albert 的文章)发表以来所出现的进展。

革命的起源

Watts 和 Strogatz(1998)的论文谈到了社会网络分析的一个标准主题，即"小世界"。对该主题的关注可回溯到由 Pool 和 Kochen(1978)于 1950 年代中期撰写的一篇经典的社会网络论文《接触与影响》(*Contacts and Influence*)。此文一直以打字稿流传坊间，直到 1978 年一本新杂志《社会网络》(*Social Network*)创刊，它才最终得以在该期刊第 1 卷第 1 期中作为首篇论文发表。

Pool 和 Kochen 提出的问题涉及将一对个体联系起来的相识模式。他们推测，在美国，要通过一条相识关系链把任意两个人联系起来，涉及的中间人都不会超过 7 个。

许多学生后来都拾起 Pool 和 Kochen 的思想，包括 Stanley Milgram，他撰写的关于"小世界"的博士论文就以他们的思想为基础。Milgram 在此主题上发表了许多论文，其中一篇是发表在《今日心理学》(*Psychology Today*)(1967)上的大众化论文。

Watts 和 Strogatz 引用了《今日心理学》中的这篇论文以及一本由 Kochen(1989)后来编辑的关于"小世界"思想的书。但是，他们显然没有发现与该主题有关的任何其他文献。不管怎样，他们提出了一个全新的模型，设计这个模型是用来解释在人类互动中所发现的集聚现象(clustering)以及将成对的个体联系起来的短路径(short paths)。

Watts 和 Strogatz 模型开始于去尝试捕捉集聚性，即"朋友的朋友就是朋友"这种普遍倾向。他们将个体之间的关系描绘为一个循环格(circular lattice)，如图 3.1 所示，其中每一个点都是一个个体，每一条边都是联系两个个体的社会关系。他们继续定义了**平均聚类系数**(average clustering coefficient)$C(p)$，这个系数测量的是每一个点和它的全部邻点都彼此直接相连的程度。图 3.1 中的结构就包含了很多聚类，因为邻居的邻居多半是邻居，所以聚类系数 $C(p)$ 高。但与此同时，在整个格(lattice)中将任意两个个体联系起来的平均路径长度(average length of the path)$L(p)$ 却相对较大。

由于 $L(p)$ 大，这个循环格(circular lattice)所表达的世界当然也不小。但是，Watts 与 Strogatz 认为，只需移除少量近邻点之间的联系并替换成与其他随机选取的点之间的联系，即能产生小世界的效果——即任何个体与其他个体的距离都不远。正如图 3.2 所示，在图中的条件下，一些联系横贯了这个格。其结果是，由于随机联系替代了与近邻的联系，路径长度 $L(p)$ 陡然下降，但是聚类系数 $C(p)$ 几乎没有减少。因此，虽然朋友的朋友多半仍然是朋友，整个世界却明显变小了。

28

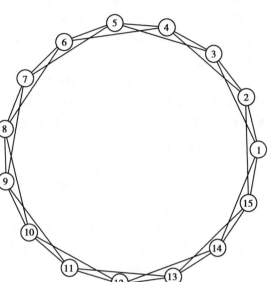

图3.1　一个聚类系数高、路径却长的循环格

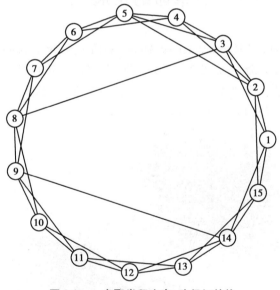

图3.2　一个聚类程度高、路径短的格

29

　　Barabási 和 Albert（1999）的论文也处理一个标准的网络分析主题：度数分布。一个点的度数就是与该点直接相连的其他点的个数。许多最初的社会网络研究都聚焦在度数的分布上。社会计量学（sociometry）研究经常询问人们会选择谁，如会邀请谁出席一个晚会或完成一个项目（Moreno，1934）。对这些问题的回答一经被计量，显然会发现被选中者的分布非常偏态。少数个体被频繁选中，大多数个体就算真的被选中了，也是凤毛麟角。

　　Moreno 和 Jennings（1938）报告了两个经验结果：（1）这种偏态分布普遍存在；（2）它们背离了基于随机选择的预期。正如他们所描述的："关于选择谁的分布的这种变形有利于那些较多被选中、不利于那些较少被选中的人，这种变形是所有聚类群体的特征，已经得到了社会计量学的检验。"

　　当网络中加入新点时，结果是网络中的关联（connection）数会增加，Barabási 和 Albert（1999）研究了这些关联数的分布。他们的例子包括：万维网中网址之间的联系，联合出演电影的演员之间的联系，美国电网中发电机、变压器和变电站之间的联系。尽管 Barabási 和 Albert 没有注意到 Moreno 和 Jennings 的早期发现，但是他们发现自己考察的网络中的关联却不是随机的。相反，这些联系是偏态分布的：少许点展示出大量的关联，大量的点几乎没有呈现出关联性。

　　Barabási 和 Albert 继续提出并设计了一个简单模型，目的是解释他们已经观察到的有偏模式。现在考虑一个点集。令 k_i 为已经与点 i 建立起来的联系数。令一个新点与任意点 i 联系起来的概率由 k_i 决定。该模型规定，与点 i 相连的这个关系的概率为 $P(k_i)k_i^{\gamma}$，其中 $2 \leqslant \gamma \leqslant 3$。[3] 因此，这些关系的分布就遵循幂律分布（power law），或者如 Barabási 和 Albert 所描述，它是"无标度"（scale free）的。

革命的发展

　　Watts 和 Strogatz 以及 Barabási 和 Albert 的研究引起了人们的兴趣，其结果是带来了轰轰烈烈的革命。如图 3.3 所示，物理学家参考的是 Watts 和 Strogatz 的小世界论文。物理学共同体 5 年内发表的小世界论文数超过了社会网络共同体 45 年内发表的论文数（Freeman，2004：164-66）。

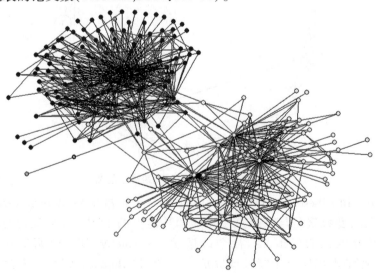

图 3.3　小世界出版物（1950—2004 年）（物理学家用黑点表示）

此外,图 3.3 也表明,在那个时候,98% 的引文要么出自物理学共同体内部,要么出自社会网络共同体内部。物理学者多半忽略了早期的社会网络分析学者的研究。社会网络分析者以同样的方式回应了物理学家。

物理学家也很快跟进着 Barabási 和 Albert 的度数分布研究。根据"谷歌学术"(Google Scholar)统计,截至 2008 年 11 月中旬,他们的第一篇论文已被引用 4 000 次以上。但是,没有一个是被社会网络分析者引用的。

不久,物理学家对社会网络的兴趣已不再限于小世界现象和度数分布了。物理学共同体的成员很快开始探索其他问题,这些问题从传统意义上看是属于社会网络分析者的问题。这种兴趣也不限于物理学家。此外,他们还成功地使生物学家和计算机科学家参与到他们的工作中。这种新的有力介入(thrust)形成了两个重要的聚焦点:一个涉及对凝聚群体的研究,或者是对物理学家所说的"共同体"(communities)的研究;另一个是对点在网络中所占据位置的研究——尤其是它们的中心度。我将在下面两节中回顾这些聚焦点。

凝聚群体或共同体

凝聚群体的概念是社会学的基础,早期的社会学家(Tönnies,1855,1936;Maine,1861,1931;Durkheim,1893,1964;Spencer,1897;Cooley,1909,1962)都讨论得不多。他们的著述中有对群体的某种直观"感觉",但没有以任何系统的方式去定义群体。

然而,当社会网络视角出现时,网络分析者就开始用结构术语来设定群体了。关于群体的结构视角背后有怎样的观察,Freeman 和 Webster(1994)有过如下描述:

> 不论何时去考察人类的联系,我们都会看到那些可以被描述成密集点(thick spots)的部分,它们是相对不变的个体聚类或集合,这些个体通过频繁的互动,有时通过情感纽带相联系。围绕这些密集点的是稀疏区域,其中确实有互动,但不多,如果说其中有情感卷入的话,也很少。

因此,一个凝聚群体内的社会关系往往是密集的,群体中的大多数个体都与群体中的很多其他成员有联系。此外,这些群内关系往往表现出聚类,如上文所述,在那里朋友的朋友就是朋友。相比之下,不同群体成员之间的社会关系相对少见,聚类也相对罕见。

在根据社会网络观念探讨凝聚群体的时候,早期的社会网络分析学者 George Homans 阐明了其中的直觉基础(1950:84):

> 群体是依据其成员的互动来定义的。如果我们说个体 A、B、C、D、E⋯构成了一个群体,这将意味着至少以下这些情形是成立的,即在给定的一段时间内,A 与 B、C、D、E⋯的互动要多于与我们所选取并视为局外人或其他群体的成员 M、N、L、O、P⋯的互动。B 与 A、C、D、E⋯的互动也

会多于他与局外人的互动，对该群体的其他成员来说亦如此。仅通过计算互动次数，就可能定量地标示一个群体与其他群体的区别了。

多年以来，网络分析学者提出了很多凝聚群体模型。这些模型有助于用结构术语去定义群体，也便于在网络数据中找到群体。这些模型都设法以某种方式去捕捉与 Homans 的直觉相接近的东西。其中的一些学者根据行动者之间关系的有/无或二元关系(binary links)来表达群体(如 Luce and Perry, 1949; Mokken, 1979)。其他学者则根据标志着连接成对行动者的关系强度的量化联系来表达群体(Sailer and Gaulin, 1984; Freeman, 1992)。

于是，我们现在拥有了大量的凝聚群体模型。Wasserman 和 Faust(1994)回顾了其中的大多数模型。一些是代数模型(如 Breiger, 1974; Freeman and White, 1993)，一些是图论模型(如 Alba, 1973; Moody and White, 2003)，一些模型建立在概率论之上(例如 Frank, 1995; Skvoritz and Faust, 1999)，还有一些建立在矩阵置换的基础之上(例如 Beum and Brundage, 1950; Seary and Richards, 2003)。然而，所有这些模型的设计都是为了用精确的术语去明确地说明群体的性质，用网络数据揭示群体结构，或者二者兼而有之。

多年以来，社会网络分析者也在利用各种算法去试图发现群体。这些算法有:多维量表法(Freeman et al., 1987; Arabie and Carroll, 1989);各种版本的奇异值分解法(singular value decomposition)，包括主成分分析和对应分析法(Levine, 1972; Roberts, 2000);层次聚类法(Breiger et al., 1975; Wasserman and Faust, 1994: 382-83);最大割最小流算法(max-cut min-flow algorithm)(Zachary, 1977; Blythe, 2006);模拟退火算法(simulated annealing)(Boyd, 1991: 223; Dekker, 2001)和遗传算法(Freeman, 1993; Borgatti and Everett, 1997)。

31　　历经多年，社会网络研究中的一般趋势已经从二值表达向多值表达转变，在多值表达中，点与点之间的联系被赋予了反映关系强度的数值。与此同时，社会网络分析者也渐渐地从构建代数和图论模型转向了基于概率论提出模型。而且，随着时间的推移，他们也越来越依赖于用计算机程序去发现群体。

在 Moody 和 White(2003)的一篇论文中，我们发现该趋势中有一个值得注意的例外，这两位学者用图论来定义"结构凝聚性"(structural cohesion)。他们将结构凝聚性定义为"满足下面条件的行动者的最少数量，即如果将这些行动者从群体中移除，群体就会瓦解"。然后，他们又根据凝聚性结构的层次嵌套继续定义了"嵌入性"(embeddedness)。这一研究路数代表了传统社会网络建模的一种精致复杂的新版本。

自 1970 年代早期起，数学家和计算机科学家就已经对群体或共同体产生了兴趣。他们以图分区(graph partitioning)来定义这个兴趣(Fiedler, 1973, 1975; Parlett, 1980; Fiduccia and Mattheyses, 1982; Glover, 1989, 1990; Pothen et al., 1990)。当 Glover 的研究被引用并被整合进 UCINet 程序中的时候，社会网络分析者就认识到了这一传统(Borgatti et al., 1992)。1993 年，电气工程师和计算机工程师 Wu 和 Leahy(1993)组成了一个团队，当他们引用了统计学家兼社会网络分析家 Hubert(1974)的研究成果时,就建立起了另一个方向上的关联。2000 年,三位计算机科学家 Flake,Lawrence 和 Giles(2000)引用了 Scott(1992)撰写的社会网络教材。

不过,直到最近,这些尝试在物理学共同体中还是没有激起更大的兴趣。物理学家反向行之,他们将注意力转向了在社会网络分析中提出来的程序。Girvan 和 Newman(2002)修订了社会网络的中间中心度(Freeman,1977)模型,以便于揭示群体。他们的修订基于图中边的中间度,而不是点的中间度,结果是开发了针对分区图(partitioning graphs)的一种新算法。

图中一条边的中间度(edge betweenness)指的是此条边在多大程度上落在连接每一对点的最短路径(shortest path)上。图中的路径(path)指的是始于某点、终于某点的一系列点和边。Girvan 和 Newman 推断道,由于连接不同群体中个体的边数应该相对较少,所以这些连接边(linking edges)表现出的中间度应该大。因此,他们最先移除具有最高中间度的边,然后继续这一过程,直到图被分区开来。

两年后,Newman 和 Girvan(2004)发表了第二篇论文。该文再次关注了边的移除,但是这一次他们引入了一个替代性模型,该模型具有两个直觉性的基础。一个直觉性的基础是,他们认为,所有的点对(pairs of nodes)之间的随机线路(random walks)会决定边的中间度,不仅包括沿着最短路径(paths)的边,还包括沿着将点对联系起来的所有路径的边。另一个直觉受到了一种物理模型的激发,在这个物理模型中,边被定义为是电阻器,它会阻碍两点之间的电流流动。先将有最低电流的边移除,如果这并没有产生分区,这个过程就会继续下去,直到分区的确发生。这两种模型导致了同样的分区结果。

Newman 和 Girvan 继续表明,他们所有的算法总能将数据分区,即使其中的一些分区可能并没有反映出真实共同体的存在也如此。为此,他们引入了一种被称为模块度(modularity)的指标。模块度(modularity)基于分区内(within-partition)的关系数与跨越分区边界的那些关系数之比,再将该比值与当关系为随机发生时该比率的期望值进行比较。

Girvan 和 Newman 的这两篇论文反响强烈。物理学家和计算机科学家都迅速地生发出对群体或共同体的兴趣。Radicchi 和他的同事(2004)明确界定了两类共同体。一类被刻画为"强"共同体;在一个分区中,如果所有点的群内关系都多于群间交叉(cross-cutting)关系的话,就将这个分区定义为强共同体。[4]另一类被刻画为"弱"共同体。它是这样被规定的,如果每个分区内的关系总数都大于将分区的内部点与分区外部点连接起来的关系总数,这个分区就是弱共同体。

Radicci 等也指出,Girvan 和 Newman 提出的基于中间度的算法在计算上效率比较低。因此,Radicci 等提出了一种新的、更有效的测度。他们推断,将两个共同体桥接起来的边很可能牵涉极少的 3-回路(3-cycles)(在这种回路中,朋友的朋友也是朋友)。因此,他们将测度建立在每一条边涉及的 3-回路个数基础之上,同时指出他们的测度与 Girvan-Newman 的测度具有中等程度的负相关。结果　32

表明,一条边所牵涉的 3-回路的个数与这条边的中间度呈反向关系。

Newman(2004)很快作出了回应。他也被 Girvan-Newman 算法在寻找共同体(community)时的低效率所困扰。因此,他提出了一种快速的"贪婪"算法(greedy algorithm)。在处理过程的每一步,贪婪算法都作出最优选择,而不管这一选择有什么长期后果。[5]在这种情况下,Newman 提出在开始处理时,要使每个聚类(cluster)都包含唯一点。然后,在处理的每一个阶段,将生成了最高模块度的聚类对(the pair of clusters)合并。

由此看来,对计算速度的关注引发了一场竞赛,即看谁可以开发出最快的算法,以便根据他们的模块度将点加以聚类。计算机科学家 Clauset 与两个物理学家合作,加速了 Newman 的"贪婪"算法(Clause et al.,2004)。另外两个计算机科学家 Duch 和 Arenas(2005)则设计了一种比"贪婪"算法更快的算法。2006 年,Newman 展示了怎样通过将奇异值分解法(singular value decomposition)用于模块度矩阵(modularity matrix)而得到更快的速度。2007 年,计算机科学家 Djidjev 提出了基于模块度来构建分区的一个更快的算法。

另外两位计算机专家 Pons 和 Latapy(2006)继续着提速的探索,他们采取了一个完全不同的进路。他们推断,由于共同体是连接紧密的诸多点聚类,而各个聚类之间只是稀疏地连在一起的,那么一条短(2 步或 3 步)随机线路(random walk)一般应该保留在其出发时的那个共同体。他们提出的一种算法始于一系列随机选择的起始点,用每个起始点生成一个随机线路。这些起始点连同那些到达点,都被记录为连接点。可能的结果是,一旦这些结果累加起来,它们就会呈现为诸多聚类的共同体。最后,两位工程师和一位物理学家(Raghavan,Albert and Kumara)(2007)基于图形着色(graph coloring)发明了一种极快的算法。点始于单一颜色,然后反复迭代,每个点都获得了和其大多数邻点一样的颜色。

人们也引进了其他迥然不同的程序。物理学家和计算机专家(Wu and Huberman,2004)基于以下假定提出了一种模型,即边是电阻器,正如 Newman 和 Girvan 早期提出的模型那样。但是,Wu 和 Huberman 的模型看起来更为复杂与特别。四位物理学家 Capocci,Servedio,Caldarelli 和 Colaiori(2004)则建议使用奇异值分解法来发现共同体。另外三位学者 Fortunato,Latora 和 Marchiori(2004)提出了边中心度的一个变体,他们称之为"信息中心度"(information centrality)。他们的中心度的基础是对连接每一对点的最短路径长度取倒数。物理学家 Palla 等(2005)将共同体定义为派系,并关注派系重叠(overlap)的模式。Reichardt 和 Bornholdt(2006)运用模拟退火算法(simulated annealing)寻找那些生成了共同体的分区,这些共同体有大量的群内关系和少量的跨群关系。

对于老练的社会网络分析者来说,诸如重叠派系和模拟退火法这样的思想并不陌生。然而,许多其他的思想还是新的,并且其中的几个非常有创意。尤其是边中间度、模块度、3-回路的使用、短随机路径以及图形着色等,它们看起来都前景光明。

几乎所有这些贡献都关注旨在揭示群体或共同体的新工具的开发。这些贡献都报告了如何用于数据,但是这些应用大多还只是解说性的。这类研究的主要推进在于构建了更好、更快的群体-发现(group-finding)算法。对于大多数社会网络分析者来说,全神贯注于提出更快的算法不见得那么重要,但是许多应用,尤其是在生物学上的应用都涉及包含将成千上万或百万个点连在一起的数据集。对这些应用来说,速度至关重要。

位　置

对个体行动者所占位置的关注是社会网络分析的第二大主题。人们定义了四类位置。第一,群体中的位置——**核心**(core)与**边缘**(periphery)——得到了明确阐释。第二,**社会角色**(social roles)引起了广泛关注。第三,一些学者致力于研究点在**层级结构**(hierarchical structures)中的位置。第四,社会网络分析者关注点在网络中的结构**中心度**。

早期的网络分析学者 Davis 等(1941)最先对群体中的核心与边缘位置作了定义:

> 最常一起参与活动和最私密事件的那些成员被称为**核心成员**;在某些场合与核心成员一同参与活动,但是本身从不单独结群活动的那些成员被称为**主要成员**(primary members);而边缘个体则很少参与其中,他们构成了派系中的**次要成员**(secondary members)(第 150 页)。

其他各类学者承续了这个观察,Bonacich(1978),Doreian(1979),Freeman 和 White(1993),Skvoretz 和 Faust(1999)提出了在群体中寻找核心与边缘位置的算法。最终,在两篇文章中(Borgatti and Everett,1999;Everett and Borgatti,2000),两位学者提出了关于核心╱边缘结构的一个全模型。

关于社会角色的直观想法是人类学家 Ralph Linton(1936)提出的。这个想法是,两个个体会因为扮演相同的角色(例如,都是孩子的父亲)而占据类似的位置,可以假定并期望他们表现出相似的行为。Siegfried Nadel(1957)阐明了这一想法,并由 Lorrain 和 White(1971)在他们的**结构对等性**(structural equivalence)模型中形式化了这一想法。在这个模型中,如果两个个体与同类的多个他者有同样的联系,二者就是结构对等的。

其他社会网络分析者则推断,结构对等性约束太严格,以至于无法把握社会角色的概念(Sailer,1978)。他们很快提出了其他模型,这些模型放宽了结构对等性的约束。它们包括规则对等性(regular equivalence)、同构对等性(isomorphic equivalence)、自同构对等性(automorphic equivalence)和局部角色对等性(local role equivalence)。Wasserman 和 Faust(1994)对这些思想作了全面评述。

社会网络分析中使用的第三种位置模型关注的是层级(hierarchies)或支配秩序(dominance order)。支配研究始于 Pierre Huber(1802)对大黄蜂中支配现象

33

的观察。Huber 是一位生物行为学家,其大多数关于支配的研究和模型建构都停留在生物行为学的领域内。但是,Martin Landau(1951)既是一位生物行为学家,又是一位社会网络分析专家,他创建了社会网络分析的层级结构形式模型。另一位社会网络学者 James S. Coleman(1964)则提出了一个替代模型。最近,Freeman(1997)改造了一个源自计算机科学(Gower,1977)的代数模型,使之适用于社会网络分析。Jameson 等(1999)则选取了一个来自心理学(Batchelder and Simpson,1988)的模型,并将其用于社会网络研究。

第四种,也是最后一种社会位置模型建立在中心度观念基础之上。在麻省理工学院(MIT)的群体网络实验室里,Alex Bavelas(1948)和 Harold Leavitt(1951)最先提出了结构中心度的思想。他们的中心度观念的基础是每个点到图中所有其他点的距离,这个观念被用来解释一个组织中的绩效和士气方面的差异。

不久,人们提出了许多关于中心度的其他概念。Freeman(1979)回顾了基于图论的一些中心性思想,并归纳为包含三类的一个系列(a set of three)。它们是Sabidussi(1966)基于接近度(closeness)的测量,Nieminen(1974)基于度数(degree)的测量和 Freeman(1977)基于中间度(betweenness)的测量。

除了这些图论上的测度以外,Bonacich(1972,1987)还提出了一种代数上的中心度测量。他的测度建立在**特征结构**(eigenstructure)这个概念的基础之上:将一个点的度数、该点的邻点的度数、该点的邻点的邻点的度数,以此类推等这些组合在一起就决定了特征结构。

对于社会网络分析中发展出来的前三类位置,物理学家共同体并没有表现出任何重要的兴趣。物理学家 Petter Holme(2005)确实撰文探讨了核心/边缘结构;Mark Newman(2003)在一篇综述性论文中向物理学家介绍了结构对等性。Petter Holme 和 Mikael Huss(2005)回顾了社会网络的对等性测度,并用它们研究了酵母中的蛋白质功能。最后,Juyong Park 和 Mark Newman(2005)提出了一种新的支配模型,并将这一模型用在美国大学橄榄球球队的排序上。

中心性思想是在社会网络分析领域中发展起来的。然而,物理学家很快接受了这个思想,并且马上传给了生物学家。图3.4展示了社会网络分析学者每年发表的关于中心度的论文数,以及物理学家和生物学家每年发表的中心度论文数。显然,物理学家与生物学家一旦开始在这一领域中发表论文,他们很快就超过了社会网络分析者。

尽管如此,在中心度研究上,物理学家采用了一条截然不同于以往的、用于处理群体或共同体概念的进路。正如上文所述,他们对群体研究的大多数贡献都涉及新模型的开发,提出改进的程序用来发现群体。但是,大多数物理学家关于中心度的研究都与应用有关;他们只是发现了可将标准的中心度测度卓有成效地应用于其中的一些新问题。

物理学家将中心度应用于其中的许多领域看起来可能相当不可思议,因为在他们的应用中,只有少数几个才落入大多数外行心目中的物理学领域。这些

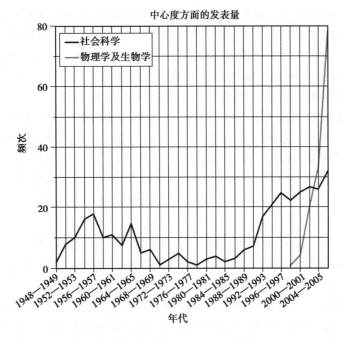

图 3.4 不同领域不同年代的中心度论文（选取自 Freeman, 2008）

领域包括因特网上的封装交换、电子电路学以及电力网（Freeman, 2008）。

从传统的意义上看,其中的绝大多数应用所涉及的领域都被认为是落入了社会网络分析的领域。这些应用领域包括将学生联系起来的友谊关系、囚犯之间的联系、电子邮件通信、电话沟通、科学合作、公司连锁（corporate interlock）以及万维网上的网址链接（Freeman, 2008）。

到目前为止,中心度最常应用在生物学问题上。这一工作始于研究蛋白质之间互动的物理学家（Jeong et al., 2001）。但是,几乎与此同时,生物学家也在他们自己的研究中开始使用中心度思想了。两位生物学家 Wagner 和 Fell（2001）在研究代谢网中考察了中心度。一年后,Vendruscolo 等分子生物学家（2002）在研究蛋白质折叠（protein folding）中用到了中心度。这三种主题,即蛋白质-蛋白质互动、代谢网和蛋白质折叠都大大依赖于对各种中心度模型的应用,在此方面出现了大量的研究（Freeman, 2008）。

小结和结论

社会网络分析领域有长久的历史。它始于 1930 年代后期,并且出现在不同的社会科学领域和不同的国家。到 1970 年代,所有这些独立的研究成果汇聚起来,成为一个凝聚的、具有结构视角的研究领域。

但是,1990 年代后期出现了一种新的情况。物理学这个完全另类的领域也信奉了社会网络分析中体现出来的同类型的结构视角。而且,许多物理学家并没有将他们的研究限定在物理学领域,而是去研究社会行动者之间的关系模式。

物理学家 Evans(2004)向他的物理学同人报告了这一趋势:"如果你本能地怀疑那些时髦的物理学新领域,并试图将物理学和任何其他东西都混搭在一起,那么就去引用社会学期刊中的论文……考古学和人类学书籍……这可能正是最后的救命稻草!"因此,虽然这可能不是主流物理学,但至少一些物理学家已经将社会网络分析界定为他们的领域中的一个正当的组成部分了。

要想了解这种情况是如何发生的,就需要回顾一下 1990 年代后期的物理学和生物学。当时,这两个领域都突然面对着庞大数量的结构数据。在物理学领域可以利用互联网数据了。这些数据涉及上百万台计算机,所有的计算机都通过有线、光纤电缆和无线连接。在生物学领域,基因组研究中正产生着遗传和代谢网络方面的数据。在这两个领域中,研究者们都面对着超大网络的数据。

这些研究人员需要工具——既包括智识工具,也包括计算工具——帮助应对这些巨大的新网络数据集。因此,他们求助于 60 年来一直在处理网络数据的一个领域:社会网络分析。他们利用来自社会网络分析的思想,也使用该领域中开发出来的分析工具。他们对现有的工具进行了改进,还开发出了新工具。他们有时对已有的工具进行改造,有时对已有的成果有新发现,但是他们能够经常贡献出思考和分析网络数据的重要的新方法。

更重要的是,至少其中的一些物理学家已经越来越参与到社会网络研究中来了。他们开发了旨在研究社会网络的新工具(Watts and Strogatz,1988),重新分析了标准的社会网络数据集(Girvan and Newman,2002;Holme et al.,2003;Kolaczyk et al.,2007;Newman,2006)。

物理学家已开始越来越多地引用社会网络论文。例如,在 Girvan 和 Newman (2002)的文章中有 29 项引文,其中有 8 项是社会网络论文。Fortunato 等(2004)在 27 项引文中有 9 篇社会网络论文。Holme 和 Huss(2005)的 34 项引文中有 5 篇社会网络论文。另外,大多数社会网络分析者却开始抵制物理学家。我想,许多人还是将物理学家视为"异域入侵者"。

物理学家已经在他们的数据分析中使用社会网络分析者开发的计算机程序了,他们也研制了一些新程序,包括社会网络分析者开发的一些模型(Freeman,2008)。此外,少数物理学家还参加阳光地带社会网络年会(annual Sun Belt social network meetings),[6]少数社会网络分析者还被邀请参加物理学家的会议。[7]每个学科的代表开始在与其他学科相关的期刊上发表文章。[8]甚至还有一些合著的出版物出现(如 Reichardt and White,2007;Salganik et al.,2006)。

我早年曾经期望物理学和社会网络分析之间能友好相处,现在看来这个期望正开始实现。现在需要的无非是社会网络分析者放松对该领域所有权的声明而已。社会网络分析很容易最终变成一项集体的事业,物理学家正在对该领域作出重要贡献。[9]

注　释

1.Freeman(2004)列出了每个研究中心的重要出版物。

2.在本书中,Scott也描述了物理学家对社会网络分析领域的介入。他集中描述了他们的理论视角。

3.不过,结果证明Barabási-Albert模型本质上与社会网络分析者Derek de Solla Price在1976年提出的模型相同。

4.他们没有引用由Sailer和Gaulin(1984)提出的那个类似的社会网络模型。

5.层次聚类是贪婪算法的一个例证。

6.Freeman(2004:16)提到,物理学家Watts,Newman和Hoser出席了社会网络会议。

7.社会网络分析者Vladimir Batagelj和Linton Freeman应邀参加了"复杂系统和网络"暑期工作坊。该工作坊是由物理学家于2007年在特兰西瓦尼亚(Transylvnia)举办的。

8.例如,参见物理学家Watts(1999),Holme,Edling,Liljeros(2004)和Newman(2005)发表的社会网络文章,或参见网络分析学者Borgatti等(2009)在《科学》(*Science*)上的文章。

9.一个充满希望的征兆是,Jeroen Bruggeman(2008)在一本关于社会网络分析的书中引用了77篇物理学家的报告。

36

参 考 文 献

Alba, R.D. (1973) 'A graph theoretic definition of a sociometric clique', *Journal of Mathematical Sociology* 3：113-26.

Arabie, P. and Carroll, J. D. (1989) 'Conceptions of overlap in social structure'. In Freeman, L.C., White, D.R. and Romney, A. K. (eds.), *Research Methods in Social Network Analysis*. George Mason University Press, pp. 367-92.

Barabási, A-L. and Albert, R. (1999) 'Emergence of scaling in random networks', *Science* 286：509-12.

Batchelder, W. H. and Simpson, R. S. (1988) 'Rating system for human abilities：the case of rating chess skill', *Modules in Undergraduate Mathematics and Its Applications*.

Arlington, MA：Consortium for Mathematics and its Applications, Inc. pp. 289-314.

Bavelas, A. (1948) 'A mathematical model for small group structures', *Human Organization* 7：16-30.

Beum, C. O. and Brundage, E. G. (1950) 'A method for analyzing the sociomatrix', *Sociometry* 13：141-45.

Blythe, J. (2006) KP 4.3. from http://www.isi.edu/~blythe/KP4.

Bonacich, P. (1972) 'Factoring and weighting approaches to status scores and clique identification', *Journal of Mathematical Sociology* 2：113-20.

Bonacich, P. (1978) 'Using boolean algebra to analyze the overlapping Memberships',

Sociological Methodology 15: 101-15.

Bonacich, P. (1987) 'Power and centrality-a family of measures', *American Journal of Sociology* 92(5): 1170-82.

Bonacich, P. (2004) 'The invasion of the physicists', *Social Networks* 26(3): 285-88.

Borgatti, S. P. and Everett, M. G. (1997) 'Network analysis of 2-mode data', *Social Networks* 19(3): 243-69.

Borgatti, S.P. and Everett, M.G. (1999) 'Models of core/periphery structures', *Social Networks* 21(4): 375-95.

Borgatti, S.P., Everett, M.G. and Freeman, L.C. (1992) 'Ucinet, version iv', *Analytic Technology*, Columbia, SC.

Borgatti, S. P., Mehra, A., Brass, D. J. and Labianca, G. (2009) 'Network analysis in the social sciences', *Science* 323: 892-5.

Boyd, J.P. (1991) *Social Semigroups*. Fairfax, VA: George Mason University Press.

Breiger, R.L. (1974) 'The duality of persons and groups', *Social Forces* 53: 181-90.

Bruggeman, J. (2008) *Social Networks*, London: Routledge.

Breiger, R. L., Boorman, S. A. and Arabie, P. (1975) 'An algorithm for clustering relational data, with applications to social network analysis and comparison to multidimensional scaling', *Journal of Mathematical Psychology* 12: 328-83.

Capocci, A., Servedio, V.D.P. and Caldarelli, G. and Colaiori, F. (2004) 'Detecting communities in large networks', *Physica: Statistical Mechanics and Its Applications* 352: 669-76.

Cartwright, D. and Harary, F. (1956) 'Structural balance: a generalization of heider's theory', *Psychological Review* 63: 277-92.

Clauset, A., Newman, M. E. J. and Moore, C. (2004) 'Finding communities in very large networks', *Physical Review E* 70(6): 066111.

Coleman, J. S. (1964): *Introduction to Mathematical Sociology*. New York: Free Press.

Cooley, C.H. (1909/1962) *Social Organization*. New York: Shocken Books.

Davis, A., Gardner, B.B. and Gardner, M.R. (1941): *Deep South*. Chicago: The University of Chicago Press.

Dekker, A. (2001) 'Visualization of social networks using Cavalier', *Proceedings of the 2001 Asia-Pacific Symposium on Information Visualization* 9: 49-55.

Djidjev, H. (2007) 'A fast multilevel algorithm for graph clustering and community detection'. Arxiv preprint arXiv:0707.2387, 2007-arxiv.org.

Doreian, P. (1979) 'On the deliniation of small group structures', *Classifying Social Data*. Hudson, M. (ed.), San Francisco: Jossey-Bass pp. 215-30.

Duch, J. and Arenas, A. (2005) 'Community detection in complex networks using external optimization', *Physical Review* 72: 2027104.

Durkheim, E. (1893/1964): *The Division of Labor in Society*. New York: Free Press.

Evans, T. S. (2004) 'Complex networks', *Contemporary Physics*. 45(6): 455-74.

Everett, M. and Borgatti, S. R. (2000) 'Peripheries of cohesive subsets', *Social Networks* 21(4): 397-407.

Festinger, L., Schachter, S. and Back, K. W. (1950) *Social Pressures in Informal Groups*. New York: Harper & Bros.

Fiduccia, C.M. and Mattheyses, R.M. (1982) 'A linear time heuristic for improving network partitions', *Design Automation* Conference pp. 175-81.

Fiedler, M. (1973) 'Algebraic connectivity of graphs', *Czechoslovak Mathematics Journal* 23: 298-305.

Fiedler, M. (1975) 'A property of eigenvectors of non-negative symmetric matrices and its application to graph theory', *Czechoslovak Mathematics Journal* 25: 619-33.

Flake, G. W., Lawrence, S. and Giles, C. L. (2000) 'Efficient identification of web communities', *Proceedings of the Sixth International Conference on Knowledge Discovery and Data Mining* New York, NY: ACM Press, pp. 150-60.

Fortunato, S., Latora, V. and Marchiori, M. (2004) 'Method to find community structures based on information centrality', *Physical Review* 70(5): 056104.

Frank, K. A. (1995) 'Identifying cohesive subgroups', *Social Networks* 17(1): 27-56.

Freeman, L. C. (1977) 'A set of measures of centrality based on betweenness', *Sociometry* 40: 35-41.

Freeman, L. C. (1979) 'Centrality in social networks: conceptual Clarification', *Social Networks* 1: 215-39.

Freeman, L. C. (1992) 'On the sociological concept of "group": a empirical test of two models', *American Journal of Sociology* 98: 152-66.

Freeman, L.C. (1993) 'Finding groups with a simple genetic algorithm', *Journal of Mathematical Sociology* 17: 227-41.

Freeman, L.C. (1997) 'Uncovering organizational hierarchies', *Computational and Mathematical Organization Theory* 3: 5-18.

Freeman, L.C. (2004): *The development of social network analysis: a study in the sociology of science*, Vancouver, B.C.: Empirical Press.

Freeman, L.C. (2008) 'Going the wrong way on a one-way street: centrality in physics and biology', *Journal of Social Structure* 9(2).

Freeman, L.C., Romney, A.K. and Freeman, S. C. (1987) 'Cognitive structure and informant accuracy', *American Anthropologist* 89: 311-25.

Freeman, L. C. and Webster, C. M. (1994) 'Interpersonal proximity in social and cognitive space', *Social Cognition* 12: 223-47.

Freeman, L.C. and White, D.R. (1993) 'Using galois lattices to represent network data', Marsden, P. (ed.), *Sociological Methodology* 1993. Cambridge, MA: Blackwell pp. 127-46.

Girvan, M. and Newman, M. E. J. (2002) 'Community structure in social and biological networks', *PNAS* 99(12): 7821-26.

Glover, F. (1989) 'Tabu search-part I', *ORSA Journal on Computing* 1: 190-206.

Glover, F. (1990) 'Tabu search-part II', *ORSA Journal on Computing* 2: 4-32.

Gower, J.C. (1977) 'The analysis of asymmetry and orthoganality', *Recent Developments in Statistics*. Barra, J., Brodeau, F., and Romier, G. (eds.), Amsterdam: North Holland, pp. 109-23.

Holme, P. (2005) 'Core-periphery organization of complex networks', *Physical Review* 72(4).

Holme, P. and Huss, M. (2005) 'Role-similarity based functional prediction in networked systems: application to the yeast proteome', *Journal of the Royal Society Interface*. 2(4): 327-33.

Holme, P., Edling, C.R. and Liljeros, F. (2004) 'Structure and time evolution of an Internet dating community', *Social Networks* 26: 155-74.

Holme, P., Huss, M. and Jeong, H.W. (2003) 'Subnetwork hierarchies of biochemical pathways', *Bioinformatics* 19(4): 532-38.

Homans, G. C. (1950) *The Human Group*. New York: Harcourt, Brace and Company.

Huber, P. (1802) 'Observations on several species of the genus apis, known by the name of humble bees, and called bombinatrices by linneaus', *Transactions of the Linnean Society of London* 6: 214-98.

Hubert, L. (1974) 'Approximate evaluation techniques for the single-link and complete-link hierarchical clustering procedures', *Journal of the American Statistical Association* 69: 698-704.

Jameson, K.A., Appleby, M.C. and Freeman, L. C. (1999) 'Finding an appropriate order for a hierarchy based on probabilistic dominance', *Animal Behaviour* 57: 991-98.

Jeong, H., Mason, S. P., Barabási, A. L. and Oltvai, Z.N. (2001) 'Lethality and centrality in protein networks', *Nature* 411(6833): 41-42.

Killworth, P. D., McCarty, C., Bernard, H. R. and House, M. (2006) 'The accuracy of small world chains in social networks', *Social Networks* 28: 85-96.

Killworth, P.D., McCarty, C., Bernard, H.R., Johnsen, E.C., Domini, J. and Shelley, G.A., (2003) 'Two interpretrations of reports of knowledge of subpopulation sizes', *Social Networks* 25: 141-69.

Kochen, M. (1989) *The Small World*. Northwood, NJ: Ablex Publishing Co.

Kolaczyk, E.D., Chua, D.B. and Barthelemy, M. (2007) 'Co-betweenness: a pairwise notion of centrality', *Arxiv preprint arXiv*: 0709. 3420,

2007 - *arxiv.org*.

Landau, H.G. (1951) 'On dominance relations and the structure of animal societies: some effects of possible social factors', *Bulletin of Mathematical Biophysics* 13: 245-62.

Leavitt, H. J. (1951) 'Some effects of communication patterns on group performance', *Journal of Abnormal and Social Psychology* 46: 38-50.

Levine, J.H. (1972) 'The sphere of influence', *American Sociological Review* 37: 14-27.

Lewin, K. and Lippitt, R. (1938) 'An experimental approach to the study of autocracy and democracy: a preliminary note', *Sociometry* 1(3/4): 292-300.

Linton, R. (1936): *The Study of Man*. New York: D. Appleton-Century Company.

Lorrain, F. P. and White, H. C. (1971) 'Structural equivalence ofindividuals in social networks', *Journal of Mathematical Sociology* 1: 49-80.

Luce, R.D. and Perry, A. (1949) 'A method of matrix analysis of group structure', *Psychometrika* 14: 95-116.

Maine, H. (1861/1931): *Ancient Law*. London: Oxford University Press.

Milgram, S. (1967) 'The small world problem', *Psychology Today* 22: 61-67.

Mokken, R. J. (1979) 'Cliques, clubs and clans', *Quantity and Quality* 13: 161-73.

Moody, J. and White, D.R. (2003) 'Structural cohesion and embeddedness: a hierarchical concept of social groups', *American Sociological Review* 68(1): 103-27.

Moreno, J. L. (1932): *Application of the Group Method to Classification*. New York: National Committee on Prisons and Prison Labor.

Moreno, J. L. (1934): *Who Shall Survive?* Washington, D.C.: Nervous and Mental Disease Publishing Company.

Moreno, J. L. and Jennings, H. H. (1938) 'Statistics of social configurations', *Sociometry* 1: 342-74.

Nadel, S. F. (1957): *The Theory of Social Structure*. London: Cohen and West.

Newcomb, T. M. (1961): *The Acquaintance Process*. New York: Holt, Rhinehart, and Winston.

Newman, M. E. J. (2003) 'The structure and function of complex networks', *Siam Review* 45 (2): 167-256.

Newman, M. E. J. (2004) 'Detecting community structure in networks', *European Physical Journal* 38(2): 321-30.

Newman, M. E. J. (2006) 'Finding community structure in networks using the eigenvectors of matrices', *Physical Review* 74(3): 19.

Newman, M. E. J. and Girvan, M. (2004) 'Finding and evaluating community structure in networks', *Physical Review* 69: 026113.

Nieminen, J. (1974) 'On centrality in a graph', *Scandinavian Journal of Psychology* 15 (4): 332-36.

Palla, G., Derény, I., Farkas, I. and Vicsek, T. (2005) 'Uncovering the overlapping community structure of complex networks in nature and society', *Nature* 435: 814-18.

Park, J. and Newman, M. E. J. (2005) 'A network-based ranking system for U.S. college football', *Journal of Statistical Mechanics: P Theory and Experiment* Vol. P10014.

Parlett, B. N. (1980) 'A new look at the {L} anczos method for solving symmetric systems of linear equations', *Linear Algebra Applied* 29: 323-46.

Pons, P. and Latapy, M. (2006) 'Computing communities in large networks using random walks', *Journal of Graph Algorithms and Applications* 10(2): 191-218.

Pool, I.D. and Kochen, M. (1978) 'Contacts and influence', *Social Networks* 1(1): 5-51.

Pothen, A., Simon, H. and Liou, K-P. (1990) 'Partitioning sparse matrices with eigenvalues of graphs', *Journal of Matrix Analysis Applied* 11 (3): 430-52.

Price, D. J. (1965) 'Networks of scientific papers', *Science* 149: 510-15.

Price, D. J. (1976) 'A general theory of bibliometric and other cumulative advantage processes', *Journal of the American Society for Information Science* 27: 292-306.

Radicchi, F., Castellano, C., Cecconi, F.,

Loretto, V. and Parisi, D. (2004) 'Defining and identifying communities in networks', *Proceedings of the National Academy of Sciences* 101: 2658-63.

Raghavan, U. N., Albert, R. and Kumara, S. (2007) 'Near linear time algorithm to detect community structures in large-scale networks', *Physical Review* 76: 036106.

Reichardt, J. and Bornholdt, S. (2006) 'Statistical mechanics of community detection', *Physical Review* 74: 016110.

Reichardt, J. and White, D. R. (2007) 'Role models for complex networks', *The European Physical Journal* 60: 217-24.

Roberts, J. M. (2000) 'Correspondence analysis of two-mode network data', *Social Networks* 22: 65-72.

Roethlisberger, F.J. and Dickson, W.J. (1939): *Management and the worker*, Cambridge, MA: Harvard University Press.

Sabidussi, G. (1966) 'The centrality index of a graph', *Psychometrika* 31(4): 581-603.

Sailer, L. D. (1978) 'Structural equivalence: meaning and definition, computation and application', *Social Networks* 1: 73-90.

Sailer, L. D. and Gaulin, S. J. C. (1984) 'Proximity, sociality and observation: the definition of social groups', *American Anthropologist* 86: 91-98.

Salganik, M.J., Dodds, P.S. and Watts, D.J. (2006) 'Experimental study of inequality and unpredictability in an artificial cultural market', *Science* 311: 854-56.

Scott, J. (1992): *Social Network Analysis.* Newbury Park, CA: Sage.

Seary, A. J. and Richards, W. D. (2003) 'Spectral methods for analyzing and visualizing networks: an introduction', *Dynamic Social Network Modeling and Analysis.*

Breiger, R.L., Carley, K.M., and Pattison, P. (eds.), Washington: The National Academies Press, pp. 209-28.

Skvoretz, J. and Faust, K. (1999) 'Logit models for affiliation networks', *Sociological Methodology* 29: 253-80.

Spencer, H. (1897): *The Principles of Sociology.* New York: Appleton-Century-Crofts Vol I.

Tönnies, F. (1855/1936): *Fundamental Concepts of Sociology.* New York: American Book Company.

Vendruscolo, M., Dokholyan, N.V., Paci, E. and Karplus, M. (2002) 'Small-world view of the amino acids that play a key role in protein folding', *Physical Review* 65 (6): 061910-061913.

Wagner, A. and Fell, D. A. (2001) 'The small world inside large metabolic networks', *Proceedings of the Royal Society of London Series B-Biological Sciences* 268(1478): 1803-10.

Warner, W.L. and Lunt, P.S. (1941): *The Social Life of a Modern Community.* New Haven, CT: Yale University Press.

Wasserman, S. and Faust, K. (1994): *Social Network Analysis: Methods and Applications.* Cambridge: Cambridge University Press.

Watts, D.J. (1999) 'Networks, dynamics, and the small-world phenomenon', *American Journal of Sociology* 105: 493-527.

Watts, D. J. and Strogatz, S. H. (1998) 'Collective dynamics of "small-world" networks', *Nature* 393(6684): 440-42.

White, H.C., Boorman, S.A. and Breiger, R.L. (1976) 'Social structure from multiple networks i: blockmodels of roles and positions', *American Journal of Sociology* 81: 730-81.

Wu, F. and Huberman, B. A. (2004) 'Finding communities in linear time: a physics approach', *European Physical Journal* 38(2): 331-38.

Wu, Z. and Leahy, R. (1993) 'An optimal graph theoretic approach to data clustering: theory and its application to image segmentation', *IEEE Transactions on Pattern Analysis and Machine Intelligence* 15: 1101-13.

Zachary, W. (1977) 'An information flow model for conflict and fission in small groups', *Journal of Anthropological Research* 33: 452-73.

网络理论 **4**

NETWORK THEORY

⊙ 斯蒂芬 P.博加蒂（Stephen P.Borgatti）

弗吉尼尔·洛佩斯-基德韦尔（Virginie Lopez-Kidwell）

　　本章探讨的是**网络理论**，一般来讲，这个词可以指代几种不同的思想。例如，可以将关于**关系形成**的理论和关于**社会资本**优势的理论都看作是网络理论。在关系形成理论中，网络性质充当了因变量，理论关注的是网络现象的前因。在社会资本理论中，网络构念（network construct）则是自变量，理论考虑的是网络现象的后果。为便于区分，我们将第一种理论（关注前因）称为网络成因论（theory of network），将第二种理论（关注后果）视为网络后果论（network theory）。[1]本章关注的是网络后果论（即后者），将其定义为将网络的性质与要考察的结果联系起来的过程和机制。

　　在用一章的篇幅撰写网络理论的时候，一个进路是只回顾网络文献，指出某某人认为网络变量 X 导致了 Y，而其他人认为网络变量 Z 导致 W。但是，这样做的问题在于，理论不只是一个相关变量的体系，还要探讨变量为什么相关。理论描述的是由初始条件生成最终结果的看不见的机制。因此，我们的进路是检视那些众所周知的网络理论，抽取它们提出的基本原则或机制。我们将这些机制视为基本的理论模因（elemental theoretical memes），用各种方式将它们结合即可生成理论。我们希望这一进路会有助于识别各种研究工作的共同点，并为创造新理论提供概念工具。

　　本章开篇将详细论述少数几个有名的网络理论，它们充当了网络理论的原型。然后，我们抽象出一个基础性的（underlying）一般理论，称之为网络流动模型（network flow model）（在该模型中，网络被视为管道系统，其中有信息流动），并认为这个模型是很多网络思想的基础。作为这个模型的一部分，我们提出了一种关于二元状态（dyadic state）与事件的类型学。接下来考察将网络理论化的例子，这些例子来自一个不同的基础模型，我们称之为网络架构模型（network architecture model）。在这个模型中，网络被视为梁架系统（systems of girders），它创造了依赖性结构（structures of dependences）。接下来，依照网络研究传统中的类型学来讨论这两种模型。在结尾部分，我们得出有关网络的理论化状况的某些一般性的观察性结论。

网络理论化示例

首先,我们利用新的术语来详细阐释 Granovetter(1973)提出的弱关系强度(strength of weak tie)(缩写为 SWT)理论,这些新的术语有助于将该理论与其他理论进行比较。简单地讲,弱关系强度理论是由一系列明确的前提和结论构成的,如图 4.1 所示。该理论的第一个前提是,两个人之间的关系越强,[2]他们的社会世界越有可能交叉,即他们会与相同的第三方有关系,这是一种传递性(transitivity)。

40

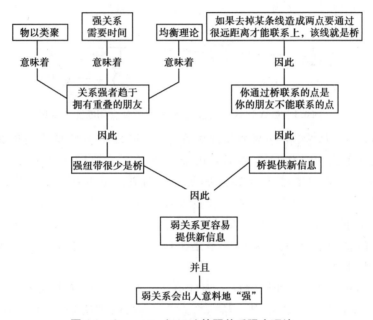

图 4.1　Granovetter(1973)的弱关系强度理论

例如,如果 A 与 B 结婚,而 B 是 C 的好友,那么 A 和 C 至少有机会成为熟人(见图 4.2)。Granovetter 认为,其原因在于关系形成的深层动因具有这种内在于其中的传递性。例如,人们往往**同类相吸**(homophilous),即他们同与自己相似之人有强关系(Lazarsfeld and Merton,1954;McPherson et al.,2001)。类聚性(homophily)是弱传递(weakly transitive)的,因为如果 A 和 B 相似,B 和 C 相似,那么 A 和 C 也可能有某些相似性。关系是由相似性引起的,就此而言,它会导致关系结构中的弱传递性。

另一个论点的基础则是平衡论或认知失调论(Heider,1958;Cartwright and Harary,1956;Newcomb,1961;J. Davis,1967)。如果 A 喜欢 B,B 喜欢 C,A 为了避免不协调也会喜欢 C。

SWT 的第二个前提是,桥接关系(bridging)是新思想(novel ideas)的一个可能来源。桥接关系是这样一种关系,它将一个人与这样的一些人联系起来,即这

图 4.2 Granovetter(1973)弱关系强度理论的一个前提

些人与此人的其他朋友都没有联系。[3]这个观点意味着,一个人可以从桥接关系那里打听到一些还没有在他们的其他朋友之间流传开的消息。在图 4.3 中,A 同G 的关系就是一个桥接关系。[4]

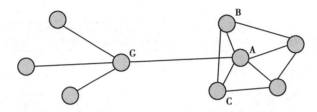

图 4.3 自 A 到 G 是桥接关系,移除它就会切断整个网络

Granovetter 认为,将这两个前提放在一起,可推出新信息不可能来源于强关系。原因如下:首先,桥接关系不大可能是强关系。根据前提 1,如果 A 和 G 有强关系,那么 G 与 A 的其他关系强的朋友之间应该至少有一个弱关系。然而,如果这是真的,A 和 G 之间的关系就不能是桥接关系了,因为这意味着会有许多从A 至 G、经由他们共同熟人的短路径。因此,只有弱关系才可能是桥。由于桥接关系是新信息的来源,且只有弱关系是桥接关系,所以只有弱关系才是新信息的最佳可能的来源。[5]

Granovetter 用这一理论解释了为什么人们经常通过熟人而不是密友找到工作,或者至少打听到工作信息。从这个意义上讲,该理论是一种个体的社会资本理论,其中拥有较多弱关系(即更多的社会资本)的人更可能获得成功。

Granovetter 也在群体水平上应用这个理论。他认为,强关系多的社区有成团的(pockets of)强局部凝聚性(strong local cohesion),但其整体凝聚性却弱(weak global cohesion)。相比之下,弱关系多的社区则拥有弱的局部凝聚性和强的整体凝聚性。他用对波士顿的一项个案研究来说明这一思想。在这项研究中,波士顿同化了一个邻接的社区(西区),却没能同化另一个社区(查尔斯镇)。按照Granovetter 的看法,查尔斯镇的弱关系较多,这有助于在社区层次上组织活动。传统的少数族群的西区(West End)是一个郊区,其居民都在其他地方工作;这个社区被分裂为不同的聚类,聚类内部有很密集的强关系,缺少搭桥的弱关系。相比之下,查尔斯镇的居民都在本社区中工作,有更多的接触机会。因此,社区中到处存在的弱关系结构就构成了群体水平的社会资本,这使得群体能够协同工作去达成目标,如通过调动资源和组织社区行动去应对外部的威胁。

另一个著名的网络理论是 Burt(1992)关于社会资本的结构洞理论。Burt 认为,对于图 4.4 中的点 A 和点 B 来说,A 的个体网形状(shape)为 A 提供的新信息会多于 B 的个体网形状为 B 提供的新信息。这两个个体网的关系数相同,并且我们可以约定它们有相同的强度。但是,由于 B 的联系人(contacts)相互关联,因此 B 从别人(如 X)那里得到的信息很可能与 B 从 Y 那里得到的信息相同。相比之下,A 的 3 个联络人将 A 同网络的 3 小"团"(pocket)连在了一起,A 就可能了解到各种事情。A 的联络人连着 3 个不同的信息池(在图 4.4 中用三个圆圈表示),B 的联络人只连着一个信息池。Burt 认为,在任何给定的时间里,A 都可能比 B 收到更多的非冗余信息,可用来更好地完成工作或获得"新"思想。

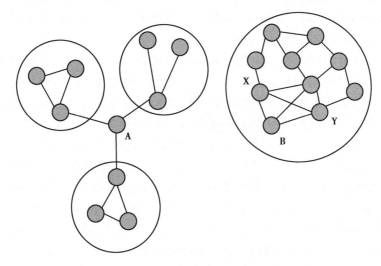

图 4.4　点 A 比点 B 有更多的结构洞

Burt 的理论看似可能与 Granovetter 的理论不同,但是这种差异主要体现在语言和关注点上。用 Burt 的语言讲,A 拥有的结构洞比 B 的多,这意味着 A 有更多的非冗余关系。用 Granovetter 的话来说,A 的桥比 B 的多。但是,不管称它们为非冗余关系还是桥,概念并没有什么不同,结果也是一样:A 有更多的新信息。

Granovetter 和 Burt 的不同之处在于,Granovetter 进一步认为关系的强度决定了该关系是否是桥。Burt 不是不同意这一点,他甚至还提供了经验证据,即桥接的关系之所以弱,是因为它们更容易衰退(decay)(Burt,1992,2002)。不过,Burt 认为,关系强度仅仅是基础性(underlying)原则的"相关项",它是不冗余的(1992:27)。因此,他们的不同之处在于,是如 Granovetter 那样偏爱远端的原因(distal cause)(关系强度),还是像 Burt 这样偏爱近处的原因(proximal cause)(桥接关系)。前者讲了一串有讽刺意味并违反直觉的引人入胜的故事,后者则"直接捕捉到了因果动因,为理论提供了一个更坚实的基础"(Burt,1992:28)。但是,它们都建立在同一个关于网络如何运行的基础模型之上,我们将论证该模型奠定了大多数网络理论的基础。

弱关系强度理论和结构洞理论表面上有别,实质上类似,这让我们意识到在 Burt 的结构洞论点与 Coleman 的社会资本闭合理论(closure theory)之间显然有矛盾。Burt(1992)论证到,自我的两个他者之间进行沟通不只会减少自我点的信息,还约束着自我点的行为。例如,如果他者同自我共享他们的互动信息,那么自我就无法再向每一方都讲述根本不同的故事了,这会约束自我的行为,削减自我的社会资本。相比之下,Coleman(1988)却论证到,与自我相关的多个他者之间的关系会使他者联合起来帮助自我,从而增加自我的社会资本。例如,一个孩子会受益于父母、老师和邻里长辈等之间的相互沟通,因为他们这样做可以确保儿童做作业、避免危险等。但是,如 Burt(2005)所说,这些观点之间的冲突只是徒有其表,因为二者都假设孩子的那些他者之间的关系会约束这个孩子。二者之间的差异不过是,在 Coleman 的教育环境中,约束是好的;在 Burt 的社团环境中,约束通常是坏的。实际上,只是由于社会资本概念有(不明智的)价值负载性(value-loadedness)才造成了矛盾。

另一个有名的网络理论化领域是小世界理论。在 1950 年代和 1960 年代,一批数学研究试图解释相互熟识为什么有巧合性(de Sola Pool and Kochen,1978;[6] Rapoport and Horvath,1961)。这类研究的基本动力旨在说明,社会中的紧密联系可能远远超出常人的想象。Milgram(1967),Travers 和 Milgram(1969)进行的田野实验支持了这一理论,他们发现,将美国人随机联系起来的路径短得难以置信。20 年后,Watts 和 Strogatz(1998)重新启动了这一系列研究。他们的问题是,既然已知人类的网络是如此有聚类性,它有一个已知的能延长网络距离的性质(Rapoport and Horvath,1961),那么人类网络怎么可能有这么短的平均距离呢?Watts 和 Strogatz 给出的回答很简单:在一个高度聚类的网络中,增加哪怕很少量的随机关系,就可以大大降低点与点之间的距离。原因是许多这样的随机关系可能处在聚类之间,即它们是桥。

对网络理论进行整合:网络流动模型

我们认为,小世界(SW)理论、结构洞(SH)理论、Coleman 的社会资本(CSC)理论以及弱关系的强度(SWT)理论虽然方向各异、目的不同,但它们都是对同一个理论的阐释。在本小节中,我们将这一理论解构为三个层面:深层面,它定义我们思考的一个理论全域(universe)中的诸多规则;中层面,包括从理论全域的规则中推导出来的定理;表层面,它关系到与特定的经验情境有关的变量。所有这些层面共同创造出一个理论,SW、SWT、SH 和 CSC 都是这个理论的不同视域罢了。接下来我们会说明,出自同一套基础性规则的其他定理或引理是如何创造出不同(却并非不相容的)理论的。

深层面包含着一个非常简单的关于社会系统如何运行的模型,这些社会系统本质上是网络,信息(或任何一种资源)在网络中沿着由关系组成的路径一点一点地流动,这些关系通过它们共同的终点而连锁在一起。网络路径的诸元素很重要。路径既意味着联系(connection),也意味着断开(disconnection),路径的长度则意味着断开的程度。我们倾向于将该模型视为网络流动模型,将它设想为一个创建理论的平台。

我们将网络流动模型限定在"真实的"流动中,其意义在于,到达终点的东西就是它出发时的那个东西。无论什么东西流经网络,网络都可能在途中(en route)被毁坏或改变,但它基本上会维持原样。如果它开始时是谣言,到达时就还是谣言,即便其细节已变。我们要区分的是一种更有普遍意义上的流动(如一条因果链),其中例如某某人爽约引发一连串事件,如此累积终至发生内战。我们认为,这个更一般意义上的流动构成了一个不同的模型。

中层面则包含一点推理过程,认为传递性(闭合性、聚类性)通过增加路径长度而减缓了网络流动。这个推理过程实际上源于基础性流动模型的一个定理。由于这个定理中的所有元素都来自网络流动模型,因此它可以在数学上得到证明(或证伪),也可以通过模拟法进行探索。网络流动模型是一个封闭的世界,其中所有的规则都已知。在这一层面上的理论包括接受那些基于基础模型而定义了的概念(如中间中心度),将它们与同一个全域中的结果(如流经网络的某事物的频次和首次到达时间)联系在一起。

可以将表层面看作是理论的"个性化",它用那些从直接经验背景中抽取出来的变量来装点基础理论,充当了通向一般社会理论的界面。例如,Granovetter 将关系强度作为前因变量加在传递性上,在因果链的一端丰富了这个理论。Burt 则将信息流与个体的创造力和生产价值联系起来,在因果链的另一端丰富了这个理论。Travers 和 Milgram 认为,上层社会的成员更可能是关键点。

我们可以从基础的流动模型中推演出一些新理论,传递性定理只是其中之一。例如,一个与之不同的定理是,在其他条件保持不变的情况下,不论在网络中流动的是什么,那些有更多关系的点都具有更多的暴露度(exposure)(即更多的接收机会)(Freeman,1979;Borgatti,1995,2005)。如果流动是有用的,这应该意味着有更多关系的那些点会有更好的结果。[7]

我们也可以推演出一个点的联系者之间的联系好不好(Bonacich,1972),这很重要。如果一个点有 5 个联系者,而这 5 个联系者没有任何其他的联系者,那么该点只能接触到极少的经由网络的信息流。如果一个点有 5 个联系者,而这 5 个联系者都处于网络的最中心,那么该点的暴露度就极大。例如,在一个性网络中,许多点都是一夫一妻的,但是他们感染上性病的风险却因人而异,这取决于他们的配偶最近"联系"的好不好。

如果一个自我的多个他者的关联性(connectedness)很重要,那么其他特征也可能很重要,包括非结构属性,如富裕、权力或专长。接触权贵就可能比接触同样数量没有这些资源的人带来更多的机会。这是社会资本研究中的另外一个分支,即林南(Lin,1982)的社会资源理论的基础(也参见 Snijders,1999)。

如果我们假设信息沿着网络路径流动所消耗的时间与路径长度成比例,那么另一个显而易见的定理是,平均而言,与所有其他点距离最近的那些点应该会更快地收到信息流(Freeman,1979;Borgatti,1995,2005)。如果比其他点先收到信息流就意味着有好处(如关于组织事件的信息),那么有更大总体接近度(overall closeness)的点应该表现得更好。

一个众所周知的理论命题是,对于处在其他点之间的唯一或最好路径上的点来说,他们可能通过一些手段从中获益,包括对信息流进行控制、过滤或着色,以及针对流量收取租金(Freeman,1977)。

最后,我们可以推断,对于居于相同的一般区域的点来说(例如,与同样的一些点有联系;Lorrain and White,1971),它们往往会听到同样的事情,因此有同样的由网络流所提供的机会(Burt,1976)。

在文献中发现许多从基本的网络流动模型引出的其他基本理论命题。其要点是,网络流动模型提供了一个概念化的全域,我们在这个全域内可以将一些性质(如聚类性或中心度)概念化,并将它们与其他性质(如接收到从系统中流来的某物的概率)联系起来。这些性质被广泛误解为是与理论无关的方法论元素(即"测度"),实际上它们是一个模型的派生物,只存在于理论过程的情境之中。[8]

网络流动模型中的关系状态和事件

由网络流模型推出的一些理论区分了两类关系现象或二元(dyadic)现象,Atkin(1974,1977)称之为**背景**和**传输**(backcloth and traffic)。背景由深层的基础结构组成,它保证并约束传输;传输则包括了流经网络的内容,如信息。例如,在SWT 理论中,诸如相识这样的社会关系充当了信息的可能管道。

图 4.5　二元现象的类型

图 4.5 展示了一系列更为详细的区分,该图将二元现象划分为 4 个基本类别:相似性、社会关系、互动和流动。[9]

相似性指的是空间的接近性、社会类别中的共同成员资格、共享的行为、态度和信念。一般来说,我们并不将这些项目视为社会关系,但是我们确实经常认为它们会提高某些关系和二元事件发生的可能性。例如,Allen(1977)在一个组织环境中发现,由于空间上的接近性,沟通会趋于提高。

社会关系指的是社会关系的经典类型,它们在网络的理论化过程中无处不在。我们区分了两类社会关系:基于角色的关系和基于认知/情感的关系。**基于角色**的社会关系包括亲属关系以及诸如是某人的**老板**、**老师**、**朋友**这样的角色关系。之所以用"基于角色的"这个术语,是因为这些关系通常被制度化为权利和义务,并在语言上被认定为是诸如**朋友**、**老板**和**叔叔**之类的名词。许多基于角色的关系也是对称的或不对称的,例如,如果 A 是 B 的朋友,那么 B 也是 A 的朋友;如果 A 是 B 的老师,那么 B 是 A 的学生。基于角色关系的另一个特征是,它们有一定的公开性和客观性——研究者可能会问第三方这两个人是朋友关系还是师生关系,他不会得到一个自动的"我怎么会知道?"的回答。

第二类社会关系包括对具体他人的知觉和态度,如**了解**、**喜欢**、**不喜欢**等。

这些评价被广泛认为有私人性质,是独特的和不可见的。它们通常不是对称的:A 喜欢 B,反之却未必真。

互动指的是可能经常发生,但是接下来就终止的一些离散或独立的事件,如与某人**谈话**、**打架**或**共进午餐**。

最后一类是**流动**,它包括诸如资源、信息、疾病这样的从点到点移动的事物。它们可以转移(只在某时某地出现)和复制(如信息)。在大多数网络理论中,流动都很重要,但是一般假设它在实践中不可测量。 44

在 Atkin 看来,这四种二元现象都可作为居于它们右侧的现象的背景。因此,空间上的接近性可以促进某些关系的发展,某些关系又使某些互动成为可能;这些互动反过来又会为传送或流动提供工具。但是,右边的现象显然也可以改变左边的现象,因此,具有某些关系的人(如配偶)会走得近,某些互动(如性行为)能改变关系或将其制度化。

基于网络流动模型的理论要么关注社会关系,要么关注互动,用这些关系去界定网络背景,然后决定了流动。互动是短暂的,因此,建立在互动基础之上的理论通常会将它们概念化为累加的与反复进行的,将它们描述为**经常发生**的(recurrent)、**模式**的(patterned)或**相对稳定**的。实际上,这个关系被转变为持续贯穿在互动的各个阶段的一个基础性社会关系了。

我们基于这一讨论强调三点。首先,流动模型之所以存在,主要是因为我们不直接测量流动。[10]因此,我们建立的理论才将可观测的社会关系网与潜在的流动联系起来。如果直接测量了流动,可能就无须推断认为拥有较多结构洞(或弱关系)的点会收到较多的信息:我们仅测量他们获得的信息就可以了。其次,网络流动理论大大依赖于关系的相对持久性。例如,考虑某个点在其他不相连的点之间做经纪人并从中获益的情况。只有在那些被跨越的点不能相互简单地创建关系时,这种情况才成立。一般而言,如果总能形成一种直接的关系,贯穿网络的路径就不重要了,结构的重要性也将消失。再次,当研究点对网络位置的利用时,要测量诸如互动和流动而不是关系状态这样的关系性**事件**就成问题了,因为权力的运用能改变事件网。例如,如果一个点因为居于其他两点之间而试图寻租,这两个点就可能选择一条不同的路径(Ryall and Sorenson, 2007;Reagans and Zuckerman, 2008)。因此,我们看到的事件网就不是由基础性关系所定义的那个潜在结构了,而是一个随时可能变化的既成事实,因此它不会告诉我们其他哪些路径曾经是可用的。

网络架构模型

如前文所说,网络流动模型建立在我们所谓的**真实**的资源流动基础之上,这些资源沿网络的路径流动,被沿途中遭遇到的各个点作为资本或品质(trait)而捕获。然而,不是所有的网络理论化过程都出自这一基础模型。设想一位经常出现在社会资源理论中的企业家有怎样的形象(Lin,1982,1999a,1999b)。为了成功,这个企业家需要朋友的帮助:有钱的朋友可以出钱,有阅历的朋友可以出点子,但常常是没有任何资源会实际转让给了自我点。例如,立法者可以推动一项允许开发商利用先前禁用土地的法案获得通过,以此来支持这位开发商。法官也可以为了一位朋友的利益来断案。这些利益是真实的,但是与网络流动模型相反,立法者和法官的权力并没有转让给开发商。相反,工作的开展是为了他人的利益,正如委托/代理(principal/agent)理论所描述的那样(Rees,1985;Eisenhardt,1989),这就构成了一种不同的达成(achievement)机制。

在交易知识理论(transactional knowledge theory)中也可看到类似的情况(Hollingshead,1998;Argote,1999;Moreland,1999),在该理论中,组织被看成是一个分布(distributed)知识系统,其中各级领导的头脑中拥有着不同量的组织知识存储。当了解到谁知道什么时,这种知识就能够被利用了。但是,当一个人头脑中的知识被利用时,这些知识实际上可能不会传递。例如,可以请一位化学家来解决有关立体异构体的问题。这位化学家的化学知识不大可能传递给项目组中没有化学背景的其他成员。事实上,如果知识可以转让,组织就不再是一个分布式知识系统了,每个成员都会惊人的博学。相反,化学家与这个团队或其带头人协同工作。[11]

这些例子暗含了一个点获得成功的机制,它稍微不同于如网络流动模型中那样通过网络路径获取资源的机制。相反,它是一种虚拟的获取,因为一个自我的那些他者为了此自我点的利益而行动或者采取与自我点一致的行动,而不是转让他们的资源。另一种思考这一问题的方式是,他者是作为自我点的延伸而行动,他们共同形成一个更大的、更有能力的实体。这些点作为一个整体而行动,这种协作不仅会控制所有点的权力,还意味着无法利用个别点来相互对抗。这是联盟、合作以及其他集合体背后的原则,它会防止每个成员之间独自协商。这里的关键是,关系充当了将点约束在一起的纽带(不论是通过团结还是通过权威),使大家同甘苦、共命运。

我们认为,这一机制与网络流动模型的机制的差异足够大,以至于它构成了一个不同的模型,我们称之为**网络架构模型**(network architecture model)。我们在定义一个不包含"流动"这个术语的独立模型中,并不意味着在网络架构模型中信息不流动。为了协调行动,点是完全可以交流的。但是,有两点应该牢记:第一,沟通不是达成协调的唯一途径(Thompson,1967);第二,即使非常多的沟通在网络架构模型中发挥的作用也不同于其在网络流动模型中发挥的作用。在网络流动模型中,流动自身的价值才对接受流的自我产生影响。一位经理听到了关于即将失败的项目的闲言碎语后,他会采取措施撇清自己与该项目的关系。在网络架构模型中,正是流动导致的点与点之间的结盟才产生了这个结果。

作为科层制的支柱,权威关系的情况富有启发性。"向……汇报"的关系可作为信息流动的管道(如下达命令;向上汇报),但这不同于网络流动模型,既因为只接受命令并不是增值(enriching),也因为命令(通常)不会沿途重复下去,像在舰船上那样。相反,A 给 B 的命令不同于 B 给 C 的命令。沟通是有的,但是协调(而不是信息)是机制所在。

最后来考察一下**网络交换论**(network exchange theory),我们认为它与 SWT 理论有相似性,因为它也清楚地例示了一种独特的网络理论化过程。在社会网络分析的实验交换传统中(Cook et al.,1983;Markovsky et al.,1988),研究人员让志愿者通过相互讨价还价来分配他们之间的点数,志愿者的目标是在一系列实验轮次中积累尽可能多的点数。参与者被安置在由实验者设计好的一个网络中,该网络已经事先指定了参与者与哪些人有联系,参与人只与这些人协商。在每一轮博弈中,参与者必须同与他们有关系的人分割 24 点。最初,他们倾向于做 12-12 的均分。然而,随着时间的推移,在某些网络位置上的人就有能力要求更有利于自己的报价,如 13-11、14-10,甚至是 23-1。例如,在图 4.6(a)中,点 X 积累的点数最多。

起初,中心度被认为是基础性原则(Cook et al.,1983)。然而,学者很快就发现,在图 4.6(b)所示的网络中,最中心的点却没有权力。相反,点 Z 却有权力。其原因很简单:即使 X 同 Z 有一样多的潜在交易伙伴,每个 Z 都有一个居于很弱位置的伙伴(一个 Y),然而 X 却只有强权伙伴可与之交换。为什么 Y 是弱的?因为一旦它们的 Z 不论何时与其他人达成了协议,Y 就从这个特定的轮次中被排除出去了。点 Y 之所以依赖 Z,是因为他们缺乏选择性。但是,重要的不只是备选伙伴的数量,因为 X 与 Z 恰恰有同样多的备选伙伴数量。最终,一个点的谈判地位作为结果,不仅取决于其备选伙伴的数量,还取决于其备选伙伴的备选伙伴的数量,这反过来又由他们自己的备选伙伴数量决定,如此无限反复。

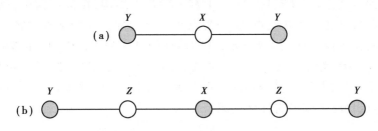

图 4.6 实验用的两个交换网络,浅色点有更大权力

取自 Allen, Thomas J.,《研发组织沟通》(*Managing the Flow of Technology*),
第 239 页图,1977 年,麻省理工学院,已得到麻省理工学院出版社的使用许可

有关交换情境有一些感兴趣的点需要注意。首先,当点与点互动并积累资源时,资源(即点数)不沿着网络的路径流动;博弈的规则阻碍了它。这就是为什么中心度测度(measure)在预测这一实验结果时是无效的,中心度是一个网络流动模型的概念,这里没有任何流动。但是,就算没有流动,路径在这里的确重要。例如,加入一个点使之与图 4.6(b)中的任何一个 Y 相关联,这往往会大大改变 X 的命运。它即便不是流,也是一个传导效应(propagation effect),在这个效应中,与一个弱点邻接的点就会成为一个强点,它反过来又会使与之相连的其他点变弱,这又使另一些点变强,以此类推到整个网络(Bonacich,1987)。也许,比**传**

导(propogation)更好的术语是**自相关**(autocorrelation),它意味着一个点的状态受与之相连的其他点的状态的影响,但是在网络流动模型所提出的简单方式中,这不是必要条件,在网络流动模型中,点所处的环境中有什么,这个点最终就会同样有什么。[12]相反,这更像是适应,因为点对它们的环境作出反应,而不是去获得环境。

可以将网络交换论视为是网络角色理论的一个特例(Borgatti and Everett, 1992b)。如果我们检测如图4.7所示的一个网络,显然,点 b、g、d 和 i 即使彼此并不特别接近,也在结构上相似。的确,假设去掉图4.7中所有点上的标签,拿起这个图,围绕着它的横轴与纵轴翻转,然后将其置于纸上。我们还能正确地重新分配标签吗? 显然,我们不会把 b 错认为 e,因为 b 有一对朋友(a 和 c),它们彼此也互为朋友,而 e 的朋友们之间没有任何人互为朋友。我们也不会将 b 与 a 混淆,因为 a 的朋友中,不是一对而是两对互为朋友。但是,我们无法区分出 b 和 d,也不能区分出 g 和 i。同样,a、c、h、j 彼此也难以区别;e 和 f 也是如此;在每一个点集内部的点都在结构上同构。

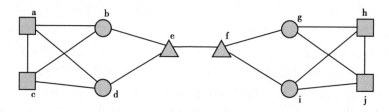

图4.7　用形状可识别在结构上同构的点

在某种意义上,图4.7中的网络中有一种基本结构,在该结构中,这10个不同的点可以恰好还原为3类点,每一类点相互之间都共享着某些独特的关系。3类点之间的关系模式如图4.8所示,该图呈现的是一个简化模型(即 White et al., 1976用语中的**块模型**)。该模式是,方块点(包括 a、c、h、j)与圆形点和其他方块点都有关系;三角点与其自身和圆形点有关系;圆形点将方块点与三角点关联在一起,圆形点自己之间没有任何关系。

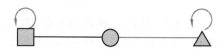

图4.8　图4.7网络中的块模型

事实上,这三类点扮演着三种不同的结构性角色,有三种不同的社会环境,这些差异对于占据这些位置的点来说意味着不同的结果。的确,回到实验性的交换网络中,Borgatti 和 Everett (1992a)的研究成果表明,到目前为止所有的实验结果都证实,在允许的统计变异的范围内,扮演着同样结构性角色的点都得到了同样的结果。

在讨论流动模型和架构模型时,一般认为这两个模型依赖于对关系的如下两个不同的隐喻式理解,这种论证很诱惑人。在流动模型中,关系是事物流动(运输、流经)的管道(或道路、线路)。在架构模型中,关系是将网络集结在一起的纽带、带子、梁架或骨骼,它创造了一个(像骨架那样的)结构,社会系统的其他部分围绕着这个结构而覆盖在一起。这种纽带发挥着基本结构单元的作用。

这种管道-纽带之分不无益处,但是它也并非十全十美。正如我们已经试图指出的那样,一般情况下,两个模型都在二元水平上与某类流动有关。这些流动的样式与功能才是二者之间的差异所在。

网络后果论的目标

在讨论网络流动模型和架构模型时,为阐述方便,我们聚焦于解释点(或群体)在绩效或报酬的成功上有何差异。对这种价值负载的聚焦(value-loaded focus)出自社会资本研究传统,该传统研究了网络位置对于个体或群体的收益(或各个维度)。

然而,社会资本并非是这一领域中唯一的理论视角。为什么一些点与其他点共享某些特性,尤其是在行为(如采纳创新)、信仰和态度方面(Borgatti and Foster,2003),[13]**社会同质视角**(social homogeneity)试图给出网络-理论方面的解释。

基础模型	社会资本	社会同质性
网络流动模型	资本化	触染
网络架构模型	协调	适应

图4.9 基于模型与研究传统划分的网络功能(机制)

网络流动模型和架构模型都被用来研究社会资本和社会同质性,对同样的结果提供了竞争性的解释。图4.9取自Borgatti和Foster(2003),它用一个简单的2×2列联表总结了这个讨论。行对应于这两个基本模型,因此对应于基本的解释模式。列对应于研究传统,它们的基本目标是解释在绩效或特性的相似性方面的方差。表格中的单元确认了每种情况下所用的具体机制。我们将这些基本机制看成是社会网络理论词汇中的一部分。下面依次讨论每一个象限。[14]

左上角的象限用网络流动模型来理解成功,它是发展最成熟的机制之一,尤其是在组织研究中。其核心概念是**资本化**(capitalization),指的是点通过他们的关系获得思想、资源和机会,并且这一过程或者直接增加了他们的人力资本,或者增长了他们开发其人力资本的能力,这反过来也有助于他们在绩效与报酬方面获得成功。资本化过程明显地体现在很多著述中,包括社会支持(如Wellman and Wortley,1990)、地位获得(Lin,1999a)、求职信息搜索与谋职(Granovetter,1973,1974)、知识(Borgatti and Cross,2003;Bouty,2000)、创造力(Perry-Smith and Shalley,2003;Burt,2004)、流动性(Boxman et al.,1991;Burt,1997;Seibert et al.,2001)、权力(Brass,1984;Kilduff and Krackhardt,1994)、领导力(Brass and Krackhardt,1999;Pastor et al.,2002)、绩效(Baldwin et al.,1997;Mehra et al.,

47

2001）和企业家精神（Renzulli et al.，2000）。[15]在群体层面的研究中，同样会看到资本化机制，例如 Bavelas（1950）和 Leavitt（1951）的研究表明，从每个点到中心点（一位"信息整合者"）都有的短距离沟通网会更好地解决与信息池（pooling of information）有关的难题。

左下角的象限称为协调（coordination），它用架构模型对点（或群体）的成功提供一系列替代性的解释。在这个模型中，网络之所以能提供收益，是因为它们为了能以一种协调的方式将全部资源集中（避免分裂和被征服），可以协调或"真正地聚集"多个点。各种网络结构与博弈的情境规则相结合，就会产生为了协调而达成的各种附属物（dependency）和可能性（Markovsky et al.，1988；Cook et al.，1983）。建立在这些机制基础之上的研究包括 Burt（1992）关于结构洞的控制收益、"网络组织"（Miles and Snow，1986；Powell，1990；Snow et al.，1992；Jones et al.，1997）、服从规范（Roethlisberger and Dickson，1939；Mayhew，1980；Kiuru et al.，2009），以及关于领导者的内群与外群的研究（Sparrowe and Liden，1997）。该传统中的其他研究是关于交易存储系统（transactional memory systems）方面的文献（Hollingshead，1998；Moreland，1999；Rulke and Galaskiewicz，2000）。在这些文献中，个体或群体的利益来自于其他人的知识，而不必亲自去获得知识。在群体层面，我们提到过 Granovetter（1973）的研究，他解释了为什么不同的社区在回击邻近城市对它的合并时的能力也不同，这多亏了它们拥有一种能够促进整个社区合作的网络结构。

右上角象限是传染（contagion），它是大多数传播研究的基础。其基本观点是，各个点会通过一种污染/传染/染色[16]的过程而变成环境。因此，一个点在网络中的位置与他获得的特性有很大关系。协同象限与资本化机制都论述的是点获得流经网络路径的某些东西的过程。其差异在于，在一种情况下，点获得了资本，在另一种情况下，点获得的是特性。

基于传染机制的网络研究包括：Coleman、Katz 和 Menzel（1966）的经典研究认为，医生之间的非正式讨论导致了关于采纳四环素的行为传染；Davis（1991）的研究也认为，现行标准的"毒丸"（poison pills）公司实践就是通过整个公司董事会连锁扩散开来的。传染机制已被用来解释工作决策中的相似性（Kilduff，1990）、组织化结构和策略的接纳（DiMaggio and Powell，1983；Geletkanycz and Hambrick，1997）、疾病和免疫结果（Morris，1993；Cohen et al.，1997）、吸烟决策（Christakis and Fowler，2008）、态度和信仰的相似性（Harrison and Carroll，2002；Sanders and Hoekstra，1998；Molina，1995）以及通过社会影响而达成一致性意见（Friedkin and Johnsen，1999）。

应该注意到，这些一般性过程中的每一种（如传染）都可以在二方组层面（dyadic level）上被进一步分解为一些微观机制。例如，DiMaggio 和 Powell（1983）讨论了模仿过程（mimetic processes）（其中一个公司积极地效仿其环境中的另一家公司）和强制过程（coercion processes）（其中一种特性被强加于一个公司之上，正如当一个大客户将某个会计制度强加给一个供应商一样）。在这些微观机制的每一个机制内部,我们都能继续添枝加叶,例如注意到随着不确定性的增加以及对正当性的需求,模仿过程也可能增加(DiMaggio and Powell,1983;Galaskiewicz and Wasserman,1989;Haunschild and Miner,1997)。然而,这类理论化过程属于前文讨论过的中间层,超出了本章的范围。

最后,右下角的象限是**适应**(adaptation),它用架构模型代替网络流动模型来解释同质性。点不是去获得网络中的流动物,如在传染中那样,而是响应或适应了一系列的环境依赖项(dependencies)。架构模型将社会同质性解释为**趋同进化**(convergent evolution),它类似于那些导致鲨鱼和海豚有相似外形的进化过程。例如,在各自公司的建议网中都居于中心位置的两个点可能都讨厌打电话,因为打电话会招来更多的工作。与之类似,在结构角色理论中,如果一些点与相似的他人有关系,这些点就被视为相似,也就是说,它们有相似的环境。

适应机制已经用来解释态度(Erickson,1988)、组织行为(Galaskiewicz and Burt,1991;Haunschild and Miner,1997;Galaskiewicz and Wasserman,1989)方面的相似性,也可解释组织的同构性(DiMaggio,1986)。

讨 论

网络研究常常有一个困惑,即理论到哪里结束,方法论又从何处开始。网络分析是社会科学的典范,它将自己的理论构建奠定在一个基本构念(即网络)的基础之上,这个构念既具有经验意义,也完全可数学化。网络模型与一些基本的过程(如资源沿着路径流动)相匹配,它还极其多产,网络模型非常容易产生有特色的研究问题,诸如,居于两类点之间的唯一路径上的点会带来什么效果?

此外,"网络"这个构念(construct)的"数学性"(mathematicity)表明,这类研究问题几乎可以自动地用网络的数学性质(如中间度)来表达,而且总是这样。这使我们大可利用经验的、数学的以及基于仿真的方法去探索网络领域中的研究问题。但是这也导致了一个**像问题**(image problem),因为在理论上定义网络性质(如中间度)的同一个公式也能使我们在一个经验数据集合中去测量它。因此,它看起来"仅仅"是方法论问题。不过,诸如中心度这样的概念不仅仅是理论的构念,它们也体现了关于社会系统如何运行的基本模型。

关于网络是什么,这里也有困惑。在我们看来,在定义网络时至少有两种基本的概念化:**唯名论**(nominalist)的概念化和**唯实论**(realist)的概念化。这种分法呼应了 Laumann,Marsden 和 Prensky(1989)就数据收集进行的一个众所周知的区分。在本章以及大多数学术研究中所指涉的网络概念都是唯名论意义上的概念,它主要将网络视为模型,而不是"此在"(out there)之物。对于唯名论者来说,网络是通过在一系列点中选择一个关系(如朋友关系)来考察而被定义的。所以,当唯名论者谈到**多重网络**(multiple network)的时候,他们思考的是同时存在的各类关系,如朋友网和建议网,两者都是在相同的点集上被定义的。对于唯名论者来说,网络可以是断开的,关联度实际上只是可以被理论化的另一种网络性质而已。

相比之下,在唯实论者看来(它常见于应用性研究中),网络被定义为一系列相互关联的点,根据定义,网络是不能断开的。唯实论者认为,多重网络就意味着多个群体。的确,唯实论的网络观念往往是社会群体概念的替代或变体。在大众文化中这一点尤为明显,其中曾被命名为"维持协会"(Preservation Society)或"列克星敦贸易协会"(Lexington Trade Association)的一些公共实体如今都会被称为"维持网"(Preservation Network)或"列克星敦贸易网络"了。同样,我们会说恐怖主义网络,而不说恐怖主义组织;医疗保险公司要么将医生确认为在网络内,要么确认在网络外。

在唯实论传统的学术著述中,**网络**通常意味着一个群体。该群体的横向关系多于纵向关系,依赖于社会的或非正式的关系达成协作。它由那些被有限授权或相对自治的成员组成,不管他们是一个公司的雇员,还是一个所谓网络组织中的组织。

这些不同的视角带来一个结果,即我们困惑于什么是有意义的研究问题。例如,虽然我们没有讨论关于网络的诸多理论,但是对于唯实论者来说,一个合理的研究问题是,"什么条件会导致网络出现?"而这个问题对于唯名论者来说是不适用的,因为当你定义了网络的时候,网络就出现了,即使这些网络中没有关系也一样。出现的不是网络,而是关系(或者更好理解的说法是,只有网络结构的性质才随时间而变化)。与之相类似,对于唯名论者来说,一个有意义的方法论问题是,"在一项发掘网络的调查中,要询问的最好的关系是什么?"对于唯名论者来说,每一个问题都对应于一个不同的网络,至于问哪一个问题,取决于要研究的问题。但是对于唯实论者而言,问题选择的好,就可以探查到潜在的实在(underlying reality),这非常像心理测量量表。当我们说一个点"属于多重网络"的时候,点这个概念也有困惑。对于唯实论者来说,这实际上意味着这个点属于多个群体。而对于唯名论者而言,这个概念顶多意味着,在由不同的社会关系定义的几个不同的网络中,该点不是一个孤立点。

最后一个困惑关系到网络研究中可能的多层次分析以及这种分析如何与传统的微观/宏观二分有关。最低层次是二方组。该层次上的研究涉及一类关系是否影响到另一类关系。例如,经济社会学的一个基本命题是,经济交易嵌入社会关系中(Granovetter,1985)。在知识管理中,Borgatti 和 Cross (2003)认为,为了让 X 寻求来自 Y 的信息,必须具有某种关系性的条件。

下一个层次是点。在文献中,这是一个最受关注的层次,网络传统之外的研究者也容易进入这个层次。本章回顾的大多数研究都是点层次的研究,例如,一个点拥有的结构洞数与该点的绩效有关。

最高层次是整体网。[17]这一层次上的理论建构关注的是网络的**内部结构**性质对网络有哪些后果。例如,Johnson,Boster 与 Palinkas (2003)认为,与那些有可能分裂为对抗性(warring)派系的团队相比,有核心/边缘结构的工作团队更有士气。因此,网络结构的一个性质(即核心/边缘性)与网络的结果(即士气)有关。网络层次的分析不应该与这些点本身是否构成了集合体相混淆。例如,假设我们的点是公司,我们推断在公司间联盟网中越居于中心的公司越赚钱。这是一个点-层次上的分析,不是网络-层次上的分析。相比之下,如果我们推断,一个行业中的联盟网络的构型会影响整个行业的盈利能力(并且我们要在几个行业之间作比较),这就是网络-层次上的分析。类似地,高层管理团队的网络结构如何影响他们的绩效,这样的研究也是网络-层次上的研究。

结　论

在本章中,我们努力解释了网络理论,解释的方式可以促进新理论的产生。我们的解释思路是分析少数具有代表性的网络理论,从中提取出一般性的机制或解释模式。我们发现,这样做可便于将网络理论解构为各个"层",其中的最深层包含了事物是如何运作的一般模型。这是一个系统模型,不是关于任何特殊结果的模型。最深层之上是定理或命题,可以从深层模型中推出。最后一层是表层,它将网络构念与特定研究领域中的概念联系在一起。

我们认为,在将网络理论化的过程中,有两个显见的基础性模型,分别称之为网络流动模型和网络架构模型。流动模型将社会系统看作是由路径(背景)相互关联起来的点集系统,这些路径运载着信息或其他资源(运输)。基于流动模型的理论定义了背景结构的性质,将这些性质与流动的结果(如流经网络的某物的频次和到达时间)联系起来,然后再与更一般的结果(如地位获得)关联在一起。架构模型将网络关系看成是创造出来的相互依赖和协调结构。基于这一模型的理论解释了相互关联的模式是如何与背景规则相互作用,并引起诸如权力这样的结果。

借鉴 Borgatti 和 Foster(2003)的研究,我们注意到,可以将网络的理论化过程看作是回答两类基本研究问题的过程,即为什么一些点或群体更有成就(社会资本传统),为什么一些点或网络相互之间更相似(社会同质性传统)。将这种基于结果类型的区别和两种解释模型之间的区别结合,就生成了包含 4 个单元的一种交叉分类,其中每个单元都对应于一种不同的、用来解释结果的一般机制(图4.9):资本化机制被用来解释成功,认为成功是通过网络接收的有益流的函数;协调机制通过与他人实际联合并防止对手彼此协作来解释成功;传染机制将观察到的相似性解释为直接影响或扩散的函数;适应机制则将相似性解释为产生于对相似社会环境的适应。

我们的目标是将网络理论分解为一些理论构建的基石,从而使创建新的理论变得容易。我们希望这将有助于阻止"曲奇成型刀"(cookie-cutter)之类千篇一律的研究。因为这样的研究复制了经典研究中的变量,却忽略了网络性质通过什么逻辑导致结果。

注　释

　　Steve Borgatti 是 Chellgren 讲座教授和管理学教授,邮箱是 sborgatti@ uky.
edu。Virginie Lopez-Kidwell 是管理学的博士候选人,邮箱是 v.kidwell@ uky.edu。
这两位作者都供职于肯塔基大学 Gatton 商业与经济学院管理学系的商业网络研
究 LINKS 中心(http://www.linkscenter.org/)。

　　本章内容部分基于《科学》上的一篇论文(Borgatti et al.,2009)和《组织科
学》上的一篇论文(Borgatti and Halgin,即将出版)。作者感谢这些论文的合作者
的帮助以及 Beth Becky,Travis Grosser,Brandon Ofem 对本章的批判性评议。我们
同样要感谢 Jackie Thompson 在编辑方面给予的支持。本研究受到防恐怖威胁署
(Defense Threat Reduction Agency,缩写为 DTRA)的支持,项目代号是 HDTRA1-
08-1-0002-P00002。

50

　　1.用这种术语来讲,自变量和因变量都是网络性质的内生网络演变理论,可
称为网络的网络理论(a network theory of networks)。关于关系形成的心理学理
论(如同类相吸性)可被标记为网络理论(a theory of networks),但不是网络的网
络理论。

　　2.虽然 Granovetter(1973:1361)提供了关系强度的定义,但是任何一种保留
了第一个前提的关系强度定义都可以利用,认识到这一点是有益的(Freeman,
1979)。

　　3.用比较技术性的语言来讲,桥是 A 和 B 之间的符合下面条件的关系,即如
果将它移除,将 A 与 B 连上的路径(如果存在的话)就会变得非常长。桥是一条
捷径。

　　4.当 Granovetter 在撰著之时,第二个前提还"悬而未决"。Rapoport 和
Horvath(1961)特别深入地探究了这个概念。

　　5.请注意,不能断言所有弱关系都是新信息的来源,只有那些恰巧是桥的弱
关系才如此。Granovetter 的要点只是说,相对于强关系来说,弱关系才更可能
是桥。

　　6.原文写于 1958 年,广泛流传了 20 年之后,才于 1978 年出版在《社会网络》
的创刊号上。

　　7.与之相似,联络良好的点会有更多的机会使其他点接触到它所输送的东
西,无论它是一个思想还是一种疾病。

　　8.的确,Borgatti(2005)指出,在特定的流动模型下,大家熟知的接近中心度
与中间中心度公式给出了主要网络结果(如频率与到达时间)的期望值。它们不
是如回归那样的一般性的测量或技术,因为回归技术可以脱离有关事物如何运
作的基础模型。相反,它们根植于有关社会系统如何运行的具体网络理论。

　　9.左边的这两类构成了这样的关系现象,即当它们存在时,就会像国家那样

持续存在。右边的现象往往如一些事件那样是短暂的与离散的。注意到这些是有益的。

10.这主要是为了方便。例如,当一条特定的信息沿着谣言网络散布时,要想追踪它就很费时,因此几乎难以做到。然而,一些情境本身就会呈现出观察到的信息流,正如世界经济贸易网中商品的流动那样。

11.然而这并不意味着有什么特殊的动机,如想要帮助或被迫去帮助。本章因篇幅所限,不能讨论这些交换的微观理论。

12.我们不用"自相关"这个术语,因为它指的是一种统计学条件,而不是一个社会过程。

13.正如 Borgatti 和 Foster(2003)所指出的,对结果中的方差与属性中的同质性进行建模,这从逻辑上看是一枚硬币的两面,却似乎构成了这一领域中的不同文献。

14.这个术语稍稍不同于本卷中 Borgatti 等(2009)以及 Marin 和 Wellman 的研究。Borgatti 等研究中的**传播**(transmission)在这里被细分为**资本化**和**传染**。Borgatti 等研究中的**绑定**(binding)和**排除**(exclusion)在这里被合并为**协调**。适应机制在两篇论文中都相同。

15.在经验层次上,这样的研究主要是个体网研究,因此可能看似忽略了网络的路径结构,后者正是网络流动模型的核心。但是,在许多这样的研究中,其理论依据都建立在整体网过程的基础之上,正如弱关系理论与结构洞理论的情况那样。

16.我们无意说被采纳的东西是"坏的"。任何态度、行为或信念都可能扩散,无论它是积极的、消极的,还是中立的。

17.简而言之,我们忽略了中层的子群体,它与点层次和整体网层次有共同的品质。

51

参考文献

Allen, T. (1977) *Managing the Flow of Technology*. Cambridge, MA: MIT Press.

Argote, L. (1999) *Organizational Learning: Creating, Retaining and Transferring Knowledge*. Boston: Kluwer.

Atkin, R. H. (1974) *Mathematical Structure in Human Affairs*. London: Heinemann.

Atkin, R.H. (1977) *Combinatorial Connectives in Social Systems*. Basel: Birkhauser.

Baldwin, T.T., Bedell, M.D. and Johnson, J.L. (1997) 'The social fabric of a team-based M.B.A. program: Network effects on student satisfaction and performance'. *Academy of Man agement Journal* 40: 1369-97.

Bavelas, A. (1950) 'Communication patterns in task-oriented groups'. *Journal of the Acoustical Society of America* 22: 271-82.

Bonacich, P. (1972) 'Factoring and weighing approaches to status scores and clique identification'. *Journal of Mathematical Sociology* 2: 113-20.

Bonacich, P. (1987) 'Power and centrality: A family of measures'. *American Journal of Sociology* 92: 1170-82.

Borgatti, S. P. (1995) 'Centrality and AIDS'. *Connections* 18, 112-14.

Borgatti, S. P. (2005) 'Centrality and network flow'. *Social Networks* 27: 55-71.

Borgatti, S.P. and Cross, R. (2003) 'A relational view of information seeking and learning in social networks'. *Management Science* 49: 432-45.

Borgatti, S.P. and Everett, M.G. (1992a) 'Graph colorings and power in experimental exchange networks'. *Social Networks* 14: 287-308.

Borgatti, S. P. and Everett, M. G. (1992b) 'Notions of position in social network analysis'. *Sociological Methodology* 22: 1-35.

Borgatti, S. P. and Foster, P.C. (2003) 'The network paradigm in organizational research: A review and typology'. *Journal of Management* 29: 991-1013.

Borgatti, S.P. and Halgin, D.S. (forthcoming) 'Network Theorizing'. *Organization Science*.

Borgatti, S. P., Mehra, A., Brass, D. J. and Labianca, G. (2009) 'Network analysis in the social sciences'. *Science* 323: 892-95.

Bouty, I. (2000) 'Interpersonal and interaction influences on informal resource exchanges between R&D researchers across organizational boundaries'. *Academy of Management Journal* 43: 50-65.

Boxman, E.A.W., De Graaf, P.M. and Flap, H. D. (1991) 'The impact of social and human capital on the income attainment of Dutch managers'. *Social Networks* 13: 51-73.

Brass, D.J. (1984) 'Being in the right place: A structural analysis of individual influence in an organization'. *Administrative Science Quarterly* 29: 518-39.

Brass, D. J. and Krackhardt, D. (1999) 'The social capital of 21st century leaders'. In J.G. Hunt, and R.L. Phillips (eds.), *Out-of-the-Box Leadership*, pp. 179-94. Stamford, CT: JAI Press.

Burt, R. S. (1976) 'Positions in networks'. *Social Forces* 55: 93-122.

Burt, R.S. (1992) *Structural Holes: The Social Structure of Competition*. Cambridge, MA: Harvard University Press.

Burt, R.S. (1997) 'The contingent value of social capital'. *Administrative Science Quarterly* 42: 339-65.

Burt, R. S. (2002) 'Bridge decay'. *Social Networks* 24: 333-63.

Burt, R. S. (2004) 'Structural holes and good ideas'. *American Journal of Sociology* 110: 349-99.

Burt, R. S. (2005) *Brokerage and Closure: An Introduction to Social Capital*. Oxford: Oxford University Press.

Cartwright, D. and Harary, F. (1956) 'Structural balance: A generalization of Heider's theory'. *Psychological Review* 63: 277-93.

Christakis, N.A., and Fowler, J.H. (2008) 'The collective dynamics of smoking in a large social network'. *New England Journal of Medicine* 358: 2249-58.

Cohen, S., Doyle, W.J., Skoner, D.P., Rabin, B.S. and Gwaltney, J.M. (1997) 'Social ties and susceptibility to the common cold'. *Journal of the American Medical Association* 277: 1940-44.

Coleman, J. S. (1988) 'Social capital in the creation of human capital'. *American Journal of Sociology* 94: S95-S120.

Coleman, J.S., Katz, E. and Menzel, H. (1966) *Medical Innovation: A Diffusion Study*. Indianapolis: Bobbs-Merrill.

Cook, K.S., Emerson, R.M., Gillmore, M.R. and Yamagishi, T. (1983) 'The distribution of power in exchange networks: Theory and experimental results'. *American Journal of Sociology* 89: 275-305.

Davis, G.F. (1991) 'Agents without principles? The spread of the poison pill through the inter-corporate network'. *Administrative Science Quarterly* 36: 583-613.

Davis, J. A. (1967) 'Clustering and structural balance in graphs'. *Human Relations* 20: 181-87.

de Sola Pool, I. and Kochen, M. (1978) 'Contacts and influence'. *Social Networks* 1: 5-51.

DiMaggio, P. (1986) 'Structural analysis of organizational fields: A blockmodel approach'. *Research in Organizational Behavior* 8: 335-70.

DiMaggio, P.J. and Powell, W.W. (1983) 'The

iron cage revisited: Institutional isomorphism and collective rationality in organizational fields '. *American Sociological Review* 48: 147-60.

Eisenhardt, K. (1989) ' Agency theory: An assessment and review '. *Academy of Management Review* 1: 57-74.

Erickson, B. (1988) ' The relational basis of attitudes '. In B. Wellman and S. Berkowitz (eds.), Social Structures: A Network Approach, pp. 99-121. New York: Cambridge University Press.

Freeman, L. C. (1977) ' A set of measures of centrality based on betweenness '. *Sociometry* 40: 35-41.

Freeman, L. C. (1979) ' Centrality in social networks: Conceptual clarification '. *Social Networks* 1: 215-39.

Friedkin, N. E. and Johnsen, E. C. (1999) ' Social influence and opinions '. *Journal of Mathematical Sociology* 15: 193-205.

Galaskiewicz, J. and Burt, R. S. (1991) ' Interorganization contagion in corporate philanthropy '. *Administrative Science Quarterly* 36: 88-105.

Galaskiewicz, J. and Wasserman, S. (1989) ' Mimetic and normative processes within an interorganizational field: An empirical test '. *Administrative Science Quarterly* 34: 454-79.

Geletkanycz, M.A. and Hambrick, D.C. (1997) ' The external ties of top executives: Implications for strategic choice and performance '. *Administrative Science Quarterly* 42: 654-81.

Granovetter, M. (1973) ' The strength of weak ties '. *American Journal of Sociology* 78: 1360-80.

Granovetter, M. (1974) *Getting a Job: A Study of Contacts and Careers*. Cambridge, MA: Harvard University Press.

Granovetter, M. (1985) ' Economic action and social structure: The problem of embeddedness '. *American Journal of Sociology* 91: 481-510.

Harrison, R.J. and Carroll, G.R. (2002) ' The dynamics of cultural influence networks '.

Computational and Mathematical Organization Theory 8: 5-30.

Haunschild, P. R. and Miner, A. S. (1997) ' Modes of interorganizational imitation: The effects of outcome salience and uncertainty '. *Administrative Science Quarterly* 42: 472-500.

Heider, F. (1958) *The Psychology of Interpersonal Relations*. New York: Wiley.

Hollingshead, A. B. (1998) ' Distributed knowledge and transactive processes in groups '. In M. A. Neale, E. A. Mannix, and D. H. Gruenfeld (eds.), *Research on Managing Groups and Teams*, 1: 103-23. Greenwich, CT: JAI Press.

Johnson, J.C., Boster, J.S. and Palinkas, L.A. (2003) ' Social roles and the evolution of networks in extreme and isolated environments '. *Journal of Mathematical Sociology* 27: 89-121.

Jones, C., Hesterly, W. S. and Borgatti, S. P. (1997) ' A general theory of network governance: Exchange conditions and social mechanisms '. *Academy of Management Journal* 22: 911-45.

Kilduff, M. (1990) ' The interpersonal structure of decision making: A social comparison approach to organizational choice '. *Organizational Behavior and Human Decision Process es* 47: 270-88.

Kilduff, M. and Krackhardt, D. (1994) ' Bringing the individual back in: A structural analysis of the internal market for reputation in organizations '. *Academy of Management Journal* 37: 87-108.

Kiuru, N., Nurmi, J.E., Aunola, K. and Salmela-Aro, K. (2009) ' Peer group homogeneity in adolescents' school adjustment varies according to peer group type and gender '. *International Journal of Behavioral Development* 33: 65-76.

Laumann, E.O., Marsden, P.V. and Prensky, D. (1989) ' The boundary specification problems in network analysis '. In L. C. Freeman, D. R. White and A. K. Romney (eds.), *Research Methods in Social Network Analysis*, pp. 61-87. Fairfax, VA: George Mason University Press.

Lazarsfeld, P. and Merton, R. K. (1954) ' Friendship as social process: A substantive and methodological analysis'. In M. Berger, T. Abel, and C. Page (eds.), *Freedom and Control in Modern Society*, pp. 18-66. New York: Octagon Books.

Leavitt, H. (1951) 'Some effects of certain communication patterns on group performance'. *Journal of Abnormal and Social Psychology* 46: 38-50.

Lin, N. (1982) 'Social resources and instrumental action'. In P. Marsden and N. Lin (eds.), *Social Structure and Network Analysis*, pp. 131-45. Beverly Hills, CA: Sage.

Lin, N. (1999a) 'Social networks and status attainment'. *Annual Review of Sociology* 25: 467-87.

Lin, N. (1999b) 'Building a network theory of social capital'. *Connections* 22: 28-51.

Lorrain, F. and White, H.C. (1971) 'Structural equivalence of individuals in social networks'. *Journal of Mathematical Sociology* 1: 49-80.

Markovsky, B., Willer, D. and Patton, T. (1988) 'Power relations in exchange networks'. *American Sociological Review* 53: 220-36.

Mayhew, B. H. (1980) 'Structuralism versus individualism: Part 1, Shadowboxing in the dark'. *Social Forces* 59: 335-75.

McPherson, J.M., Smith-Lovin, L. and Cook, J. M. (2001) 'Birds of a feather: Homophily in social networks'. *Annual Review of Sociology* 27: 415-44.

Mehra, A., Kilduff, M. and Brass, D.J. (2001) 'The social networks of high and low self-monitors: Implications for workplace performance'. *Administrative Science Quarterly* 46: 121-46.

Miles, R.E. and Snow, C.C. (1986) 'Network organizations, new concepts for new forms'. *California Management Review* 28: 62-73.

Milgram, S. (1967) 'The small-world problem'. *Psychology Today* 1: 62-67.

Molina, J.L. (1995) 'Analysis of networks and organizational culture: A methodological proposal'. *Revista Espanola de Investigaciones Sociologicas* 71: 249-63.

Moreland, R.L. (1999) 'Transactive memory: Learning who knows what in work groups and organizations'. In L. Thompson, D. Messick and J. Levine (eds.), *Sharing Knowledge in Organizations*, pp. 3-33. Hillsdale, NJ: Erlbaum.

Morris, M. (1993) 'Epidemiology and social networks'. *Sociological Methods and Research* 22: 99-126.

Newcomb, T. M. (1961) *The Acquaintance Process*. New York: Holt, Rinehart and Winston.

Pastor, J.-C., Meindl, J. R. and Mayo, M. C. (2002) 'A network effects model of charisma attributions'. *Academy of Management Journal* 45: 410-20.

Perry-Smith, J.E. and Shalley, C.E. (2003) 'The social side of creativity: A static and dynamic social network perspective'. *Academy of Management* Review 28: 89-107.

Powell, W. W. (1990) 'Neither market nor hierarchy: Network forms of organization'. *Research on Organizational Behavior* 12: 295-336.

Rapoport, A. and Horvath, W. (1961) 'A study of a large sociogram'. *Behavioral Science* 6: 79-91.

Reagans, R. E. and Zuckerman, E. W. (2008) 'Why knowledge does not equal power: The network redundancy trade-off'. *Industrial and Corporate Change* 17: 903-44.

Rees, R. (1985) 'The theory of principal and agent—part I'. *Bulletin of Economic Research* 37: 3-26.

Renzulli, L. A., Aldrich, H. and Moody, J. (2000) 'Family matters: Gender, networks, and entrepreneurial outcomes'. *Social Forces* 79: 523-46.

Roethlisberger, F. and Dickson, W. (1939) *Management and the Worker*. Cambridge: Cambridge University Press.

Rulke, D. L. and Galaskiewicz, J. (2000) 'Distribution of knowledge, group network structure, and group performance'. *Management Science* 46: 612-26.

Ryall, M.D. and Sorenson, O. (2007) 'Brokers and competitive advantage'. *Management*

Science 53: 566-83.

Sanders, K. and Hoekstra, S. K. (1998) 'Informal networks and absenteeism within an organization'. *Computational and Mathematical Organization Theory* 4: 149-63.

Seibert, S. E., Kraimer, M. L. and Liden, R. C. (2001) ' A social capital theory of career success'. *Academy of Management Journal* 44: 219-47.

Snijders, T. A. B. (1999) ' Prologue to the measurement of social capital'. *The Tocqueville Review* 20: 27-44.

Snow, C. C., Miles, R. E. and Coleman, H. J. (1992) ' Managing 21st century organizations'. *Organizational Dynamics* 20: 5-20.

Sparrowe, R. T. and Liden, R. C. (1997) ' Process and structure in leader-member exchange'. *Academy of Management Review* 22:

522-52.

Thompson, J. D. (1967) *Organizations in Action.* New York: McGraw-Hill.

Travers, J. and Milgram, S. (1969) ' An experimental study of the " small-world " problem'. *Sociometry* 32: 425-43.

Watts, D. J. and Strogatz, S. H. (1998) ' Collective dynamics of " small-world " networks'. *Nature* 393: 409-10.

Wellman, B. and Wortley, S. (1990) ' Different strokes from different folks'. *American Journal of Sociology* 96: 558-88.

White, H. C., Boorman, S. A. and Breiger, R. L. (1976) ' Social structure from multiple networks: I. Blockmodels of roles and positions'. *American Journal of Sociology* 81: 730-80.

社会物理学与社会网络 5

SOCIAL PHYSICS AND SOCIAL NETWORKS

⊙ 约翰·斯科特(John Scott)

自 1960 年代以来,社会网络分析取得了长足的进步,有更多的社会学家和其他社会科学家开始开发并应用必要的方法论技术,用它们来探索本书,即《社会网络分析手册》中诸多章节报告的各类关系现象。描述结构现象的能力得到极大推进,已经超越了从 1970 年代的研究者那里继承来的思想。然而,近年来最引人注目的一个发展是物理学领域的研究者对社会网络分析的兴趣激增。由于他们在自己领域中留下来可解的理论问题的数量在明显减少,越来越多的理论物理学家开始探索并运用他们的某些数学思想来解释社会和经济现象其中的许多理论家都作出重要声明,宣称自己正在做的工作很新颖,提出的模型有解释力。然而,他们一直着重强调自己提出的论点新颖,取得了前无古人的独特进步。但是实际上,他们对先前的社会学研究知之甚少,甚至一无所知,却认为自己在社会学分析中发起了一场科学革命。

这并不妨碍一些不懂社会学研究的外行评论者对这些数量惊人的社会物理学出版物趋之若鹜。媒体和互联网上的书评数量庞大,反响热烈,对它的创新性极尽赞美。更令人担心的是,许多不熟悉社会网络分析的社会学家也按表面意义接受了社会物理学家的主张。与之相反,那些一直从事社会网络分析的社会学家们却备受冷落。虽然可以承认有许多重要的发现和理论推进都是由社会物理学家作出的,但令人惊讶的是,他们对社会网络分析中大量的先前研究显得几乎一无所知。社会物理学家以无知的野蛮人领土的文明殖民者的身份挺进了社会学。毫不意外地,他们遭到了原住民的抵抗,这些原住民有理由相信自己的成就已经被社会物理学家蔑视,因此要将他们赶出自己的领地。这个担心太强烈了,以至于一些网络专家拒绝让新社会物理学脱离控制。

本章会理智地评估新社会物理学倡导者们的研究,它会证明,这一新研究不足以与现有的社会学研究抗衡。不过我也承认,社会物理学在社会学内部也有一段漫长且重要的历史。在早期,几代物理学家提供过一些分析模型,这些模型经由与社会科学家在智识上的交锋而得到了发展。对于这段历史和其中的论战,当代社会物理学的支持者普遍不了解。我的目的是要表明这是一种历史编纂学(historiography)上的失败,以及是新社会物理学家对社会科学的种种相当傲慢和轻蔑的姿态,但是同时也要承认新社会物理学可以为社会网络分析的发展作出贡献。

55

社会学、社会物理学和社会网络

众所周知,孔德第一次为社会学这一新学科选择的名字就是"社会物理学"。在提出这一名字时,孔德确立了如下思想,即该学科应该关注社会生活的系统性组织,如果要合理地探索这些系统性的特征,就需要有具体的科学方法。一些早期的社会学家用一种有机系统模型开展他们的研究,进而导致了各种形式的"功能主义",另外一些学者则直接借鉴了经典物理学,并寻找社会系统的机械模型。很明显,社会学在借鉴物理学以及化学之后,一些社会学家认为可以将社会视为一种力和能量系统,可根据其具体的平衡条件加以分析。第一次尝试用这些术语来构建社会物理学的学者是比利时的统计学家 Adolphe Quetelet(1848)。他的努力取得了极大成功。的确,他的成功看似削弱了孔德自己的研究工作的新意,并使他放弃了对"社会物理学"这一术语的最初偏好,转而主张使用"社会学"这个新词。Quetelet 试图去发现在统计上界定的社会事实之间的关系规律。他认为,可以通过定义这些规律的方程组来研究社会事实的相互依赖性。

在经济学和社会人口统计学中,一些学者利用"力"和"引力"概念来研究社会世界,并详尽地阐明了这个基本洞见。Friedrich List 和 Herman Gossen 是该领域中的早期先锋,他们的观点被德国的 Eugen Dühring 和美国的 Henry Carey(1858—1859,1872)所采纳。对于这些学者来说,劳动活动是物理力或活动的人类形式。因此,可以将个体的社会互动理解成一些力的结果,这些力内在于"万有引力"影响下开展行动的个体的运动之中。这些力量推拉着个体,因此,可以依据在时空中移动的"距离"和由活动的总量与密度所导致的"质量"来分析个体的运动。这就引出了如下观点,即各种力在一个社会系统中的流通创造了形塑个体行动的平衡条件。因此可以推出,大的社会集合体比小的社会集合体有更大的质量,对个体有更强的引力,因而在新出现的人口中心区也能够引起个体集中的趋势。这一基本观点被用来探索移民和城市化,解释征服现象以及市场和贸易垄断的形成。

恩格斯(Engels,1876,1886)是推动这一进程的最重要的理论家之一,他通过批判杜林(Dühring)的研究,吊诡地获得了自己的立场。恩格斯利用力的平行四边形及其平衡条件的思想,将社会物理学作为正统马克思主义的核心特征。这一普遍观点对近年的马克思主义也产生了重要影响(参见 Althusser,1962,1963)。

在社会物理学研究中,最重要的发展是其整合了自 19 世纪后期就开始出现的那些较为先进的物理学思想。麦克斯韦(James Clerk Maxwell,1865,1877)做出的创新被德国的 Georg Helm(1887)和 Wilhelm Ostwald(1909)、比利时的 Ernst Solvay(1904)以及美国的 Nelson Sims(1924)接受为社会物理学。其创新的关键是,不只把劳动和其他类社会活动看作是"力"的例证,还把它们看作是"能量"的体现,这种能量流遍整个系统,既能被耗尽,也能被积累。这些物理学家称他们的理论立场是"能量学"(energetics),认为可以将社会系统视为能量场。在1930年代,Lawrence Henderson 大力普及帕累托(1916)的平衡理论。受惠于Lawrence Henderson(1935,1938—1942)的工作,这些场域理论开始影响主流的社会理论。在随后出现的帕森斯(Parsons,1945)的系统理论和 George Lundberg(1939)和 George Homans(1951;同样参见 Homans and Curtis,1934)的更为实用的系统概念中,Henderson 的影响尤为明显。这种社会学研究与边际主义经济学关系密切,激励着研究者在更一般的意义上将理性选择理论运用到社会互动中。

这些理论进展对社会网络分析的早期发展产生了至关重要的影响。Kurt Lewin(1936)在他的"心理场"(psychic field)概念中,将麦克斯韦的场理论和格式塔心理学理论的观念结合在一起,这个概念指代的是在人类心灵中发挥作用的能动力或动机的系统。在一个心理域中,平衡是通过后来由 Fritz Heider(1958)和 Leon Festinger(1957)探索的认知"平衡"过程建立起来的。Lewin 将心理场思想拓展到了社会学的社会场域观念中。可以将社会场域理解为是一个人际力——如压力、影响和约束——系统,它们都在社会群体中发挥作用。这些观念效仿了 Georg Simmel(1908)、Alfred Vierkandt(1923)以及 Leopold von Wiese(1924—1929;也参见 56 Wiese-Becker 1932)的形式社会学,并将其系统化了。这些学者运用社会情境中的吸引和排斥概念去建构那些基于互动的社会关系网模型。这些争论中的情结反映在 Jacob Moreno(1934)对社会计量学的关注上,并最终导致了关于小规模网络的"群体动力学"视角的诞生(Cartwright and Zander,1953)。与之平行发展的是,霍曼斯(Homans,1951)用他的系统思想重新阐释社会网络的经验研究,并用它们提出了一个更为一般的理性选择模型(Homans,1961)。

我们可以在这些涌现出来的思想中找到当代社会网络分析的根基。从1940年代到1960年代,社会网络分析者在研究中使用了距离、密度、空间方向、效价(valence)和平衡等概念,并将它们作为核心概念来使用,这说明他们在很大程度上受惠于早期社会物理学。随着社会网络分析的发展,这个进路更为广泛地利用系统、场域和空间等社会学概念。这些概念是从1930年代的广义系统理论中发展出来的,跟霍曼斯的论证一样都受到了由志同道合者组成的帕累托学派(Pareto circle)的影响。这个工作的核心在于,为了将关系网嵌入社会空间中,采用了多维量表法及与之相类似的方法(参见 Laumann,1966;Laumann and Pappi,1976)。

新社会物理学

我认为,上述历史背景是走进近期诞生的社会物理学的最佳路径。然而,新社会物理学却由一些学者建立起来了,这些学者根本没有意识到先前存在的社会网络分析的专业研究以及物理学家早期对它的发展所作出的大量贡献。新社会物理学的主要理论家包括 Albert-Lázló Barabási(2002)、Mark Buchanan(2002)、Duncan Watts(1999,2003)以及 Mark Newman (Newman et al.,2006),他们的著述与物理系统中关于复杂性和涌现性的宽泛的、稍显陈旧的那些理论有关(Lewin,1992;Buchanan,2000;Strogatz,2003;Ball,2004)。

Barabási 受到了最多的关注,他关于社会网络分析的观点也最咄咄逼人。Barabási 对网络的研究几乎完全依赖于图论数学,他认为,图论数学的真正意义始于 Erdös 和 Renyi 于 1959 年对随机图模型的研究。他声称这是个先驱式的研究,它界定了这个领域,后来的网络研究者探究了真实网络(real networks)的"宏大复杂性",将这种复杂性看作是其中的个体元素之间随机联系的结果。除了这项工作以外,Barabási 认为,在生物学和人类科学中几乎就没有什么研究关注过关系网及其性质。他确实注意到了 1960 年代以来"小世界"方面的经验研究,也简单提及了 1960 年代末始于哈佛大学的社会网络研究兴趣的增长,到Granovetter(1974)作出弱关系强度的研究时达到了顶峰,但是他的见识仅此而已。他认为,小世界和弱关系研究聚焦于聚类(clustering)而不是随机性(randomness),这些研究向 Erdös 和 Renyi 的基本模型中加入了某些重要的东西,但是他却相当诡异地观察到,这些进展"并不是来自社会学或图论"(Barabási,2002:44)。也就是说,直到 1990 年以前,基本上没有什么网络分析,更不用提社会网络分析了。

在一本由重要的社会物理学家们撰写的选集(Newman et al.,2006)的引言中,对网络分析先前取得的成就才有了一个相当全面的认识。网络研究的"简史"谈到,这一历史始于数学领域和"不久以前的"社会学领域,也可以说"没有什么学科……比社会学更欢迎图论回家了"(Newman et al.,2006:3)。然而,尽管纽曼等认识到社会学家自 1950 年代起就对网络的兴趣渐增,却没有引用这类著作,直到后来,他们引用了 1990 年代的三本教材(Scott,1991;Wasserman and Faust,1994;Degenne and Forsé,1994),才表明他们开始熟悉这类文献。

Barabási 作出的最强且最有影响的断言是,直到 1998 年,在 Duncan Watts 和Steven Strogatz(1998)合作的一篇论文中才出现重大突破,该断言也经常被其他评论者重新提起。他指出,这篇论文的关键创新点在于,它将兼具随机性和聚类性这两个特征的网络看成是最有效率的网络。他声称,这篇论文"第一次庄严地向'现实网络基本上是随机网'这个观点发出了挑战"(Barabási,2002:51),使数学家和物理学家热烈地接受了它的革命性启示,促成了大量的新研究。一位数学家兼科学记者 Mark Buchanan 将这篇论文描述为"史无前例的"(2002:13),暗示着"我们这个世界的某些深层的组织原则"(2002:15),这些原则迄今为止还没有被社会科学家所认识到。尤其是,社会学家错误地假设了"社会"是通过社会关系的随机积累而形成的(Barabási,2002:62,64)。Barabási 认为,Watts 和Strogatz 的数学发现凸显了"在网络环境下史无前例和意料之外"的现象(Barabási,2002:77)。他们已经展示了"网络内部的一种新的、不受质疑的秩序",这种秩序"将复杂网络从随机的丛林中提升出来"(Barabási,2002:77)。

Buchanan 声称,"数学家、物理学家和计算机科学家"的研究已经开始表明,社会网络以及所有其他网络都有某些共同的性质。这使得 Buchanan 作出了一个非常强悍的断言:"科学家们开始学会怎样有意义地讨论网络的体系结构了,这在历史上是第一次"(2002:19)。

科学家发现,"不管怎样理解当时[1998 年]的网络",复杂网络都有序地"表现出对这些理解的严重偏离"(Barabási,2002:71,221)。现实网络(包括所有的社会网络)的性质都必须被看作是对"严格数学规律"的表达(Barabási,2002:64)。存在一些"迫使不同的网络都采取相同的一般形式与构型的基本规律"(Barabási,2002:78)。各种复杂系统都具有相似的特征,是因为在所有的现实网络中都存在着必要的,因此也是普遍的结构特征。Barabási 认为自己的任务就是发现这些规律。

现在必须立刻要说的是,据我所知,还没有任何社会学家认为复杂的社会网络是完全的随机现象。虽然一些社会学家已经分析性地运用了随机网模型,但是社会学中的一个核心的、明确界定了的思想就是把社会生活视为是结构性的。社会生活是通过目的性的行为而组织与框定起来的,它有未意料的且非随机的结果。未意料的和未计划的结果不同于随机结果。在实践层面,社会生活的结构化对于大多数参与者来说都是显而易见的。如果 Barabási 相信,在 1998 年以前,所有的现实网络都被假设是按照随机过程形成的,[1]那么要理解 Barabási 曾经过着什么样的生活倒是颇有难度的。

尽管等界对新社会物理学作出的这个重要的原创性声明有重大保留,不过看看他们认为自己取得了什么样的关于网络结构的积极发现,这还是重要的。Barabási 认为,此前的研究者错误地假设网络是通过一连串随机关联形成的。相反,网络往往是围绕着关键经纪人或调解人而组织起来的,这些人将其他较少关联的点联系到网络中。因此,网络是围绕着"中枢"(hubs)或"连接器"(connectors)组织起来的,可以将它们理解为是"拥有的连接数异常大的诸多点"(Barabási,2002:56)。出于这一原因,Barabási 认为,网络中的关系分布并不遵循正态分布。相反,这是一种"幂律"分布(power law distribution)。正如著名的帕累托收入分布曲线那样,大多数点都有极少的关联,少数点有极多的关联。由于关联数的均值没有任何意义,所以可以把整个分布视为"无标度的"(scale-free)(见图 5.1)。Barabási 声称,这一方法论研究向作为网络中心点的中枢"赋予了正当性",强调了将它们作为深入研究的主题的必要性(2002:71)。

在展示其研究过程中的洞见时,Barabási 说,在会议室之间行走的 15 分钟里,他想到了第一个"简单又直接"的幂律机制。在会议返程的飞机上,他用 5 个小时将其写了出来。但是,这篇论文立刻被《科学》杂志拒稿,甚至没有被交送同行评议。编辑说,这篇文章既无新意,也无人感兴趣(Barabási,2002:81)。只是因为他给编辑打了电话,并对这一决定进行申诉后,这篇文章才成功发表。看起来,Barabási 从不认为编辑对这篇论文的评价是对的。事实上,正如我将要表明的,当这位编辑作出这个最初的决定时,有充分的理由认为他是正确的。

58

Barabási 认为,在幂律或无标度分布中发挥作用的基本数学定律只是"富者更富"法则。简而言之,对他来说,这一个"凡有的,还要加给他"(he who hath shall be given)的原则,这就是由社会学家 Robert Merton(1968)明确阐明的著名的"马太效应",尽管 Barabási 没有意识到罗伯特·默顿的工作的重要性。Barabási 将这一原则描述为"偏好依附"(preferential attachment),根据这个原则,那些人脉广(well-connected)的人随着时间的推移会有更广的人脉。因此,那些在其职业生涯发展过程中变得日渐杰出的成功人士,会以指数速度积累商业和专业上的关系,而那些不能建立关系的人往往就维持在了这种无人脉的状态。同行们显然将这种情况发展成了这样一种思想,即"最适者"(fittest)会吸引并积累关系。他报告说,一位同僚对这一法则作出了一个惊人的拓展,即认为"行动者在退休后就不再获得关系了"(Barabási,2002:89)。这真是一个老生常谈的陈述,根本不能算作一个惊人的结论。

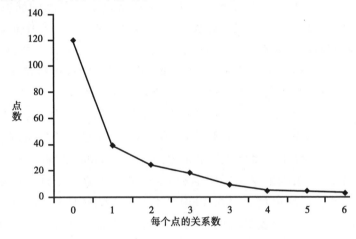

图 5.1　无标度分布(人工数据)

经济社会学中的幂律

Barabási 指出,新社会物理学在很多领域都有影响,对其中一个领域的影响最大,或者可以说,新社会物理学的新颖和潜能可以结合该领域得到最好的评价,这个领域就是经济社会学。Barabási 声称,正是因为有了他本人的研究,研究者们才开始关注商业网。他认为,经济学家(他甚至都不提社会学家)研究经济时,只是将它作为一个由匿名的和非人格的市场构成的集合。然而,自 1999 年以来,"受物理学和数学领域中的网络复兴所激发",研究者已经开始把经济看成是一个由公司组成的复杂网络了,这些公司通过金融关系彼此相连。这一假定的概念创新使 Barabási 构想出其最引人注目的结论:"我们已经认识到,在财富1 000强的公司中,由少数权力大的董事所构成的稀疏网络却掌控了所有的重要任命"(2002:200,204)。

　　然而,经济社会学家会认为这个结论是常识。这一"发现"当然也不会让一个世纪以前的 Rudolf Hilferding 感到惊讶。Hilferding 在 1910 年时就恰恰展示了这个现象,并视之为德国金融资本的一个核心要素(Hilferding,1910)。这一结论也不会令 John Hobson 感到惊讶,他更早几年出版了关于经济集中和连锁董事会(interlocking directorships)的报告(Hobson,1906)。在美国,介入金融信托(the Money Trust)的国会听证会作出过普霍委员会报告(Pujo Committee,1913),恰好得出同样的结论。在一个个经济体中都得到了同样的发现,并形成了一个长期的研究传统,研究结果不断更新。然而,尽管有这些众所周知的先行者,Barabási 还是将自己的发现看成是关于合作网络的一个新的重大发现。

　　Barabási 认为,经济集中与经济权力"中枢"(hubs)的形成是携手并进的。他认为,1999 年,"万维网是唯一在数学上被证明为有中枢的网"(2002:79),但是到了 2001 年,这一切都发生了改变。Barabási 报告了一项新的研究,该研究显示,董事职位和公司关联的分布遵循着无标度模式,这个模式与中枢的形成以及围绕着这些中枢的公司聚类有关。这再次显示出他对经济社会学及公司网(在概念上和经验上的)研究成果上的一无所知。在很久以前,对连锁董事的研究就已经证实了这个现象和"中枢"这个词了。20 多年前,Warner 和 Unwalla(1967)就已经表明,可以将美国的公司网看作是一个巨大的、以纽约为中枢的国家之"轮网"(wheel)。约 10 年前,Jim Bearden 和他的同事记录了公司网中银行的中心度,并且使用了多种中心度测度。他们的工作在 Mintz 和 Schwartz(1985)的著作有详尽阐述,二人明确地使用了中枢和峰(peaks)术语去描述其数据中的中心度模式。美国国家资源委员会早在 1930 年代的研究中(Means et al.,1939)就用到了聚类(clustering)。该委员会的报告证明存在连锁公司的金融"利益集团",并建立了一连串长期的研究,之后归并到研究者所谓的"影响范围"(spheres of influence)中。面对所有这些研究,Barabási 仍然觉得可以断言,在 1999 年以前,

59　"社会网络模型并不支持中枢的存在"(2002:130)。

　　事实上,公司中枢现象在社会学研究也得到了广泛认可与探索。人们明确地认识到公司网中存在着中枢,与此同时,人们也普遍认识到网络中的度数分布遵循着无标度模式。当然,其中一定没有使用无标度分布或幂律这样的术语,但他们使用的标准频次分布表恰恰显示了这种模式。这样的证据很多,支持它的数据可以至少回溯到 1930 年代的研究中。图 5.2 至图 5.5 展示了这些研究的一些例证。

　　图 5.2 来自 1980 年发表的研究,该图展示了苏格兰 100 强公司从 1904 年至 1974 年的数据。当绘制出这些公司中由每一位董事占据的董事职位数时,这个图就显现出一种清晰的无标度模式。在所研究的 5 个阶段中,每一个阶段中每个人占据的董事职位数都迅速下降至中枢(拥有至少 5 个董事职位的多个董事)出现的那一点。图 5.3 中显示了整个英国的类似数据。在这个案例中分析了 250 强公司中的董事职位,得到惊人相似的结果。英国的研究构成了这个领域中

最大的国际研究项目的一部分。该项目利用 10 个不同的国家中 1976 年 250 强公司的数据,展现了一系列关于网络结构的比较测量结果。图 5.4 显示,每一个国家都精确地呈现出同样的无标度模式。图 5.5 再次审视了历史数据,这次是美 60 国的数据,其中也呈现了无标度分布。

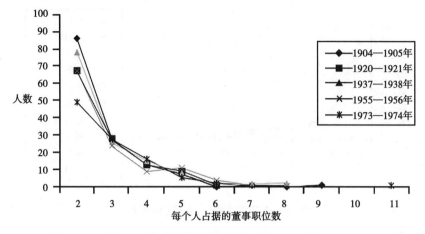

图 5.2   董事职位:苏格兰(1904—1974 年)

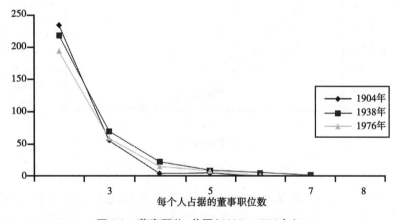

图 5.3   董事职位:英国(1904—1976 年)

Barabási 并不知道图 5.2 至图 5.5 中报告的研究,也不了解许多类似的研究。他未能珍视这个存在已久的研究传统,原因在于他确信自己作出了惊人的新发现,认为自己是认识到社会网络中存在无标度分布的第一人。并非所有的新社会物理学者都不懂早期的研究,尽管极少有人能全面了解它。Buchanan 就了解 Mark Granovetter 经典研究的重要性,并作了相当充分的讨论。然而,他却高调地声称:"在近 30 年里,他的简单但突出的洞见……实际上仍然没被其他科学家注意到"(Buchanan,2002:47)。对社会学史上引用率最高的一项研究来说,这个声明实在令人震惊。尤其是,Buchanan 似乎完全漏掉了对 Granovetter 的研究的广泛应用,由他的哈佛大学同事在 1970 年代及之后从事的研究有:Michael Schwartz 及其同事所作的研究(如可参见 Mintz and Schwartz,1985;Mizruchi,1982;

Mizruchi and Schwartz,1987)、Barry Wellman(Wellman and Berkowitz,1988),当然还有 Harrison White 和他的学生及同事(White,1992)所作的研究。实际上,Granovetter 本人就是 White 的学生和同事,他从 White 本人于 1960 年初所作的网络研究(White,1963)中的收获颇多。

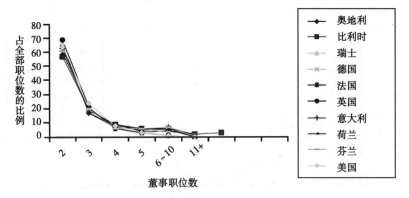

图 5.4　多重董事职位:全球(1976 年)

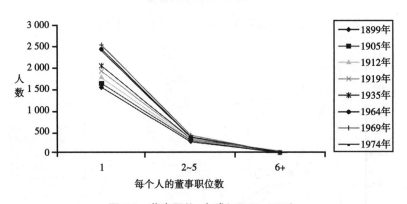

图 5.5　董事职位:全球(1899—1974)

为什么新社会物理学家对相关的社会学研究如此不了解? 也许,这里有一个未阐明的假定,即社会学家不是"真正的"科学家,不能指望他们懂得如何科学地研究社会世界。看起来出于这一原因,他们认为检索任何社会学著述根本就没有意义,这里也不会做出什么值得关注的成果。如果没有一位真正的科学家来指导社会学家,告诉他们应该做什么,让社会学家勉强独自研究,就没有理由去期待他们独立作出重要的研究了。

然而,必须承认,研究技巧差也是造成 Barabási 无知的原因。至于自己如何遗漏了现有的社会学研究,他给出过一些说明。他在做完博士论文后没有更好的研究可作,于是阅读了"一本关于计算机科学的大众读物",开始意识到"总的来说,关于网络真是知之甚少"(2002:219)。这就是为什么他开始研究 Erdös 的随机网模型。但是,他并没有采取重要的第一步,即着手进行系统的文献检索研究。他没有进行基本的文献述评,而任何一位社会学博士候选人新手都会做这项工作。Barabási 知道他的大学图书馆在哪里,因为他的计算机书就是从那里借来的,但是他看起来并没有利用图书馆或图书馆的目录去试图发现在该领域已经完成了什么样的研究。也许正是这个文献书目上的问题才是《科学》的编辑迅速拒绝他初投论文的原因,因为它缺少原创性。在社会网络分析方面,除了 Wasserman 和 Faust 的教材(1994)之外,Barabási 什么都没有发现——虽然也没有什么迹象表明他读过这本书——他甚至没有发现一本名为《社会网络》(Social Networks)的期刊在 1978年就开始出版了。他也没有发现,大约在同一时间,社会网络分析国际网协会(International Network for Social Network Analysis,INSNA)也诞生了,在它定期出版的《通讯》的封面上就有一个无标度网络的图片。在互联网上搜索材料的可能性在他那里似乎也完全漏掉了。虽然 Barabási 的特殊专长是搜索引擎法,他显然没有想到将"网络"一词或"社会网络"这个短语键入搜索引擎中。

更奇怪的是,某些社会学家也不着重社会学研究领域对社会网络的研究,他们接受了物理学家关于网络分析的观点,而不是研究他们自己的学科。例如,John Urry(2004)就深受新社会物理学的影响。他在回顾新社会物理学倡导者的贡献时,将其等同于社会网络分析,然后批评道,它过于形式化,对所使用数据的社会学特征缺乏理解。对新社会物理学的这些批评也许是有根据的,但是他没有认真对待社会网络分析,对它有误解。Urry 过度依仗流行的科普读物,重申了那个让人误入歧途的声明,即社会物理学家正在提出一种"新的社会网络分析"。令人吃惊的是,Urry 根本没有参考任何社会网络分析中的研究。他对一本关于社会网络方法方面的入门教材(Scott,2000)简单地打了个招呼,却没有提到任何一项实质性研究,尽管他认为这些研究恰好探讨的是重要问题。

新社会物理学的希望与前景

如此看来,社会网络分析领域中的社会学家是颇有成就的,早一代社会物理学家亦有贡献,新社会物理学却是在基本上对这些都不了解的情况下发展起来的。居于新社会物理学"革命"中心、值得大书特书的创新(即幂律与中枢)是社会网络分析者所熟知的,也是被大家广泛接受了的成果。这是否意味着我们只是处理了一起皇帝的新衣的个案呢:在新社会物理学中没有任何真正的发现吗? 我认为,这个结论是错误的。在夸张的宣传和错位的热情背后,新社会物理学还是有一些重要思想的,它确实作出了真实的与实质的贡献。但是,只有当社会物理学家与社会网络分析中现有的研究成果相交锋,并开始与社会学家以及其他已经开始转到相似方向上的社会科学家进行适当对话的时候,这一贡献才能被感受到。

在 Duncan Watts 的研究中,新社会物理学的潜在贡献最显而易见。毫无疑问,他是对该领域作出贡献的最有经验的物理学家,虽然这来得有点晚,但是他已经认识到了其他社会物理学家的夸夸其谈。在一篇文献述评中,他指出,网络"新"科学这一标签"可能将许多社会学家引入歧途,……即便他们熟悉其中的一些核心思想也如此"(Watts,2004:243)。这一认识引导 Watts 转到社会学系,原因在于,他在社会学系可能更好地发展他的观点。

Watts 排斥这样的论点,即大多数现实网络是从随机关联中建立起来的。相反,他强调这样的事实,即现实网络的特征是,它被聚类到密度相对较高的诸多区域,并分化出近("强")关系和远("弱")关系。现实网络的这些特征意味着我们无法通过完全"局部"(local)的数据去研究网络的性质。必须通过网络的整体或全体性质去研究网络。Watts 认为,最好的做法是始于某些一般的网络原则。

62   Watts 自己的理论工作始于对"小世界"研究之重要性的认识。他提到这样一个问题:如果社会世界呈现出一种小世界的特征,那么它必须具有哪些结构特性?并且他试图评估这个问题对于社会学分析的意义。小世界网络的概念源自遇到一个彼此熟识的人时常常经历的惊呼:"这世界真小啊!"作为一种网络观念,它源于 Milgram(1967;Travers and Milgram,1969)的实验研究,该项研究探讨了将两个素不相识的人彼此联系起来需要经历的连接数。他发现,一般情况下,通过长度为 6 的线段就可以将距离为随机的个体(randomly close individuals)连接在一起。

在 Watts 的研究中,他试图将网络中具有小世界特征的那些令人感兴趣的子集特征进行形式化。小世界网络不是一个"小"网络,而是两点之间距离达到理想上最短的网络。这是一个关联如此交织重叠、连接如此高度冗余,以至于距离是非传递性的网络。嵌入欧式几何或其他度量空间中的图中的距离是不能呈现出任何小世界性质的。因此,小世界现象是一个图的**关系**性质的特征,不是它的**空间**性质的特征(Watts,1999:41-42)。对于空间上"相距甚远"的两个人来说,他们有可能通过一条相对较短的路径关联在一起。

"小世界图"是一个有大量"捷径"(shortcuts)的图。图中的捷径指的是连接两个点的这样一条线段,即如果没有它,这两个点就会彼此远离。具体而言,对于连接两点的一条线来说,如果去掉这条线会使得这两点之间的距离大于 2,那么这条线就是捷径。捷径是图中的"虫洞"(wormholes)。从形式上看,捷径是一条**没有**完成三方组(triad)的线段(见图 5.6)。一个全关联图只包括三方组,因此没有捷径,这样的图由许多重叠的 1-派系(one-cliques)构成。另外,随机图既没有三方组,也没有捷径。因此,捷径的产生建造了图的中间域(intermediate range),在这里便出现了小世界性质。捷径在小世界网络的某些子域内最明显。小世界图是局部聚类的(locally clustered),但是整体上是稀疏的,它们是"格兰诺维特图"(Granovetter graphs)。

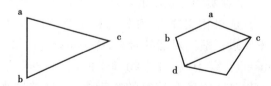

（a）ab不是a与b之间的捷径　　（b）ab是a与b之间的捷径

图 5.6　网络中的捷径

Watts 表明,小世界图可以用两个参数 n 和 k 界定,其中 n 是点数,k 是点的平均度数。这些是适用于**任何**类型网络的**数学**条件,它们使 *Watts* 声明自己正在构建关于网络的一般科学。从任何意义上讲,一个网络的小世界性质并不取决于其所涉及的关联类型。因此,一个社会网络有小世界的性质,并不是因为它所涉及的社会关系的类型,而是因为定义其结构的数学关系。**如果**有小世界网路的非随机属性的一个社会网络得以形成,**那么**某些结构性结果必然随之而来。虽然在解释这种网络的涌现时要取决于所研究领域中的社会学,但是对其后果的解释就要在网络数学中去寻找了。

确切地搞清楚在这场争论中真正要声明的是什么,是尤为重要的。如果这个声明是——如 Barabási 经常所指涉的那样——**任何**真实的网络都**必然**有某些特征,那么这就是在给出关于社会关系形成的决定论意义上的假定。另外,如果认为数学描述了特殊结构中固有的**约束性**,那么要想认识人类能动性在社会网络中的自主性,还有更大的范围有待探究。

可以通过考察扩散过程来展示这一争论的意义。令人相当失望的是,Watts 忽略了 Rogers(1962)和 Coleman 及其同事(1966)所作的经典研究,尽管如此,关于疾病在拥有较短路径的网络中传播得更快的直觉看法,他还是给出了一些有启发性的结论(Watts,1999:180)。更令人感兴趣的是他对合作关系与策略行为发展的讨论,由此表明,在一个特殊的、尽管未加规定的网络关联性层次上,合作的可能性提高了。Watts 从他的探索中得出了最一般的结论,即一个网络在关联性方面的相对较小的改变(例如,增加少量的捷径)能够极大地改变其小世界的性质,增强了其成员彼此沟通与合作的能力。

为了将这个观点发展为一个普遍的网络过程理论,Watts 利用了当代非线性变化复杂性理论。他认为,网络结构的发展是一个渐近的增量式改变的结果,在临界点上突发"阶段越迁"(phase transitions)。微观层面上直接的、情境性的改变会不知不觉地导致宏观层次结构的激变。具体而言,作为能动者的联系在网络中的**生成**(making)与**破坏**(breaking)会务实地随着它们当下的情境而调整,创造出的捷径增强了这个网络的小世界特征,改变了其在宏观水平上运行的方式。例如,Watts 表明,在网络中削弱其小世界条件的阶段越迁会破坏其促进创新扩散的能力。个体处在这样一个碎片化的网络中,各个碎片对新的影响和约束很敏感,但是他们的创新却绝不会传播得太远。另外,大范围联系的生成会产生一个高度关联的网络,它们会制造出这样一种情形,其中创新以不断增强的雪崩(cascades)方式在网络中回荡,迅速遍及整个网络。Watts 认为,仅基于要讨论的网络的数学性质,就可以预测出这些临界点。

在 Putnam(2000)从事的颇具影响的社会资本研究中,这场争论的意义也一目了然。一个人自己可能决定不去打保龄球,不去教堂,也不观看最近重播的电视剧等。因此,每一个个体都减少了关系的数量,尽管在一个小世界中存在着高度的冗余,但是这种减少带来的效应可能一直不明,直到达到一个临界点。当个体的行为已经大大削减了捷径的数量时,临界点就出现了。网络开始失去其小世界性质,人们就会发现难以招募到一支保龄球队,难以组建政治抗议等。最终

63

有可能到达的一个点是,捷径数如此之少,以至于使整个网络都灾难性地崩塌了。这就是"桥接"(bridging)社会资本的彻底崩塌,而 Putnam 认为这种资本在将网络结合在一起发挥的作用是至关重要的。

在法人企业中,与董事会层面的董事招募有关的问题也适于作类似的思考。连锁董事网络有一些结构特征,如银行中心度、影响范围、中心势(centralisation)等,它们的变化与招聘实践上的变化有关。招聘实践的变化则源自引入了新的管理或治理系统(如反垄断法以及限制银行连锁),但是这些变化是不知不觉的,是微观层面上招募的逐渐变化累积的结果。在公司层面上做招募某些特定董事的决策可通过一个临界点使网络发生转型,使公司的控制模式和公司之间的凝聚模式发生彻底的、非线性的改变(如 Scott and Griff, 1984:11-12 所建议;也可参见 Useem, 1984)。在一个碎片化的网络中,很难让关于商业条件的知识在网络中流动,因此,人们会对更近的、局部的情况作出反应。

Watts 并没有从决定论角度看待这些过程,但他将这些过程描述为是对个体能动者的约束。他认为,网络的发展和网络内的过程受到数学特征的约束。也就是说,一旦出现了小世界网络,那么它的数学性质就会约束而不是决定真实关系的形成,并使得某些特殊的发展模式比其他模式更有可能发生。的确,这就是 Barabási 本人阐述的马太效应的基础,也是公司研究者在描述以银行为中心的影响范围时所讨论的内容(Scott and Griff, 1984)。在这里,我们会找到新社会物理学的主要意义。新社会物理学通过指出网络动力学的关键和重要的特征,以此补充了已有的研究进路。社会网络分析中的许多研究都是静态的和截面的。利用小世界的数学定理,使我们有希望更为动态地去理解那些历时性变化的过程。这一视角与复杂理论和基于主体的计算方法的使用相结合,就可以开始对纵向变化做更强大的与更有效的检验(如可参见 Monge and Contractor, 2003;同样参见《美国社会学杂志》(*American Journal of Sociology*)的一本专辑, 2005:110, 4)。本书的其他章节讨论了 Tom Snijders 的研究,该研究从宏观层面、个体的非线性结果和微观层面的过程角度,为动态过程建模提供了软件。

我们还可以从新社会物理学中看到更多的贡献,这与早期社会物理学引入的力与能量相匹配,但是我们还没有走到那一步。已经做出的那些夸夸其谈不应该使我们排斥其全部工作,我们必须认识到,新社会学物理学的一些从业者正在合力地进行着重要的研究。我们希望,在未来的日子里,其他研究者能够愿意与社会科学家一道平等共事。

注　释

1.作为一名网络用户的先驱,Barabási 本应该假设互联网的联系是随机生成的,这同样令人困惑。

参考文献

Althusser, L. (1962) ' Contradiction and overdetermination', in Louis Althusser (ed.), *For Marx*. Harmondsworth: Allen Lane.

Althusser, L. (1963) ' On the materialist dialectic', in Althusser, 1962.

Ball, P. (2004) *Critical Mass: How One Thing Leads to Another*. London: Heinemann.

Barabási, A.L. (2002) *Linked: The New Science of Networks*. Cambridge, MA: Perseus.

Bearden, J., Atwood, W., Freitag, P., Hendricks, C., Mintz, B. and Scwhartz, M. (1975) ' The nature and extent of bank centrality in corporate networks', in John Scott (ed.), *Social Networks*, *Volume* 3. London: Sage, 2002.

Buchanan, M. (2000) *Ubiquity: The New Science That Is Changing the World*. London: Weidenfeld and Nicholson.

Buchanan, M. (2002) *Small World: Uncovering Nature's Hidden Networks*. London: Weidenfeld and Nicolson.

Bunting, D. and Barbour, J. (1971) 'Interlocking directorates in large American corporations, 1896-1964', in John Scott (ed.), *Social Networks*, *Volume* 3. London: Sage, 2002.

Carey, H. C. (1858-59) *The Principles of Social Science*, *Three Volumes*. New York: Augustus M. Kelley, 1963.

Carey, H. C. (1872) *The Unity of Law: As Exhibited in the Relation of Physical*, *Social*, *Mental*, *and Moral Science*. New York: Augustus M. Kelley, 1967.

Cartwright, D. and Zander, A. (eds.) (1953) *Group Dynamics*. London: Tavistock.

Coleman, J.S., Katz, E. and Menzel, H. (1966) *Medical Innovation: A Diffusion Study*. New York: Bobbs-Merrill.

Degenne, A. and Forsé, M. (1994) *Introducing Social Networks*. English translation, Beverly Hills: Sage, 1999.

Dooley, P.C. (1969) 'The interlocking directorate', in John Scott (ed.), *The Sociology of Elites*, *Volume* 3. Aldershot: Edward Elgar, 1990.

Engels, F. (1876) *Anti-Duhring*. Moscow: Foreign Languages Publishing House, 1954.

Engels, F. (1886) *Dialectics of Nature*. Moscow: Progress, 1964.

Festinger, L. (1957) *A Theory of Cognitive Dissonance*. Stanford: Stanford University Press.

Granovetter, M. (1974) *Getting a Job*. Cambridge, MA: Harvard University Press.

Heider, F. (1958) *The Psychology of Interpersonal Relations*. New York: Wiley.

Helm, G. (1887) *Die Lehre Von Der Energie*. Leipzig: Felix.

Henderson, L. J. (1935) *Pareto's General Sociology: A Physiologist's Interpretation*. Cambridge, MA: Harvard University Press.

Henderson, L. J. (1938-42) ' Sociology 23 Lectures', in Bernard Barber (ed.), *L. J. Henderson on the Social System*. Chicago: University of Chicago Press, 1970.

Herman, E. O. (1981) *Corporate Control*, *Corporate Power*. New York: Oxford University Press.

Hilferding, R. (1910) *Finance Capital*. London: Routledge and Kegan Paul, 1981.

Hobson, J. A. (1906) *The Evolution of Modern Capitalism*, *Revised Edition*. London: George Allen and Unwin.

Homans, G. (1951) *The Human Group*. London: Routledge and Kegan Paul.

Homans, G. (1961) *Social Behaviour: Its Elementary Forms*. London: Routledge and Kegan Paul.

Homans, G. and Curtis, C. P. (1934) *An Introduction to Pareto: His Sociology*. New York: Knopf.

Laumann, E.O. (1966) *Prestige and Association in an Urban Community*. Indianapolis: Bobbs-Merrill.

Laumann, E.O. and Pappi, F.U. (1976) *Networks of Collective Action: A Perspective on Community Influence Systems*. New York: Academic Press.

Lewin, K. (1936) *Principles of Topological*

Psychology. New York: Harper and Row.

Lewin, R. (1992) *Complexity: Life at the Edge of Chaos*. New York: Macmillan.

Lundberg, G. (1939) *Foundations of Sociology*. New York: Macmillan.

Maxwell, J.C. (1865) *A Dynamical Theory of the Electromagnetic Field*. Edinburgh: Scottish Academic Press, 1982.

Maxwell, J. C. (1877) *Matter and Motion*. London: Routledge, 1996.

Means, D.E., Gardner, C., Montgomery, J.M., Clark, A., Hansen, H, and Mordecai E. (1939) 'The structure of controls', in National Resources Committee (ed.), *The Structure of the American Economy*. National Resources Committee of the U. S. Senate. Washington: Government Printing Office.

Merton, R. K. (1968) 'The Matthew Effect in Science', *Science* 159: 56-63.

Milgram, S. (1967) 'The Small World Problem', *Psychology Today* 2: 60-67.

Mintz, B. and Schwartz, M. (1985) *The Power Structure of American Business*. Chicago: University of Chicago Press.

Mizruchi, M.S. (1982) *The American Corporate Network*, 1900-1974. London: Sage.

Mizruchi, M.S. and Schwartz, M. (eds.) (1987) *Intercorporate Relations: The Structural Analysis of Business*. New York: Cambridge University Press.

Monge, P. R. and Contractor, N. S. (2003) *Theories of Com munication Networks*. Oxford: Oxford University Press.

Moreno, J. L. (1934) *Who Shall Survive?* New York: Beacon.

Newman, M., Barabási, A.L., and Watts, D.J. (eds.) (2006) *The Structure and Dynamics of Networks*. Princeton, NJ: Princeton University Press.

Ostwald, W. (1909) *Energetische Grundlagen Der Kulturwissenschaften*. Leipzig: Duncker.

Pareto, V. (1916) *A Treatise on General Sociology*. New York: Dover, 1963.

Parsons, T. (1945) 'The present position and prospects of systematic theory in sociology', in Talcott Parsons (ed.), *Essays in Sociological Theory, Revised Edition*. New York: Free Press, 1954.

Pujo, Report (1913) *Money Trust Investigation*. House Subcommittee on Banking and Currency, Washington: Government Printing Office.

Putnam, R. D. (2000) *Bowling Alone: The Collapse and Revival of American Community*. New York: Simon and Schuster.

Quetelet, L. A. J. (1848) *Du Systeme Sociale Et Des Lois Qui Le Regissent*. Paris: Guillaumin.

Rogers, E. (1962) *Diffusion of Innovations*, 5th Edition. New York: Free Press, 2003.

Scott, J. (1985) *Corporations, Classes and Capitalism*, Second Edition. London: Hutchinson.

Scott, J. (1991) *Social Network Analysis*. London: Sage.

Scott, J. (2000) *Social Network Analysis*, Second Edition. London: Sage.

Scott, J. and Griff, C. (1984) *Directors of Industry*. Cambridge: Polity Press.

Scott, J. and Hughes, M. (1980) *The Anatomy of Scottish Capital*. London: Croom Helm.

Simmel, G. (1908) *Soziologie: Untersuchungen Uber Die Formen Der Vergesselshaftung*. Berlin: Düncker und Humblot, 1968.

Sims, N. L. (1924) *Society and Its Surplus: A Study in Social Evolution*. New York: D. Appleton and Co.

Solvay, E. (1904) *L' energetique Considere Comme Principe D' orientation Rationelle Pour La Sociologie*. Bruxelles: Misch et Thron.

Stokman, F., Ziegler, R. and Scott, J. (eds.) (1985) *Networks of Corporate Power*. Cambridge: Polity Press.

Strogatz, S. H. (2003) *Sync: The Emerging Science of Spontaneous Order*. New York: Hyperion.

Travers, J. and Milgram, S. (1969) 'An experimental study of the small world problem', *Sociometry* 32(4): 425-43.

Urry, J. (2004) 'Small worlds and the new "social physics"', *Global Networks*.

Useem, M. (1984) *The Inner Circle*. New York: Oxford University Press.

Vierkandt, A. (1923) *Gesellshaftslehre*. Stuttgart: F. Enke.

von Wiese, L. (1924-29) *Allgemeine Soziologie Als Lehre Von Dem Beziehungen Und Beziehung-sgebilden*, *Two Volumes*. München: Duncker und Humblot.

Warner, W.L. and Unwalla, D.B. (1967) 'The system of interlocking directorates', in W. Lloyd Warner, Darab B. Unwalla, and Joan H. Trimm (eds.), *The Emergent American Society: Volume 1. Large-Scale Organizations*. New Haven: Yale University Press.

Wasserman, S. and Faust, K. (1994) *Social Network Analysis: Methods and Applications*. New York: Cambridge University Press.

Watts, D. (1999) *Small Worlds: The Dynamics of Networks between Order and Randomness*. Princeton, NJ: Princeton University Press.

Watts, D. (2003) *Six Degrees: The Science of a Connected Age*. New York: W. W. Norton.

Watts, D. (2004) 'The "New" Science of Networks', *Annual Review of Sociology* 30.

Watts, D. and Strogatz, S.H. (1998) 'Collective dynamics of "small-world" networks', *Nature* 393: 440-42.

Wellman, B. and Berkowitz, S. (eds.) (1988) *Social Structures*. New York: Cambridge University Press.

White, H. C. (1963) *An Anatomy of Kinship*. Englewood Cliffs, NJ: Prentice-Hall.

White, H. C. (1992) *Identity and Control*. Princeton, NJ: Princeton University Press.

Wiese, L. and Becker, H.P. (1932) *Systematic Sociology, on the Basis of the Beziehungslehre and Gebildelehre of Leopold Von Wiese, Adapted and Amplified by Howard P. Becker*. New York: Wiley.

经济学中的社会网络 **6**

SOCIAL NETWORKS IN ECONOMICS

⊙ 桑吉夫·戈亚尔(Sanjeev Goyal)

导 言

虽然脸书(Facebook)、虚拟人生(SecondLife)、领英(LinkedIn)等社交网站刚刚对网络作出明确的时代反响,不过,针对因本性和社会关系而群居的人类,经济学家却研究了很长时间。著名的例子有 Veblen(1899)和 Dussenbery(1949)对相对消费(relative consumption)的研究,Rees(1966)以及 Reest 与 Schultz(1970)对社会接触(contact)在劳动力市场之中角色的研究。尽管已经有这些研究,不过在 1980 年代中期以前,经济学中的大多数研究仍然在很大程度上忽视了社会关系的角色。相反,经济学家试图利用另一个进路去解释经济现象,这个进路建立在如下观念的基础之上,即人类互动是集中的(发生在大市场中)和匿名的。此外,价格——有时由一个虚构的瓦尔拉斯式拍卖商(Walrasian auctioneer)设定——是协调所有个体的主要工具。一般均衡理论和寡头垄断理论集中体现了这一范式。摘自 Granovetter(1985)的以下段落就反映了这一态势:"行为与制度怎样受到社会关系的影响,这是社会理论的一个经典问题……功利主义传统(包括古典经济学和新古典经济学)都假设理性的、自利的行为受到社会关系的影响最小。"自 1980 年代中期以来,情况大有改变。今天,社会关系和非正式制度已经占据了经济学的中心舞台。

对这一研究作全面的述评显然超出了单章篇幅的范围。在本章中,我的目的是提出关于这一研究的两个一般要点。[1]第一个要点相对简单:目前有范围广泛(包括分析式和量化)的正式(formal)研究严格地考察了社会关系对经济行为的影响。为了说明这个问题,我将讨论新的社会关系模型是如何处理经济学的这些核心问题的。第二个要点更为根本,它与上述引文中讨论的要点密切相关。经济学中这种新的研究说明了制度和社会结构是怎样形塑个体行动,反过来它们又是如何被个体行动形塑。在这一意义上,它构成了一个严格、重要而需要详尽研究的领域，除了其他学者之外，Granovetter（1985），Burt（1994），Coleman（1994）的著作对该主题都有探讨。

在本章中，我将自己限定在经济学研究中，其中社会结构被数学建模为一个网络/图，关注的焦点是理解网络特征（如中心度、关联的数量和分布、距离、关联性等）和个体行为之间的关系和聚合（aggregate）的经济后果。在经济学中有大量的研究探讨了非正式制度，如发展中国家的商业集团、国家形成、犯罪与社会互动、社会与个体认同，可参见 Akerlof（1997），Akerlof 和 Kranton（2000），Alesina 和 Spolaore（2003），Dasgupta 和 Serageldin（1999），Ghatak 和 Kali（2001），Glasear 和 Scheinkman（2002），Kali（1999），Rauch 和 Casella（2001）以及 Taylor（2000）。因篇幅所限，此处不多述。

67

社会结构的后果

在过去的 10 年间，经济学家在理解各种问题的过程中探讨了社会网络的角色。本节着手探讨两个重要的经济学问题：其一，雇用和不平等；其二，传播与创新。[2]我首先讨论有关这些问题的研究，然后转向在从经验上确认网络效应时的一些概念问题。

失业与工资不平等

工人喜欢从事符合其技能与居住地偏好的工作，公司则热心于雇用那些能力与工作相适配的工人。然而，工人不知道哪些公司有职位空缺，他们需要投入一定的时间和精力才能找到恰当的工作。同样，公司也不知道哪些工人在找工作。面对这种信息匮乏，工人便在报纸杂志上翻看工作广告。他们也在自己的朋友和熟人圈里散发自己正在求职的消息，并且的确有确凿的证据表明，他们经常是通过个人关系才获得职业空缺信息的。第二类信息问题与工人的能力有关：与一个可能的雇主相比，一个人对自己能力的了解通常会更多一些。实际上，这种信息不对称会使工人在自身素质（如教育程度、证书和各种许可证）上投资，也使潜在的雇主要求有推荐人和推荐信。[3]经验研究也表明，推荐（推荐人和推荐信）被广泛地用于工人和公司的匹配过程中。只有雇主能够信任推荐人时，这封推荐信才有价值；这表明，个人关系的结构有可能在工人和公司的匹配中发挥重要作用。

这些观察提出了如下问题，即社会接触（contact）模式如何影响工作信息的流动。信息在人群中的流动会影响工人找到适配工作的迅速程度，反过来会形塑雇用水平。社会接触模式也会决定谁得到了信息以及在什么时候得到，这反过来决定了谁找到了工作以及谁失业，这将影响一个社会中的收入分配和整体的不平等性。我从经验证据开始讨论，然后转向社会网络的理论模型。

证据:劳动力市场中的社会网络

关于工作和工人的信息源的经验研究有一段长期的成果显著的历史。对这一类研究的早期贡献有 Rees(1966)、Myers 和 Shultz(1951)、Rees 和 Schultz(1970)和 Granovetter(1974)。这些早期的研究为具体的地理位置和/或特殊的职业中的社会网络利用提供了证据;在最近几年里,研究覆盖了更大范围的职业和技能水平,也涵盖了许多国家。总体来说,这类研究证实:在劳动力市场中,在各种技能水平上以及各个国家中社会网络都得到了广泛利用。

这类研究同时考察了雇员和雇主对关系人(contact)的利用。就工人对个人关系的利用而言,文献中关注了三个主题。第一,工人求职时,在多大程度上依赖自己的信息源? 第二,随着工作性质的变化以及国家的不同,对个人关系的利用会有何差异? 第三,在薪酬和工作获取方面,利用关系会有怎样的结果? Rees(1966)、Rees 和 Schultz(1970)以及 Granovetter(1974)探讨了社会联系(social connections)在获得工作信息时的广泛利用。Myers 和 Shultz(1951)在一项关于纺织业工作的研究中表明,几乎有62%的调查对象是通过个人关系获得初职的;相比之下,只有15%的调查对象是通过中介和广告获得初职。在一项被大量引用的研究中,Granovetter(1974)同样表明,在他的调查对象中,几乎有一半是从自己的熟人那里得到目前这份工作信息。近些年来,这些研究发现激发了大量的跨国经验研究,如 Granovetter(1994)和 Pellizzari(2004)提供了关于跨国职位空缺信息源的一系列参考文献。

不同工种在利用关系方面是有差异的。这方面的经验研究认为,对于高薪工作来说,个人关系用得较少。在那些案例中,年龄、教育、职业地位和通过个人关系找到工作的可能性之间呈负相关。在 1978 年的收入动态面板研究(Panel Study on Income Dynamics)(Corcoran et al.,1980)以及针对美国的其他研究中都观察到了这一研究结果;在欧洲各国的研究中,也发现了相似的负相关(Pellizzari,2004)。

许多论文都研究了个人关系在成功找到工作以及获得薪酬这两方面的有效性。这些研究用了不同的方法,也有各自的关注点,因此难以直接比较。然而,大量研究都发现,个人关系是找工作的一个有效方式:有很大的比例是通过关系找到工作的,这已经是公认的事实(Blau and Robins,1990;Holzer,1988)。在通过个人关系找到的那些工作中,其相对工资之间的关系如何,所找到的证据也是形形色色的。Ullman(1966)的早期研究认为,工资与通过关系受雇呈正相关。在最近的研究中,Pellizzari(2004)发现,在诸如奥地利、比利时和荷兰这样的国家中,通过个人关系找到的工作存在着工资升级(wage premium),而在如希腊、意大利、葡萄牙和英国这样的国家中,通过关系找到的工作则存在着工资降级(wage penalty)。

继续看市场的另一面,这里同样存在着一些证据表明雇主在招聘中是如何利用推荐的。Holzer(1987)的研究发现,有35%以上的公司在面试时通过推荐来填满最后空缺。与之类似,Marsden 和 Campbell(1990)在其关于 53 家(在美国的）印度企业的研究中发现，大约有 51% 的工作职位是通过推荐填补的。

理 论 模 型

现在我提出两个理论模型，用它们来探索社会网络的利用对雇用和不平等的影响。第一个模型的兴趣点在于职位空缺信息的传播，第二个模型则关注公司在招聘那些不知底细的工人时如何使用推荐。

职位空缺信息传播模型是由 Cálvo-Armengol 和 Jackson（2004）提出来的。每个工人都有私人关系，这些关系合到一起就定义了一个社会网络。关于新工作的信息是随机送达个体的。如果他们处于失业状态，就申请工作；如果他们在职，不需要这份工作，就将这条信息发给其失业的朋友和熟人。对于那些有可能失业的在职者来说，这也是个机会。失去工作、出现新工作信息、通过网络传播这条信息以及将工人与工作相适配等，这些就定义了一个动态过程，其结果可根据任意时点上不同个体的就业状况来概括。理解社会网络的性质怎样影响个体的就业前景，这是我们的旨趣所在。

分析这个模型产生了两个主要洞见。第一个洞见是，一个社会网络中个体的就业状况之间呈正相关。经验研究表明，在社会共同体内或地理上相邻的城市区域内，就业状况之间呈显著相关（如可参见 Conley and Topa，2002；Topa，2001）。地理上的接近性（proximity）与社会接触（contact）高度重叠，因此，第一个洞见从理论上解释了局部信息共享怎样导致了就业状态上的这种相关。第二个洞见是，找到工作的概率随着失业时间的持续而下降。失业对失业持续时间的依赖性已得到广泛证明（例如，可参见 Heckman and Borjas，1980）。在一个社会信息共享的背景下，出现失业持续时间依赖性（duration dependence）的原因是，失业时间较长，说明一个人的社会接触人不太可能被雇用，这又会使他们不太可能传递职位空缺的信息。这转而会降低个体摆脱失业、获得工作的概率。

第二个模型研究的是，社会网络在雇用和招聘过程中解决不利选择问题（adverse selectin problems）时扮演什么角色。工人有其朋友或同伴的信息，员工可能发现利用这类信息是有利可图的。Montgomery（1991）提出的模型将下面的思想作为出发点，即工人了解他们自己的能力，而潜在的雇主却不知道这个信息。然而，正在某个公司工作这个事实即表明这个工人有能力在此工作。现在，假设有一个公司需要雇一个新工人。该公司可以在报纸上刊登广告，并且/或者可以询问其目前的员工，他们是否认识一些适于这项工作的人。经验研究表明，彼此相识的工人都有很相似的属性（例如，参见 Rees，1966；Marsden，1988）。这一点会激发出这样的想法，即平均来讲，与那些其现有工人能力偏低的公司相比，拥有较高能力工人的那些公司会希望其目前的工人能推荐一些能力较高的其他人来。这一期望上的差别有可能导致一些公司使用推荐的方式招募工人，而其他公司则去市场招募工人。如果一些公司通过推荐招工，这些推荐人也大都挑出了那些高水平的工人，那么那些在市场上找工作的工人的能力就会普遍较低。不同的工人挣不同的工资，这一点就反映了这些差别。该模型探索了这些思想,找出了社会关系在工资不平等和公司利益方面的总体意义。

对这个模型的分析产生了两个洞见。第一,有更多关系的工人会获得更高
69 的工资,通过(其现有的高素质工人的)关系进行招工的公司会获得更高的利润。
关系与工资之间的这种相关性的原因很简单:更多的关系意味着(平均而言)公
司会开出更高的推荐工资报价,(平均而言)这会转化为较高的工资。通过关系
雇人的公司之所以获得较高的利润,是由于公司之间的不完全竞争(因为一个人
只接受一个职位的概率为正);另一方面,在开放市场中雇工人的公司都是完全
竞争者,因此所获的利润为零。第二个洞见是,社会关系密度的增加提高了工资
的不平等。这反映了柠檬效应(lemons effect):社会关系增多,意味着有更多较
高能力的工人是通过推荐被雇用的,这就拉低了那些进入开放市场的工人的素
质,因此(相对)压低了他们的工资。

社会学习与传播

技术变迁是经济增长和社会发展的核心。技术变迁的过程很复杂,从基础
研究开始一直到大规模采纳,涉及很多步骤。但是,人们普遍认为一项新技术要
想实现充分获利,就需要有广泛的传播,这很重要。不过,传播率看起来却差别
巨大。请看下面这些案例:

- 在过去的一个世纪里,新杂交种子的推广成为提高农业生产率的核
心。Griliches(1957),Hagerstrand(1967)以及 Ryan 和 Gross(1943)的经典研
究证明,在美国 20 世纪初期的一段时期内,杂交玉米种子就被采用了。而
且,这些种子的扩散呈现出清晰的空间模式:最初,一小群农民采用了这个
种子;接着,他们的邻居用了这个种子,再往后,这些邻居的邻居用了新种
子,以此类推。[4]

- 在同一个城镇中,如 Coleman 等人(1966)关于药品传播的经典研究
中所观察到的那样,诸多医生开出的第一个新药处方之前要经历 6 个月到 3
年的时间。

- 1843 年就有了传真技术。美国电报电话公司在 1925 年引入了有线
摄影服务。然而,1980 年代中期以前,传真机始终是一种立基产品(niche
product)。在这个时点以后,传真机的使用才激增。

哪些因素决定了传播,这方面的研究表明,新技术传播中的关键因素是其获
利的不确定性。来自政府和公司的信息会减少这种不确定性。然而,如果所考
虑的技术是复杂的,涉及一些重大的资源(例如采纳农作物或开具药方),那么很
明显,个人可能更信任来自好友、同事和邻居以及处于类似决策情境中的其他人
的信息。

社会结构在扩散和创新形成中扮演什么角色,上述观点在这些问题上激发
了大量令人炫耀的成果。[5]我们看一下 Bala 和 Goyal(1998)介绍的一般框架:假设
个体位于一个网络的节点上,节点之间的连接反映了它们之间的信息流动。每
隔一段固定的时间,个体就要从一系列备选的行动中选出一种行动。这些行动

包括选择轮种作物、药品以及消费品。鉴于他们不清楚不同行动的酬赏,就需要利用自己既往的经验和从邻居那里收集来的信息。这篇文献研究了许多问题。这里我会关注如下问题:网络的特征能促进/阻碍最优行动的采纳吗?

我会只关注联通的社会(connected society),即其中每个个体与其他所有个体或者直接连接,或者间接连接。[6]第一个发现是,从长远看,在这样的社会中,每个人的收益都一样且选择同样的行动(除非存在几种收益相等的行动)。对这个一般的结果有如下直觉:如果 A 观察到了 B 经历的选择和结果,那么随着时间的推移,不管 B 实际上学到了什么,她都能从自己的观察中推断出来。因此,从长远看,A 必定能够做得和 B 一样好。但是,在一个联通的社会中,每一对个体都彼此观察:于是我们的推理就意味着,从长远看,他们必然得到同样的收益。

这一基本结果为考察结构在促进/阻碍传播中扮演的角色奠定了基础。联通的社会有多种形式,从长远看,它可能表现为,一些结构陷入次优的行动中,而另一些结构总能选择最优行动。这些例子引出了以下观点:信息阻塞的出现是由于存在着那些只观察到少数他人、却为多数人所观察的个体。这种连接模式是有实际意义的,因为在万维网以及一般的社会沟通中,它都能被经验地观测到。

这些例子导致人们研究哪些网络特征会促进社会学习。一个主要的发现是,个体在信息网中习得最优行动,获得最大收益,这样的信息网有两个一般性质。第一个性质是局部独立性(local independence)。局部独立性抓住了这样的观点,即个体都有各自独特的信息源,与普通信息源相比,这些独特的信息源更重要。局部独立性促进了关于新信息的实验尝试与收集。第二个性质是存在着充当了独特信息源之间的桥的连接。这些桥连接(bridging links)促进了有用信息在整个社会中的传播。[7]

确认网络效应

我们讨论了社会网络在雇用和找工作以及社会学习中的利用;更为普遍的是,有证据表明,社会网络在各种社会和经济情境中也有利用。[8]这个证据在形式上多半采取调查数据或网络与结果之间的相关关系。虽然这一证据看似合理,但是事实证明,要建立起从网络到经济结果之间的因果关系是非常难的。我讨论了其中涉及的概念问题。对于整个社会科学中的网络研究纲领来说,确认这些效应是其核心所在。

为了理解为什么确认社会网络效应这么难,我们考虑一个找工作的案例:假设我们观察到,从国家 A 到国家 B 的工人移民流与国家 B 中那些来自于国家 A 的工人储备呈正相关。对于这样一个观察到的正相关,社会网络(例如,国家 A 中有关于国家 B 的更好信息,或在一个新的国家中有较低的适应成本)是一种很自然的解释。然而,对这个观察到的相关有一个替代性的同样看似合理的解释是,来自国家 A 的工人拥有特殊的技能,这些技能尤其符合国家 B 的需求。现存较大的工人储备是源头国家 A 和终点国家 B 之间匹配质量较好的反映,它也意味着更大的流动。因此,确认网络效应提出了一个精致的推断问题,该问题甚至在简单的背景下也存在。[9]

这些问题居于关于社会互动的大量文献的核心,相关回顾可参见 Manski (2000),Brock and Durlauf(2001)。他们的研究认为,不同的个体在面对相似的刺激时其行为有差别,这个差异的一个重要部分是由于他们是一个群体的成员,而不是另一个群体的成员(如 Glaeser and Scheinkman,2002;Fafchamps,2004;Munshi,2003)。这篇文献试图解释在诸多明确界定了的(well-defined)群体之间的行为差异,特别注意到在经验性上确认社会互动效应的困难程度。在关于社会网络的研究中,其出发点是,我们考察一个群体内的社会联络(social connections)上的差异,以此去理解个体行为上的差异。

当我们着手研究社会网络的不同方面(如网络中的中心度、与他人的接近度或不同个体的相对关联度)的效应时,这些推断的困难就大大地混杂在一起了。[10]一个关键的新要素是,个体行动者之间的关系通常是内生的(endogenous)。为了厘清这一问题的本质,我们来梳理 Uzzi(1996)关于纽约的服装制造商的生存和社会嵌入的著名研究。在该研究中有一个有趣的发现,即公司的生存机会与其拥有的社会联络数呈正相关。对它的解释是,更多的联络(嵌入性)会帮助公司更有效地分担风险,这反过来会产生更多的生存机会。然而,稍加反思就自然会考虑到一个关于这个关联的潜在混淆要素:对于这个系统来说,它们不是外生的。的确,相对健康的公司可能比那些比较脆弱的公司有更好的联络,这个假设看似合理。因此,关联度和生存机会之间的正相关可能只是反映了公司的某些不可观察到的特征罢了,这些特征与财务健康和生存机会呈正相关。

这个案例指出了在确认网络效应时的一个重大概念问题:网络本身是内生的,而且经常受个体的选择所形塑。因此,它有可能以系统的方式与那些重要的、未被观察到的个体特征相关。经济学文献试图用多种不同的方式来解决这个确认问题。现在,我简要地讨论其中的一些,也提供相关论文的参考文献。处理这个确认问题的一条自然而然的途径是,利用数据的时间结构。Conley 和 Udry(2008)就用这一途径研究了社会网络在非洲西部接受菠萝时产生的影响。Fafchamps 和他的同事(2008)利用数据的时间结构,研究了学术研究中新合作的形成。我会详细阐述他们的策略,以此说明如何用时序(timing)来确认网络效应。

研究中的合作是一种环境,其中存在有关个人能力的很多公共信息(如出版记录、雇用历史)。因此,我们会期望,与其他团队形成过程中的摩擦相比,这个团队适配中的摩擦不会那么普遍。如果网络的接近度(proximity)甚至在这样一个有利的环境中还影响到新团队的形成,那么我们预期,社会网络对适配过程一般也有影响。有理由假设,为了节省摩擦成本,个体会利用其朋友或熟人圈中容易获得的信息。

Fafchamps 等(2010)考察了从 1970 年到 1999 年这 30 年间经济学家之间合著的数据。他们指出,在所有经济学合著者的网络中,如果两个经济学家离得近,他们就可能合著。这一结论是稳健的,并在统计上显著。诸多网络距离系数的数量大:网络距离由 3 变为 2,启动一项合作的概率就会提高 27%。他们(基于对时间不变因素和时变因素的多种控制)提出了大量的论据去说明,可以将这种接近度效应解释为关于个体以及适配质量的信息流的反映。为了确认这种社会网络效应,他们需要令人信服地控制上文讨论过的其他混淆因素。

首先,他们控制了成对固定效应(pairwise fixed effects)。这就需要处理所有的时间不变互补性(time-invariant complementarity)以及社会接近度效应,例如年龄的相似性、受教育地点、稳定的研究兴趣等。控制了成对固定效应后,仅从合作的时序上就能实现对网络效应的确认了。也就是说,他们询问,以最终要合作出版为条件,是否一对作者在合著者网络中更接近之后,才更有可能开始一项合作。其次,他们利用可得到的数据,构建了时变效应的控制变量,如生产率和研究兴趣的变化。这就处理了最严重的时变混淆因素。最后,他们着手处理未被观察到的时变效应(如研究兴趣中不可测量的变化),它们影响了合作的可能性,并与网络接近度有关。由于这些效应捕捉到了那些促使研究者合作的未被观测到的力量,因此它们应该影响了全部合作的可能性,并非只是影响第一次合作。相比之下,网络效应应该只能影响到两个作者首次合作的可能性:社会网络承载着相关的信息,创造出面对面互动的机会,这些会导致两个作者开始一起工作;但是,一旦两位作者已经合作出版,他们就会有许多关于适配质量的信息,网络接近度就应该没有重要影响了。

以这个观察为基础,他们实施了类似于安慰剂那样的实验,对照了首次合作和后续合作中的网络接近度效应。与网络接近度有关的时变混淆因素应该对首次和后续的科学合作都有类似效应;网络效应应该只影响了首次合作。他们的重要发现是,网络接近度只对首次合作有正向显著的影响。

社会结构的起源

我已经指出,社会结构对个体行为和收益以及对总体社会结果都有深远的影响。我们观察到,在网络中占据某些位置的个体有获得实质性优势的通道。例如,能力相同的两个工人挣的工资却不同,这取决于他们的私人关系数量。同样,在总体水平上,两个村民由于各自的社会关系不同,针对新技术可能展现出大不相同的采纳模式。这些发现表明,单个实体(如公司、工人、管理者或国家)会有一种同其他实体建立关系的动机,以便能够以有利于自己的方式形成网络。这些普遍性的思考提出了一个经济学进路,在这个进路中,个体会权衡建立关系的成本与收益。

关于建立联系的这个策略出于以下观察,即一对实体之间的联系会影响其他实体的收益,这种联系以对网络结构敏感的方式引起了外部性(externalities)。网络形成博弈具体规定了一组玩家,每位玩家都可以做出建立联系的行动,他从网络中得到的收益都来自于个体作出的联络决策。

关于网络形成的经济学进路的起源,可以追溯到 Boorman(1975),Aumann 和

Myerson(1988)以及 Myerson(1991)等人的早期著述。[11] Boorman(1975)研究了这样一个情景(setting),其中的个体要在全部联系人中作一系列固定资源分配的选择;这些联系人会产生工作信息。给一个联系人分配较多的资源,这个联系就变得更强,(平均来讲)反过来会产生更多的信息。但是,一个人所拥有的联系数的增加,意味着他的每个联系人就会有较低的接收信息的概率。因此,联系的形成涉及个人资源以及对其他玩家产生外部效应。Boorman 分析的主要发现是,个体的联系人能够产生无效率的工作信息流,这对一个经济体中的就业水平是有意义的。Boorman 研究的模型非常具体,却捕捉到了下面的一般思想:对于个体而言,建立联系是有成本与收益的,也对其他人产生外部效应。这两种思想连同个体最优化原则共同构成了网络形成的经济学理论的概念元素。

　　经济学进路的独特性质是,它强调了在形塑联系决策时的个体动机,因此,在理解网络是怎样产生于有目的的个体行动时,也强调了个体动机。要想理解个体选择所扮演的核心角色,需要我们明确地考虑个人的偏好、知识和理性。这一明确的构想反过来会使对一些规范性问题——如出现的网络是好还是坏;要想促成其他(更好的)网络出现,是否应该做点什么去修正个体的动机——的考察变得可能了。

　　可以通过讨论下述模型来说明这些问题,这要归功于 Goyal(1993)以及 Bala 和 Goyal(2000)。[12] 现在有 n 个个体,其中每一个都可以和其余玩家中的任何子集建立一个联系。建立的联系是单向的:个体 i 可以决定通过付钱与任何玩家 j 建立一个连接。虽然有关这类联系的形成有一些有趣的实际案例——例如,在网页、引文、电话之间建立联系,在社会情景下送礼等——但必须强调的是,这一模型的主要吸引力是它的简洁性。简洁性是一个重要的品质,因为它使得以一种直接的方式去探索许多重要的问题成为可能,这些问题涉及网络形成的过程及其福利含义。这一模型的第二个特征是,它对收益(payoff)作了相当一般的描述。可以对个体的收益作出如下假定,即它随着个体通过网络到达的其他人的数量增加而增加,随着个体形成的联系数的增加而下降;至于联系的收益曲率(curvature)如何,则不作假定。

　　这个模型第三个吸引人的特征是,它对网络架构(architecture)作出了敏锐的预测。尤其是,简单的网络架构——如星型网(star networks)或其变体(如互连的星[interlinked stars])——会自然而然地出现,在它们出现背后的经济学原因也容易理解。[13] 在这篇文献中确认了两类经济压力:与距离有关的压力和来自联系的收益缩减(diminishing returns from linking)。Bala and Goyal(2000),Jackson and Wolinsky(1996)以及 Hojman and Sziedl(2008)都认为,如果收益因与他人的疏远而下降,那么个体就有动机去接近其他人。此外,如果有收益递减,那么小世界网络会得到少数连接的支持,每一个这样的网络都通过很多人形成,但是只指向少数关键的玩家。这是由边缘人发起的(periphery-sponsored)星型网络(star networks)的基础。

　　此外,均衡网络拥有显著的效率和分配性质:星型网络有效率,但呈现出显著的收益不平等（因为与边缘玩家相比,中心玩家通常会赚取完全不同的收益）。最后,动力学研究表明,始于任意网络的一个简单的、个体反应最佳的过程最终会导致星型网络;换句话说,个体通过试错法得到一个可以完全刻画其特征的简单社会结构。

这个模型的简洁性及其预测的敏锐性已经激发了力图检验其稳健性的范围广泛的理论文献。其基本模型有这样的假定,即就所形成的联系的价值与成本而言,所有玩家都是同质的。更一般地讲,异质性提供了一种自然的途径,可并入由现存的社会结构所设置的约束思想。要对现存的社会结构进行建模,一种简单的方式是假设个体生活在岛上或属于不同的群体(Galeotti et al.,2006;Jackson and Rogers,2005;Johnson and Gilles,2000)。在一个群体内部建立联系的成本要低于在群体之间建立联系的成本。这里所说的群体思想非常普遍,可以反映地理距离,或者种族的、语言的或宗教的差异。其兴趣点在于理解这种差异如何形塑了因个人选择而出现的社会网络结构。对这个模型的分析认为,关于联系的成本差异有可能导致相对较多的群内聚类,较少的跨群聚类。它们也可能引起少量的跨群连接,可以将它们解释为是“弱关系”。最后,在每一个群体内部,少量个体有可能构成中枢,而跨越不同群体的中枢可能会形成关联进而创造出一个核。这些结果说明了上文概述的策略网络形成的一般进路的范围,也说明了个体选择与现存结构怎样共同形塑了一个新结构的出现。[14]

走向一般社会理论

社会结构描述了一个社会内部的个体之间的关系。个体在诞生之时就继承了各类社会关系,虽然关系在不同的社会与历史中各不相同,但通常它包括父母、扩大家庭及其父母最亲近的社会圈。随着个体不断长大和成熟,他会选择保留一些继承下来的关系,而其他的关系则会慢慢消散,他也会建立新关系。就一系列不同维度上的行为而言,这些选择和其他的选择是一道发生的。个体践行这些不同的选择的自由度会因不同的社会和不同的时间而有差异。传统的社会中没有什么地理和经济上的流动,与现代社会相比,其选择的范围较为有限。这些空间上的选择差异会形塑选择,反过来又与社会结构如何随时间而演进有关。

过程如何形塑选择,选择反过来又如何形塑社会结构和制度,目前的经济学研究在对这些过程的理解上取得了重大进步。下面讨论两种模型来说明这种新的研究路数的视野。[15]

社会结构和行为的协同演化

本部分将考察一个动态模型,在该模型中,个体是在与他人的互动中选择行动的,也选择与谁互动。我们的兴趣是理解个体行为和社会结构是怎样历时态地共同演化的。

考虑下面这个出自 Goyal 和 Vega-Redondo(2005)的简单框架：[16]有一组玩家，他们都有机会参与一个简单的 2-行动协调博弈(two-action coordination game)。令 A 和 B 表示两种行动。这个博弈有两个(纯策略纳什)均衡，对应于两种行动。我们假设，与所有人都选择行动 B 的情形相比，如果所有人都选择了行动 A，那么个体的收益更大。但是，如果总体中有一半的人选择每个行动，行动 B 就会使个体获得高收益(换句话说，行动 B 是风险占优的)。只有两个玩家之间有"联系"(link)的时候，他们才能彼此博弈。这些联系是个体主动建立的。创建和维持这些联系需要精力和资源，从这一意义上看，联系的形成是有代价的。可从多个角度来解释联系，例如，沟通关系(一个人给另一个人发送信息)，两个人投入时间和精力以便对某个研究问题建立共识性的理解，或者为了完成某个合作项目一个人旅行到另一个人的所在地。

每隔一段固定的时间，个人都会选择一些联系人和行动以使他们各自的(眼前)收益最大化。他们偶尔也会犯错误或作尝试。我们的兴趣是，当这些错误的概率不大时，其长期的结果有什么性质。首先，我们认为，如果建立联系的成本不太高，那么对于任何一个足够稳健，以至于在一个长时段的某个时间段中可以显著观测到的网络架构(network architecture)来说，它一定是完备的网络。[17]这意味着从长远看，部分关联的网络只是转瞬即逝的存在。其次，我们发现，在长期的情况下，玩家总是在相同的行动上协调，即获得了社会顺从(social conformism)。但是，协调的具体性质大大取决于建立联系的成本。在收益范围内部有一个阈值，如果建立联系的成本低于该阈值，玩家们会在风险占优的行动 B 上协调一致。相比之下，如果建立联系的成本高于该阈值，玩家就会在有效率的行动 A 上进行协调。

这一分析的主要洞见在于建立了联系的动力学角色：要注意，从长期看我们观察到的唯一社会结构是完备的网络，但是玩家在协调博弈中的行为却是不同的，这取决于建立联系的成本。的确，如果社会网络始终不变，那么标准的论点是，风险占优的行动从长远看必然占优势(参见 Young,1998)。因此，就是这个联系和行动的协同演化决定性地形塑了我们模型中的个体行为。

上述讨论关注的是协调博弈，但是可以用与之相似的进路来研究冲突博弈。在这种博弈中，个体的连接以过去的好行为作为条件。因此，删除一个联系是一种排斥形式，而保留一个连接就构成了一个友好姿态。存在着一类关于社会结构与合作协同演化的有趣研究(例如，可参见 Mengel and Fosco,2008；Ule,2008 和 Vega-Redondo,2006)。

个体选择、网络和市场

公司之间的研究合作表现为多种形式，如合资企业、技术共享、交叉认证与共同研发。近些年来，共同研发变得尤为突出。[18]此外，研究合作的一个一般特征是，公司与非重叠的几组合作伙伴从事不同的项目。因此，很自然会将合作关系展示为一个网络。经验研究表明，合作联系网络表现出几个明显的特征：(与公司总数相比)平均度数相对小、度数分布不均等、其构造类似于中心-边缘网络，以及两个公司之间的平均距离相对小。这些经验发现激发人们探究公司以及研究合作网络的经济起源和意义。

74

一个简单的网络形成模型是利用以下思想提出来的。公司在市场上竞争时，成本低就是优势，因为它会带来更大的市场份额和利润。公司之间的合作是一种分享知识和技能的方式，这会降低生产成本。因此，相对于其他公司来说，两个公司之间的合作会使它们更具竞争力。另外，与其他公司的合作会涉及资源，成本也高。因此，当一个公司决定要形成多少个联系时，它会比较合作的成本与收益。这一分析的核心问题是，两个公司之间的合作联系怎样改变了其他公司形成合作联系的动机。

一个公司在与成本较低的公司的竞争中会有劣势，这会导致合作联系的外部效应。成本分化的经济效应取决于市场竞争的本质。因此，市场和网络之间的影响是双向流动的，在这个过程中，市场竞争的本质形塑了合作的动机，注意到这一点很重要。然而，公司之间的合作模式决定了一个行业的成本结构，这反过来又会形塑市场竞争的本质。

下面的讨论建立在 Goyal 和 Joshi(2003)的模型基础之上。[19]我们首先说明公司通过哪些途径找到了合作的伙伴，反过来通过哪些途径形塑了网络和市场。为了在最简单的形式中考察这个问题，我们考虑两种经典的寡头垄断竞争模型：价格竞争和质量竞争。假设建立联系的两家公司一定会引起一个小但正的成本。Goyal 和 Joshi(2003)表明，在价格竞争的市场中，公司会选择不建立联系，因为竞争太剧烈，建立联系的公司不能收回这个联系成本。相比之下，在一个质量竞争的市场中，每个公司都会与其他所有公司建立联系，这个网络就是完备的！因此，市场竞争的形式(价格或质量)形塑了形成合作关系的动机，这反过来又会形塑竞争的本质。一个重要的推论是，与价格竞争的结果相比，质量竞争条件下的结果表现出了更高的质量和更低的价格。

现在，我们考察以高成本建立联系的情况。承续先前的讨论，很容易看到，在价格竞争的市场中会得到同样的结果：没有一家公司会建立任何连接，出现了空网络(empty network)。但是，在质量竞争的市场中，我们现在需要考察那些可能以高成本建立合作联系的边际收益曲率。这里的关键洞见是，一个公司增加一个连接带来的边际收益在其自己的连接中增加，在其他公司的连接中减少。因此，新联系的成本要么固定不变，要么只是缓慢增加，在这种情况下，可以认为均衡网有优势群体结构(dominant group architecture)，即存在一个全连接的公司群，其他公司被孤立。此外，与被孤立的公司相比，那些有更多度数的公司可能占有更高的市场份额，赚取更多的利润。

我们看到，新连接带来的边际收益在自己的连接数中增加，在其他人的连接中减少。进一步说，探索这个观察结果的意义在于这意味着一种可能性，即网络有可能从高连接公司转向低连接公司而得以维持。

主要发现是，这种转向会促进星型网络及诸如互连星网(interlinked stars)这样的星网(star-network)变体的出现。这些网络的确是通过从高关联核心公司向低关联边缘公司转向而维持的。此外,与边缘公司相比,这些转向能使核心公司赚取更多的利润。

这些发现是在如下理论框架中得到的,在这样的框架中,公司了解网络的结构以及与其他公司相关联的价值,并且在一项合作中可以努力诱发其伙伴公司,而不会有什么问题。这些是强假设,因为在实际工作中,不完全信息以及与之相伴的动机问题可能是重要因素。

在实际工作中,一个公司更有可能知晓过去曾与自己合作过的其他公司的知识与技能。类似地,各个公司对自身的努力和技能一般都有重要的个人认识:这种个人认识可能创造出与道德风险和不利选择有关的动机,这是我们熟知的。在研究和发展的背景下,正式合同通常不能完全解决这些问题。这意味着,公司更喜欢与目前的合作伙伴不断合作,或者与那些从目前或过去的共同合作伙伴那里得到可靠信息的那些公司反复合作。换句话说,在形塑目前的合作表现与新的合作模式过程中,既往的合作网络结构可以发挥重要的作用。

这些思考构成了 Granovetter(1985)关于经济活动嵌入社会的研究的核心要素。[20]广义地讲,这项研究探索了三个问题。第一个问题是,哪些类型的公司会签合作协议,与谁签协议? 第二个问题是,现有的合作联系模式是怎样与一个新的合作伙伴关系的治理结构相关联的(其中有正式的合同吗? 或使用松散的研究75 共享协议吗?)。第三个问题是,合作伙伴的网络位置是怎样与一个合作关联的表现相关的? 这些问题已经在社会学和组织理论的有趣的经验研究中得到了探究;对这类研究的概览,参见 Gulati(2007)。

这一领域的理论研究落后于经验研究。经济学家们已经探索了双边连接中信任的逐渐建立(如可参见 Ghosh and Ray,1996)。[21]然而,在这些模型中,一个个体在任何一个时点上都只参与一个互动,并且如果这个关系发生破裂,就没有信息在不同的合作伙伴中流动。与上述情境相比,流遍公司的信息流(既涉及技能,也涉及行动)是这一过程的关键要素。在拥有信息不对称特征的背景下,对演化性网络关系的正式研究看起来还是一个开放性的问题。

总结性评论

在研究小群体中的互动(博弈论)和大群体之间的互动(竞争市场和一般均衡)方面,经济学家成功地提出了一些概念。社会网络看起来落在了这两极之间。社会网络通常由大量的个体构成,任意个体都只与其中的一小部分互动。在博弈论中很典型的精致的策略性推理链条有其合理性,但是对居于复杂网络中的多数行动者的分析却让这种合理性不堪承受。类似地,社会网络中的"局部"互动也使得匿名的竞争均衡分析不太合乎情理。要理解市场与社会网络之交集中的行为,这种大与小之间的张力是根本。在未来的日子里,它为令人振奋的理论研究提供一片丰富的土壤。

一方面是社会网络;另一方面是个体的行为和结果。大量的证据表明了二者之间有相关性。然而,有证据表明,在社会网络中极难建立起一条因果链,我就此简要地讨论了相关的问题。在经济学以及许多其他学科(如健康、商业策略、组织理论和社会学)中,网络效应的确认都是正在研究的重要项目。关于网络和行为有大量可利用的纵向数据,这些数据连同计算能力方面的持续改进,为这一关键问题的重要发展勾画了前景。

致　谢

感谢 Bryony Reich,Peter Carrington 和 John Scott 评议本章的初稿。

注　释

1.本章建立在 Goyal(2007)提出的论点之上。网络研究在许多学科中是最活跃的研究领域之一;其他鸿篇大论包括 Barabási(2002),Gulati(2007),Jackson(2008),Scott(2000),Vega-Redondo(2006),Wasserman 和 Faust(1994)以及 Watts(1999)。

2.大量的其他经济学应用已经被研究过了。关于网络对研究和市场竞争的影响,参见 Goyal 和 Moraga-Gonzalez(2001);在犯罪活动方面的应用,参见 Ballester 等(2006);关于财务传染,参见 Allen 和 Gale(2000);关于消费者网络对市场竞争的影响,参见 Galeotti(2005);关于利用社会网络进行市场营销化,参见 Campbell(2008),Galeotti 和 Goyal(2009);关于网络对投标和市场的效应,参见 Kranton 和 Minehart(2001);关于网络对讨价还价能力的效应,参见 Manea(2008)。

3.关于非对称信息对市场运转的影响的经典研究,参见 Akerlof(1970)。

4.近期有关社会网络在农业中的应用研究,参见 Conley 和 Udry(2008)。

5.例如,可参见 Acemoglu 等(2008),Bala 和 Goyal(1998),De Marzo 等(2003),Ellison 和 Fudenberg(1993,1995),Golub 和 Jackson(2010);关于这类研究的近期概览,参见 Goyal(2009)。

6.这覆盖了大范围的结构。(有一个中心枢纽的)星型网络、(其中的每个人都与另外两个人相连接的)环形网以及(其中每个人都与所有人相连接的)全网都是联通的社会的实例。

7.正如 Granovetter(1974)所发现,可以将桥看作是连接诸多社区的弱连接。因此,可以将上述结果解释为是给出了一个与"弱关系的强度"有关的精确洞见:有许多弱关系的社会可以更好地传播新发明。

8.有关这项研究的讨论,参见 Fafchamps（2003,2004）,Goyal（2007）和 Jackson(2008)。在经济学领域,对经验性社会网络结构的经验研究相对较新。关于大社会网络演变的研究,参见 Goyal 等（2006）。最近,Krishnan 和 Sciubba（2009）,Comola(2007),Mayer 和 Puller(2008)研究了连接的形成。

9.关于国际劳动力迁移中的社会网络研究,一份有影响的贡献参见 Munshi（2003）。

10.然而,可参见 Bramoulle 等(2009)。他表明,与利用群体归属数据相比,利用详细的网络数据能更好地识别出背景网络效应。有一项有趣的尝试评估了网络在教育和犯罪中的效应,参见 Cálvo-Armengol 等(2008)。

11.近些年来,对网络形成的研究在经济学中已成为非常活跃的一个领域,许多不同的问题得到了探索,相关文献参见 Demange 和 Wooders（2005）以及 Dutta 和 Jackson(2003)。

12.这一模型已经被许多研究者在多个方向上加以拓展。重要的贡献包括 Hojman 和 Szeidl(2008)以及 Ferri(2004)的研究。这一模型的实质与 Jackson 和 Wolinsky(1996)提出的连接模型很接近。有关策略性网络模型的概览,可参见 Goyal(2007)。

13.一个星型网络有一个中心/中枢玩家:所有其他的玩家都只与这个中心玩家有单独连接,除此之外没有任何其他连接。

14.这些理论发现导致了大量关于网络形成的实验研究,对它的概览可参见 Kosfeld(2004)。

15.通过个体选择视角来理解社会结构的早期尝试,参见 Schelling（1975）。关于个体选择与社会结构之间关系的研究,参见 Young(1998);有关从网络角度来研究经济活动的先期的讨论,参见 Kirman(1997)。

16. Droste 等（1999）,Hojman 和 Szeidl（2006）,Jackson 和 Watts（2002）以及 Skyrms 和 Pemantle(2000)独立地开展了研究,他们研究的社会结构和行为协同演化模型是相似的。

17.在一个完备网络中,每一对玩家都直接相连。

18.对这些发展的概览,参见 Hagedoorn(2002)。

19.有关网络和市场的研究,参见 Belleamme 和 Bloch（2004）,Deroian 和 Gannon(2006)。

20.早期关于连锁董事和公司绩效的经验研究,可参见 Carrington(1981)。

21.关于社会学中的理论研究,可参见 Raub 和 Weesie(1990)。

参考文献

Acemoglu, D., Dahleh, M., Lobel, I. and Ozdaglar, A. (2008) 'Bayesian learning in social networks', mimeo. MIT Press.

Akerlof, G. (1970) 'The market for lemons', *Quarterly Journal of Economics* 84 (3): 488-500.

Akerlof, G. (1997) 'Social distance and social decisions', *Econometrica* 65: 1005-27.

Akerlof, G. and Kranton, R. (2000) 'Economics and identity', *Quarterly Journal of Economics* 115(3): 715-53.

Alesina, A. and Spolaore, E. (2003) *Size of Nations*. MIT Press.

Allen, F. and Gale, D. (2000) 'Financial contagion'. *Journal of Political Economy* 108 (1): 1-34.

Aumann, R. and Myerson, R. (1988) 'Endogenous formation of links between players and coalitions: An application to the Shapley Value', in *The Shapley Value*, A. Roth (ed.), Cambridge University Press. pp. 175-91.

Bala, V. and Goyal, S. (1998) 'Learning from neighbours', *Review of Economic Studies* 65: 595-621.

Bala, V. and Goyal, S. (2000) 'A non-cooperative model of network formation', *Econometrica* 68(5): 1181-231.

Ballester, C., Cálvo-Armengol, A. and Zenou, Y. (2006) 'Who's who in networks. Wanted: The key player', *Econometrica* 74 (5): 1403-17.

Barabási, A.L. (2002) *Linked*. Boston: Perseus Books.

Blau, D. and Robins, P.K. (1990) 'Job search outcomes for the unemployed and the employed', *Journal of Political Economy* 98 (3): 637-55.

Belleamme, P. and Bloch, F. (2004) 'Market sharing agreements and collusive networks', *International Economic Review* 45(2): 387-411.

Boorman, S. (1975) 'A combinatorial optimization model for transmission of job information through contact networks', *Bell Journal of Economics* 6(1): 216-49.

Bramoulle, Y., Djebbari, H. and Fortin, B. (2009) 'Identification of peer effects through social networks', *Journal of Econometrics* 150 (1): 41-55.

Brock, W. and Durlauf, S. (2001) 'Interactions-based models', in Heckman and Leamer (eds.), *Handbook of Econometrics: Volume V*. Amsterdam.

Burt, R. (1994) *The social structure of competition*. Boston: Harvard University Press.

Cálvo-Armengol, A., Patacchini, E. and Zenou, Y. (2008) 'Peer effects and social networks in education'. *Review of Economic Studies*.

Cálvo-Armengol, A. and Jackson, M.O. (2004) 'The effects of social networks on employment and inequality', *American Economic Review* 94 (3): 426-54.

Campbell, A. (2008) 'Tell your friends! Word of mouth andpercolation in social networks', mimeo, MIT Press.

Carrington, P.J. (1981) 'Horizontal co-optation through corporate interlocks'. Unpublished PhD thesis, University of Toronto.

Coleman, J. (1994) *Foundations of Social Theory*. Cambridge, MA: Harvard University Press.

Coleman, J., Katz, E. and Mentzel, H. (1966) *Medical Innovation: Diffusion of a Medical Drug Among Doctors*. Indianapolis. MN. Bobbs-Merrill.

Comola, M. (2007) 'The network structure of informal arrangements: Evidence from rural Tanzania', mimeo, Universitat Pompeu Fabra.

Conley, T. and Topa, G. (2002) 'Socio-economic distance and spatial patterns in unemployment', *Journal of Applied Econometrics* 17: 303-27.

Conley, T.G. and Udry, C.R. (2008) 'Learning about a new technology: Pineapple in Ghana', *American Economic Review*, to appear.

Corcoran, M., Datcher, L. and Duncan, G. (1980) 'Information and influence networks in labour markets', in G. Duncan and J. Morgan (eds.), *Five Thousand American Families: Patterns of Economic Progress*, Volume 7. Ann Arbor, MI: Institute for Social Research.

Dasgupta, P. and Serageldin, I. (1999) *Social Capital: A Multifaceted Perspective*. Washington: World Bank.

De Marzo, Peter, Dimitri Vayanos and Jerry Zweibel (2003) 'Persuasion bias, social influence, and unidimensional opinions', *Quarterly Journal of Economics* 118: 909-68.

Demange, G. and Wooders, M. (2005) *Group Formation in Economics: Networks, Cubs and Coalitions*. Cambridge University Press.

Deroian, F. and Gannon, F. (2006) 'Quality improving alliances in differentiated oligopoly', *International Journal of Industrial Organization* 24(3): 629-637.

Droste, E., Gilles, R. and Johnson, K. (1999) 'Endogenous interaction and the evolution of conventions', in *Adaptive Behaviour in Economic and Social Environments*, PhD thesis. University of Tilburg.

Dussenbery, J. (1949) *Income, Savings and the Theory of Consumer Behaviour*. Cambridge, MA: Harvard University Press.

Dutta, B. and Jackson, M. (eds.) (2003) *Models of the Strategic Formation of Networks and Groups*. Springer-Verlag.

Ellison, G. and Fudenberg, D. (1993) 'Rules of thumb for social learning', *Journal of Political Economy* 101: 612-44.

Ellison, G. and Fudenberg, D. (1995) 'Word-of-mouth communication and social learning', *Quarterly Journal of Economics* 109: 93-125.

Fafchamps, M. (2003) *Rural Poverty, Risk, and Development*. New York: Elgar Publishing.

Fafchamps, M. (2004) *Market Institutions and Sub-Saharan Africa: Theory and Evidence*. MIT Press.

Fafchamps, M., Goyal, S. and van der, L.M. (2010) 'Matching and network effects', *Journal of European Economic Association* 8(1): 203-231.

Ferri, F. (2004) 'Stochastic stability in networks with decay', mimeo, University of Venice.

Galeotti, A. (2005) 'Consumer networks and search equilibria', *Tinbergen Institute Discussion Paper* 2004-75.

Galeotti, A. and Goyal, S. (2009) 'Influencing the influencers: A theory of strategic diffusion', *Rand Journal of Economics* 40(3): 509-532.

Galeotti, A., Goyal, S. and Kamphorst, J. (2005) 'Network formation with heterogeneous players', *Games and Economic Behaviour* 54(2): 353-372.

Ghatak, M. and Kali, R. (2001) 'Financially interlinked business groups', *Journal of Economics and Management Strategy* 10: 4.

Ghosh, P. and Ray, D. (1996) 'Cooperation in community interaction without information flows', *Review of Economic Studies* 63: 491-519.

Glasear, E. and Scheinkman, J. (2002) 'Non-market interactions', in Dewatripont, Hansen, and Turnovsky (eds.), *Advances in Economics and Econometrics: Theory and Applications*. Cambridge University Press.

Golub, B. and Jackson, M.O. (2010) 'Naive learning and the wisdom of crowds'. *American Economic Journal: Microeconomics* 2(1): 112-149.

Goyal, S. (1993) 'Sustainable communication networks', *Tinbergen Institute Discussion Paper*, TI, pp. 93-250.

Goyal, S. (2007) *Connections: An Introduction to the Economics of Networks*. Princeton, NJ: Princeton University Press.

Goyal, S. (2009) 'Learning in networks', in *Handbook of Social Economics*, J. BenHabib, A. Bisin, M.O. Jackson (eds.) Elsevier Press.

Goyal, S. and Joshi, S. (2003) 'Networks of collaboration in oligopoly', *Games and Economic Behaviour* 43(1): 57-85.

Goyal, S., van der, L.M. and Moraga-Gonzalez, J.L. (2006) 'Economics: Emerging small world', *Journal of Political Economy* 114: 403-12.

Goyal, S. and Moraga-Gonzalez, J.L. (2001) 'R&D networks', *Rand Journal of Economics* 32(4): 686-707.

Goyal, S. and Vega-Redondo, F. (2005) 'Network formation and social coordination', *Games and Economic Behaviour* 50: 178-207.

Granovetter, M. (1974) *Getting a Job: A Study of Contacts and Careers*. Cambridge, MA: Harvard University Press.

Granovetter, M. (1985) 'Economic action and social structure: The problem of embeddedness', *American Journal of Sociology* 3: 481-510.

Granovetter, M. (1994) *Getting a Job: A Study of Contacts and Careers*. Second Edition. Chicago: University of Chicago Press.

Griliches, Z. (1957) 'Hybrid corn: An exploration in the economics of technological change', *Econometrica* 25: 501-22.

Gulati, R. (2007) *Managing Network Resources*. Oxford, NY: Oxford University Press.

Hagedoorn, J. (2002) 'Inter-firm R&D partnerships: An overview of major trends and patterns since 1960', *Research Policy* 31: 477-92.

Hagerstrand, J. (1967) *Innovation Diffusion as a Spatial Process*. Translated by A. Pred. University of Chicago Press.

Heckman, J. and Borjas, G. (1980) 'Does unemployment cause future unemployment? Definitions, questions and answers from a continuous time model of heterogeneity and state dependence', *Economica* 47: 247-83.

Hojman, D. and Szeidl, A. (2006) 'Endogenous networks, social games and evolution', *Games and Economic Behaviour* 551: 112-30.

Hojman, D. and Szeidl, A. (2008) 'Core and periphery in endogenous networks', *Journal of Economic Theory* 139(1): 295-309.

Holzer, H.J. (1987) 'Hiring procedures in the firms: Their economic determinants and outcomes', *NBER Research Working Paper No 2185*.

Holzer, H.J. (1988) 'Search method use by unemployed youth', *Journal of Labour Economics* 6: 1-20.

Jackson, M.O. (2008) *Social and Economic Networks*. New Jersey: Princeton University Press.

Jackson, M. and Rogers, B. (2005) 'The economics of small worlds', *Journal of European Economic Association* 32(2): 617-27.

Jackson, M. and Watts, A. (2002) 'On the formation of interaction networks in social coordination games', *Games and Economic Behaviour* 41(2): 265-91.

Jackson, M. and Wolinsky, A. (1996) 'A strategic model of economic and social networks', *Journal of Economic Theory* 71(1): 44-74.

Johnson, C. and Gilles, R. (2000) 'Spatial social networks', *Review of Economic Design* 5: 273-300.

Kali, R. (1999) 'Endogenous business networks', *Journal of Law, Economics and Organization* 15:3.

Kirman, A. (1997) 'The economy as an evolving network', *Journal of Evolutionary Economics* 7: 339-53.

Kosfeld, M. (2004) 'Economic networks in the laboratory: A survey', *Review of Network Economics* 3: 20-42.

Kranton, R. and Minehart, D. (2001) 'A theory of buyerseller networks', *American Economic Review* 91(3): 485-508.

Krishnan, P. and Sciubba, E. (2000) 'Links and architecture in village economies', *Economic Journal* 119(4): 917-949.

Manea, M. (2008) 'Bargaining in stationary environments', mimeo', Harvard University.

Manski, C. (2000) 'Economic analysis of social interactions', *Journal of Economic Perspectives* 14(3): 115-36.

Marsden, P.V. (1988) 'Homogeneity in confiding relations', *Social Networks* 10: 57-76.

Marsden, P.V. and Campbell, K. (1990) 'Recruitment and selection processes: The organizational side of the job searches', in R. Breiger (ed.) *Social Mobility and Social Structure*. Cambridge University Press, pp. 50-79.

Mayer, A. and Puller, S.L. (2008) 'The old boy (and girl) network: Social network formation on university campuses', *Journal of Public Economics* 92: 329-47.

Mengel, F. and Fosco, C. (2008) 'Cooperation throughimitation and exclusion in networks', mimeo, University of Alicante.

Montgomery, J. (1991) 'Social networks and labour-market outcomes: Toward an economic analysis', *American Economic Review* 81(5): 1408-18.

Munshi, K. (2003) 'Networks in the modern economy: Mexican migrants in the U.S. labour market', *Quarterly Journal of Economics* 118(2): 549-97.

Myers, C. and Schultz, G. (1951) *The Dynamics of a Labor Market*. Englewood Cliffs. NJ.

Myerson, R. (1991) *Game Theory: Analysis of Conflict*. Harvard University Press.

Pellizzari, M. (2004) 'Do friends and relatives really help in getting a good job?' *CEP Discussion Paper*, no. 623.

Raub, W. and Weesie, J. (1990) 'Reputation and efficiency in social interactions: An example of network effects', *American Journal of Sociology* 96: 626-54.

Rauch, J. and Casella, A. (2001) *Networks and Markets*. New York: Russell Sage Foundation.

Rees, A. (1966) 'Information networks in labour markets', *American Economic Review* 56: 559-66.

Rees, A. and Schultz, G.P. (1970) *Workers in an Urban Labour Market*. University of Chicago Press.

Ryan, B. and Gross, N. (1943) 'The diffusion of hybrid seed corn in two Iowa communities', *Rural Sociology* 8: 15-24.

Schelling, T. (1975) *Micromotives and Macrobehavior*. New York: Norton.

Scott, J. (2000) *Social Network Analysis*. London: Sage.

Skyrms, B. and Pemantle, R. (2000) 'A dynamic model of social network formation', *Proceedings of the National Academy of Sciences* 97(16): 9340-46.

Taylor, C.R. (2000) 'The old-boy network and the young-gun effect international', *Economic Review* 41(4): 871-91.

Topa, G. (2001) 'Social interactions, local spillovers and unemployment', *Review of Economic Studies* 68(2): 261-95.

Ule, E. (2008) *Partner Choice and Cooperation in Networks: Theory and Experimental Evidence*. Springer.

Ullman, J.C. (1966) 'Employee referrals: Prime tool for recruiting workers', *Personnel* 43: 30-35.

Uzzi, B. (1996) 'The sources and consequences of embeddedness: The network effect', *American Sociological Review* 61(4): 674-98.

Veblen, T. (1899) *The Theory of the Leisure Class*. New York: Macmillan.

Vega-Redondo, F. (2006) 'Building social capital in a changing world', *Journal of Economic Dynamics and Control* 30: 2305-38.

Vega-Redondo, F. (2007) *Complex Social Networks*. Cambridge: Cambridge University Press.

Wasserman, S. and Faust, K. (1994) *Social Network Analysis: Methods and Applications*. Cambridge, NY: Cambridge University Press.

Watts, D. (1999) *Small Worlds: The Dynamics of Networks Between Order and Randomness*. Princeton, NJ: Princeton University Press.

Young, P. (1998) *Individual Strategy and Social Structure*. Princeton, NJ: Princeton University Press.

关系社会学、文化和能动性 **7**

RELATIONAL SOCIOLOGY, CULTURE, AND AGENCY

◉ 安·米舍（Ann Mische）

　　围绕社会网络分析的争论之一是，它构成了一种方法还是一个理论。网络分析仅仅是一组分析社会关系结构的技术？或者它构成了一个广泛的概念框架、理论取向，甚至人生哲学？在二十年前的一篇综合呈现社会网络研究的文章中，Barry Wellman 认为网络分析已经超越了方法论，呈现出一种新的理论范式："结构分析并不是从这个概念或那个测度的局部应用中获得其力量的。它通过直接研究关系模式如何在一个社会系统中分配资源，用一种综合的范式性质的方式严肃地分析社会结构"（1988:20）。他继续论证到，该范式把关系——而不是个体、群体、属性或类别——作为社会分析的基本单位。这个观点在几年后被 Mustafa Emirbayer 和 Jeff Goodwin（1994）所采用，他们描述了网络分析所引入的新"反类属律令"（anti-categorical imperative），并探索了它与有关文化和历史变迁研究的关系。

　　虽然网络分析学者在该议题上仍有分歧，社会学中一个更广泛的"关系视角"（relational perspective）在过去三十年间一直蓄势待发，但所涉及的学者自身却不使用或仅在他们的研究中少量使用正式的网络方法论。受 Harrison White 和 Charles Tilly 等杰出人物的启发，关系视角已经形成了一些广泛的网络分析理论洞见，并将它们扩展到文化、历史、政治、经济和社会心理学等领域。该理论方向（如果可以这么称呼的话）的基础不仅仅是社会学家坚持认为所谓的"结构"在本质上是关系性的，而且——也许更为深刻——关系性思维通过关注不同类型社会情境中的社会互动的动力学，成为一种超越结构与能动（structure and agency）之间陈旧对立（stale antinomies）的方式。

　　在本章中，我将探究这一视角的历史渊源及其在更广的智识网络（intelectual network）中的定位。尽管关系取向在许多不同的智识领域重镇都已萌芽（当然不限于社会学）[1]，但我特别关注 1990 年代涌现出来的，或可称之为"纽约学派"的关系社会学，组成它的一群学者耕耘在不同的子领域，以部分交叉的方式阐发着关系视角。我将继续探究这些学者用哪四种方式对网络和文化之间的关系进行概念化及其对不同类型的实质性研究的影响。我认为，这些对话呈现出一种新的理论议程(theoretical agenda),即强调交往式互动和社会关系的性能通过什么方式调节着跨越范围广泛的各类社会现象的结构与能动性。

纽约学派

为了解释我所谓的关系分析"纽约学派"的出现,我们可以利用该学派内部在对话与争论时详细阐述过的概念框架。1990 年代的纽约是各种对话与争论间隙的故乡,其组成者包括在这一视角下所谓的"公众人"(publics),他们使用着下面将详细讨论的一个术语的某种特定的网络意义。这些"公众人"汇聚了一批资深学者——尤其是 White 和 Tilly,他们与提出了新的理论综合和批判的新生代学者和正在提出经验研究的原创性框架的研究生们开展对话(有时是争论),同时也在集中重述(reformulation)自己的理论框架。

这些公众人士从两个强烈注重关系的知识创新理论中得到借鉴(虽然有些不和谐),他们成为智识反驳、能量、兴奋之源(Collins,1998),也是对诸多理论视角——尤其是与实在论和建构论、实证主义和诠释主义有关的视角(Abbott,2001a)——的分形界线(fractal divides)进行实验探索之源。参与讨论者由多重关系相连接,这些关系在一系列局部重叠的话语情景(工作场所、小型会议、学习小组、学术委员会)中被打造和规定着,并由一群尤其适应向民主式的观念转变的杰出学者所促进。参与者之间的交流形成了张力,作为与张力对抗的参与者,他们并没有提出统一的理论(这些学者的观点还有重要差异),而是都关注网络关系的沟通基础,以及这些关系在理解动态社会过程时的含义。

为了追踪该视角的出现,我们需要考察作为桥连接的结构洞,以及赋予它一个独特声音的诸多有交集的智识之流派(intellectual streams)。在 1990 年代中期,社会网络分析领域愈发成熟,出版了几本手册和文集(Wellman and Berkowitz,1988;Scott,1991;Wasserman and Faust,1994),开发了 UCINet 等软件包,建立的专业协会"社会网络分析国际网"(INSNA)(成立于 1978 年,但在 1990 年代已经超越了其最初的紧密基础)也得到了扩展。然而,该领域的大部分工作都是高度形式化和技术性的,因此数学不强的研究者相对难以入门,而这些人可能只是受其核心观点的吸引才参与进来的。在大多数文化理论家看来,网路分析完全定位在实证主义阵营中,将文化的丰富性简化为 1 和 0,缺乏对解释和意义建构过程的关注。

与此同时,美国的文化社会学分支正在快速地扩张和转向,从对艺术生产的研究转向涵盖了一般意义的实践和话语。美国社会学会的文化分会在 1990 年代初是一个相对边缘化的分会,10 多年后发展成为最大的分会之一。此外,文化社会学常常与其他子领域重叠,特别是政治社会学、比较历史社会学以及集体行为和社会运动研究领域,从而不同在子领域中创造出重要的交叉受益(cross-fertilization)。1980 年代末至 1990 年代初,虽然有一些研究者率先利用网络分析技术来研究文化和历史进程(尤其是 Erickson, 1988, 1996; Carley, 1993, 1994; Bearman, 1993; Mohr, 1994; Gould, 1995), 但是在形式的网络分析和诠释性取向较多的文化研究之间还有很大区别。

这些思潮于 1990 年代中期汇集在纽约, 来自该地区一些大学的学者在网络、文化和历史分析方面进行了一系列密集的交流。讨论的一个中心地是哥伦比亚大学, 该校有 Harrison White, 1988 年他从哈佛大学(经由亚利桑那大学)来到哥伦比亚大学后, 成为拉扎斯菲尔德社会科学中心(Paul F. Lazarsfeld Center for the Social Sciences)的主任。[2]在 White 的带领下, 拉扎斯菲尔德中心赞助了一系列长期进行的跨学科工作坊, 主题包括社会网络、社会语言学、复杂系统和政治经济学。这些工作坊资助研究生, 同时鼓励他们在交叉的智识领域进行局部研究和争论, 这带来了一些外部声音。在这一时期, White 开始深刻地思考语言的起源与转换, 许多年轻学者也加入其中。[3]

同样, 社会研究新学院的研究生部(the Graduate Faculty of the New School for Social Research)有时成为跨学科争论的风暴中心。在 1980 年代中期, 院长 Ira Katznelson 聘用了一批顶尖学者——包括 Charles Tilly, Louise Tilly, Janet Abu-Lughod, Ari Zolberg, Talal Asad, Richard Bensel, Elizabeth Sanders, Eric Hobsbawm 等人, 他们为研究生部已然具有很强基础的公民社会规范理论注入了新风。批判理论学者、后结构主义学者和结构主义面向的历史学者之间经常有激烈的争论, 如我下文将论证的那样, 这有助于推动 Tilly 重新审视认同、叙事和话语在诸多抗争政治理论中扮演的角色, 由此综合并提出了他所谓的"关系实在论"(relational realism)。1991 年, Mustafa Emirbayer 以助理教授的身份来到新学院。虽然他出身于很强的诠释学传统, 但在哈佛认识了受 White 激发的同事后, 他开始对网络分析产生兴趣。他和他的哈佛校友 Jeff Goodwin(他当时供职于纽约大学)开始撰写文章探究是什么因素让网络分析领域纷扰不断(Emirbayer and Goodwin, 1994)。这个交流被纽约地区的学者网络(以及与其他地区的更广学术圈对话)所激活, 它为该视角的巩固提供了平台, 该平台跨越了一系列分形界线, 将网络关系与话语、认同和社会互动联系起来。

Harrison White 从 1990 年代早期就开始了他所谓的"语言学转向", 标志是他出版的重要理论著作《认同与控制》(*Identity and Control*, 1992)。自 1970 年代以来, White 就专门探讨他所谓的"关系类型"的理论理解的缺失。关系是对网络分析进行数学研究的基本测量单位, 在 1970 年代, 他和他的学生在哈佛大学开创性地探索了这些单位。在《认同与控制》一书中, 他用社会网络的叙事构成(narrative constitution)来全力应对"关系类型"的理论理解的缺失。他认为, 人们一般说要为了控制而尝试进行争辩性的努力, 社会关系就是在此汇报过程中产生的:"关系变得是由故事构成的, 它通过其关系叙事来界定社会时间"(White, 1992:67)。由于关系是多重的、流动的及叙事性地构造(和重构)的, 涉及演化着的时间框架, 因此, White 认为网络分析面临的新挑战就是理解暂时性、语言和社会关系之间的这种联系。

　　White 深受这些联系的吸引,开始深入地研究语言的用法、功能和演进。他与一群研究生集中阅读了社会语言学、话语分析和一些语言变迁理论。他也据此将研究工作的方向调整到语义学、语法和互动情境之间的联系(Halliday,1976,1978;Goodwin and Duranti,1992;Schriffen,1987),同时也研究时态(Comrie,1985)和语言使用的索引(或指示)性(Hanks,1992;Silverstein,2003)。他从对时间、空间、关系的情境性语法的引用中,看到了语言、网络和他所谓的"社会时间"之间的关联。他关注有关符码转换(code switching)的语言学研究(Gumperz,1982),这启发了他关于网络域(network domains)之间的转换动力学的一些思想(参见下文)。此外,他还认为,为了理解语言在涉及特定关系情境的应用模式时是如何生成、转换的,"语法化"(grammaticalization)研究(Hopper and Traugott,1993)就非常重要了。他还参研巴赫金(Bakhtin)的对话理论,认为"讲话风格"(speech genre)观念的基础是关系符号学(relational semiotics),而关系符号学适用于分析多元的和转换中的关系。

　　在哥伦比亚,White 和他的研究生讨论组继续研读《认同与控制》这本书,上述许多思想就是在这个过程中得到了阐发。同样,在拉扎斯菲尔德中心,由学生组织的以社会语言学和社会网络为主题的工作坊也阐发了上述思想。这些工作坊贡献的一系列文章和工作论文(White,1993,1994,1995)关注语言、时间和社会关系之间的关系,还有一篇与 Ann Mische 合作的文章强调了会话"情境"的破裂潜能(Mische and White,1998)。这些论文提出了"网络域"(network domains)概念,把它作为专门的关系集(sets of ties)以及伴随的故事集(story-sets),这些故事集通过持续的反馈、汇报和更新,使那些关系及时向前推进。White 认为,由于现代生活的复杂性,我们被迫持续地在多元网络域(multiple network domains)——或缩写为网域(netdoms)——之间切换,因此在"公众人士"的过渡地带实现了缓冲的需要。

　　Goffman 早已讨论过公共空间中的互动,White 的"公众"(publics)观念是对 Goffman 的研究的一个创新性磋磨(twist);在公众的沸腾中,参与者由于对周遭的关系有暂时的悬置(suspension),因而会体验到一种短暂的联通感。这样的公众范围很广,从电梯里的沉默偶遇到鸡尾酒会、嘉年华或抗议集会,所有这些都涉及关系的临时性平等并从围绕着他们的故事和关系中解脱出来,不过它们的威胁在于可能冲击和破坏将要面对的情景(White,1995;Mische and White,1998)。"可以将公众社会网络看成是全连通(fully connected)的,因为其他的网络域及其特殊的历史都受到了抑制。它的机制的本质在于脱离时间,而公共的时间总是一种持续的现在时,是一种历史呈现(historic present)"(White,1995:1054)。参与讨论的学者随之开展了基于 Goffman 的公共观念的经验研究,包括 Mische 对巴西激进分子公众中的沟通方式的研究,Gibson 对管理团体中话轮转换(turn-taking)的动力学研究,Ikegami 对日本的美学公众的研究以及 Sheller 对海地和牙买加的黑人反对奴隶制公众的研究(下文将介绍更多细节)。

　　1993—1996 年,White 围绕着时间、语言、认同和网络等主题,在拉扎斯菲尔

德中心组织了一系列小型会议。许多该领域外的学者都参与其中（参见注释
4），从而有助于交叉受益，形成了"关系性"的视角。[4] 在其中的一场小型会议中，
Mustafa Emirbayer 受到启发，他把这个群体中讨论的一些思想进行了系统化总
结，发表了"关系社会学宣言"（Emirbayer,1997）这篇纲领性声明。这篇文章借
鉴了实用主义、语言学、互动论哲学的观点，当然也包括历史分析和网络分析，对
社会分析中的"实体论"研究方式进行了批判。他呼唤"交互式"研究
（transactional approach），关注超越个体行动者的"超个体"关系的动力学。他也
讨论了该交互式研究对历史的、文化的以及社会心理学分析的含义。这篇被广 82
泛引用的文章已经成为社会学中"新关系式"研究的一个战斗口号，以一种超出
数学技术应用的扩展方式，清晰地表达了其基本原则。

　　Emirbayer 在撰写这篇文章的同时，也在新学院组织了一个"理论与文化"研
究小组，其中包括研究生和来自广大的纽约地区（包括社会研究新学院、哥伦比
亚大学、纽约大学、普林斯顿大学、纽约市立大学以及其他一些高校）的学者。这
个研究小组讨论的大多数学者的作品都有很强的关系导向，其中包括 Andrew
Abbott、Pierre Bourdieu、Hans Joas、Alessandro Pizzorno、William Sewell、Margaret
Somers 和 Norbert Wiley。该小组也讨论了 Emirbayer 的"宣言"这篇论文的初稿，
还有一系列探索关系与文化之间交界的文章。Emirbayer 与 Jeff Goodwin 的这篇
文章现在已经成为经典。后来，Emirbayer 与 Ann Mische 合作的一篇文章提出了
人类能动关系理论（relational theory of human agency），该理论关注的是嵌入多重
的社会时间情景的行动者，他们有各种取向指向过去、现在和未来（Emirbayer
and Mische,1998）。Emirbaye 还与 Mimi Sheller 合作发表了一篇论文，该文探究
了作为接缝位置（interstitial locations）的公众在交换思想时的网络构成
（Emirbayer and Sheller,1999）。在海地和牙买加有黑人反对奴隶制的反公众的
研究中（counterpublics），Sheller（2000）在比较其中的语言标示和网络嵌入时拓展
了上述这些观点，并表明这些观点怎样影响了废除奴隶制后诸多公民社会（post-
abolition civil societies）的不同轨迹。

　　研究小组的一些参与者（包括 Mische 和 Sheller）也是 Charles Tilly 在新学
院的学生，他们在那里也参与了另一个重要的公众活动（essential public）来讨
论关系社会学：Tilly 的抗争政治工作坊。这个工作坊由 Chuck 和 Louise Tilly
于 1970 年代在密歇根建立，并在 1980 年代后期转移到新学院，1996 年随着
Tilly 再次转移到哥伦比亚（该工作坊在整个迁移过程中有过几次更名）。这个
著名的民主式工作坊吸引了来自纽约更多地区的师生参与，此外还有许多著
名的国际学者。在资深学者的陪伴下，学生和年轻学者开始展示在研成果，并
被鼓励提出评论和批判。1990 年代，在工作坊讨论的鞭策下，同时接受到来自
新学院的一些采取规范的、后结构主义视角的学者的挑战后，Tilly 的思想经历
了重要的转折。他从坚定的结构主义（它是在反对帕森斯功能主义的规范化
倾向中发展起来的）转向用动力学的、关系的术语重新深入思考认同形成、故
事叙述、边界建构的文化过程。

虽然 Tilly 的思想从一开始就内含对关系和互动的关注(Diani,2007;Tarrow,2008),但是在新学院,他开始进一步关注此类关系是在哪些方面通过意义建构过程而构建的。Tilly 看到了后结构主义有唯我论的危险,他将自己的回应描述为"在后现代的挑战之下打通任督二脉"(tunneling under the postmodern Challenge)。如 Viviana Zelizer 所言,这意味着不仅认识到"大量的社会建构要深入诸多实体——群体、制度市场、自我——的形成过程",还呼吁社会科学家解释"这种建构是如何作用于并产生了其效果的"(2006a:531)。这就是 Tilly 所谓的"关系实在论"视角,他在最后十年生命期间撰写了一系列的理论著述,将关系实在论与"方法论个体主义""现象学个体主义"和"整体主义"进行了对比。他将关系实在论定义为"这样的学说,即交互(transaction)、互动、社会关系和对话构成了社会生活的核心"(2004:72;也可参见 Tilly,1995,2008a;Somers,1998)。

我们可以在一系列文章、书和工作论文中看到这种转换的演变,这些文献都检视了认同、叙事和边界的关系维度(其中的一些文献收录在 Tilly,2004,2006a 中)。在这些论文中,他继续强调,最好将政治过程理解为一种"对话"(conversation),它是一类修辞,能够把握在话语、关系和互动之间的动态关联(Tilly,1998a)。在《持久的不平等》(*Durable Inequality*)(1998b)一书中,Tilly 的关注点从抗争政治转移到不平等的关系性起源上,关注持久的、排斥性的类别是如何作为关系性和制度性问题的答案而涌现出来的。这本书最初几章的草稿被哥伦比亚大学拉扎斯菲尔德中心的 White 和其他人讨论过,这再一次表明了纽约学术圈的多重互动。对关系的动态维度——包括归因、认同激活和边界转换等的话语机制——的强调在 Tilly 和 Doug McAdam,Sidney Tarrow 合著的《抗争的动力》(*Dynamics of Contention*,McAdam et al,2001)一书中得到了充分的表达,在其他一系列文章中也有表述,这些文章在解释政治过程时都将"关系性机制"描述为其中的核心要素。Tilly 对故事的社会动力学的关注同样可见于他近期的通俗读物《为什么?》(*Why?*)(Tilly,2006b),该书描述了不同类的说理(reason giving)有哪些关系基础。

纽约地区的其他一些著名学者也参与到这场关于文化、关系、抗争政治的局部对话中,他们经常参与上述一些工作坊。Karen Barkey(哥伦比亚大学)和 Eiko Ikegami(耶鲁大学)对分别完成了对奥斯曼帝国和日本的重要历史研究,探讨了国家官僚控制的转换的关系维度(Barkey,1994;Barkey and van Rossem,1997;Ikegami,1995,2000)。Ikegami 的第二本书(2005)直接以 White 的语言研究为基础,考察了跨越日本德川时期诸多审美网络的新礼仪模式的涌现。Francesca Polletta 完成了许多重要的著作和文章,她在哥伦比亚大学时期则关注政治抗争中的审议和讲故事的交流过程;尽管她的研究比 White 或 Tilly 都有更多的诠释性基础,但仍然有强烈的关系性聚焦点(Polletta,2002,2006)。Polletta,Jeff Goodwin 和 James Jasper(纽约大学)合编了一本文集,探讨情感在社会运动中的角色(Goodwin et al.,2001);该主题被 Goodwin 和 Jasper 在一系列批判性的文章中进一步推进,这些文章对社会运动理论的结构性偏见提出了挑战,并赞成重新关注文化、创造力、策略和情感

（Goodwin and Jasper，1999，2004；也可参见 Jasper，1997，2006）。

此外，在那段时期，Tilly 在新学院和哥伦比亚大学的其他学生们同时关注了关系、文化和互动，他们都没有使用数学化的网络分析技术。Javier Auyero（2001，2003）在研究拉丁美洲的穷人抗议和政治中考察了解释、执行和网络，充分利用了 Tilly 的"关系性机制"观念。John Krinsky（2007）研究了在围绕纽约市的福利到工作项目（welfare-to-work programs）的斗争中，话语、关系、抗争事件是如何共同建构（co-constitution）的。Chad Goldberg（2007）考察了公民话语是如何通过阶级、种族和福利权利的斗争而重构的。Victoria Johnson（2008）在研究巴黎歌剧院的历史转型中，探索了组织、文化和社会关系之间的关系。另外，这些学者除了与 Tilly 合作以外，还深受布迪厄（Bourdieu）对文化区隔（cultural distinction）的关系性源泉之研究的影响；Goldberg，Johnson 在与 Emirbayer 合作的文章中研究了布迪厄和其他研究脉络之间的联系（Emirbayer and Goldberg，2005；Emirbayer and Johnson，2008）。Goldberg，Johnson 和 Krinsky 等学者与 Mische，Gibson 和 Sheller 一样，都加入了新学院的理论和文化小组。

在 1990 年代末，还有一些学者加入哥伦比亚大学，进一步巩固了其关系社会学的核心地位。David Stark 于 1997 年从康奈尔大学来到哥伦比亚大学，对政治和经济转型进行复杂网络组合学（the complex network combinatorics）分析便是他引进的关注点。Duncan Watts 于 1997—1998 年在此做博士后，并于 2000 年加入学院，他在研究小世界网络时进一步贡献了数学专业知识（Watts，1999）。Peter Bearman 于 1999 年从北卡大学教堂山分校（Chapel Hill）来到哥伦比亚，他也为研究网络和文化之边界的这个当地小分队增添了重要声音（见下文）。自 2000 年以来，哥伦比亚大学的其他许多博士生都与 White，Tilly 以及这些关系导向的学者合作开展研究。[5]在上述前十年的研究基础上，其中的大多数学生都以某种方式组合式地关注了网络和话语。

简而言之，1990 年代和 2000 年代的纽约地区是一个丰富的对话中心，对网络、文化和社会互动之间联系的再表述作出了贡献。在这些讨论中提出了一些核心概念。我认为，我们可以利用这些核心概念来解释概念上的创新，下文将详细描述。从纽约诸所大学召集来的"公众人士"有如下特征：它是由重叠的关系（同事关系、合作者关系、论文指导、参与工作坊、研究组的成员）构成的复杂网，来自相关视角的访问学者经常带来交叉受益。White 和 Tilly 最著名的特点在于强调均衡的动态（equalizing dynamic），它类似于"开放的政权"（open regimes）——与地理接近度结合——被制度学者视为创新的关键（例如，Owen-Smith and Powell，2004）。既然哥伦比亚大学和新学院提供了核心的孵化器，来自该区域的诸多大学（纽约大学、普林斯顿大学、耶鲁大学、纽约州立大学、纽约市立大学、罗格斯大学、宾夕法尼亚大学以及其他高校）的研究者随即加入到这些部分重叠的交流中来。呈现出来的一种视角跨越了实证主义和诠释主义立场，强调网络和叙事的相互构成、社会关系的沟通本质，以及社会行动中多重关系之间的相互影响。下文我将论证，这些研究者也展示了对互动、执行和社会动力学的关注如何有助于调节(如果不是解决)结构与能动性之间的张力。

针对网络与文化之间联系的四种研究

84　　　到目前为止,我都关注 1990 年代纽约地区出现的一批学者,虽然如此,他们却嵌入更广泛的研究者智识网络之中,该网络在过去 30 年间一直在讨论网络、文化和能动性。虽然这是一项跨国范围的研究,并且在与欧洲一些学者——如布迪厄(Bourdieu)、卢曼(Luhmann)、埃利亚斯(Elias)——的高度关系式研究的对话中得到了发展(参见 Fuchs,2001;Fuhse,2009;Fuhse and Mützel,2010),但对网络和文化之间连接的清晰表述却是在美国的一些联系密切的大学里完成的。自 1970 年代以来,哈佛大学长期成为网络分析发展的中心;早期的许多学者将网络和文化关联起来(例如 Bearman、Carley、Emirbayer、Goodwin、Gould、Ikegami、Morrill 和 Somers),他们的观点都来自 1980 年代受 White 激发的对话的第二波浪潮。芝加哥成为第二个中心,承担了许多关于偶发性、创造性和多重网络的重要讨论,而在将社会关系与文化、制度、不平等和经济关系相关联方面,普林斯顿大学则是中心。多伦多大学、斯托尼布鲁克分校(Stony Brook)、亚利桑那大学、加州大学欧文分校(UC Irvine)、密歇根大学、伯克利大学、北卡大学教堂山分校、斯坦福大学和罗格斯大学(Rutgers)都在这一时期的不同阶段成为关系社会学的重要中心。

　　在这段时期里,人们用四种不同的方式对网络和文化之间的联系进行了概念化,在讨论这些方式时,我会合并这个扩展了的群体。由于在本书的其他章节中(尤其是 Valente 和 DiMaggio 撰写的章节)(原文如此。不过本书中没有一章是 Valente 撰写的,DiMaggio 撰写了第 20 章——译者注),该领域中的许多研究都已经被详细地阐明过,所以我的分析将是概要式的而不会详述,我会简述一些将文化、网络和能动性联系在一起的重要分析走向。我的许多例证都来自社会运动和抗争政治领域,因为这是我最熟悉的;不过,该领域的研究也扩展到了其他重要的子领域。我将构建一个关于文化—网络之联系的更为动态、更为过程性的解释,在此解释中论证每一种视角都是如何在其他视角不足的基础上建立起来的。

作为文化渠道的网络

　　在那些最早、最直接地将网络和文化联系在一起的方式中,有一种方式认为,网络是社会影响得以发生的载体(carrier)或"管道"(pipelines),采取的形式有态度、思想和创新。正如其他章节(例如本书中 Valente 所撰的一章)(原文如此。本书各章的作者没有 Valente,DiMaggio 撰写了第 20 章,即文化网络——译者注)所深入讨论的那样,自 1950 年代起,网络研究者就已经提出了各种文化思想的传播和扩散机制。其所涉及的范围从简单的接触、信息流和意见领袖(Katz and Lazarsfeld,1955)到关系中的规范性压力(normative pressure)(Coleman et al.,1966),再到建立在结构对等性基础之上的竞争性模仿(Burt,1987)。网络是文化传播的管道,这个思想经常利用关于关键多数(critical mass)的理性选择理论(Granovetter,1978;Marwell et al.,1988;Oliver and Myers,2003;Kim and Bearman,1997)而被拓展到社会运动参与和抗争剧目(repertoires of contention)的扩散上。"引爆点"(tipping points)概念出自关键多数理论(critical mass theory),Malcolm Gladwell(2000)使之尽人皆知,尽管最近 Duncan Watts 及其同事利用小世界网络中的影响模型挑战了该理论中的一些基本原则,但是在营销与消费研究中,这一观点已经很有影响力(Watts and Dodds,2007;Watts,1999;同样参见 Gibson,2005b)。

这些进路的特征在于它们假设了文化元素(信息、思想、态度、实践)是外在于网络的东西。网络关系充当了从一个点到另一个点的影响或传播的管道,但是点和关系的存在却独立于沿渠道传播的文化客体、态度或实践。社会关系有助于文化元素的采纳和扩散,但它们自身并不是由文化实践构成的。虽然这种进路为文化流的动力学提供了有价值的洞见,但它的基础却是一种关于网络与文化之间关系的有限的和实体论的(substantialist)解释。网络的点和关系被看作是预设的(pre-given)和没有问题的,在点之间移动的文化商品也是如此。结果是,网络和文化过程都呈现出物化性质(reified quality),消减了它们的互构性(mutual constitution)。

作为形塑文化的网络(或反之亦然)

第二个主要的理论视角聚焦于网络和文化之间的因果关系,即网络是如何形塑文化的,或者反之。虽然该视角与"文化管道"进路有某些共同特征,尤其是在社会影响的角色方面,但是它非常强调网络结构的文化生成维度(culturally generative dimension)。这一进路有如下三个主要变体,它们关注的分别是:作为**文化孵化器**的网络聚类;作为生成类属身份(generating categorical identities)的网络位置,或**类属网**(catnets);充当文化资源和创造力之源的网络之桥(bridges)。最后,最近出现了另一种动向,它要说明文化因素(如品位或道德架构)创造的关系亲和性(relational affinities)是如何形塑网络结构的。

我将第一种变体称为**孵化器**进路(incubator approach),该进路关注的是由特定的网络聚类或独立小团体(enclaves)内部的位置所引起的强烈承诺和团结性。例如,Alberto Melucci(1989)描述了社会运动认同是怎样在隐蔽的反文化网络中发展起来的(也可参见 Taylor and Whittier,1992)。Donatella della Porta(1988)指出,紧密联结的强关系网可能在支持高风险激进活动的参与方面尤为重要。由于密集重叠的关系会使一个网络域(家庭、邻里、宗教、学校)中产生的认同、忠诚和团结对另一个网络域(如社会运动动员)产生影响,因此,重叠参与(overlapping involvement)能够强化孵化器效应(Fernandez and McAdam,1988;Gould,1991,1995;Meyer and Whittier,1994;Diani,1995,2003;Osa,2001,2003;Mische,2003,2007;Baldassari and Diani,2007)。Friedman 和 McAdam(1992)认为,社会运动网络中那些先前存在的强关系为参与社会运动提供了"认同动机";McAdam 和

85

Paulsen(1993)则看到了这一问题的另一面,他们探索了在竞争性强关系网中发展出来的显著的对抗性认同是如何阻止动员的。[6]

然而,关系强或重叠的独立小团体不是认同和话语(discourse)的唯一根源;其他研究者采用了我所谓的**类属网**(catnet)进路,这一进路建立在 Harrison White(2008 [1965])早期提出的,后来被 Tilly(1978)发展了的思想的基础之上。这种思想认为,认同产生于对网络位置中结构对等性的认识。例如,Roger Gould(1995)展现了 19 世纪巴黎暴乱中的"参与者身份"是如何从阶级转换为城市共同体(community)的,他认为这一转换的基础是参与者在涉及工作、邻里和国家(state)时的网络位置的改变。同样,Peter Bearman(1993)利用块建模技术(blockmodeling techniques)说明了内战前英国名流的变动的修辞取向是如何根植于其变动的网络位置的。在这两种情况中,相对于其他行动者块(blocks of actors)的位置就是一个能够生成共享身份和话语的发生器(generator),而不简单只是一个独立小团体内部的团结和压力的发生器。

第三种进路强调的是作为文化资源生成器(creators)的网络交集或桥,它有助于地位、流动、建立联盟以及文化创新。我们可以将这个进路看作是独立小团体进路的对立面,因为它关注的是弱关系、网络差异和结构洞,而不是密集的网络聚类(Granovetter,1973;Burt,1992)。例如,Paul DiMaggio(1987)认为,宽域网络(wide-ranging networks)对品位和风格(genre)的分化都有贡献。Bonnie Erickson(1996)在这个洞见的基础上证明,地位较高的行动者的文化类目(cultural repertoires)往往趋于更加多元化,因为他们的网络关系更有多样性。有关社会运动的近期研究表明,组织之间的搭桥和网络的去区隔(desegmentation)会促进多义的符号使用和经纪活动,这些都有助于结盟(Ansell,1997;Mische,1996;Mische and Pattison,2000;Diani,2003;Hillmann,2008)。我们所认为的"好点子"经常是从其他网络中借鉴来的,这就使得网络之间的搭桥(或制度领域中的关节位置)成为创新的关键(Burt,2004,2005;Clemens and Cook,1999;Uzzi and Spiro,2005;Mische,2007;Morrill,即将出版)。互联网沟通也使网络多样性和弱关系成为新的"联网的个体主义"(networked individualism)得以产生的关键(Wellman et al.,2003;Boase and Wellman,2006)。在这些情况下,理论家关注文化是如何通过关系的交集——而不是聚类内(intra-cluster)团结或类属定位(categorical positioning)——而生成的。

最后,最近的研究将因果之箭转到了另一方向,这一研究认为,文化品位、价值及道德框架可以形塑网络结构。Omar Lizardo(2006)基于 Bourdieu(1984)和 DiMaggio(1987)对关系的深入研究,用"建构主义"进路来研究文化和网络之间的关系。他认为,与流行文化的品位相比,"高雅的"(highbrow)文化品位更容易将网络"转变"为排他的和团结的(solidaristic)强关系网,流行文化的品位则会助长那些在社会空间的位置之间搭桥的弱关系。Vaisey 和 Lizardo(2009)将这些洞见拓展到了道德价值领域,认为根深蒂固的(以及很大程度上是无意识的)道德世界观会为感情上的"情投意合"(click)提供基础,情投意合则会影响对友谊关系的选择,以及针对这些关系历时态的培养(或衰退)所作出的努力(或不努力)。在两种情况下,文化品位或价值都形塑了网络结构,而不是相反作用。

　　这些进路都细致入微地审查了网络结构(独立小团体、位置和桥)和文化元素(认同、品位和道德价值)之间的相互影响,这是这些进路之间的关联之处。网络和文化被视为是自主的变量,它们彼此影响,但在本体论上都是社会生活中的可辨识的成分。这个因果自主性假定简化了分析,它允许我们在包含文化指标的模型中利用网络测度。然而,正如接下来要讨论的那样,在如何看待"网络本身是由文化过程构成的"这一点上,它并没有比近期的其他研究走得更远。

文化形式的网络

　　第三种主要的分析视角认为,文化本身组成了诸种文化形式——包括概念、类属、实践和叙述性事件——网络。例如,Margaret Somers 将"概念网"描述为"由理论原则与概念假定构成的一个结构化关系矩阵"。她认为,这些网络极大地约束了关于解释和概念形成的历史进程:"概念本身不能作为单一的本体论实体来定义;相反,一个概念的含义只能根据它与其网络中其他概念的相对'位置'来解读"(1995:135-36)。从这一前提出发,一大批学者将形式的关系技术用于研究文化网络。一些学者考察了诸多文化元素之间的直接关联结构,另一些则分析了文化形式与其他类型的元素(如个人、群体和事件)的"双重"或相互渗透关系。在这种分析的各种研究中,我这里聚焦于两种:针对认知和话语映射(discursive mapping)的诸多技术以及对叙述或时序(sequential)关系的分析。

　　Kathleen Carley 是认知映射领域的先驱,她的早期研究始于从文化文本中提取心智模式(mental models)(Carley and Palmquist,1992;Carley,1993,1994;Carley and Kaufer,1993)。Carley 通过审视概念之间的关系而超越了传统的内容分析,她写道:"对于个体来说,一个概念的含义嵌入在此概念与该个体的心智模式其他概念的关系之中"(Carley and Palmquist,1992:602)。她认为,这些心智模式充当了个体认知结构表征(representation)的样本,可以利用诸如密度、共识度(consensus)、传导性这样的网络分析测度来分析(Carley,1993;Hill and Carley,1999)。最近,Carley 关注"网络生态学"中的沟通与学习,考察了各种类别与各种水平的关系之间的复杂交集(如 Carley,1999)。

　　John Mohr 是文化形式建模方面的另一先驱,他使用块建模和伽罗华格(Galois lattices)来考察变动的制度领域中的话语和实践之间的关系。Breiger(1974,2000)阐发了"二元性"(duality)这个齐美尔式概念的文化改写版,Mohr 利用它研究了身份类属的历史表征与扶贫服务之间的对偶关联(dual associations)(Mohr,1994;Mohr and Duquenne,1997),还研究了积极行动类别(affirmative action categories)与实践之间的变动关系逻辑(Mohr and Lee,2000;Breiger and Mohr,2004;Mohr et al.,2004)。最近,Mohr 将块建模技术运用到福柯的制度性权力概念上,并与 Harrison White 合作建立了制度变迁模型(Mohr and White,2008),通过这些研究,Mohr 将分析深入到文化与制度理论之中(Mohr and

Neely,2009)。

其他很多研究者也运用二元性概念来映射文化元素。Breiger(2000)用对应分析和伽罗华格表明,Bourdieu 和 Coleman 的理论之间存在着深度的数学相似性。Martin(2000)用一个基于熵的离散测度去重建"整个职业地图上的物种离散逻辑",以此考察了 Richard Scarry 的儿童读物中的动物符号表征与工作职业之间的对偶关联(Martin,2000:206;也可参见 Martin,2002)。Ann Mische 和 Philippa Pattison(2000)提出了格分析(lattice analysis)的一种三分版本(tripartite version),用它来检核巴西弹劾运动中的政治组织、他们的计划和联盟建立事件之间的交集。King-to Yeung(2005)用伽罗华格映射了归因于人的意义和归因于关系的意义之间的关系,展现了一个群体的"意义结构"是如何与领导结构和群体稳定性的变异产生关系的。John Sonnett(2004)用对应分析法,说明了音乐品位上的流派构型(genre configuration)和边界划分之间的联系。Craig Rawlings 和 Michael Bourgeois(2004)证明,组织与认证类别之间的对偶关联是如何将一个制度领域分化为不同的立基位置(niche positions)的。

在研究文化映射时,一种更具有时间性的进路是利用形式的关系方法来分析话语和互动的叙事或时序结构。例如,Roberto Franzosi(1997,2004)提出了一种用于分析"语义语法"(semantic grammars)的形式方法论,这种方法论聚焦于主体、行动和客体之间的关系。如他所论,这样的一种方法本质上是关系性的,首先是由于它"数学地表达了词与词之间的复杂关系"(1997:293),而且更为本质的是,它映射了行动者集合中的关系,这些关系是由各类历史性行动连接在一起的。Charles Tilly(1997,2008b)将语义语法与网络分析工具结合在一起,用块建模技术来构造由各类行动(如声明、攻击、控制与欢呼)联系起来的行动者集合中的分区,由此映射了卷入了英国议会过程中的那些不断变化的关系中(也可参见 Tilly and Wood,2003;Wada,2004)。

其他映射策略则关注叙事和互动的时序特征。例如,Peter Bearman 和 Kate Stovel(2000)将自传性的故事看作是由关联性的叙事弧(narrative arcs)连接起来的要素之网,并用网络分析技术(如路径距离、到达和中心度)去比较它们的叙事结构。Bearman 等(1999)将这一技术扩展到了历史"外框"(casing)中,说明了(由多个重叠的自传性故事组成的)密集的叙述元素聚类是如何创造出稳健的、经得起未来再度解释的历史案例的。Andrew Abbott 提出了用来比较事件时序的"最优匹配"(optimal matching)技术,该技术对潜在于制度轨迹之下的"文化模型"的叙事结构提供了洞见(Abbott and Hrycak,1990;Abbott,1995;也可参见 Stovel et al.,1996;Blair-Loy,1999)。还有几位学者将时序方法和网络分析相结合,说明了网络和职业生涯都是如何历时态共变的(Giuffre,1999;Stark and Vedres,2006)。

这些技术表达了一种更为广阔的理论视角,这个理论视角将时间的与关系的结构同历史的偶然性以及社会变迁理论关联在了一起。这种技术使我们将历史进程构想为(如 Abbott 所描述的)是在"一个由社会结构化的和生成的轨迹构成的世界,这些轨迹是通过偶然的转折点连接在一起的:一个时间之网"

(Abbott,2001b:253)中发生的。这个视角关注社会结构和文化结构的多样性和交集,也关注个人与集体在保持和转换它们时有怎样丰富多样的能动性(Sewell,1992;Emirbayer and Mische,1998)。网络技术有助于展现文化结构的稳健与连锁性质,以及分析这些性质在哪些社会位置与历史阶段可能遇到挑战与重述。

经由互动的文化之网

最后一种研究网络—文化连接的主要进路超越了"来自网络的文化形式有自主性"(因此能够通过网络关系"传送""孵化"或"转化")这样的观念,将注意力放在了由沟通性互动的文化进程所构成的网络本身。虽然符号互动论传统中的早期研究(Fine and Kleinman,1983)考察了网络、意义和群体互动之间的联系,但是最近,更年轻一些的学者使得这一关联获得了新生,他们时常对上述方法论的局限性作出反应。例如,行动者是如何通过网络关系的沟通激活(或钝化)来积极地建构团结或联盟关系,关于网络对认同和联盟的效应的研究是回避这个问题的。

下面考察一下四位青年学者在最近的研究中怎样发展了这个视角。这项工作中的共性并非偶然,其中的两位学者出身于上述的纽约学派,另外两位出身于与之紧密结盟的芝加哥阵营,他们都与1970年代与1980年代关系社会学的哈佛大学中心有渊源关系。近年来出现了如下这种创新的视角,即通过在时间上展开的谈话和互动过程,来动态地建构或解构网络关系,(由McLean和Mische在罗格斯大学以及由Gibson在宾夕法尼亚大学组织的)新一代孵化工作坊有助于滋养这种视角。这一工作受Erving Goffman研究的强烈影响,深度关注沟通、背景、表演和互动,展现了它们是如何由网络关系同步构成并渗透的。

Paul McLean(1998,2007)研究了文艺复兴时期佛罗伦萨的庇护关系和自我呈现的修辞建构,这里可以看到对Goffman的最细致的一种网络挪用。McLean认为,当寻求庇护者诉诸诸如"友谊""荣誉""尊重"和"顺从"这样的概念时,自我和关系就都被他们在话语上建构起来了。通过对关系的某些特殊维度进行"调音"(keying)(用Goffman的术语),它们就会发出"关系类型"信号,当人们建立能够为自己提供各种物质和社会酬赏的网络时,会希望策略性地激活这类关系。这里要注意的是,从这个视角出发,网络本身就是话语"框定过程"(framing processes)的动态与变动的结果。虽然与此同时,这些网络中的位置也形塑了一个人能够以及有可能做出的话语动作(move)的类型。

同样,Mische(2003,2007)研究了一个多组织领域本身在经历变动中的网络建构的话语和表演动力学。她对巴西的青年激进分子网络作了一项民族志和历史学研究,在这项研究中,她映射了民主重建时期的青年积极分子在学生、宗教、党派、职业、非政府组织和商业团体中的重叠的机构隶属关系(institutional affiliations)轨迹。她在Goffman"公众"(publics)概念的基础之上,展现了当激进分子创造出公民与政治干预的新背景时,他们是如何强调、压制、分隔和组合自己的多种身份维度。通过拓展Eliasoph和Lichterman(2003)提出的"群体风格"

（group style）概念，她分析了当行动者把握到了由个别机构交集所引起的关系张
88　力时，他们是如何在不同的政治沟通模式之间进行转换的。

David Gibson 研究了对话的时序动力学（sequential dynamics）以及它们是通
过哪些方式被各类关系渗透的。在这项研究中，我们可以看到对 Goffman 的一个
略有不同的挪用。Gibson（2003，2005a）对 Goffman 的"参与框架"进行了形式化，
他关注的是在小群体的互动背景中，在发言者、目标者（target）和非指定
（unaddressed）的接收者之间变换的关系的移动视窗（moving windows）。他说明
了，对话的动力学（即谁发言、什么时候、在谁之后）是如何既受正式的制度层级
影响，也受诸如友谊与合作这样的网络关系影响的。他通过这种方式，说明了经
由共同卷入互动时序中而即时建立的稍纵即逝的关系，是如何展现了一个先前
存在的、更为持久的关系的。像 McLean 和 Mische 一样，他关注谈话的战略的和
机会的维度，因为发言者通过特殊的话语动作（move）来追求目标和建立关系
（Gibson，2000，2005c）。

最后，McFarland（2001，2004）研究了高中情境下的教室抵抗（classroom
resistance），他分析了网络、话语和表演互动之间的关系。借由 Goffman 和
Victor Turner 的研究，他描述了在挑战教室中的制度关系的破坏性戏剧中，学
生是如何在"社会框架"与"个人框架"之间进行转换的（McFarland，2004）。在
最近的一系列论文中，他运用网络可视化技术（Moody et al.，2005）展现了不同
的"话语动作"（discursive moves）如何促成了教室关系的稳定和失稳。他认
为，"互动网络就是通过交谈才得以转换、稳定和可能被破坏的"（McFarland
and Diehl，2009:4）。

这四位学者的工作都通过对话来探讨关系的动态建构，他们提供了极其生
动的例子，与此同时，其他研究者也探究了相似的模式。例如，Bearman 和 Paolo
（2004）发现，人们会根据不同的谈话伙伴来划分话题的范围。Smilde（2005，
2007）描述了基于网络的对话如何影响了转换性叙述的建构。Wagner-Pacifici
（2000，2005）考察了关系在中断或转换（如僵局和屈服）时的行动与话语构成。
最近，他与 Harrison White 一道，通过跨"网域"（netdoms）的转换，论述了意义、策
略和权力的生成（White et al.，2007；Fontevila and White，2010），扩展了纽约学派
在 1990 年代提出的理论议程。[6]

在这类关于关系的对话性及表述性的表演（enactment）研究中有着共同的
关注点，该共同点可使这些学者忽略传统的结构—能动性二分法。可以将对
关系背景、模式与约束的研究与对策略性（有时是转换性的）操纵的关注联系
起来，这些操纵是由有动机的和文化嵌入的行动者作出的。这种观念中的关
系具有持久性，因为它具有历史、意义、责任和可预期的未来；然而这种持续性
要求有沟通上的运作，并且受到协商、争论和机会主义挑战的影响。机遇和约
束都源于多重关系有可能进场这个事实，这会使关系背景充满了张力、戏剧和
变迁的可能性。

未来的关联与方向

关于关系社会学中的最近发展,本章给出的概述当然是不完备的或有限的;毋宁说它反映的是我个人在跨越社会学诸多分支的重叠对话的一个蔓延式网络中所处位置的立场。在我描述过的大多数研究中,虽然网络意象(imagery)——如果不是网络分析技术的话——都居于中心,但是这个意象与其他类的关系隐喻也有很深的渊源,后者在同一战线(包括在场域、社会生态学和循环研究领域)的学者中已经广为流行了。在行文结束之际,我想提出几个独特却有交集的研究趋势,它们也有很深的关系倾向,并在近些年来出现了一些令人感兴趣的转向。

例如,John Levi Martin(2003,2009)追溯了社会分析中的"场域"比喻从Lewin 和 Bourdieu 经由新制度主义(Powell and DiMaggio, 1991;也可参见Fligstein,2001;Owen-Smith and Powell,2008;Mohr,2010)的发展谱系。Martin 认为,场域视角关注的是在社会定位中的主观结盟与推动力量,提出了传统社会科学因果模型的一种备择模型。利用场域意象的研究包括演艺名流(DiMaggio,1991,1992)、社会运动组织与剧目(repertoires)(Ennis, 1987;Klandermans, 1992;Clemens, 1997;Evans, 1997;Armstrong, 2002;Davis et al., 2005;Schneiberg and Lounsbury,2008)、组织冲突(Morrill, 1995;Morrill et al.,2003)以及烹饪专业人士(Leschziner,2009)。此外,社会场域概念也居于关系导向的历史研究的中心,这些历史研究关注的是作为话语与定位的文化(如 Spillman,1995;Steinberg,1999;Gorski,2003;Steinmetz,2008)。

还有一些学者研究的关系跨越了多个场域、网络或制度"社会生态学"(ecologies),常常关注一些交叉的关系逻辑是如何相互强化、约束或转变的。在John Padgett 与其合作者对文艺复兴时期佛罗伦萨的关系逻辑分分合合的开创性研究中,这种思想居于核心(Padgett and Ansell, 1993;Padgett, 2001;Padgett and McLean,2006)。与之相似,许多历史社会学家通过分析"关系背景"的内部互动(Somers,1993)或多重社会秩序之间的互动(其范围广泛的文献综述,参见Clemens,2007;Adams et al.,2005),也试图将对关系偶然性的关注与对社会结构的关注结合起来。在 Abbott(2005)的"关联的社会生态学"(linked ecologies)——即不同的制度领域是通过在两种社会生态系统中同时起作用的"铰链"(hinge)策略联系起来的——这个概念中,也探讨了多重性问题。生态比喻本身在本质上就是关系性的,它的历史漫长可以追溯到芝加哥学派(Abbott,1999),最近在组织的利基(niche)形成与人口动力学研究中再度兴起(Hannon and Freeman,1989;McPherson et al.,1991)。

此外,经济社会学的近期研究在关注意义与过程的同时,也强调经济交换的关系维度。Viviana Zelizer(2004,2005a,2005b)描述了分化了的关系是如何交错成"商业循环"(circuits of commerce)的。这种循环涉及"关于交换的不同理解、实践、信息、义务、权利、象征及媒介"。她认为,这些都不同于传统意义上理解的网络,因为"它们是由在诸多位置之间那些动态的、有意义的、连续协商的互动构成的"(2005a:293)。其他学者则关心交换关系中的道德权重及其在组织与网络中的嵌入性(Fourcade and Healy,2007;Healy,2006),还关注网络与意义在经济重建中的重要性(Bandelj,2008)。Harrison White 早年关于市场的研究(在其 2004年的著作中有改进)关注市场分化与利基市场(niche)产生的局部过程,因此也关注厂商网络中沟通、发信号与意义生成的过程(同样参见 Bothner,2003;Bothner et al.,2004;Hsu and Podolny,2005)。

最后,这类研究中最具前景的未来发展方向之一是近年来实用主义思想的复兴,正如这个正在涌现的关系视角告诉我们的那样(Joas,1997;Whitford,2002;Lichterman,2005;Emirbayer and Goldberg,2005;Gross,2009,2010;Mische,2007,2009;Herrigal,2010)。Emirbayer(1997)与 Somers(1998)的早期论述澄清了网络思想与 Dewey,Mead,James 和 Peirce 等学者的实用主义理论之间的关系。同时,Abbott(1999)也提醒我们,芝加哥学派的美国社会学之根既有实用主义取向,也有关系取向。在这一视角下,本体论与认识论之间的(必要)张力(正如实在论与建构论之间,或结构与能动性之间的张力那样)变得具有建设性,而不是烦扰;某物之所以为"真",是因为它引起了行动,这些行动又必然以对关系的解释为基础。还有一脉有待挖掘的、令人兴奋的思想是实用主义符号学,正如 Peirce 所指出的那样,它关注符号、对象与"解释项"之间的三方关系。在"论述中的"(addressing)关系中涉及某种行动,解释项就是该行动的产物。这种关系会带来新的解释,因此推而广之可以产生行动者之间的新关系,而新关系又受对世界中的对象的解释所调节(Emirbayer,1997)。这一动议帮助我们超越从索绪尔符号学那里继承来的实在论—建构论的分界,这暗含在 Tilly 的"关系实在论"术语中(但未被充分阐明)。[7]

由于大多数社会科学研究(包括关于文化与网络的大多数研究)仍然植根在索绪尔(与康德)的二律背反之中,这会对未来提出许多挑战。我认为,我们需要精心制订一条理论和研究进路,它将关系、解释与行动看作是相互生成的,同时也受 Peirce 所说的对象在世界中"阻抗"(resistance)的约束。正如我在拙作中已论证的,我们从网络分析技术中获得的形式表征提供了对复杂关系模式的有益洞察,也是对行动者所面临的结构性机会、约束与困境的有益洞见。但是,这些表征需要由历史学、民族志和访谈研究来补充。这些研究可以考察行动者在回应这些关系性的张力与困境的过程中,有怎样的沟通性交互影响、策略性操纵以及对反思性问题的解决。

如 Jan Fuhse(2009)所论证,这一进路要求既关注构成网络的诸多可观察的沟通过程——如 Emirbaye 所作,他称之为"交互"(transactions)——又关注网络的"意义结构",这种意义结构以各个情境中的个体的主体间期望及类属系统与持续的解读工作为基础。这一进路还建立在最近出现的一些理论基础之上,这些理论讨论的是在多层的社会和制度背景中的"情境行动"（situated actions）（Vaughan，2002；也可参见 Broadbent，2003）。未来面临的一个重要挑战在于，理解制度是如何引导和约束关系的沟通性建构，而制度影响着社会关系的持久性、稳健性和约束力（Swidler，2001；Owen-Smith and Powell，2008；也可参见 Stinchcombe，1997）。[8]这样看来，这种持久性的实际与沟通意义上的建构，连同各种关系所嵌入的多种俗世，本身就成为社会学关注的焦点。

90

本章讨论的研究将我们领进了门，提出的一种引人注目的框架可供未来研究。这种新的关系社会学不只是一套分析技术，它还成为对该学科中核心的理论与方法论二分发起挑战的一种方式。在近年来出现的使社会学回归到其关系性的与实用主义的根源的运动中，上述令人振奋的"纽约转折点"（New York moment）不过是一个发展中的对话中心罢了，这意味着一种研究网络与文化的动态相互作用的新议程正呼之欲出。

致　谢

感谢 Jeff Boase，Phaedra Daipha，Mustafa Emirbayer，Jan Fuhse，David Gibson，Neha Gondal，John R. Hall，Jim Jasper，Corrine Kirchner，John Krinsky，Eloise Linger，Paul McLean，Dan Nexon，Ignacia Perugorría，John Scott，Mimi Sheller，Lyn Spillman，Sid Tarrow，Dianne Vaughan，Viviana Zelizer，罗格斯大学（Rutgers）网络、文化与制度工作坊的参与者，以及哥伦比亚大学意义、语言、社会文化过程工作坊的参与者，感谢他们对本章初稿提出的批评与建议。也感谢**抗争政治**（Contentious Politics）邮件讨论组中面红耳赤地争论的参与者，他们敦促我魂牵梦绕思考本章。

注　释

1.其他相关领域中的关系视角包括政治科学中的萌芽运动（如 Nexon and Wright，2007；Jackson，2002）以及在科学和技术研究中的重要著作（如 Knorr Cetina，2003）。由 Latour，Callon，Law 和其他学者提出来的那种行动者网络理论（Actor network theory，ANT）都深切关注由行动产生的关系。这里所说的行动包括在其网络意象中的非人类对象与位置（参见 Law and Hassard，1999；Muetzel，2009）。其他相关的欧洲研究包括 Luhmann 和 Elias 的系统构型性视角（参见 Fuhse，2009；Fuchs，2001），以及"新流动"（the new mobilities）范式方面的文献（Sheller and Urry，2006）。这种范式将人类学与文化研究的元素结合起来，拒绝了行动者网络理论（Actor Network Theory，ANT）中的一些去政治化元素。

2.1999 年,"拉扎斯菲尔德中心"(Lazarsfeld Center)的名称被改成"社会经济研究与政策研究所"(Institute for Social and Economic Research and Policy, ISERP),Peter Bearman 任所长。1980 年代后期与 1990 年代早期,哥伦比亚大学的其他网络分析学者包括 Ron Burt(他促成了 White 来到哥伦比亚大学),Eric Leifer 和 Martina Morris,虽然这三位学者都在 1990 年代中期离职了。

3.1990 年代中期的拉扎斯菲尔德中心,集中参与讨论网络与文化的纽约地区的学生包括 David Gibson, Melissa Fischer, Salvatore Pitruzzello 和 Matthew Bothner(来自哥伦比亚大学),Ann Mische 和 Mimi Sheller(来自新学院),以及 Shepley Orr,一位来自芝加哥大学的访问学者。这个圈子中更早一些的学生曾与 Burt, Leifer 和 Morris 一起工作过,他们是 Shin-Kap Han, Holly Raider, Valli Rajah, Andres Ruj 和 Hadya Iglic。虽然我自己是在新学院获得学位的(导师为 Tilly),但是我在拉扎斯菲尔德中心自 1994 年至 1998 年间是访问学者,自 1998 年到 1999 年是博士后。

4.根据会议记录,1990 年代中期在哥伦比亚大学的这些小型学术会议上,列席者有 Andrew Abbott, Ron Breiger, Jerome Bruner, Kathleen Carley, Aaron Cicourel, Elisabeth Clemens, Randall Collins, Michael Delli-Carpini, Paul DiMaggio, Mustafa Emirbayer, Robert Faulkner, Michael Hechter, Eiko Ikegami, Walter Mischel, William Ocasio, John Padgett, Philippa Pattison, Richard Schweder, Ann Swidler, Charles Tilly, Chris Winship, Viviana Zelizer 等。

5.自 2000 年以来,其他哥伦比亚大学的博士包括 Delia Baldassari, Matthew Bothner, Andrew Buck, Emily Erickson, Jorge Fontdevila, Fumiko Fukase-Indergaard, Frederic Godart, Hennig Hillman, Jo Kim, Sun-Chul Kim, Jennifer Lena, Denise Milstein, Sophie Mützel, Paolo Parigi, Joyce Robbins, Tammy Smith, Takeshi Wada, Cecilia Walsh-Russo, Leslie Wood, Balazs Vedres 等。其中大多数学者都拥有基于上述视角的高度关系性的研究路数。遗憾的是,因篇幅所限,本章无法一一详述。

6.参见最近由 Corinne Kirschner 和 John Mohr 编辑的 *Poetics*(2010)特刊,其中刊有 Frederic Godart 和 Harrison White, Jorge Fontdevila, John Mohr, Ronald Breiger 和 Jennifer Schultz 撰写的文章。也可参见最近由 Mark Pachucki 和 Ronald Breiger(2010)撰写的有关文化和网络的综述性文章。

7.在 Gross(2010)的著述中有对 Tilly 的研究与美国实用主义理论之间关联性的不错的讨论。

8.Arthur Stinchombe 指出,Tilly 的网络观点认为,无论关注行动还是关注制度的约束力都很重要:"Tilly 既不将网络中的联系,也不将制度的需要看作是自然而然的既存原因;而看成是人类在(对于制度来说重要的)联系与点上的行动带来的结果"(1997:387)。虽然 Stinchcombe 本人并未将网络与文化之间的联系诉诸理论化,但是在这个关系视角上,他一定是个同路人;他的关于因果性、机制和制度性流动的研究对 White 和 Tilly 都有影响(参见 Stinchcombe,1991, 2005)。

参考文献

Abbott, A. (1995) 'Sequence analysis: New methods for old ideas', *Annual Review of Sociology* 21: 93-113.

Abbott, A. (1999) *Department and Discipline: Chicago Sociology at* 100. Chicago: University of Chicago Press.

Abbott, A. (2001a) *Chaos of Disciplines*. Chicago: University of Chicago Press.

Abbott, A. (2001b) *Time Matters: On Theory and Method*. Chicago: University of Chicago Press.

Abbott, A. (2005) 'Linked Ecologies', *Sociological Theory* 23: 245-274, 2005.

Abbott, A. and Alexandra H. (1990) 'Measuring resemblance insequence data: An optimal matching analysis of musicians' careers', *American Journal of Sociology* 96: 144-85.

Adams, J., Clemens, E. S. and Orloff, A. S. (eds.) (2005) *Remaking Modernity: Politics and Processes in Historical Sociology*. Durham, NC: Duke University Press.

Ansell, C. K. (1997) 'Symbolic networks: The realignment of the French working class, 1887-1894', *American Journal of Sociology* 103: 359-90.

Armstrong, E. A. (2002) *Forging Gay Identities: Organizing Sexuality in San Francisco*, 1950-1994. Chicago: University of Chicago Press.

Auyero, J. (2001) *Poor People's Politics: Peronist Networks and the Legacy of Evita*. Durham, NC: Duke University Press.

Auyero, J. (2003) *Contentious Lives: Two Argentine Women, Two Protests, and the Quest for Recognition*. Durham, NC: Duke University Press.

Bakhtin, M.M. (1981) *The Dialogic Imagination: Four Essays*. Ed. Michael Holquist. Trans. Caryl Emerson and Michae Holquist. Austin: University of Texas Press.

Bakhtin, M.M. (1986) *Speech Genres and Other Late Essays*. Trans. by Vern W. McGee. Austin: University of Texas Press.

Baldassari, D. and Mario D. (2007) 'The integrative power of civic networks', *American Journal of Sociology* 113: 735-80.

Bandelj, N. (2008) *From Communists to Foreign Capitalists: The Social Foundations of Foreign Direct Investment in Postsocialist Europe*. Princeton: Princeton University Press.

Barkey, K. (1994) *Bandits and Bureaucrats: The Ottoman Route to State Centralization*. Ithaca, NY: Cornell University Press.

Barkey, K. and Ronan van R. (1997) 'Networks of contention: Villages and regional structure in the seventeenth century Ottoman Empire', *American Journal of Sociology* 102: 5.

Bearman, P. (1993) *Relations into Rhetorics: Local Elite Social Structure in Norfolk, England: 1540-1640*. American Sociological Association, Rose Monograph Series. New Brunswick, NJ: Rutgers University Press.

Bearman, P., Robert F. and James M. (1999) 'Blocking the future: New solutions for old problems in historical social science', *Social Science History* 23(4): 501-33.

Bearman, P. S. and Paolo P. (2004) 'Cloning headless frogs and other important matters: Conversation topics and network structure', *Social Forces* 83(2): 535-57.

Bearman, P. S. and Katherine S. (2000) 'Becoming a Nazi: Models for narrative networks', *Poetics* 27: 69-90.

Blair-Loy, M. (1999) 'Career patterns of executive women in finance: An optimal matching analysis', *American Journal of Sociology* 104: 1346-97.

Boase, J. and Barry W. (2006) 'Personal relationships: On and off the Internet', pp. 709-23 in D. Perlman and A. L. Vangelisti (eds.), *The Cambridge Handbook of Personal Relationships*. Cambridge: Cambridge University Press.

Bothner, M. (2003) 'Competition and social influence: The diffusion of the sixth generation processor in the global computer industry',

American Journal of Sociology 6: 1175-210.

Bothner, M., Toby S. and Harrison C.W. (2004) 'Status differentiation and the cohesion of social networks', *Journal of Mathematical Sociology* 28: 261-95.

Bourdieu, P. (1984) *Distinction: A Social Critique of the Judgment of Taste* (translated by Richard Nice). Cambridge, MA: Harvard University Press.

Breiger, R.L. (1974) 'The duality of persons and groups', *Social Forces* 53: 181-90.

Breiger, R.L. (2000) 'A tool kit for practice theory', *Poetics*. p. 27.

Breiger, R. L. and John W. M. (2004) 'Institutional logics from the aggregation of organizational networks: Operational procedures for the analysis of counted data', *Computational and Mathematical Organization Theory* 10: 17-43.

Broadbent, J. (2003) 'Movement in context: Thick networks and Japanese environmental networks', pp. 204-29 in *Social Movements and Networks: Relational Approaches to Collective Action*, ed. Mario Diani and Doug McAdam. Oxford: Oxford University Press.

Burt, R. S. (1987) 'Social contagion and innovation: Cohesion versus structural equivalence', *American Journal of Sociology* 92: 1287-335.

Burt, R.S. (1992) *Structural Holes: The Social Structure of Competition*. Cambridge, MA: Harvard University Press.

Burt, R.S. (2004) 'Structural holes and good ideas', *American Journal of Sociology* 110: 349-99.

Burt, R.S. (2005) *Brokerage and Closure: An Introduction to Social Capital*. Oxford: Oxford University Press.

Carley, K. (1993) 'Coding choices for textual analysis: A comparison of content analysis and map analysis', in *Sociological Methodology*, vol. 4, ed. Peter Marsden. Oxford: Blackwell.

Carley, K. (1994) 'Extracting culture through textual analysis', *Poetics* 22: 291-312.

Carley, K. (1999) 'On the evolution of social and organizational networks', in David Knoke and

Steve Andrews (eds.), *Special issue of Research in the Sociology of Organizations on Networks In and Around Organizations* 16: 3-30, Stanford, CT: JAI Press.

Carley, K. and Kaufer, D. (1993) 'Semantic connectivity: An approach for analyzing symbols in semantic networks', *Communication Theory* 3: 183-213.

Carley, K. and Michael P. (1992) 'Extracting, representing and analyzing mental models', *Social Forces* 70: 601-36.

Clemens, E. S. (1997) *The People's Lobby: Organizational Innovation and the Rise of Interest Group Politics in the United States*, 1890-1925. Chicago: University of Chicago Press.

Clemens, E. S. (2007) 'Toward a historicized sociology: Theorizing events, processes, and emergence', *Annual Review of Sociology* 33: 527-49.

Clemens, E. and James C. (1999) 'Politics and institutionalism: Explaining durability and change', *Annual Review of Sociology* 25: 441-66.

Coleman, J.S., Katz, E. and Menzel, H. (1966) *Medical Innovation: A Diffusion Study*. Indianapolis: Bobbs-Merril.

Collins, R. (1998) *The Sociology of Philosophies: A Global Theory of Intellectual Ch.* (1985) *Tense*. Cambridge: Cambridge University Press.

Davis, G. F., McAdam, D., Scott, W. R. and Zald, M.N. (eds.) (2005) *Social Movements and Organization Theory*. Cambridge: Cambridge University Press.

della Porta, D. (1988) 'Recruitment processes in clandestine political organizations: Italian left-wing terrorism', in Bert Klandermans, Hans Kriesi, and Sidney Tarrow (eds.), *From Structure to Action*. Greenwich: JAI Press.

Diani, M. (1995) *Green Networks: A Structural Analysis of the Italian Environmental Movement*. Edinburgh: Edinburgh University Press.

Diani, M. (2003) 'Leaders or brokers? Positions and influence in social movement networks', pp. 105-22 in *Social Movements and Networks: Relational Approaches to Collective Action*, ed.

Mario Diani and Doug McAdam. Oxford: Oxford University Press.

Diani, M. (2007) 'Review essay: The relational element in Charles Tilly's recent (and not so recent) work', *Social Networks* 29: 316-23.

DiMaggio, P. (1987) 'Classification in art', *American Sociological Review* 52: 440-55.

DiMaggio, P. (1991) 'Constructing an organizational field as a professional project: U.S. art museums, 1920-1940', pp. 267-92 in *The New Institutionalism in Organizational Analysis*, ed. Walter W. Powell and Paul J. DiMaggio. Chicago: University of Chicago Press.

DiMaggio, P. (1992) 'Nadel's paradox revisited: Relational and cultural aspects of organizational structure', pp. 118-42 in *Networks and Organizations*, ed. Nitin Nohria and Robert G. Eccles. Boston: Harvard Business School Press.

Eliasoph, N. and Lichterman, P. (2003) 'Culture in interaction', *American Journal of Sociology* 108: 735-94.

Emirbayer, M. (1997) 'Manifesto for a relational sociology', *American Journal of Sociology* 103: 281-317.

Emirbayer, M. and Goldberg, C. (2005) 'Pragmatism, Bourdieu, and collective emotions in contentious politics', *Theory and Society* 34: 469-518.

Emirbayer, M. and Goodwin, J. (1994) 'Network analysis, culture, and the problem of agency', *American Journal of Sociology* 99: 1411-54.

Emirbayer, M. and Johnson, V. (2008) 'Bourdieu and organizational analysis', *Theory and Society* 37: 1-44.

Emirbayer, M. and Mische, A. (1998) 'What is agency?' *American Journal of Sociology* 103: 962-1023.

Emirbayer, M. and Sheller, M. (1999) 'Publics in history', *Theory and Society* 28: 145-97.

Ennis, J. G. (1987) 'Fields of action: The structure of movements' tactical repertoires', *Sociological Forum* 2: 520-33.

Erickson, B. H. (1988) 'The relational basis of attitudes', pp. 99-121 in *Social Structures a Network Approach*, ed. Barry Wellman and S.D. Berkowitz. Cambridge: Cambridge University Press.

Erickson, B. H. (1996) 'Culture, class, and connections', *American Journal of Sociology* 102: 217-51.

Evans, J. (1997) 'Multi-organizational fields and social movement organization frame content: The religious pro-choice movement', *Sociological Inquiry* 67 (4): 451-69.

Fernandez, R. M. and McAdam, D. (1988) 'Social networks and social movements: Multiorganizational fields and recruitment to freedom summer', *Sociological Forum* 3: 257-382.

Fine, G. A. and Kleinman, S. (1983) 'Network and meaning: An interactionist approach to structure', *Symbolic Interaction* 6: 97-110.

Fligstein, N. (2001) 'Social skill and the theory of fields', *Sociological Theory* 19: 105-25.

Fontdevila, J. and White, H.C. (2010) 'Power from switching across netdoms through reflexive and indexical language', *REDES* vol. 18, #13.

Fourcade, M. and Healy, K. (2007) 'Moral views of market society', *Annual Review of Sociology* 33: 285-311.

Franzosi, R. (1997) 'Mobilization and counter-mobilization processes: From the red years (1919-20) to the black years (1921-22) in Italy. A new methodological approach to the study of narrative data', *Theory and Society* 26: 275-304.

Franzosi, R. (2004) *From Words to Numbers: Narrative, Data, and Social Science*. Cambridge: Cambridge University Press.

Friedman, D. and McAdam, D. (1992) 'Collective identities and activism: Networks, choices, and the life of a social movement', pp. 156-73 in *Frontiers of Social Movement Theory*, ed. Aldon D. Morris and Carol Mueller. New Haven, CT: Yale University Press.

Fuchs, S. (2001) *Against Essentialism*. Cambridge, MA: Harvard University Press.

Fuhse, J. A. (2009) 'The meaning structure of networks', *Sociological Theory* 27: 51-73.

Fuhse, J. A. and Sophie Mützel, S. (eds.) (2010) *Relationale Soziologie: Zur kulturellen*

Wende der Netzwerkforschung [*Relational Sociology: The Cultural Turn in Network Research*]. VS Verlag.

Gibson, D. (2000) 'Seizing the moment: The problem of conversational agency', *Sociological Theory* 18(3): 368-82.

Gibson, D. (2003) 'Participation shifts: Order and differentiation in group conversation', *Social Forces* 81 (4): 1135-81.

Gibson, D. (2005a) 'Taking turns and talking ties: Network structure and conversational sequences', *American Journal of Sociology* 110 (6): 1561-97.

Gibson, D. (2005b) 'Concurrency and commitment: Network scheduling and its consequences for diffusion', *Journal of Mathematical Sociology* 29: 295-323.

Gibson, D. (2005c) 'Opportunistic interruptions: Interactional vulnerabilities deriving from linearization', *Social Psychology Quarterly* 68 (4): 316-37.

Giuffre, K. (1999) 'Sandpiles of opportunity: Success in the art world', *Social Forces* 77: 815-32.

Gladwell, M. (2000) *The Tipping Point: How Little Things Can Make a Big Difference*. New York: Little, Brown.

Godart, F. C. and White, H. C. (forthcoming) 'Switchings under uncertainty: The coming and becoming of meanings', *Poetics*.

Goldberg, C. A. (2007) *Citizens and Paupers: Relief, Rights, and Race, from the Freedmen's Bureau to Workfare*. Chicago: University of Chicago Press.

Goodwin, C. and Duranti, A. (eds.) (1992) *Rethinking Context: Language as Interactive Phenomenon*. Cambridge: Cambridge University Press.

Goodwin, J. and Jasper, J.M. (1999) 'Caught in a winding, snarling vine: The structural bias of political process theory', *Sociological Forum* 14: 27-54.

Goodwin, J. and Jasper, J.M. (2004) *Rethinking Social Movements: Structure, Culture, and Emotion*. Lanham, MD: Rowman & Littlefield.

Goodwin, J., Jasper, J. M. and Polletta, F.

(eds.) (2001) *Passionate Politics: Emotions and Social Movements*. Chicago: University of Chicago Press. Gorski, P. S. (2003) *The Disciplinary Revolution: Calvinism and the Rise of the State in Early Modern Europe*. Chicago: University of Chicago Press.

Gould, R. (1991) 'Multiple networks and mobilization in the Paris commune, 1871', *American Sociological Review* 56: 716-29.

Gould, R. (1995) *Insurgent identities: Class, Community, and Insurrection in Paris from 1848 to the Commune*. Chicago: University of Chicago Press.

Granovetter, M.S. (1973) 'The strength of weak ties', *American Journal of Sociology* 78: 1360-80.

Granovetter, M.S. (1978) 'Threshold models of collective behavior', *American Journal of Sociology* 83: 1420-43.

Gross, N. (2009) 'A pragmatist theory of social mechanisms', *American Sociological Review* 74: 358-79.

Gross, N. (2010) 'Charles Tilly and American Pragmatism', Forthcoming, in *The American Sociologist* (special issue on Charles Tilly, edited by Andreas Koller).

Gumperz, J. J. (1982) *Discourse Strategies*. Cambridge: Cambridge University Press.

Halliday, M.A.K. (1976) *System and Function in Language: Selected Papers*. Ed. G. Kress. London: Oxford University Press.

Halliday, M. A. K. (1978) *Language as Social Semiotic: The Social Interpretation of Language and Meaning*. Baltimore: University Park Press, 1978; London: Edward Arnold, 1978.

Hanks, W.F. (1992) 'The indexical grounds of deictic reference', pp. 43-76 in Charles Goodwin and Alessandro Duranti (eds.), *Rethinking Context: Language as Interactive Phenomenon*. Cambridge: Cambridge University Press.

Hannon, M. T. and Freeman, J. (1989) *Organizational Ecology*. Cambridge, MA: Harvard University Press.

Healy, K. (2006) *Last Best Gifts: Altruism and the Market for Human Blood and Organs*.

Chicago: University of Chicago Press.

Herrigal, G. B. (2010) *Manufacturing Possibilities: Creative Action and Industrial Recomposition in the US, Germany and Japan.* Oxford: Oxford University Press. Hill, V., and Kathleen, C. (1999) ' An approach to identifying consensus in a subfield: The case of organizational culture', *Poetics* 27: 1-30.

Hillmann, H. (2008) ' Mediation in multiple networks: Elite mobilization before the English civil war', *American Sociological Review* 73: 426-54.

Hopper, P. J. and Traugott, E. C. (1993) *Grammaticalization.* Cambridge: Cambridge University Press.

Hsu, G. and Podolny, J.M. (2005) ' Critiquing the critics: An approach for the comparative evaluation of critical schemas', *Social Science Research* 34: 189-214.

Ikegami, E. (1995) *The Taming of the Samurai: Honorific Individualism and the Making of Modern Japan.* Cambridge, MA: Harvard University Press.

Ikegami, E. (2000) ' A sociological theory of publics: Identity and culture as emergent properties in networks', *Social Research* 67: 989-1029.

Ikegami, E. (2005) *Bonds of Civility: Aesthetic Publics and the Political Origins of Japanese Publics.* Cambridge: Cambridge University Press.

Jackson, P. T. (2002) ' Rethinking Weber: Towards a nonindividualist sociology of world politics', *International Review of Sociology* 12: 439-68.

Jasper, J. (1997) *The Art of Moral Protest: Culture, Biography, and Creativity in Social Movements.* Chicago: University of Chicago Press.

Jasper, J. (2006) *Getting Your Way: Strategic Dilemmas in the Real World.* Chicago: University of Chicago Press.

Joas, H. (1997) *The Creativity of Action.* Chicago: University of Chicago Press.

Johnson, V. (2008) *Backstage at the Revolution: How the Royal Paris Opera Survived the End of the Old Regime.* Chicago: University of Chicago Press.

Katz, E. and Lazarsfeld, P.F. (1955) *Personal Influence.* Glencoe, IL: Free Press.

Kim, H. and Bearman, P.S. (1997) ' Who counts in collective action? The structure and dynamics of movement participation ', *American Sociological Review* 62: 70-93.

Klandermans, B. (1992) ' The social construction of protest and multi-organizational fields', pp. 77-103 in *Frontiers of Social Movement Theory,* ed. Aldon D. Morris and Carol Mueller. New Haven, CT: Yale University Press. Knorr Cetina, K. (2003) ' From pipes to scopes: The flow architecture of financial markets', *Distinktion* 7: 7-23.

Krinsky, J. (2007) *Free Labor: Workfare and the Contested Language of Neoliberalism.* Chicago: University of Chicago Press.

Law, J., and John H. (1999) *Actor Network Theory and After.* Oxford: Blackwell Publishers.

Leschziner, V. (2009) ' Cooking logics: Cognition and reflexivity in the culinary field', Forthcoming in James Farrer (ed.), *Globalization, Food and Social Identities in the Pacific Region.* Tokyo: Sophia University Institute of Comparative Culture.

Lichterman, P. (2005) *Elusive Togetherness: How Religious Americans Create Civic Ties.* Princeton: Princeton University Press.

Lizardo, O. (2006) ' How cultural tastes shape personal networks ', *American Sociological Review* 71: 778-807.

Marwell, G., Oliver, P.E. and Prahl, R. (1988) ' Social networks and collective action: A theory of the critical mass. III ', *American Journal of Sociology* 94: 502-34.

Martin, J. L. (2000) ' What do animals do all day? On the totemic logic of class bodies ', *Poetics* 27: 195-231.

Martin, J.L. (2002) ' Power, authority, and the constraint of belief systems ', *American Journal of Sociology* 107: 861-904.

Martin, J. L. (2003) ' What is field theory?' *American Journal of Sociology* 109: 1-49.

Martin, J.L. (2009) *Social Structures.* Princeton:

Princeton University Press.

McAdam, D. and Paulsen, R. (1993) 'Specifying the relationship between social ties and activism', *American Journal of Sociology* 99: 640-67.

McAdam, D., Tarrow, S. and Tilly, C. 2001. *Dynamics of Contention*. Cambridge Studies in Contentious Politics. Cambridge: Cambridge University Press.

McFarland, D. A. (2001) 'Student resistance: How the formal and informal organization of classrooms facilitate everyday forms of student defiance', *American Journal of Sociology* 107 (3): 612-78.

McFarland, D.A. (2004) 'Resistance as a social drama—A study of change-oriented encounters', *American Journal of Sociology* 109 (6): 1249-318.

McFarland, D.A. and Diehl, D. (2009) 'Cueing orders: Discursive moves and the accomplishment of network forms in classrooms', Unpublished paper.

McLean, P. (1998) 'A frame analysis of favor seeking in the Renaissance: Agency, networks, and political culture', *American Journal of Sociology* 104: 51-91.

McLean, P. (2007) *The Art of the Network: Strategic Interaction and Patronage in Renaissance Florence*. Durham, NC: Duke University Press.

McPherson, M.J. and Ranger-Moore, J.R. (1991) 'Evolution on a dancing landscape: Organizations and networks in dynamic Blau space', *Social Forces* 70: 19-42.

Melucci, A. (1989) *Nomads of the Present: Social Movements and Individual Needs in Contemporary Society*. Philadelphia: Temple University Press.

Meyer, D. S. and Whittier, N. (1994) 'Social movement spillover', *Social Problems* 41: 277-98.

Mische, A. (1996) 'Projecting democracy: The construction of citizenship across youth networks in Brazil', In *Citizenship, Identity, and Social History*, ed. by Charles Tilly. Cambridge: Cambridge University Press.

Mische, A. (2003) 'Cross-talk in movements: Rethinking the culture-network link', pp. 258-80 in *Social Movements and Networks: Relational Approaches to Collective Action*, ed. Mario Diani and Doug McAdam. Oxford: Oxford University Press.

Mische, A. (2007) *Partisan Publics: Communication and Contention across Brazilian Youth Activist Networks*. Princeton: Princeton University Press.

Mische, A. (2009) 'Projects and possibilities: Researching futures in action', *Sociological Forum* 24: 694-704.

Mische, A. and Pattison, P. (2000) 'Composing a civic arena: Publics, projects, and social settings', *Poetics* 27: 163-94.

Mische, A. and White, H.C. (1998) 'Between conversation and situation: Public switching dynamics across network domains', *Social Research* 65: 695-724.

Mohr, J. (1994) 'Soldiers, mothers, tramps, and others: Discourse roles in the 1907 New York City charity directory', *Poetics* 22: 327-57.

Mohr, J. (2010) 'Implicit terrains: Meaning, measurement, and spatial metaphors in organizational theory', Forthcoming in Marc Ventresca, Kamal A. Munir and Michael Lounsbury (eds.) *The Economic Sociology of Markets and Industries*. Cambridge: Cambridge University Press.

Mohr, J., Bourgeois, M. and Duquenne, V. (2004) 'The logic of opportunity: A formal analysis of the University of California's outreach and diversity discourse', Center for Studies in Higher Education, UC Berkeley, Research and Occasional Papers Series.

Mohr, J. and Duqenne, V. (1997) 'The duality of culture and practice: Poverty relief in New York City, 1888-1917', *Theory and Society* 26: 305-56.

Mohr, J. W. and Lee, H. K. (2000) 'From affirmative action to outreach: Discourse shifts at the University of California', *Poetics* 28/1: 47-71.

Mohr, J. W. and Neely, B. (2009) 'Modeling

Foucault: Dualities of power in institutional fields', pp. 203-256 in Renate Meyer, Kerstin Sahlin-Andersson, Marc Ventresca, Peter Walgenbach (eds.), *Ideology and Organizational Institutionalism (Research in the Sociology of Organizations*, Vol. 27).

Mohr, J. W. and White, H. C. (2008) 'How to model an institution', *Theory and Society* 37: 485-512.

Moody, J., McFarland, D.A. and Bender-deMoll, S. (2005) 'Dynamic network visualization', *American Journal of Sociology* 110 (4): 1206-41.

Morrill, C. (1995) *The Executive Way: Conflict Management in Corporations* Chicago: University of Chicago Press.

Morrill, C. (forthcoming) 'Institutional change through interstitial emergence: The growth of alternative dispute resolution in American law, 1965-1995', In *How Institutions Change*, ed. Walter W. Powell and Daniel L. Jones. Chicago: University of Chicago Press.

Morrill, C., Mayer N. Zald and Hayagreeva Rao (2003) 'Covert political conflict in organizations: Challenges from below', *Annual Review of Sociology* 30: 391-415.

Muetzel, So. (2009) 'Networks as culturally constituted processes: A comparison of relational sociology and actornetwork theory', *Current Sociology* 57 (6): 871-87.

Nexon. D. and Wright, T. (2007) 'What's at stake in the American empire debate', *American Political Science Review* 101: 253-71.

Oliver, P.E. and Myers, D.J. (2003) 'Networks, diffusion, and cycles of collective action', pp. 173-203 in Mario Diani and Doug McAdam (eds.), *Social Movements and Networks: Relational Approaches to Collective Action*. Oxford: Oxford University Press.

Osa, M. (2001) 'Mobilizin structures and cycles of protest: Post Stalinist contention in Poland, 1954-1959', *Mobilization* 6: 211-31.

Osa, M. (2003) 'Networks in opposition: Linking organizations through activists in the Polish People's Republic', pp. 77-104 in *Social Movements and Networks: Relational Approaches to Collective Action*, ed. Mario Diani and Doug McAdam. Oxford and New York: Oxford University Press.

Owen-Smith, J. and Powell, W. W. (2004) 'Knowledge networks as channels and conduits: The effects of spillovers in the Boston biotechnology community', *Organization Science* 15(1): 5-21.

Owen-Smith, J. and Powell, W. W. (2008) 'Networks and institutions', pp. 596-623 in Royston Greenwood, Christine Oliver, Roy Suddaby and Kerstin Sahlin-Andersson (eds.) *The Handbook of Organizational Institutionalism*. New York: Sage.

Pachucki, M. A. and Breiger, R. L. (2010) 'Cultural holes: Beyond relationality in social networks and culture', *Annual Review of Sociology* 36: 205-24.

Padgett, J. F. (2001) 'Organizational genesis, identity and control: The transformation of banking in Renaissance Florence', pp. 211-57 in *Networks and Markets*, ed. James E. Rauch and Alessandra Casella. New York: Russell Sage.

Padgett, J.F. and. Ansell, C.K. (1993) 'Robust action and the rise of the Medici, 1400-1434', *American Journal of Sociology* 98: 1259-319.

Padgett, J. F. and McLean, P. D. (2006) 'Organizational invention and elite transformation: The birth of partnership systems in Renaissance Florence', *American Journal of Sociology* 111: 1463-568.

Polletta, F. (2002) *Freedom Is an Endless Meeting: Democracy in American Social Movements*. Chicago: University of Chicago Press.

Polletta, F. (2006) *It Was Like a Fever: Storytelling in Protest and Politics*. Chicago: University of Chicago Press.

Powell, W. W. and DiMaggio, P. J. (eds.) (1991) *The New Institutionalism in Organizational Analysis*. Chicago: University of Chicago Press.

Rawlings, C. M. and Bourgeois, M. D. (2004) 'The complexity of institutional niches: Credentials and organizational differentiation in a field of U.S. higher education', *Poetics* 32: 411-37.

Sewell, W.H., Jr. (1992) 'A theory of structure: Duality, agency, and transformation', *American Journal of Sociology* 98: 1-29.

Schneiberg, M. and Lounsbury, M. (2008) 'Social movements and institutional analysis', pp. 648-70 in Royston Greenwood, Christine Oliver, Roy Suddaby and Kerstin

Sahlin-Andersson (eds.), *The Handbook of Organizational Institutionalism*. New York: Sage.

Schriffen, D. (1987) *Discourse Markers*. Cambridge: Cambridge University Press.

Scott, J. (1991) *Social Network Analysis: A Handbook*. London: Sage.

Sheller, M. (2000) *Democracy After Slavery: Black Publics and Peasant Radicalism in Haiti and Jamaica*. Oxford: Macmillan.

Sheller, Mimi and John Urry. (2006) 'The new mobilities paradigm', *Environment and Planning A* 38: 207-26.

Silverstein, M. (2003) 'Indexical order and the dialectics of sociolinguistic life', *Language and Communication* 233-4: 193-229.

Smilde, D. (2005). 'A qualitative comparative analysis of conversion to Venezuelan evangelicalism: How networks matter', *American Journal of Sociology* 111: 757-96.

Smilde, D. (2007) *Reason to Believe: Cultural Agency in Latin American Evangelicalism*. Berkeley: University of California Press.

Somers, M.R. (1993) 'Citizenship and the place of the public sphere: Law, community, and political culture in thetransition to democracy', *American Sociological Review* 58(5): 587-620.

Somers, M. R. (1995) 'What's political or cultural about the political culture concept? Toward an historical sociology of concept formation', *Sociological Theory* 13 (2): 113-44.

Somers, M. R. (1998) 'We're no angels: Realism, rational choice, and relationality in social science', *American Journal of Sociology* 104(3): 722-84.

Sonnett, J. (2004) 'Musical boundaries: Intersections of form and content', *Poetics* 32: 247-64.

Spillman, L. (1995) 'Culture, social structure, and discursive fields', *Current Perspectives in Social Theory* 15: 129-54.

Stark, D. and Vedres, B. (2006) 'Social times of network spaces: Network sequences and foreign investment in Hungary', *American Journal of Sociology* 111(5): 1367-412.

Steinberg, M.W. (1999) 'The talk and back talk of collective action: A dialogic analysis of repertoires of discourse among nineteenth-century English cotton spinners', *American Journal of Sociology* 105: 736-80.

Steinmetz, G. (2008) 'The colonial state as a social field', *American Sociological Review* 73: 589-612.

Stinchcombe, A. L. (1991) 'The conditions of fruitfulness of theorizing about mechanisms in social science', *Philosophy of the Social Sciences* 21: 367-88.

Stinchcombe, A.L. (1997) 'Tilly on the past as a sequence of futures', pp. 387-410 in *Roads from Past to Future* (by Charles Tilly). Lanham, MD: Rowman and Littlefield.

Stinchcombe, A. L. (2005) *The Logic of Social Research*. Chicago: University of Chicago Press.

Stovel, K.W., Savage, M. and Bearman, P.S. (1996) 'Ascription into achievement: Models of career systems at Lloyds Bank, 1890-1970', *American Journal of Sociology* 102: 358-99.

Swidler, A. (2001) *Talk of Love: How Culture Matters*. Chicago: University of Chicago Press.

Tarrow, Sidney (2008) 'Charles Tilly and the practice of contentious politics', *Social Movement Studies* 7(3): 225-46.

Taylor, V. and Whittier, N. (1992) 'Collective identity in social movement communities', pp. 104-29 in Aldon D. Morris and Carol Mueller (eds.), *Frontiers of Social Movement Theory*. New Haven, CT: Yale University Press.

Tilly, C. (1978) *From Mobilization to Revolution*. Reading, MA: Addison-Wesley.

Tilly, C. (1995) 'Macrosociology, past and future', pp. 1-3 in *The Relational Turn in Macrosociology: A Symposium*. Working Paper

No. 215. New York: Center for Studies of Social Change.

Tilly, C. (1997) 'Parliamentarization of popular contention in Great Britain, 1758-1834', *Theory and Society* 26: 245-73.

Tilly, C. (1998a) 'Contentious conversation', *Social Research* 65: 491-510.

Tilly, C. (1998b) *Durable Inequality*. Berkeley: University of California Press.

Tilly, C. (2004) *Stories, Identities, and Political Change*. Lanham, MD: Rowman & Littlefield.

Tilly, C. (2006a) *Identities, Boundaries, and Social Ties*. Boulder: Paradigm.

Tilly, C. (2006b) *Why?* Princeton: Princeton University Press.

Tilly, C. (2008a) *Explaining Social Processes*. Boulder: Paradigm.

Tilly, C. (2008b) *Contentious Performances*. Cambridge: Cambridge University Press.

Tilly, C. and Wood, L. (2003) 'Contentious connections in Great Britain, 1828-34', pp. 147-72 in *Social Movements and Networks: Relational Approaches to Collective Action*, ed. Mario Diani and Doug McAdam. Oxford: Oxford University Press.

Uzzi, B. and Spiro, J. (2005) 'Collaboration and creativity: The small world problem', *American Journal of Sociology* 111: 447-504.

Vaisey, S. and Lizardo, O. (2009) "'Can cultural worldviews influence network composition?'" *Social Forces* 88: 1595-1618.

Vaughan, D. (2002) 'Signals and interpretive work: The role of culture in a theory of practical action', pp. 28-54 in Karen Cerulo (ed.) *Culture in Mind: Toward a Sociology of Culture and Cognition*. New York: Routledge.

Wada, T. (2004) 'Event analysis of claim making in Mexico: How are social protests transformed into political protests?' *Mobilization* 9(3): 241-57.

Wagner-Pacifici, R. E. (2000) *Theorizing the Standoff: Contingency in Action*. Cambridge, UK: Cambridge University Press.

Wagner-Pacifici, R. E. (2005) *The Art of Surrender: Decomposing Sovereignty at Conflict's End*. Chicago: University of Chicago Press.

Wasserman, S. and Faust, K. (1994). *Social Network Analysis: Methods and Applications*. Cambridge: Cambridge University Press.

Watts, D.J. (1999) 'Networks, dynamics, and the smallworld phenomenon', *American Journal of Sociology* 105: 493-527.

Watts, D.J. and Dodds, P.S. (2007) 'Networks, influence, and public opinion formation', *Journal of Consumer Research* 34: 441-58.

Wellman, B. (1988) 'Structural analysis: From method and metaphor to theory and substance', pp. 19-61 in *Social Structures a Network Approach*, ed. Barry Wellman and S. D. Berkowitz. Cambridge: Cambridge University Press.

Wellman, B. and Berkowitz, S.D. (eds.) (1988) *Social Structures a Network Approach*. Cambridge: Cambridge University Press. Wellman, B., Quan-Haase, A., Boase, J., Chen, W., Hampton,

K., Diaz de Isla, I. and Miyata, K. (2003) 'The social affordances of the Internet for networked individualism', *Journal of Computer Mediated Communication* 8:3.

Whitford, J. (2002) 'Pragmatism and the untenable dualism of means and ends: Why rational choice theory does not deserve paradigmatic privilege', *Theory and Society* 31: 325-63.

White, H. C. (1992) *Identity and Control: A Structural Theory of Social Action*. Princeton: Princeton University Press.

White, H.C. (1993) 'Network moves', Revised version of paper prepared for the 'Workshop: Time as a Social Tapestry', Center for the Social Sciences, March 12-13, 1993.

White, H. C. (1994) 'Talk and ties: Change through publics', Unpublished paper.

White, H. C. (1995) 'Network switchings and Bayesian forks: Reconstructing the social and behavioral sciences', *Social Research* 62: 1035-63.

White, H. C. (2004) *Markets from Networks: Socioeconomic Models of Production*. Princeton: Princeton University Press.

White, H.C. (2008) 'Notes on the constituents of

social structure: Soc. Rel. 10—Spring '65', *Sociologica* 1/2008: 1-14.

White, H. C., Godart, F. C. and Corona, V. P. (2007) 'Mobilizing identities: Uncertainty and control in strategy', *Theory, Culture & Society* 24(7-8): 181-202.

Yeung, K. (2005) 'What does love mean? Exploring network culture in two network settings', *Social Forces* 84(1): 391-420.

Zelizer, V. (2004) 'Circuits of commerce', pp. 122-44 in Jeffrey C. Alexander, Gary T. Marx, and Christine Williams (eds.), *Self, Social Structure, and Beliefs. Explorations in Sociology.* Berkeley: University of California Press.

Zelizer, V. (2005a) 'Circuits within capitalism', pp. 289-322 in Victor Nee and Richard Swedberg (eds.), *The Economic Sociology of Capitalism.* Princeton: Princeton University Press.

Zelizer, V. (2005b) *The Purchase of Intimacy.* Princeton: Princeton University Press.

Zelizer, V. (2006a) 'Why and how to read *Why*?' *Qualitativ Sociology* 29: 531-34.

第二部分

实质性主题

SECTION Ⅱ SUBSTANTIVE TOPICS

个人社群:我眼中的世界 **8**

PERSONAL COMMUNITIES:THE WORLD ACCORDING TO ME

◉ 文森特·楚厄(Vincent Chua)　　朱利娅·马蒂(Julia Madei)
巴里·韦尔曼(Barry Wellman)

除了圣洁的利他主义者之外,世界都围绕"我"而转。我们会在脑海中浮现出一张敌友网络图。我今天会见到谁? 通过互联网或手机联系谁? 我可以指望谁给我以不同类型的帮助呢? 我的亲友中哪些人彼此认识,哪些人又能彼此和睦相处呢?

围绕"我"而建的网络——个人社群——总是与我们同在。然而在今天,随着 Facebook 之类社交网站的出现,人们开始明确地意识到,无论社群(community)(围绕个人而组建的 community, 译为社群, 更强调其成员的志同道合; 围绕一个区域组建起来的 community, 则译为社区, 强调其区域性。不过,"社群"和"社区"的性质并无差异。 ——译者注)居于何处,它都是由人们的关系网组成的。

事实上,对待社群的方式有如下三种:

- 曾几何时,几乎所有人都认为,社群植根于邻里之中:它是传统意义上有空间边界的区域,至少其中的大多数人原则上彼此相识,可以步行或开车很快到他家。
- 社群是由具有共同旨趣的人组成的,例如,一群玩漂移车者就是一个社群。
- 我们在这里讨论的是以不太传统的方式对个人社群的界定:与中心者有联络的那些人就是个人社群。从这个角度看,朋友、邻居、亲戚、熟人、组织中的同事和成员都是个人社群的成员,他们相互来往频繁。

从根据空间到利用关系来界定社群,中间经历了感知上的转变。这些个人社群就是社会网络,它被界定为个人的关系集合(图 8.1)。随着互联网时代的到来,这些个人社群变得更加清晰可见。Facebook 和类似的社交媒体依据朋友和熟人列表来建构人们的社会世界。

尽管一些学者继续根据空间有界的单位(如群体、邻里和村庄)来研究社区,其他学者却将社区视为是在线和离线世界的相互渗透性结合,这种结合由自主的个人基于各自的中心来管理(Boase and Wellman,2006)。因此,传统的社区是一类特殊的本地联系的集合,这种表述经常被个人社群所取代,后者的特点在于它是本地的关系、区域的关系和远距离关系(不管多远)(Wellman,2002)的组合。

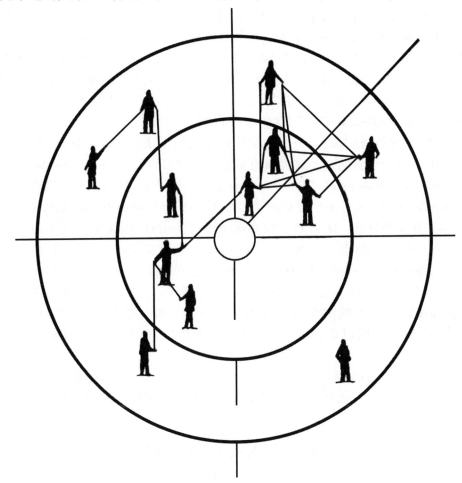

图 8.1 **典型的个人社群**(版权所有:Wellman,2011)

　　可以肯定,这种个人社群一直存在(如 Bender,1978),不过其形式却随着时间的推移而变动不居。在早期,个人社群大多受地域限制,围绕着诸如酒吧、小酒馆或邻里这样的离散社会单位组建起交织密集、聚点广泛的关系(Keller,1968)。现在,许多个人社群在地理上分散、联络上松散、专业性强(Wellman,1979)。能够促进人际沟通的社会手段——移动电话、电子邮件以及诸如 Facebook 和 Twitter 这样的社交网络——的增长从根本上促进了个人社群的转变。座机将户与户相连,移动电话和互联网却将个人直接联络在一起,从而创生了一种当代形式的社群,我们称之为"联网个人主义"(networked individualism)(Wellman,2001a,2001b)。

　　在当代社区研究中,最持久的关注点是所谓社区在过去几百年的式微。不 101 同的评论家为这种式微提供了不同的解释,包括工业化、资本主义、社会主义、城市化、科层化、女权主义和技术变革(Wellman,2001b)。2000 年,政治科学家

Robert Putnam 提出,目前美国人正在"独自打保龄球",投票、参与社交会所和家庭聚餐等公民活动越来越少。最近,McPherson 等(2006)重申了这一担忧,他发现,从 1980 年代中期到 21 世纪初这 20 年的时间里,美国人与他人讨论"重要事项"的人数从 2.8 人下降到 2.1 人。一般认为,汽车的出现使人们从街道和有轨电车上的面对面互动中抽离出来,从那个时代起,人们就给出很多有关社区式微的推定性的技术解释。当下的罪魁祸首是互联网,一些评论者担心,过度使用电子邮件、Facebook 等将诱使人们不再进行面对面的沟通,甚至使人们陷入网瘾而不能自拔(Pope Benedict XVI,2009;Sigman,2009)。

然而,大多数研究表明,个人社群仍然是人们生活的核心。从西欧、拉丁美洲、中国、日本、伊朗、加拿大或美国得到的数据都证明了这一点(Fischer,1982;Wellman,1999;Boase et al.,2006;Wellman,2007)。人们不参与正式组织——如扶轮社(Rotary Clubs),却参与非正式的沟通和社交活动,由专业的关系构成的大型网络正在蓬勃发展。随着互联网和电子邮件的出现,距离不再成为沟通的障碍,因为人们越来越用社交可达性(reachability)而非空间可达性来界定沟通(Hogan,2008b;Mok et al.,2010)。虽然个人社群可能已经走进家庭,从咖啡馆到起居室和电脑屏幕,但是这并不意味着社区消失了。人们在户内继续进行社交活动。他们与朋友在线聊天,通过 Facebook 页面与朋友保持联系,(通过 Twitter)微博上网,线下见面讨论,然后又在线上见面谈论其他事情(Robinson et al.,2002)。

在本章中,我们将描述个人社群的性质、特点和后果。因版面所限,我们仅关注发达国家的个人社群,但是会从其他国家引入一些比较性的信息。

作为个人社群的社群

研究个人社群需要对"社区"(community)有一定的理解。在个人社群研究中,并不将社区看成是受限于诸如家庭、邻里、工作或志愿组织等有组织的体系之中,而是将社群视为"个体网"。个体网分析的路数从个体(**自我**)的角度看待网络,考察每个人如何经营与**他者**的关系。相比之下,"整体网"的研究路数则要观察在诸如邻里、工场或组织中的全部关系。

要理解个体网研究路数,一个可行的途径是想象一下某人在 Facebook 上的朋友。他(或她)的个体网包括了与之保持"朋友"关系的所有 Facebook 用户(Hogan,2008a)。这些"朋友"可能是很少见面的熟人、最近才联络上的久违之友、隔壁的邻居或同一屋檐下生活的兄弟姐妹。由于 Facebook(或者如政治家或销售人员这样的具有专业性的交往人群)上的个体网有可能包含成千上万个弱关系,我们这里遵循 Hogan(2008a)之见,将"个体网"与我们关注的主题即"个人社群"区别开来,我们所关注的个人社群是由对于自我有意义的诸多关系构成的。

Facebook 和与之类似的社交媒体都存在隐私问题。这就是我们生活的世界,其中的社群已成为个人和私人性的,但是显然又以某些方式在网络上向朋友们公开宣布、共享和推荐。Facebook上的朋友在空闲时间会相互详察个人网络,这种做法已经相当普遍。Facebook和MySpace有助于促进传递性的关系。也就是说,如果Jane认识Bob和Alice,那么,随着时间的推移,Bob和Alice也会逐渐认识对方。

共享不同的网络会使社会结构的不同部分与所关注的某个特殊个体或自我重叠与交叉。这种相互重叠有可能打破群体之间的隔阂,通过共享新的信息和友谊将个体连在一起。这就为发展多样化的个人社群带来机会——拥有不同的朋友就是拥有不同的经历,所有这些加在一起便创造出一种广泛而丰富的生活(Erickson,2003)。

社区问题

19世纪初是西方社会动荡、变化的时期。城镇和村庄迅速发展成为工业中心,开展大规模的商品生产和服务。随着时间的推移,生产和消费市场变得日益专业化,工人们从事着特定的职业。学者和政策制定者担心,随着关系的专业化,邻里涌来陌生人,人们会转而向政府和大型组织寻求支持,人际关系会衰退。社会科学家也担心,这种基于角色的新的交往方式会降低社会中的人际关系质量,给社群带来损失(Wellman,2001b)。

虽然这些担忧引人注目,但它们却很少以对人们的日常生活进行的系统性评估为基础。1960年代,这些担忧受到民族志学者的质疑,他们强调,在工人阶级的伦敦城市地区(Young and Willmot,1957)、意大利籍美国人(Italian-American)的"都市村庄"(Gans,1962)和美国白人郊区(Gans,1967)中都有着联络紧密的社群。

民族志学者坚持基于邻里的研究路数,他们成功地展示了社群的持久性,却忽略了社群的其他重要基础(如工场、志愿组织和在线世界)。此外,他们认为社群与根据空间界定的邻里相互毗连,从而不再关注数量庞大的、非本地的友谊和亲属关系。在更广的范围内,目前的全球化沟通和大量的空中旅行促进了跨国网络和跨洲创业活动的增长(Chen and Wellman,2009)。迁移不再意味着失去同其祖国的联系,而是意味着扩大个人社群,在祖国和移民国都有关系(Salaff et al.,1999)。

社群形成的历史轨迹可以视为三类理想类型系列,折射出技术和人员流动的变化(图8.2)。第一类是"小盒子"(little boxes),在电话出现之前特别流行。人们步行(或骑马)穿梭于各家之间。

第二类是"全球地方化"(glocalisation)。电话、汽车和飞机解除了一部分限制,使家庭之间的通信成为可能(Wellman and Tindall,1993)。然而,电话的一个特点是接电话的人实际上可能不是预期的接听者,而恰好是离电话最近的家庭成员接起了电话。因此,这种互动——无论是以电话、汽车还是飞机作为沟通媒介——都是"点对点"式的,整个家庭中都是这样。

　　第三类在过去十年里激增。随着互联网和移动电话的广泛使用,人们可以直接接触,创造了以"联网的个人"(networked individual)作为个人进行沟通的局面。这种"人到人"的互动创造了独特的生活方式。这种互动赋予了个体之间的人际互动而不是家庭之间的以优先权互动。我们经常见到以下的场景:走在街头的人们用手机交谈,跑步时用手机发送电子邮件——不是孤立的个人,而是联系着的个人(参见 Wellman et al.,2006)。随着诸如互联网和移动电话这些数字媒体的出现,人们无论身处何方都可以保持联络状态。这种可接触性是福还是祸,还是一个悬而未决的问题。一些学者认为,"人到人"的交往舒适性(affordances)可以带来灵活的社会关系和工作计划安排;其他人则指出,这种适宜性可以在任何时间找到并联系到在任何地点上的人,从而导致社会控制问题(Olson-Buchanan and Boswell,2006)。例如,谷歌纵横(Google Latitudes)这样的软件就可以即刻告知我们某人在其个人社群中身处何方。

小盒子　　　　　　　全球地方化

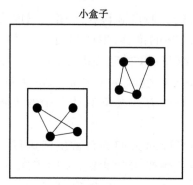 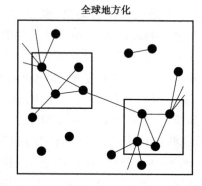

网络化个人主义

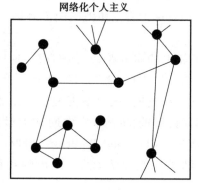

　　　　图 8.2　三种形式的网络化社群(版权归 Barry Wellman,2011 所有)

在线与离线的个人社群

　　虽然我们通常质疑媒体,假定其具有隔离性(如 Anderssen,2009),但研究却清楚地表明,互联网与个人社群实际上是无缝融合的,互联网自身几乎不是独立的**虚拟生活**(second life)(Veenhof et al.,2008;Quan-Haase et al.,2002)。一项历时性研究表明,2002 年到 2007 年,美国成年人每周亲身接触到的朋友数增加了20%:从 9.4 个增加到 11.3 个。与此同时,朋友数的中位数略有下降,从 6 下降到 5。总体而言,这些统计数据表明,虽然有一半美国人的朋友数略微下降,但是许多美国人的朋友数明显有增加趋势(Wang and Wellman,2010)。

这一增长可能与互联网的使用紧密相关,因为随着互联网活动数量的增加,朋友数也会增多。例如,在此期间,网络发烧友的朋友数增加了 38%(从 9.0 增加到 12.4 个),而非网络使用者的朋友数仅增加了 7%(从 9.5 增加到 10.2 个)。不仅网络使用者有更多的朋友,而且他们的友谊网也在快速增长(Wang and Wellman,2010)。

这些数据表明,互联网不仅能使人们保持并加强现有的关系,也有助于人们结成新的纽带关系。人们花在网上的时间并没有减少面对面的接触时间,而是将以前花在不那么具有社交性的活动(如吃饭、看电视、睡觉)上的时间进行了重新安排(Boase et al.,2006;Rainie and Wellman,即将出版)。然而,加拿大的一项大型研究的确表明,网络发烧友花在走亲访友上的时间有所偏低(Veenhof et al.,2008)。

不管互联网上是否存在着时间置换,在传统的面对面和电话接触之上再加入互联网和移动电话通信,都意味着与互联网到来之前相比,现在在朋友和亲戚之间有了更全面的沟通,现在看来这是显而易见的。同拜访、打电话、写信这些古老的纸笔沟通方式相比,通过信息和通信技术(ICT)进行互动会更便宜、更快速、更高效(Boase et al.,2006;Baron,2008;Stern,2008;Collins and Wellman,2010;Wang and Wellman,2010)。

研究者还担心,在线沟通会取代人们之间的面对面互动(Sigman,2009)。这种担心是没有道理的,因为互联网用户通常会说,互联网使生活更轻松,更有社交性,学习更容易,方便个人社群内部成员之间的联络(Kraut et al.,2002;Wellman et al,2006;Veenhof et al.,2008;诸多报告参见 www.pewinternet.org)。白天通过面对面的互动形成的大多数关系会通过诸如发送电子邮件、短信、即时消息或打手机这样的信息通信技术而得以持续和扩展。因此,信息通信技术补充了面对面的接触,而不是取代它(Boase et al.,2006;Wellman et al.,2006;Wang and Wellman,2010)。

越来越多的人使用互联网作为沟通媒介,使距离对沟通的限制性约束降低。与电子邮件有关的社会舒适性(social affordances)包括:邮件的高速度和超出月费后无须再缴费,一次可以同时接触多人(那些接触之人要对一人或多人作出反应),通信可以存储起来以备后来之需,接触不再具有视觉和听觉方面的障碍,以及接触、答复和转发更加容易(Wellman,1999,2001a,2001b)。这使得人际沟通无论彼此相距多远都是可行的(Gotham and Brumley,2002)。平均来说,电子邮件联络对距离的敏感度较低,尽管其他通信模式不是这样。在超过距离 5 英里的分界点之外,面对面的接触便会减少,电话联系只在 100 英里范围内最敏感,电子邮件在很大程度上对距离不敏感(Mok et al.,2010)。

互联网如何影响远距离沟通,这个问题在 21 世纪尤为突出。在互联网出现之前,长距离迁移意味着一个人中断了与其个人社群的关系,这是因为拜访和持续接触的成本高昂且麻烦(Hiller and Franz,2004)。作为切断社会关系的"迁移"

是个旧概念,最近,它已被跨国社群这一概念所取代。互联网能毫不费力地将长距离的人们连接起来,这一特性被移民和农村人口所特别看重(Veenhof et al.,2008;Collins and Wellman,2010;Stern and Messer,2009)。

例如,2003 年的综合社会调查(General Social Survey)发现,在 1990—2003 年移民到加拿大的 25~54 岁的人中,有 56%在上个月使用互联网与朋友沟通;相比之下,在加拿大本土出生的人当中,只有 48%使用互联网(Veenhof et al.,2008)。

通过诸如在线网站 Facebook 和 Flickr,使用摄像头、电子邮件或共享电子照片进行虚拟访问,就可以回到家乡特立尼达(Trinidad)(Miller and Slater,2000)、菲律宾(Ignacio,2005)或世界其他任何地方。仅靠记忆和信件保持同朋友和家乡伙伴的联系已不再是必需的了。

线上和线下都可以维持个人社群关系,线上形成的关系蔓延到现实空间,现实空间中的关系继续在线上互动(Wellman and Haythornthwaite,2002)。有些关系始于线上,并在线上维持,但是这些关系通常只构成一个人的个人社群的一小部分。美国的网民平均约有 4 个仅是线上(online-only)的友谊关系(Wang and Wellman,2010)。对卷入线上关系进行批判的人常常不能将线上关系情境化为如电话一样的沟通媒介,而这样的沟通媒介在很大程度上填补了面对面互动的空白,有助于安排未来的会面(Wellman and Tindall,1993)。

目前,诸如 Facebook 和 Twitter 这样的网站是北美的主要社交网站。它们经常取代电子邮件和即时通信,成为学生和年轻人跟踪并保持其个人社群的主要方式(Lenhart et al.,2005)。在加拿大,Facebook 在城市中心的使用率是相当高的。例如,多伦多22%的(18 岁以上)人口都拥有 Facebook 个人简介(Zinc Research and Dufferin Research,2008)。

这样的社交网站并不阻碍离线的社会接触,相反,它是与社会接触融合在一起的。因为许多关系具有迁移性:从单一的在线接触转为在线接触与离线接触的结合。互联网发烧友报告说,这些迁移式朋友的数量增加了 38%,从 2002 年的平均 1.6 个朋友增加到 2007 年的 2.2 个朋友,这表明社交网站已经同我们的日常交往紧密结合在了一起(Wang and Wellman,2010)。而且,互联网发烧友的在线好友数量增加了一倍多:从 2002 年的 4.1 个到 2007 年的 8.7 个,增长了 112%(Wang and Wellman,2010)。

个人社群数据的收集

最常见的两种收集个人社群数据的方法是**提名法**(name generator)和**定位法**(position generator)。

提名法要求受访者提供与他们共享一个或多个标准关系的接触者列表,例如"亲密"或"友谊"关系(Burt,1984;Marsden,1987;Wellman,2001b)。

提名法研究始于 1960 年代后期。此后的十年内出现了诸多个人社群研究,例如 Edward Laumann(1973)对底特律地区的研究、Barry Wellman(1979)对第一东约克(多伦多)的研究、Claude Fischer 等(Fischer et al.,1977,Fischer,1982)对底特律和北加州(Northern California)的研究。这些研究把社区当作个人社群,发现其中有朋友、亲属、邻居和工友等各种关系。

收集提名法信息的两种方法不同程度地影响着对他者的描述(Ferligoj and Hlebec,1999;Straits,2000)。一种方法是询问受访者谁是他们"最好的朋友"(Laumann,1973)或"亲密的伙伴"(Wellman,1979)。另一种方法要求受访者指出与他们进行某些特定资源交换的他者,如向谁借一大笔钱,或向谁征得与工作决策有关的建议(Fischer,1982)。虽然提名法是会有风险的,即它忽略了一些人。他们具有社会亲密性,却不提供所要研究的支持性资源,但是,提名法还是能产生一个略微大一些、更多样化的名字集合。

尽管求职这样的问题通常会找到一组虽弱却至关重要的关系集(Granovetter,1995),但是,这两种提名法主要还是专注于个人网络的核心区域。总体而言,提名法有一种偏向,即倾向于引出与受访者有亲密关系的他者,这些他者与受访者的相识时间长,也认识受访者的更多他者(Marin,2004)。

提名法通常伴随着**释名法**(name interpreters),根据它会获得每个提名的接触者和自我-他者的关系性质方面的信息(Marsden,2005)。释名法包括诸如被提名者的个人属性(性别、年龄、教育程度、社会经济背景)及描述关系的属性、将自我和他者联系起来的角色关系(父母、子女、亲属、同事、朋友还是配偶关系)、接触频次、亲密程度、关系保持时间(Marsden and Campbell,1984)以及关系的起源等项目(Fischer,1982)。

尽管提名法可以收集到个体网中关于个人的详细信息,不过它可能比较乏味。一个新的办法是使用"参与者帮助的社群图"(participant-aided sociograms)(Hogan 等,2007)。这种技术含量低的方法只需要纸张、铅笔和可移动的便签,要求受访者把他们的接触者置于一组既定的同心圆中,每个圆圈代表不同程度的亲密性(图 8.3)。该方法最初使用的是笔记本电脑,不过前测显示,这种做法使许多受访者感到不舒服,因此,研究小组改用纸和铅笔。受访者开始时提供名字列表,每个名字都写在可移动的便签本上。然后把这些标签放在同心圆中,随着受访者在图表上增加其他名字,这些标签也要不断调整。这种迭代法引导受访者思考他们同他者的关系。鉴于人们倾向于根据群体对他者进行归类(McCarty,2002),一旦每个名字被放到同心圆的恰当位置,搜集相关他者的全部信息就相对容易了。

与提名法相比,**定位法**(position generator)要求受访者报告他们与社会结构中某些特定位置上的人是否有联系(Lin and Erickson,2008)。从操作层面上看,定位法询问受访者是否认识地位职业高低不同的人:律师、保安员、出纳员、医生、秘书等。考虑到职业存在着文化差异,因此定位法的设计应记住几条原则:(1)选择的职业范围要适当覆盖声望由低到高的职业;(2)选择的职业应该具备相当大的人群,以便受访者有机会认识该职业类别的人;(3)确保职业有明确的、所有受访者都理解的称谓;(4)创建的职业列表要足够长,这是因为职业增加了,数据收集的耗时却几乎不会增加(Erickson,2004b)。

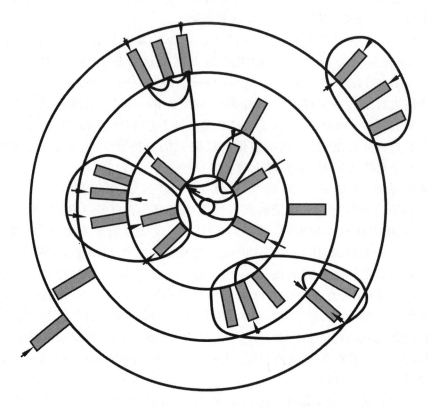

图 8.3　用纸和铅笔方式收集的个体社群数据同心圆
(版权归 Barry Wellman,2011)

提名法和定位法之间有重要区别。提名法的要求较高,因为它伴随着释名项。人们通常只能对少数关系给出详细的汇报,通常只能详尽报告三五个亲密关系,很少会超过十个关系(参见 Lin and Erickson,2008:12)。相比之下,定位法更容易管理,更适合于测量弱关系。从结构上看,弱关系更可能桥接了种族、性别和阶级划分之间的差异,它是个体获得重要资源的渠道(Granovetter,1973;Lin and Dumin,1986;Erickson,2004a;Moren-Cross and Lin,2008)。

107

其他收集个人社群数据的方法包括最近使用的**接触日记法**(contact diary)和**资源生成法**(resource generator)。一项研究如果使用接触日记法,会要求受访者在连续三到四个月里每天记录每一次人际接触情况(Fu,2008)。尽管这是一项费力的任务,不过这些信息是宝贵的,它们可以捕获到一整系列强、中、弱关系,这是提名法和定位法做不到的。要测量诸如税务顾问或暑假朋友这些从弱到中等强度的“季节性”接触者,这种方法尤其有用。

将定位法(其优势在于经济性和影响度)和提名法(其优点是有详细的资源信息)的某些方面相结合,这种尝试便是资源生成法。资源生成法测量的是个人在何种程度上能获得一些特定的资源,如这个人是否知道谁可以"修理汽车""演奏乐器"或"具有文献知识"。资源生成法的一个优势在于,它比提名法易于管理,比定位法更具体,解释更直接(van der Gaag and Snijders,2005;van der Gaag et al.,2008)。

个人社群看似像什么?

地理上是分散的

当代社区很少仅仅出现在邻里内部,而是通常包括数量庞大的网络成员,他们住在一个小时车程内或者甚至是洲际距离那么远(Fischer,1982;Wellman et al.,1988;Chen and Wellman,2009)。短距离有优势,因为短距离有利于面对面的互动以及商品和服务的交换。在不太容易实现这种接触的地方,总有互联网存在。一项关于多伦多个人社群**联网生活**(The Connected Lives)的研究发现,一般来说,电子邮件联系对距离不敏感。虽然对于超出 3 000 英里的越洋关系来说,电子邮件往往会增加这种敏感性。这项研究还表明,电子邮件稍许改变了人们维持其关系的方式(Mok et al.,2009)。跨国家庭认为信息通信技术可以提高交往的整体数量和质量——通信技术鼓励更多的亲属卷入到通常是女性从事的家族事务中,加强了由于距离而分开的家庭成员的联系(Wilding,2006)。尽管表面上看电子邮件具有非个人性质,人们还是把电子邮件来往同日常生活中面对面的聚会和打电话融为一体。正是有了这样的整合,个人社群变得更加"全球地方化"——广泛的全球性和深入的本地性(Wellman,2001a,2001b;Hampton and Wellman,2002;Hampton and Wellman,2003;Wellman et al.,2006;Collins and Wellman,2010)。

联系是松散的

许多个人社群的联系是"松散的",这意味着大多数网络成员并不直接与他者相连。1968 年在多伦多作的一项研究发现,在社会联系紧密的成员中,全部可能的他者-他者联系中只有三分之一是紧密联系(Wellman,1979;Wellman et al.,1988)。1979 年在同一地区重新做的一项研究发现,联系的密度甚至更低(0.13)。尽管该研究调查了更多的他者,包括一些社会联系不那么亲密的人:网络规模越大,两个他者越不可能联系起来(Wellman,2001b)。

专业化的联系

个人社群通常是专业化的,不同的社群成员提供了不同类型的社会支持(Wellman and Wortley,1990)。在这些专业化的关系中,指导原则是"同类互帮"(tit-for-tit)而非"异类互报"(tit-for-tat),即人们得到过什么类型的帮助,就回报同类型的帮助(Plickert et al.,2007)。一般而言,邻居适于便利地处理突发事件,因为邻居与自我的距离近,能够迅速对商品和服务作出反应(Wellman and Wortley,1990)。近亲关系是情感和长期支持的来源:父母和成年子女尤其应该经常提供经济援助、情感援助,诸如照顾孩子和资金支持这样大大小小的援助(Wellman,1990;Wellman and Wortley,1990)。配偶彼此提供多类支持(Wellman and Wellman,1992)。朋友关系被作为密友和社会同伴而得到重视,尤其是在单身者中间(de Vries,1996)。他们有时会提供职位空缺这样的非冗余信息,并因此受到重视(Granovetter,1995)。

多人之间的少量关系

108　　　虽然大多数美国人可以说出他们个体网中的 200～300 个成员(McCarty et al.,2001),但是个人社群研究最多只能考察其中一小部分亲密的、积极的关系。根据实际的研究设计,不同的提名法策略会得到不同类型和数量的名字(Straits,2000)。Fischer(1982)对北加州的研究中使用了 10 个提名项,平均每人给出 12.8 个名字,而 Hogan 等(2007)最近的研究结果则给出 6～66 个名字。然而,这两种情况的提名数都没有超过 Boissevain(1974)用一年时间追踪两个人时所发现的 1 000 个提名,也没有达到英国人类学家 Dunbar(1996)提出的 150 个关系。这个数值是有凝聚力的群体(如自给自足的村庄、游牧民族和军事单位)可以成功容纳的最大成员数。

与我们类似的人

个人关系比随机预测的关系更具有同质性。个人发现其所处的环境和情境与其个人的选择有交集,从而影响了同质性网络(Blau,1977;McPherson and Smith-Lovin,1987;Marsden,1988)。自我和他者通常在诸如种族、阶级和文化兴趣这些属性上是匹配的(Lin and Dumin,1986;Erickson,1988;Marsden,1988)。通常情况下,这些社会情境已经依据某种特定的个人属性集合预先排好序了。例如,诸如工场、学校、邻里和志愿组织这样的机构往往会将具有相同教育、年龄、种族和性别的人聚在一起,生成相对同质的"合格人选"集合,然后从该集合中作选择发挥的是次级作用(Feld,1981;Laumann et al.,1994)。根据情境的不同,同质性的某些方面可能比其他方面更加突出。例如,在美国,种族同质性是一种稳健的现象(Moren-Cross and Lin,2008)。

然而,许多关系跨越了同质性群体,它们既有助于防止同质性集群的分裂,又可以通过提供群体间的联系从而将社会系统整合起来(Granovetter,1973;Laumann,1973;Ferrand et al.,1999)。一个维度上的同质性不能保证其他维度也有同质性。

个人社会位置导致网络构成上的差异

个体网络的构成因个人的社会位置的不同而不同。平均来说,男性和女性提名的他者数量相同,但是这些网络在构成和动态性方面有差异。美国妇女往往有更多的亲属关系,她们与其亲属也有频繁的网络互动。即使双职工家庭已经很普遍,妇女与邻居、远亲仍然有较多的联系,而男人有较多的同事关系(Fischer,1982;Wellman,1985;Marsden,1987;Moore,1990)。在法国,男人对同事的信任等同于对其亲属的信任,而女性对亲属的信任是对同事信任的三倍(Ferrand et al.,1999)。在中国台湾地区,相对于男性,女性接触的有影响力者较少,因为女性较少处于劳动力中,更容易被家庭义务所束缚(Lin et al.,2001)。

在青少年、婚姻和生儿育女这样的人生的不同阶段,个人社群也有所不同。婚姻和生儿育女的早期往往需对亲属有高度承诺,对夫妻双方在时间和精力方面有很高要求(de Vries,1996)。当单身者在周末同朋友交往时,已婚夫妇要利用周末和平日晚上的时间照顾孩子、看望双方父母。尤其是对于职场中的母亲来说,在工作时间之外几乎没有时间同朋友社交(Hochschild,1997)。当妈妈们觉得有时间压力时,友谊就离她而去,剩下的是亲属关系(Wellman,1985)。

年龄也是网络构成的一个重要预测项。老年人的网络规模往往较小,因为退休使之失去工作场所中非亲属关系这一重要关系领域(Pickard,1995),他们参与的志愿组织也显著减少(Mirowsky and Ross,1999)。年轻的单身人士往往有更大和更多样的网络,这是因为他们往往被城市所吸引(Fischer,1982),并更可能有以朋友为中心的网络(de Vries,1996)。

不同的个人社群在个人收入、教育和种族方面也不同。与不富裕的人相比,富裕的和受教育程度高的人有更多的朋友和熟人(Fischer,1982;Moore,1990)。受过高等教育的人可能认识大量来自不同职业的人(Lin and Dumin,1986)和地位高的人(Ferrand et al.,1999)。同白人相比,少数族裔(如非洲裔和西班牙裔的美国人)同高地位的人往往接触较少(Lin,2000;Erickson,2004a;Moren-Cross and Lin,2008)。非洲裔美国人的网络高度集中在亲属和邻居上(Martineau,1977;Lee et al.,1991)。因此,他们的网络往往更加密集和本地化(Stack,1974;Green et al.,1995)。

国别情境下的网络差异

制度情境影响个人构建其个体社群的方式。这些制度上的变化通常伴随网络构成的变化。例如,当中国的经济开始从社会主义转向自由市场时,人们更容易同朋友而不是与同事或亲属讨论重要事情。基于天津的网络研究发现,在短短的 7 年时间内,朋友所占比例从 1986 年的 5% 上升至 1993 年的34%——变化量有 700% 之多(Ruan et al.,1997)。在一个日益增长的经济体中,中国工人被朋友所吸引,激发出可以为就业机会充当更好桥梁的新型**关系**形式(也可参见 Wellman et al,2002;Gold et al.,2002)。与此同时,随着国家推动的分配工作计划被逐渐淘汰,同事所发挥的作用日渐消退,深厚的友谊关系变得越来越重要(Ruan et al.,1997)。

东德提供了另一个案例。在柏林墙倒塌之前,东德人个人社群的特点是它具有独特的利基性和供应补给性成分(niche and provisioning components)。利基成分

(niche component)是东德人谨慎地使用的一组密切的联系,被用于与密友和亲属交换敏感的政治观点;供应补给性成分(provisioning component)则是他们使用的松散关系,被用于获得就业信息和资金援助这样的工具性资源。东德的共产主义垮台后,个人社群与高度控制的制度性条件不再有联系,这时,上述情况开始改变。因此,紧密的利基与弱联系之间的差异开始消失(Völker and Flap,2001)。

个人社群中的亲友

当代涌现出来的教育和空间流动浪潮并没有削弱家庭在个人社群中的重要性。甚至在社会流动人群中,亲属关系仍然是重要的。在美国,受过高等教育的人在重要事情上仍然要同直系亲属商量(McPherson et al.,2006)。在德黑兰,亲属仍然是伊朗中产阶级关注的核心,他们在国家不稳定的状态下共享着社会和经济的资源(Bastani,2007)。在图卢兹(Toulouse),亲属在个人社群中占主导地位,在受过高等教育的个人中更是如此(Grossetti,2007)。在德国的现代生活中,亲属和朋友仍然是重要的,他们同家庭相互依赖,为自我提供一系列社会和情感资源(Hennig,2007)。亲情和友情之所以互补,原因之一是它们构成略显独特的行动系统,以相对独特的结构性、交换过程和资源为特征。

结构上的差异

个人社群通常包含独特的活动和利益集团。亲属不太可能认识这些朋友,有的朋友可能彼此也不认识。有时,隔离能使自我同那些不为其圈内人所认识的朋友保持一种谨慎的联系(Hannerz,1980)。

亲属关系网络往往是联系紧密的集群,其网络成员之间有紧密关系,而朋友网络的联系往往是稀疏的,在大的网络结构内部会生出结构洞。家人和朋友在日常生活中很重要,网络结构的这两个方面在许多个人社群中都可以找到——其特点是由直系亲属构成紧密的内核,由一系列密友到表面朋友关系构成单独的中间层和外核(Wellman and Wortley,1990;Bastani,2007;Grossetti,2007;Hennig,2007;Hogan,2008b)。

交换过程中的差异

亲属和朋友往往有不同的交换过程,部分原因在于它们嵌入的结构情境不同。由于亲属之间的关系更可能围绕交织紧密的情境展开,这些关系主要受扩散性互惠规范的支配,因此,给受益人的恩惠无须受益人直接偿还,而是由社群的其他成员偿还(Uehara,1990)。

资源上的差异

朋友网和亲属网往往是各类资源的来源(Wellman and Wortley,1990)。直系亲属往往在团结、信任和承诺方面水平较高,而朋友和熟人通常构成了松散的连接网络,为诸如求职信息这样的事件提供交流渠道(Granovetter,1995)。在许多情况下,朋友网充当了将社会不同阶层之人连接起来的桥梁,促进了社会流动(Bian,1997;Ferrand et al.,1999;Lin,2001)。然而,工具性友谊和情感性亲属之间的区别比较灵活。朋友经常提供良好的社会陪伴和情感性支持,而直系亲属可能是工具性支持的重要来源,尤其体现在资金援助和知识获取方面(Coleman,1988;Wellman and Wortley,1990;Ferrand et al.,1999)。

个人社群的后果

个人社群和社会支持

个人社群对于家庭的日常运行来说很重要,它是解决危机的关键,有时在改变情境方面起着工具性作用。个人社群提供庇护以及某种归属感和被帮助的感觉。人们依赖家人和密友提供的日常情感援助和小宗服务来应付各种压力和紧张。例如,当面临医疗危机时,人们通常咨询密友和家人。这些网络成员构成"治疗管理小组"(Pescosolido,1992:1124),在健康管理过程中是重要的伙伴(Pescosolido,1992;Antonucci and Akiyama,1995;Rainie and Wellman,即将出版)。

个人社群还可以帮助改变情境。作为交换金钱、技能、信息和服务之类资源的通道,个人社群常常能促成生命中的机遇,如在重要事项上得到意见(Fischer,1982)、拥有更加多样化的知识(Erickson,1996)、谋职(Granovetter,1995)。个人社群有助于协商解决日常生活(如正式的科层结构)中的困难。在市场化之前的中国,与有影响力的朋友和家人保持密切联系可以在政府的严密控制下加速完成不合法的工作变动(Bian,1997)。在智利的集权政体中,邻里相互提供食品和照顾孩子,在建设家园和找工作方面相互提供帮助(Espinoza,1999)。

个人社群和不平等

个人社群是传递多种利益的渠道,同时也是社会控制和不平等再生产的渠道。在劳动力市场上,个人社群可能是传递不平等的一种机制。除了使用正式的招聘手段,许多雇主更愿意使用内部网络,个人推荐在高地位与低地位工作中都很常见(Burt,1997;Fernández et al.,2000;Erickson,2001)。

求职过程中,拥有多样化网络(自我者认识从事诸多不同职业的他者)和专业化网络(自我者认识同一行业内部的他者)的信息持有者更容易意识到职位空缺的信息,但是他们未必能识别出谁是潜在的申请人,或者不能与求职者分享这些职位空缺信息(Marin,2008)。这在很大程度上取决于信息持有者是否愿意分享他们的信息。有时,他们可能不愿意分享,因为他们认为求职者不可靠,不会成为合格的职业候选人(Smith,2005)。

同质性网络经常再生产出求职上的不平等。例如,男经理更容易聘请他们的"校友网"成员,阻挠具有同样资格的女性晋升(Reskin and McBrier, 2000)。在这里,过度依赖网络会削弱雇用精英的效果,使女性无法获得管理职位。同质性的阶层网络对于地位较低的群体尤为不利,他们不太可能接触到地位较高者(Ferrand et al., 1999; Lin, 2001)。由于相对缺乏教育,地位较低的求职者要想求职成功,往往与他们能否接触到更有影响力的联系人紧密相关。

个人社群和功能多样性

个人社群通常由两种网络安排(大体上内核和外核的双重组合)构成。内核往往与多种角色关系有关联,它们形成联络密集的集群,而外核往往由交织疏松的网络结构中的专门化关系构成(Wellman and Wortley, 1990; Hogan, 2008b)。随着现代社会的分化,个人社群的功能也同样变得专业化和多样化。个人社群在当代并没有式微,他们有复杂的结构和过程。

111

个体能够反映市场营销和社区的现代趋势,在专业化的精品店而不是一般的商店获得购物支持。多样化的关系满足多样的功能。强的直系亲属关系通常与长期照顾和小宗服务相关。朋友、兄弟姐妹和组织成员,尤其是那些与之保持强关系的人更可能成为社交伴侣。地理上接近的关系更可能提供大宗和小宗服务,女性更容易提供情感帮助。作为自己个人社群的必然管理者,人们开始知道什么样的网络可以满足什么样的目的,从而根据他们生活的优先事项和需要对多样化的关系组合进行投资。

结 论

个人社群是个人的,同时也深入社会,它们横跨各大洲、社会部门和其他网络。在现实中,个人社群同成千上万的印尼群岛中的孤岛不同。相反,个人社群与其他社会网络重叠,创生出社会互动体系,类似于一种联系松散,但却明白无误地联系在一起的社会整体。互联网、电子邮件、手机和智能手机这样的通信技术的诞生和发展让人们以新的、令人兴奋的方式建立社群。由于这些技术能让人们跨越距离进行交流,也能够保持短距离的联系,因此距离已经不太可能成为阻碍个人社群培育和维护的一道屏障了(Mok et al., 2009)。

随着新通信技术的爆炸式增长,当代世界正经历着"三重革命":互联网革命、移动电话革命和社会网络革命(Rainie and Wellman,待发表)。**互联网革命**开辟了新的沟通和寻找信息的方式。知识的力量已不再是专业人士的垄断之物,因为普通民众现在可以在互联网上研究并比较医疗保健和金融专家的意见。互联网革命必定与**手机革命**有关,后者可以使个人在移动的同时进行沟通并收集信息。随着联系的增多,人们无论身处何方都可以连接网络,获得信息。家庭基地(Home bases)仍然是思想和灵感的重要来源,但是移动电话革命确保的是,人们永远不会出现失去要么与家庭基地,要么与其他重要的社会世界失去联系的非此即彼的情况。

这些技术变革与**社会网络革命**相互促进。虽然社交网络一直与我们同在,但是互联网革命和移动电话革命却都在削弱群体的边界,扩大人际关系的范围、数量和速度。现代人已经网络化了,在作为社会舒适性(social affordances)的通信技术的帮助下管理着其个人的社群。总之,个人社群研究准确地反映了现代人的习惯,他们作为个体已经深陷于移动网络之中。

注　释

感谢英特尔公司的人与实践部(Intel Corporation's People and Practices unit)、加拿大社会科学和人文研究委员会(Social Sciences and Humanities Research Council)和新加坡国立大学的资金支持。我们从多伦多大学社会学系网络实验室(Netlab)的新老同事处获益良多。感谢 Natalie Zinko 在编辑上的帮助。

参考文献

Anderssen, E. (2009) 'Lent's most controversial sacrifice: Facebook', *Toronto Globe and Mail*, March 7.

Antonucci, T. and Akiyama, H. (1995) 'Convoys of social relations', in Rosemary Blieszner and Victoria H. Bedford (eds.), *Handbook of Aging and the Family*. Westport, CT: Greenwood Press. pp. 355-72.

Baron, N. (2008) *Always On*. Oxford: Oxford University Press.

Bastani, S. (2007) 'Family comes first: men's and women's personal networks in Tehran', *Social Networks* 29(3):357-74.

Bender, T. (1978) *Community and Social Change in America*. New Brunswick NJ: Rutgers University Press.

Benedict XVI, Pope (2009) *Message for the World Day of Communication*. http://www.vatican.va/holy_father/benedict_xvi/messages/communications/documents/hf_ben-xvi_mes_20090124_43rd-world-communicationsday_en.html.

Bian, Y. (1997) 'Bringing strong ties back in: indirect ties, network bridges, and job searches in China', *American Sociological Review* 62 (3): 366-85.

Blau, P. (1977) *Inequality and Heterogeneity*. New York: Free Press.

Boase, J., Horrigan, J., Wellman, B. and Rainie, L. (2006) 'The strength of Internet ties', *The Pew Internet and American Life Project*. Washington, D.C.

Boase, J. and Wellman, B. (2006) 'Personal relationships: On and off the Internet', in Anita Vangelisti and Dan Perlman (eds.), *Cambridge Handbook of Personal Relationships*. Cambridge: Cambridge University Press. pp. 709-23.

Boissevain, J. (1974) *Friends of Friends*. Oxford: Blackwell.

Burt, R. (1984) 'Network items and the General Social Survey', *Social Networks* 6: 293-339.

Burt, R. (1997) 'The contingent value of social capital', *Administrative Science Quarterly* 42 (2): 339-65.

Chen, W. and Wellman, B. (2009) 'Net and jet: the Internet use, travel and social networks of Chinese Canadian

entrepreneurs', *Information, Communication and Society* 12(4): 525-47.

Coleman, J. (1988) 'Social capital in the creation of human capital', *American Journal of Sociology* 94: S95-S120.

Collins, J. and Wellman, B. (2010) 'Small town in the Internet society', *American Behavioral Scientist* 53(9): 1344-66.

de Vries, B. (1996) 'The understanding of friendship: an adult life course perspective', in Carol Margai and Susan McFadden (eds.), *Handbook of Emotion, Adult Development and Aging*. San Diego, CA: Academic Press. pp. 249-68.

Dunbar, R. (1996) *Grooming, Gossip, and the Evolution of Language*. London: Faber and Faber.

Erickson, B. (1988) 'The relational basis of attitudes', in Barry Wellman and Stephen Berkowitz (eds.), *Social Structures*. New York: Cambridge University Press. pp. 99-121.

Erickson, B. (1996) 'Culture, class, and connections', *American Journal of Sociology* 102(1): 217-51.

Erickson, B. (2001) 'Good networks and good jobs: the value of social capital to employers and employees', in Nan Lin, Ronald S. Burt and Karen Cook (eds.), *Social Capital: Theory and Research*. New York: Aldine de Gruyter. pp. 127-57.

Erickson, B. (2003) 'Social networks: the value of variety', *Contexts* 2(1): 25-31.

Erickson, B. (2004a) 'A report on measuring the social capital in weak ties', Policy Research Initiative, Ottawa, Canada. pp. 1-16.

Erickson, B. (2004b) 'The distribution of gendered social capital in Canada', in Henk Flap and Beate Völker (eds.), *Creation and Returns of Social Capital*. New York: Routledge. pp. 27-50.

Espinoza, V. (1999) 'Social networks among the urban poor: Inequality and integration in a Latin American city', in Barry Wellman (ed.),

Networks in the Global Village. Boulder, CO: Westview. pp. 147-84.

Feld, S. (1981) 'The focused organization of social ties', *American Journal of Sociology* 86: 1015-35.

Ferligoj, A. and Hlebec, V. (1999) 'Evaluation of social network measurement instruments', *Social Networks* 21: 111-30.

Fernández, R.M., Castilla, E.J. and Moore, P. (2000) 'Social capital at work: networks and employment at a phone center', *American Journal of Sociology* 105(5): 1288-356.

Ferrand, A., Mounier, L. and Degenne, A. (1999) 'The diversity of personal networks in France', in Barry Wellman (ed.), *Networks in the Global Village*. Boulder, CO: Westview. pp. 185-224.

Fischer, C. (1982) *To Dwell Among Friends*. Berkeley: University of California Press.

Fischer, C., Jackson, R.M., Steuve, C.A., Gerson, K., McCallister, L.J. and Baldassare, M. (1977) *Networks and Places*. New York: Free Press.

Fu, Y.-C. (2008) 'Position generator and actual networks in everyday life: an evaluation with contact diary', in Nan Lin and Bonnie H. Erickson (eds.), *Social Capital*. New York: Oxford University Press. pp. 49-64.

Gans, H. (1962) *The Urban Villagers*. New York: Free Press.

Gans, H. (1967) *The Levittowners*. New York: Pantheon.

Gold, T., Guthrie, D. and Wank, D. (eds.) (2002) *Social Connections in China*. Cambridge: Cambridge University Press.

Gotham, K.F. and Brumley, K. (2002) 'Using space', *City and Community* 1(3): 267-89.

Granovetter, M. (1973) 'The strength of weak ties', *American Journal of Sociology* 78: 1360-80.

Granovetter, M. (1995) *Getting a Job*, 2nd ed. Chicago: University of Chicago Press.

Green, G., Tigges, L. and Browne, I. (1995) 'Social resources, job search, and poverty in Atlanta', *Research in Community Sociology* 5: 161-82.

Grossetti, M. (2007) 'Are French networks different?' *Social Networks* 29(3): 391-404.

Hampton, K. and Wellman, B. (2002) 'The not so global village of Netville', in Barry Wellman and Caroline Haythornthwaite (eds.), *The Internet in Everyday Life*. Oxford: Blackwell. pp. 345-71.

Hampton, K. and Wellman, B. (2003) 'Neighbouring in Netville', *City and Community* 2(4): 277-311.

Hannerz, U. (1980) *Exploring the City*. New York: Columbia University Press.

Hennig, M. (2007) 'Re-evaluating the community question from a German perspective', *Social Networks* 29(3): 375-90.

Hiller, H. and Franz, T. (2004) 'New ties, old ties and lost ties: the use of the Internet in diaspora', *New Media & Society* 6: 731-52.

Hochschild, A.R. (1997) *The Time Bind*. New York: Metropolitan.

Hogan, B. (2008a). 'A comparison of on and offline networks using the Facebook API'. QMSS2: Communication Networks on the Web. Amsterdam, December.

Hogan, B. (2008b) 'Networking in everyday life'. PhD dissertation, University of Toronto, Toronto.

Hogan, B., Carrasco, J.-A. and Wellman, B. (2007) 'Visualizing personal networks: working with participant-aided sociograms', *Field Methods* 19(2): 116-44.

Ignacio, E.N. (2005) *Building Diaspora: Filipino Community Formation on the Internet*. New Brunswick, NJ: Rutgers University Press.

Keller, S. (1968) *The Urban Neighborhood*. New York: Random House.

Kraut, R., Kiesler, S., Boneva, B., Cummings, J., Helgeson, V. and Crawford, A. (2002) 'Internet paradox revisited', *Journal of Social Issues* 58(1): 49-74.

Laumann, E. (1973) *Bonds of Pluralism*. New York: Wiley.

Laumann, E., Gagnon, J., Michael, R. and Michaels, S. (1994) *The Social Organization of Sexuality: Sexual Practices in the United States*. Chicago: University of Chicago Press.

Lee, B., Campbell, K. and Miller, O. (1991) 'Racial differences in urban neighboring', *Sociological Forum* 6: 525-50.

Lenhart, A., Madden, M. and Hitlin, P. (2005) 'Teens and technology', *Pew Internet and American Life Project*, Washington.

Lin, N. (2000) 'Inequality in social capital', *Contemporary Society* 29(6): 785-95.

Lin, N. (2001) *Social Capital*. Cambridge: Cambridge University Press.

Lin, N. and Dumin, M. (1986) 'Access to occupations through social ties', *Social Networks* 8: 365-83.

Lin, N. and Erickson, B. (2008) 'Theory, measurement, and the research enterprise on social capital', in Nan Lin and Bonnie H. Erickson (eds.), *Social Capital: An International Research Program*. New York: Oxford University Press. 1-24.

Lin, N., Fu, Y.-C. and Hsung, R.-M. (2001) 'The position generator: measurement techniques for investigations of social capital', in Nan Lin, Karen Cook, and Ronald Burt (eds.), *Social Capital: Theory and Research*. New York: Aldine de Gruyter. pp. 57-81.

Marin, A. (2004) 'Are respondents more likely to list alters with certain characteristics?' *Social Networks* 26: 289-307.

Marin, A. (2008) 'Depth, breadth, and social capital'. Paper presented at the American Sociological Association Annual Meeting, Boston.

Marsden, P. (1987) 'Core discussions networks of Americans', *American Sociological Review* 52: 122-31.

Marsden, P. (1988) 'Homogeneity in confiding networks', *Social Networks* 10(1): 57-76.

Marsden, P. (2005) 'Recent developments in network measurement', in Peter Carrington, John Scott, and Stanley Wasserman (eds.), *Models and Methods in Social Network Analysis*. Cambridge: Cambridge University Press. pp. 8-30.

Marsden, P. and Campbell, K. (1984) 'Measuring tie strength', *Social Forces* 63: 482-501.

Martineau, W. (1977) 'Informal ties among urban Black Americans', *Journal of Black Studies* 8: 83-104.

McCarty, C. (2002) 'Measuring structure in personal networks', *Journal of Social Structure* 3: 1.

McCarty, C., Killworth, P., Bernard, H. R., Shelley, G. A. and Johnsen, E. (2001) 'Comparing two methods for estimating network size', *Human Organization* 60: 28-39.

McPherson, M. and Smith-Lovin, L. (1987) 'Homophily in voluntary organizations', *American Sociological Review* 52: 370-79.

McPherson, M., Smith, Lovin, L. and Brashears, M. (2006) 'Social isolation in America', *American Sociological Review* 71: 353-75.

Miller, D. and Slater, D. (2000) *The Internet: An Ethnographic Approach.* Oxford: Berg.

Mirowsky, J. and Ross, C.E. (1999) 'Well-being across the life course', in Allan V. Horwitz and Teresa L. Scheid (eds.), *A Handbook for the Study of Mental Health.* Cambridge: Cambridge University Press. pp.328-47.

Mok, D., Wellman, B. and Carrasco, J.-A. (2010) 'Does distance still matter in the age of the Internet?', *Urban Studies* 47 (13): 2743-83.

Moore, G. (1990) 'Structural determinants of men's and women's personal networks', *American Sociological Review* 55: 726-35.

Moren-Cross, J.L. and Lin, N. (2008) 'Access to social capital and status attainment in the United States', in Nan Lin and Bonnie Erickson (eds.), *Social Capital: An International Research Program.* New York: Oxford University Press. pp. 364-79.

Olson-Buchanan, J. and Boswell, W. (2006) 'Blurring boundaries', *Journal of Vocational Behavior* 68: 432-45.

Pescosolido, B. (1992) 'Beyond rational choice', *American Journal of Sociology* 97: 1096-138.

Pickard, S. (1995) *Living on the Front Line.* Aldershot: Avebury.

Plickert, G., Côté, R. and Wellman, B. (2007) 'It's not who you know, it's how you know them', *Social Networks* 29(3): 405-29.

Putnam, R. (2000) *Bowling Alone.* New York: Simon and Schuster.

Quan-Haase, A., Wellman, B., Witte, J. and Hampton, K. (2002) 'Capitalizing on the net', in Barry Wellman and Caroline Haythornthwaite (eds.), *The Internet in Everyday Life.* Oxford: Blackwell. pp. 291-324.

Rainie, L. and Wellman, B. (forthcoming) *Networked: The New Social Operating System.* Cambridge, MA: MIT Press.

Reskin, B. and McBrier, D.B. (2000) 'Why not ascription?' *American Sociological Review* 62: 210-33.

Robinson, J.P., Kestnbaum, M., Neustadl, A. and Alvarez, A. (2002) 'The Internet and other uses of time', in Barry Wellman and Caroline Haythornthwaite (eds.), *The Internet in Everyday Life.* Oxford: Blackwell. pp. 244-62.

Ruan, D., Freeman, L., Dai, X., Pan, Y. and Zhang, W. (1997) 'On the changing structure of social networks in urban China', *Social Networks* 19(1): 75-90.

Salaff, J., Fong, E. and Wong, S.-l. (1999) 'Using social networks to exit Hong Kong', in Barry Wellman (ed.), *Networks in the Global Village.* Boulder, Colorado: Westview. pp. 299-329.

Sigman, A. (2009) 'Well connected? The biological implications of social networking', *Biologist* 56(1): 14-20.

Smith, S.S. (2005) 'Don't put my name on it: social capital activation and job-finding assistance among the Black urban poor', *American Journal of Sociology* 111: 1-57.

Stack, C. (1974) *All Our Kin.* New York: Harper & Row.

Stern, M. (2008) 'How locality, frequency of communication, and Internet usage affect modes of communication within core social networks', *Information, Communication, and Society* 11 (5): 591-616.

Stern, M. and Messer, C. (2009) 'How family members stay in touch', *Marriage and Family Review* 45.

Straits, B. (2000) 'Ego's important discussants or significant people', *Social Networks* 22: 123-40.

Uehara, E. (1990) 'Dual exchange theory, social networks, and informal social support', *American Journal of Sociology* 96(3): 521-57.

van der Gaag, M. and Snijders, T.A.B. (2005) 'The resource generator', *Social Networks* 27: 1-27.

van der Gaag, M., Snijders, T.A.B. and Flap, H. (2008) 'Position generator measures and their relationship to other social capital measures'. In Nan Lin and Bonnie H. Erickson (eds.), *Social Capital: An International Research Program*. New York: Oxford University Press. pp. 27-48.

Veenhof, B., Wellman, B., Quell, C. and Hogan, B. (2008, December 4) 'How Canadians' use of the Internet affects social life and civic participation'. Connectedness report series. http://www. statcan. gc. ca/pub/56f0004m/6f0004m2008016-eng.pdf.

Völker, B. and Flap, H. (2001) 'Weak ties as a liability: the case of East Germany', *Rationality and Society* 13(4): 397-428.

Wang, H. and Wellman, B. (2010) 'Social connectivity in America', *American Behavioral Scientist* 53 (8): 1148-69.

Wellman, B. (1979) 'The community question', *American Journal of Sociology* 84: 1201-31.

Wellman, B. (1985) 'Domestic work, paid work and net work'. In Steve Duck and Daniel Perlman (eds.), *Understanding Personal Relationships*. London: Sage. pp.159-91.

Wellman, B. (1990) 'The place of kinfolk in community networks', *Marriage and Family Review* 15(1/2): 195-228.

Wellman, B. (ed.) (1999) *Networks in the Global Village*. Boulder, CO: Westview Press.

Wellman, B. (2001a) 'Physical place and cyber place: the rise of personalized networking', *International Journal of Urban and Regional Research* 25(2): 227-52.

Wellman, B. (2001b) 'The persistence and transformation of community: from neighbourhood groups to social networks', Report to the Law Commission of Canada.

Wellman, B. (2002) 'Little boxes, glocalization, and networked individualism', in Makoto Tanabe, Peter van den Besselaar, and Toru Ishida (eds.), *Digital Cities II*. Berlin: Springer. pp. 10-25.

Wellman, B. (2007) 'The network is personal', *Social Networks* 29(3): 349-56.

Wellman, B., Carrington, P. and Hall, A. (1988) 'Networks as personal communities', in Barry Wellman and S.D.

Berkowitz (eds.), *Social Structures*. Cambridge: Cambridge University Press. pp. 130-84.

Wellman, B., Chen, W. and Dong, W. (2002) 'Networking Guanxi', in Thomas Gold, Douglas Guthrie, and David Wank (eds.), *Social Connections in China*. Cambridge: Cambridge University Press. pp. 221-41.

Wellman, B. and Haythornthwaite, C. (eds.) (2002) *The Internet in Everyday Life*. Oxford: Blackwell.

Wellman, B., Hogan, B., Berg, K., Boase, J., Carrasco, J.-A., Cote, R., Kayahara, J., Kennedy, T. and Tran, P. (2006) 'Connected lives: the project', in Patrick Purcell (ed.), *Networked Neighbourhoods: The Online Community in Context*. Guilford, UK: Springer. pp. 157-211.

Wellman, B. and Tindall, D. (1993) 'Reach out and touch some bodies', *Progress in Communication Science* 12:63-94.

Wellman, B. and Wellman, B. (1992) 'Domestic affairs and network relations', *Journal of Social and Personal Relationships* 9: 385-409.

Wellman, B. and Wortley, S. (1990) 'Different strokes from different folks', *American Journal of Sociology* 96: 558-88.

Wilding, R. (2006) 'Virtual intimacies? Families communicating across transnational contexts', *Global Networks* 6(2): 125-42.

Young, M. and Willmott, P. (1957) *Family and Kinship in East London*. Harmondsworth, UK: Penguin.

Zinc Research and Dufferin Research. (2008) 'Canadians and social networking sites'. Toronto: Zinc Research.

社会支持 **9**

SOCIAL SUPPORT

◎ 宋丽君（Lijun Song） 孙俊莫（Joonmo Son） 林南（Nan Lin）

在过去 30 年间，作为一种基于网络的社会现象，社会支持已经成为研究关注的焦点。以主题词"社会支持"作为搜索条件在社会科学引文索引数据库（SSCI）中检索发现，1950 年代只有 3 篇此类文章，1960 年代只有 10 篇。到 1970 年代，数量上升至 76 篇。在此之后，1980 年代平均每年有 94 篇此类文章，1990 年代每年有 1 394 篇，2000—2008 年每年有 2 687 篇。社会支持吸引诸多关注，特别是在健康文献方面，社会支持的缺乏被视为是生病的一个潜在的根本原因（Link and Phelan，1995）。以"社会支持"和"健康"为关键词在社会科学引文索引数据库（见图 9.1）中检索结果显示，1976—1989 年平均每年有不到 6 篇文章，1990 年代增至每年 445 篇，从 2000—2008 年激增至每年 1 135 篇。一些专著研究了社会支持与其带来的健康后果之间的关系（Caplan，1974；Caplan and Killilea，1976；Cohen and Syme，1985；Cohen，Underwood et al.，2000；Gottlieb，1981，1983；House，1981；Lin et al，1986）。来自不同学科背景的述评分析了社会支持与各种健康后果之间的关系（Alcalay，1983；Berkman，1984，2000；Coyne and Downey，1991；Ell，1984；Faber and Wasserman，2002；Green，1993；House，1987；Umberson et al.，1988a；Kessler et al.，1985；Schwarzer and Leppin，1991；Smith et al.，1994；Thoits，1995；Turner and Turner，1999）。

尽管有实质性的普及和长足的发展，"社会支持"在概念化和操作化方面仍然有争论。社会支持与其他基于网络，但没有明确区分出来的独特社会因素（如社会凝聚力、社会整合、社会网络和社会资本）相混淆。关于社会支持对健康回报方面的经验研究成果很丰富，但研究结论不一。因此，本述评开篇要先澄清社会支持的性质和形式，然后分析社会支持与其他基于网络的因素之间的差异和联系。接下来，我们考察了社会支持在疾病、疾患的社会生产过程中是如何运作的。结论部分简要讨论了社会支持的未来研究方向。尽管社会支持本质上是一种社会学现象，但正如 Umberson 等（1988a）在 20 年前观察到的那样有关该主题的现有文献却为流行病学家、精神科医生和心理学家所主导。可以预期，社会学家在未来的社会支持研究中会发挥至关重要的作用。

社会支持

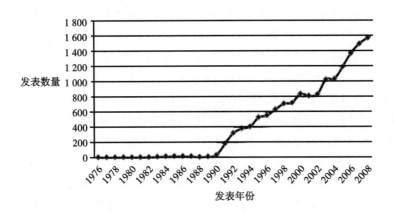

图 9.1 标题有"社会支持"与"健康"的文章:社会科学引文检索

社会支持的概念:性质及形式

自 1970 年代中期以来,社会支持的思想得到了极大的普及(述评参见 Barrera,1981,1986;Gottlieb et al.,2000;Dean and Lin,1977;Gottlieb,1981;Lin, 1986a;Thoits,1982)。流行病学家 John Cassel、医生与流行病学家 Sidney Cobb、精神病学家 Gerald Caplan 在此方面作出了开创性贡献。关系因素对于维持、促进健康有积极影响,Cassel 和 Cobb 对这方面的累积性经验证据作了总结,并强调了社会支持是发挥这种保护性作用的前提要素。Cassel(1974,1976)从功能主义视角出发,将与健康相关的各种社会条件分为两类:一类可以保护健康;另一类则导致疾病。他认为,社会支持大体上可归为第一类,"保护性因素会缓解或缓冲压力环境对个体产生的生理或心理的不良影响"(1976:113)。Cobb(1974,1976)运用的是沟通视角。他(Cobb,1976)将社会支持视为信息,并根据其功能将信息分成三类:使人们相信他或她是受到关心和关爱的(如情感性支持);是受到尊重和重视的(如尊重支持);使人感到自己是隶属于一个沟通性的和互尽义务的网络中的。同 Cassel 的定义类似,Cobb 认为,社会支持的主要保护性作用就在于其对生活压力,而不是对健康主效应的调节作用(moderating effect)上。此外,Caplan(1974:6-7)将支持系统的概念解释为"连续或间断关系的持久模式,随着时间的推移,这种关系在保持个人身心完整性方面起到显著作用。"他列出三类支持性活动:"重要他者帮助个人调用其心理资源,把握其情绪负担;分享其任务;提供金钱、物质、工具、技能和认知性方面的额外指导,以提高其应对情境的能力。"

从不同角度尝试对社会支持的实质进行概念化的努力很快就有了跟进。Dean 和 Lin(1977)认为,社会支持具有初级群体(primary group)的功能,这一功能会满足工具性和表达性的需要。后来 Lin 及其同事在社会网络的多个层面上重建社会支持,认为这种支持是"个人通过同其他个体、群体及较大社群建立社会关系而得到的"(Lin et al.,1979:109)。Kaplan 及其同事(1977:54)指出,社会支持是社会关系的内容(即"网络中的人赋予其关系以意义"),它取决于社会网络的结构和互动的特点(即支撑性、可达性、密度、范围、方向性、强度、频率)。Henderson(1977)运用依恋理论(attachment theory)将社会支持视为压力条件下同他者进行正向情感的社会互动。Gottlieb(1978)从 26 种助人行为中引出四种非正式的社会支持:情感维持的行为、解决问题的行为、间接的个人影响和环境行动。Wellman(1981)将社会关系的内容划分为两类。他认为,社会支持只是其中的一类,另一类是非支持性的。他从 21 个互动行为中得出五种社会支持形式:做事情、给予及借东西、帮助解决个人问题、信息帮助、分享的活动、价值、利益和互动。他还强调,具有网络属性的社会支持(即关系强度、关系的对称性、密度)有变动性。Pearlin 及其同事(1981:340)将社会支持看成是"得到个人、群体或组织的帮助以应对人世间的悲欢离合。"House 及其同事将社会支持界定为是一类关系,即"从情感上或工具上维持的社会关系的性质"(Umberson et al.,1988a:293)。Berkman(1984)认为社会支持是从个人的社会网络中获得的情感、工具和资金上的援助。最近,Turner(1999)将社会支持定义成社会纽带、社会融合和初级群体关系。Cohen 及其同事认为,社会支持是"社会关系可以促进健康和福祉的任意过程"(Gottlieb et al.,2000:4)。

这些不同的概念化反映出社会支持概念的建构是模糊的。尽管架构不一,其中的大部分研究还是或明或暗地认为社会支持具有基于关系的、帮助的性质。基于上述回顾,我们更加倾向于认同如下所示的严格的、综合性的社会支持定义,即个人从其网络成员中获得的(有形或无形资源的)帮助(Berkman,1984;House,1981)。这个定义将社会支持限定在具体的关系内容中,将其性质同之前的社会结构(如社会网络和社会融合)区分开来,并消除了如下同义反复的假设:社会支持抵御疾病,促进健康的因素却又是社会支持。将社会支持扩大到一般的环境因素(Cassel,1976)、关系内容(Kaplan et al.,1977;Henderson,1977)或关系过程(Gottlieb et al.,2000),这虽然为社会支持的多种测量和混合证据奠定了基础,却也危及了社会支持理论的独特价值。社会支持的功能主义架构(Cassel,1976;Gottlieb et al.,2000;Henderson,1977)将社会支持同其结果混淆起来,忽略了以下事实:社会支持并不总是发挥正向功能,即不总是满足需求或在压力和健康之间进行干预。与疾病或压力有关的定义(Cassel,1976;Cobb,1976;Gottlieb et al.,2000;Henderson,1977;Pearlin et al.,1981)将社会支持的意义限定在健康领域内,这可以解释其他结果和一般分层过程的产生。

大多数概念化的努力还聚焦在社会支持的多维形式上。社会支持可以用不同的方式进行分类。例如,就其内容而言,社会支持可以分为情感性支持(喜欢、爱、同情);工具性支持(商品和服务);信息支持(与环境有关的信息)或评价性支持(与自我评价有关的信息)(House,1981)。从主观性角度讲,社会支持可以二分为感知的支持和实际或客观的支持（Caplan, 1979）。从接受者和付出者之间的角色关系角度看（Dean and Lin, 1977; LaRocco et al., 1980; Thoits, 1982），社会支持可以是基于亲属（如父母、配偶、子女、兄弟姐妹、其他亲属）的或基于非亲属（如朋友、邻居、同事）的支持。根据情境划分，社会支持可以是常规情境中的常规支持或危机情境中的非常规支持（Lin et al., 1986）。因此，社会支持是一个多维的构念（construct）。其详尽的类型超出了本章的范围。根据上述分析策略进行交叉列表会产生 32 种社会支持。此外，社会支持传统上被视作一个单向概念，仅仅指得到支持，即自我从其网络成员中获得支持。有些人认为，社会支持是双向的（Pearlin, 1985; Wellman, 1981）。自我不仅从他者处获得支持，也将支持给予他者，或向他者付出回报性支持。有关提供或回报支持的研究不多。在本章的余下部分，我们将重点论述获得的支持。

与基于网络的其他概念的区别

理论区分

如此看来，疾病与病患有基于网络的独特的前提条件（如社会凝聚、社会整合、社会网络和另一个最近流行的构念——社会资本），严格界定的社会支持不同于这些条件。这四个因素产生的健康后果也有相当多的文献研究（述评参见 Berkman, 1995; Berkman and Glass, 2000; Berkman et al., 2000; Greenblatt et al., 1982; Landis et al., 1988b; Kawachi et al., 2008; Kawachi and Berkman, 2001; Lin and Peek, 1999; Luke and Harris, 2007; Pescosolido and Levy, 2002; Smith and Christakis, 2008; Song et al., 2010; Stansfeld, 2006）。然而，在最近的健康文献中，社会支持和这些因素之间的区别日益模糊。有人把社会网络、社会整合、社会资源置于社会支持的名义下（如 Elliott, 2000; Lin et al., 1999; Roxburgh, 2006; Turner, 1999）。一个最近的流行趋势是将社会支持与社会凝聚、社会融合和社会网络一起归入流行的社会资本名下（如 Carpiano, 2006; Coleman, 1990; Putnam, 2000; Szreter and Woolcock, 2004）。

118

这种概念化上的混乱会危及每个概念独特的启发式效用，混淆它们的因果关系。为了克服这一理论问题，学者们试图区分它们（Berkman et al., 2000; Umberson et al., 1988a; House and Kahn, 1985）。我们也有专文对其进行了认真的区分（Song and Lin, 2009）。首先，社会网络是"特定人群中的具体联系集合，它具有附加性，即这些联系的整体特点可以被用来解释当事人的社会行为"（Mitchell, 1969:2）。其最简单的形式是二方社会关系（dyadic social relation）。社会网络不是理论，而是一个视角（Mitchell, 1974）。它为研究各种网络属性、原因和后果提供指导。网络属性可能是客观的，包括关系强度和关系内容这样的关系属性、网络规模这样的结构属性、网络成员特点这样的构成属性。网络属性也可能是主观的,如网络规范。社会凝聚、社会整合、社会资本和社会支持这样的具体理论都来自网络视角(Berkman et al.,2000;Lin and Peek,1999;Pescosolido,2007)。社会凝聚是社会网络内部社会纽带和社会平等的程度,由信任、互惠规范、缺少社会冲突来表征(Kawachi and Berkman,2000)。社会整合是参与社会网络的程度,用网络成员积极参与的社会角色、社会活动以及认知识别来表示(Brissette et al.,2000)。社会资本是嵌入社会网络中的资源,用其网络成员的结构位置来测量(Lin,1999a)。

照此理解(见图 9.2),就可以将社会支持同其结构性情境区分开来(Dohrenwood and Dohrenwood,1981;House and Kahn,1985;Lin et al.,1999)。作为一种规范,社会凝聚力处于因果链的中上游,它可以调节其他基于网络因素的属性。通过维持老关系,建立新关系,社会整合就会与社会资本及社会支持的数量和质量正相关。社会资本是社会支持的来源,因为出于各种支持性的目的所以才要获取网络成员的资源。因此,可以将社会支持视为社会凝聚、社会整合、社会资本及其他网络特征运作的下游因素。社会融合、社会资本以及其他网络特性的特定指标可以用来大致测量社会支持。从历时性角度上看,这些基于网络的因素之间的关系确实是互惠的、动态的。例如,社会支持的启动过程,无论是令人满意、有效的,还是令人不满意、无效的,都可以重新定位社会整合的程度与形式,重建社会资本的可得性,最终重塑社会凝聚力的强度。澄清了这些术语的含义后,我们再来看社会支持具有网络权宜性(contingency)的经验性证据。很少有人关注社会凝聚力和社会支持之间的关系。我们回顾几项社会整合、社会资本以及其他网络特征与社会支持之间关系的研究。

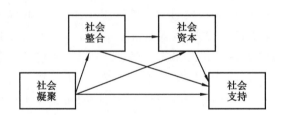

图 9.2   社会支持及其基于网络的资源的概念模型

经验证据:社会支持的网络权宜性

社会整合促进社会支持的生产。林南及其同事(Lin et al.,1999)使用了一个成人社区样本。他们在一项调查中用 40 个题项来测量社会支持,获得了四个潜因子,分别表示感知到的工具性支持、实际的工具性支持、感知到的表达性支持和实际的表达性支持。如其报告的那样,社会整合(或用他们自己的话说是参与社区组织)直接导致了更实际的工具性支持。通过扩大网络规模(即每周的接触者数量)间接增加了所有类型的支持,由于增加了亲密关系从而间接产生了感知的和实际的工具性支持。Seeman and Berkman(1988)分析的是社区老年人样本,他们发现了两类感知到的支持——工具性(即日常任务中的帮助)和情感性的支持(即谈论问题、作决策)都与网络规模,面对面接触的次数,较近关系的数量,有亲密关系,同孩子、朋友和亲戚的直接接触等正相关。社会融合的一种具体形式——宗教参与及其与社会支持的关系已受到广泛关注。Ellison 和 George (1994)对一个成人社区样本进行了研究,他们在实际支持的测量和类型方面的发现都不同。他们向被调查者展示了一份包含 13 类支持的清单,并询问其网络成员是否能够提供这些支持。如果分别用虚拟变量测量获得的每一类支持,那么,参与宗教的频次与 13 种支持中的 4 种(即礼物或礼品、商业或财务建议、房屋维修和修复任务、跑腿)成正相关。对它们求和后的范围在 0 到 13,当他们用这个总分去测量获得的支持时,结果显示:参与宗教活动的频次就只是通过扩大网络规模(即非亲属关系、当面交往及电话交往的数量)而间接地增加各种获得的支持。Nooney 和 Woodrum(2002)专注于宗教参与和基于教会的支持。他们使用全国的成年人样本发现,参与教会的频次与会众感知到的支持成正相关。Taylor 和 Chatters(1988)研究了一个非裔美国人的全国性样本,他们的报告表明,参与教会的频次增加了从会众那里获得支持的可能性。一项针对青少年的全国纵向数据研究发现(Petts and Julliff, 2008),社会支持(即成人、教师、家长、朋友在多大程度上关心他们,他们的家人在多大程度上理解、关爱他们,与其一起娱乐的时间有多少)能够解释宗教参与对抑郁症的影响。

已经有文献研究了社会资本与健康和经济福祉的正向关系(Lin,1999b;Song et al.,2010)。正如社会资本研究者普遍认为的那样,社会资本是通过提供不同形式的高水平社会支持(如信息、影响、社会验证、强化的身份)去促成各种回报(Lin,2001)。然而,如果我们将社会资本严格操作化为网络成员的结构性位置的话(Lin,2001),那么有关社会资本对社会支持的影响的直接研究成果就会十分有限。经验结果也是喜忧参半。一项研究考察了社会资本和信息支持之间的关系(Lin and Ao,2008)。它用的是目前或以前曾受雇的 21~64 岁的全国成年人样本,询问受访者在开始其当前工作时是否收到过与工作相关的信息,以此捕捉到信息支持。他们运用定位法描述地位网络,即要受访者确认在其开始当前这份工作之前,同 22 个职业位置中的每一个职业是否有过接触(如果有的话)。他们从地位网络的三个指标中推出社会资本:网差(即每个受访者所能接触到的职位的最高和最低声望得分之差)、广度(即每个受访者可以获得的不同职位的数量)、向上可达性(即在可获得的地位中的最高得分)。他们发现,社会资本对接收就业信息有显著正效应。另一项研究(Wellman and Wortley,1990)收集了多伦多东约克区 29 名受访者的积极网络成员信息,信息总数约 335 条。结果发现,网络成员的社会经济状况(即教育、就业状况、职业地位)和实际支持(即情感援助、大宗服务、小宗服务、资金援助和陪伴)的五项指标之间没有相关性。此外,还有一项研究考察了社会资本在自然灾害情境下获得实际支持的影响(Beggs et al.,1996)。作者在路易斯安那州安德鲁飓风(Hurricane Andrew)之后采访了当地两个社区中的居民,收集了灾难发生之前核心网络的信息、灾后重建过程中从核心成员那里得到的实际支持和从正式组织那里获得支持信息。他们测量了 11 个网络特征,用其中低于高中教育的他者所占比例来表示网络成员的结构性地位,它是最接近社会资本内涵的测量指标。这一比例与获得的非正式恢复性支持正相关。这一发现似乎否证了我们以前得出的社会资本与社会支持成正相关的因果论断。但是,正如作者所解释的那样,这一发现与以往的灾害研究结论是一致的。其内在的理由是,受教育较少的个人可能拥有与灾害有关的职业技能。这一发现意味着,在社会支持的社会分布中,社会资本所发挥的功能因社会环境的不同而有别。

除了社会整合与社会资本,其他网络特征也会塑造社会支持的生成过程。Haines 和 Hurlbert(1992)研究了一个成年人的社区样本。他们测量了三项感知性的支持指标:工具性(即可以向足够多的人求助)、陪伴(即可以同足够多的人交往)、情感性(即可以与足够多的人聊天)。平均而言,每种关系的内容只降低女性的工具性支持;网络成员中亲属比例只增加男性的工具性支持;成员之间的关系密度只增加男性的陪伴和情感性支持。Wellman 和 Wortley(1989)在对东约克的研究中发现,不同形式的实际支持随亲属关系的变化而变化。父母和成年子女提供高水平的情感援助、服务和资金援助;兄弟姐妹尤其可以进一步提供服务的补充,远亲提供的支持最少,陪伴也不多。他们进一步用报告表明(Wellman and Wortley,1990),强关系(用不同情境下的高度亲密关系和自愿互动来测量)可以提供广泛的支持、更多的情感援助、小宗服务和陪伴,而地理空间上能够接触到的关系往往会提供服务支持。他们没有发现实际支持同交往频率、群体的互相关联度、自我和网络成员的位置相似性之间有显著相关。最近一项研究(Plickert et al.,2007)探讨了哪些因素可以决定情感性支持、小宗服务、大宗服务中的互惠性交换。该报告认为,在付出与接受情感性支持、付出和接受小宗服务、给予和接受大宗服务之间有显著相关。该研究还发现,有部分证据表明,付出一种资源同获得作为回报的另一种资源之间有关。邻居、父母、成年子女同小宗和大宗服务的互惠性支持成正相关。关系数与互惠性情感性支持呈正相关。关系强度并没有产生显著影响。至于哪些理论和经验证据表明了社会支持在疾病、病患的社会生产中起作用,我们接下来进行回顾。

社会支持的健康回报

理论模型

社会支持最初之所以受到研究者的关注,仅仅是由于它在压力与精神健康的关联中起到了缓冲作用(Cassel,1976;Cobb,1976;Kaplan et al.,1977)。大多数个体的个人资本都是有限的。当人们遭遇令人不悦的生活事件时,我们预计他们会使用社会资本(即其网络成员的个人资本),通过社会支持的过程来补充他们的个人资本。这一过程可以降低压力性的生活事件对健康的负面影响。在过去的 30 年中,人们在健康和社会支持之间的关系方面已经提出多种模型(Barrera,1986;Berkman,2000;Gottlieb et al.,2000;Dohrenwend and Dohrenwend,1981;Ensel and Lin,1991;Umberson et al.,1988a;Lin,1986b;Thoits,1982;Wheaton,1985)。大多数建模都尝试在压力-疾病架构内关注社会支持对健康的作用。我们试图总结这些成果,并超越该架构,将重点放在社会支持的关键运作方面。从社会因果关系的角度看,社会支持在健康生产方面有四个主要作用:主效应、中介效应、间接效应和调节效应。主效应假设指出,去掉其他社会前提条件之后,社会支持可以保护健康。换言之,社会支持为健康和疾病的社会病因学增添了独特的解释力。社会经济地位这样的个人资本是疾病和疾患的一个根本原因(Link and Phelan,1995)。因此,也可预期社会支持——来自网络成员的个人资本——会对健康产生直接影响。中介效应假设认为,社会支持可以充当中间变量,它有可能干涉健康的前因和结果之间的关系。正如前文提及,其他基于网络的因素(如社会整合或社会资本)通过加强社会支持而对健康产生积极影响。如社会经济地位这样的个人资源可以通过决定社会支持的质量和数量而对健康产生类似的间接影响。压力源要么通过引发对社会支持的利用,要么通过削弱对社会支持的获得而发挥类似的作用。间接效应假设认为,社会支持可以通过形塑其他健康风险因素(如健康行为、心理资源以及生理系统)而间接地预防疾病(Berkman et al.,2000;Umberson et al.,1988a)。此外,正如社会分层领域中关于求职的主要文献所假定的那样(Lin,2001),社会资本通过提供社会支持而促进社会经济地位的获得。在这种情况下,社会支持有可能是通过提高社会经济地位来对健康产生间接影响的,而社会经济地位是疾病和疾患的根本原因(Link and Phelan,1995)。调节效应假设认为,社会支持可以减轻或加剧其他风险因素对健康的影响。例如,个人资本较低的弱者有可能会更主动地利用社会支持来保护健康。在这种情况下,社会支持补偿了个人资本的不平等效应。另外,优势个体可以向社会网络中投入更多的资源,能更成功、更有效地利用社会支持获得健康资源。这样,社会支持就有可能强化了个人资本的不平等效应。另举一个压力范式的例子。社会支持通过帮助个人成功地应对不愉快的生活境遇,有可能改善压力源对健康的负面影响。不过,社会支持也可能增加受助者的心理负担,进而特别强化了对精神健康的负效应。此外,从社会选择的视角来看,健康状况也可能影响社会支持的可获得性和激活性(Thoits,1995)。这里有两种可能:一方面,健康状况不佳的人可能会激发出对社会支持的认知和动员;另一方面,健康状况差可能会导致在较低水平上感知到和接收到社会支持,这是因为他有较高的求助需求,或者是因为他与网络成员的社会互动受到限制。正如前面提到的,社会支持的主流文献重点关注获得的支持,而不是提供的支持。上述理论模型适用于获得的支持。一些人赞同提供社会支持会对健康具有直接和中介效应(Krause et al.,1999)。支持他人能够促进其个人控制、维持自我价值感、维持网络关系以及增强免疫功能等,因此可以直接保护其健康。社会支持还可以对宗教活动和健康之间的关系起中介作用。

接下来,我们选择性地回顾最近的经验证据。由于版面所限,也出于更有效的推广性和更严格的理论考察的目的,我们的回顾只包括那些使用非制度化成人样本的定量研究(Dean and Lin,1977)。通过逐一总结这些研究,我们也有选择性地强调社会支持的不同设定。

经验证据

大多数研究探讨的是获得的支持(received support)。他们利用截面调查数据,报告了不相一致的结果。感知性支持(perceived support)对健康的影响受到了太多的关注,大多数研究使用的数据都来自社区调查。在一项研究中表明(Ross and Mirowsky,1989),感知性支持(即可以向某人倾诉或求助)对抑郁症有负向主效应。它对婚姻和教育的正效应有中介作用,但对家庭收入或种族/族裔的效应没有中介影响。感知性支持也以互补的方式与控制水平产生交互作用。获得高水平的感知性支持可以显著地减少低控制水平对抑郁的正效应。另一项研究(Jackson,1992)用四个题项研究了感知到的配偶支持和感知到的朋友支持。支持与抑郁的关系取决于支持的来源和压力源的性质。配偶支持会降低所有五种压力源(即婚姻压力、家长压力、工作压力、经济压力、身体健康压力)对抑郁的影响,而朋友支持仅在三种压力源(即婚姻压力、经济压力、身体健康压力)上起到类似的作用。Roxburgh(2006)研究了感知到的来自同事和伙伴的支持。伙伴的支持对两性群体的抑郁都有负向主效应,并没有产生调节效应。同事的支持只对男性的抑郁有负向主效应,同时只对男性应激源时间压力的正向抑郁影响产生缓冲作用。Turner 及其同事(Turner and Lloyd,1999;Turner and Marino,1994)利用 25 个题项测量了感知到的来自伙伴、亲属、朋友和同事的支持。他们发现,感知到的支持对抑郁症状和重度抑郁性障碍都有负向主效应。它对性别、年龄、婚姻状况、社会经济地位对抑郁症状的某些效应有中介影响,但不能中介地影响它们对重度抑郁性障碍的效应。感知到的支持不能调节压力源、年龄、性别、婚姻状况、社会经济地位同两种心理健康测量之间的关系。Haines 和 Hurlbert(1992)使用了感知性支持的三个指标:工具性(即可向足够多的人求助)、陪伴(可与足够多的人交往)和情感性(可向足够多的人倾诉)。其中,只有陪伴对抑郁有负向主效应。只有这个指标对压力效应有缓冲作用。Landerman 及其同事(1989)测量了感知到的支持(如感到如下事件的频次:孤独、被理解、有用、有人听从、自己有一定作用、知道家人和朋友在做什么、谈论问题)和对社会支持的满意度。对抑郁症来说,两个指标与生活事件的负向交互效应在线性概率模型中是显著的,但是在逻辑斯蒂(logistic)回归模型中不显著。Elliott(2000)使用两个社会支持指标:情感性支持(即存在知己)和社会整合(即社会互动的频次)。这两类社会支持都减轻了抑郁的症状,保护了身体健康,但是它们仅适于拥有较高社会经济地位的邻里居民。可以推测,不具有地位优势的邻里不太可能促进居民之间的社会互动,那里的居民也不大可能提供支持。

如下四项研究使用全国性样本调查了感知性的支持。Gorman 和 Sivaganesan

（2007）报告说,社会支持（即获得社会支持或情感性支持的频次）对于高血压和自我报告的健康都没有主效应。Ferraro 和 Koch（1994）基于一个四题项量表（即感觉到被爱、感觉他人听从自己、感觉他人需要自己、感觉受到批评）来测量感知到的情感性支持。该指标对于黑人和白人受访者的健康状况（即主观健康、慢性疾病、活动限度）有直接的正效应。相比之下,另一项研究（Lincoln et al.,2003）报告了种族（族裔）上的差异。他们提取的潜社会支持因子来自于三个指标（即受访者认为亲属能够在何种程度上理解他们的感觉方式、欣赏他们、有赖于他们的帮助）。社会支持只对非裔美国人的心理困扰发挥主效应。它对非裔美国人的性格效应有中介影响,这是因为神经过敏症会降低社会支持。社会支持只对白人的心理困扰产生间接负效应,因为社会支持可以提高个人控制,而个人控制可以降低抑郁。此外,Ross 和 Willigen（1997）同时分析了两个国家的数据集。这两个数据集都有感知到的情感性支持信息（即可以向某人求助、与之聊天）,其中一个数据集还有感知到的工具性支持信息（即日常任务有人帮忙,生病时有人护理）。在一个数据集里,社会支持（情感性支持和工具性支持之和）对于四种心理困扰（如抑郁、焦虑、全身乏力、疼痛和痛苦）都有负向主效应;在另一个数据集里,作为情感性支持的社会支持对除了疼痛之外的所有结果都有类似的效应。他们没有从两组数据中找到证明社会支持可以显著调节教育和心理困扰的证据。

只有少量研究既考察了感知到的支持,又考察了实际的支持。Wethington 和 Kessler（1986）使用已婚成年人的全国样本进行研究。他们研究的感知性支持有一项指标（即可以向某人求助）,实际支持有六项指标:来自提供者、配偶、近亲的支持、他者的支持、情感性支持和工具性支持。对于那些遭遇到不愉快生活事件的人来说,感知的支持（而非实际的支持）对心理困扰产生了直接负效应。实际的配偶支持由于增加了感知性支持而产生了间接效应。

林南（Lin Nan）及其同事也用三个截面数据研究感知到的支持和实际的支持。其中的一项研究（Lin et al.,1979）使用的是华裔美籍成人社区样本,用一个九题项量表来测量社会支持（对邻里的感情、对周围人的感情、与邻居交谈的频次、在华盛顿地区有密友、与故乡的朋友有交往、参与华人活动、参与华人协会、成为华人协会的工作人员、对工作满意）。社会支持对精神病症状有负向主效应,但并不调节压力源的效应。另一项研究（Lin et al.,1999）区分了社会支持的两个成分:结构性支持和功能性支持。他们测量了结构性支持的三个层面:隶属关系（即参加七种正式组织）、纽带关系（即每周交往的数量）、有约束力的关系（即存在亲密关系）。该研究用40个题项来测量社会支持,从中提取出四个潜因子:感知到的和实际的工具性支持,感知到的和实际的表达性支持。在这些指标中,纽带关系、有约束力的关系以及感知到的表达性支持和实际的工具性支持对抑郁症都有负的主效应。结构性支持的三个层面能导致实际的工具性支持,这对抑郁症有间接效应,有约束力的关系通过增强感知到的情感性支持而产生间接效应。第三项研究（Lin et al.,1985）要求受访者指出过去六个月里他们最重要的生活事件,然后询问他们在该事件上与什么人互动,从而收集到受访者的支持网络信息。该研究用两种方法测量社会支持:自我和帮助者之间关系的强度和同质性,他们假设了这些指标是能够抓住社会支持的性质的。正如作者所观察到的,强关系会降低不良生活事件对抑郁症的负效应,但这只适于有稳定婚姻状况的人。年龄和教育的同质性只会减少已婚者的抑郁症状,而职业同质性只对未婚者产生类似的影响。

纵贯研究不多,得出的结论也不一。在一项针对两拨社区样本的研究中(Thoits,1984),作者发现,随着时间的推移,稳定的情感性支持(即存在亲密关系)会直接降低第二个时间点上的焦虑和抑郁水平,它与压力源没有交互作用。另一项二拨社区样本研究(Pearlin et al.,1981)发现,随着时间的推移,情感性支持(即存在可以提供理解和咨询的人、与配偶的亲密交流)对改变抑郁并没有主效应,却降低了经济压力,增加了自主性。同时,情感性支持也没有调节压力源(即职业中断)和抑郁症之间的关系。还有一项研究使用的是四拨社区样本(Aneshensel and Frerichs,1982)。其中社会支持潜变量来自三种测度:密友数量、近亲人数、获得社会情感和工具性援助。该报告表明,在时间点 1 和时间点 4 上,当前的社会支持对当前的抑郁症有负向主效应。当前的社会支持也对于随123 后的抑郁有间接影响,这是因为当前的抑郁对后续的抑郁有影响。抑郁似乎不随着时间的推移而影响社会支持因素。当前的压力源导致时间点 1 和时间点 4 上的当前社会支持水平较高,这可能意味着压力源会触发对社会支持的使用。

林南及其同事(Ensel and Lin,1991;Lin,1986b;Lin and Ensel,1984,1989;Tausig,1986)收集了三拨社区样本。他们的三项研究使用了前两拨的数据。一项研究(Lin,1986b)用 39 个题项来测量作为潜变量的社会支持,题项涵盖了社区支持、网络支持、知己支持和工具-表达性支持。这样测量出来的社会支持对抑郁及其历时态变化有负向主效应。社会支持可以对之前不愉快生活事件的影响产生中介效应,后者通过降低社会支持而间接增加了抑郁症状。社会支持也通过抑制当前生活事件而产生间接影响。目前没有证据表明社会支持与不愉快生活事件存在交互作用。在另外两项研究中(Lin and Ensel,1984;Tausig,1986),他们用两个感知到的强关系支持题项(即感觉到有足够密切的同伴或朋友)来测量社会支持。之前的社会支持和社会支持的变化对抑郁的历时态改变有负向主效应。之前的社会支持由于抑制了不愉快生活事件的变化也间接影响着抑郁的变化。社会支持的变化对之前的社会支持、之前的不愉快生活事件、不愉快生活事件的变化、之前的抑郁效应有中介影响,它们都会减少社会支持的变化。此外,先前的身体健康与当前的社会支持有正相关。还有两项研究使用了三拨数据,使用上述两题项的强关系支持量表来测量社会支持。其中一项研究(Lin and Ensel,1989)关注身体健康,该研究发现,在时间点 3 上社会支持对身体症状没有产生主效应。然而,时间点 2 上的社会支持的确缓解了压力源效应和时间点 1 上的抑郁。第二项调查(Ensel and Lin,1991)研究了抑郁,发现时间点 2 上的社会支持对时间点 3 上的抑郁有负向主效应,它还中介着时间点 1 上的压力源效应,该压力源降低了社会支持。此研究未能找到任何调节效应的证据。

此外,学者们不太关注支持提供及其对健康的影响。例如,Krause 及其同事(1999)研究了全日本的老年人样本,他们基于两个题项(即受访者隔多长时间倾听一次那些希望谈论其担忧或烦恼之人,隔多长时间对遇到困难之人给予鼓励和安慰)来测量向他者提供的情感性支持。他们发现,提供情感性支持与自己报告的健康成正相关,男女都是如此。情感性支持还作为中介影响了宗教活动对健康的正向效应,但这仅适于男性。

综上所述,上述经验研究关注获得的支持。他们更多关心的是精神健康的结果而不是身体健康的结果。大多数研究假定了社会因果性解释。以上研究更关注社会支持对健康的主效应和调节效应,而不是中介效应和间接效应。这些研究的结论并不一致。社会支持对健康,特别是精神健康是否有直接的保护作用,还有待更多的证实性而不是否证性的证据。这种效应的显著性随社会支持的样本、结果、测度、社会人口学的群体、甚至是邻里环境而变。一些研究表明,社会支持可以减轻心理资源和压力源效应,但是更多的研究没有得出这种结论。社会支持起调节作用的重要性在不同的性别群体,统计方法、社会支持类型上都有差异。少数关于社会支持的中介功能的研究表明,社会支持可能有助于解释社会人口学的和社会经济的变量、心理资源、社会融合、关系和网络属性、先前的压力对健康的影响。此外,社会支持可以起预警性作用,可以通过影响心理资源和减少压力源而间接影响健康。纵贯研究的设计是受限的,其结果是极少有人去关注社会选择的观点。这些有限的研究结果也互相矛盾。Aneshensel 和 Frerichs(1982)没有发现抑郁对社会支持有影响,而林南及其同事(Lin,1986b;Tausig,1986)发现,良好的身体和精神健康会带来更多的社会支持。此外,提供支持似乎对健康有直接的或中介的效应。

结 论

社会支持推动了多学科研究文献的蓬勃发展,特别是过去 30 年在健康领域中的研究。人们发现社会因素(尤其是关系因素)与健康和福祉的关系有了新的联系,社会支持最初就是为了对这种新兴的联系进行事后解释而出现的。自一些开创性的研究出现以来,学者们在研究社会支持的实质与维度、开发各种测量工具、用不同的数据考察其在社会健康分布中所起的多重功效方面都做了显著的推进工作。不过,这些研究积累下来的证据令人迷惑。需要进一步研究以澄清并扩大目前对社会支持的理解。

社会支持是一个独特的社会概念。与社会科学中相对较新的概念一样,对社会支持的定义也有多种方式。在评价一个概念的智识性价值的时候,并不依据其广泛的意义或其作为灵丹妙药的潜在作用,而是要依据它的独特性和原创性。Barrera(1986)甚至提出要放弃社会支持这个一般性概念,我们并没有像她那样极端,我们认为,要有严格的分析策略,未来的研究应该依据其确切的性质和网络成员提供的资源来界定社会支持,然后将它同自己的结构性前提和功能性结果区分开。具有信度、效度的社会支持量表的优越性在几十年前就得到了承认(Dean and Lin,1977)。正如上文回顾的经验研究所表明的,社会支持的指标仍然相当多样化,这可能是由于人们使用的是二手数据和事后测量(Berkman,1984)。严格的定义可以帮助我们克服社会支持的操作化测量和经验结果上的不一致。

　　社会支持就其内在特点来说是一个多维因素。人们对获得的支持(而不是提供的支持或互惠的支持)给予了更多的理论及经验上的关注。要注意的是,同获得的支持相比,提供的或互惠的支持会通过不同的机制对健康产生影响。在有关获得性支持的相关文献中,对感知性支持的研究多于对实际支持的研究,对情感性支持的研究多于对工具性或其他类型支持的研究。不同类型的支持似乎是基于网络的不同前提的结果。与其他类型的支持相比,感知到的和情感性的支持似乎对健康的社会分布有更强的解释力。为了全面了解社会支持,需要同时对如此多的支持概念和测量进行严格的经验检验,以便与其他基于网络的先因变量区分开来,进而比较其对特定健康结果的影响。

　　社会支持是一个独特的基于网络的因素。从社会网络角度看,精确地定义它对一致全面地了解一般文献至关重要。各种基于网络的概念(包括社会支持)都是不同的构念。我们期望社会支持作为一种有意义的方式,能够将其他由网络派生的独特概念同我们感兴趣的结果联系起来。上文回顾的经验研究用其他网络术语去近似地测量社会支持,但并没有直接研究社会支持。他们对社会支持进行较强的因果推断时是受限的。未来的研究应该独立地测量网络概念,按因果顺序系统地研究它们之间的关系。因此,健康研究领域的迫切任务是要考察不同类型的社会支持如何对各类基于网络的前因变量施加中介影响的。将网络分析应用于社会支持研究无疑是一个很有前景的方向(Hall and Wellman,1985;Wellman,1981)。需要说明的是,同一般的网络分析工具相比,应该通过与支持相关的网络工具来准确把握社会支持(Bearman and Parigi,2004)。

　　社会支持随着时间的推移而动态发展,它不是恒定的(Dean and Lin,1977;Pearlin,1985)。大多数经验研究仍然是截面研究,这会让我们质疑其结果的稳健性。我们也意识到自身在很多方面知之不多,例如,健康和福祉是如何形塑社会支持的可获得性或动员性的(Thoits,1995),或社会支持及其变化是如何同其他基于网络之事项的变化处于一种相互因果关系的。因此,我们需要精致的纵向研究设计来厘清这些复杂的因果关系难题。

　　最后,社会支持作为压力缓冲剂已超出了其传统意义上的功能,在健康和疾病的社会组织中扮演着多重角色。社会支持可以直接保护健康或通过减少其他健康风险而间接保护健康。社会支持可以中介和调节其他决定性因素对健康的影响。对于其直接效应和调节效应来说,虽然有了进一步的证据,但是却不一致;对于其直接的和中介效应来说,也存在着不多且矛盾的结论。要想透彻地了解可以维持社会支持或改变健康状况的社会动态性,就应该在未来于一项研究中同时探讨多种模型(只要数据能够做到的话),并报告所有相关的结果,这些结果要么是证实性的,要么是证伪性的。

参考文献

Alcalay, R. (1983) 'Health and social support networks: A case for improving interpersonal communication', *Social Networks*, 5: 71-88.

Aneshensel, C. S. and Frerichs, R. R. (1982) 'Stress, support, and depression: A longitudinal causal model', *Journal of Community Psychology*, 10: 363-76.

Barrera, M. Jr. (1981) 'Social support in the adjustment of pregnant adolescents: Assessment issue', in Benjamin H. Gottlieb (ed.), *Social Networks and Social Support*. Beverly Hills: Sage. pp. 69-96.

Barrera, M. Jr. (1986) 'Distinctions between social support concepts, measures, and models', *American Journal of Community Psychology*, 14: 413-45.

Bearman, P. and Parigi, P. (2004) 'Cloning headless frogs and other important matters: Conversation topics and network structure', *Social Forces*, 83: 535-57.

Beggs, J. J., Haines, V. A. and Hurlbert, J. S. (1996) 'Situational contingencies surrounding the receipt of informal support', *Social Forces*, 75: 201-22.

Berkman, L. F. (1984) 'Assessing the physical health effects of social networks and social support', *Annual Review of Public Health*, 5: 413-32.

Berkman, L. F. (2000) 'Social support, social networks, social cohesion and health', *Social Work in Health Care*, 31: 3-14.

Berkman, L. F. and Glass, T. (2000) 'Social integration, social networks, social support and health', in L. F. Berkman and I. Kawachi (eds), *Social Epidemiology*. New York: Oxford University Press. pp. 137-73.

Berkman, L. F., Glass, T., Brissette, I. and Seeman, T. E. (2000) 'From social integration to health: Durkheim in the new millennium',

Social Science & Medicine, 51: 843-57.

Brissette, I., Cohen, S. and Seeman, T. E. (2000) 'Measuring social integration and social networks', in Sheldon Cohen, Lynn G. Underwood, and Benjamin H. Gottlieb (eds), *Social Support Measurement and Intervention*. New York: Oxford University Press. pp. 53-85.

Caplan, G. (1974) *Support Systems and Community Mental Health*. New York: Behavioral Publications.

Caplan, G. and Killilea, M. (1976) *Support Systems and Mutual Help: Multidisciplinary Explorations*. New York: Grune & Stratton.

Caplan, R. D. (1979) 'Social support, person-environment fit, and coping', in L. A. Ferman and J. P. Gordus (eds), *Mental Health and the Economy*. Michigan: W. E. Upjohn Institute for Employment Research. pp. 89-138.

Carpiano, R. M. (2006) 'Toward a neighborhood resource-based theory of social capital for health: Can Bourdieu and sociology help?' *Social Science & Medicine*, 62: 165-75.

Cassel, J. (1974) 'An epidemiological perspective of psychosocial factors in disease etiology', *American Journal of Public Health*, 64: 1040-43.

Cassel, J. (1976) 'The contribution of the social environment to host resistance', *American Journal of Epidemiology*, 104: 107-23.

Cobb, S. (1974) 'Physiologic changes in men whose jobs were abolished', *Journal of Psychosomatic Research*, 18: 245-58.

Cobb, S. (1976) 'Social support as a moderator of life stress', *Psychosomatic Medicine* 38: 300-314.

Cohen, S. and Syme, S. L. (eds) (1985) *Social Support and Health*. Orlando: Academic Press.

Cohen, S., Underwood, L. G. and Gottlieb, B. H. (eds) (2000) *Social Support Measurement and*

Intervention: A Guide for Health and Social Scientists. New York: Oxford University Press.

Cohen, S., Gottlieb, B.H. and Underwood LG. (2000) 'Social relationships and health', in Sheldon Cohen, Lynn G. Underwood, and Benjamin H. Gottlieb (eds), *Social Support Measurement and Intervention: A Guide for Health and Social Scientists.* New York: Oxford University Press. pp. 3-25.

Coleman, J. S. (1990) *Foundations of Social Theory.* Cambridge: Belknap Press of Harvard University Press.

Coyne, J. C. and Downey, G. (1991) 'Social factors and psychopathology: Stress, social support, and coping processes', *Annual Review of Psychology*, 42: 401-25.

Dean, A. and Lin, N. (1977) 'The stress-buffering role of social support: Problems and prospects for systematic investigation', *Journal of Nervous and Mental Disease*, 165: 403-17.

Dohrenwend, S.B. and Dohrenwend, B.P. (1981) 'Life stress and illness: Formulation of the issues', in B. S. Dohrenwend and B. P. Dohrenwend (eds), *Stressful Life Events and Their Contexts.* New York: Prodist. pp. 1-27.

Ell, K. (1984) 'Social networks, social support, and health status: A review', *The Social Service Review*, 58: 133-49.

Elliott, M. (2000) 'The stress process in neighborhood context', *Health & Place*, 6: 287-99.

Ellison, C. G. and George, L. K. (1994) 'Religious involvement, social ties, and social support in a Southeastern community', *Journal for the Scientific Study of Religion*, 33: 46-61.

Ensel, W.M. and Lin, N. (1991) 'The life stress paradigm and psychological distress', *Journal of Health and Social Behavior*, 32: 321-41.

Faber, A.D. and Wasserman, S. (2002) 'Social support and social networks: Synthesis and review', in Judith A. Levy and Bernice A. Pescosolido (eds), *Social Networks and Health.* New York: JAI Press. pp. 29-72.

Ferraro, K.F. and Koch, J.R. (1994) 'Religion and health among black and white adults: Examining social support and consolation',

Journal for the Scientific Study of Religion, 33: 362-75.

Gorman, B.K. and Sivaganesan, A. (2007) 'The role of social support and integration for understanding socioeconomic disparities in self-rated health and hypertension', *Social Science & Medicine*, 65: 958-75.

Gottlieb, B. H. (1978) 'The development and application of a classification scheme of informal helping behaviours', *Canadian Journal of Behavioural Science*, 10: 105-15.

Gottlieb, B.H. (ed.) (1981) *Social Networks and Social Support.* Beverly Hills: Sage.

Gottlieb, B.H. (1983) *Social Support Strategies: Guidelines for Mental Health Practice.* Beverly Hills: Sage.

Green, G. (1993) 'Editorial review: Social support and HIV', *AIDS Care*, 5: 87-104.

Greenblatt, M., Becerra, R.M. and Serafetinides, E. A. (1982) 'Social networks and mental health: An overview', *American Journal of Psychiatry*, 139: 977-84.

Haines, V. A. and Hurlbert, J. S. (1992) 'Network range and health', *Journal of Health and Social Behavior*, 33: 254-66.

Hall, A. and Wellman, B. (1985) 'Social networks and social support', in S. Cohen and S.L. Syme (eds), *Social Support and Health.* New York: Academic Press. pp. 23-41.

Henderson, S. (1977) 'The social network, support and neurosis: The function of attachment in adult life', *The British Journal of Psychiatry*, 131: 185-91.

House, J. S. (1981) *Work Stress and Social Support.* Reading, MA: Addison-Wesley.

House, J. S. (1987) 'Social support and social structure', *Sociological Forum*, 2: 135-46.

House, J.S. and Robert, L. (1985) 'Measures and concepts of social support', in S. Cohen and S. L. Syme (eds), *Social Support and Health.* New York: Academic Press. pp. 83-108.

House, J. S., Landis, K. R. and Umberson, D. (1988a) 'Social relationships and health', *Science*, 241: 540-45.

House, J. S., Umberson, D. and Landis, K. R. (1988b) 'Structures and processes of social support', *Annual Review of Sociology*, 14: 293-318.

Kaplan, B.H., Cassel, J.C. and Gore, S. (1977) 'Social support and health', *Medical Care*, 15: 47-58.

Krause, N., Berit, I.-D., Jersey, L. and Hidehiro, S. (1999) 'Religion, social support, and health among the Japanese elderly', *Journal of Health and Social Behavior*, 40: 405-21.

Jackson, P.B. (1992) 'Specifying the buffering hypothesis: Support, strain, and depression', *Social Psychology Quarterly*, 55: 363-78.

Kawachi, I. and Berkman, L. (2000) 'Social cohesion, social capital and health', in L.F. Berkman and I. Kawachi (eds), *Social Epidemiology*. New York: Oxford University Press. pp. 174-90.

Kawachi, I. and Berkman, L. (2001) 'Social ties and mental health', *Journal of Urban Health: Bulletin of the New York Academy of Medicine*, 78: 458-67.

Kawachi, I., Subramanian, S.V. and Kim, D. (eds) (2008) *Social Capital and Health*. New York: Springer.

Kessler, R.C., Price, R.H. and Wortman, Camille, B. (1985) 'Social factors in psychopathology: Stress, social support, and coping processes', *Annual Review of Psychology*, 36: 531-72.

Landerman, R., George, L.K., Campbell, R.T. and Blazer, D.G. (1989) 'Alternative models of the stress buffering

hypothesis', *American Journal of Community Psychology*, 17: 625-41.

LaRocco, J.M., House, J.S., French, Jr. and John, R.P. (1980) 'Social support, occupational stress, and health', *Journal of Health and Social Behavior*, 21: 202-18.

Lin, N. (1986a) 'Conceptualizing social support', in Nan Lin, Alfred Dean, and Walter Ensel (eds), *Social Support, Life Events and Depression*. Orlando: Academic Press. pp. 17-30.

Lin, N. (1986b) 'Modeling the effects of social support', in Nan Lin, Alfred Dean, and Walter Ensel (eds), *Social Support, Life Events and Depression*. Orlando: Academic Press. pp. 173-209.

Lin, N. (1999a) 'Building a network theory of social capital', *Connections*, 22: 28-51.

Lin, N. (1999b) 'Social networks and status attainment', *Annual Review of Sociology*, 25: 467-88.

Lin, N. (2001) *Social Capital: A Theory of Social Structure and Action*. Cambridge: Cambridge University Press.

Lin, N. and Ao, D. (2008) 'The invisible hand of study: An exploratory study', in Nan Lin and Bonnie Erickson (eds), *Social Capital: Advances in Research*. Oxford University Press. pp.107-32.

Lin, N. and Ensel, W.M. (1984) 'Depression-mobility and its social etiology: The role of life events and social support', *Journal of Health and Social Behavior*, 25: 176-88.

Lin, N. and Ensel, W.M. (1989) 'Life stress and health: Stressors and resources', *American Sociological Review*, 54: 382-99.

Lin, N. and Peek, M.K. (1999) 'Social networks and mental health', in A.V. Horwitz and T.L. Scheid (eds), *A Handbook for the Study of Mental Health: Social Contexts, Theories, and Systems*. Cambridge: Cambridge University Press. pp. 241-58.

Lin, N., Dean, A. and Ensel, W. (1986) *Social Support, Life Events and Depression*. Orlando: Academic Press.

Lin, N., Ensel, W.M., Simeone, R.S. and Kuo, W. (1979) 'Social support, stressful life events, and illness: A model and an empirical test', *Journal of Health and Social Behavior* 20: 108-19.

Lin, N., Woelfel, M.W. and Light, S.C. (1985) 'The buffering effect of social support subsequent to an important life event', *Journal of Health and Social Behavior*, 26: 247-63.

Lin, N., Ye, X. and Ensel, W.M. (1999) 'Social support and depressed mood: A structural analysis', *Journal of Health and Social Behavior*, 40: 344-59.

Lincoln, K.D., Chatters, L.M. and Taylor, R.J.

(2003) 'Psychological distress among black and white Americans: Differential effects of social support, negative interaction and personal control', *Journal of Health and Social Behavior*, 44: 390-407.

Link, B. G. and Phelan, Jo. C. (1995) 'Social conditions as fundamental causes of disease', *Journal of Health and Social Behavior*, Extra Issue: 80-94.

Luke, D. A. and Harris, J. K. (2007) 'Network analysis in public health: History, methods, and applications', *Annual Review of Public Health*, 28: 69-93.

Mitchell, J.C. (1969) 'The concept and use of social networks', in J.C. Mitchell (ed.), *Social Networks in Urban Situations*. Manchester, England: Manchester University Press. pp. 1-50.

Mitchell, J.C. (1974) 'Social networks', *Annual Review of Anthropology*, 3: 279-99.

Nooney, J. and Woodrum, E. (2002) 'Religious coping and church-based social support as predictors of mental health outcomes: Testing a conceptual model', *Journal for the Scientific Study of Religion*, 41: 359-68.

Pearlin, L. I. (1985) 'Social structure and processes of social support', in Sheldon Cohen and S. Leonard Syme (eds), *Social Support and Health*. Orlando: Academic Press. pp. 43-60.

Pearlin, L.I., Menaghan, E.G., Lieberman, M.A. and Mullan, J.T. (1981) 'The stress process', *Journal of Health and Social Behavior*, 22: 337-56.

Pescosolido, B. A. (2007) 'Sociology of social networks', in Clifton D. Bryant and Dennis L. Peck (eds), *21st Century Sociology: A Reference Book*. Thousand Oaks: SAGE. pp. 208-17.

Pescosolido, B.A. and Levy, J.A. (2002) 'The roles of social networks in health, illness, disease and healing: The accepting present, the forgotten past, and the dangerous potential for a complacent future', in Judith A. Levy and Bernice A. Pescosolido (eds), *Social Networks and Health*. New York: JAI Press. pp. 3-25.

Petts, R.J. and Jolliff, A. (2008) 'Religion and adolescent depression: The impact of race and gender', *Review of Religious Research*, 49(4): 395-414.

Plickert, G., Côté, R. R. and Wellman, B. (2007) 'It's not who you know, it's how you know them: Who exchanges what with whom?', *Social Networks*, 29: 405-29.

Putnam, R. D. (2000) *Bowling Alone: The Collapse and Revival of American Community*. New York: Simon and Schuster.

Ross, C.E. and Mirowsky, J. (1989) 'Explaining the social patterns of depression: Control and problem solving—or support and talking?', *Journal of Health and Social Behavior* 30: 206-19.

Ross, C. E., and Van Willigen, M. (1997) 'Education and the subjective quality of life', *Journal of Health and Social Behavior* 38: 275-97.

Roxburgh, S. (2006) '"I wish we had more time to spend together ...": The distribution and predictors of perceived family time pressures among married men and women in the paid labor force', *Journal of Family Issues*, 27: 529-53.

Schwarzer, R. and Leppin, A. (1991) 'Social support and health: A theoretical and empirical overview', *Journal of Social and Personal Relationships*, 8: 99-127.

Seeman, T. E. and Berkman, L. F. (1988) 'Structural characteristics of social networks and their relationship with social support in the elderly: Who provides support', *Social Science & Medicine*, 26: 737-49.

Smith, C. E., Fernengel, K., Holcroft, C., Gerald, K. and Marien, L. (1994) 'Meta-analysis of the associations between social support and health outcomes', *Annals of Behavioral Medicine*, 16: 352-62.

Smith, K.P. and Christakis, N.A. (2008) 'Social networks and health', *Annual Review of Sociology*, 34: 405-29.

Song, L. and Lin, N. (2009) 'Social capital and health inequality: Evidence from Taiwan', *Journal of Health and Social Behavior*, 50(2): 149-63.

Song, L., Son, J. and Lin, N. (2010) 'Social capital and health', in William C. Cockerham (eds), *The New Blackwell Companion to Medical Sociology*. London: Blackwell, pp. 184-210.

Stansfeld, S.A. (2006) 'Social support and social cohesion', in M. Marmot and R.G. Wilkinson (eds), *Social Determinants of Health*. 2nd edition. New York: Oxford University Press. pp. 148-71.

Szreter, S. and Woolcock, M. (2004) 'Health by association? Social capital, social theory, and the political economy of public health', *International Journal of Epidemiology*, 33: 650-67.

Tausig, M. (1986) 'Prior history of illness in the basic model', in Nan Lin, Alfred Dean and Walter Ensel (eds), *Social Support, Life Events and Depression*. Orlando: Academic Press. pp. 267-80.

Taylor, R.J. and Chatters, L.M. (1988) 'Church members as a source of informal social support', *Review of Religious Research*, 30: 193-203.

Thoits, P. A. (1982) 'Conceptual, methodological, and theoretical problems in studying social support as a buffer against life stress', *Journal of Health and Social Behavior*, 23: 145-59.

Thoits, P.A. (1984) 'Explaining distributions of psychological vulnerability: Lack of social support in the face of life stress', *Social Forces*, 63: 453-81.

Thoits, P.A. (1995) 'Stress, coping, and social support processes: Where are we? What next?', *Journal of Health and Social Behavior*, Extra Issue: 53-79.

Turner, R. J. (1999) 'Social support and coping', in A. V. Horwitz and T. L. Scheid (eds), *A Handbook for the Study of Mental Health: Social Contexts, Theories, and Systems*. New York: Cambridge University Press. pp. 198-210.

Turner, R.J. and Lloyd, D.A. (1999) 'The stress process and the social distribution of depression', *Journal of Health and Social Behavior*, 40: 374-404.

Turner, R. J. and Marino, F. (1994) 'Social support and social structure: A descriptive epidemiology', *Journal of Health and Social Behavior*, 35: 193-212.

Turner, R.J. and Turner, J.B. (1999) 'Social integration and support', in C. S. Aneshensel and J. C. Phelan (eds), *Handbook of the Sociology of Mental Illness*. New York: Kluwer Academic Press. pp. 301-20.

Wellman, B. (1981) 'Applying social network analysis to the study of social support', in B.H. Gottlieb (ed.), *Social Networks and Social Support*. Beverly Hills: Sage. pp. 171-200.

Wellman, B. and Wortley, S. (1989) 'Brothers' keepers: Situating kinship relations in broader networks of social support', *Sociological Perspectives*, 32: 273-306.

Wellman, B. and Wortley, S. (1990) 'Different strokes from different folks: Community ties and social support', *American Journal of Sociology*, 96: 558-88.

Wethington, E. and Kessler, R. C. (1986) 'Perceived support, received support, and adjustment to stressful life events', *Journal of Health and Social Behavior*, 27: 78-89.

Wheaton, B. (1985) 'Models for the stress-buffering functions of coping resources', *Journal of Health and Social Behavior*, 26: 352-64.

亲属、阶层与社群 10

KINSHIP, CLASS, AND COMMUNITY

◉ 道格拉斯·R. 怀特(Douglas R. White)

导言:亲属网与凝聚力

本述评将展示世界各地的亲属凝聚力研究。每一项研究都使用了专为亲属关系研究而设计的网络分析软件,其中对凝聚力有明确的网络测度。本文提供的证据表明,婚姻凝聚力的诸多形式有着根本的差异,这些差异对广泛的社会现象、区域规模和多元文化都有重要且多变的影响。社会凝聚力是人类社会的互惠、合作与安康的基础(Council of Europe, 2009)。它包括人们融入社会的模式、群体如何掌握权力、如何对社会关系进行分层、如何管理资源的流动等。与所嵌入的小规模社会相比,亲属关系网络嵌入民族国家的公民社会之中,它极少作为社会凝聚力的基础被加以研究。网络是我们生命中的社会机理,它只是部分被我们所见;因此,我们无法看到网络是如何被裹进、嵌入更大的网络之中。正如本章所强调的,无论是在局部还是在更大的规模上,对亲属关系进行社会网络分析的具体科学都是重要的。分析凝聚子集合(cohesive subsets),可以表明亲属关系网络的建构是怎样涉及社会阶层、种族、移民、继承、社会运动和其他规模不一的社会现象的。

一个**亲属关系网络**(kinship network)是由亲子关系(有时间指向的亲-子弧)与夫妻关系(如婚姻)组成的。用奥利图(Ore-graph)(Ore, 1960)中的节点表示个人,或者用 P-图(P-graph)(White and Jorion, 1992)中的节点表示夫妻与个体,后者将婚姻夫妇或亲代夫妇(matrimonial or parental couple)关系嵌入适当的节点之上:一位来自指向父母节点的家庭成员会与一个或多个伙伴结合,进而形成他们自己的父母-夫妇节点(parental-couple nodes)(即育殖家庭)(families of procreation)。这样就容易追踪到拥有共同祖先的一对或多对夫妇的婚姻回路(matrimonial circuits)(参见 Hamberger et al, 2011:第35章);因此,婚姻链(按时间顺序)中的最后一对夫妻或单对婚姻关系将已经连接的家庭**重新连接起来**。

正是这些重连的回路（relinking circuits）才通过婚姻关系创造了亲属凝聚力。广义的凝聚力可以是拥有共同的祖先，可用 P-图回路性（P-graph circuitry）直接表示，而奥利图必须将亲-子 3-派系（parental-child 3-cliques）（母亲-父亲-孩子）的凝聚力从基于共享祖先的广义凝聚力中区分开来。为了调和这些差异，Harary 和 White（2001）界定了一种 P-系统（P-system），把它定义为一个父母（亲属）网络，该网络在多个嵌入水平上对所包含的诸多关系——个人、婚姻、核心家庭、继嗣家系（descent lines）和凝聚群体——进行排序。人们可以处在一个或多个家庭、一个或多个婚姻之中，并嵌入组织水平更高的群体中。在研究个人和社群是如何连接起来的时候，对亲属关系网络进行高阶分析可以提供更加真实的整合性视角，该视角也考虑了各种不同的群体是如何相互嵌入的。

在反映和分析亲属关系网络（从几十到数百万人）本身的时候，采用的一些新方法有可能以开放一系列新的社会学和人类学问题的方式来看待社会现象。人类学家及同道的科学家所研究的 90 多个亲属关系网络案例已经上网（http:// kinsource.net），它们能使我们用这些新的研究路数去获得关于"大结构"和"大进程"的意外洞见（Tilly，1984）。由婚姻创建的亲属凝聚力是个新视角，这些案例促使我们用这个新视角来看待婚姻和继嗣、社群、阶级和其他主题。本文从地区和历史角度呈现的主要成果让我们感受到社会结构在扩展和变化，所采用的进路是由 White 和 Jorion（1992）与 Hamberger 等（2004：第 5 章，2011）提出并评述的。从亲属关系角度看，其中最主要的进路可转译为有界结构性内婚制（bounded structural endogamy）（White，1997），它源于结构凝聚力这个一般性的社会学概念（White and Harary，2001；Moody and White，2003）。需要有很多研究来估计全球化对亲属关系网络的影响，并探究亲属关系网络在建构社群、社会阶层、种族、移民、社会运动和其他现象中暗含了哪些新途径，在这些研究中，可以证明上述进路是尤为有用的。

将定理、回路等级和凝聚力测度重连起来

在人口不锐减的社会中，除了兄弟姐妹联盟（sibling unions）以外，婚姻的凝聚或重连（relinking）是不可避免的。

证明

不言而喻，如果一对夫妇生育孩子的平均数量是 $k > 2$，那么对于 N 个在世者来说，他们的**个体**祖辈数相对于当前人口数随着每个上溯的世代呈指数增长：对于连续的诸多祖代（$g = 1, 2, \cdots m$）来说，其数量分别为 $N/1, 2N/k, 4N/k^2, \cdots,$ $N(2^{g-1})/k^{g-1} = N(2/k)^{g-1}$。对于每一代人来说，如果 $k^g > 2$，该公式也适用。$k = 2$ 时，从一代到下一代，有 $N_g - N_{g-1} = r$ 个新的重连接（relinkings）和更有凝聚力的婚姻。

回路等级的定义

当网络中的（m 个祖先）连接数超过由 c 个成分构成的网络中的父母节点数

(n 个亲属)时,如图 10.1 所示,重连的婚姻回路中包含的**回路等级数**(cycle rank)为 $m-n+c$ 的祖辈关联就会重叠。如果用 P-图记法(P-graph notation)来表示,那么这里的核心婚姻 A 和 B(时间上最底端的节点,由节点表示的夫妻在结婚之前就有联系)由男性祖辈 ♂ 连接或女性祖辈 ♀ 连接,这使他们有共同的祖辈(两对或多对夫妇也可以因有几个共同祖辈而将他们重新连接)。追踪这些连接,我们看到 A 夫妇(3 号与 4 号)有一个母亲的兄弟的女儿(Mother' Brother's Daughter,缩写为 MBD)婚姻,B 夫妇(6 号和 7 号)有母亲的姐妹的女儿(Mother' Sister's Daughter,缩写为 MSD)婚姻。(在 P-图中,带有数字的线代表个人、他们父母节点的后代及其具有生育功能的[多个]家庭成员)。然而,妻子 4♀ 是 6♂ 的母亲(M),所以这两个凝聚性的婚姻因共享同一个弧而重叠。将两个回路的弧和节点加起来,去掉重叠部分,就形成一个**并图**(graph-union),如婚姻 C 所示,该图因 A-B 结合(6-3-1-2-5-7-6)而形成一个新的**婚姻回路**(matrimonial cycles)。在图 D 中,祖辈有重叠的凝聚性婚姻回路(marriage cycles)形成了**双成分**(bicomponents),它在每一对节点之间有两个或多个独立路径。这形成了**结构内婚制**(structural endogamy)的单位。亲属图中的成对凝聚力(pairwise cohesion)(White and Newman,2001)给出了多对个体(pairs of individuals)或多对夫妇之间不相交的凝聚路径的数量。这样,图 10.1 中的 P-图 C 和 D 中虚线表示的亲子链 4♀ 将个人连接起来,这些人与这些婚姻回路中的他人有三个不相交的路径(paths),而其他人只有两条不相交路径。因此,可以在个人之间或家庭之间的水平上测量凝聚力,并且针对一对对个体来测量,或者针对群体或子网络来识别。

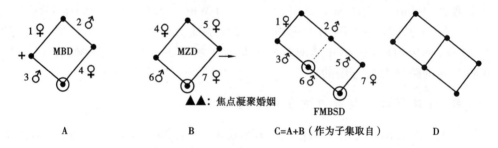

图 10.1

共享边的并回路(cycle unions)产生其他回路(例如,去掉图 C 中的虚线 4♀)。回路等级(cycle rank)

γ(回路数)是从一个拥有 m 条边 n 个点的关联图中必须去掉的满足如下条件的最少边数,即拿走

γ = m - n + 1 条边后,只剩下一个数。对此例来讲,全图 D 的 γ = 2(C 图中第 4♀ 条线被恢复)。

γ 也是最少的回路数,这些回路的重复并集会产生图中的全部回路。这里的点表示夫妇或

家庭,向上的线指向亲代父母。

130　内婚制的再概念化:隔离与凝聚

对亲属关系网络架构的描述始于生成性的系谱关系。人口学家、历史学家、遗传学家、系谱协会(genealogical society)、摩门教洗礼项目(Mormon baptismal projects)、族谱数据库(GEDCOM,GEnealogical Data COMmunication)、社交名人录

（social registers）和许多其他来源都提供了大量的系谱数据。这些数据还伴有质量不等的其他数据和补充性的情境数据。人类学家收集高质量的社区系谱资料，获得受保护的或历史性的个人身份、大量的民族志、叙事性或住户调查的数据。

说到**内婚制**（endogamy），社会学家想到的是由那些表明内婚轨迹的各种属性（社群、地域、职业群体、财富水平或其组合）所界定的社会单元之间或内部的通婚。这会生成一个断裂的社会结构图式，其中有大量的由属性界定的独立群体，其不同的重叠程度取决于所研究的区域或抽样的方式。令人惊讶的是，内婚制很少用**涌现的网络实体**（emergent network entities）的**边界来定义**，尽管人们总是假定内婚（endogamous marriages）的确在某种程度上以这种方式构成了其本身。但这是如何构成的呢？一种研究方式为"隔离测度"（segregation measure）博弈，即寻找哪些个体属性能够最佳地区分网络以便检测到内婚群体。另一种研究是基于对如下假定的质疑而提出的"社群探测"（community detection）（最初的文献由 Girvan 和 Newman，2002 所开创），即假定诸多社群必然可以依据群体内部的最大密度和群体之间的最小密度进行单独分区。这些都是隔离（甚至隔离主义的）模型。现实世界并非如此分门别类：社群有重叠、社会模块和角色有交叉、个人是多个社群的成员、社会形态也复杂。哪些"类型"的网络或网络的哪些方面实际**界定了内婚制**，而不是仅将内婚的密度同用属性或分区定义的不同子群体联系起来？

对内婚制问题的双成分解答（bicomponent answer）（White，1997）在一个亲属关系网络内部提出了一种明确地界定与划界的凝聚形式。一个（亲属）网络的**双成分**就是一个（导出性的）子图，它有最大的节点子集< S >，其中：（1）每一对节点都通过 S 中的无共同中介点的节点之间的路径得到多重连接；（2）该子集是**结构性内婚的单位**；（3）它们符合**结构凝聚度**的最小定义（White and Harary，2001），即连接度-2（connectivity-2）；（4）它们是**最大**的**双连接性**（biconnectedness）单位。双成分并不**区分**网络，但可能有所**重叠**，作为**结构性 k -凝聚度**的更高水平的多路径测度（multipath measure），k 所包含的重叠也更多。双成分计算方法采用次二次（subquadratic）计算（Gibbons，1885），在规模不受限的网络中实现。

同样，有**凝聚力的婚姻**（婚姻重接）则是亲属关系网络中的一个较小的节点子集<S>，它包括一对或多对夫妻及他们的某些共同祖辈，它在网络中的导出子图<S>（S 中的节点及节点之间的所有边）是一个**回路**（cycle）（White and Jorion，1992；White，1997，White，2004；也见 Hamberger et al.，2011：第 35 章）。这些是**最小的双连接单位**，因为：（1）回路中的每个节点的度数都是 2，密度最小；（2）只要去掉两个或多个节点，就可以将回路断开；（3）每一对节点都由没有共同中介的两条路径相连接，即由一个或多个回路连接起来。

如图 10.1 所示，由于婚姻回路的重叠会构成其他有足够人口增长的回路（重连定理），因此它们也将形成由重叠的凝聚性婚姻构成的双成分，每一个成分都在人口中有明确定义的边界。从经验上看,在世俗世界中,对作为祖先纽带的父辈和母辈的更深刻、更准确的记忆将扩展并深化婚姻双成分。

双成分的规模

在欧洲社会的大家庭或家族内,我们没有看到太多的婚姻凝聚性或结构性内婚制(不同程度的婚姻,如表亲婚)。这是中世纪基督教教会杜绝一夫多妻制以及禁止六度近亲通婚的结果。这些禁令降低了社团亲属群体(corporate kinship groups)的内部婚姻凝聚力,几乎把除贵族、皇族、商人精英以外的社团亲属群体破坏殆尽。"当基督教教会受到国家支持时,这种影响[最为]深刻"(Korotayev,2003:12)。

世界亲属关系网络的历史与民族志背景

有学者(Korotayev and Kazankov,2002;Korotayev,2003,2004)研究了世界性的宗教(基督教、伊斯兰教、印度教、小乘佛教、密宗佛教)对亲属特点的影响,以及诸多文化传统在何种程度上将大乘佛教和儒家思想按不同比例组合起来,或者说基督教或伊斯兰教同本地(而非世界性)宗教是怎样以不同的强度结合的。当对有关世界性宗教的《民族志图集》(*Ethnographic Atlas*)(Murdock,1967)中的 1 472 个社会进行编码时,他们发现,对于欧亚大陆复杂的社会来说,完全可以依据世界性宗教对纯粹建立在血缘关系基础上的有类似特点的社会集群进行很好的区分。亲属"系统"和宗教(拉丁语的宗教 = 纽带)可通过婚姻实现凝聚力的传播、扩散和延展。从世界宗教方面看,亲属系统和宗教可以形成大规模的次大陆层次系统(subcontinent-level systems),并在非世界性宗教的地区形成较小的、更可变的混杂体。例如,列维-斯特劳斯(Lévi-Strauss,1949)确定了有婚姻"对偶组织"(dual organization)的广大邻近区域,其中如内兄(弟)(brothers-in-law)这样的定向交换构成了区域轴线,其婚姻涉及某一性别成员沿着一个坐标方向流动后与配偶生活在一起,这类婚姻常常通过礼物、义务或地位的回流来达到平衡。其他的民族志学家(Leach,1954;后来有剑桥大学的学者)发现了两种震荡之间的协调一致,这两种震荡是,沿着这些轴的定向不对称交换和循环性交换之间的震荡,贸易通道的开放(不对称交换)与关闭(婚姻回路)之间的震荡。

不过,在临近的时代和社会空间中,在中型和大型的领土范围内可进行足够致密的抽样时,我们就有希望看到世界各地的结构内婚社群,也会看到移入与移出之移民的比例变化的局部差异,以及在当地结婚和不在当地结婚之人的比例变化的局部差异。今天,在多代人的社群亲属关系网络中,由于移出居民的全球化率较高,后代中的双成分凝聚力正在消散,要想考察其对分布更广泛的凝聚力的影响,就需要有较大的研究框架。

可扩展性与组织

在一个双成分社会中,每一对新婚后代都通过婚姻扩大了它的结构性内婚的社群范围,尽管这种扩大可能因忘记祖先而有所降低。结构性内婚社群的规模很容易变大,一些较小的和更密集的社群也容易组合成一个较大的、密度降低的双成分社群。当相对密集、交往限于近邻(领土性的、宗教性的、阶级性的,等等)的社群成员从家乡迁移到外地,或与异族通婚时,结构性内婚的本地界限可能会缩小,因而改变其局部的密度。

但是,亲属关系的特点不那么容易通过婚姻来扩散。亲属关系与对社会权利、特权和期望的信念有关。犹太教的基础大法(The founding charter of Judaism)为年轻的儿子们确立平等权利,赋予作为圣约传递者的母亲以神圣性(讨论见图10.2);基督教相信一夫一妻制的已婚夫妇是神圣的;伊斯兰教修订的阿拉伯亲属关系确立了一夫多妻制的界限,女儿的继承权是其兄弟的一半。但是,亲属关系是在三个层面上建立网络关系的:婚姻与亲子关系之间的实际联系;亲属称谓的单独演算;由道德期望所确立的角色关系,这种道德期望与亲属命名("妈妈""姐姐"等)的演算相关。这些规范性但个性化的期望(支持、爱、调节性的竞争等)适用于婚姻和亲子关系网络中的特定个人。前两个层面的网络都有各自的生成结构:将实际关系串联成社会网络,将称谓串联成网络关系(Read,2000)。诸多社会关系拥有的网络凝聚力单位以双成分为边界;诸多称谓关系则有其扩展的边界,而第三种关联——角色关系——是互动、记忆、语言、情感调停的结果。社群内部的亲属互动并不能建立一个通过接近和传播就能在某种程度上共享文化的亲属"体系",而是能建立一种既强大又有限制性的实用系统性(pragmatic systematicity)(Leaf,2007):这个**组织**具有既定的成员和继承性、相互关联的角色和期望,行事有法,调整权利、义务和差异有方。正是在交往更加深入的社群、组织或具体的社会机构里,人们才能在信仰、认知、理解表达、行为以及社会和亲属关系网络中的结构构成和动态性方面形成具有共同意义的"文化"。通过使用亲属称谓而心照不宣地接受**和**实际亲子网络与婚姻关系中的行为互动,可以解决协调问题——谁同谁互动,以及如何在中介的监督下进行协作或竞争。这些组织的边界范围广,包括从社团群体到松散的亲属关系,甚至是通过婚姻联系起来的社会阶层,它们比边界得到明确定义的结构性内婚制更为严密,更具有排他性。然而,与双成分所提供的可扩展性相比,亲属**组织**的渗透性更小,弹性更大。

社会学和历史方面的例子

已知社群的组织特征后,有相同组织和称谓的不相交的社群就很容易将彼此视为是"相同的"具有空间上可扩展性的"区域"。这些区域具有结构上的相似性,它们不会逐渐融合,而是有离散的边界。对于历史和民族志社会学来说,要展示大规模的亲属关系网络分析——阶级、社群、种族、政治和经济——的关联性,最简单的方法就是看一下不同的地区和宗教,如中东的希伯来和穆斯林,源于欧洲的基督徒,南亚佛教徒,以及黄金时代的澳洲人。

具有共同继嗣重连的结构性内婚制(中东地区)

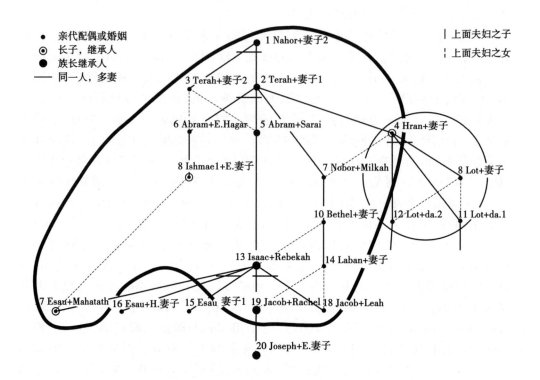

图 10.2　用 P-图形式表示的迦南人创世谱系中的婚姻和继承

历史上迦南人世系中的宗教与重连接

　　双成分内婚制的一个变种及其特定的组织特征如图 10.2 所示, White 和 Jorion(1992:456)运用来自《旧约全书》的这个例子表明了如何使用与历史叙事相关的 P-图来构造、分析亲属关系网络。图 10.2 中的男性由实线表示,有多位妻子的男人(Terah,Abraham,Lot,Esau,Isaac)有多条连接线,它们是由其父母节点之下的水平线连接起来的。虚线表示女性,实心圆圈表示单身或夫妇,大圆圈表示领导权的继承(patrilineal succession)路线。

图 10.2 中的世系背后的故事

　　这个一神论创始人的世系叙事通常被称作"男族长和女族长"(Patriarchs and Matriarchs),后者以建立幼子(而非长子)继承模式而闻名,并承认犹太教的继嗣是通过母亲而非父亲继承的。由母亲(女族长)"安排"的这种新的继承模式将本族的最小儿子与他们父系中的女子结成世系匹配的包办婚姻(lineage-mate arranged-marriages)。与父系中的女性通婚也向子女传递了双重世系,子女从母亲和父亲那里接受了宗教、文化和世系传统。从前亚伯拉罕时期到后亚伯拉罕时期的叙事神话题材的变化包括世系族内婚的女性有更大的平等性（即阿拉伯人父亲的兄弟的女儿［Arabic Father's brother's daughter，FBD］的婚姻权利，见下文），母亲赐予年轻儿子而非年长儿子们接受异族政治婚姻（由最有能力的儿子而不是长子继承）。在时至今日的 4 000 年间，这种模式在希伯来宗教精英和苏美尔人（Sumerian）、柏柏尔人（Berber）、马龙派（Maronite）、德鲁兹（Druze）、阿拉伯世系中间周而复始，不断出现（Adams，1966：81；Korotayev，2000：403），它往往与世系社团（lineage corporations）相契合（在马达加斯加的麦利纳［Merina］和其他零散的社会中也有发现，参见 Barry，1998，2008）。

　　宗教创始人的这个网络叙事信息也可以用大的双成分（large bicomponent）中的节点差异来进行标记，这个标记在图中的粗索套线（thick lasso）内，其中不包括 Lot，在套于小圆圈内的双成分中，Lot 的乱伦父亲身份是通过其女儿而发生"凝聚的"。因此，道德边界是以酒鬼 Lot 的不道德来标识的（在圣经故事中，Lot 在索多玛与女儿婚配，妻子变成了盐柱［咸泪？］），通过内婚制进行限制并将后代的继承人排除在更大的双成分之外而得以反映。因此，当将双成分加入 White 和 Jorion（1992：456）的最初图式 10.2 中时，对双成分的识察就可以阐明他们所谓的迦南谱系的网络"核心"了，其中的结构性内婚制围绕的重点是单一父系内部的婚姻。White 等人（1999）为图 10.2 建构的**重连指数**（index of relinking）表明，大的双成分（结构性内婚群体）中的婚姻比例最大时达到 64%（7/11），相比之下，当将双成分**外部**的谱系成员夫妻都包括在内时，该值达到 56%。

　　如图 10.2 中的族谱"创始人"所示，希伯来和伊斯兰的社会组织源于同一个根，根据这个传统，Ishmael 是 Mohammed 的祖先。他们的亲属关系模式在 4 000多年的时间里以各种方式延续并修饰着。来自长期的民族志田野研究（Johansen 和 White，2002）的网络数据提供了一个土耳其案例，从历史上看，该案例来源于阿拉伯人的征服地对该系统的植入（虽然同时婚姻［simultaneous marriages］少的逊尼派土耳其人［Sunni Turks］、逊尼派阿拉伯人［Sunni Arabs］、什叶派波斯人［Shi'a Persians］等有不同的婚姻习俗，一夫多妻制更多见于农村地区，但是其中有广泛的相似性）。

阿拉伯世系与内圆锥形氏族

　　内圆锥形氏族（endoconical clan）是这样的一个氏族，即其中的凝聚力是通过记忆关系（remembered ties）的婚姻重连而产生的（如图 10.2 中的一些重连所示）。这些关系可以回溯到有共同祖根的"创始人核心"，它是从共同祖先的紧致双成分（compact bicomponent）中扩展出来的。正如 White 和 Johansen（2005：xxxiv）所定义的，"基于对年龄和经验的尊重而形成的宽松和灵活的人际等级系统""使每个家系（family line）在促进其中的得力成员进行另类适应时能使其显贵"。他们对一个阿拉伯化的土耳其游牧氏族（Arabized Turkish nomad clan）——艾迪利氏族（clans of Aydınlı）之一——进行了专题研究，研究表明，其社会组织很类似于所讨论过的《旧约全书》中的男族长和女族长世系核心(lineage core)组织。但是,这里看到的内婚的规模扩大了,从单一世系扩展到一系列世系,它们由结构性内婚制度整合在一起,这种结构性内婚制现在既包括世系之内的婚姻重连,也包括世系之间的婚姻重连,而且,(这里所看到的内婚的规模)还以低得多的密度扩展到从外面的氏族以及那些迁移到城镇的难以维系的小家庭中娶妻。有更多兄弟姐妹及其配偶的家庭更具有竞争力,因为他们有更多的盟友。

阿拉伯世系和内圆锥形氏族的历史背景

Korotayev(2000)的追踪研究表明,阿拉伯化的和阿拉伯的世系有非同寻常的独特之处,即在父系内部有婚姻重连,这个特征对应于阿拉伯人征服的领土。与世系成员如 FBD(父亲的兄弟的女儿)通婚是男性的权利而不是义务(因此,行使这些权利的频次各异)。当行使这一权利时,在凝聚力上得到强化的世系分部(lineage segment)随着妻子是否共享了两到五代之前的父系祖先(即第一、第二、第三或第四个父系平行从表婚[cousin patrilineal parallel marriage])而变化。在整个阿拉伯和阿拉伯化的地区,这种情况导致了一系列分形的凝聚性婚姻(fractally cohesive marriages),这些婚姻是由不同深度上的婚姻和这些深层父系(deep patrilines)的不同分支所造成的。(典型的部落或氏族的领导权通常有记录祖先的系谱滚动记录;这些记录以程式化的方式存储在典型和非典型的主要部落家庭中)。不同的世系将祖先世系连接在一起的方式再次在世系双方或世系三方组(lineage pairs or triples)中生成分形的关系模式。家庭 a 与 b 的联姻、家庭 b 与 c 的联姻可能是互惠的,c 与 b 联姻、b 又与 a 联姻,在这些家庭世系之间的二方(pairs)、三方(triples)等组合中形成了广泛的强关系互惠关系链。这些互惠性关系可能在同一世系的相同或不同的分支之间重复发生,或者重新生成。White 和 Johansen(2005)发现,在由大约 2 000 人组成的艾迪利氏族(Aydınlı clan)中(算上祖辈数,还加上其他定居在城镇中的人)。这些链形成了一个可操控的枢纽网络(navigable network of hubs)(White and Houseman,2002),它通过强(即互惠性的)关系将氏族中的每个人连接起来。相比之下,在 Granovetter(1973)的"弱关系强度"模型中,强关系趋于聚集,而弱关系只能形成可操控的长距离路径。这样看来,内圆锥形氏族的强关系可以形成一种无形的社会-高速路系统(social-highway system)。其中的逐条线路包括互惠关系,例如它们可以为链上不同连接点上的人提供会面场所,在这些场所,人们可以更深入地了解男男女女。这些男女不仅来自一位盟友,还来自盟友的多位盟友,这些盟友常常在一些中介性质的家庭中访问和会面。这些链上每一对互惠连接的家庭都会因互惠性交换而形成联盟,在理想的情况下,他们会拥有亲密的和相互信任的关系。在中东的商人和商业网络中,此类亲属关系"高速公路"在很大程度上也为商业交易提供最常见的联系(Berkowitz et al.,2006)。

艾迪利社会(Aydınlı society)就像阿拉伯地区的许多社会一样,有一个分形式的裂变式世系制度(fractally segmentary lineage system)(对裂变式世系制度的另一项经典研究,参见 Peters,1967)。其子系统在每一个分形水平上都附属于氏族与世系,它们通过基于婚姻内的、族内世系通婚的女性去建立信任关系,并以此来声称对资源和财产所拥有的权利。这些女性是重要的世系成员,她们在团体中行使权利,并在全部分形水平的单位之间(氏族-氏族、世系-世系、子世系-子世系等)有外婚的互惠重连接。从其他世系嫁入的女性因这些世系有互惠的及重复性的婚姻而被认为是盟友,她们的世系姐妹也是盟友,在某种意义上能够为自己的世系讨价还价,如果得到盟友,就可以在其丈夫的世系中获得更大的权利和特权。在一个其所有这些分形水平上都有互惠联盟的裂变式系统中,对外部机遇或威胁的反应可以开始于某个地方,随着时间的推移而传播,传播的水平将取决于机遇或威胁的幅度。当出现犯罪或违法时,如果补偿没有得到落实,就可以启动复仇,合作的程度将依据反对的程度而调整;同样,可以激发新的合作机会。正如在艾迪利社会中那样,此情境中的领导权是可以涌现出来的,其声望在于获得他人的遵从(经常是终生服从),人民愿意到涌现的新领导家中协商议事。此外,这种组织形式与欧洲的形式非常不同,它已被有效地用于企业、涉及亲属关系的商业企业、短期和长期的商业贸易之中。犹太人的贸易家族正是通过这种方式才得以扩展的,他们以种族式的亲属连接方式散居在整个伊斯兰地区,然后散布到欧洲和其他地区。White 和 Johansen(2005)阐明了如何用网络分析方法来研究这个犹太-阿拉伯情境中的亲属关系和复杂性。

希腊众神的偏好标示与系谱网络

　　White 和 Houseman(2002)研究了"偏爱标示"(preference signatures)的可能性,这种可能性是亲属关系网络中每一类重连婚姻的相对频率所留下的。他们针对如下两类婚姻重连接,对数十个经验性的亲属关系网络中的亲属类型频率进行了等级排列:与诸如"父亲的兄弟的女儿"(FBD)或"母亲的兄弟的女儿"(MBD)这样的血亲的婚姻(更普遍的是:在一个共同祖先的共同后代之间的**共同继嗣婚姻**)和将多个继嗣家系之间的**共同姻亲婚姻**(co-affinal marriage)重新连接,如在两个家庭重连中的 BWB(姐妹交换)或 ZHZ(兄弟与姐妹结婚)。用简单回归拟合这些分布到幂律与指数曲线上的数据(为了曲线拟合,可使用诸如标准化的累积概率和自举统计量,不知道哪些程序较好),他们发现了两种主要的社会类型:

　　1.在共同继嗣婚姻占优势的社会中,其共同继嗣婚姻类型的频率表现出幂律排序。这表明其中存在着优先选择,而共同姻亲婚姻类型的频率则呈指数排序,预计其中不存在选择偏好(即这些频率的随机差异)。　　135

　　2.共同姻亲婚姻占主导地位的社会则相反。

　　因此,**共同继嗣婚姻**(co-descendant)**对共同姻亲婚姻**的总偏好(频次)往往与针对所偏好的那类凝聚性婚姻类型中的某种偏好相关。在每一种类别中,社会都可能有一个类似的偏好排序,诸如将 FBD 作为主要的共同继嗣婚姻偏好。

　　后续的一项未发表的发现相当惊人:对希腊众神系谱网(Newman and

Newman,2003)的分析表明,艾迪利(Aydinli)氏族的婚姻和其他一些阿拉伯化或阿拉伯社会中的婚姻有一种偏好倾斜匹配(preference gradient matching),包括倾斜于指向 FBD(父亲的兄弟的女儿)的最先-偏好(请参阅 Barry,2008)。人们对作为部落社会的前古典时期希腊的社会组织还知之不多,但是有一个线索。显然,关于希腊城邦-国家中"民主的起源"的西方思想应该考虑到希腊社会的早期基础:"在古代,正如青铜时代后期一样,希腊属于近东(Near East)的单一文化和知识圈,希腊诸神的名字源自希伯来语"(Sealey,1976:29),如图 10.3 所示。更一般地讲,亲属关系网络分析有进行历史重建的潜能。

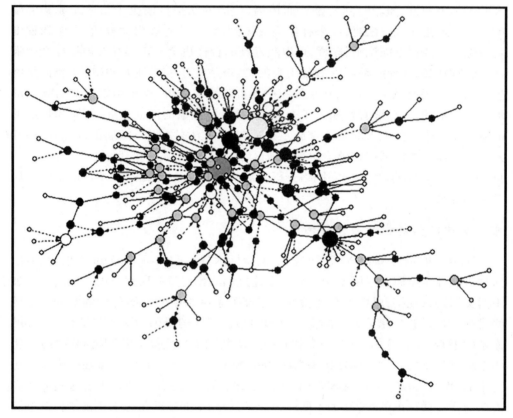

图 10.3　用 P-图形式表示的希腊诸神的"阿拉伯/希伯来"谱系
(按照"祖先"的时间顺序,从中心到边缘)

姻亲重连的结构性内婚制(如西方基督教)

这里所说的社会阶层一般是由分散式的婚姻凝聚力和精英世系构成的。

西方基督教

Jolas 等人(1970)开启并研究了亲属关系的横向视角,其观点涉及共同姻亲重连(co-affinal relinking)以及比较具体的成对家庭之间的**重连**(renchaînement)。他们视这些重连为法国和欧洲其他地方农庄的一种社会整合形式。在欧洲、基督教和许多其他社会中,这种现象都很常见。在这些地方,祖先家系(ancestral lines)的通婚是通过婚姻而不是与血亲结婚被重连起来的。我们在许多研究中发现,重连因有重叠的祖先而超越了本地联姻,也形成了水平回路(horizontal cycles)的通婚。这些通婚不断重叠,进而形成更大的凝聚力单元。当再连形成了大的有凝聚力的社会时,就与社群、社会阶层或种族纠结在一起了。

系谱和纯血统

许多对亲属关系的研究都关注纯血统(pedigree)和世系,或直系血统(lines of vertical descent)。这也是许多精英在建立边界和社会身份时的一个社会关注点。Lloyd Warner 开展的扬基城(Yankee)精英民族志研究(1941—1959,1949)就反映了这一研究倾向。继嗣团体(descent group corporations)在当时是英国人类学的继嗣理论学派(descent theory school)关心的主要问题。美国最重要的城市民族志学者之一 Warner 将教会和志愿协会视为美国的两大制度性组织,一个在宗教上有分裂,另一个则通过特殊的志趣得到整合。然而,在他描述的"美丽、静态、有组织的社群"中——正如 John Phillips Marquand 在其小说《没有回头的余地》(*Point of No Return*,1949)中描述的人物 Malcolm Bryant 所做的那样,他不仅忽略了社会变迁与解组,还忽略了亲属关系和婚姻在社会阶级和社会阶层的形成过程中所起到的组织性作用。

社会阶层

与大多数社会阶层理论家一样,马克斯·韦伯(Max Weber)也没有对婚姻重连视而不见:他认为阶层的两个基本特征是内婚制(**社会**阶层,往往同声望等级混为一谈)和获得生活机会或生产性财富的不同方式(通过继承获得**经济**阶层,或者通过收入差异对成就进行标示)。

基于婚姻重连的一些大型凝聚力组织的世代交情较浅,其中存在多个系列的兄弟姐妹或表兄弟联系,无须返回到两代以上就可以在重叠的姻亲回路(cycles of affines)之间发现多层联系。

说明社会阶层的民族志案例

Brudner 和 White(1997)使用 P-图和 P-系统分析(Harary and White,2001),将 Jolas 等人(1970)对重连的局部视域转移到对如下现象的网络分析上:在一个奥地利的村庄中,相互联系的多对夫妻如何形成了一个由大部分(大约一半)社群构成的巨大的双成分。此外,他们引用了 Rebel(1983)对奥地利村庄中经济和社会阶层所作的区分。他们的研究表明,在双成分内部,其成员可以继承土地。正是在双成分内部,"有产的婚姻才是阶级形成的工具"(1997:175)。这样,在整个社群规模上的婚姻重连就是社会构造阶级的一个核心特点,该阶级一部分是由有凝聚力的、重合性的重连婚姻回路(relinking marriage cycles)构成的。White (1997)为由婚姻导致的网络凝聚力的边界构造出**"结构性内婚制"**(structural endogamy)这个词。基于此,Brudner 与 White 的研究表明,双成分成员与社群中继承了父母的土地和财产的滞留者之间的协变系数(coefficient of covariation)在统计学上是高度显著的,即使被低估($R^2 = 0.29$)也是如此,因为社群中的少部分"滞留者"没有被访问。对更多的社区永久性居民进行采访所带来的结果只是扩大了结构内婚群体的规模估计值,因为该假设的例外情况几乎全是失去内婚联系的继承人,包括未接受访问的人。模拟分析(White,1999)支持了如下结论:兄弟姐妹和表兄弟姐妹之间发生婚姻重连的概率远大于随机预期。White and Johnson(2005)用更完整的数据对土耳其的游牧民族(Turkish nomads)进行了研究。他们发现"结构性内婚滞留者"(structural endogamy-stayers)的相关系数更高,R^2 为 0.90。这里的"滞留者"(stayer)类别包括这样的**较大的**家族,即他们在争夺资源方面更为成功。这表明,Brudner-White 类型的"结构性内婚滞留者"在社群层面上的相关性可能是非常广泛的,包括许多非欧洲的案例。

　　在分析危地马拉殖民地精英之间的系统性重新链接时,Casasola Vargas (2001)、Casasola Vargas 和 Alcántara Valverde(2002)的研究表明,该历史阶段的专家挨家挨户地确认了阶层精英的两个方面,即社会和经济方面,针对重连的网络分析也确认了这些方面。同 Brudner 与 White(1997)一样,这些研究表明,韦伯式的阶层在社会(以内婚制为界)和经济(财富和财产传递)方面存在一致性。
137 White(2009)对拥有共同姻亲重连的社会中的凝聚力/阶层假说进行了直接检验,重新考察了 Loomis 和 Powell(1949)的(哥斯达黎加的 Turrialba 这座小城的)San Juan Sur 农庄数据,他们发现,家庭之间的亲属拜访模式有高度的结构性凝聚力,这与村民对高社会阶层的判断有关(Moody and White,2003)。

　　对结构性内婚制和社会阶层的进一步考察(Fitzgerald,2004)发现,位于伦敦的贝维斯马克大街的犹太(西班牙或葡萄牙籍的犹太人或其后裔)教堂(Bevis Marks [Sephardim] Synagogue)内部,手工艺人及上班族(水平相邻的代间重连)同精英(世代的深层重连)在结构性内婚上存在不同的分层。这一结论被其老师 Berkowitz(1975,1980)所质疑。相比之下,Widmer 等人(1999)发现,在 17—19 世纪的日内瓦科学家中,各个家族之间存在着深层次的祖先(垂直的)重连。

对多元论的挑战

　　对重连的分析一旦表明在不同的阶层层次上存在着家族之间的凝聚力,利益集团多元化理论就受到如下研究的挑战。这些研究探讨的是家族之间的关系是如何相互作用的,进而将社会阶层同利益集团和各种政治职位、管理者职位和其他领导职位有凝聚力地整合在一起。正如 Berkowitz 所表明的那样(1975,1980),以分析横向社会凝聚力的方式来系统地利用亲属关系网络数据,就可以为研究权力精英奠定基础。在这里,识别出有凝聚力的群体为历史权宜性提供了因果建模的基础。对于比较政治学来说,Doyle(2005:1)发现,White 与 Johnson

(2005)的 P-图框架可以为中亚地区"高度去中心化的自组织地方治理结构提供详细的评估","对亚洲国家性的政治行为进行前所未有的研究",欧洲的政治组织学家(politologists)已经开始这样做了。Alcántara Valverde(2001)、Gil 和 Schmidt(1996,2005)对墨西哥权力精英的研究表明,政治权力和亲属/婚姻网络之间存在连锁关系。Kuper(2006)对布卢姆斯伯里家族(Families of Bloomsbury)进行的 P-系统(P-system)研究发现,具有婚姻凝聚力的群体支撑着伟大的英国科学家家族(如达尔文-韦奇伍德家族[Darwin-Wedgewood families])。这些家族在 19 世纪和 20 世纪初开启了科学、政治和文学方面的重大研究。

维面性与分部

半偶族(Moieties)是婚姻对偶组织(matrimonial dual organization)的一种形式,这种组织将婚姻凝聚力群体分为彼此可以交换配偶的双方:即相互之间外婚但在更大的整体上看却是内婚的双方。

对偶组织、分裂、维面与同源维面

有人认为,婚姻半偶族之间的外婚(exogamous exchange)必须基于居住原则或继嗣原则(如 Fox,1977:175-207)。这些原则之所以被需要,是因为它们可被用来造成地方群体(如从夫居的群体)或(父系或母系)世系的对立。这种看法假定,其他人群缺乏理解自己网络的关系性逻辑。该观点与人们坚持的如下见解有关:与对偶组织(dual organization)一致的"自我中心"的亲属称谓——这些称谓系统地将一方,即将"我可以与之通婚的亲属家系",同另一方即不可通婚的亲属区分开来——与"以社会为中心"的组织并无关联。然而,符号图平衡原理(balance theorem of signed graphs)(Harary,1953,1969)作为一条网络组织原则而得到了应用,它解释了对于自我中心的和社会中心的有关阶层来说,其认知和行为是在什么条件下以这种方式汇聚在一起的。就结构性内婚的情况而言,这表明了婚姻维面性(marital sidedness)的个体一贯性**实践**是如何与作为网络结果的婚姻维面性相一致的。White(2010)提出了四个新定理,将亲属称谓中以自我为中心的维面性与拥有共同祖先的血亲通婚夫妇中以社会为中心的维面性关联起来。在下面的例子中,对亲属关系网络的经验研究表明,所预测的认知-行为-网络的融合是很常见的。

对偶组织、分裂、维面与同源维面的经验实例

为了画 P-图,White 与 Joriob(1996:287-88)完全根据符号网络中的均衡原则——而不用继嗣原则(rules of descent)或命名半偶族(named moieties)原则——来定义分裂与维面(divides and sides)。在一个 P-图中,假设相反性别的连接用+和-标记,如果婚姻回路中的符号之积为正,那么在由兄弟姐妹及其配偶

关联起来的一代人中存在的诸多分裂就会连接起来。对于波利尼西亚的阿努塔岛(Anuta of Polynesia)来说,其中的诸多分裂具有统计显著性[1](Houseman and White,1996)。**维面**则将均衡原则扩展到网络中所有代人中的婚姻回路上,在"亚马孙河流域的德拉威亚地区"(Dravidian Amazonia)全部 9 个社会中发现都有统计显著性($p<0.0001$)(Houseman and White,1998b)。在该地区,大多数社会的亲属称谓都有自我中心的有维面的类别,有公开的系谱,但没有可命名半偶族或对偶继嗣群体组织(dual descent group organization)。另外 4 个社会来自有德拉威亲属术语但没有半偶族的地区,其中也有显著性。在这 13 个社会中,1%~7%的"不完美"维面错误率(sidedness error rates)与"不完美"的局部维面行为相匹配。结构性凝聚力、局部均衡和全局"均衡"中的二元对立和当地的婚姻回路或婚姻"类型"交合在一起成为一套体系(其构成方式很容易用经验性的亲属关系网络来检验)。其中以自我为中心的亲属术语及婚姻行为都与更全局的网络结构相连接。

特别令民族志学者感到不安的是在复杂的欧亚国家社会中出现的"维面性"(sidedness)(假定它也基于继嗣)。因为这些社会是同族的、缺乏继嗣群体、一夫一妻或有限的一夫多妻制,继承权在儿子和女儿之间分割。Leach(1961)开展的僧伽罗人村落(Sinhalese village)民族志终结了英国的基于继嗣关系的亲属团体理论(descent-based theory of kinship corporations),表明斯里兰卡的鲍尔·艾利耶社会的生产系统(Pul Eliyan productive systems)是以婚姻联盟为基础并以自我为中心组织起来的。然而,他没有发现冲突和联盟的结局是如何组织起来的。Houseman 与 White(1998a)将他的详细谱系编码为 P-图,以检验僧伽罗人(德拉威人)以自我为中心的双面亲属称谓是否都与缺乏单系继嗣群体(unilineal descent groups)的婚姻维面的网络(maritally sided networks)相关。结果发现通过共同祖先连接起来的夫妇包含(由男性继承权形成的)诸多对立面之间通婚的女性。然而,如果家庭中没有男性继承人,那么只有女儿通过血亲继承获得通常由男性继承的居住大院、田地和灌溉沟渠。对于男性维面来说,例外情况是全部"从夫居"即"迪迦"婚姻("diga" marriages)(妻子入住)。在这种婚姻中,调和其与维面性的矛盾的办法是从维面性弱化的遥远村庄里选择丈夫。孩子不与父亲"一方"的亲属通婚,而是与母方亲属通婚。

世代

在一个亲属关系网络中,世代通常被认为要么是相对于自我而言、与自我大致同时代的人(假设男女大致在同一年龄段结婚),要么是对于男性和女性来说所具有的不同的平均时间跨度,这取决于女性(相对于男性来说)多早结婚或生孩子以及男性(相对于女性来说)多晚开始——比如,因为男性成丁礼(male initiations)——和继续生养孩子。Denham 历经两年时间,对澳大利亚中部沙漠地区的艾亚瓦拉人(Alyawarra)进行了田野研究(Denham and White,2005),得到了关于亲属关系网络、实际年龄、使用亲属称谓方面的最全面的数据集。在该氏族,妇女的平均分娩年龄只有男性成为父亲时年龄的三分之二,因此,男人的世代时间跨度要比女性长且慢 50%。在任何一个配偶-年龄差异大的社会里,这都将导致妻子的兄弟链随着世代的增加而年龄差异加大(对于姐妹的丈夫来说,他们会随着世代缩短而年龄差异降低)。

关于世代的经验案例

艾亚瓦拉人(Alyawarra)利用兄弟姐妹和表(堂)兄弟姐妹来定义他们的**世代**(generations),因而使得大多数世代都不是同时代的人。在图 10.4 中,两条对角线上的点画线将 WB(妻子的兄弟)链条(WBWBWB…)的年龄倾斜世代中的婚姻相连接,其中针对父系继嗣(patridescent lines)家系的儿子的垂直实线和沿垂直线向对角线左下方顺时针转向的点线,依据的是 MBD 类型或 MMBDD 类型婚姻的周期性模式,而向右转向的那些点线则用其他类型的婚姻破坏了这种模式。年龄倾斜包括一位妻子的父亲(WF)比其女儿的丈夫(DH)平均多活出一位女性的半代,一位妻子的兄弟(WB)比他的姐(妹)夫(ZH)平均年轻半代。

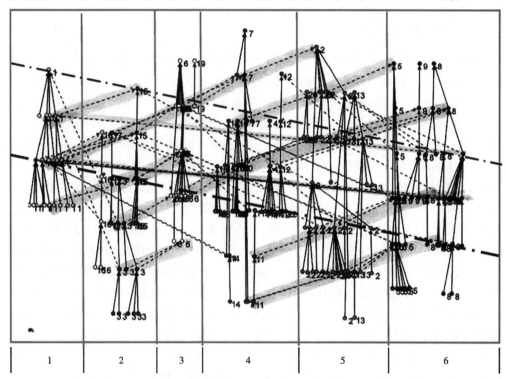

图 10.4　以 P-图形式表示的艾亚瓦拉人中向年龄倾斜的兄弟姐妹和
姻亲兄弟姐妹交替的世代(主要的女性线被加了阴影)

在图 10.4 中,兄弟/姐妹的年龄-婚姻在线的垂直高度上的变化接近于真实年龄,所以年龄差异可以从图中解读出来。当依据类分型继嗣谱线(classificatory descent lines)(对于男性来说是 1-6 线)来安排时,在此 P-图中可能看到婚姻模式,它们都与有亲属称谓的适婚类别中的成员身份相一致。在某些婚姻中,妻子比丈夫年龄大(如寡妇结婚),或更为年轻(如像母亲的兄弟的女儿的女儿的女儿[MBDDD]一样的隔代)。

分部

如艾亚瓦拉人(Alyawarra)的婚姻类型这样的分部体系(section system)是这样一个婚姻组织,即它赋予核心家庭的不同成员及其配偶——父亲、母亲、子女、子女的配偶——以四个"分部"(section)名称,这些名称支配着他们的婚姻及其后代的婚姻分部。对成对的名称加以控制,便会生成一个置换群(permutation group)。其中每一对父母都会创建子女的及其配偶的配对(Weil,1949)。该命名

139 对(naming pairs)是双面的(doubly sided)。男性一面和女性一面相交叉,只与自己的对立一面通婚。考虑到男性和女性名字中的分部名字会在不同世代之间交替出现,因而各个维面(sides)都不是**继嗣群体**(descent groups)。这就会生成一个对等的交替世代,其中一个人只在**本代人内**结婚(它通常由兄弟和表(堂)兄弟链构成)或者隔代通婚。

关于分部的经验案例

Alyawarra 氏族有四个分部(sections),每个分部又分为两个子分部(subsections)。数据显示,在婚姻行为和分部/子分部(sections/subsection)的成员之间几乎有完美的对应。在澳大利亚的土著人中,几乎普遍存在着四个、六个和八个分部的系统(或简单的维面性),民族志学家试图为亲属关系网络建模,似乎它们拥有的对称性和规律性超越了对婚姻分部的置换群治理(permutation group governance)。几乎每一个澳大利亚亲属关系网络数学模型(如 H. White, 1963)都夸大了对称性。亲属关系网络分析(如用 P-图来分析)允许将网络看成是复杂的关系系统,而不是对男女的类分型继嗣谱线(categorical descent lines)进行婚姻规定。图 10.4 也许是现存的唯一的澳大利亚社会实际年龄的婚姻模式图。Denham 等人(1979)探究了这样一个难题,即配偶之间的年龄差距是如何影响下一代(或隔代)人内部的婚姻的。他提出一种理想化的双螺旋结构模型,其中在母亲的兄弟的女儿(MBD)对角线上的女性分类谱线(classificatory lines of females)会穿过 6 个男性类别的继嗣群体;然后再循环到这些群体中的第一个,如此无限继续下去,尽管只为亲属称谓中数量有限的几代人进行编码。然而,在这个小规模的社会中,连续的可能性不大可能填满,就像一代人在下一代(alternating generation)中沿着从右向左的回路环绕一样。其中的人数太少。在图 10.4 中有许多断裂,其中妻子的兄弟(WB)链缺失,所有父系的妻弟(WB)连接模式没有再现。正如在一个双螺旋模型中一样,这里不是在想象之链上"填充";而是应该这样思考更恰当,即这样一个系统究竟是如何当场发挥作用的:从夫居时,与男性谱线中的男子生活在一起,那么在一个**被相邻的分类男性谱线所左右框定的女性阴影线平行四边形内**,MBD 婚姻将连接到另一组上,该组中一个人的母亲的兄弟(MB)是内部的,其妻子在该组内出生。在生存竞争中,这个母

亲的兄弟群体(MB group)有可能是将被访问之地,显然也是资源交换及资源平衡的一个来源。与之相应,邻近群组可能有类似的 MB 群体,自我可以通过一位妻子而与该群组有冗余性的连接,这个妻子是"母亲的母亲的兄弟的女儿的女儿"(MMBDD)。在现实生活中,与一个邻近者群组和邻近者之邻近者的群组的两步连接对于生存来说足够了。这对应于该图中的单一或双重"母亲之兄弟之女"(MBD)连接中的短链。其中,如图 10.4 所示,一两个后续的"母亲之兄弟之女"(MBD)的婚姻的经验性脉动(empirical pulses)总数达到 18。

140

拥有按时间排序的时间序列数据对于社会网络分析来说极具价值,甚至在运用关于世代的启发式布局法(heuristic placement)(它是 Pajek 软件中的一个标准选项:White,2008a)以及当不知道出生日期、结婚、死亡和其他事件的信息从而对年龄差进行调整时,这些数据也有价值。[例如,可以为"父亲的姐妹的女儿"(FZD)婚姻进行结婚日期的调整,它包括同龄夫妻,而"母亲的兄弟的女儿"(MBD)则不能调整;"母亲的兄弟的女儿的女儿的女儿"(MBDDD)意味着妻子的平均结婚年龄是其丈夫的一半或更少]。亲属关系网络分析的主要优势在于了解相近的世代、个人之间的差异以及同时代的大致时间间隔,因为我们可以随机地置换婚姻,或者按照某种禁止规则(如禁止亲属结婚)来置换,或依据针对**同时代**的男性和女性的某些概率偏好(其婚姻本来是不同的)——如抢椅游戏(musical chairs)一样——进行置换。可以用下文解释的统计控制对婚姻的**喜好或厌恶/禁止**程度进行有效的估计(White,1999),即估计它在多大程度上偏离了受控"随机重连"的随机"抢椅游戏"基线。

模拟:结构与能动

只对每一代人或同一时期的女性结婚对象(即男性)这个因素进行重排,就会将重排的选项只限于该代人中由实际婚姻所反映的婚姻机会上。这使得男性(或女性)家系中继嗣群体的人口构成保持稳定,每一个核心家庭中儿子和女儿的数量恒定,因此也使得观察到的婚姻中的所有其他结构特征及人口学特征都保持恒定。结果是,与实际的婚姻-类型的频次相比,每一类婚姻的频次(源于重排的婚姻,其他条件不变)都适当地测量了针对每一类婚姻的偏爱或厌恶(禁止)(White,1999,2008b)。这些频次可能**偏离受控的模拟频次**,要么支持了双成分的规模,要么支持或反对特定类型的婚姻。这允许利用经验标准将结构和能动分离开来。这些测度还可以包括一些能够改善并精练这些结果的推论统计量,所采用的方法是为婚姻类型目标集合上的选择而假定一个概率模型,用自举模拟法(bootstrap simulation)生成用以评价数据的概率分布。

民族志的模拟案例:结构与能动

为了区分结构和能动,来自情境边界的结构性"符号"无须依据决策的能动性来解释。表 10.1 给出了一个例子。在这里,民族志学者 Schweizer 记录了爪哇的一个村落(名为 Sawahan)中 19 对穆斯林精英婚姻中的四类凝聚性婚姻(用这里使用的符号,在表 10.1 中,F = 父亲[Father],B = 兄弟[Brother],D = 女儿[Daughter],M = 母亲[Mother],Z = 姐妹[Sister]:FBD,MBD,FZDD,ZD),相比之下,普通百姓只有一种这样的婚姻(White and Schweizer,1998)。这是两个群体在婚姻偏好或文化规则或策略方面的差异吗?每个群体被划分为几代,使用受控的模拟法对每个群体与每代人中的婚姻进行随机重连(White,1999)。研究发现,当控制了群体规模的差异,同时也注意到了精英群体规模较小时,婚姻频次与随机重连的婚姻频次没有显著差异。在地位群体内部的通婚中,每个这样的群体都要求有一定比例数量的配偶,但是在一个拥有共同祖先的小群体里,如果随机选择婚姻,那么在诸多婚姻之间就会有更多的共同继嗣的婚姻。如果精英们选择避免共同继嗣婚姻(co-descendant marriages),结果就会有所不同,但是他们并没有这样做。假定他们遵循一种**地位内婚**(status endogamy)的偏好,即每个人都愿意从自己的群体中选择配偶的话,那么与普通人类似,他们也不喜欢选择这种婚姻。

　　Brudner 和 White(1997)对一个奥地利村庄进行了研究(上文的社会阶层分析),其中的受控模拟("抢椅游戏")回答了以下问题:在争夺继承权的过程中,我们如何知道这种重连是有些农场主家庭主动**选择**的,还是偶然发生的呢?相对于继承者来说,这种重连不能是随机分配婚姻的产物吗?在一个巨大成分中不能有某些人随机重连而其他人不重连吗?在曾经调查过的最近的和以往历史上的世代中,对每一代女性婚姻进行重排,结果表明,在一代、两代及三代人中出现的重连(即村落中的兄弟姐妹或表兄弟姐妹的重连)频次要远远多于随机重连的频次,但远远低于更多代的随机重连。显然,代际较近的亲戚会彼此认识,
141 能自我选择并在同族内婚,排除了与其群体中非继承性成员的重连。此外,正是在兄弟姐妹及表兄弟姐妹的群体中,对父母遗产的争夺才未定。因此可得出如下结论:统计证据支持了意向性的或隐含性的以及策略性决策,重连不能通过随机性检验。

表 10.1 Dukah Hamlet 的爪哇穆斯林精英(MusElite)和 Dukah 的常人(DhC)之间
婚姻类型的比较(White,1999:13.2,表 7)

穆斯林精英-Dukah常人	该亲属类型的婚姻比例		该亲属类型的婚姻缺失		费雪精确检验	婚姻类型	三维-精确检验
	实际	模拟	实际	模拟	p=	类型	p=
1:MusElite	1	0	4	3	0.625	FBD	
* DhCom	0	1	9	12	0.591	"	1.00
2:MusElite	1	2	2	3	0.714	MBD	

续表

＊ DhCom	1	0	11	16	0.429	"	1.00
3：MusElite	2	1	3	2	0.714	FZDD	
＊ DhCom	0	0	11	0	无回答	"	1.00
4：MusElite	0	1	6	7	0.571	ZD	
＊ DhCom	0	0	18	24	无回答	"	1.00
总 MusElite	4	4	15	15	1.00	全部	
＊ 总 DhCom	1	1	49	52	1.00	"	1.00

＊ 三维-费雪检验(three-way Fisher test)比较的是两个 2×2 交互表中各项之间的差异,对每一对变量都控制了双变量边际总量(White et al.,1983)。已知每一类婚姻的数量和每个群体中的数量之后,这些四维表的每一对之间都像两个群体一样没有什么差异。

制度分析与凝聚分析

为了引出对经济制度的分析,Grief(1994,2006)将社会网络置于所嵌入的决策和历史背景中进行考察。在女家长与土耳其游牧氏族的案例中,共同继嗣婚姻偏好(co-descendant marriage preferences)系统可归为"集体主义信仰体系"(collectivist belief system)的社会(Grief,1994)。这样的社会是隔离的(它们在个体的、社会的和经济的层面与特定群体的成员进行互动),而共同姻亲婚姻偏好(co-affinal marriage preferences)系统(如奥地利的农场案例)则属于 Grief 界定的"个人主义信仰体系"(individualist belief system)社会。在这样的社会中,社会结构是整合的,经济交换在不同群体的成员之间进行,强制通过专门机构(法院)来实现,自力更生受到高度重视。对于 Grief 来说,这种对比表明,从长远角度讲,个人主义系统在经济上更高效。他考察的网络包括家庭关系,但不包括显而易见的亲属关系网络。欧洲的亲属关系网有一种婚姻结构,该结构可促进社会阶层的分层并便于精英统治,这是他没有考虑到的。这种现象非常不同于那些其中存在着世系和氏族相争的系统。其中的每个部族都可能有自己的精英,这些精英不但在群体内合作,而且拥有广泛的强关系便于合作与交换。Grief 的结论可能尚欠考虑。

相比之下,这里考察的内圆锥形氏族(endoconical clans)在其双成分内部有非常高的婚姻重连指数(marital relinking indices)(艾迪利[Aydınlı]的指数为66%;迦南[Canaan]为64%)和关系的幂律延伸性(power-law spread)。这使得近亲的紧密重连与远亲的广泛连接达至均衡。近距离看,这些看似为隔离网络,但用 Grief 的话来说,实际上,"社会结构是整合的,经济交换是在不同人群之间进行的,强制是通过专门的组织实现的"。不同之处在于,起作用的不仅有法院,还有互惠和惩罚之类的亲属规范。阶级分层的奥地利农庄的重连指数较低(48%),农庄继承人之间的指数是60%。与直觉相反,"基于亲属的"澳大利亚的艾亚瓦拉人(Alyawarra)的重连指数最低(23%)。这是因如下事实的缘故:一夫多妻制的本地家庭群体很大,但本地诸多群体之间的稀有亲属关系变得稀薄,这正适合一个低密度、资源稀缺的社会。结果是将艾亚瓦拉(Alyawarra)人中说阿兰达(Aranda)语的邻居整合到他们的双成分及艾亚瓦拉人自身中了。

总览与结论

前人研究了凝聚力模块(cohesive blocks)在社会形态中的效果,基于对这些研究的期待,就可以论断对本章呈现的证据类型的关注:在不同社会的亲属关系网络中,阶级、政治和宗教形式如何与婚姻凝聚力的类型、边界以及结构上的内婚群体相关。(受来自血缘关系研究发现的激励)本研究考察了凝聚力块中个人、家庭或公司的不同最高水平的凝聚力对于其所属的各类网络所产生的影响。Moody 与 White(2003)的研究表明:(1)学生个体在其朋友群(friendship blocks)中的凝聚水平对其高中报告的学习成绩有强影响;(2)商业联盟的凝聚性群体(cohesive blocks)中的共同成员的凝聚强度是如何与政党政治中公司政党联盟选择上的类似性相匹配的。对于这类研究发现来说,结构和能动问题使许多社会科学家感到迷惑。一个凝聚性群体中的成员是否"引起"个人或公司改变其态度或选择呢? 类似的选择或态度会"引起"同类的隶属关系吗? 其中的因果性是循环的吗? Powell 等人(2005)使用 Moody-White 的结构性凝聚力测度来考察时间滞后效应。他们发现,在生物技术产业中,每一年对战略合作伙伴的选择都可以依据潜在合伙人在前一年所隶属的凝聚性群体的凝聚力水平来作论断,但是受凝聚力驱动的决策可能存在目的性问题(这意味着行动者对凝聚力的感知有差异)。对于亲属关系来说,在最有说服力的情况下,一个农场社群的双成分(更团结地整合在一起的)成员往往是那些继承了生产资料的人,此时哪个在先呢? 知道了一个人是继承人,那么有凝聚力的"本地"婚姻在先,还是仅仅"本地"婚姻在先? 会使父母偏爱一个孩子而不是另一个吗? 在生物技术和农场这两个案例中,与对"那些合格者"的模拟基准相比,结构(凝聚力)与对伙伴的决策在经验上出现了收敛,但是它们是由能动性、结构性情境决定的,还是由这两者共同决定的? 一个很好的例子是印度尼西亚的一个穆斯林村庄(Sawahan)内部相对少数的富人精英和大多数贫民之间的对比。在那里有一种期望是,**婚姻选择**要在一个人的地位群体或阶层内部进行。但是模拟研究表明,控制了地位内婚制后,在婚姻结构方面并没有区别,尽管在一个较小的拥有共同祖辈的群体中与亲属随机通婚的可能性要远远大于在一个大的、祖辈较为分散的群体中的情形。情境可能作为能动性起到掩盖作用("我们与 X 和 Y 亲属结婚"),尽管能动性可以在更高的层次上发挥作用(就地位方面来说,"我们与自己人结婚")。网络研究需要关注能动性牵涉到的多个网络层次。

我们从亲属关系数据中发现,在一夫一妻制的基督教社会中,**不与亲属通婚**的偏好或禁令会在足够的空间水平上生成横向共同姻亲的重连(co-affinal relinking)(假定重连定理成立),并且这一**分层**构成了社会分层的基础。从韦伯式的视角看来,这毫不奇怪,因为该视角认为,内婚是阶层形成中的社会倾向,而通过地位内婚制对财富的继承和巩固则是一种经济趋势。这对于规模为 500 人的一个农耕社群来说是真的,在其中的每一个兄弟姐妹群体中,有平均一半的人继承财产,在村庄内实行结构内婚制,而另一半人则倾向于嫁到村外、移民或从事非农职业。这一点也适用于人口数以百万计的民族社会,其中的(政治、知识、科学等领域)精英子群体不仅在他们通过这些选择而生成的社会阶层内部实施结构内婚制,而且作为一个推论,作为一个在婚姻上有凝聚力的群体,他们也对政党、治理、经济权力和工业所有权产生共同的影响。同样,对于如英国这样的国家来说,就劳动者阶层,特别是那些执掌特殊技能的人而言,社会和经济阶层的传递方面有遗传的因素。这两个方面通过**结构内婚制附带继承制**结合在一起,就构成了结构和能动的动力组合。

婚姻选择(它包括的普遍主义维度蕴含着**离开自己群体**的可能性)是亲属关系网络的内在组成成分,在结构性内婚制情境下,就与谁通婚而言(即在社会网络内部与特定距离或位置的人结婚),婚姻选择是有特殊性的。在**通常与亲属通婚**的社会中,我们西方人更倾向于在婚姻中赋予其以**规定性或规范性偏好**。然而,用工具可进行不同类型**婚姻普查**(marriage census)。其频次(描述为婚姻回路或婚姻模式,如母亲的兄弟的女儿[MBD],但包括数百个远亲)揭示了可供对比的特征概率分布(White and Houseman,2002)。这种分布可能倾向于对较高频率的近亲通婚类型之和与较低频率的远亲通婚类型之和进行齐普夫(Zipfian)均衡,从而表明无论共同姻亲的还是共同继嗣婚姻都具有总体的"偏好"。

在许多共同继嗣的婚姻中,中东的氏族结构(Middle Eastern clans structures)——如艾迪利(Aydınlı)、旧约的男族长与女族长或希腊众神的神秘氏族中,其婚姻凝聚力也分布广泛,与共同姻亲的基督徒婚姻和阶层系统中的情况一样,但有一个重要区别:更广泛的网络不是通过"弱关系的强度",而是通过"可操纵的强关系"(navigable strong ties)而凝合起来的。这种强关系是通过当地的及分形的亲属关系单位之间的互惠而产生的,由于一夫多妻制和繁殖力的缘故,这些单位的规模大小不一。在这里,如同在艾迪利(Aydınlı)氏族中的一样,居于社群的结构性内婚制核心之外的那些人更有可能迁移到城市(结构还是能动?)。

如此看来,毫不奇怪的是,亲属群体被不同水平的婚姻凝聚力整合起来,它的嵌入性结构标志着不同类型的**社会组织**,其结构规模不同。这些组织与大规模的阶级、氏族和间连氏族(inter clan)、种姓和间连种姓的形式关联在一起(总是通过劳动和职业的分工联系在一起),还与政治结构、宗教和宗教组织相关联。对于诸如 Doyle(2005)这样的政治组织学家(politologists)来说,这也提供了一种亲属关系

143

框架,可用来"考察亚国家的政治行为[sub-national political behavior]……研究比较政治……[和]政府间组织、非政府组织,或具有国家政府基础的跨国倡议网络"。Korotayev(2003)和这里所考察的区域性案例研究表明,亲属关系的多重特点、婚姻凝聚力的网络形式与特定的历史宗教和地区紧密联系在一起。

对于亲属关系来说,Weil(1949)第一个认识到:亲属关系结构不仅是人与人之间的关系,还是婚姻和群体之间的关系,而且即使是核心关系结构(如诸多分部)也容易转化(如转化为子分部,再转回到分部)。在亲属关系网络中,凝聚性单位如何与亲属称谓、规范和原型角色期望相连接,这是 Firth(1951)、H. White(1963)与 Leaf(2007)所讨论的社会组织观点中的一部分。变动的亲属关系网络不仅可以作为社会组织的特定历史形式的基本平台,还表现出一般性的规律。这些规律来自它们是如何牵涉到特定的网络原则的(如维面性和平衡原理、分部、通过重连得到的阶级分层等)。像共同姻亲婚姻所隐含的水平分层所产生的效果一样,这些规律也支持了变动的社会进程。这种婚姻是在分层的社会阶层形式上的重连(Brudner and White,1997),而社会阶层形式又疏通着财富流动、向外移民和职业流动。通过考察选择过程(selection process)如何影响一个群体网络结构中的变化,而不是采用 Firth 的理想化的结构研究。我们就可以研究网络结构、组织和能动性是如何在不同的规模上动态互动的。现在(见本书第 35 章)我们可用一些工具,如 P-图、奥利图(Ore-graphs)、P-系统、Pajek(Batagelj and Mrvar,1998,2008)、Puck(Hamberger et al.,2009a,2009b)、Tipp(Houseman and Granger,2008)、R 程序(White,2008a,2008b)和统计软件(Butts,2008;Handcock et al.,2008)来进行研究,以改变我们对社会科学中"社会性"(social)理解的蓝图。基于经济的全球金融危机这一事实,像生态可持续性一样,亲属关系在人们的生活中将比以往任何时候都更加重要。

致　谢

感谢 Peter Carrington, Martin Doyle, Robert Adams, Lilyan Brudner 和 Klaus Hamberger 为本文提供反馈意见;感谢在引文中涉及的法国亲属研究项目组成员分享了他们在方法上的进展;谢谢加州大学欧文分校(UC Irvine)的研究生将其引用在他们的博士论文研究之中。我的每一位合作者也都在先前的亲属研究中为本研究作出了贡献。本文讨论的许多项目受到国家科学基金(NSF Grants)SBR-9310033 1993—1995"亲属关系、社会传递和交换的网络分析:加州大学欧文分校、科隆大学、法国国家科学研究中心联合研究"(Network Analysis of Kinship, Social Transmission and Exchange: Cooperative Research at UCI, UNI Cologne, CNRS Paris)和 BCS-9978282 1999—2001"历时性网络研究和预测性社会凝聚理论"(Longitudinal Network Studies and Predictive Social Cohesion Theory)的支持。作为一名圣塔菲研究所的讲座研究员(SFI External Faculty member),我得到了

John Padgett，Mark Newman 和圣塔菲研究所其他许多同人的支持，在本文提出诸多凝聚力概念的过程中，我们有过共同的研讨。

注　释

1.在一个随机图中，诸多独立回路中有一半的色数（chromatic number）γ = m−n + 1预期有负乘积号，所以用二项式定理给出适当的检验。标杆-边程序（Par-side Program）（White and Skyhorse，1997）可用来计算均衡回路和非均衡回路（balanced and unbanlanced cycles）中的频次偏离随机频次的统计显著性。　144

参考文献

Adams，R.McC.（1966）*The Evolution of Urban Society：Early Mesopotamia and Prehistoric Mexico*. Chicago：University of Chicago Press.

Alcántara V.N.（2001）*Kinship，Marriage，and Friendship Ties in the Mexican Power Elite*. PhD Dissertation，Program in Social Networks. University of California，Irvine.

Barry，L.S.（1998）'Les modes de composition de l'alliance. Le "mariage arabe"'*L'Homme*，147：17-50.

Barry，L. S.（2008）*La Parente*. New York：Ballantine Books.

Batagelj，V. and Mrvar A.（1998）'Pajek：A program for large networks analysis' *Connections*，21：47-57.

Batagelj，V. and Mrvar A.（2008）'Analysis of kinship relations with Pajek'，*Social Science Computer Review*，26(2)：224-46.

Berkowitz，S. D.（1975）*The Dynamics of Elite Structure：A Critique of C. Wright Mills'"Power Elite" Model*. PhD Dissertation，Brandeis University.

Berkowitz，S. D.（1980）'Structural and non-structural models of elites'，*Canadian Journal of Sociology*，5：13-30.

Berkowitz，S.D.，Woodward，L.H. and Woodward C.（2006）'The use of formal methods to map，analyze and interpret *hawala* and terrorist-related alternative remittance systems'，*Structure and Dynamics*，1(2)：291-307.

Brudner，L.A. and White D.R.（1997）'Class，property and structural endogamy：Visualizing networked histories'，*Theory and Society*，25（2）：161-208.

Butts，C.（2008）'Social network analysis with sna'，*Journal of Statistical Software*，24(6)：1-51.

Casasola V.S.（2001）*Prominence，Local Power and Family Networks in Santiago de Guatemala：1630-1820*. PhD Dissertation，Program in Social Networks. University of California，Irvine.

Casasola V.S. and N. Alcántara V.（2002）'La estrategía matrimonial de la red de poder de Guatemala colonial'，in J. Gil Mendieta and Samuel Schmidt（eds.），*Analysis de Redes：Aplicaciones en Ciencias Sociales*，Mexico：Universidad National de México. pp. 158-78.

Council of Europe（2009）*Well-being for All - Concepts and Tools for Social Cohesion*（Trends in social cohesion no. 20）. Strasbourg，France：Palais de l'Europe.

Denham，W.W.，McDaniel，C.K. and Atkins，J.R.（1979）'Aranda and Alyawarra kinship：A quantitative argument for a double helix model'，*American Ethnologist*，6：1-24.

Denham，W. W. and White，D. R.（2005）'Multiple measures of Alyawarra kinship'，*Field Methods*，17：70-101.

Doyle，T. M.（2005）'Network analysis for

comparative politics', Amazon review of White and Johansen, 2005. http://www.amazon.com/gp/pdp/profile/A3V8ZGN18V6BQ4.

Firth, R. (1951) *Elements of Social Organization*. London: Watts and Co.

Fitzgerald, W. (2004) *Structural and Non-structural Approaches to Social Class: An Empirical Investigation*. PhD Dissertation, Program in Social Networks. University of California, Irvine.

Fox, R. (1977) *Kinship and Marriage*. Harmondsworth: Penguin.

Gibbons, A. (1985) *Algorithmic Graph Theory*. Cambridge: Cambridge University Press.

Gil M.J. and Schmidt, S. (1996) 'The Mexican network of power', *Social Networks*, 18(4): 355-81.

Gil M.J. and Schmidt, S. (2005) *Estudios sobre la Red Politica de Mexico*. Mexico: Universidad National de México.

Girvan, K. and Newman, M. E. J. (2002) 'Community structure in social and biological networks', *Proceedings of the National Academy of Sciences USA*, 99: 7821-26.

Granovetter, M. (1973) 'The strength of weak ties', *American Journal of Sociology*, 78(6): 1360-80.

Greif, A. (1994) 'Cultural beliefs and the organization of society: A historical and theoretical reflection on collectivist and individualist societies', *The Journal of Political Economy*, 102(5): 912-50.

Greif, A. (2006) *Institutions and the Path to the Modern Economy: Lessons from Medieval Trade*. Cambridge: Cambridge University Press.

Hamberger, K. and Daillant, I. (2009a) 'L'analyse de réseaux de parenté: concepts et outils', *Annales de Demographie Historique, Parente et Informatique*.

Hamberger K., Houseman, M. and Grange, C. (2009b) 'La parenté radiographiée: un nouveau logiciel pour le traitement et l'analyse des structures matrimoniales', *L'Homme*, 189.

Hamberger, K., Houseman, M., Daillant, I., White, D. R. and Barry, L. (2004) 'Matrimonial ring structures', *Mathematiques*

et sciences humaines, 43(168): 83-121.

Hamberger, K., Houseman, M. and White, D.R. (2011) 'Kinship network analysis', in P. Carrington and J. Scott (eds.), *SAGE Handbook of Social Network Analysis*.

Handcock, M.S., Hunter, D. R., Butts, C. T., Goodreau, S. M. and Morris, M. (2008) 'Statnet: Software tools for the representation, visualization, analysis and simulation of network data', *Journal of Statistical Software*, 24(1): 1-11.

Harary, F. (1953) 'On the notion of balance of a signed graph'. *Michigan Mathematical Journal*, 2: 143-146.

Harary, F. (1969) *Graph Theory*. Reading, MA: Addison-Wesley.

Harary, F. and White, D.R. (2001) 'P-systems: A structural model for kinship studies', *Connections*, 24(2): 22-33.

Houseman, M. and Grange, C. (2008) 'Présentation du programe TIPP'. http://www.kintip.net/content/view/4/2/.

Houseman, M. and White, D. R. (1996) Les structures réticulaires de la pratique matrimoniale', *L'Homme*, 139: 59-85.

Houseman, M. and White, D. R. (1998a) 'Network mediation of exchange structures: Ambilateral sidedness and property flows in Pul Eliya (Sri Lanka)', in T. Schweizer and D.R. White (eds.), *Kinship Networks and Exchange*. Cambridge: Cambridge University Press. pp. 59-89.

Houseman, M. and White, D. R. (1998b) 'Taking sides: Marriage networks and Dravidian kinship in Lowland South America', in M. Godelier and T. Trautmann (eds.), *Transformations of Kinship*. Washington D.C.: Smithsonian Press.

Johansen, U. and White, D. R. (2002) 'Collaborative long-term ethnography and longitudinal social analysis of a nomadic clan in Southeastern Turkey', in R. van Kemper and A. Royce (eds.), *Chronicling Cultures: Long-Term Field Research in Anthropology*. Walnut Creek, CA: AltaMira Press. pp. 81-99.

Jolas, T., Verdier, Y. and Zonabend, F. (1970)

'Parler famille', *L'Homme*, 10(3): 5-26.

Korotayev, A. (2000) 'Parallel-cousin (FBD) marriage, Islamization, and Arabization', *Ethnology*, 39(4): 395-407.

Korotayev, A. (2003) 'Unilineal descent groups and deep Christianization: A cross-cultural comparison', *Cross- Cultural Research*, 37 (1): 132-56.

Korotayev, A. (2004) *World Religions and Social Evolution of the Old World Oikumene Civilizations: A Cross-Cultural Perspective.* Lewiston, NY: Edwin Mellen Press.

Korotayev, A. and Kazankov, A. (2002) 'Regions based on social structure: A reconsideration', *Current Anthropology* 41: 668-90.

Kuper, A. (2006) 'Endogamy, adultery and homosexuality: An ethnographic perspective on the Bloomsbury Group'. http://intersci.ss.uci.edu/wiki/htm/talks.htm.

Leach, E.R. (1954) *Political Systems of Highland Burma: A Study of Kachin Social Structure.* Cambridge: Harvard University Press.

Leach, E.R. (1961) *Pul Eliya, A Village in Ceylon: A Study of Land Tenure and Kinship.* Cambridge: Cambridge University Press.

Leaf, M. (2007) 'Empirical formalism', *Structure and Dynamics*, 2(1): 804-24.

Lévi-Strauss, C. ([1949] 1967) *Les structures elementaires de la parente.* 2nd ed. Paris/La Haye: Mouton.

Loomis, C. P. and Powell, R. M. (1949) 'Sociometric analysis of class status in rural Costa Rica - A peasant community compared with an hacienda community', *Sociometry* 12 (1/3): 144-57.

Marquand, J. P. (1949) *Point of No Return.* Boston, MA: Little, Brown.

Moody, J. and White, D.R. (2003) 'Structural cohesion and embeddedness: A hierarchical conception of social groups', *American Sociological Review*, 68(1):1-25.

Murdock, G. P. (1967) *Ethnographic Atlas.* Pittsburgh, PA: University of Pittsburgh Press.

Newman, H. and Newman, J. O. (2003) *A Genealogical Chart of Greek Mythology.* Chapel Hill: University of North Carolina Press.

Ore, O. (1960) 'Sex in graphs', *Proceedings of the American Mathematical Society*, 11: 533-39.

Peters, E. (1967 [1991]) *The Bedouin of Cyrenaica: Studies in Personal and Corporate Power.* 2nd ed. J. Goody and E. Marx (eds.). Cambridge: Cambridge University Press.

Powell, W.W., White, D.R., Koput, K.W. and Owen-Smith, J. (2005) 'Network dynamics and field evolution: The growth of interorganizational collaboration in the life sciences', *American Journal of Sociology*, 110 (4): 901-75.

Read, D. (2000) 'Formal analysis of kinship terminologies and its' relationship to what constitutes kinship'. *Mathematical Anthropology and Cultural Theory*, 1(1):1-46.

Rebel, H. (1983) *Peasant Classes: The Bureaucratization of Property and Family Relations Under Early Habsburg Absolutism,* 1511-1636. Princeton: Princeton University Press.

Sealey, R. (1976) *A History of the Greek City States*, 700-338 *B.C.* Berkeley, CA: University of California Press.

Tilly, C. (1984) *Big Structures, Large Processes, Huge Comparison s.* New York: Russell Sage.

Warner, W.L. (1949) *Democracy in Jonesville: A Study of Quality and Inequality.* New York: Harper.

Warner, W.L., Lunt, P.S., Srole, L. and Low, J. O. (1941-1959) *The Social Life of a Modern Community.* II: *The Status System of a Modern Community.* III: *The Social Systems of American Ethnic Groups.* IV: *The Social System of a Modern Factory.* V: *The Living and the Dead: A Study in the Symbolic Life of Americans.* New Haven: Yale University Press.

Warner, W. L., Meeker, M. and Eells, K. (1949) *Social Class in America: A Manual of Procedure for the Measurement of Social Status.* New York: Science Research Associates.

Weil, A. (1949) 'Sur l'étude algèbrique de certains types de lois de mariage', in C. Lévi-Strauss, *Les structures elementaires de la parente.* Paris: Presses Universitaires de

France. pp. 279-85.

White, D. R. (1997) 'Structural endogamy and the graphe de parenté ', *Mathematiques, informatique, et sciences humaines*, 137: 107-25.

White, D. R. (1999) 'Controlled simulation of marriage systems', *Journal of Artificial Societies and Social Simulation*, 2(3).

White, D. R. (2004) ' Ring cohesion theory in marriage and social networks', *Mathematiques et sciences humaines*, 43(168): 5-28.

White, D. R. (2008a) ' Generation depth partition ', http://intersci. ss. uci. edu/wiki/index.php/Generation_depth_partition.

White, D. R. (2008b) ' Software: Kinship simulation', http://intersci. ss. uci. edu/wiki/index.php/Software:_Kinship_simulation.

White, D. R. (2009) ' K-cohesion and kinship ', Paper for the Sunbelt Social Networks Conference, San Diego, CA.

White, D. R. (2010) 'Egocentric and sociocentric structure in classificatory kinship systems: Four theorems ', *Mathematical Anthropology and Cultural Theory*, 3(6): 1-19.

White, D. R., Batagelj, V. and Mrvar, A. (1999) 'Analyzing large kinship and marriage networks with P-graph and Pajek ', *Social Science Computer Review*, 17(3): 245-74.

White, D. R. and Harary, F. (2001) ' The cohesiveness of blocks in social networks: Node connectivity and conditional density ', *Sociological Methodology*, 31: 305-59.

White, D. R. and Houseman, M. (2002) 'Navigability of strong ties: Small worlds, tie strength and network topology', *Complexity*, 8 (1): 72-81.

White, D. R. and Johansen, U. (2005) *Network Analysis and Ethnographic Problems: Process Models of a Turkish Nomad Clan*. Boston, MA: Lexington Press.

White, D.R. and Jorion, P. (1992) 'Representing and computing kinship: A new approach ', *Current Anthropology*, 33(4): 454-63.

White, D.R. and Jorion, P. (1996) 'Kinship networks and discrete structure theory: Applications and implications'. *Social Networks*, 18(3): 267-314.

White, D.R. and Newman, M.E.J. (2001) ' Fast approximation algorithms for finding node-independent paths in networks ', Santa Fe Institute Working Paper, 01-07-035.

White, D. R., Pesner, R. and Reitz K. (1983) ' An exact significance test for three-way interaction', *Behavior Science Research*, 18: 103-22.

White, D. R. and Schweizer, T. (1998) ' Kinship, property and stratification in rural java: a network analysis', in T. Schweizer and D. R. White (eds.), *Kinship Networks and Exchange*. Cambridge: Cambridge University Press. pp. 36-58.

White, D. R. and Skyhorse, P. (1997) *Parente Suite User's Guide*, Vol. 1. UC Irvine. http://eclectic. ss. uci. edu/~ drwhite/pdf/PGMAN2-6.pdf.

White, H. C. (1963) *The Anatomy of Kinship*. Englewood Cliffs, NJ: Prentice-Hall.

Widmer, E., Sutter, W. D., Sigris, R. and Fitzgerald, W. (1999) 'The institutionalization of science: Kinship networks of Geneva Scientists', 24th Sunbelt International Social Networks Conference, Chapel Hill, North Carolina.

动物社会网络 **11**

ANIMAL SOCIAL NETWORKS

◉ 凯瑟琳·福斯特(Katherine Faust)

许多动物物种都有社会性,它们与同类有交往与互动。这些交往和互动是一个物种的社会组织的组成部分,反过来也构成了各物种的个体之间形成社会网络的先决条件。本章概述了动物社会网络的特征如何受其社会组织(包括典型群体的规模、人口学构成、散布模式、空间接近性和子群体安排、社会互动的典型形式、沟通的形式和互动发生的社会情境)的限制。由于不同的动物物种有不同的社会组织,因此,其社会网络的特点也各异。

鉴于"动物社会网络"这个主题的范围广,再加上已知的动物种类超过百万这一事实,因此,用一章篇幅分析这个话题显然颇具挑战性(Wilson,1999:136)。然而,有**社会性**的动物的数量则少得多,估计有几万种,尽管具体数字不详。既然动物物种的数量这么多,本章就不提供一个详细的解释了,而是重点展示有关不同形式社会组织的实例,强调那些影响社会网络结构和可变性的一般特征。

本章集中研究非人类的(nonhuman)动物社会网络。然而,它指的是动物社会网络而不是特定的**非人类**动物的社会网络,这就暗示着**人类**应该理所当然地被包含在内。事实上,对理解一般意义上的动物社会网络有益的看法也关系到理解特殊意义上的人类社会网络。

本章的设计架构如下:第一部分介绍对几种动物社会组织的程式化描述;第二部分讨论动物社会网络形成的先决条件,包括个体的集合、个体之间的联系或互动以及个体的可识别性;第三部分描述限定社会网络的基本社会组织参数;第四部分回顾动物社会网络研究的历史背景和近年来一些经验研究的洞见;第五部分探讨未来的研究领域。

社会组织的程式化描述

一群动物的社会网络会受到该物种的社会组织的限制。如 Clutton-Brock (1974:539)所观测的,"大多数物种都有独特的社会组织模式",不同物种的社会组织形式也不同。社会组织指一个总体中的个体之间的关系模式,包括典型群体的规模、人口构成(年龄和性别分布)、空间联系模式、沟通范围、典型的社会互动形式以及群体边界的流动性(Wilson,1975;Whitehead,2008)。社会组织的这些方面影响着个体之间的联系方式,从而限制其社会网络的特征。在这一情境中,限制意味着可能的社会网络构型受到社会组织诸多方面的约束。

148

作为理解动物社会网络的出发点,考察对几个物种或类群的程式化描述是有用的。本篇的概述意在既突出物种之间的变异,又提出一些共同特征。无论物种是什么,这些特征都像结构参数一样影响着社会网络。

社会性昆虫(群居):蚂蚁

社会性昆虫——等翅目(白蚁)和某些膜翅目种类的物种(蚂蚁、某些蜜蜂和黄蜂)——代表了动物社会组织的"巅峰"(Wilson,1975;Grier,1984)。这些**完全群居**(eusocial)(真正社会性)的物种都是极端社会生活的鲜明实例:个体只以集体形式存在。作为一个类群,蚁科家族(Formicidae)展示了何为群居。在蚁群中存在社会等级,它规定着不同的角色:蚁后(有生殖能力的雌蚁)、工蚁(无生殖能力的雌蚁)和懒汉(雄蚁)。只有蚁后能繁殖后代,不能繁育的工蚁筑巢、照顾蛹和幼虫并提供防卫。例如,同一等级内的行为也可能依年龄而不同(Fresneau and Dupuy,1988;Sendova-Franks et al.,2010)。蚂蚁使用信息素(化学信号)进行沟通以便协调活动,如觅食、发布危险信号或者抚育幼虫(Wilson,1975:414)。在蚂蚁物种中,蚁后的寿命及其替代方式、新蚁群的构成、群体规模、群际关系等特征存有差异(Hölldobler and Wilson,1994)。

对于蚂蚁来说,最好将社会网络表达为等级之间以及等级内部(而非个体之间)的关系。的确,蚂蚁不太可能识别特定的个体(Wilson,1975:379)。就社会网络而言,群居的重要特征包括几代同住、不同等级的社会角色及它们的关系以及沟通的方式。

群居(eusociality)大都存在于社会性昆虫中,在其他物种中极为罕见。但是有一类哺乳动物则是例外:存在于肯尼亚、埃塞俄比亚、索马里的一种地下生存的啮齿类动物——裸鼹鼠——中发现了与群居对应的特性(Jarvis,1981)。裸鼹鼠种群由一个具有繁殖能力的雌鼠及其未成年和成年的雄鼠后代和雌鼠后代构成。成年裸鼹鼠以合作的方式照顾种群,抚养幼崽。

合作抚育:佛罗里达灌丛鸦

在许多鸟类中,成年鸟的最强社会关系发生在配偶中间,并且这一关系能够持续多年。佛罗里达灌丛鸦(Florida scrub)(**蓝色的鸦科**)(*Aphelocoma coerulescens*)便是如此。它是一种占据领地型物种,实行合作抚育制。一对鸟夫妻要共同抚育其后代,它们较大的雄性后代可以帮助保卫领土,为弟弟妹妹提供食物。群体平均有 3 个个体,但也可以大到 8 个(Goodwin,1986;Schoech,1998)。父母能够从众多幼崽中区分出自己孩子的叫声(Barg and Mumme,1994)。一般来说,雌性比雄性更为分散地远离它们的出生地。雄性则比雌性更容易留在出生地附近的区域,且可能继承父母腾空的领土或移到相邻的地区(Schoech,1998;Woolfenden and Fitzpatrick,1978,1984)。这种社会组织形式被称为"群体抚育"(group breeding)(Woolfenden,1975;Woolfenden and Fitzpatrick,1978)或"合作抚育"(cooperative breeding)(Sochoech,1998),在许多鸟类物种中都发现有该类形式的存在(Stacey and Koenig,1990)。

这种社会组织形式有其社会网络的含义,包括配偶之间的长期结合、性别偏向的散布(sex-biased dispersal)、父母与(尤其是雄性)后代之间连续性的社会联系、兄弟姐妹之间的互助关系以及对个体的识别。

集群:孔雀鱼

许多鱼类可以形成鱼群或聚集在浅滩,孔雀鱼(Guppies)(*Poecilia reticulata*)就是如此。Croft 等人(2004)描述了特立尼达岛(Trinidad)上阿里玛河(Arima river)的孔雀鱼群网络:"鱼群通常规模较小(2~20 条鱼),大约每 14(秒)就会遭遇。它们晚上也分散开来,导致鱼群解散,每天早上再集结"(增刊516 页)。尽管鱼群每天都解散,但雌性比预期的更喜欢集群(Croft et al.,2004;Griffiths and Magurran,1997,1998;Morrell et al.,2008),并且在检查潜在的捕食者这一危险活动中,雌性同伴会合作(Croft et al.,2006),雄性则比雌性更可能在鱼群之间游动。

孔雀鱼的社会组织有一些重要特征,比如说能有区别地认识个体和伙伴,(对于雌性来说)根据性别进行协调,在流动空间上有性别差异等。

独居哺乳动物:黑熊

独居的物种通常占据社会性连续体的一端。对于独居动物来说,个体要在自己身上花大部分时间。相对独居的动物包括山猫(bobcats)(Bailey,1974)、黑熊(black bears)(Rogers,1987)、浣熊(raccoons)(Barash,1974)、赤狐(red foxes)(Barash,1974)、某些种类的蜜蜂和黄蜂以及许多其他物种。一些独居的物种认识其邻居,并且对"熟悉者"的反映不同于"陌生者"。社会性还取决于资源的获得性或生命周期的位置(Barash,1974)或季节性变化。因此,独居只是群居程度不同罢了,并不意味着个体之间不交流。

黑熊(美洲熊属)(*Ursus americanus*)就是独居哺乳动物物种的例证。Rogers(1987)报告了明尼苏达州北部的一个黑熊种群,如他所言,雌性栖息在巢区,雄性则占据较大的区域,这些区域与多个雌性的巢区范围重叠。幼崽长到一岁后离开其出生地,分散到别处,雄性比雌性走得更远。独立的成年雌性居住的地区在其出生地范围附近,母熊可能将自己的领土让给她的女儿(们)。母熊认识它们的成年子女(Lariviere,2001)。雌熊保卫领土(Rogers,1987:14)。黑熊会在诸如垃圾场或季节性食物来源地等食物集中地遇到其他黑熊,它们可能在这些地方形成支配关系(Rogers,1987)。

从社会网络视角来看,黑熊社会组织的重要特征有:相对独居的个体、分散地和属地的性别差异、母系亲属是雌性的空间位置分布的基础、雌性识别其成年子女、支配关系。

社会性的海洋哺乳动物:宽吻海豚

鲸类物种包括海豚(dolphins)、鲸鱼和鼠海豚(porpoises)是社会性的海洋哺乳动物。本文以宽吻海豚(bottlenose dolphins)为例加以说明,它生活在世界各地的温带海洋。学者们对很多宽吻海豚种群的社会组织进行过很好的研究(Smolker et al.,1992;Lusseau,2003,2007;Lusseau and Newman,2004;Diaz-Lopez et al.,2008;Sayigh et al.,1998;Wells,2003)。宽吻海豚居住在能够容纳几十个个体的空间内,通常发现的都是较小的集体(Lusseau,2003;Smolker et al.,1992)。雌性与其后代及其他雌性生活在一起(Smolker et al.,1992;Wells,2003),而雄性往往与其他雄性在一起。雄性可以与其他雄性形成持久的联系或联盟(Wells,2003;Smolker et al.,1992),多个联盟偶尔会联合在一起形成超级联盟,从而垄断雌性或攻击其他联盟(Connor et al.,1992,1999)。相比之下,最好将雌性的社会组织"描述为网络,而不是离散的子群体"(Smolker et al.,1992:1)。海豚通过口哨进行沟通,每个个体的口哨都不同并且可被处于远距离的它者识别(Sayigh et al.,1998;Janik et al.,2006)。

海豚的社会网络有这样一些重要特征:大群体的流动性社会组织,其中通常是小群体一起合作、个体可以识别沟通信号、按性别进行匹配、雄性之间保持持久的协作或联盟、雌性之间形成网络而非子群体关系。

母系群体:非洲草原的大象

许多哺乳动物物种是围绕相关的雌性集合组织起来的,称之为**母系群体**(matrilines)。母系群体包括一个成年雌性与她未成年及成年的雌性后代,或者包含多个雌性及其后代再加上一个或多个成年雄性。雌性构成母系社会的核心。

非洲草原大象(savannah elephants)——学名为非洲象(*Loxodonta africana*)——的社会组织就是典型的母系社会。正如 Archie 等人(2006)所描述的,"对于雌象来说,'家庭'代表最可预测的一个社会交往水平。家庭由 2~20 头成年雌象和她们的未成年后代组成……,大多数(既有竞争性又有亲和性的)社会互动发生在家庭群体之内,这表明塑造雌象关系的大部分相关力量都发生在家庭内部"(第 120 页)。由于雌性留在出生地而雄性离开,因此家庭包含母系亲属(Archie et al.,2006;Moss and Poole,1983)。母系亲属形成"雌性结合的亲属群体",这些亲属群体可以结合成更大的多个家庭"联合群体"(Payne,2003)。大象的社会组织由大群体组成,其中的个体经常与较小的子群体联系,按照"层级"(tiers)组织在一起(Wittemyer et al.,2005)。当群体分裂时,有血缘关系的雌性往往仍然生活在一起(Archie et al.,2006)。雄性离开其出生地,形成的组织形式与雌性有很大差异。雄性一般都独行,可以在所谓"雄象群"的不稳定小群体中找到其身影(Payne,2003:70),或者根据年龄和生殖状态与雌性生活在一起(Moss and Poole,1983)。在成年雄象中间,"几乎没有证据表明存在着一对一竞争水平之上的社会结构"(Payne,2003:73)。资源供给的季节性变化影响着家庭单位和较大聚合体之间的互动(McComb et al.,2001)。大象能够长距离沟通并识别其他个体(McComb et al.,2000,2001),从而导致"在一个大的社会网络中彼此相识"(Payne,2003:66)。大象寿命长,年长雌性因其广泛了解自然资源和社会关系而在群体中占有重要地位(McComb et al.,2001;Payne,2003)。

150

这种形式的社会组织有如下社会网络意义:个体识别性、长距离沟通、雌性亲属之间的持续联系、社会组织中的性别差异、多层结构中的较大群体有流动性组织、基于年龄和性别进行匹配、支配关系、年长雌性因社会经验和知识而占据重要地位。

许多其他哺乳动物物种也存在母系社会组织,如斑点鬣狗(spotted hyenas)(Engh et al.,2005)、狮子(Pusey and Packer,1987)、大多数灵长类动物(cercopithecine primates)——如猕猴(Thierry et al.,2004;Cheverud et al.,1988)和稀树草原狒狒(savanna baboons)(Cheney and Seyfarth,2007)。

以雄性为中心的社会单元:阿拉伯狒狒

与以母系群体组织起来的物种相比,在一些物种中雄性构成了社会的核心。在这种社会组织形式中,雄性由多个雌性陪伴,后者彼此之间可能有关,也可能无关,这取决于物种。

对于狒狒(hamadryas baboons)(*Papio hamadryas hamadryas*)而言,其基本社会单元是单雄群体(one-male group),它由一个成年雄性、一个或多个成年雌性及它们的后代构成(Kummer,1968;Dunbar,1983;Swedell,2002)。多个单雄群体可以协作,形成由数十个个体组成的队伍,其中雄性之间有相对频繁的互动并协调日常活动(Kummer,1968;Swedell,2002;Dunbar,1983),成年雌性之间的联系可能相当有限(Dunbar,1983),对于狒狒来说,雄性与雌性都要离开它们的出生地,雌性转移到不同的群体中(Kummer,1968;Greenwood,1980)。在一些特定的群体中,个体在晚上聚集成较大的集体,白天则以较小的子群体形式去觅食(Kummer,1968)。

从社会网络角度讲,这种社会组织形式的重要方面包括:同性及异性之间的社会关系有不同的模式及强度、雄性之间的协调活动、雌性之间有相对较弱的关系以及围绕较小社会单位组织起来的较大个体群体。

在狮尾狒(geladas)这一联系紧密的物种中也发现了以雄性为中心的繁殖单位(Kummer,1968;Dunbar,1983)。然而,尽管表面上相似,但雌性狮尾狒一般彼此有关联,互动频繁,可能加入或离开某个雄性。因此,阿拉伯狒狒与狮尾狒的社会网络在某些重要方面存在差异。

社会网络方面的意义

正如这些描述所表明,存在着多种不同形式的动物社会组织。这些组织在诸多维度及社会网络结构的结果(组织规模、人口组成、分布、个体之间关系的模式和强度)方面都有差异。图11.1展示了某些社会组织形式的理想化社会网络。虽然这些程式化的描述掩盖了很多细节,但是它们还是能够表明结构参数是个体互动方式差异的基础,可促使我们预测社会网络间的差异。

动物社会网络形成的前提

形成动物社会网络需要有几个条件,包括同一物种个体组成的集体,它们之间有协作及互动。此外,当个体识别特定的其他个体,从而有区别地指导它们的协作及互动时,社会网络表示法可能最有用。

151

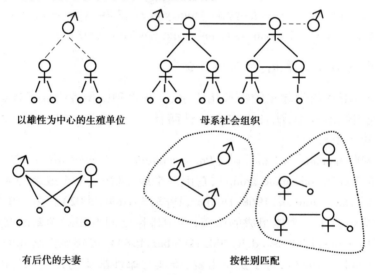

以雄性为中心的生殖单位　　　　母系社会组织

有后代的夫妻　　　　　　　　按性别匹配

图11.1　程式化的动物社会网络

♀:雌性;♂:雄性。实线表示密切的社会纽带;虚线表明生殖对。点线将子集围起来。

集体性

动物物种要形成社会网络,一个明显的先决条件便是社会性。这意味着,物种的成员们共同度日,以某些方式与同种的个体联络,这些方式可被有效地概念化为社会网络。这个条件并不像其首次出现时那样看似微不足道。物种可能有社会性,也可能没有。的确,除了交配和照料婴儿以外,许多动物在其生命中的相当一部分时间里是独居的(Poole,1985)。然而,群居和独居最好被视为一个连续体:在通常独居的物种中,个体与他者有社会交往,而在通常群居的物种中,个体可能要花相当多的时间独处,特别是在生命周期的某些特定时间点上(Barash,1974)。

社会群体的性质因物种的不同而有别,从成员相对固定的群体(叶猴或猫鼬)到生活安排流动性强的群体(大象、海豚、黑猩猩)。因此,如何准确地确定个体所属的集体是一个问题(Wey et al.,2008;Wolf et al.,2007;Whitehead,1997)。这对于某些物种来说是正确的,这些物种有着灵活的社会组织形式,有多层的组织,并在这些组织中,较小的子群体聚合成大群体,或者是有着因年龄或性别不同而变的社交模式。

从动物社会网络的角度看,区分如下两类个体集合是非常重要的,一类个体集合是在地理空间上接近,但没有互动、沟通或者协调其活动;另一类个体集合则有长期的协作,彼此沟通并协调其行动。第一类集合是**聚合**(aggregate)(Krause and Ruxton,2002)或**聚合体**(aggregation)(Whitehead,2008;Wilson,1975)。聚合体就是个体的集合,它们"在同一个地方聚集,但内部没有组织或者不参与合作行为"(Wilson,1975:8)。聚合体的成员可能在季节性的食物源处聚在一起,其他时候各自行动。相比之下,有的个体希望长期彼此协作而不与"外人"协作,这就组成了**总体**或者**群体**(术语因学科不同而不同)(Wilson,1975;Whitehead,2008)。

在研究动物社会组织的时候,面临的挑战是如何理解一个物种的结群模式。在某些情况下,结群模式可以通过观察它们使用的空间(Cross et al.,2005)、子群体之间的协作模式(Cairns and Schweger,1987)或群体内外社会互动的差异来确定(如 Hrdy,1977;Herbinger et al.,2009)。

协作与互动

个体之间的关系是形成社会网络的另一个前提条件,动物之间也以各种方式相互联系。地理空间上的接近、面部表情、肢体姿势、手势、支配性表现、身体接触(梳理毛发、拍打)、发声等都是社会行为类型。有两种动物社会性的一般形式被广泛用于研究动物社会网络(Croft et al.,2008;Wey et al.,2008;Whitehead,2008)。首先,**协作**(association)是个体与子群体之间的一种社交形式,由空间接近性表示。协作可用于识别群体内部的子群体模式。其次,**互动**(interaction)是二方的社会行为,通常从某个个体指向另一个个体,某一特定的物种一般采用一些刻板的形式(stereotypic forms)互动。互动可用于研究个体的社会分化或支配秩序。

协作

协作是子群体之间的一种亲和关系形式(Smolker et al.,1992;Whitehead,2008)。群体内部的协作不是同质性的,这是因为某些子群体之间是有区别地进行联络的,它们花相当多的时间近距离地在一起。

空间接近性是差异性协作的一个基本指标,用于识别子群体成员和二方协作模式(Smolker et al.,1992;Whitehead,2008;Slooten et al.,1993;Sailer and Gaulin,1984;Cross et al.,2005)。距离表征着空间接近度,该指标显然因物种不同而不同:32 米长的蓝鲸的"接近距离"与几毫米长的蚂蚁的"接近距离"显然不同。有效的联系距离取决于个体沟通、协调行动的距离。实际上,考察典型的空间安排即可确定协作关系。通常情况下,个体之间距离的分布表现了间断性,这表明超出该距离后个体就不能与他者交往(Cross et al.,2005;Slooten et al.,1993)。例如,Wolf 等(2007)用空间接近性来研究加拉帕戈斯群岛(Galápagos)上海狮的子群体类型。"从操作上看,我们使用链式规则来定义群体……,即与其他个体保持在一个身体长的距离(1~2 米)的动物就属于同一群体"(Wolf et al.,2007:1294-95)。

协作在分裂-聚合(fission-fusion)的社会里尤为突出(Kerth and König,1999;Kummer,1968,1971;Aureli et al.,2008)。在一个分裂-聚合的社会里,大群体的成员通常在小群体内协作,它们在重新加入大群体之前,会相对独立于他者而移动及互动一段时间。在群体分裂期间,子群体的构成表明个体之间有较强的协作。例如,非洲草原大象在群体分裂期间,基因相关的雌象往往会待在一起(Archie et al.,2006)。在黑猩猩、阿拉伯狒狒(Kummer,1968)、袋鼠(Carter et al.,2009)、蝙蝠(Kerth and König,1999)、海豚(Smolker et al.,1992)以及其他诸多动物中都发现分裂-聚合社会的存在。分裂-聚合社会的组织表现出多维度的协作关系:社会凝聚力的变化、子群体规模、子群体构成(Aureli et al.,2008)。

就社会网络而言,协作的模式会表明是否有这样的成对个体,即他们协作的概率比偶然预期的高(或者低),子群体彼此协作形成有凝聚力的群体或"社群",或者根据个体人口学特征(如年龄/性别、等级)而进行差异性匹配(Whitehead,1999,2008;Sailer and Gaulin,1984;Bejder et al.,1998)。

互动

社会互动是谁到谁(who-to-whom)的二方行为,一般从某个个体指向另一个个体。例子既包括亲和行为(梳理毛发、接触),也包含对抗行为(支配性表示、威胁、身体较量)。一个群体中的社会互动模式可以表明哪些个体占主导地位、二方安排的不对称性或者整体网络结构(如支配等级)。

一个物种的社会互动或多或少有些程式化,因为特定的行为模式是在具体情况下起作用的。社会互动与非社会互动一起构成了物种的"行为剧目"(behavioral repertoire)(Grier,1984:69)。行为剧目用"行为谱"(ethogram)来描述,它包括一个物种的全部行为,例如喂食、移动、物种内互动(Grier,1984;Banks,1982)。与动物社会网络最相关的是物种内的社会行为,即个体与其同类互动的方式。以下节选描述了皇柽柳猴(emperor tamarin monkey)的一些二方对抗行为,并用一个典型的行为谱来详细说明(Knox and Sade,1991:447,表Ⅱ)。

> "刺出……猴的头部和肩膀都在迅速推向另一种动物。口部可能被部分打开。脊柱有些拱起。"
> "抓脸……手伸向另一只猴的脸部,用爪子抓皮毛,然后立即放手。"
> "击……一只猴迅速给另一只猴一巴掌,通常打在脸上。"

"摇头……头迅速从一边转向另一边,同时紧盯着目标猴不放。" 153

利用动物行为谱可以系统地观察并记录群体成员之间的社会互动,从而为构建社会网络提供关系数据。

协作和互动是建构社会网络的前提性基石,因为它们表明总体中成员之间的关系。然而,不同模式的社会网络需要有不同的协作和互动。

识别个体

如果需要将一个动物总体安排成模式化的社会网络,需要假定个体之间的协作与互动不是随机发生的;某些成对的个体或子群体比预期的趋势或多或少地以特定的方式互动。非随机的协作或互动表明了个体与他者的联系不同,这说明它们可以区分个体,并采取相应的行动。有多条证据表明,在许多物种中,个体发出能被他者识别的独特信号,可以区别熟悉者和陌生者,认识某些特定的个体,以不同的方式对它们作出反应。有很多证据表明个体具有这些能力。

许多物种具有鲜明的特征或符号,例如,个体可以辨认的发声或气味。同一物种的鸟鸣也不同,可以被其他鸟区分开(Weeden and Falls,1959)。宽吻海豚有"独特的信号口哨"(signature whistles)(Sayigh et al.,1998)。斑鬣狗发出个体的"哎呦"声和独特的肛门气味(Burgener et al.,2009),能使其家族成员识别出来(East and Hofer,1991)。黑脸猴(包括幼年猴)的叫声有特色,可以识别出来(Cheney and Seyfarth,1990)。信号和识别有多种形式。例如,马既可以通过外表,也可以通过嘶叫声来识别个体(Proops et al.,2009)。

可辨认的个体差异会导致协作与互动的不同模式。孔雀鱼(Guppies)能够识别熟悉的个体并愿意与其在一起(Griffiths and Magurran,1997)。丽鱼科鱼(Cichlid fish)对配偶的反应不同于对邻居或陌生鱼的反应(Balshine-Earn and Lotem,1998)。螳螂虾(Mantis shrimp)对在遭遇战中击败自己的个体有不同的反应,它们会避开获胜螳螂虾占领的水域(Caldwell,1979)。红狐(Red fox)、浣熊(raccoons)同邻居解决支配争端的速度要比同陌生个体快得多(Barash,1974)。

动物识别特定的个体,并以不同的方式作出反应。这对于理解动物社会网络来说非常重要。通过研究乌鸦的休整补充和社会动力学,Heinrich(2000:A13)观察到,"如果不考虑个体能够识别其同类,那么乌鸦可观察到的社会行为几乎都没有意义"。识别他者并作出不同的反应,表明了个体作为社会行动者所具有的卓越认知能力。此外,某些物种的动物是知道其他个体之间存在社会关系的,这一点在下文将有详细讨论。这些能力导致社会关系中的互依性(interdependencies),从而影响社会网络的性质。

集体性、协作(或互动)、个体识别能力是形成社会网络的先决条件。除此之外,一些社会结构参数也限定了有可能发生的社会网络构型。

社会组织的参数

动物社会组织的某些特点提供了一些结构性参数,这些参数限制了动物物种有可能参与的社会网络。这些特征因物种不同而不同,我们因此可期望不同物种的社会网络有差异。本节对该问题的讨论类似于 Wilson 的"社会性的性质"(Wilson,1975;也参见 Whitehead,2008)。

群体规模

在所有的网络中,个体的数量都是一个结构性参数,它会限制其他网络性质(Mayhew and Levinger,1976)。因此,典型的群体规模限制着一个物种社会网络的诸多特征(Lehmann et al.,2007)。事实上,Pollard and Blumstein(2008:1683)观察到,"群体规模是一个核心属性,它定义了社会系统、社会复杂性和社会结构"。一个群体的规模通常指典型的群体规模或"稳定的排他性群体的最大规模"(第 1686 页)。不同群体的规模是千变万化的(Dunbar,2003)。在对几十个动物物种的一项调查中,Reiczigel 等人(2008:716)报告说,被观察的群体规模的中位数范围是从 1[喂养式阿德利企鹅(feeding Adelie penguins);羚羊(bushbucks)]到 300[美国白鹈鹕(American white pelicans)]。Pollard 和 Blumstein(2008:1693-1964)对 50 种灵长类动物的研究报告说,群体规模的变化

154 范围是从 4 个(敏捷长臂猿)到超过 100 个(狒狒)。

基本上可以讲,群体规模决定了个体可能拥有的交往量。同小群体中的个体相比,大群体中的个体显然有更多的机会与同类个体互动。此外,无论是否发生互动,群体规模都决定着个体可以接触到的他者数量。群体规模还决定了从总体中形成的二方组、三方组及子群体的数量,从而限制了子群体分组的安排。大群体比小群体更可能裂变为子群体。因此,一个物种的个体所能参与的社会组合取决于物种的典型群体规模。

人口学构成

一个群体的人口学构成是指其成员的年龄和性别分布。这个构成受物种的社会组织的影响,例如,是否是一夫一妻制,一个成年雄性是否有多个成年雌性和未成年后代,或者是否是由相关的雌性成员组成的母系社会。一般来说,不同年龄和性别的个体的社会行为也不同,包括婴儿的依赖程度、性成熟与不成熟个体之间的差异、与年龄相关的参与支配等级,以及互动形式上的性别差异等。因此,人口学特征与个体的社会"角色"有关(Blumstein and Armitage,1997,1998)。

群体成员的年龄和性别分布也影响协作和互动的组合,进而影响社会网络中的关系可能性。亲和关系或联盟中伙伴的可获得性依赖于群体构成。例如,

作为社会伙伴或盟友的亲属的可获得性就取决于亲属群体的规模（Silk et al., 2006；Cheney and Seyfarth，1990）。此外，由于许多物种的个体往往倾向于同和自己在年龄或性别上相一致的他者协作，因此群体的人口学构成会影响根据人口学特征进行匹配的可能性。

散布

社会网络依赖于个体之间的互动，互动反过来需要有空间和时间的接近性。因此，影响群体成员、运动、空间位置的诸多因素也影响社会网络。特别是，散布——个体离开其出生的群体——能够通过维持协作和互动来影响动物社会网络。

在大多数动物物种中，一些个体在性成熟或者繁殖期就离开其出生群体（Shields，1987）。不散开的结果便是**恋巢性**（philopatry）——个体倾向于留在自己的出生地或附近地区（Greenwood，1980；Shields，1987；Wasser and Jones，1983）。从社会网络的角度来看，留守的个体有机会同其群体成员（包括留下来的亲属）保持社会关系。

散布与群体边界和网络的渗透性（permeability）有关，因为"渗透性的增加……与诸如支配等级、联盟和亲属群体这样的人际关系的稳定性的下降有关"（Wilson，1975：17）。因此，（尤其是基于性别的）扩散对社会网络有重要影响，它从根本上改变了社会关系。散布（通过切断或大大降低与前群体成员的互动频率）影响扩散个体的社会网络，而且分散的个体在一段时间内是社会孤立的（Wilson，1975；Colvin，1983）。扩散也可能伴有个体相对社会位置的显著差异。斑鬣狗就是一个例子。"可以把鬣狗家族恰当地描述为由两类动物构成：地位相对较高的本地类和地位相对较低的移入类"（Smale et al.，1993：476）。然而，分散的个体的社会孤立性不是永久的。在长寿的物种中，扩散只发生一次（例如黑猩猩），紧密的纽带关系可以在之前不熟悉（和无关）的个体之间产生（Lehmann and Boesch，2009）。

有时候，雌性和雄性都要散布开来，但通常有性别差异，即某种性别比另一种性别更容易散开（Packer，1979；Pusey and Packer，1987；Greenwood，1980；Shields，1987）。性别有别的散布对于社会组织和网络来说有重要影响。例如，在雄性离开而雌性留在出生群体的物种中，母系亲属便构成了母系社会组织的核心。

离开出生群体可能向一个不同的群体转移，而且有证据表明，群体之间的移动不是随机的（Cheney and Seyfarth，1983，1990）。个体可能一起离开（Pusey and Packer，1987），或者加入他者偏爱的某些群体中（Cheney and Seyfarth，1983）。　　155

沟通

沟通是在信号覆盖范围内一个个体向另一个个体传达信息的社会行为（McGregor，2005）。动物有多种沟通方式，包括释放化学和嗅觉信号（信息素、气味标记)、发声、手势、面部表情、姿势。沟通的"数量和模式"与一个物种的社会网络的关联性有关(Wilson,1975:16)。沟通有许多社会功能,例如,表示亲和性的支持姿势、地位等级、位置和领土、招募盟友以及协作性运动等。

如上文所述,个体可以识别许多动物的发声和信号,所以沟通不是匿名的。此外,虽然沟通可以从一个个体指向另一个个体,但是许多信号发生在社会情境中,可以被信号覆盖范围内的所有个体接收到(McGregor,2005)。因此,旁观者或偷听者可以观察到这些沟通,可能相应地调整自己的行为。

社会情境

社会性意味着协作和互动在社会情境之中频繁发生,因此可被他者观察到。个体不仅看到别人所为,还可以干预并参与其中。被动的观察包括社会互动的旁观者,或者在他者之间遭遇的窃听者(Chase et al.,2002,2003;McGregor,2005;Lindquist and Chase,2009;Dugatkin,2001)。旁观者暗中参与他者之间的互动结果,可能调整自己的行为作为回应。此外,参与者个体可能受到他者在场的影响,这会抑制或鼓励它们自己的互动。因此,社会情境提供的条件使社会网络的互依性超越了个体和二方组。

总之,很多一般性的特征是一个物种的社会组织、社会关系乃至社会网络的重要组成部分。这些参数,如群体规模、人口学构成、分散模式、沟通程度和社会情境等都会限制可能发生的社会网络安排。因此,可以预测性地期望动物社会网络会随着这些参数的不同而有别。

动物社会网络经验研究的洞见

本节简要回顾动物社会网络经验研究的历史基础,并讨论其近期贡献。

历史背景和最新贡献

有关动物社会组织和社会网络的研究有一个长期且丰富的历史,至少可以追溯到20世纪初。在系统地观察并记录可识别的动物个体之间的社会互动模式方面,挪威动物学家Schjelderup-Ebbe被普遍认为是首创者,他对几十种鸟类进行了研究(Schjelderup-Ebbe,1922,1935;Allee,1938;Price,1995)。他最感兴趣的观察是,一些鸟总是去啄另一些鸟,而不是相反,即鸟对(pairs of birds)经常表现出持续的不对称性。这些二方不对称性是成对支配关系的组成部分。对于一个鸟群来说,成对支配关系可能产生一致性的线性等级,也可能不产生(Noble et al.,1938;Allee,1938;Schjelderup-Ebbe,1935)。据说这一研究路数产生了"啄食顺序"(pecking order)一词(Perrin,1955)。它也催生了有关鸟类社会关系的诸多研究,其中许多研究使用社群图或者社群矩阵来记录支配关系(Masure and Allee,1934;Noble et al.,1938;Marler,1955)。

　　大约在社会科学中的同一时期,标准的社会心理学教材中的课题往往包括动物社会行为(Murchion 在 1935 年出版的《社会心理学手册》中有七章涉及非人类社会系统,包括 Schjelderup-Ebbe 的"鸟类社会行为",Lindzey 在 1954 年出版的《社会心理学手册》包括 Hebb 和 Thompson 的"动物研究的社会意义"一章)。1945 年,《社会计量学》有一期专门探讨动物社会组织。在该卷中,Jacob Moreno 谈到"由实际的个体组成人类和非人类的社会结构,它有特定的组织类型,显著区别于因'随机'或由想象的个体构成的社会结构……在个体之间必须有一个因素在运行,即'感觉流'(tele),它使个体生成比较积极或消极的关系……非人类的群体也展现了类似的过程"(1945:75)。在同一卷中,灵长类动物学家 C. Ray Carpenter(1945:57)论述道,"要想刻画一个群体的模式或形式",需要确定个体,系统地记录群体中所有动物之间的协作与互动。此后,这个提议就一直为动物社会网络研究所知晓。

　　在社会网络领域,主要在社会和行为科学中,很多人用社会网络来研究动物的社会组织,在方法论(Sailer and Gaulin,1984;Dow and de Waal,1989;Freeman et al.,1992;Jameson et al.,1999;Roberts,1990)、理论(Chase,1974,1980;Chase et al.,2002;Cheverud et al.,1988)和内容(Sade,1972,1989;Sade et al.,1988;Chepko-Sade et al.,1989;Maryanski,1987;Maryanski and Ishii-Kuntz,1991)等发展方面作出了贡献。在 1988—1989 年,《社会网络》和《美国体质人类学杂志》都出版了动物社会网络专刊。

　　行为生物学、生态学、灵长类动物学及相关学科都关注动物社会关系,但是,社会网络概念的明确使用却很有限,网络研究直到最近才受到关注。然而,这些领域的许多研究者都认为个体之间的互动模式对于理解动物的社会组织来说是重要的(例如:Allee,1938:Imanishi,1960;Hrdy,1977;Goodall,1971,1986;Seyfarth,1977;Fossey,1983;Cheney and Seyfarth,1900,2007;de Wall,1982;Heinrich,2000;Wilson,1975)。

　　对动物社会组织的社会网络研究在最近几年激增,有关该主题的书籍或述评大量出现(Whitehead,2008;Croft et al.,2008;Wey et al.,2008;Krause et al.,2007,2009;Coleing,2009;Sih et al.,2009)。有关动物社会的经验研究也在增加,被研究的物种众多。例如,宽吻海豚(Lusseau,2003)、非洲大象(Wittemyer et al.,2005)、孔雀鱼(Croft et al.,2004),斑马和野驴(Sundrasen et al.,2007)、牛鹂(Miller et al.,2008)、恒河猴(Flack et al.,2006)、地松鼠(Manno,2008)、长颈鹿(Shorrocks and Croft,2009)、黄腹旱獭(Wey and Blumstein,2009)、蝙蝠(Rhodes et al.,2006)、加拉帕戈斯群岛海狮(Wolf et al.,2007、Wolf and Trillmich,2008)、亚洲象(Coleing,2009)、非洲水牛(Cross et al.,2005)、袋獾(Hamede et al.,2009)和袋鼠(Carter et al.,2009)等。

　　经验研究为动物社会网络的诸多方面提供了洞见,这对于很多物种都适用。下面总结其中的一些发现。

支配

成对不对称性(pairwise asymmetry)通常是指行为从一个个体指向另一个个体,它在动物的社会互动中大量存在。对抗不对称性(agonistic asymmetry)的方向一致地表明了成对的支配关系。支配是指"两个个体之间重复的、对抗的互动模式属性,其特征是结果总利于二方组的同一个成员,其对手默认的反应是屈服,而不是升级对抗"(Drews,1993:308)。几十年以来,支配一直是动物社会网络的重要关注点(Schjederup-Ebbe,1922;Chase,1974,1980;de Vries,1995,1998)。

支配的一些特征与社会网络有关。首先,支配关系可以在多个层次上加以概括:成对方向性(pairwise directionality)、个体在支配秩序中的位置、一个群体在何种程度上遵守线性秩序或者其他理想的形式(如局部秩序)。成对支配性(pairwise dominance)可以由多种社会互动形式加以说明,包括威胁、袭击、展示、比赛中的胜利、手势的延迟,这些因物种的不同而不同。对于一个群体来说,个体在支配秩序中的位置取决于它所支配的他者及其位置(Clutton-Brock et al.,1979)。对于一个群体来说,成对支配可能总有或不总有秩序;周期性、不一致性以及未解决的成对秩序经常发生(Labti et al.,1994)。一个群体的支配模式可以根据其偏离线性的程度(de Vries,1998)来测量,或者用它是"专制的"还是"平等的"(Flack and de Waal,2004)来描述。

其次,群体中的支配秩序一旦建立,就在相当一段时间内保持稳定,特别是在成员相对固定的总体中更是如此。稳定性一般与恋巢性(philopatry)有关;支配关系在未离开出生地的个体中间更加稳定。例如,在雄性离开、雌性留守的物种中,如猕猴或热带草原狒狒(Chapais,2004;Cheney and Seyfarth,2007),会发现雌性之间往往有稳定的支配关系。

再次,支配关系往往取决于社会情境、观察者的在场或者第三者的行动,第三者在二者互动时可能干预或者偏袒一方。个体的能力或者赢/输效应不足以解释近乎线性的等级(Lindquist and Chase,2009)。而且,被他者孤立时所形成的成对支配秩序不太可能组合成线性或接近线性的等级(Chase et al.,2002)。通过旁观者效应、传递性推断或系统地干预所产生的三者依赖性(dependencies among triples)对于近似线性来说是必要的(Chase,1974;Lindquist and Chase,2009;157　Skvoretz et al.,1996;Dugatkin,2001)。当观察者调整其行为以回应其他对(pairs)动物之间的遭遇时,就会产生旁观者效应,例如,对于先前的二方遭遇中的失败者予以攻击。社会情境和干预可以强化现有等级,甚至导致支配位置在代与代之间的"继承"(Cheney,1977;Horrocks and Hunte,1983;Chapais,1988;Engh et al.,2000;Engh and Holekamp,2003)。例如,Chapais 观察到,在猕猴中,"雌性的相对等级取决于它与其他雌性冲突时第三方的干预模式"(2004:186)。高级雌性的干预会强化它们所支持的个体的相对级别(它们的雌性亲属),这有助于继承支配等级。

社会角色和重要的个体

正如存在的支配排序所表明的,个体在其社会网络中的位置和角色是变化的。除了统治阶层中的位置以外,还有一些个体具有社会重要性,它们可能积累了资源知识或社会关系[非洲雌象(McComb et al.,2001)],所占据的网络位置能有效干预冲突[猕猴中的治安者(Flack et al.,2006)],或者能充当总体中子群体之间的桥接位置(bridging locations)[年轻的雌虎鲸(Williams and Lusseau,2006)]。

"淘汰赛"实验研究了去除特定个体所带来的社会后果,有力地证明了个体的重要性。例如,Flack 等(2006)考察了从圈养的纤尾猕猴群中去掉高地位雄性时会产生什么影响。他们发现,当这些个体不存在时,群体中稳定的、亲和的社会关系会减弱,高地位个体的自然死亡也会导致网络中断(Barrett et al.,2009)。

优选的协作与匹配

动物的社会性不是同质的,其特征是在某些成对个体或子群体之间有高度的而不是随机的协作(Cheney et al.,1986;Bejder et al.,1998;Croft et al.,2005;Cross et al.,2005;Sundrasen et al.,2007;Whiteherd,1999;Lehmann and Boesch,2009)。协作表现出优选的二方伙伴关系(Silk,2002))或凝聚子群(Croft et al.,2005;Whitehead,2008)。此外,协作经常表现出人口学类别(年龄和性别)模式,从而使得在这些特征上具有同质性(正向匹配)(Conradt,1998;Whitehead,1997;Croft et al.,2005)。在许多物种中,亲属关系也是协作的基础,有关系的个体之间的交往频率较高(Cheney et al.,1986;Archie et al.,2006)。离开和留在栖息地会影响个体之间的密切联系,在留守的个体之间更容易形成持久的协作(Wasser and Jones,1983)。散布方面的性别偏好会造成关系强度与模式上的性别差异,这是许多动物社会网络的重要特征(Thierry et al.,2004)。

优选协作(强关系)的反面是社会分裂,其中有弱关系或无关系。例如,Cheney 和 Seyfarth(1990)观察到,黑脸猴(雄性散开的母系组织的物种)的成年雄性和雌性之间没有紧密的纽带关系。

亲属关系和裙带关系

亲属关系与动物社会网络的许多方面有关,包括密切协作(Archie et al.,2006;Payne,2003;Wolf and Trillmich,2008)、个体识别(Cheney and Seyfarth,1990;Janik et al.,2006)、诸如梳理毛发这样的亲和性行为(Silk et al.,1999,2002,2006)、干预(Cheney and Seyfarth,1986)、隔代帮助(Woolfenden and Fitzpatrick,1978;Jarvis,1981)、联盟(Parsons et al.,2003)、支配等级的继承(Cheney and Seyfarth,2007;Chapais,1988;Holekamp et al.,2007)以及社会关系的稳定性(Silk et al.,2006)。基于亲属关系的亲密纽带及优先互动被称为**裙带关系**(nepotism),它为社会组织提供了主"轴"(Silk,2002)。

基因相关性本身不是某些亲属效应的必要条件。"收养"的斑鬣狗从收养它的母亲(而非亲生母亲)那里继承统治地位(East et al.,2009);在如黑猩猩这样长寿的物种中,非亲属之间可以发展出强纽带关系(Lehmann and Boesch,2009)。

多重关系

一个总体中的个体可以通过多种方式互动,引发多种社会关系。这些关系中的多重性有多种形式,包括互惠性(Packer,1977;Cheney and Seyfarth,1990;Hemelrijk,1990)、不同社会行为的交换[例如,支持先前梳理毛发的伙伴,或为了梳理毛发而交换食物(Cheney and Seyfarth,1986,1990;Hemelrijk,1990;de Waal,1997;Schino,2007)]、亲属关系和友好关系之间的联系(见上文),或以多种行为表示好斗的严重程度(Knox and Sade,1991)。不同的社会关系如何以及为什么联系在一起,要想从理论上理解动物的社会组织和社会网络,这仍然是重要的问题。

在动物社会网络的研究中,进行关系比较的方法论使用的是矩阵重排及其扩展(Hemelrijk,1990;Dow and de Waal,1989;Knox and Sade,1991)。可以预见,针对多重关系社会网络的统计模型在未来将会得到更为广泛的应用。

复杂网络和社会组织的水平

动物社会组织常常被描述为是"复杂的"(Blumstein and Armitage,1997,1998;Whitehead,2008),或者包括多层组织(Hill et al.,2008;Wittemyer et al.,2005;Wolf et al.,2007;Croft et al.,2008;Zhou et al.,2005)。这种情境中的"复杂性"一般意味着有分化的社会组织,它由多种形式的社会行为构成,其中的个体承担着不同的社会角色(Blumstein and Armitage,1997,1998)。如前所述,社会角色因年龄和性别的不同而不同,并影响个体之间的社会互动模式。不同社会角色的数目是物种社会复杂性的一个指标(Blumstein and Armitage,1997,1998)。能观察到分层或多层的社会组织,要归功于 Hinde(1976)给出了有影响力的概念框架。该框架将互动、关系和社会结构结合在一起。在一个多层社会中,从个体到夫妇、小群体、大群体的社会单位是层层嵌套或聚集在一起的。例如,阿拉伯狒狒的生殖单位以雄性为中心(见上文),这些单位结合成大的种群(Kummer,1968),或者是分裂-融合的社会(如前所述的非洲大象或宽吻海豚)。它们围绕由个体组成的较大群体组织起来,这些个体通常出现在小得多的组织中。

研究者发现,从社会网络的视角看,复杂的社会组织表明,如果不考虑内部的社会分化及与外部社会环境的联系,仅用群体层次的汇总量来就不能很好地刻画动物社会网络的特征。

第三方和高阶的网络依赖性

正如在社会情境一节中提到的,互动往往发生在其他个体在场的情况下。其结果是,社会行动和二方关系与他者做什么很少是无关的。动物获取他者的信息,采取相应的行动。旁观者、窃听、三方构型、干预、联盟、联合和重新定向的进攻是动物社会组织的全部特征。由于这些影响涉及多个社会行动者之间的联系,它们导致的网络依赖性就会超出个体或二方组。这些高阶效应在动物社会互动的文献中已有很多的记载。

除了能识别特定的个体(见上文),许多动物物种都能意识到群体中其他成员之间是如何关联的。例如,它们的相对支配地位怎样(Chase et al.,2002,2003;Cheney and Seyfarth,1990,2007;Jennings et al.,2009;Holekamp et al.,2007),或者它们是否有密切的纽带关系,如亲属关系(Cheney and Seyfarth,2007;Holekamp et al.,2007)。这就使得一些社会互动成为可能,如失败者更可能成为未来受攻击目标的旁观者效应(Chase,1974,1980;Clotfelter and Paolino,2003)、联盟的不同招募方式(Silk et al.,2004;Harcourt and de Waal,1992)、进攻方向转向个体先前竞争对手的亲属(Engh et al.,2005;Cheney and Seyfarth,1983,1988)或有针对性地干预以便支持特定的参与者(Holekamo et al.,2007;Jennings et al.,2009;van Dierendonck et al.,2009)。

这些社会互依性表明,行动者有实质性的能力去感知社会关系,并调整行为作为回应(Byrne and Whitten,1988;de Wall and Tyack,2003;Seyfarth and Cheney,2000;Lindquist and Chase,2009;Holekamp et al.,2007)。从社会网络的视角看,这意味着仅用个体和二方组是不大可能充分解释动物社会网络的,因而需要由高阶效应来解释。

网络的不稳定性及变化

动物社会网络存在固定的社会组织形式,但是这种形式不是静态的。网络通过自然的人口学事件(出生、死亡、成熟)、扩散(迁入和移出)及突发事件(季节性、生态变化、疾病暴发、人类活动影响)改变其成员及构成。这些变化对社会网络有实质性的影响,有大量的例子可以说明这一点。

随着先前伙伴的丧失和总体规模的变化,成员的更替(例如,因被捕食导致数量减少)使得社会关系出现重构(Carter et al.,2009)。群体中的支配地位随着时间而变化,与个体中心性的联系也动态地变化(Sade et al.,1988)。去除结构上重要的个体(上文提到的)会破坏亲和性关系(Flack et al.,2006)。人口学分布的不平衡会导致群体分裂(Fedigan and Asquith,1991),再加上未解决好的支配关系,就会引起更加严重的侵略或者圈养群体的"笼中之战"(McCowan et al.,2008)。

在不同的学科中,理解动态网络进程都是一个充满活力的研究领域。考虑到对动物社会组织已进行的大量长期研究,未来的研究将更有潜力。

社会网络的比较

对于各种动物类群(taxa)来说,可用一般化的方式刻画其社会组织的特征;然而,对不同物种的社会网络结构进行系统的形式比较或者对多案例进行元分析则比较罕见(Skvoretz and Faust,2002;Faust and Skvoretz,2002;Schino,2001,2007;Faust,2007;Bhadra et al.,2009;Kasper and Voelkl,2009)。通过比较分析社会网络,可以富有成效地表明不同物种网络结构的一般特征,正因如此,恰当的方法论才有待出现。比较的结果包括,通过对"积极"和"消极"关系(Skvoretz and Faust,2002)或三方结构(Faust,2007)进行对比从而对局部结构特征进行统计汇总;对社会性修饰(social grooming)、地位及亲属联系之间的关系进行理论预测的普适性(schino,2001,2007);描述灵长类动物网特征的结构模式(Kasper and Voelkl,2009);黄蜂和教室的性质对比(Bhadra et al.,2009)。

未来研究方向

尽管存在着大量关于动物社会组织的研究,但是明确从社会网络视角进行的综合性研究相对少见。这里存在的障碍是巨大的,至少包括识别个体、对其社会行为的典型形式进行分类、历时态系统地记录它们的互动和协作(在有了关于个体特点和环境因素的详细信息后,希望这种记录可以成功)。虽然困难重重,但是社会网络方法应用于动物社会组织的研究在生物科学中还是开始飞速发展起来了,而且未来还会有更多可以深入研究的有价值的领域。

社会性动物为探究有关社会网络进程的假设提供了卓越的体系。相对于人类社会系统来说,有关社会性动物的受控比较研究更加可行,行为的、生物学的和社会性的数据也更容易获得。使用传感器对自主社会网络数据的收集(例如,Hamede et al.,2009)和生物遗传数据的可获得性(例如,Parker et al.,1995)应该能为那些与社会网络结构和动力学有关的因素提供重要见解。

生态学家和行为生物学家对动物社会组织的扩展性研究已经取得丰富、细致、多面向的信息,现在需要恰当的社会网络方法去应对这些领域中的实质性和理论性的问题。针对特定动物物种和情境研究中的社会网络概念和方法已经被提出来了,它们涉及很多性质。例如,行为抽样(Altmann,1974)、支配形式(de Vries et al.,1993)或协作分析(Cairns and Schwager,1987;Whitehead,2008)。在社会和行为科学领域中有专门为其他类型网络系统而设计的方法。在不远的将来,有望出现专门的研究动物社会网络的方法,而无须借用这些现成的方法。在某种程度上,这些方法能够探讨社会组织和社会网络的一般属性,因而会被证明也可用于研究人类社会网络。

与社会及行为科学家通常使用的社会网络相比,对动物社会网络的广泛思考会指向一个透视社会网络的新视野。特别是,它将社会性的一般方面置于研究的中心。例如,行为生物学关注社会性的适应性基础。从社会和行为科学的视角看,研究动物的社会行为是将注意力集中在社会行为和互动的总体方面上,不管什么物种,都试图解释其社会组织的关系基础。

从其他类网络系统的视角出发,对**动物社会网络**的思考使人们将**社会网络**同其他类型的网络区分开来,并关注社会情境和社会关系的独有特征。尽管网络和图论形式可能同样适用于表现网络化的物理系统、语义网络、分子网络以及社会网络的特定方面,可是社会性的许多方面及其隐含的社会网络仍然可能需要一些理论和理论模型来恰当地研究其社会的方面。因此,关注**社会**组织的诸多方面是必要的,它与理解**社会网络**高度相关。

那么,有人自然会问"什么是社会网络的社会性?"我认为,动物社会性具有的几个鲜明特点使其社会网络各有特色。社会性意味着行为发生在集体环境中,这使得参与者和旁观者都能观察到该行为。行为者有足够的感知及认知能力获得关于他者及其之间关系的信息。当个体据此信息来调整自己的行为,并协调其与他者的行动时,就产生了高阶的网络依赖性。这意味着**社会网络**必须包括超越个体和二方组之外的网络效应和互依性,行动者也有足够的能力来保证这种互依关系。这些特性让我们把认可的社会性网络(如狒狒群落各个成员之间持久的互动和隶属模式)同那些我们普遍不认可的社会性网络(在干燥的泥滩中出现的裂缝网)区分开了。这为其他如计算机系统网络的讨论留下了空间。在计算机系统中,节点具有实质性的能力去评估其他节点的地位,监测流量,以多种回应网络状态的方式进行互动。

对动物社会网络的系统研究为研究不同物种的差异和共性提供了极佳的视角。特别是,该研究能够引出有关社会组织的总体洞见,而这恰恰是将注意力限定在单一物种(例如人类)上的研究者所缺失的。然而也有一些例外,例如,一些社会及行为科学家大都没有意识到动物社会组织和动物社会网络研究的重要进展,且其仍有相当大的扩大视域的空间。社会科学家和行为生物学家有关社会网络的补充研究将在理论性、实质性及方法论方面为未来研究提供肥沃的土壤。

参 考 文 献

Allee, W. C. (1938) *The Social Life of Animals*. Boston, MA: Beacon Press.

Altmann, J. (1974) 'Observational study of behavior: Sampling methods', *Behaviour*, 49: 227-67.

Anindita, B., Jordán, F., Sumana, A., Deshpande, Sujata, A. and Gadagkar, R. (2009) 'A comparative social network analysis of wasp colonies and classrooms: Linking network structure to functioning', *Ecological Complexity*, 6(1): 48-55.

Archie, E. A., Moss, C. J. and Alberts, S. C. (2006) 'The ties that bind: Genetic relatedness predicts the fission and fusion of social groups in wild African elephants', *Proceedings of the Royal Society B*, 273: 513-22.

Aureli, F., Schaffner, C. M., Boesch, C., Bearder, S. K., Call, J., Chapman, C. A. et al. (2008) 'Fission-fusion dynamics', *Current Anthropology*, 49(4): 627-54.

Bailey, T. N. (1974) 'Social organization in a bobcat population', *Journal of Wildlife Management*, 38(3): 435-46.

Balshine-Earn, S. and Lotem, A. (1998) 'Individual recognition in a cooperatively breeding cichlid: Evidence from video playback experiments', *Behaviour*, 135(3): 369-86.

Banks, E. M. (1982) 'Behavioral research to answer questions about animal welfare', *Journal of Animal Science*, 54: 434-46.

Barash, D. P. (1974) 'Neighbor recognition in two 'solitary' carnivores: The raccoon (Procyon lotor) and the red fox (Vulpes fulva)', *Science*, 185(4153): 794-96.

Barg, J. J. and Mumme, R. L. (1994) 'Parental recognition of juvenile begging calls in the

Florida scrub jay', *The Auk*,111(2): 459-64.

Barrett, L., Lusseau, D. and Henzi, S.P. (2009) 'Natural knockout: Changes in female social networks as a consequence of mortality in female chacma baboons', *American Journal of Physical Anthropology*, 48: 84.

Bejder, L., Fletcher, D. and Brager, S. (1998) 'A method for testing association patterns of social animals', *Animal Behaviour*,56: 1718-25.

Blumstein, D. T. and Armitage, K. B. (1997) 'Does sociality drive the evolution of communicative complexity? A comparative test with ground dwelling sciurid alarm calls', *The American Naturalist*,150(2): 179-200.

Blumstein, D. T. and Armitage, K. B. (1998) 'Life history consequences of social complexity: A comparative study of ground-dwelling sciurids', *Behavioral Ecology*,9(1): 8-19.

Burgener, N., Dehnhard, M., Hofer, H. and East, M. L. (2009) 'Does anal gland scent signal identity in the spotted hyaena?' *Animal Behaviour*,77(3): 707-15.

Byrne, R. and Whiten, A. (eds.) (1988) *Machiavellian Intelligence: Social Expertise and the Evolution of Intellect in Monkeys, Apes, and Humans*. Oxford: Oxford University Press.

Cairns, S. J. and Schwager, S. J. (1987) 'A comparison of association indices', *Animal Behaviour*, 35: 1454-69.

Caldwell, R. L. (1979) 'Cavity occupation and defensive behaviour in the stomatopod *Gonodactylus festai*: Evidence for chemically mediated individual recognition', *Animal Behaviour*,27: 194-201.

Carpenter, C.R. (1945) 'Concepts and problems of primate sociometry', *Sociometry*, 8 (1): 56-61.

Carter, A.J., Macdonald, S.L., Thomson, V.A. and Goldizen, A. W. (2009) 'Structured association patterns and their energetic benefits in female eastern grey kangaroos', *Macropus giganteus*, *Animal Behaviour*,77(4): 839-46.

Chapais, B. (1988) 'Rank maintenance in female Japanese macaques: Experimental evidence for social dependency', *Behaviour*, 104 (1/2): 41-59.

Chapais, B. (2004) 'How kinship generates dominance structures: A comparative perspective', in Bernard, Thierry, Mewa Singh, and Werner Kaumanns (eds.), *Macaque Societies: A Model for the Study of Social Organization*. Cambridge: Cambridge University Press. pp. 186-204.

Chase, I. D. (1974) 'Models of hierarchy formation in animal societies', *Behavioral Science*,19(6): 374-82.

Chase, I.D. (1980) 'Social-process and hierarchy formation in small-groups: A comparative perspective', *American Sociological Review*, 45 (6): 905-24.

Chase, I.D., Tovey, C. and Murch, P. (2003) 'Two's company, three's a crowd: Differences in dominance relationships in isolated versus socially embedded pairs of fish', *Behaviour*, 140: 1193-217.

Chase, I.D., Tovey, C., Spangler-Martin, D. and Manfredonia, M. (2002) 'Individual differences versus social dynamics in the formation of animal dominance hierarchies', *Proceedings of the National Academy*, 99 (8): 5744-49.

Cheney, D.L. (1977) 'The acquisition of rank and the development of reciprocal alliances among free-ranging immature baboons', *Behavioral Ecology and Sociobiology*, 2 (3): 303-18.

Cheney, D. L. and Seyfarth, R. M. (1983) 'Nonrandom dispersal in free-ranging vervet monkeys: Social and genetic consequences', *The American Naturalist*,122(3): 392-412.

Cheney, D.L. and Seyfarth, R.M. (1988) 'Social and non-social knowledge in vervey monkeys', in Richard Byrne and Andrew Whiten (eds.), *Machiavellian Intelligence: Social Expertise and the Evolution of Intellect in Monkeys, Apes, and Humans*. Oxford: Oxford University Press. pp. 255-70.

Cheney, D. L. and Seyfarth, R. M. (1990) *How Monkeys See the World*. Chicago: University of Chicago.

Cheney, D.L. and Seyfarth, R.M. (2007) *Baboon Metaphysics: The Evolution of a Social Mind*.

Chicago: University of Chicago Press.

Cheney, D., Seyfarth, R. M. and Smuts, B. (1986) 'Social relationships and social cognition in nonhuman-primates', *Science*, 234 (4782): 1361-66.

Chepko-Sade, B.D., Reitz, K.P. and Sade, D.S. (1989) 'Sociometrics of *Macaca Mulatta* IV: Network analysis of social structure of a pre-fission group', *Social Networks*, 11 (3): 293-314.

Cheverud, James, Chepko-Sade, M. B., Diane, D., Malcolm, M. and Sade, D. S. (1988) 'Group selection models with population substructure based on social-interaction networks', *American Journal of Physical Anthropology*, 77(4): 427-33.

Clotfelter, E. D. and Paolino, A. D. (2003) 'Bystanders to contests between conspecifics are primed for increased aggression in male fighting fish', *Animal Behaviour*, 66: 343-47.

Clutton-Brock, T. H. (1974) 'Primate social organization and ecology', *Nature*, 250: 539-42.

Clutton-Brock, T.H., Albon, S.D., Gibson, R.M. and Guinness, F.E. (1979) 'The logical stag: Adaptive aspects of fighting in red deer (*Cervus elaphus L.*)', *Animal Behaviour*, 27 (1): 211-25.

Coleing, A. (2009) 'The application of social network theory to animal behaviour', *Bioscience Horizons*, 2(1): 32-43.

Colvin, John. (1983) 'Influences of the social situation on male emigration', in Robert A. Hinde (ed.), *Primate Social Relationships: An Integrated Approach*. Oxford: Blackwell. pp. 160-70.

Connor, R.C., Heithaus, M.R. and Barre, L.M. (1999) 'Superalliance of bottlenose dolphins', *Nature*, 397: 571-72.

Connor, R.C., Smolker, R.A. and Richards, A.F. (1992) 'Dolphin alliances and coalitions', in Alexander H. Harcourt and Frans B.M de Waal (eds.), *Coalitions and Alliances in Humans and Other Animals*. Oxford: Oxford University Press. pp. 415-43.

Conradt, L. (1998) 'Measuring the degree of sexual segregation in group-living animals', *Journal of Animal Ecology*, 67(2): 217-26.

Croft, D.P., James, R. and Krause, J. (2008) *Exploring Animal Social Networks*. Princeton, NJ: Princeton University Press.

Croft, D. P., James, R., Thomas, P. O. R., Hathaway, C., Mawdsley, D., Laland, K. N. and Krause, J. (2006) 'Social structure and co-operative interactions in a wild population of guppies (*Poecilia reticulata*)', *Behavioral Ecology and Sociobiology*, 59(5): 644-50.

Croft, D.P., James, R., Ward, A.J.W., Botham, M.S., Mawdsley, D., and Krause J. (2005) 'Assortative interactions and social networks in fish', *Oecologia*, 143(2): 211-19.

Croft, D.P., Krause, J. and James, R. (2004) 'Social networks in the guppy (*Poecilia reticulata*)', *Proceedings of the Royal Society of London Series B-Biological Sciences*, 271: S516-S519.

Cross, Paul C., Lloyd-Smith, James O. and Getz, Wayne M. (2005) 'Disentangling association patterns in fission-fusion societies using African buffalo as an example', *Animal Behavior*, 69: 499-506.

de Vries, H. (1995) 'An improved test of linearity in dominance hierarchies containing unknown or tied relationships', *Animal Behaviour*, 50: 1375-89.

de Vries, H. (1998) 'Finding a dominance order most consistent with a linear hierarchy: A new procedure and review', *Animal Behaviour*, 55: 827-43.

de Vries H., Netto, W.J. and Hanegraaf, P.L.H. (1993) 'Matman: A program for the analysis of sociometric matrices and behavioural transition matrices', *Behaviour*, 125(3/4): 157-75.

de Waal, F. (1997) 'The chimpanzee's service economy: Food for grooming', *Evolution and Human Behavior*, 19: 375-86.

de Waal, F. (1982) *Chimpanzee Politics: Power and Sex among Apes*. Baltimore, MD: Johns Hopkins University Press.

de Waal, F. and Tyack, P. L. (2003) *Animal Social Complexity: Intelligence, Culture, and Individualized Societies*. Cambridge, MA: Harvard University Press.

Diaz-Lopez, B. and Shirai, J. A. B. (2008) 'Marine aquaculture and bottlenose dolphins (*Tursiops truncates*) social structure', *Behavioral Ecology and Sociobiology*, 62: 887-94.

Dow, M. M. and de Waal, F. B. M. (1989) 'Assignment methods for the analysis of network subgroup interactions', *Social Networks*, 11(3): 237-55.

Drews, C. (1993) 'The concept and definition of dominance in animal behavior', *Behaviour*, 125: 283-313.

Dugatkin, L.A. (2001) 'Bystander effects and the structure of dominance hierarchies', *Behavioral Ecology*, 12(3): 348-52.

Dunbar, R.I.M. (1983) 'Relationships and social structure in gelada and hamadryas baboons', in Robert A. Hinde (ed.), *Primate Social Relationships: An Integrated Approach*. Oxford: Blackwell. pp. 299-307.

Dunbar, R.I.M. (2003) 'The social brain: Mind, language, and society in evolutionary perspective', *Annual Review of Anthropology*, 32: 163-81.

East, M.L. and Hofer, H. (1991) 'Loud calling in a female dominated mammalian society: II. Behavioural contexts and functions of whooping of spotted hyaenas, *Crocuta crocuta*', *Animal Behaviour*, 42(4): 651-69.

East, M. L., Höner, O. P., Wachter, B., Wilhelm, K., Burke, T. and Hofer, H. (2009) 'Maternal effects on offspring social status in spotted hyenas', *Behavioral Ecology*, 20 (3): 478-83.

Engh, A.L., Esch, K., Smale, L. and Holekamp, K.E. (2000) 'Mechanisms of maternal rank "inheritance", in the spotted hyaena, *Crocuta crocuta*', *Animal Behaviour*, 60(3): 323-32.

Engh, A. L. and Holekamp, K. E. (2003) 'Maternal rank "inheritance", in the spotted hyena case study', in Frans B.M. de Waal and Peter L. Tyack (eds.), *Animal Social Complexity: Intelligence, Culture, and Individualized Societies*. Harvard, MA: Harvard University Press. pp. 149-52.

Engh, A.L., Siebert, E.R., Greenberg, D.A. and

Holekamp, K.E. (2005) 'Patterns of alliance formation and postconflict aggression indicate spotted hyaenas recognize third-party relationships', *Animal Behaviour*, 69: 209-17.

Faust, K. (2007) 'Very local structure in social networks', in *Sociological Methodology* 2007, volume 32, edited by Yu Xie. Cambridge, MA: Basil Blackwell. pp. 209-56.

Faust, K. and Skvoretz, J.V. (2002) 'Comparing networks across space and time, size and species', *Sociological Methodology*, (32): 267-99.

Fedigan, L. M. and Asquith, P. J. (1991) *The Monkeys of Arashiyama: Thirty-Five Years of Research in Japan and the West*. Albany, NY: State University of New York Press.

Flack, J. C. and de Waal, F. B. M. (2004) 'Dominance style, social power, and conflict management: A conceptual framework', in Bernard Thierry, Mewa Singh and Werner Kaumanns (eds.), *Macaque Societies: A Model for the Study of Social Organization*. Cambridge: Cambridge University Press. pp. 157-82.

Flack, J.C., Girvan, M., de Waal, Frans B.M. and Krakaurer, D. C. (2006) 'Policing stabilizes construction of social niches in primates', *Nature*, 439(7075): 426-29.

Fossey, Dian. (1983) *Gorillas in the Mist*. Boston, MA: Houghton Mifflin.

Freeman, L.C., Freeman, S.C. and Romney A.K. (1992) 'The implications of social-structure for dominance hierarchies in red deer, *Cervus-Elaphus L.*', *Animal Behaviour*, 44(2): 239-45.

Fresneau D. and Dupuy, P. (1988) 'A study of polyethism in a ponerine ant: *Neoponera apicalis* (Hymenoptera, Formicidae)', *Animal Behaviour*, 36: 1389-99.

Goodall, J. (1971) *In the Shadow of Man*. Boston, MA: Houghton Mifflin.

Goodall, J. (1986) *The Chimpanzees of Gombe*. Cambridge, MA: Belknap.

Goodwin, D. (1986) *Crows of the World*. London: British Museum of Natural History.

Greenwood, P. J. (1980) 'Mating systems, philopatry and dispersal in birds and mammals', *Animal Behaviour*, 28: 1140-62.

Grier, J.W. (1984) *Biology of Animal Behavior*. St. Louis, MO: Times Mirror.

Griffiths, S. W. and Magurran, A. E. (1997) 'Schooling preferences for familiar fish vary with group size in a wild guppy population', *Proceedings of the Royal Society: Biological Sciences*, 264(1381): 547-51.

Griffiths, S.W. and Magurran, A.E. (1998) 'Sex and schooling behavior in the Trinidadian guppy', *Animal Behaviour*, 56: 689-93.

Hamede, R., Bashford, K.J., McCallum, H. and Jones, M. (2009) 'Contact networks in a wild Tasmanian devil (*Sarcophilus harrisii*) population: Using social network analysis to reveal seasonal variability in social behavior and its implications for transmission of devil facial tumour disease', *Ecology Letters*, 12: 1147-57.

Harcourt, A. H. and de Waal, F. B. M. (eds.). (1992) *Coalitions and Alliances in Humans and other Animals*. Oxford: Oxford University Press.

Heinrich, B. (2000) *Mind of the Raven*. New York: Harper.

Hemelrijk, C. K. (1990) 'A matrix partial correlation test used in investigations of reciprocity and other social interaction patterns at group level', *Journal of Theoretical Biology*, 143: 405-20.

Herbinger, I., Papworth, S., Boesch, C. and Zuberbühler, K. (2009) 'Vocal, gestural and locomotor responses of wild chimpanzees to familiar and unfamiliar intruders: a playback study', *Animal Behaviour*, 78(6): 1389-96.

Hill, R.A., Bentley, R.A. and Dunbar, R.I.M. (2008) 'Network scaling reveals consistent fractal pattern in hierarchical mammalian societies', *Biology Letters*, 4(6): 748-51.

Hinde, R.A. (1976) 'Interaction, relationships and social structure', *Man*, 11(1): 1-17.

Holekamp, K.E., Sakai, S.T. and Lundrigan, B.L. (2007) 'Social intelligence in the spotted hyena (*Crocuta crocuta*)', *Philosophical Transactions of the Royal Society B*, 362: 523-38.

Hölldobler, B. and Wilson, E.O. (1994) *Journey to the Ants: A Story of Scientific Exploration*. Cambridge, MA: Belknap Press.

Horrocks, J. and Hunte, W. (1983) 'Maternal rank and offspring rank in vervet monkeys: An appraisal of the mechanisms of rank acquisition', *Animal Behaviour* 31: 772-82.

Hrdy, S.B. (1977) *The Langurs of Abu: Female and Male Strategies of Reproduction*. Cambridge, MA: Harvard University Press.

Imanishi, K. (1960) 'Social organization of subhuman primates in their natural habitat', *Current Anthropology*, 1(5/6): 393-407.

Jameson, K.A., Appleby, M.C. and Freeman L.C. (1999) 'Finding an appropriate order for a hierarchy based on probabilistic dominance', *Animal Behaviour*, 57: 991-98.

Janik, V. M., Sayigh, L. S. and Wells, R. S. (2006) 'Signature whistle shape conveys identity information to bottlenose dolphins', *Proceedings of the National Academy of Sciences*, 103(21): 8293-97.

Jarvis, J.U.M. (1981) 'Eusociality in a mammal: Cooperative breeding in naked mole-rat colonies', *Science*, 212(4494): 571-73.

Jennings, D., Carlin, C.M. and Grammell, M.P. (2009) 'A winner effect supports third-party intervention behavior during fallow deer, *Dama dama*, fights', *Animal Behaviour*, 77: 343-48.

Kasper, C. and Voelkl, B. (2009) 'A social network analysis of primate groups', *Primates*, 50(4): 343-56.

Kerth, G. and Konig, B. (1999) 'Fission, fusion and nonrandom associations in female Bechstein's bats (*Myotis bechsteinii*)', *Behaviour*, 136: 1187-202.

Knox, K. L. and Sade, D. S. (1991) 'Social behavior of the emperor tamarin in captivity: Components of agonistic display and the agonistic network', *International Journal of Primatology*, 12(5): 439-80.

Krause, J., Croft, D.P. and James, R. (2007) 'Social network theory in the behavioural sciences: potential applications', *Behavioral Ecology and Sociobiology*, 62(1): 15-27.

Krause, J., Lusseau, D. and James, R. (2009) 'Animal social networks: An introduction', *Behavioral Ecology and Sociobiology*, 63 (7): 967-973.

Krause, J. and Ruxton, G. D. (2002) *Living in Groups*. Oxford: Oxford University Press.

Kummer, H. (1968) *Social Organization of Hamadryas Baboons: A Field Study*. Chicago, IL: University of Chicago Press.

Kummer, H. (1971) *Primate Societies: Group Techniques of Ecological Adaptation*. Chicago, IL: Aldine.

Lahti, K., Koivula, K. and Orell, M. (1994) 'Is the social hierarchy always linear in tits', *Journal of Avian Biology*, 25: 347-48.

Larivière, S. (2001) *Ursus americanus.Mammalian Species*, 647: 1-100.

Lehmann, J. and Boesch, C. (2009) 'Sociality of the dispersing sex: The nature of social bonds in West African female chimpanzees, *Pan troglodytes*', *Animal Behaviour*, 77(2): 377-87.

Lehmann, J., Korstjens, A.H. and Dunbar, R.I.M. (2007) 'Group size, grooming and social cohesion in primates', *Animal Behaviour*, 74(6): 1617-29.

Lesley, J.M., Croft, D.P., Dyer, J.R.G., Chapman, B.B., Kelley, J.L., Laland, K.N. and Krause, J. (2008) 'Association patterns and foraging behaviour in natural and artificial guppy shoals', *Animal Behaviour*, 76: 855-64.

Lindquist, W.B. and Chase, I.D. (2009) 'Data-based analysis of winner-loser models of hierarchy formation in animals', *Bulletin of Mathematical Biology*, 71(3): 556-84.

Lindzey, G. (1954) *Handbook of Social Psychology*, Vol. I. Cambridge, MA: Addison-Wesley.

Lusseau, D. (2003) 'The emergent properties of a dolphin social network', *Proceedings of the Royal Society of London Series B-Biological Sciences*, 270: S186-S188.

Lusseau, D. (2007) 'Evidence for social role in a dolphin social network', *Evolutionary Ecology*, 21(3): 357-66.

Lusseau, D. and Newman, M.E.J. (2004) 'Identifying the role that animals play in their social networks', *Proceedings of the Royal Society of London Series B-Biological Sciences*, 271: S477-S481.

Manno, T.G. (2008) 'Social networking in the Columbian ground squirrel, *Spermophilus columbianus*', *Animal Behaviour*, 75(4): 1221-28.

Marler, P. (1955) 'Studies of fighting in chaffinches. (1) Behaviour in relation to the social hierarchy', *The British Journal of Animal Behaviour*, 3: 111-17.

Maryanski, A.R. (1987) 'African ape social-structure: Is there strength in weak ties', *Social Networks*, 9(3): 191-215.

Maryanski, A.R. and Ishii-Kuntz, M. (1991) 'A cross-species application of Bott hypothesis on role segregation and social networks', *Sociological Perspectives*, 34(4): 403-25.

Masure, R.H. and Allee, W.C. (1934) 'The social order in flocks of the common chicken and the pigeon', *The Auk*, 51: 306-25.

Mayhew, B.H. and Levinger, R.L. (1976) 'Size and the density of interaction in human aggregates', *American Journal of Sociology*, 82: 86-110.

McComb, K., Moss, C., Durant, S.M., Baker, L. and Sayialel, S. (2001) 'Matriarchs as repositories of social knowledge in African elephants', *Science*, 292: 491-94.

McComb, K., Moss, C., Sayialel, S. and Baker, L. (2000) 'Unusually extensive networks of vocal recognition in African elephants', *Animal Behaviour*, 59(6): 1103-9.

McCowan, B., Anderson, K., Heagarty, A. and Cameron, A. (2008) 'Utility of social network analysis for primate behavioral management and well-being', *Applied Animal Behaviour Science*, 109(2-4): 396-405.

McGregor, P. (ed.) (2005) *Animal Communication Networks*. Cambridge: Cambridge University Press.

Miller, J.L., King, A.P. and West, M.J. (2008) 'Female social networks influence male vocal development in brownheaded cowbirds, *Molothrus ater*', *Animal Behaviour*, 76(3): 931-41.

Moreno, J.L. (1945) 'The two sociometries, human and subhuman', *Sociometry*, 8(1): 64-75.

Moss, C.J. and Poole, J.H. (1983) 'Relationships and social structure of African elephants', in Robert A. Hinde (ed.), *Primate Social Relationships: An Integrated Approach.* Oxford: Blackwell. pp. 307-13.

Murchison, Carl. (1935) *A Handbook of Social Psychology.* Worcester, MA: Clark University Press.

Noble, G. K., Wurm, A. and Schmidt, M. (1938) 'Social behavior of the black-crowned night heron', *The Auk*, 55(1): 7-40.

Packer, C. (1977) 'Reciprocal altruism in *Papio anubis*', *Nature*, 265: 441-43.

Packer, C. (1979) 'Inter-troop transfer and inbreeding avoidance in *Papio anubis*', *Animal Behaviour*, 27: 1-36.

Parker, P. G., Waite, T. A. and Decker, M. D. (1995) 'Kinship and association in communally roosting black vultures', *Animal Behaviour*, 49 (2): 395-401.

Parsons, K. M., Durban, J. W. et al. (2003) 'Kinship as a basis for alliance formation between male bottlenose dolphins, *Tursiops truncatus*, in the Bahamas', *Animal Behaviour*, 66: 185-94.

Payne, K. (2003) 'Sources of social complexity in the three elephant species', in Frans B.M. de Waal and Peter L. Tyack (eds.), *Animal Social Complexity: Intelligence, Culture, and Individualized Societies.* Cambridge, MA: Harvard University Press. pp. 57-85.

Perrin, P. (1955) 'Pecking order', *American Speech*, 30(4): 265-68.

Pollard, K. A. and Blumstein, D. T. (2008) 'Time allocation and the evolution of group size', *Animal Behaviour*, 76: 1683-99.

Poole, T.B. (1985) *Social Behavior in Mammals.* Glasgow: Blackie.

Price, J. (1995) 'A remembrance of Thorleif Schjelderup-Ebbe', *Human Ethology Bulletin*, 10(1): 1-6.

Proops, L., McComb, K. and Reby, D. (2009) 'Cross-modal individual recognition in domestic horses (*Equus caballus*)', *Proceedings of the National Academy of Sciences*, 106(3): 947-51.

Pusey, A.E. and Packer, C. (1987) 'Dispersal and philopatry', in Barbara B. Smuts, Dorothy L. Cheney, Robert M.

Seyfarth, Richard W. Wrangham, Thomas T. Struhsaker (eds.), *Primate Societies.* Chicago, IL: University of Chicago Press. pp. 250-66.

Reiczigel, J., Lang, Z., Rozsa, L. and Tothmeresz, B. (2008) 'Measures of sociality: Two different views of group size', *Animal Behaviour*, 75: 715-21.

Rhodes, M., Wardell-Johnson, G. W., Rhodes, M. P. and Raymond, B. (2006) 'Applying network analysis to the conservation of habitat trees in urban environments: A case study from Brisbane, Australia', *Conservation Biology*, 20(3): 861-70.

Roberts, J. M. (1990) 'Modeling hierarchy: Transitivity and the linear ordering problem', *The Journal of Mathematical Sociology*, 16(1): 77-87.

Rogers, L.L. (1987) 'Effects of food supply and kinship on social behavior, movements, and population growth of black bears in northeastern Minnesota', *Wildlife Monographs*, (97): 3-72.

Sade, D. S. (1972) 'Sociometrics of *Macaca-Mulatta*: Linkages and cliques in grooming matrices', *Folia Primatologica*, 18 (3-4): 196-223.

Sade, D. S. (1989) 'Sociometrics of *Macaca Mulatta* III: n-path centrality in grooming networks', *Social Networks*, 11(3): 273-92.

Sade, D.S., Altmann, M., Loy, J., Hausfater, G. and Breuggeman, J.A. (1988) 'Sociometrics of *Macaca-Mulatta*. 2. Decoupling centrality and dominance in rhesus-monkey social networks', *American Journal of Physical Anthropology*, 77 (4): 409-25.

Sailer, L. D. and Gaulin, S. J. C. (1984) 'Proximity, sociality, and observation: The definition of social groups', *American Anthropologist.* 86: 91-98.

Sayigh, L.S., Tyack, P.L., Wells, R.S., Solow, A.R., Scott, M.D. and Irvine, A.B. (1998) 'Individual recognition in wild bottlenose dolphins: A field test using playback experiments', *Animal Behaviour*, 57: 41-50.

Schino, G. (2001) 'Grooming, competition and social rank among female primates: A meta-analysis', *Animal Behaviour*, 62: 265-71.

Schino, G. (2007) 'Grooming and agonistic support: A metaanalysis of primate reciprocal altruism', *Behavioral Ecology*, 115-20.

Schjelderup-Ebbe, T. (1922) 'Beiträge zur Sozialpsychologie des Haushuhns', *Zeitschrift fur Psychologie*, 88: 225-52.

Schjelderup-Ebbe, T. (1935) 'Social behavior of birds', in Murchison, Carl (ed.), *A Handbook of Social Psychology*. Worcester, MA: Clark University Press. pp. 947-72.

Schoech, S. J. (1998) 'Physiology of helping in Florida scrub-jays', *American Scientist*, 86: 70-77.

Sendova-Franks, H., Rebecca K., Wulf, B., Klimek, T., James, R., Planqué, R., Britton, N.F. and Franks, N. R. (2010) 'Emergency networking: Famine relief in ant colonies', *Animal Behaviour*, 79(2): 473-85.

Seyfarth, R.M. (1977) 'Model of social grooming among adult female monkeys', *Journal of Theoretical Biology*, 65(4): 671-98.

Seyfarth, R.M. and Cheney, D.L. (2000) 'Social awareness in monkeys', *American Zoologist*, 40 (6): 902-9.

Shields, W. M. (1987) 'Dispersal and mating systems: Investigating their causal connections', in B. Diane Chepko-Sade and Zuleyma Tang Halpin (eds.), *Mammalian Dispersal Patterns: The Effects of Social Structure on Population Genetics*. Chicago, IL: University of Chicago Press. pp. 3-24.

Shorrocks, B. and Croft, D.P. (2009) 'Necks and networks: A preliminary study of population structure in the reticulated giraffe (*Giraffa camelopardalis reticulata de Winston*)', *African Journal of Ecology*, 47(3): 374-81.

Sih, A., Hanser, S. F. and McHugh, K. A. (2009) 'Social network theory: New insights and issues for behavioral ecologists', *Behavioral Ecology and Sociobiology*, 63: 975-88.

Silk, J. B. (2002) 'Using the 'F'-word in primatology', *Behaviour*, 139: 421-46.

Silk, J.B., Alberts, S.C. and Altmann, J. (2004) 'Patterns of coalition formation by adult female baboons in Amboseli, Kenya', *Animal Behaviour*, 67: 573-82.

Silk, J.B., Alberts, S.C. and Altmann, J. (2006) 'Social relationships among adult female baboons (*Papio cynocephalus*) II: Variation in the quality and stability of social bonds', *Behavioral Ecology and Sociobiology*, 61: 197-204.

Silk, J. B., Seyfarth, R. M. and Cheney, D. L. (1999) 'The structure of social relationships among female savanna baboons in Moremi Reserve, Botswana', *Behaviour*, 136: 679-703.

Skvoretz, J. and Faust, K. (2002) 'Relations, species, and network structure', *Journal of Social Structure*, 3(3).

Skvoretz, J., Faust, K. and Fararo, T. (1996) 'Social, structure, networks, and E-state structuralism models', *Journal of Mathematical Sociology*, 21(1-2): 57-76.

Slooten, E., Dawson, S.M. and Whitehead, H. (1993) 'Associations among photographically identified Hector's dolphins', *Canadian Journal of Zoology*, 71: 2311-18.

Smale, L., Frank, L. G. and Holekamp, K. E. (1993) 'Ontogeny of dominance in free-living spotted hyaenas: Juvenile rank relations with adult females and immigrant males', *Animal Behaviour*, 46: 467-77.

Smolker, R.A. Richards, A.F., Connor, R.C. and Pepper, J. W. (1992) 'Sex differences in patterns of association among Indian Ocean bottlenose dolphins', *Behaviour*, 123 (1-2): 38-69.

Stacey, P. B. and Koenig, W. D. (1990) *Cooperative Breeding in Birds: Long Term Studies of Ecology and Behaviour*. Cambridge: Cambridge University Press.

Sundrasen, S.R., Fischhoff, I.R., Dushoff, J. and Rubenstein, D. I. (2007) 'Network metrics reveal differences in social organization between two fission-fusion species, Grevy's zebra and onager', *Oecologia*, 151(1): 140-49.

Swedell, L. (2002) 'Affiliation among females in wild hamadryas baboons (*Papio hamadryas hamadryas*)', *International Journal of Primatology*, 23(6): 1205-26.

Thierry, B., Singh, M. and Kaumanns, W. (eds.). (2004) *Macaque Societies: A Model for the Study of Social Organization*. Cambridge: Cambridge University Press.

Van Dierendonck, M.C., de Vries, H., Schilder, M.B.H., Colenbrander, B., Porhallsdottir, A. G. and Sigurjonsdottir, H. (2009) 'Interventions in social behaviour in a herd of mares and geldings', *Applied Animal Behaviour Science*,116(1): 67-73.

Wasser, P.M. and Jones, W.T. (1983) 'Natal philopatry among solitary mammals', *Quarterly Review of Biology*,58(3): 355-90.

Weeden, J. S. and Falls, J. B. (1959) 'Differential responses of male ovenbirds to recorded songs of neighboring and more distant individuals', *The Auk*, 76(3): 343-51.

Wells, R.S. (2003) 'Dolphin social complexity: Lessons from long-term study and life history', in Frans B. M. de Waal and Peter L. Tyack, (eds.), *Animal Social Complexity: Intelligence, Culture, and Individualized Societies*.Cambridge, MA: Harvard University Press. pp. 32-56.

Wey, T. W. and Blumstein, D. T. (2009) 'Ontogeny of social relations in yellow-bellied marmots', International Sunbelt Social Network Conference, San Diego, CA.

Wey, T. W., Blumstein, D. T., Shen, W. and Jordan, F. (2008) 'Social network analysis of animal behaviour: A promising tool for the study of sociality', *Animal Behaviour*,75(2): 333-44.

Whitehead, H. (1997) 'Analysing animal social structure', *Animal Behaviour*,53(5): 1053-67.

Whitehead, H. (1999) 'Testing association patterns of social animals', *Animal Behaviour*, 57(6): F26-F29.

Whitehead, H. (2008)*Analyzing Animal Societies: Quantitative Methods for Vertebrate Social Analysis*. Chicago, IL: University of Chicago Press.

Williams, R. and Lusseau, D. (2006) 'A killer whale social network is vulnerable to targeted removals', *Biology Letters*,2: 497-500.

Wilson, E. O. (1975) *Sociobiology: The New Synthesis*. Cambridge, MA: Harvard University Press.

Wilson, E.O. (1999) *The Diversity of Life*. New York: Norton.

Wittemyer, G., Douglas-Hamilton, I. et al. (2005) 'The socioecology of elephants: Analysis of the processes creating multitiered social structures', *Animal Behaviour*, 69(6): 1357-71.

Wolf, J.B.W., Mawdsley, D., Trillmich, F. and James, R. (2007) 'Social structure in a colonial mammal: Unravelling hidden structural layers and their foundations by network analysis', *Animal Behaviour*,74: 1293-302.

Wolf, J.B.W. and Trillmich, F. (2008) 'Kin in space: Social viscosity in a spatially and genetically substructured network', *Proceedings of the Royal Society B-Biological Sciences*, 275 (1647): 2063-69.

Woolfenden, G. E. (1975) 'Florida scrub jays helpers at the nest', *The Auk*,92: 1-15.

Woolfenden, G.E. and Fitzpatrick, J.W. (1978) 'The inheritance of territory in group-breeding birds', *BioScience*, 28(2): 104-8.

Woolfenden, G.E. and Fitzpatrick, J.W. (1984) *The Florida Scrub Jay: Demography of a Cooperative-breeding Bird*. Princeton, NJ: Princeton University Press.

Zhou, W. X., Sornette, D., Hill, R. A. and Dunbar, R.I.M. (2005) 'Discrete hierarchical organization of social group sizes', *Proceedings of the Royal Society B-Biological Sciences*, 272 (1561): 439-44.

在线网络:虚拟社区

NETWORKING ONLINE: CYBERCOMMUNITIES

◉ 阿纳托利·格鲁兹(Anatoliy Gruzd)

卡罗琳·海森斯维特(Caroline Haythornthwaite)

引　言

作为社会性动物,我们在各类社会网络中与他者进行日常交往,网络成员涉及亲戚、朋友、同事以及各类熟人和陌生人。我们的数字生活也由各种社会结构和网络组成,这是很自然的。正如 Wellman(2001)所指出的,"计算机网络本质上就是社会网络,它连接的是人、组织和知识"(第 2031 页)。我们的在线互动可以补充其他沟通渠道以维持既有的社会关系,同时可以开辟出新的、完全虚拟的关系,并通过在线群体、社群和世界来维持。非常微妙的是,强关系现在可以通过我们唾手可得的冗余的和互联的媒体渠道来维持。这些渠道包括从常见的电子邮件到最新的博客、微博及手机短信。虽然弱关系的分布广泛,但它仍然要通过讨论列表、网络论坛和社交网站来维持。

在线沟通潜在地改变了我们形成、管理人群和社群互动的方式。这个问题早在 Hiltz 和 Turoff 于 1978 年首版的《网络国家》(*The Network Nation*)一书中就已提出。该书论及了以计算机为媒介的通信历史。我们今天看到了作者当时设想的以计算机为媒介的互联世界:个人通过电脑,会议跨越了不同的地理区域而连接起来。尽管 1980 年代的研究主要关注信息和通信技术对工作的变革性影响(如 Galegher et al., 1990;Fulk and Steinfield, 1990;Sproull and Kiesler, 1991;Dutton, 1996;Rice, 1992),不过直到《网络国家》一书出版 10 多年以后,关于网络社群的研究才开始涌现。

在这些研究中,有几项重要的对在线社区的定性考察:Reid 分析了基于游戏的多用户网络游戏(MUD, multi-user dungeon)中的"交通灯人"(Electropolis)环境(Reid, 1995);Baym 研究了肥皂剧迷的新闻组在线群体(Usenet online group)(见 Baym, 2000);Rheingold(1993)探索了"Well"社群。"Well"社群始建于 1985 年,可能是世界上最早建立的社交网站之一,它是专为实现在线参与者的广泛互动而创建的。这些研究中的每一项都论及了（当时是）非常新的、专门的在线社群。每一项研究都没有直接提到社会网络，都描述了人们维持的各种线下关系是如何在线上被再造出来的，以及基于文本媒体的互动如何成为人们见面、讨论、游戏、创建有意义的友谊和社群实践空间的。在《虚拟社区》（2000）一书的第二版中，Rheingold 直接论述了社会网络，引入了 Barry Wellman 和 Mark Smith 的研究成果。

在这些全在线社群（all-online communities）得到研究的同时，对于以计算机为媒介的社群的一些重要研究也在进行，它强调了在线互动的结构和语言（Sudweeks et al.，1998；Cherny，1999；Smith，1999）、社会规范的提出和表达（Smith et al.，1996；Kendall，2002）和在线社会网络（Rice，1993，1994；Haythornthwaite and Wellman，1998）。

167

到 1990 年代中期，现实生活和在线生活开始融合。电子邮件在工作环境中更加常见，互联网开始对信息和沟通实践产生影响，个人电脑开始出现并日趋便宜。尝试有线连接理所当然地成为一种基础结构。这使得信息获取更加容易，更加普及，也更受期待。家庭连接开始登场，进入家庭的互联网可以用于工作、学习和游戏。关于计算的研究和流行观点开始认识并接受了因特网在日常生活中的存在（Wellman and Haythornthwaite，2002），一些研究转而关注网络世界如何与线下关系和实践相互重叠并补充（Kendall，2002；Rice and Katz，2001；Hampton，2003；Hagar and Haythornthwaite，2005）。在社会层面上，一些研究开始说明并解释新信息通信技术（Information and Communication Technologies，ICTs）创建的"数字鸿沟"，以及它如何有助于对社会收益的电子融入和排斥（Schement and Curtis，1997；Katz and Rice，2002；美国国家电信和信息管理局（National Telecommunications and Information Administration）的报告始于 2002 年，http://www.ntia.doc.gov；Commission of the European Communities，2005）。有人开始意识到，在线社会网络连接会产生社会资本，在社群水平上广泛利用电脑网络是有益的，社会资本成为这种收益的一部分（Kavanaugh and Patterson，2002；Keeble and Loader，2001）。

自 2000 年以来，媒体类型和媒体的可获得性快速发展，驱动了通信实践的革命。Constant 等人（1996）观察到的在线社交网——电子邮件网使人们获得了组织范围内的专业知识——现在则通过社交网站实现了广泛的连接，同时在社交网中得到了最为充分的表现，这些网站包括：大学生群体的 Facebook、工作群体的 Myspace、商人群体的 LinkedIn、巴西人的 Orkut、韩国人的 Cyworld（Hargittai，2007；Donath and boyd，2004；boyd and Ellison，2007；地理和人口的明确界限开始模糊，参见网站自己提供的数据）。

通过这些手段，单线程的、通过电子邮件的在线沟通已扩展至信息、通信、通过同步和不同步的在线方式所实现的文档交换、通过无线网络和手机进行的持续接触，以及将面对面互动同电子邮件、聊天、发短信、微博等混合起来的多线程交往。网络社区不再是简单的基于文本的群体，而是通过综合性的网络门户网站(如知识管理系统、虚拟学习环境和社交网站等)的多种特征加以支持。网络交往不再局限于单一的媒体,而是通过在多种设备上使用网络列表,当信息跨越多个平台——从手机到电子邮箱,再从电子邮箱返回到手机时,社群便随个体而变动(Haythornthwaite,2000;Wellman,本书)。

关系、联系、网络如何在线上维持,关于在线交流和社群的社会网络研究提供了某种洞见。迄今为止的研究普遍证实,线上维持的关系与线下关系一样是真实的,需要相互信任和开诚布公,能支持工作、建议、交往和社会支持等关系,随着维持的关系日益增多,强-弱关系对(pairs)之间的交往就越频繁、紧密。除了关系的多样性,强关系对(strongly tied pairs)也展示出"媒介的多重性",使用的媒介越多,关系就越紧密(Haythornthwaite and Wellman,1998)。计算机媒介似乎也为潜在的关系[即"技术上可行,但还未通过社会互动加以激活"的关系(Haythornthwaite,2002:387)]提供了一种结构。这些结构为 Constant 等(1996)观察到的信息共享提供了可能,也为社交网站的广泛社会连接提供了潜力。

运用诸如访谈和问卷这样的传统社会科学方法来分析这些现象,对于理解在线社会网络、交流、信息传递以及社群是有帮助的。然而,由于难以接近群体成员,完成社会网络调查问卷需要时间和精力,再加上伦理、可行性、分析以及与在线数据相关的解释等问题,这些因素使得许多研究被限制在较小或者相对较小的数据集上。随着在线互动这一现象的增加,这些互动会在线上留下痕迹数据,而创建和支持在线社交网的途径也在快速变化,为了探索并理解这些变化,我们需要利用这些数据。鉴于已经有了大量的述评性文献,其涵盖的广泛的思想与研究有助于我们对虚拟社群作当代社会网络的理解。因此,本章只关注什么是大数据和如何驾驭网络产生的大数据,以及解决社会网络和虚拟社群的问题。(至于从社会网络的视角看待社群和虚拟社群的更多文献,参见 Wellman et al.,1996;Garton et al.,1997;Wellman,1999,2001;Rice,2002;Haythornthwaite,2007;Hogan,2008.)

在线网络数据

对电子邮件的每一个回复、网页的链接、博客的发布、对 Youtube 视频的评论等都会遗留下数字化踪迹,它或明或暗地记录了发布者与另一个在线参与者的联系。每一条记录都围绕兴趣点话题、共同隶属性、实践社区或者集体行动来创建一个共同关注的网络。

数据量之巨令人生畏:2003 年,Marc Smith 估计,在新闻组网络(Usenet)中有 1 亿发帖者(Festa,2003);2008 年,维基百科编辑源(Wikipedia compilation of sources)估计,每天有 4.6 万亿字节(terabytes)的数据在新闻组网络上发布。Technorati(2008)的"博客圈王国"(State of the Blogosphere)显示,每天新建 900 000个博客,全球有 1.84 亿人开启博客(美国有 2 300 万~2 600 万),并有3.46 亿名博客读者(美国有 6 000 万~9 400 万)。各类估计都认为,每天大约有 1 000 亿个电子邮件命令被发送(Leggatt,2007)。至少有一半的电子邮件是垃圾邮件,尽管有此警告,每天仍然都在生成大量的文本。当我们感兴趣的问题常常需要考察多个平台时(例如,我们想研究沟通在不同媒体之间或多个事例之间是如何分布的,以便研究共同的交换模式,或者考察共享的语言和理解是如何发展的,或者角色或位置是如何生成的),这时,对数据量的处理就会变得非常庞大。

因此,现在的研究者越来越有兴趣自动检索、分析在线行为,越来越使用网络(Web)和文本挖掘技术获得有关在线社群内部运作的洞见,这不会令人感到意外。所发现的在线社交网的细节已经被证明是可用于以下方面的:决定互联网上的哪些信息是相关的、识别可靠的网站、找到受欢迎的资源、在值得信任的网络内部分享信息。社会网络数据的其他用途包括:实行病毒式营销(viral marketing),识别和追踪网络上的恐怖主义细胞,分析消费者对商品的认知以及测量政治运动对线上和线下媒体的效果。

完成社会网络问卷常常任务繁重,困难在于如何获得被调查者的同意。社会网络的自动探索功能之所以非常受欢迎,原因之一是它往往是非介入的、可扩展的、高速度的,可以避免上述困难。网络数据的自动收集也不受传统的数据收集技术的主观性问题的困扰(例如,被调查者可能提供有偏差的答案、以他们认为看起来更好的方式作答、夸大互动、忘记人和互动,或者对事情和关系的感知不同于其他网络成员)。

本章的其余部分将深入探索一些揭示和发现在线社会网络的新方法。本章首先描述这些类型的分析所需要的各种网络数据源,然后描述需要用哪些主要的步骤去揭示显在和潜在的社会关系以及这些网络的共同应用。因篇幅有限,本章不再描述那些已经用社会网络形式组织起来的数据资源,如"朋友的朋友"数据,只简要介绍基于电子邮件的社会网络。因为二者都不太需要处理原始数据去建构网络,而且它们都已被探讨过(参见 boyd and Ellison, 2007;Hogan, 2008)。本章也不从沟通网(参见 Monge and Contractor, 2003)、语义网(如 Scott, 2005)或在线网揭示的各类"社群"(Haythornthwaite, 2007)等方面去提出理论视角。最后,由于并非所有类型的数据源都可以在互联网上免费获得,我们假定研究者已经有了合法的渠道获得数据集,也认识到伦理问题、研究之意涵、其对在线社群及其成员的影响,而且按照规定,他已经从适当的伦理审查委员会那里获得了使用数据所必需的许可。[有关伦理问题的更多细节,参见 Charles Ess 和互联网研究伦理协会工作委员会合编的研究伦理方面的文献等(Ess and the Association of Internet Researchers Ethics Working Committee, 2002;Breiger, 2005。)]

发现社会网络的互联网数据源

本节将回顾三种最流行的互联网数据类型:电子邮件、讨论论坛和网页,并用例子说明如何使用从每一类数据中发现的社会网络。

电子邮件

　　电子邮件是最常用的一种获取社会网络的数据源。社会网络分析者出于多个方面的考虑而对电子邮件感兴趣。首先,它的结构很适合网络分析的范式。

169 电子邮件的标题提供"从谁"和"到谁"的数据,很容易转换成有向关系构成的网络。主题栏(如果存在的话)提供的短文本可以被用作依据对信息进行归类。即便这样的数据有局限性(例如,即便信息改变了主题,主题栏可能仍然不变),主题栏仍会提供一个简单的、基于文本的信息内容指标,它常常无须进一步的形式分析就可以解释。而且,信息文本会提供行动者所维持关系的大量信息。该文本可以被工具性地看作是表征了参与度(例如,信息减去附加回复的长度)的,它可以被用来阅读、编码,或者是对关键词、共同词组、交流语气等进行文本挖掘等,以便获得对主题、关系、角色以及所维持关系的洞见。

　　其次,电子邮件无所不在,提供的大量数据可与其他类型的关系(如工作、朋友、家庭关系)相对应。这表明,它是对人与人之间互动和关系的可行性反思。由于每一封电子邮件都是两个或多个认识(或即将认识)之人的社会互动,因此有理由假定,两人之间交换的电子邮件数很好地表明了二者之间社会关系的存在及强度。

　　电子邮件作为一种分析社会网络的手段也是值得瞩目的,因为我们可以获得美国安然公司大量的、公众可获取的、真实世界中的电子邮件数据集。这个数据集为当今广泛存在的令人感兴趣的现象(如在安然公司危机中谁知道发生了什么)提供了公共平台,可用于评价电子邮件信息。在调查安然公司的财务危机期间,联邦能源管理委员会(Federal Energy Regulatory Commission)将美国安然公司数据集(http://www.cs.cmu.edu/~enron)公之于众。自从这个数据发布以来,大量有关组织的各种研究都使用了这个数据集。在这一过程中,研究者能够研究并精确地调整他们的网络自动发现算法,对各种社会网络分析(SNA)测度加以解释。

　　Diesner 和 Carley(2005)运用"谁和谁交谈"网络比较了安然公司员工在公司破产之前和破产时的沟通模式。他们发现,在公司破产时的沟通网络并没有反映出安然公司的正式组织结构:随着公司破产,高层主管形成了一个紧密的派系,有可能相互提供支持但与公司其他员工的互动很少。而且,被揭示的网络特征(如中心度和群体凝聚力)表明,"缺少交叉沟通的高度分割的劳动力可能是一个导致安然公司欺诈行为的因素(第 10 页)"。Lim 等人(2007)运用安然公司的数据集来检验一些自动技术,以便检测电子邮件传输中的反常行为。在安然公司财政危机发生之前和发生期间,他们的技术能够识别出两个高层员工和公司其他员工之间电子邮件传输中的变化。这些安然公司网络的研究表明,以自动的和系统的方式分析电子邮件数据是可行的,也表明了如何运用电子邮件数据发现群体内部的联系和角色。

　　虽然无处不在的电子邮件成为一个非常有吸引力的数据源,但是,在解释来自此类数据的社会网络关系时还是要有所保留的。首先,如上所述,电子邮件的获取可能在合法性及伦理方面是有问题的。虽然大多数合法的情形把电子邮件的获取权赋予该服务的所有者(如 Bloom,2008;"Who owns your mail?"2005),但是,从日常生活中自动获取数据时还是要考虑实践和伦理的维度。许多电子邮件是个人之间私下发送的,研究者因而无法在公共领域中获得。要获得电子邮件,必须得到组织所有者的保障,而且也可能有必要得到每位使用者的许可,以便对他的数据加以分析。这些考虑对于"谁到谁"的数据、信息主题栏和信息文本一样适用。研究者可能还需要就结果的可见性、匿名性以及分布进行协商(如组织管理部门是否需要结论)。其次,电子邮件往往不是行动者使用的唯一沟通手段。因此,对行为的解释需要考虑电子邮件只是互动的一脉,而不是全部网络关系(Haythornthwaite and Wellman,1998;Haythornthwaite,2002,2005)。

在线论坛

在线讨论(threaded discussions)的网络论坛(online forums)是一个比电子邮件更易获得的、基于互联网的交流数据源,它也是自动获取社会网络的备选项。由于开放的在线论坛常常是许多群体选择的沟通媒介,便会有大量的累计性数据可被用来做研究和实验。如果能自动发现并呈现各种存在于这些在线论坛内的网络,就会为研究者提供一个研究在线群体和社群合作过程的窗口。

在各类在线论坛中,研究者最关注新闻群体(Usenet)和网上课程,生产出大量的自动分析文献。Fisher 等人(2006)运用从新闻讨论群体中提取的社会网络,去识别参与者群体,并将它们刻画成四个不同类别:"问与答""对话的""社会支持""热情"。Fiore 等人(2002)的研究发现,新闻组网络参与者的发帖行为(如发帖的数量和他们订阅的新闻数量)与读者对他们的主观评价相关。他们发现这二者之间高度相关,主导对话的参与者比其他人处于更为不利的位置。

在关于网上课程的自动式研究中,Reyes 和 Tchounikine(2005)依靠"谁回应谁"数据,建构了一个网上课程参与者的交流网络。研究者认为,参与者的中心度和群体凝聚力是两个非常重要的测度,可用来评估学习型群体。通过对 15 个参与者的个案研究,研究者展示了家庭教师如何依赖这些测度来评估合作性学习行为。在他们研究的一个在线讨论中,群体凝聚力非常低。进一步的研究发现,中心度最高的两个参与者在支配着对话,这种情况对于原本打算进行信息广泛传播的学习型社群来说可能是不利的,因此确定谁的中心度最高则极具价值。在近期的一些研究中,Cho 等人(2007)探究了不同的社会网络性质,如度数、接近度、中间度和结构洞,以发现学生在社会网络中的位置与他们在学业上的成功之间的关系,目的是考察哪些测度与他们最终的成绩相关。他们发现,"接近中心度和学生的最终成绩之间显著相关"(第 322 页)。总之,这些研究表明,在线讨论是获取交流网络的良好来源,并且在线数据提供的视角可用于研究群体动态和在线社群。

网页

　　网页是获取互联网上社会网络数据的另一种重要来源。网页内容可以而且的确经常会(例如,通过链接一位同事的主页、主页上的名字、朋友博客上的信息、对亲戚发布的相片进行评论、在相同的在线出版物中出现、订阅相同在线数据反馈)揭示出人们之间的显在和潜在的关系。自动系统可以利用所有这些事例来推断出社会网络。该领域的研究是广泛的和多变的,因为各类网页(主页、个人博客、新闻报道、学术出版物等)看起来有无穷多的变化。最近的研究包括Adamic 和 Adar(2003)的成果,他们运用斯坦福大学和麻省理工学院学生主页之间的链接,推断出了学生们之间的现实联系和社群;Chin 与 Chignell(2007)运用加拿大独立音乐博客(Independent Music blogs)上的评论之间的链接,确定了博客作者和读者之间的社群;如 Silobreaker(http://www.silobreaker.co)和 Muckety(http://news.muckety.com)这样的在线资源从在线新闻中提取社会网络的目标是开发新的浏览和可视化技术,以便发现新闻中人与人之间的连接。

　　在线出版物的增加同样使挖掘和获取网上引证信息变得更加容易。文献计量学和情报计量学运用这些手段来发现、研究合著网和共引网。对于社会科学家来说,这类网络是令人感兴趣的,因为它遵循的方式能反映社会结构(White et al.,2004)。Chen 及其同事(2001)运用从几个会议论文集中获取的共引网进行主题域分析,提供了一个更有效率的、可获取一个数字图书馆中信息的用户界面。Newman(2001)构造了一个合著者网络,揭示了物理学、生物医学以及计算机科学等领域中科学家之间的合作模式。

　　以上每一种在线数据都考察了不同的互动领域。电子邮件可能最适合于考察二方的、紧密的群体关系,其中的信息发送者至少知道接收者的电子邮件地址。在线论坛和基于邮件发送清单的邮件传输,则对谁是对话中的一部分无须了解太多,可以被用来研究大的、不知道成员关系的群体。网页提供了更大规模的连通性信息,连接的不仅仅是人们之间的关系,还有组织、观点及知识之间的关系。同样,在更广阔的社会层面(宗教、国家和全球范围)上,最好用网页提供171 有关人类组织和知识的洞见。

从数据网到社会网络

　　随着该领域的研究不断深入,需要提出的一个主要问题是如何解释从在线数据中得到的网络。例如,"真实的"或"在地的"(on-the-ground)社会网络被定义成人际关系的完整的、多重关系的互动和认知集合,而从在线数据中得到的网络能在多大程度上代表这样的社会网络呢? 要求个体报告其各种关系就可以得到社会网络的研究结果,而从他们的日常互动中得到单一的抽象部分(如留在网络交谈中的记录)也可以得到网络结果。随之而来的一个问题是,如何比较这两种结果? 因而,重要的不仅是要询问在线网络是否与线下网络一样"真实",还要询问那些"真实"网络的哪些部分可以通过研究在线互动获得,并且这些部分与其他网络获得机制是如何相关的。

由于缺少充足的经验数据来比较线下网与线上网,此刻我们只能考察由在线数据所显示的关系同全部人际关系之间的关联。在这样做的过程中我们发现,不同的因特网数据源为识别有意义的二方关系提供了不同的置信水平。例如,虽然一对一的邮件交流可以提供两个人交换信息的数据,但是它并没有揭示出关系的本质。关系可能是友情,但是它同样可能是非常正式的关系(如上级对下属),或者是它的存在仅仅是因为自动系统将生成的邮件发送给了接收者(例如,来自讨论清单、销售资料或垃圾邮件的通知)。通过询问人们的关系可以得到社会网络,要保证自动产生的网络可行地表达这样的社会网络,可能需要额外的计算步骤,例如考察信息文本以便确定角色和关系。

诸如在线论坛这样"一对多"的交流模式,在深度确认二方关系方面提供的置信度甚至更低。虽然一封电子邮件能够清晰地识别出有意向的接收者,但论坛发帖却无法做到这一点。结果是,很难弄清谁恰好处于所观测的互动中。因此,为了从"一对多"的交流模式中发现"一对一"关系,有必要超出对信息的寻址。一种可行的方法是运用文本挖掘技术,在发帖中提取所有提及的个人姓名,并把这些当作发帖的实际地址。Gruzd(2009)对六个在线班级的近期研究表明,这种方法能够更好地反映感知到的社会关系。有一种研究仅依赖于来自"谁在谁后面发帖"的数据,该数据出自在线讨论中的位置。相比之下,这项研究发现,利用这种方法获得的社会关系信息比仅依赖于"谁在谁后面发帖"数据获得的信息要多出40%。额外的信息大都来自这样的事例(instances),即此时的发帖人提出或引用的是某位以前一直没有在特定线程(particular thread)上发过帖的人的帖。(其他依赖于文本挖掘技术以便发现社会网络的办法,将在下面进一步讨论)。

作为网络数据源的网页有其独具的若干困难。网页的原始形式提供的二方关系信息非常少。例如,两个人由于参加同一次会议而在同一个网页上被提及,就其自身而言,这个发现还不足以用来判断他们的社会关系。然而,使用适当的文本挖掘工具,网页还是可以揭示出两人或多人之间存在的明确或潜在的关系的。不过,从编程的视角看,相对于分析邮件交流来说,后者是一项更富有挑战性的任务,因为绝大多数网页本质上是非结构的文本,它需要更多的自动处理才能发现其关系的状况。

在因特网上有一种用来增加二方关系存在的置信度的方法,即使用同一社群诸多成员所创建的数据来源组合。该方法基于以下思想,即分析不同的数据源能够提供更多的证据去支持(或反对)该社群成员之间存在的二方关系。这种方法可以在关系强度方面提供额外的洞见;与仅通过一种媒介连接起来的那些人相比,通过多种媒介维持关系的一对对行动者更可能有强关系(Haythornthwaite and Wellman,1998;Haythornthwaite,2001)。

　　许多研究都运用这种方法来考察多种在线数据源。Stefanone 和 Gay(2008)依据邮件网和论坛网来研究大学生的社会互动。Matsuo 等人(2006)使用自我声明的"朋友的朋友"网、开发网页的合作者网络和面对面的会议网来建立社会网络提取系统 Polyphonet,它是一个针对两个不同会议的社群支持系统。Aleman-Meza 等(2006)使用两个社会网络——从语义万维网页上提取的"朋友的朋友"网络和来自文献索引数据库(DBLP)的计算机科学参考文献合著者关系网——来确定科学出版物的潜在评论者和作者之间的利益冲突程度。

　　尽管对组合性数据集的研究兴趣似乎在增加,但是,要从任何特定的在线社群的多重来源那里获取社会网络数据,这并不总是可行或可能的。一些群体,特别是分散式的群体可能仅使用一种沟通方式。另外,还有一个正在出现的研究问题,即如何将来自不同类型数据的社会关系的证据结合起来。然而,无论研究哪些媒介,对于所有这样的数据集合来说都存在着如何抽取社会网络的难题。下一节更详细地介绍从因特网数据中提取社会网络的步骤,以及如何解决上面提到的挑战。

从互联网文本数据中发现社会网络

　　文本挖掘技术在过去十年里不断成熟。如何从互联网上发表的文件和基于文本的在线交流中寻找社会网络,现在的这些技术提供了解决办法。一般来说,从文本数据中发现社会网络需要采取以下步骤:

- **发掘节点**:与人有关的所有参考项都用名字、代词和电子邮件地址来确认。
- **共指关系和别名解析**:需要解决人的模糊性,例如,区分名字相同之人,为具有多个别名的人建立单个身份。
- **发现关系**:在前两步确定的人之间确立社会关系。
- **关系和角色识别**:确认纽带类型(如朋友、同事、同学等)和关系类型(如信任、帮助、赞同等),基于交流的内容或模式赋予角色(如经理、下属等)。

　　接下来分别描述这四个步骤,并且提供文献例子。

发掘节点

　　发掘节点通常是通过发现文本中人们的名字和其他提及方式来进行的。在被称为是"命名实体识别"(Named Entities Recognition, NER)的计算机语言学(computational linguistics, CL)中,它是其更为广泛的任务的一部分。NER 是一组文本挖掘技术,用来发现命名实体、关系类型及二者之间的联系(Chinchor, 1997)。在 NER 中,命名实体的定义非常广泛,它可以是一个人、组织,甚至是一个地理位置。NER 常用于各种自然语言的处理过程,如机器翻译、信息提取和答题系统。一项特别针对人名的应用实例是匿名化或使用笔名,目的是隐藏私人或秘密文件(如个人医疗记录和重要的政府文件)中的敏感数据(如 Sweeney, 2004;Uzuner et al.,2007)。

由于找到文本中的代词(例如,通过把每个单词与可能的代词列表作比较)和电子邮件地址(通过把每个单词与诸如[part1]@[part2].[part3]这样的字符串模式进行匹配)相对容易,所以接下来集中关注如何找到人名。寻找文本中的人名主要有两种方法。第一种也是最容易的方法是在一本包含所有可能人名的字典中查找每个单词。如果某个词出现在人名字典中,就认为它是一个名字。英文人名电子字典包括公众可以访问的美国人口普查网(www.census.gov)、IBM 的商业全球人名数据库(InfoSphere Global Name)和"名字背后"网站的网络资源(www.behindthename.com)。依赖于这种方法的研究有 Harada 等(2004)和 Sweeney(2004)。

这种方法很容易实现和运行,然而它遗漏了没有被字典收录的人名。它们可能是非英语起源的名字、人名的非正式变体,或者是昵称。这种方法也没有考虑到这样一种情况,即在不同的句子中,一个单词可能是名字或者仅仅是一个名词而已。例如,"佩吉(*Page*)请求我的帮助"(*Page* asked for my help)和"看第 23 页(*page*)"(Look at page 23)。为了确保一个算法能够找到人名"*Page*"并忽略单词"页面"(page),一些研究者只把首字母大写的单词作为可能的人名备选而忽略其他单词。然而,这种限定在非正式的文本中不是非常实用,例如在以计算机为媒介的通信中,名字通常不是大写的。

另一种寻找人名的方法无须使用人名字典。这种方法将语言学规则或模式应用到内容和句子结构中,以便识别可能的名字。语言学规则和模式通常建立在单词的特征属性(例如,单词频次、语境词和单词在文本中的位置)的基础之上。该方向的研究有 Chen 等(2002)和 Nadeau 等(2006)。

事实上,这两种方法通常一起使用。例如,首先通过字典寻找所有的名字,然后使用语言学的规则或者模式来寻找不在字典中的名字。Minkov 等(2005)指出,运用这种混合方法准确度提高了 10%~20%。这种混合方法的不足之处在于,它使处理文本数据所需要的时间增加了(有关现代 NER 技术的细致考察,请参见 Nadeau and Sekine,2007)。

共指关系和别名解析

一旦人名和其他指代人的单词(如标题、代名词、邮件地址)被识别出来,下一步就是共指关系(coreference)和别名解析(alias resolution)。这一步有双重目标:将提及同一人的所有项目(例如,"你""约翰""史密斯先生""j.smith@mail.net")进行分组,并对具有相同名字的两人或多人加以区分。与先前的识别命名实体的步骤相似,计算机语言学(CL)依赖于更通用的机器学习(Machine Learning,ML)技术分析共指关系,它不仅试图与名字相连接,还将不同句子和文档中的共同指代的名词短语相连接。名词短语可能是人、组织或者世界上任何其他物体。计算机语言学(CL)应用机器学习(ML)技术来确定一组名词短语表示同一实体的似然度。似然度用名词短语的属性来测量,例如文本中名词短语之间的距离、词汇相似性、短语之间搭配的频率、性别一致性和语义关系等。(有关该领域的最新研究,参见 Culotta et al.,2007;Yang et al.,2008)。

然而,实际上,为了从因特网数据中找到社会网络,一般不需要全部的共指和别名解析。通常来说,解析个人名称、邮件地址和某个时间的代词就足够了。因而,处理因特网数据的研究者经常依赖于简单的、基于规则的或字符串匹配的方法。例如,McArther 和 Bruza(2003)对一个邮件档案中的代词进行了**共指消解**(coreference resolution),只用发送者的姓名代替"主我"(I)、"我的"(my)、"宾我"(me),用接收者的姓名代替"你"(you)和"你的"(your)这些代名词。还有一些简单却有效的方法,依靠音位编码(phonetic encoding)和模式匹配技术(pattern-matching techniques)来匹配姓名或邮件地址的变化(如 Feitelson,2004;Christen,2006)。例如,如果一个邮件地址包含一个人的名或姓以及另一个名字的首字母,那么一个简单的规则就可以规定这个邮件地址属于此人。根据这个规则,含有 john.smith@mail.org,jsmith@mail.net,john@smith.net,s.john@mail.net 这样的邮件都会属于 John Smith(有关个人姓名匹配技术的更深入述评,参见 Reuther and Walter,2006)。

这一步骤的第二个部分,即别名解析需要特别关注。别名解析可以被看作是一般性的命名实体识别(NER)的一部分,但是,它也可以被作为一个独立程序而实行;别名解析在研究作者关系、引证分析、垃圾邮件检测、数字图书馆中的作者名字排歧(author disambiguation)等许多方面都得到了广泛应用。各种别名解析方法的目的都是对具有相同姓名的两人或多人加以区分,即识别出与每个人有关的独一无二的"签名"。通常情况下,这些方法或者是依赖于一个人写作中独一无二的语言风格(例如,常见的写作风格、标点标记、句子的平均长度、专业术语等;参见 Hsiung et al.,2005;Pedersen et al.,2006),或者是依赖于基于网络的互动类型(如共同的发送者和接收者;参见 Malin et al.,2005)。当从互联网上提取社会网络时,别名解析常常通过自动指定一组专业关键词(如 Bollegala et al.,2006)或者一些上下文段落的摘要(如 Phan et al.,2006)来解析文本中的每一个名字。这里的假定是,不同的人(甚至有相同名字之人)会在文本中的不同语境中被提到。因此,任务就简化为寻找一组有区别力的词语和语义特征,这样就能有区别地描述某个特定的人。

最后,除了基于内容的特征之外,在以计算机为媒介的沟通中,共指和别名解析还可以依赖基于传输的特征。例如,对于在线讨论来说,Gruzd 与 Haythornthwaite(2008a)就是根据这两类特征将从信息内容(基于内容的特征)中提取出来的名字与发帖主题(基于传输的特征)中发帖者独一无二的邮件地址联系起来了。与同一邮件地址有关的所有名字都被认为是属于同一个人的。这种方法需要修正那些用户使用了多个邮件地址的社群。

发现关系

识别了所有的网络节点,并将其分组以代表独一无二的人群之后,下一步就是发现这些节点是如何相互连接以及怎样连接的。文献中有两种基于文本信息自动发现关系的主要方法。一种方法是基于使用者个人资料(profiles)的相似性。个人资料要么是个体亲自创建的(比如 Facebook 个人资料),要么是由网络信息自动产生的(如个人主页或为此人撰写的部分文本)。测量相似性的一个简单方法就是计算两个人有多少共同的个人简况资料(profile items)(如 Adamic and Adar,2003)。另一个常见的方法是从两个个人资料中提取文字,测量这些文字之间的语义相似性。如果使用这个方法,当两个人的个人文件之间的语义相似性大于预定义的阈值时,就认为这两个人是联系的。换句话说,当发现个人文件中的字里行间有实质性的重叠时,就可以认为这两个人是有联系的(更多关于测量语义相似性的信息,请参见 Kozima and Furugori,1993;Maguitman et al.,2005。)

发现纽带关系的另一种方法是使用共现量纲测度(cooccurrence metric)来计算文本中两个名字很靠近出现的次数。在用网页来构筑网络的研究者中,这种方法非常流行。这是因为搜索引擎使得计算两人在网页上的共现变得简单。Matsuo 等人(2006)计算了因特网搜索引擎的点击量,用它来回应利用布尔运算符"AND"连接起来的两个名字的查询。Kautz 等(1997)在他们所谓的"引荐网站"(ReferralWeb)的应用中使用了这个方法,目的是搜索网络上的社会网络并将其可视化。对于在线讨论来说,Gruzd and Haythornthwaite(2008a)用在发帖标题中找到的发帖者信件地址与在其信息主体中找到的名字之间的共性来揭示在线课堂中的学习网络(也可参见 Haythornthwaite and Gruzd,2008)。

角色和关系识别

文本挖掘技术也被证明可用于识别社会网络中的角色和关系。为了自动执行这一任务,研究者仔细考察了文本中提到的人员名字的情境。例如,如果两个名字出现在含有一个词(如委员会)的同一句话中,就假定这两个人是同一组织的成员,承担相同的责任。

由于网页有丰富的文本内容,因而它尤其是此类分析的好资源。Matsuo 等(2007)依赖基于内容的特征——例如,两个人的名字共同出现的次数(如是否出现在同一行),或者是否标题或前五行中有特定的关键词——来自动引出识别以下关系的规则:(1)合著者;(2)同一实验室的成员;(3)同一个项目组的成员;(4)同一个会议或讲习班的成员。研究人员发现,要想确定合著者关系,只需要在他们收藏的网页上查询这些名字是否出现在同一行就可以了。

Mori 等(2005)将这四种关系分为两大类:共同属性关系(例如人们共享相同的属性,如职业、工作、爱好等)和事件参与关系(当人们参与诸如"上课"或者"看同一部电影"这样的共同事件)。共同属性关系反映了社会学中众所周知的同质性原则(homophily),该原则认为志同道合者更可能相互联络(McPherson et al.,2001)。事件-参与关系往往为研究 2-模网的社会网络研究者所熟知。这里有一个假定,即共同参与就表明人们对共同事件有相似的兴趣,在事件上表现出类似的知识、思想或活动。这些假定还包括个人完成人际互动的可能性增加。事件-参与关系创造了 Haythornthwaite(2002)所说的那种**潜纽带结构**(latent tie structure),这种结构是由机构组织起来的。这些机构超越了所牵涉的个人,却为弱关系的形成提供了(有时为需要的)第一步,其中有些弱关系还可能被构建成为强关系。

邮件的内容也被用来自动识别关系或角色。例如,Carvalho 等(2007)用邮件信息的内容来确定 34 个工作组中的领导角色。具体来说,要确认领导角色,研究者寻找的信息中就要有很好地表达这种言行的语词(如指派、要求、分发、提议和见面)。他们在研究中同时使用了基于内容和基于传输的信息,在预测领导角色时的准确性达到96%。

对自动发现社会网络的兴趣

175　　　　对自动发现社会网络的兴趣已经超出了学者的范围。越来越多的网页应用(通常称为社会网络应用)运用用户的个人网信息去帮助用户找到更多的相关信息、与朋友分享信息或作出更好的决定(至于一系列应用,参见 www.programmableweb.com/tag/social)。鉴于更多的人都能用网页和文本挖掘技术,因而可以预期,会有更多的应用在在线社会网络数据中得到使用。如何使文本挖掘技术更多地用于发现社会网络,此处引用的一些研究者正在进行研究,包括本章的主要作者所进行的研究,他开发的系统叫做互联网社群文本分析程序(Internet Community Text Analyzer,ICTA;在 http://textanalytics.net 上可以得到)。有关该系统的详细描述在 Gruzd and Haythornthwaite(2008b)中能找到。

由于脸书网(Facebook)(http://developers.facebook.com)和谷歌(http://code.google.com/apis/opensocial)的影响力大,它们在这个方向上引领行业的倡议很可能产生了重要影响。每个公司都建有免费的网络界面,这就让网页开发人员能够访问他们及其合作伙伴的用户的个人网信息。这使得社会网络应用程序呈现出爆炸式的增长。虽然在这种可获得的新数据中,大多数已经预先排列成网络形式,不过如前所述,对这些社群产生的文本进行额外处理仍然可以透露出更多的有关其成员之间社会关系本质的细节。

结　语

本章回顾了在自动搜寻社会网络情境中通常可获得的三类互联网数据源(电子邮件、在线论坛和网页)。在简要讨论每一类数据时,本章都提供了文献中的例子。这些例子说明了如何发现社会网络,如何用它来研究依赖于电脑媒介进行沟通的社群。接下来,为了揭示"真实"的二方关系和社会网络,本章讨论了各种互联网数据源的优点。在讨论的数据类型中,要将显著的社会关系归因于所发现的网络,有一对一性质的电子邮件具有最大的可信度,而网页界面的可信度最小。

无论针对哪种数据类型,目前都有两种主要方法用于从互联网数据中提取网络。与某个特定的社群有关的互联网资源有多种,从中可得到二方关系证据,一种方法便是收集并组合这些证据。然而这种方法并不总是可行的,因为额外的数据来源对于研究者来说总是难以得到或者是缺失的。另一种方法是使用网络和文本挖掘技术,提取关于关系和社会角色的额外信息,主要有以下四个步骤:发现节点、共指和别名解析、发现关系、关系和角色识别。

本章回顾的自动技术甚至可以用来把无结构的互联网数据转变为社会网络数据。有了社会网络数据,就会很容易分析并判断社群成员之间的社会关系。如果数据收集的传统方法成本太高或者不可行,就可以使用这些自动技术去发现社会网络,或者将这些技术同传统方法结合起来使用。这是一个令人兴奋的新研究领域,我们期盼未来的研究能够运用网络和文本挖掘技术来提高获取信息的准确性,用新的自动方法解释所提取的网络。

参 考 文 献

Adamic, L.A. and Adar, E. (2003) 'Friends and neighbors on the web', *Social Networks*, 25(3): 211-30.

Aleman-Meza, B., Nagarajan, M., Ramakrishnan, C., Ding, L., Kolari, P., Sheth, A. P., Arpinar, I. B., Joshi, A. and Finin, T. (2006) 'Semantic analytics on social networks: experiences in addressing the problem of conflict of interest detection', *Proceedings of the 15th International Conference on the World Wide Web* (Edinburgh, Scotland). WWW '06. NY: ACM. pp. 407-16.

Baym, N. K. (2000) *Tune in, Log on: Soaps, Fandom and Online Community*. Thousand Oaks, CA: Sage.

Bloom, E.M. (2008, February 22) 'Who wins the fight over email ownership?' *The National Law Journal*. Retrieved November 1, 2008, from http://www.law.com/jsp/legaltechnology/pubArticleLT.jsp? id=1203602189436.

Bollegala, D., Matsuo, Y. and Ishizuka, M. (2006) 'Extracting key phrases to disambiguate personal names on the web', in A. Gelbukh (ed.), *Computational Linguistics*

and Intelligent Text Processing. Berlin: Springer. pp. 223-34.

boyd, D. M. and Ellison, N. B. (2007) 'Social network sites: Definition, history, and scholarship', *JCMC*, 13(1): 210-30. Retrieved March 21, 2009, from http://jcmc. indiana. edu/vol13/issue1/boyd.ellison.html.

Breiger, R.L. (ed.) (2005) 'Ethical dilemmas in social network research', *Social Networks*, 27 (2), whole issue.

Carvalho, V. R., Wu, W. and Cohen, W. W. (2007) 'Discovering leadership roles in email workgroups', *Proceedings of Fourth Conference on Email and Anti-Spam* (Mountain View, CA). Retrieved October 30, 2008, from http://www. ceas.cc/2007/papers/paper-08.pdf.

Chen, C., Paul, R.J. and O'Keefe, B. (2001) 'Fitting the jigsaw of citation: Information visualization in domain analysis', *Journal of the American Society for Information Science and Technology*, 52(4): 315-30.

Chen, Z., Wenyin, L. and Zhang, F. (2002) 'A new statistical approach to personal name extraction', in C. Sammut and A.G. Hoffmann

(eds), *Proceedings of the Nineteenth International Conference on Machine Learning*. San Francisco: Morgan Kaufmann. pp. 67-74.

Cherny, L. (1999) *Conversation and Community: Chat in a Virtual World*. Stanford, CA: CSLI Publications.

Chin, A. and Chignell, M. (2007) 'Identifying communities in blogs: Roles for social network analysis and survey instruments', *International Journal of Web Based Communities*, 3 (3): 343-65.

Chinchor, N. (1997) 'MUC-7 named entity task definition', *Proceedings of the 7th Message Understanding Conference*. Retrieved October 30, 2008, from http://wwwnlpir. nist. gov/ related _ projects/muc/proceedings/ne _ task. html.

Cho, H., Gay, G., Davidson, B. and Ingraffea, A. (2007) 'Social networks, communication styles, and learning performance in a CSCL community', *Computers & Education*, 49 (2): 309-29.

Christen, P. (2006) 'Comparison of personal name matching: Techniques and practical issues', *Proceedings of the Workshop on Mining Complex Data*, *IEEE International Conference on Data Mining*. ICDMW. Washington, D.C.: IEEE Computer Society. pp. 290-94.

Commission of the European Communities (2005) *eInclusion Revisited*. Retrieved March 21, 2009, from http://europa. eu. int/comm/employment_ social/news/2005/feb/eincllocal_en.pdf.

Constant, D., Kiesler, S. B. and Sproull, L. S. (1996) 'The kindness of strangers: The usefulness of electronic weak ties for technical advice', *Organization Science*, 7(2): 119-35.

Culotta, A., Wick, M. and McCallum, A. (2007) 'First-order probabilistic models for coreference resolution', *Proceedings of Human Language Technologies* 2007. Rochester, NY: Association for Computational Linguistics. pp. 81-88.

Diesner, J. and Carley, K. M. (2005) 'Exploration of communication networks from the Enron email corpus', *Proceedings of the 2005 SIAM Workshop on Link Analysis*, *Counterterrorism and Security*, Newport Beach, CA. pp. 3-14. Retrieved October 30, 2008, from http://research. cs. queensu. ca/home/ skill/proceedings/diesner.pdf.

Donath, J. and boyd, D. (2004) 'Public displays of connection', *BT Technology Journal*, 22(4): 71-84.

Dutton, W. H. (1996) (ed.) *Information and Communication Technologies*. Oxford: Oxford University Press.

Ess, C. and the AoIR Ethics Working Committee (2002) 'Ethical decision-making and Internet research', Retrieved March 21, 2009, from www.aoir.org/reports/ethics.pdf.

Feitelson, D. G. (2004) 'On identifying name equivalences in digital libraries', *Information Research*, 8(4): paper 192. Retrieved October 30, 2008, from http://InformationR. net/ir/9-4/paper192.html.

Festa, P. (2003) 'Newsmaker: Microsoft's in-house sociologist', *CNET*. Retrieved March 21, 2009, from http://www.news. com/2008-1082_ 3-5065298.html.

Fiore, A. T., Tiernan, S. L. and Smith, M. A. (2002) 'Observed behavior and perceived value of authors in usenet newsgroups: Bridging the gap', *Proceedings of SIGCHI*. Minneapolis, MN: ACM. pp. 323-30.

Fisher, D., Smith, M. and Welser, H.T. (2006) 'You are who you talk to: Detecting roles in usenet newsgroups', *Proceedings of HICSS* 39. pp. 59-68.

Fulk, J. and Steinfield, C. W. (eds) (1990) *Organizations and Communication Technology*. Newbury Park, CA: Sage.

Galegher, J., Kraut, R. E. and Edigo, C. (eds) (1990) *Intellectual Teamwork*. Hillsdale, NJ: Lawrence Erlbaum.

Garton, L., Haythornthwaite, C. and Wellman, B. (1997) 'Studying online social networks', *JCMC*, 3(1). Retrieved March 20, 2008, from http://jcmc. indiana. edu/vol3/issue1/garton. html.

Gruzd, A. (2009) 'Name networks: A content-based method for automated discovery of social networks to study collaborative learning ', *Proceedings of the Association for Library and Information Science Education Conference.* Denver, CO, January 20-23, 2009. Retrieved October 30, 2008, from http://blogs. iis. syr. edu/alise/archives/168.

Gruzd, A. and Haythornthwaite, C. (2008a) 'Automated discovery and analysis of social networks from threaded discussions ', *International Network of Social Network Analysts.* St. Pete Beach, FL, January 22-27, 2008.

Gruzd, A. and Haythornthwaite, C. (2008b) 'The analysis of online communities using interactive content-based social networks (extended abstract)', *Proceedings of the American Society for Information Science and Technology Conference.* 523-27.

Hagar, C. and Haythornthwaite, C. (2005) 'Crisis, farming and community ', *Journal of Community Informatics*, 1(3). Retrieved March 21, 2009, from http://ci-journal. net/index. php/ciej/article/view/246/210.

Hampton, K. (2003) ' Grieving for a lost network: Collective action in a wired suburb', *The Information Society*, 19(5): 1-13.

Harada, M., Sato, S. and Kazama, K. (2004) 'Finding authoritative people from the web', *Proceedings of the 4th ACM/IEEE-CS Joint Conference on Digital Libraries.* Tucson, AZ: ACM. pp. 306-13.

Hargittai, E. (2007) ' Whose space? Differences among users and non-users of social network sites ', *JCMC*, 13 (1), article 14. Retrieved March 21, 2009, from http://jcmc. indiana. edu/vol13/issue1/hargittai.html.

Haythornthwaite, C. (2000) ' Online personal networks: Size, composition and media use among distance learners ', *New Media and Society*, 2(2): 195-226.

Haythornthwaite, C. (2001) ' Exploring multiplexity: Social network structures in a computer-supported distance learning class,' *The Information Society*, 17(3): 211-26.

Haythornthwaite, C. (2002) ' Strong, weak and latent ties and the impact of new media ', *The Information Society*, 18(5): 385-401.

Haythornthwaite, C. (2005) ' Social networks and Internet connectivity effects ', *Information, Communication and Society*, 8(2): 125-47.

Haythornthwaite, C. (2007) ' Social networks and online community ', in A. Joinson, K. McKenna, U. Reips, and T. Postmes (eds), *Oxford Handbook of Internet Psychology.* Oxford, UK: Oxford University Press. pp. 121-36.

Haythornthwaite, C. and Gruzd, A. (2008) ' Analyzing networked learning texts ', *Proceedings of the Networked Learning Conference.* Halkidiki, Greece, May 5-6, 2008.

Haythornthwaite, C. and Wellman, B. (1998) ' Work, friendship and media use for information exchange in a networked organization ', *Journal of the American Society for Information Science*, 49(12): 1101-14.

Hiltz, S. R. and Turoff, M. (1978) *The Network Nation.* Reading, MA: Addison-Wesley.

Hogan, B. (2008) ' Analyzing social networks via the Internet ', in N. Fielding, R.M. Lee and G. Blank (eds), *SAGE Handbook of Online Research Methods.* Thousand Oaks, CA: Sage. pp. 141-60.

Hsiung, P., Moore, A., Neill, D. and Schneider, J. (2005) ' Alias detection in link data sets ', *Proceedings of the International Conference on Intelligence Analysis.* Retrieved October 30, 2008, from http://www-cgi. cs. cmu. edu/~ schneide/hsiung_alias.pdf.

Katz, J. E. and Rice, R. E. (2002) *Social Consequences of Internet Use.* Cambridge, MA: MIT Press.

Kautz, H., Selman, B. and Shah, M. (1997) ' Referral web: Combining social networks and collaborative filtering ', *Communications of the ACM*, 40(3): 63-65.

Kavanaugh, A. and Patterson, S. (2002) ' The impact of computer networks on social capital and community involvement in Blacksburg ', in B. Wellman and C. Haythornthwaite (eds), *The Internet in Everyday Life.* Oxford, UK: Blackwell. 325-44.

Keeble, L. and Loader, B. (eds) (2001) *Community Informatics: Shaping Computer*

Mediated Social Relations. London: Routledge.

Kendall, L. (2002) *Hanging Out in the Virtual Pub.* Berkeley: University of California Press.

Kozima, H. and Furugori, T. (1993) 'Similarity between words computed by spreading activation on an English dictionary', *Proceedings of the Sixth Conference on European Chapter of the Association for Computational Linguistics*. pp. 21-23. Retrieved October 30, 2008, from http://acl.ldc.upenn.edu/E/E93/E93-1028.pdf.

Leggatt, H. (2007, April 12) 'Spam volume to exceed legitimate emails in 2007', *BizReport: Email Marketing*. Retrieved October 30, 2008, from http://www.bizreport.com/2007/04/spam _volume_to_exceed_legitimate_emails_in_2007. html.

Lim, M.J.H., Negnevitsky, M. and Hartnett, J. (2007) 'Detecting abnormal changes in email traffic using hierarchical fuzzy systems', *Proceedings of Fuzzy Systems Conference*, 2007. *FUZZ-IEEE* 2007. IEEE International. 1-6. Retrieved October 30, 2008, from http:// ieeexplore. ieee. org/servlet/opac? punumber =4295328.

Maguitman, A.G., Menczer, F., Roinestad, H. and Vespignani, A. (2005) 'Algorithmic detection of semantic similarity', *Proceedings of 14th International Conference on World Wide Web*. Chiba, Japan, May 10-14, 2005. WWW '05. New York: ACM. pp. 107-16.

Malin, B., Airoldi, E. and Carley, K.M. (2005) 'A network analysis model for disambiguation of names in lists', *Computational and Mathematical Organization Theory*, 11 (2): 119-39.

Matsuo, Y., Hamasaki, M., Nakamura, Y., Nishimura, T., Hasida, K., Takeda, H., Mori, J., Bollegala, D. and Ishizuka, M. (2006) 'Spinning multiple social networks for semantic web', *Proceedings of the Twenty-First AAAI Conference on Artificial Intelligence*. Menlo Park, CA: AAAI Press.

Matsuo, Y., Mori, J., Hamasaki, M., Nishimura, T., Takeda, H., Hasida, K. and Ishizuka, M. (2007) 'Polyphonet: An advanced social network extraction system from

the web', *Web Semantics*, 5(4): 262-78.

McArthur, R. and Bruza, P. (2003) 'Discovery of social networks and knowledge in social networks by analysis of email utterances', *Proceedings of ECSCW 03 Workshop on Moving from Analysis to Design*. Helsinki, Finland. Retrieved October 30, 2008, from http://www. ischool. washington. edu/mcdonald/ecscw03/ papers/mcarthurecscw03-ws.pdf.

McPherson, M., Smith-Lovin, L. and Cook, J.M. (2001) 'Birds of a feather: Homophily in social networks', *Annual Reviews in Sociology*, 27(1): 415-44.

Minkov, E., Wang, R.C. and Cohen, W.W. (2005) 'Extracting personal names from email: Applying named entity recognition to informal text', *Proceedings of Human Language Technology Conference and Conference on Empirical Methods in Natural Language Processing*. Morristown, NJ: Association for Computational Linguistics. pp. 443-50.

Monge, P.R. and Contractor, N.S. (2003) *Theories of Communication Networks*. Oxford, UK: Oxford University Press.

Mori, J., Sugiyama, T. and Matsuo, Y. (2005) 'Real-world oriented information sharing using social networks', *Proceedings of the 2005 International ACM SIGGROUP Conference on Supporting Group Work*. New York: ACM. pp. 81-84.

Nadeau, D. and Sekine, S. (2007) 'A survey of named entity recognition and classification', *Linguisticae Investigationes*, 30(1): 3-26.

Nadeau, D., Turney, P. and Matwin, S. (2006) 'Unsupervised named-entity recognition: Generating gazetteers and resolving ambiguity', in J.G. Carbonell and J. Siekmann (eds), *Lecture Notes in Computer Science: Advances in Artificial Intelligence*. Berlin: Springer. pp. 266-77.

Newman, M.E.J. (2001) 'Scientific collaboration networks. I. Network construction and fundamental results', *Physical Review E*, 64 (1): 64-71.

Pedersen, T., Kulkarni, A., Angheluta, R., Kozareva, Z. and Solorio, T. (2006) 'An unsupervised language independent method of name discrimination using second order co-occurrence features', in A. Gelbukh (ed.), *Computational Linguistics and Intelligent Text Processing*. Berlin: Springer. pp. 208-22.

Phan, X.-H., Nguyen, L.-M. and Horiguchi, S. (2006) 'Personal name resolution crossover documents by a semantics-based approach', *IEICE Transactions on Information and Systems*, E89-D(2): 825-36.

Reid, E. (1995) 'Virtual worlds: Culture and imagination', in S. G. Jones (ed.), *CyberSociety: Computer-Mediated Communication and Community*. Thousand Oaks, CA: Sage. pp. 164-83.

Reuther, P. and Walter, B. (2006) 'Survey on test collections and techniques for personal name matching', *International Journal of Metadata, Semantics and Ontologies*, 1 (2): 89-99.

Reyes, P. and Tchounikine, P. (2005). 'Mining learning groups' activities in forum-type tools', *Proceedings of the 2005 Conference on Computer Support for Collaborative Learning: Learning 2005: the Next 10 Years!* Taipei, Taiwan, pp. 509-513.

Rheingold, H. (1993) *The Virtual Community*. Reading, MA: Addison-Wesley.

Rice, R. E. and Katz, J. (eds) (2001) *The Internet and Health Communication*. Thousand Oaks, CA: Sage.

Rice, R. E. (1992) 'Contexts of research on organizational computer-mediated communication', in M. Lea (ed.), *Contexts of Computer-Mediated Communication*. New York: Harvester Wheatsheaf. pp.113-44.

Rice, R.E. (1993) 'Using network concepts to clarify sources and mechanisms of social influence', in G. Barnett and J. W. Richards (eds). *Advances in Communication Network Analysis*. Norwood, NJ: Ablex. pp. 42-52.

Rice, R. E. (1994) 'Network analysis and computer-mediated communication systems', in S. Wasserman and J. Galaskiewicz (eds), *Advances in Social Network Analysis*. Thousand Oaks, CA: Sage. pp. 167-203.

Rice, R. E. (2002) 'Primary issues in Internet use: Access, civic and community involvement, and social interaction and expression', in L. Lievrouw and S. Livingstone (eds), *Handbook of New Media*. London, UK: Sage. pp. 105-29.

Schement, J.R. and Curtis, T. (1997) *Tendencies and Tensions of the Information Age: The Production and Distribution of Information in the United States*. Piscataway, NJ: Transaction Publishers.

Scott, P.B. (2005) 'Knowledge workers: Social, task and semantic network analysis', *Corporate Communications*, 10(3): 257-21.

Smith, C.B., McLaughlin, M.L. and Osborne, K. K. (1996) 'Conduct control on Usenet', *JCMC*, 2(4). Retrieved March 21, 2009, from http://jcmc. indiana. edu/vol2/issue4/smith. html.

Smith, M. A. (1999) 'Invisible crowds in cyberspace', in M. A. Smith and P. Kollock (eds), *Communities in Cyberspace*. London: Routledge. pp. 195-219.

Sproull, L. and Kiesler, S. (1991) *Connections*. Cambridge, MA: MIT Press.

Stefanone, M.A. and Gay, G. (2008) 'Structural reproduction of social networks in computer-mediated communication forums', *Behaviour and Information Technology*, 27(2): 97-106.

Sudweeks, F. McLaughlin, M.L. and Rafaeli, S. (eds) (1998) *Network and Netplay*. Cambridge, MA: MIT Press.

Sweeney, L. (2004) 'Finding lists of people on the Web', *Computer Science Technical Report CMU-CS-03-168*.

Carnegie Mellon University, Pittsburg, PA. Retrieved October 30, 2008, from http://reports-archive. adm. cs. cmu. edu/anon/2003/CMU-CS-03-168.pdf.

Technorati (2008) 'State of the Blogosphere', Retrieved October 30, 2008, from http://technorati.com/blogging/state-of-the-blogosphere/.

Uzuner, O., Luo, Y. and Szolovits, P. (2007) 'Evaluating the state-of-the-art in automatic de-identification', *Journal of the American Medical Information Association*, 14(5): 550-63.

Wellman, B. (ed.) (1999) *Networks in the Global*

Village. Boulder, CO: Westview Press.

Wellman, B. (2001) 'Computer networks as social networks', *Science*, 293 (5537): 2031-34.

Wellman, B. and Haythornthwaite, C. (eds) (2002) *The Internet in Everyday Life*. Oxford, UK: Blackwell.

Wellman, B., Salaff, J., Dimitrova, D., Garton, L., Gulia, M. and Haythornthwaite, C. (1996) 'Computer networks as social networks', *Annual Review of Sociology*, 22: 213-38.

White, H. D., Wellman, B. and Nazer, N. (2004) 'Does citation reflect social structure?', *Journal of the American Society for Information Science and Technology*, 55 (2): 111-26.

'Who owns your email?' (2005, January 11) *BBC NEWS*. Retrieved November 1, 2008, from http://news.bbc.co.uk/go/pr/fr/-/2/hi/uk_news/magazine/4164669.stm.

Wikipedia (2008) 'Usenet,' Retrieved October 30, 2008, from http://en.wikipedia.org/wiki/USENET.

Yang, X., Su, J., Lang, J., Tan, C.L., Liu, T. and Li, S. (2008) 'An entity-mention model for coreference resolution with inductive logic programming', *Proceedings of the 46th Annual Meeting of the Association for Computational Linguistics*. Morristown, NJ: ACL. pp. 843-51.

企业精英和企业间网络 **13**

CORPORATE ELITES AND INTERCORPORATE NETWORKS

⊙ 威廉·K.卡罗尔(William K. Carroll)　　J.P. 萨宾斯基(J.P. Sapinski)

引　言

　　尽管从 1970 年代才开始对商业权力的社会组织进行系统性的网络分析,但学者们对公司及其管理者形成的企业精英与企业间网络的关系研究却已有 100 多年的历史了。Otto Jeidels(1905)对德国银行与企业之间关系的研究,是首项值得称道的此类研究。其结果发现,在六个最大的银行和企业之间存在 1 350 个连锁董事。他将连锁网与"由集中化引起,并被 1900 年开始的经济危机所发动的德国工业发展中的一个新阶段联系起来了"(Fennema and Schijf,1978:298)。本章回顾了自 Jeidels 来的经验研究,重点关注 1970 年代以来的时期,因为从 1970 年代开始,社会科学家就转向了网络分析并将其作为表述精英和企业之间关系结构的主要手段。

　　首先介绍一些术语。将企业及其管理者连接起来的网络称为"2-模"或"隶属"网络(参见 Borgatti,本书):它包含两类节点(管理者和企业),连线只存在于一类节点与另一类节点之间。当一个人同时在两个董事会任职时,则称他(她)为占据两个公司的**连锁董事**(interlocking directorships)。这也意味着两个公司连锁的董事在管理层面将企业联系起来。对于个体来说,连锁董事可以参与多个企业的治理,以增强企业的交往、影响和声望。对于企业来说,连锁董事将两个董事会联系在一起,可以使公司在连锁群体内调整经营策略。在董事与其所处的董事会的网络中存在着**二元性**(duality)(Breiger,1974),它反映在本章的标题中。这些隶属网络同时将个人和大企业连接起来,可以在任一层次上进行有效分析。这样,对这些网络的研究就与很多问题相关,包括经济组织和资产主义的阶级结构(Scott,1985:2)。

　　大企业被董事会控制,董事会是股东在年会上基于"一股一票"(one share, one vote)的原则选举出来的。这种选举制度有利于大股东,不论股票持有者是个人、其他企业，还是机构投资者。每个企业的董事通常由内部决策者（局内人）和外部管理者组成，后者一般不占据公司的高管职位。拥有大企业连锁董事职位的个人包括那些仅拥有外部董事职位的人以及原则上附属于该公司的高管。无论是哪种情况，"他们的董事职位都贯穿于经济运行中，形成了企业或商业精英"（Scott，1991：182）。然而，精英不仅是一群占优势的个体，更是"在支配结构中占据最有权力位置的那些人"（Scott，2008：33）。由于等级组织受大股东、高管，或者两者之组合的控制，大企业就会最代表支配结构。然而，企业精英与资产阶级不同，尽管前者在其协作机构中是"有组织的少数"（organized minority）（Brownlee，2005），但是他们也许是后者的"先导"。Scott（2008：37）指出，"经济精英"是"组织内部的一群人，他们在商业组织中占据支配位置，在特定的环境下，他们也许拥有某些额外获得的权力"。连锁者在创造或反映这些情境方面起着重要的作用。正如连锁董事为一群或多或少有紧密联系的企业精英提供了基础一样，连锁董事会在公司之间创建联系，使这些公司结合成一个企业间网络。

　　当然，情况并不总是如此。尽管精英与统治阶级已经存在数千年，但是企业精英和企业间网络却是发达资本主义的产物。只向前回溯一个世纪左右的时间，就到了19世纪末和20世纪初的合并运动。这一运动在世界资本主义的核心区域创造了今天的大企业或其继承者（Stanworth and Giddens，1975）。Jeidels（1905）的开创性工作着重研究了伴随行业合并这一新阶段而出现的德国企业与银行之间的连锁董事网。Rudolf Hilferding（1981［1910］）提出了金融资本（finance capital）概念，用它来反映货币资本与工业资本之间的共生关系（symbiotic relation），这为新的权力结构提供了理论思维。一方面，银行需要渠道以投资其累积的资本；另一方面，工业的生产规模已经达到只有最大的银行才能够提供充足资金的程度。一个小圈子的金融资本家控制着系统的整合与协调，这些资本家所属的企业将银行与顶级工业企业链接起来。在美国，最先提到连锁董事会（interlocking directorates）一词的是普约委员会（Pujo committee）——1912年成立的一项国会调查机构，其目的是解决渐受关注的银行权力系统削弱企业竞争力的问题（Scott，1997：106）。1930年代，Paul Sweezy主持了另一项研究，他考察了企业所有权的基础、它们的连锁董事会以及大银行对其施加的控制。Sweezy（1953：166-67）首次描绘了美国经济中200个最大企业和50家最大银行中的若干利益集团。

　　C. White Mills（1956）的权力精英理论对权力集中有另一种表述。该表述也出现在加拿大社会学家John Porter（1955，1957）的著作中。Mills和Porter都将社会网络更多看成是隐喻而非完善的研究方法。Mills认为，在企业的高层领导和非常富有的人当中，公司连锁创生出了一群精英，这群精英由于特殊的财产利益而自发形成。这些连锁者与股东一起（股东的投资扩展到许多领域）开始拥有超越特殊财产利益的阶级利益（Mills，1956：123）。连锁为这些精英交换观点提供了可能，将有产阶级的观点和政策统一在一起，从而达到巩固企业的目的（同上）。Mills关注经济权力集中对民主的威胁，Porter对此深表赞同。他对加拿大连锁现象的研究表明,银行与工业企业之间有强关系,银行家要么站在工业董事会一边,要么反过来(Porter,1956:211)。G. William Domhoff(1967)的经典著作也更视社会网络为一种隐喻而非方法。他对权力结构的兴趣使他强调精英网络在创建统一性方面所发挥的作用。Domhoff 的主要贡献在于,他将连锁分析扩展到组织中——这些组织是商业协会、政策论坛、智囊团等政策计划过程的一部分(参见 Bond and Harrigan,本书)。

权力结构研究和转向网络分析

基础性工作是在 1950 年代和 1960 年代进行的,"权力结构研究"则开始于1970 年代(Domhoff,1980)。该时期的美国学者出现了另外一种视角来对经济和政治权力进行多元解读。争论主要围绕企业精英的联合和凝聚力问题展开。多元主义立场认为,市场竞争会阻碍精英联合,而结构主义研究者则通过网络分析表明存在着精英的凝聚力,认为政治行动是有能力的。

在个体管理者层面,有研究发现,共同参与公民与政治组织(社会俱乐部、基金会、大学、商会和论坛)和企业董事会促进了社会凝聚(Domhoff,1974;Koenig and Gogel,1981;Moore,1979)。权力结构研究表明,个体管理者可通过多种路径联系,可以见面、交换意见、讨论经济和政治问题。Useem(1978,1984)将企业连锁的"内部圈子"认定为资产阶级的"主导力量",它包括多个公司的管理者(他们比单个公司的管理者拥有更多的财富,与金融机构有更多的联系,同时显示出高度的社会凝聚力和政治影响力)(Useem,1978)。此外,精英凝聚力还显示出履历深度(biographical depth)。英国的研究表明,大部分企业管理者都在特权和财富继承方面具有相似的背景,精英的教育和社会背景在 20 世纪变得越来越具有同质性(Stanworth and Giddens,1975;Whitley,1974)。Domhoff(1974)对群体动力学的实验研究表明,亲近性与面对面的沟通可以增强群体凝聚力,这反过来又有助于在解决问题时能达成一致。对于权力结构研究者来说,连接企业管理者的大规模网络能够促进共同世界观的形式(Koenig and Gogel,1981)。该网络层面建立在因教育和社会背景相似而生成的个体网层面之上,为精英达成共识和建立协调的政治机构提供了基础(参见 Bond and Harrigan,本书)。

权力结构研究者的发现也对管理主义者的立场提出了挑战,后者看到现代企业在演化过程中所有权与控制权的分离。由于所有权分散在许多小股东手中,公司的控制权就被认为是转移到了利益无关的经理人手中(Berle and Means,1932)。果真如此的话,企业管理者和连锁者都将只不过是一种修饰,与经济权力无关(Koenig et al.,1979)。权力结构研究者在许多方面向管理主义提出了质疑。从企业层面上,Zeitlin(1974)分析的所有权关系结构显示,在大多数情况下,企业的个人持股已被银行和保险公司持股所替代,这有利于后者而不是

181

经理人跃至控制地位。从个体层面来看,Pfeffer(1987)认为,经理人的目标与其组织目标是联系在一起的,尤其是在企业中,高层管理者直接从其所持有股份的公司盈利中获益。

在反对多元论和管理主义的过程中,这些研究证明了企业不可能被孤立看待。企业通过连锁董事会和其他关系嵌入更广泛的权力系统中。这些多层关系形塑着企业决策和政策。权力结构研究的成就是形成了"聚合"方法,它超越了古典精英分析、多元政治科学和管理主义等。这些前网络分析法研究的是分析单位(个体或企业)的属性,默认分析单位具有自主性的假定,但是并未系统地考察它们之间的关系结构。与之相对,网络分析则注重分析单位之间的关系,以及分析单位本身(无论是管理者还是企业)以什么方式受到其在互联系统中所处位置的形塑(Berkowitz,1980)。

到1978年,文献资料已经足够丰富了,以至于Fennema与Schijf才能在其权威性的评述中就发达资本主义社会中连锁网的范围和架构进行这样的总结性论述:

> 在任何情况下,金融机构、银行和保险公司都在连锁董事会中处于中心位置。另一个普遍性的结果是,到目前为止,所有研究中,几乎全部的公司都直接或间接地与其他公司有联系(第327页)。

连锁研究中的争论

自1970年代始,随着对连锁的网络分析的不断发展,该领域的内部之争激烈起来。Scott(1985)在两个维度上对连锁研究的路数进行了分类:第一个维度是代理人-系统维度(agent-system);第二个维度是组织-个人维度。两个维度交叉形成四种路数(见表13.1)。以代理人为中心的路数大多对应于上文回顾的前网络研究视角。连锁关注组织代理人,这是公司的一种特征,这种特征与公司的表现和盈利有统计相关性。这种观点不仅从对权力问题的关注中转移出来,它也没有看到一个公司的目标和决策是受到与其有互依关系的其他公司的影响的(Pfeffer,1987)。连锁如果关注个体代理人,便具有个人特征,并与其他个人特征(如财富、教育、阶级背景和组织成员身份)有联系(参见Domhoff,1967,1974;Whitley,1974)。将管理者之间的社会关系仅简化为个人属性,就会失去实际关联系统的信息,而正是该系统构成了精英社会(Scott,1985:4)。

表13.1　连锁研究的路数(公司权力网,John Scott)

	代理人	系　统
个体	社会背景	阶级凝聚
公司	组织性的	公司之间

资料来源:Scott(1985:3)

1980 年代出现的争论主要发生在结构和系统层面上,它是在两种路数之间展开的,一方面是组织之间的研究路数;另一方面是"阶级霸权"的研究路数,它强调连锁对统治阶级的主要领导者的整合作用。前一种路数沿着两条路径发展。一些学者将企业看成是正式组织,将企业网络看成是组织间领域（Breiger,1974;Palmer,1987),从正式组织社会学中引入观点。正如 Allen(1974)所言,组织努力解决的连锁问题是降低其他组织指派精英所导致的环境不确定性。在 Pfeffer(1987)看来,当组织连锁时,设计的政策和决策即可应对这种不确定性,以确保从其他组织中获取必要的资源（参见 Pennings,1980）。问题是,组织规则如何在企业间网络中起作用? 尽管正式组织分析视角可以为该问题提供洞见,但是在将企业纳入更广泛的正式组织类别的时候,作为发达资本主义的关键制度却失去了其专属性(specificity)。阶级、权力、资本积累的问题还没有引起组织间研究者的关注,尽管这些问题可证明是该研究领域的核心（有关组织间网络研究的回顾,参见 Krackhardt,本书 ）。

其他研究者持一种**企业间**观点。在这种观点看来,连锁是资本积累与控制的工具性手段。早期的研究者采用的就是这种观点,他们通常隶属于老左派,其研究基础是 Hilferding 的如下观点:金融资本是资本的金融形式与工业形式的结合,将处于权力结构内部中心地位的大银行分割成联盟企业的"金融集团"（Aaronovitch,1961;Menshikov,1969;Park and Park,1973［1962］;Perlo,1957;Rochester,1936）。Mintz and Schwartz(1985)用这种视角研究了 1960 年代美国的商业权力结构。他们观察到,"大投资产生共同的结局:借贷双方都严重依赖于资本的成功运作"（1985:183）,他们控制了资本流动,分析银行如何形塑工业结构,把资本引向利益最大、前景最佳的投资渠道。在这种金融霸权系统中,最大的银行是"阶级控制经济的工具"（1985:254）,银行在连锁网络中的核心地位反映出银行扮演阶级内部竞争的调解者的霸权角色,以满足金融资本家的需要。在这种论述中,以银行为中心的连锁为组织层面上实施的金融霸权提供了必需的信息:它们在商业社群的各个部门进行广泛的审查。但是在个体层面,这种连锁是有助于建构金融资本家的精英集团的:它是"一个由多位管理者构成的具有凝聚力的群体,他们通过共享的背景、友谊网络、经济利益而联系在一起,这些精英作为总资本的代表,通常任职于银行委员会"（1985:254）。

最后,阶级霸权视角将企业视为"阶级控制的腾挪工具单位"(units in a class controlled apparatus of appropriation)(Soref and Zeitlin,1987:58)。根据这种观点,决策发生在更广泛的由统治阶级的个体成员（而不是组织）所构成的网络中,成员的特定利益不在于个别企业,而在于控制集团（家族或金融集团）,其普遍的阶级利益通过将外部管理者的多重弱关系关联起来而得以强化。这些分析关注的是作为上层阶级成员的个体管理者;关注内部的阶级结构,包括资产阶级工业与金融部门之间的关系;关注公司是如何通过个别董事会成员或企业和家庭所有权而联系在一起的。连锁关系被认为是阶级凝聚的表现,让最富有的家庭中的潜在矛盾性利益（金融、工业、商业）整合在一起,使这些家庭的投资延伸到了不同的领域(Soref and Zeitlin,1987:60)。从阶级霸权的视角看,连锁关系是个体管理者之间的交流渠道,在他们中间促生的共同的世界观(Koenig and Gogel,1981),使连锁关系的"内部圈子"获得广泛的资源基础,基于此可在商业圈内外施加其霸权(Useem,1978)。

以代理人为中心的路数及"聚合式"的路数来研究企业精英和企业间网络有其局限性,以系统为中心的路数可以打破这种局限(Berkowitz,1980)。这些路数考虑到了企业与管理人有嵌入性特征,将权力结构描绘为一种形式,精英者个体和资本主义企业可以在这种形式中追求特殊目标。这通常也会有助于广泛的阶级利益,就像投资资本的分配和阶级霸权的巩固一样。许多学者强调这些方法的互补性(Koenig and Gogel,1981;Scott,1985;Stokman et al.,1988)。在组合二者的过程中,他们把公司连锁描述为如下两类"权力踪迹"(traces of power)(Helmers et al.,1975,引自 Fennema and Schijf,1978):与资本积累有关的工具性权力和与阶级霸权有关的表达性权力(Carroll,2004;Sonquist and Koenig,1975)。

183 这也提出了一个关键性问题,Mark Mizruchi 将其简洁地表述为:连锁干什么?

连锁干什么?

Mizruchi(1996)回顾了大量的研究文献,考察了企业连锁的原因和结果。他关注这种关系的局部的而非系统的意义,他既关注企业层面的也关注个体层面的因素。例如,创建的连锁可以被当作吸纳或监控的机制,正如银行将一名高管派到其客户的董事会中一样,公司也许会邀请有声望的管理者加盟到董事会中,以提高他们自己的声望和交往。同时,个体决定的连锁可服务于多个董事会,它会受到职位所具有的声望、报酬、运用个人关系的可能性等因素的影响(Mizruchi,1996:277)。任何一种解释都只能解释全部连锁中的一个子集(Mizruchi,1996:274);因此,一个既定连锁的准确意义高度依赖于其情境。

在这一点上,Scott(1991:184)观察到,"企业间网络中的权力至少基于三种不同的企业间关系:个人的、资本的和商业的"。这个洞察抓住了问题的实质。商业关系简单地说就是买卖双方的交易关系,但是个人关系和资本关系却是围绕企业的主要控制关系。个人关系包括连锁董事及亲友关系。资本关系"是代理商之间的关系,它源于持股,源于贷款的发放与代扣"(第184页)。虽然连锁网络为公司企业的社会组织打开了一扇窗,但是该网络仅包括多层结构中的一类关系。在将连锁解码为"权力路径"的时候,特别重要的意义在于由金融资本概念所强调的趋势,即连锁董事通过资本关系得到加固(Scott,2003:159)。这些资本关系包括不同情境中的企业间产权(intercorporate ownership)、多家公司的家族控制、机构持股和信用关系。银行就是通过这些向面对面的借款人行使分配权力的。

比较的视角与全球连锁网

到 1980 年代,以美国为中心出现了大量的经验研究,在有关企业间网络结构和企业精英方面产生了很多精细的洞见。然而,这里还是缺乏一种能够扩展并深化知识的比较-历史观。它超越了默认的美国就是规范的假定。正是在这个背景下,John Scott(1985)出版了《企业、阶级与资本主义》的第二版,概要地强调了发达资本主义国家 20 世纪晚期在企业制度上所采取的不同路径,以及这些差异对于网络结构的含义。同一年,一个国际研究小组比较了 10 个国家(美国和其他 9 个欧洲国家)的企业间网络结构,出版了《企业权力网络》(*Networks of Corporate Power*)(Stokman et al.,1985)一书。自 Jeidels 以来,许多研究者对不同国家中的企业连锁都采取了结构分析,尤其是荷兰的研究人员大大地推进了这一研究(参见 Fennema and Schijf,1978),而且,这些研究开始拓宽连锁研究的关注点,同时开始进行系统性的跨国比较。

Hilferding 分析了德国的银行控制,Mintz 和 Schwartz 对美国企业网络中的金融霸权进行了研究。根据诸如此类的研究范例,Scott(1985,1987)提出,强化连锁网络的资本关系内含着两种形式的权力:金融机构通过集中股份对特定的公司实行的战略性控制和对资本流动的配置性权力。不同的经济发展模式和企业规则在国家商业系统和网络中产生出这些形式的经济权力的不同构型(参见 Whitley,1999)。在德国,这些权力形式在大的"全能"银行(universal banks)中相互交叉,形成"寡头银行霸权"(oligarchic bank hegemony)网络,其中银行既主导资金分配又实施控制。在战后的日本,战略权力和配置权力在不同的、以银行为中心的企业集团中被联合起来,这些企业集团成员拥有对方的大量股份。在法国、比利时和意大利有一种"拉丁模型",它围绕竞争性的持有大量股份的公司而组建起来,透露出"一种颗粒状的、群体结构化的经济形态"与网络(Scott,1985:136)。英国、美国有"多头金融霸权"(polyarchic financial hegemony)系统,它在大萧条后开始成型,在第二次世界大战后的繁荣阶段得以巩固。其中,大的金融机构拥有与工业企业相反的强有力的配置性地位,而一些机构投资者(如保险基金)拥有的大量股票使他们具有"聚集利益"的集体性功能,拥有对企业的管理施加限制性的战略权力。英、美系统的"多头政治"特点是连锁网络聚在大银行与保险公司周围,很少乃至没有将网络分割成离散的金融集团(Scott,1985:129-260)。在所有的发达资本主义国家,伴随着去个人化的机构性投资的持续增长, 184 Scott 看到了"一种结构松散的、朝向银行霸权的共同移动"(第 227 页)。

在这些最初研究之后,便形成了比较研究的潮流,到 Scott(1997)出版其完全重写的纲要时,他不仅对早期的不同模式类型加以精练,还增加了东欧的共谋商业组织(collusive business organization)的"后共产主义模式"和基于兄弟继承的企业合作的"中国模式"。更近期的比较研究包括 Maclean 等(2006)对法国和英国的商界精英和企业治理的研究,该研究将英国的稀薄网与法国企业中广泛介入的富豪家族与国家进行了对比。依据布迪厄式(Bourdieusian)的场域分析,这些作者研究的是"这样的社会实在,即权力在这两个国家中是如何使用、引导、受限的"(2006:164)。尽管在两个国家中,精英网络的主流媒介都服务于慈善机构、商业协会、公共机构等董事会,但是法国精英偏向于为商业协会服务,而英国精英主要涉足艺术、运动和私人俱乐部。Maclean 等人认为,"交往多的个体为什么会被指定为管理者,并能导致海峡两岸的两国商业精英都有着自我延续的凝聚力,这是有着强有力的、逻辑上的经济原因的"(2006:191)。Paul Windolf(2002)对欧洲和美国连锁网络的研究也值得关注,不仅是因为他对于发达资本主义的大型商业组织有更细致的研究,还因为他关注东欧的后社会主义网络。Windolf 分析了前民主德国被西德资产阶级的经济吞并——这一东德企业网络的形成过程"在法律上和经济上依赖于西方利益"(2002:163)——并提出了一个更大的问题,即在全球化世界中,企业权力是如何在世界资本主义的半边缘地带建构起来的。

作为回应,Ilya Okhmatovskiy(2005)对俄罗斯连锁网络的研究证实,在核心国家中发现的金融霸权的主导模式存在着富有启发的逆转。俄罗斯银行曾经是将公共资产转变为资本的先行者,1998 年的金融危机之后,这些银行却无法获得外国资金,甚至不能汇聚谨慎户主的储蓄金。他们将重心转向大型工业公司,这些公司的资源出口形成很大的、银行可以依赖的资金蓄水池。这项研究支持了将金融资本的概念作为金融形式与工业形式资本的整合,同时表明了当金融机构变弱时,少数几家工业公司是怎样扮演了金融-工业集团的协调性核心的(2005:452)。Yun Tae Kim(2007)关注韩国的个体管理者,他详尽地探讨了在将主要的财阀结合成一个具有凝聚力的企业精英群体时,异族婚姻网、相同的教育背景和排他性的社会组织等是如何发挥作用的。这些精英与政府官员、政治家和军队精英有广泛的联系。尽管 Kin 发现,企业精英很少直接参与政党和政权,但是冗余的非正式关系"不仅为财阀提供了沟通渠道,也为财阀制定政策提供了显著的权力和影响力"(2007:34)。

如果诸如此类的研究表明,半边缘国家移向非个人财产和多头政治的经济霸权还不是那么发达的话,那么始于 1980 年代的其他政治经济转变,则给核心国家的商业组织的主导模式带来了变化。资本国际化的长期趋势表现为跨国企业和金融市场的形式,与国家组织的资本主义有关联的累积性危机为脱离管制的新自由主义政策提供了有利的空间,并在全球化对结构产生日益可视的影响的情境中实施,同时发挥着企业权力的功能。Scott(1997:252)认为,伴随新自由主义的全球化,国家核心经济的脱节导致国家连锁网络的脱节。从 1976 年到1996 年,一项关于加拿大网络变迁的研究的确发现,关系在整体上变弱,同时也发现以加拿大为基地的跨国公司(包括工业公司和金融公司)有一种趋势,即它们更居于网络的核心。网络变得稀疏主要是因为,在激烈的国际竞争压力下,1995 年以后,商业社群内部进行了企业治理改革,改革既强化了股东的权利,又防止了企业发生进一步丑闻(Carroll,2002a:367)。

事实上,自由政策使公司企业易于遭受安然公司式(Enron-style)的丑闻,也使企业资本主义易遭受经济危机。受此警示,在 1990 年代,机构投资者带头开展治理改革运动,1998 年,该运动受到经济合作与发展组织(Organization for Economic Cooperation and Development)的拥护。这些改革的推进会使企业董事会更加高效、更加可靠地为股东创造价值,在多头政治的金融霸权系统中,权力最大的股东是机构投资者。这些目标为企业董事会提出了规范性的理想:董事会应该独立于高层领导,不受股东以外的利益的影响,规模小而效率高,由高绩效、目标性更强的董事构成,并且这些董事直接参与决策的制定过程(Carroll,2004:34; Maclean et al.,2006:213)。治理改革重新塑造了企业精英的结构。改革鼓励企业以提高效率的名义削减董事会的规模;限制董事目前应该保持的职位数;削弱不持股债权人(通常是银行)和债务人之间连锁的基础;以纳贤方式招聘,向更多的女性和少数族群人士开放董事会职位(Carroll,2004)。在进行剧烈改革的国家中[但是法国和其他地区的改革相对少些(Maclean et al.,2006:257)],其结果是促成了连锁网络的弱化(因为精简的董事会只由少数几个"强关系者"构成),银行中心地位的弱化,从家长制稍许转向多元文化的董事会构成;同时,造成"老顽童网"(old boys networks)的式微,该网络曾经是企业精英的内核(参见 Carroll,2004; Davis and Mizruchi,1999;Heemskerk,2007;Zweigenhaft and Domhoff,1998)。

同时,随着企业的全球化,企业组织的网络分析也变得全球化。形成这种分析流派的关键问题有:(1)基于不同国家的公司之间的跨国连锁是否正在加强,而国家内部的国内连锁是否在减弱;(2)跨国连锁的空间如何分布。这些问题(稍后将探讨第二个问题)对于理解**全球**企业间网络和**全球**企业精英来说至关重要。

Fennema(1982)最早尝试分析了跨国企业间网络。他描绘了 1973—1974 年国际性大萧条前后的网络,记录了欧洲与北美的稳定联系,但是他发现,战后资本主义的核心地带很少与外部有联系。作为十国研究(Stokman et al.,1985)的一部分,Fennema and Schijf(1985)用更为深入的网络分析澄清了 1976 年的欧-美网络只是松散地连接了两大洲,大部分的连接是通过英国,但是某些一对对的欧洲国家(特别是德国/荷兰、比利时/法国)之间的联系却十分频繁。

时隔 17 年,Carroll and Fennema(2002)重拾此路,分析了 Fennema(1982)的 1976 年的网络数据,并与 1996 年的数据作比较。他们的报告称,随着国家网络的维持,跨国连锁只有中等的增长。这表明国家的企业-精英组织模式的再生产有强路径依赖性,这也是 Scott(1997)所观察到的。Kentor and Jang(2004)声称,在 1983 年到 1998 年的跨国连锁有极为显著的增长;然而,其资料的有效性受到质疑(Carroll and Fennema,2004)。无论情况怎样,在最近的十年中(1996—2006),研究者对世界 500 强企业的研究发现,跨国连锁在增加,本国网络在减弱,在日本更是如此,其大企业在 1990 年代的编制人数锐减。跨国企业相互联系紧密,与各类国家部门之间也有很强的联系;因此"在全球企业精英的内核中,跨国网络者和本国网络者在很大程度上相融合,'国家'空间和'跨国'交叉,同时,无论共同利益是如何形成的,都可能将'国家的'和'跨国的'的关系混在一起"(Carroll,2009:308)。

关键问题

在过去几十年间,研究者用一种折中的技术组合来描述不同规模和不同时期的企业网络。在本节中,我们考察这些研究如何解决了四个分析性的问题:企业网络的二元性、时间问题、空间问题以及连锁董事与资本关系之间的关系。

连锁网络的二元性

如上文所述,可以将连锁网络作为构成企业精英的董事人际网或者作为企业间的构型进行富有成效的分析。尽管这两种路数都关注社会组织问题,但是每种路数仅能揭示二元结构内部的一个方面(Breiger,1974),它既不能简化为董事精英,也不能简化为缺乏个性的企业网络(Carroll,1984:249)。研究中存在的挑战在于,如何设计一些方法将连锁网表示成既有个体董事又有其所领导的企业的构型。

有一种路数用两种并行的分析来考察网络,一方面是董事人际网通过共同隶属的企业而彼此相连;另一方面是连锁董事的企业间网络。Bearden 和 Mintz(1987:204)将这种策略运用到美国网络,研究发现,"企业与董事网之间的结构有相似性",都具有区域性组织,机构利益与阶级利益在合并,大连锁者在两个层面上都发挥整合作用;同时,银行董事会在董事网和企业网中都充当关键性节点。Davis 和同事(2003)在其关于 1982 与 1999 年间美国企业网络变化的小世界研究中,也进行了类似的分析。尽管人际网和企业间网络的平均交往程度都有所降低,但是在这两个层面上的结构仍然是小世界,其中的原因是关键董事会和关键董事有整合性影响:其关系跨越不同集群的节点而创造了捷径,缩短了网络的社会空间。尽管高度一致的关联性降低了董事会连锁,研究者仍断言,企业精英的小世界也许很少来自诸如私立学校、商业银行这样的精英机构,而是更多地来自一种简单的倾向,即董事会愿意招聘关系丰富的董事,而董事更愿意供职于具有良好链接关系的董事会(第322页)。

另一种办法是,将这两个层面都视为对人际网络的一种分析,只要将董事作为情境变量,赋予其主要隶属的公司的属性即可。Carroll(1984)将这种方法运用到加拿大的网络研究中,他发现,在加拿大,受控的工业公司和金融公司在董事网络的中心及其主要的派系中都被过分地表达了。这些派系实质上是围绕着公司间的所有权关系而组建的,这支持了以下结论,即加拿大的企业权力结构是围绕着"拥有并管理超级金融资本企业集团的连锁资本家群体"而建的(第265页)。

研究者也可以将企业隶属关系作为 2-模网来分析,这样便直接处理了二元性问题,同时保留了两个层面。Levine 和 Roy(1979)用"橡胶带"(rubber-band)模型开创了这种方法,他们对一组弹性的董事会隶属关系中的董事和企业同时进行聚类。这种方法只局限于在相对小的企业网络中使用,但是若把这种方法应用于分析特定的企业帝国,它就非常具有启发意义。正如 Carroll 和 Lewis(1991)的案例研究所表明的那样。他们研究了布拉斯甘企业集团(Brascan enterprise group),在加拿大有 14 家大企业受控或附属于布拉斯甘投资有限公司,1986 年该集团包含了其中两个或者多个企业的 56 名董事。

最近,Alexander 利用 1976 年和 1996 年的数据,采用精致的 2-模分析研究了澳大利亚董事的董事会网络。依据 Faust 和 Wasserman(1993)的思路,Alexander(2003:235)认为,人际间网络和企业间网络都有共同的**基础结构**,即"在隶属网络中全部连锁者/网络者成员都有特定的子集",这为网络关联性提供了资源。这种成员关系模式同时塑造了网络的两个层面。例如,如果董事倾向于聚在相同的董事会中,正如围绕企业集团建立起来的构型一样,那么这种网络将包含大量的冗余,即在一个"紧致"的连锁系统中,相同的董事连接着相同的董事会,这将阻碍关系在人际网络中的扩展。在澳大利亚的例子中,尽管从 1976 年到 1996年,企业间关系的密度只略有增加,但是基础结构中的冗余则有实质性的降低,这创造了更多的网络资源,增加了人际网络的密度,将更多的董事会吸引到支配性的成分中。

时间性与网络动力学

企业间网络和企业精英出现并广泛存在于历史之中,研究者使用各种模型和设计来探索这些构型的时间性。最基本的纵向研究设计是在两个时点上描绘网络结构,从社会和历史进程的视角说明其连续性和变迁的模式。人们知道这些模式发生在过渡阶段,就像 Allen(1974)对 1935 年和 1970 年间的美国企业间网络作比较一样。一种更加缜密的纵向设计涉及 3 个或多个观察点。Bunting 和 Barbour(1971)分析了 207 家美国公司之间的连锁董事,跨度涉及 1896 年到 1964年的 6 个时间点。他们得出的报告认为,自 1905 年以后,部门内和部门间的联系密度都下降了,他们将这种情况归因为反垄断法案的引入。Stanworth 和 Giddens(1975)研究了自 1906 年至 1970 年的 7 个时间点的英国网络,他们也发现,公司的集中程度在增加,公司之间的关联数也在增加;他们还注意到,自从 20 世纪初期以来,英国 50 强企业逐渐向城市银行靠近。在一项对 1900 年到 1930 年的加拿大企业的研究中,Gilles Piédalue(1976)复制了 Jeidels(1905)的滚雪球抽样方法,该研究包含四个观察点。和 Jeidels 一样,Gilles 的研究也从大银行入手,包括与银行共享董事的企业或者与银行连锁的公司。他的研究表明,网络在显著扩张,尤其是在第一个 10 年里,连锁程度也在增加。Mark Mizruchi(1982)延续Bunting 和 Barbour 的思路,研究了从 1904 年到 1974 年的七个时间点上的美国网络,发现了一个由摩根公司(JP Morgan & Co.)主导的大公司集群,自 1919 年后,这个公司集群分化为以银行为中心的若干派系,大多数企业都处在多个派系的边界处。近来,Barnes 和 Ritter(2001)在 1962 年到 1995 年的四个时间点上追踪了美国企业网络由强到弱的现象；Barnes(2005)使用了相同的数据,但研究的是人际网络,基于此探索了美国企业精英小世界的多元维度。通过评估企业额外增加的附属关系在多大程度上降低了董事之间的平均捷径距离,Barnes 证明了文化联系在减少(如与博物馆和交响音乐会的联系),但是精英隶属对政策制定组织所起的整合作用却稳定增加。与 Useem(1984)的研究结论相一致,这些趋势表明,企业精英不太关注如何维持社交关系或公民关系,而是更倾向于政治动员(参见 Carroll,2004；Murray,2006)。

尽管连续的横剖面数据能让研究者准确地指出主要的结构性变化何时会发生,但是它们不能为探究变迁的动力提供更多的基础。有了面板设计,就可能既分析最大企业集团在构成上的变迁,又探究它们之间关系结构的变化。对于加拿大的企业构成网络来说,在 30 多年的时间里,尽管董事会的构成有所变化(1946—1976 年),但排名一直在前 100 强的公司始终保留着多董事的连锁设置,Carroll(1986)分析了加拿大网络中的企业构成成分以及它们之间关系上的转变,这一分析将这种多董事的连锁设置隔离成为稳定的核心。正是围绕着这一稳定的内核出现了重要的结构性变迁,即不同的积累和企业重组率导致公司进入或退出百强企业之列,伴随着企业改组,连锁关系要么出现,要么消失。面板设计也被用于评估网络参数的稳定性,正如 Mariolis 和 Jones(1982)对美国企业网络所作的相对中心度研究所发现的那样,在 1962、1964 和 1966 年,这种相对中心度是极其稳定的,这与将连锁解释为权力、互依和沟通的指标是一致的。

Helmers 等(1975,引自 Fennema and Schijf,1978:324-25)的奠基性研究表明,在 1960 年代的荷兰,金融机构和工业企业之间的连锁关系在董事退休、辞职或死亡之后极有可能被修复;受此启发,一些研究将破裂关系的修复作为将两家关联公司之间连锁的重要性的一个指标。Ornstein(1984)发现,在第二次世界大战后的第一个 30 年里,加拿大的大企业中有 5 354 条连锁关系在某一点上破裂,其中有 30%的关系得以修复,但是修复的比例因部门不同而异。一个连锁公司中的董事所承担的连锁关系,以及作为多个连锁关系一部分的连锁或公司之间的企业间所有权关系等,实际上更易于修复。另外,国内控制的公司之间关系远远比加拿大和美国所控制的公司之间的关系更易于修复。在控制了国家控制、工业和总部位置之后,金融-企业之间的连锁比其他关系更容易得到修复。Richardson(1987)使用的交叉-滞后相关分析(cross-lagged correlations)显示,在加拿大的网络中,企业公司 1963 年的盈利能力能够预测 5 年后其与金融机构的连锁修复这是一个"循环的、自我维持的过程",它强化了公司的初始收益地位,支持了作为资本整合的金融资本理论。

Palmers 研究了美国网络的破裂关系。他发现了一个低比例的修复,特别是对非执行董事连锁来说更是如此。他的结论是,尽管一些连锁能促进企业之间在形式上的协调,但是其中的许多连锁却是阶级霸权的表现,因为高层董事与执行官之间的互动生成的是"一种松散的,但又非常真实的协调系统,其中公司是核心圈政策的工具"(第 70 页)。然而,Stearns 和 Mizruchi(1986)对 20 家大型工业企业进行了 30 年的追踪研究,发现了"功能重构"(functional reconstitution)的证据;一个工业公司与一个金融机构的破裂关系被其与一家不同的金融机构的连锁关系所修复。这表明,目的性和策略性连锁的发生率比通过"直接"修复破裂关系估计的发生率要高。在一项使用同一数据库的补充研究中,对新连锁关系的事件史分析表明,尽管偿付能力和盈利能力下降的公司有可能会任命金融机构中的决策者到他们的董事会任职,但是在企业上升期间,所有企业都很可能作出这样的任命,这是资本扩张的需要。公司面对的特殊环境以及资本积累的大环境似乎都影响金融-工业连锁的建立(Mizruchi and Stearns,1988)。 188

　　尽管大量有关企业网络的社会学研究被限定在权力-结构的传统研究内,但是一些最具有创见的时间性分析已经探索了某些做法,这些做法仅与这一核心问题间接相关。在一项对区域企业网络的研究中,Galaskiewicz 和 Wasserman(1981)使用了马尔科夫链来建立网络过程模型。他们关注建立连接的可能性以及非对称的(执行性的)连接成为互惠(或者相反)连接的可能性。他们发现互惠规范在企业连锁网络中不起作用,因为它们处于其他组织之间的关系中,这与以下思想是一致的:企业内部成员承担的连锁往往变成有影响和权力的关系。创新扩散分析也被用于追踪网络对企业治理实践的接受速度及流行模式的影响。在这里,Davis 和 Greve(1997)针对美国的网络(1980—1986 年),研究了接受"股东权益计划"即毒丸计划(poison pills)和高级职员去职补偿即金降落伞(golden parachutes),这一研究具有象征性,因为它们标志着向"投资者资本主义"的转变。结果表明,在 1980 年代的收购大潮中,毒丸计划沿着董事会到董事会的传播过程而快速扩展,"在这一传播过程中,公司之所以在某种程度上接受,是因为它们已在实施",但是金降落伞扩散的速度较慢,其基础是地理接近性而不是连锁董事(第 29 页)。

　　最近,Tom Snijders 及其同事建立了面向行动者的模型(actor-oriented modeling),为系统地分析网络动力学提供了新的可能(Snijders,本书;Steglich et al.,2006)。这种模型可用于企业间网络,通过估计网络行动者背后的理性选择来解释企业间关系的变化模式。例如,vande Bunt 和 Groenewegen(2007)对基因组公司之间的合作协议进行了研究,他们发现,公司更愿意与地位较高(关联度大)的公司开展合作,也愿意与已经是同一集团(2-派系)的核心成员公司开展合作。通过建模过程,这些研究者还能向我们展现,明显的传递效应(公司更愿意同其伙伴的伙伴建立伙伴关系)可由对高地位伙伴的偏爱来解释。尽管面向行动者的模型只是最近才被用于研究组织间关系,但是,要探究企业权力的宏观结构如何受到公司局部的、依赖情境的决策的形塑,这个模型提供的机会是令人着迷的。

　　董事及高管的职业路径也在企业网络的生命历程中呈现出另一种动力。在研究美国的企业管理路径时,Useem 和 Karabel(1986)发现,尽管有不同的路径可以通向高层,但是精英内部圈子中的成员都是具有最大量"学术"(精英教育)背景和"社会"资本(上层阶级背景)的人。精英的核心(这部分人大多参与某类领导)似乎是通过 Bourdieu(1984)的一般化资本理论所强调的某种机制招募来的。在对荷兰的企业进行的一项历时 20 年（1960—1980 年）的完全纵向研究中，Stokman 等(1988)追踪了 105 位大连锁者的职业生涯,这些人的广泛的企业董事关系构成了大部分网络。典型的职业模式是进入网络担任执行官,获得若干外部董事职位,从高管职位上退休但仍然可以维持(一些)外部董事关系,直到最后完全从网络中退出。随着企业董事会从其他大公司的一些后备高管中招聘外部董事,高管们沿此职业阶梯上升,便再生产出二元性网络。其部分是以"公司之间永久的经济和金融关系"为基础;部分是通过招聘的过程,该过程导致"网络结构的**整体**稳定性,以及二方关系的**局部**不稳定性"（第 203 页）。

最后,更多的质性研究强调了网络时间性的权宜性、历史性和情境性特征。Davita Glasberg(1987)的案例研究断言,在通过诸如抛售股票这样的机制去重建破产的企业中,存在金融霸权,该研究与当前处于紧要关头的全球资本主义危机有极大的相关性。相反,Brayshay 及同事（2006)对最后一次世界大萧条期间英格兰银行在援救哈德逊湾公司（Hudson's Bay Company, HBC)时的"权力几何学"（power geometries)进行了质性研究。这些研究者没有采用大规模抽样的研究方法,而是从 Patrick Ashley Cooper 的个人传记着手。此君在 1931 年被任命为哈德逊湾公司的负责人,1932 年被任命为英格兰银行的总监,在他身上集中了一系列显著的国际商业关系。企业网络及其促生的与商业及政策有关的广泛实践是如何可能的？ Brayshay 等通过深度追踪 Cooper 的网络（包括其个人的详尽日记和信件以及英格兰银行档案等资料），建构了一个充分的纵向解释。显而易见,Cooper 的嵌入度远远超越了伦敦的董事会会议室。事实上,他的核心群体由密友构成,其中许多人与他没有重叠的企业附属关系。作者得出了一个可以理解的结论,即"一个经济行动者关系的全部重建需要超越企业网络的程式化描绘来进行研究"（第 996 页）。对研究者来说,这应该是一个挑战:他们应该深化质性研究,这样的研究可能将在有关社会权力、企业控制和资本积累的特殊机制方面产生洞见。

空间性

商业网络是如何在空间中建构起来的,自从 1970 年代加强权力结构分析以来,该问题一直萦绕在研究者心头。该时期杰出的研究当属 Sonquist 和 Koenig (1975)对 1969 年左右美国网络的派系分析。他们依据其总部所在的城市为每个企业进行了地理编码。他们发现,有 32 个重叠的派系及其由附属企业构成的结构,其中大部分企业都位于特定的城市中,纽约拥有最大的和最核心的集团。Mintz 和 Schwartz(1981:863)很快证明了,纽约占据特殊的位置,它是"全国性企业连锁网的基地,它将区域性集团连接成一个松散整合的整体"。Green(Green,1983;Green and Sempel,1981)后来研究了城市之间的企业连锁网以及机构股权网（Green,1993)。该研究表明,存在一个由城市主导的区域性网络,主要金融机构的总部驻扎在这些城市:纽约和四个二线城市中心（芝加哥、波士顿、洛杉矶和旧金山）。后来，Kono 及其同事（1998）考察了 1964 年 500 家美国公司总部的空间邻近性和连锁之间的关系，探讨了本地和非本地连锁也许有不同决定因素的可能性。有趣的是，一些城市拥有上流社会的高级俱乐部，基于这种城市的公司更可能相互连锁，这表明"公司总部与上流社会俱乐部的共在使得本地资产阶级的社会组织成为可能，该组织或许成为一种工具，企业精英据此经营他们的组织环境、获得信息、可依赖的交往，进入全国精英网（Kono et al.，1998：904）。当然，美国的这种区域性分散连锁模式不应该被抽象地推广到其他社会构型中。例如，在加拿大，企业精英一直集中在两大城市——蒙特利尔和多伦多，企业网络沿着一个高度整合的多伦多-蒙特利尔轴线排列开来（Clement，1975）。然而，有学者研究了企业地理位置从 1946 年至 1996 年的变迁，他们发现了资本的向西移动，导致企业总部扎堆于卡尔加里（Calgary）和温哥华（Vencouver），网络自身也向西流动。当然，作为金融中心的多伦多和蒙特利尔继续占据着重要地位，其创造的全国网络实质上是由金融资本家承载的，他们控制着东部的金融业和西部的工业（Carroll，2002b；英国的例子也参见 Scott and Griff，1984）。

最近，企业网络的布局已经在全球范围内得到研究。在先前提到的一项全球企业精英（1996—2006 年）研究中，Carroll（2009）发现了一个高度区域化的网络，其大部分成员完全嵌入全国网络之中，跨国连锁主要吸收欧洲的企业或者连锁到北美。此外，欧洲企业不断增强的凝聚力和美国网络的稀疏化改变了全球网络的重心。从商业观点上看，这表明欧洲整合的成功，同时伴随着美国霸权地位的削弱。

很多研究在企业间关系的基础上绘制了全球城市网络图，得出了相似的结论。Carroll（2007）使用 1996 年以来的连锁数据，依据总部所在城市进行汇总。他发现了一个城市间网络，其中巴黎、伦敦和纽约都处于中心，还有北美的东北部和欧洲西北部的其他城市。用 van der Pijl（1984）的话来说，这些是大西洋统治阶级的中心区域。Alderson 和 Beckfield（2004）研究了世界 500 强企业辐射出来的企业间所属权关系，为世界城市系统提供了一种不同的优势观点。东京有基于总部-分支公司的所有权关系，因而居于最核心位置。后续的研究分析了 1980 年到 2000 年城市中心度的变化，发现了等级结构出现的实质性洗牌，城市中心度之差异日益悬殊。总之，全球城市的总部-分支网似乎"以一种更强有力的形式"（Alderson and Beckfield，2007：34）在世界系统中再生产出"旧的"中心-边缘关系格局。所有的研究都有一个共同的发现，即总部设在全球资本主义半边缘地带的企业也处于边缘位置。全球企业精英、全球企业间网络和世界城市网络构成了一个核心-边缘结构。在该结构中，北半球（the Global North）继续占据着主导地位（也见 Kick et al.，本书）。 190

资本关系与企业连锁

尽管本章关注连锁董事，不过我们先前提到了 Scott（2003：159）的观点，即连锁董事必须被视为与"加强连锁的资本关系并存"。这一观点是理解连锁网络的关键,它也被许多研究者以不同方式加以表达。Ratcliff(1980)对以圣·路易斯(St. Louis)为基地的 78 家商业银行进行了研究,验证了一家银行在连锁网络中的中心度与它向资本家借贷之间的强关系。引用 Hilferding 的研究,Ratcliff 得出结论认为,处在资产阶级中心的银行业与企业利益的个人融合与"从银行到企业和其他相关借贷者的大量借贷资本流动之间有关系"(第 565 页)。

尽管一般无法获得每家公司的银行借贷数据,但是企业间的所有权数据已经被广泛用于研究企业网络了。一种非常富有成效的方法是在企业研究中将所属权和董事数据结合起来:在共同控制下运行的公司群,这一点可以从有共同董事的企业间所有权关系中观察得到。Berkowitz 和 Fitzgerald(1995)将这种路数用于研究加拿大的经济(1972—1987 年),他们发现,企业数量从 1 456 家缩减到 298 家,有 5 倍的压缩。这表明资本控制极具中心化趋势,尽管法律上界定的大公司数量实际上根本未变。Windolf(2002:42,69)对美国和欧洲企业网络的比较研究包含了企业所属权,结果表明进入 1990 年代,在诸如德国这样的大陆性体制(其所有权和连锁关系常常重合)和英美网络(其中网络之间很少有显著的企业间所有权和重叠)之间存在巨大差异。Scott(1986)对英国、美国和日本的企业持股和金融权力的比较研究显示,在 1970 年代中期,大多数大企业都不受单一利益的控制,而是"通过交织的股份参与连成非个人的财产系统"(第 200 页)。然而,这些系统的精确形式则在英美金融霸权模式和日本企业群的一致性参与结构之间变化(有关后者,参见 Scott, 1997:181-95)。Murray(2006,2008)以澳大利亚为例,既考虑连锁董事,也考虑大公司中的持股,研究结论为:"连锁自身并没有揭示出公司的基础性权力结构(Murray,2008:17)。事实上,在 2007 年,澳大利亚的 6 家最大金融机构(包括摩根大通、汇丰、花旗)持有前 300 强公司市场资本的 34.1%。这既表明金融权力的巨大中心性,也表明跨国资本拥有极强的渗入性。

其他研究则完全关注企业间的所属权关系。Kogut 和 Walker(2001)研究了德国的例子,其纵向设计(1993 年到 1997 年)能够追踪到德国前 550 强公司的101 次收购情况。结果显示出很强的小世界效应,即通过所有者连接公司,通过公司连接所有者(2001:325)。该研究也表明了一种收购的趋势,即促使公司网络更加中心化,对于主导性的金融机构来说,其在合并和收购过程中扮演着"经纪人所有者"的角色。Grbic(2007)描述了 1988 年到 1999 年日本银行的所有权网络,这一时期发生了大量重组和经济萧条,见证了主要金融机构的倒闭。Grbic 把银行股份资本的 2.5%~5%定义为所有权关系(5%是合法的界限),在日本的银行及其机构股东(包括其他银行)之间建构了 2-模关系矩阵,然后根据机构股东共享股份的银行数,将它转变为一个机构股东 1-模矩阵。他发现,几乎全部 80 多个机构投资者形成了单一成分,每年其密度都接近 0.2;该网络结构拟合了核心-边缘模式,派系化可忽略不计;其中的核心行动者几乎全是金融机构。日本企业始终是划分为企业集合的,带着这一认识,Grbic 梳理出"一种交叉剪接关系的二重网……它连接着所有的银行和保险公司,同时暗中存在着由商业集团组织起来的系统,这些集团构成了各自独立的影响域"(第486页)。诸如此类的研究显示,全国性企业间网络是如何继续在某种程度上受资本关系支撑的,如Scott(1997)的理论所表述的那样,这些资本关系蕴含了配置性权力和战略性控制的结合。

191

结　论

自Jeidels的突破性研究以来,连锁研究已有很长的历史了。在研究经济精英和企业权力结构时,各种路数都得到了运用。我们注意到,仅关注个人或公司特征的研究路数有局限性,相比之下,系统性路数则关注整个场域的结构。在系统性的研究中,我们强调阶级霸权和企业间的视角是互补的。前一种路数关注个体董事,他们作为一个有组织的少数群体像"腾挪工具"(apparatus of appropriation)一样实施全方位领导,控制企业结构。后者将连锁视为公司之间交流、协调、影响和控制的载体。企业间关系蕴含着资本关系,就此而言区分了两种权力:通过股份所有权对企业实施战略控制,金融企业对资本流动施加控制。自1980年代以来,连锁研究因比较研究的设计而丰富起来,同时已经超出本国网络,走向全球层面。通过纵向设计以及关系破裂与重建的研究,网络动力学问题已经得到解决。在各种核心的资本主义国家和全球范围内,企业网络布局也已绘制完成。

如果说在过去几十年中分析方法变得十分复杂,那么对企业精英和企业间网络组织特征的研究却几乎停滞不前。以上述评的研究文献记录了主要的结构变化,这些变化常受经济危机的催化,而经济危机同时也引发了大量的资本重组,有时也引发新的监管框架出现。当然,经济危机和网络重构的动力学与当下环境有很大关联性。发生在2008年秋季的金融业崩盘和全球大萧条已经改变了企业的前景,重创了重要的投资银行,如美国的银行。在重建的国家调控以及某些国家中的政府直接控制的条件下,金融机构因危机而合并。随着纸币经济的崩溃,随着对企业资本重组的广泛呼吁,这一阶段似乎在为无论哪个合并的金融机构的霸权复苏作准备。同时,处于半边缘位置的巨头公司在增长,这也为公司权力结构的重组提供了另一种可能的来源。对于企业精英和企业间网络来说,不管是在国家还是在全球层面,可以确定的是:变迁终止于此了。

参 考 文 献

Aaronovitch, S. (1961) *The Ruling Class: A Study of British Finance Capital*. London: Lawrence and Wishart.

Alderson, A.S. and Beckfield, J. (2004) 'Power and position in the world city system', *The American Journal of Sociology*, 109 (4): 811-51.

Alderson, A. S. and Beckfield, J. (2007)

'Globalization and the world city system: Preliminary results from a longitudinal data set', in P.J. Taylor, B. Derudder, P. Saey and F. Witlox (eds), *Cities in Globalization: Practices, Policies, Theories*. London: Routledge. pp. 21-36.

Alexander, M. (2003) 'Boardroom networks among Australian company directors, 1976 and 1996', *Journal of Sociology*, 39(3): 231-51.

Allen, M. P. (1974) 'The structure of interorganizational elite cooptation: Interlocking corporate directorates', *American Sociological Review*, 39(3): 393-406.

Barnes, R.C. (2005) 'The multiple dimensions of the corporate elite's "small world" from 1962 to 1995', Paper presented at the annual meeting of the American Sociological Association, Philadelphia, August 13-16.

Barnes, R.C. and Ritter, E.R. (2001) 'Networks of corporate interlocking: 1962-1995', *Critical Sociology*, 27(2): 192-220.

Bearden, J. and Mintz, B. (1987) 'The structure of class cohesion: The corporate network and its dual', in M. S. Mizruchi and M. Schwartz (eds), *Intercorporate Relations: The Structural Analysis of Business*. Cambridge: Cambridge University Press. pp. 187-207.

Berkowitz, S. D. (1980) 'Structural and non-structural models of elites: A critique', *Canadian Journal of Sociology*, 5(1): 13-30.

Berkowitz, S. D. and Fitzgerald, W. (1995) 'Corporate control and enterprise structure in the Canadian economy: 1972-1987', *Social Networks*, 17(2): 111-27.

Berle, A.A. and Means, G.C. (1932) *The Modern Corporation and Private Property*. New York: Harcourt, Brace & World.

Bourdieu, P. (1984) *Distinction: A Social Critique of the Judgement of Taste*, Translated by R. Nice. Cambridge, MA: Harvard University Press.

Brayshay, M., Cleary, M. and Selwood, J. (2006) 'Power geometries: Social networks and the 1930s multinational corporate elite', *Geoforum*, 37(6): 986-98.

Breiger, R.L. (1974) 'The duality of persons and groups', *Social Forces*, 53(2): 181-90.

Brownlee, J. (2005) *Ruling Canada: Corporate Cohesion and Democracy*. Halifax: Fernwood Publishing.

Bunting, D. and Barbour, J. (1971) 'Interlocking directorates in large American corporations, 1986-1964', *Business History Review*, 45(3): 317-35.

Carroll, W. K. (1984) 'The individual, class, and corporate power in Canada', *Canadian Journal of Sociology*, 9(3): 245-68.

Carroll, W. K. (1986) *Corporate Power and Canadian Capitalism*. Vancouver: University of British Columbia Press.

Carroll, W. K. (2002a) 'Does disorganized capitalism disorganize corporate networks?' *Canadian Journal of Sociology*, 27 (3): 339-71.

Carroll, W. K. (2002b) 'Westward ho? The shifting geography of corporate power in Canada', *Journal of Canadian Studies*, 36(4): 118-42.

Carroll, W. K. (2004) *Corporate Power in a Globalizing World: A Study in Elite Social Organization*. Oxford: Oxford University Press.

Carroll, W.K. (2007) 'Global cities in the global corporate network', *Environment and Planning A*, 39(10): 2297-323.

Carroll, W. K. (2009) 'Transnationalists and national networkers in the global corporate elite', *Global Networks* 9(3): 289-314.

Carroll, W.K. and Fennema, M. (2002) 'Is there a transnational business community?' *International Sociology*, 17(3): 393-419.

Carroll, W. K. and Fennema, M. (2004) 'Problems in the study of the transnational business community: A reply to Kentor and Jang', *International Sociology*, 19(3): 369-78.

Carroll, W. K. and Lewis, S. (1991) 'Restructuring finance capital: Changes in the Canadian corporate network, 1976-1986', *Sociology*, 25(3): 491-510.

Clement, W. (1975) *The Canadian Corporate Elite: An Analysis of Economic Power*. Toronto: McClelland and Stewart.

Davis, G.F. and Greve, H.R. (1997) 'Corporate elite networks and governance changes in the 1980s', *The American Journal of Sociology*, 103 (1): 1-37.

Davis, G.F. and Mizruchi, M.S. (1999) 'The money center cannot hold: Commercial banks in the U.S. system of corporate governance', *Administrative Science Quarterly*, 44 (2): 215-39.

Davis, G.F., Yoo, M. and Baker, W.E. (2003) 'The small world of the American corporate elite, 1982-2001', *Strategic Organization*, 1 (3): 301-26.

Domhoff, G.W. (1967) *Who Rules America?* Englewood Cliffs, NJ: Prentice-Hall.

Domhoff, G.W. (1974) *The Bohemian Grove and Other Retreats: A Study in Ruling-Class Cohesiveness*. New York: Harper & Row.

Domhoff, G.W (ed.) (1980) *Power Structure Research*. Beverly Hills, CA: Sage.

Faust, K. and Wasserman, S. (1993) 'Correlation and association models for studying measurements on ordinal relations', *Sociological Methodology*, 23: 177-215.

Fennema, M. (1982) *International Networks of Banks and Industry*. The Hague: M. Nijhoff.

Fennema, M. and Schijf, H. (1978) 'Analysing interlocking directorates: Theory and methods', *Social Networks*, 1(4): 297-332.

Fennema, M. and Schijf, H. (1985) 'The transnational network', in F.N. Stokman, R. Ziegler and J. Scott (eds), *Networks of Corporate Power: A Comparative Analysis of Ten Countries*. Cambridge: Polity Press. pp. 250-66.

Galaskiewicz, J. and Wasserman, S. (1981) 'A dynamic study of change in a regional corporate network', *American Sociological Review*, 46 (4): 475-84.

Glasberg, D. (1987) 'The ties that bind? Case studies in the significance of corporate board interlocks with financial institutions', *Sociological Perspectives*, 30(1): 19-48.

Grbic, Douglas (2007) 'The source, structure, and stability of control over Japan's financial sector', *Social Science Research*, 36(2): 469-90.

Green, M.B. (1983) 'The interurban corporate interlocking directorate network of Canada and the United States: A spatial perspective', *Urban Geography*, 4(4): 338-54.

Green, M.B. (1993) 'A geography of institutional stock ownership in the United States', *Annals of the Association of American Geographers*, 83 (1): 66-89.

Green, M.B. and Semple, R.K. (1981) 'The corporate interlocking directorate as an urban spatial information network', *Urban Geography*, 2(2): 148-60.

Heemskerk, E.M. (2007) *Decline of the Corporate Community: Network Dynamics of the Dutch Business Elite*. Amsterdam: Amsterdam University Press.

Helmers, H.M., Mokken, R.J., Plijter, R.C. and Stokman, F.N. (1975) *Graven naar Macht. Op zoek naar de kern van de Nederlandse ekonomie*. Amsterdam: Van Gennep.

Hilferding, R. (1981 [1910]) *Finance Capital: A Study of the Latest Phase of Capitalist Development*, Translated by M. Watnick and S. Gordon. London: Routledge & K. Paul.

Jeidels, O. (1905) 'Das Verhältnis der deutschen Grossbanken zur Industrie mit besonder Berücksichtigung der Eisenindustrie (Relation of the German big banks to industry with special reference to the iron industry)', *Staats und sozialwissenschaftliche Forschungen*, 24 (2): 1-271.

Kentor, J. and Jang, Y.S. (2004) 'Yes, there is a (growing) transnational business community: A study of global interlocking directorates, 1983-98', *International Sociology*, 19 (3): 355-68.

Kim, Y.T. (2007) 'Korean elites: Social networks and power', *Journal of Contemporary Asia*, 37(1): 19-37.

Koenig, T. and Gogel, R. (1981) 'Interlocking corporate directorships as a social network', *American Journal of Economics and Sociology*, 40(1): 37-50.

Koenig, T, Gogel, R. and Sonquist, J. (1979) 'Models of the significance of interlocking corporate directorates', *American Journal of*

Economics and Sociology, 38(2): 173-86.

Kogut, B. and Walker, G. (2001) 'The small world of Germany and the durability of national networks', *American Sociological Review*, 66 (3): 317-35.

Kono, C., Palmer, D., Friedland, R. and Zafonte, M. (1998) 'Lost in space: The geography of corporate interlocking directorates', *The American Journal of Sociology*, 103 (4): 863-911.

Levine, J.H. and Roy, W.S. (1979) 'A study of interlocking directorates: Vital concepts of organization', in P. W. Holland and S. Leinhardt (eds), *Perspectives on Social Network Research*. New York: Academic Press. pp. 349-78.

Maclean, M., Harvey, C. and Press, J. (2006) *Business Elites and Corporate Governance in France and the UK*. Basingstoke, UK: Palgrave Macmillan.

Mariolis, P. and Jones, M.H. (1982) 'Centrality in corporate interlock networks: Reliability and stability', *Administrative Science Quarterly*, 27 (4): 571-85.

Menshikov, S. (1969) *Millionaires and Managers: Structure of the U. S. Financial Oligarchy*. Moscow: Progress Publishers.

Mills, C.W. (1956) *The Power Elite*. New York: Oxford University Press.

Mintz, B. and Schwartz, M. (1981) 'Interlocking directorates and interest group formation', *American Sociological Review*, 46: 851-69.

Mintz, B. and Schwartz, M. (1985) *The Power Structure of American Business*. Chicago: University of Chicago Press.

Mizruchi, M. S. (1982) *The American Corporate Network: 1904-1974*. Beverly Hills: Sage.

Mizruchi, M.S. (1996) 'What do interlocks do? An analysis, critique, and assessment of research on interlocking directorates', *Annual Review of Sociology* 22: 271-98.

Mizruchi, M.S. and Schwartz, M. (1987) 'The structural analysis of business: An emerging field', in M. S. Mizruchi and M. Schwartz (eds), *Intercorporate Relations: The Structural*

Analysis of Business. Cambridge: Cambridge University Press. pp. 3-22.

Mizruchi, M. S. and Stearns, L. B. (1988) 'A longitudinal study of the formation of interlocking directorates', *Administrative Science Quarterly*, 33(2): 194-210.

Moore, G. (1979) 'The structure of a national elite network', *American Sociological Review*, 44(4): 673-92.

Murray, G. (2006) *Capitalist Networks and Social Power in Australia and New Zealand*. Aldershot, UK: Ashgate.

Murray, G. (2008) 'Invisible invaders: Does Australia have a transnational class?' Paper presented at the ISA Forum of Sociology, Barcelona, September 4-8.

Okhmatovskiy, I. (2005) 'Sources of capital and structures of influence: Banks in the Russian corporate network', *International Sociology*, 20 (4): 427-57.

Ornstein, M.D. (1984) 'Interlocking directorates in Canada: Intercorporate or class alliance?' *Administrative Science Quarterly*, 29 (2): 210-31.

Palmer, D. (1987) 'The dual nature of corporate interlocks', in M. Schwartz (ed.), *The Structure of Power in America: The Corporate Elite as a Ruling Class*. New York: Holmes and Meier. pp. 60-74.

Park, L. and Park, F. (1973 [1962]) *Anatomy of Big Business*. Toronto: James Lewis & Samuel.

Pennings, J. M. (1980) *Interlocking Directorates: Origins and Consequences of Connections Among Organizations' Boards of Directors*. San Francisco: Jossey-Bass.

Perlo, V. (1957) *The Empire of High Finance*. New York: International Publishers.

Pfeffer, J. (1987) 'A resource dependence perspective on interorganizational relations', in M. S. Mizruchi and M. Schwartz (eds), *Intercorporate Relations: The Structural Analysis of Business*. Cambridge: Cambridge University Press. pp. 22-55.

Piédalue, G. (1976) 'Les groupes financiers au Canada 1900-1930 — Étude préliminaire', *Revue d' histoire de l' Amerique francaise*, 30

(1): 3-34.

Porter, J. (1955) 'Elite groups: A scheme for the study of power in Canada', *Canadian Journal of Economics and Political Science*, 21 (4): 498-512.

Porter, J. (1956) 'Concentration of economic power and the economic elite in Canada', *The Canadian Journal of Economics and Political Science*, 22(2): 199-220.

Porter, J. (1957) 'The economic elite and the social structure in Canada', *The Canadian Journal of Economics and Political Science*, 23 (3): 376-94.

Ratcliff, R. E. (1980) 'Banks and corporate lending: An analysis of the impact of the internal structure of the capitalist class on the lending behavior of banks', *American Sociological Review*, 45(4): 553-70.

Richardson, R.J. (1987) 'Directorship interlocks and corporate profitability', *Administrative Science Quarterly*, 32(3): 367-86.

Rochester, A. (1936) *Rulers of America: A Study of Finance Capital*. London: Lawrence & Wishart.

Scott, J. (1985) 'Theoretical framework and research design', in F.N. Stokman, R. Ziegler and J. Scott (eds), *Networks of Corporate Power: A Comparative Analysis of Ten Countries*. Cambridge: Polity Press. pp. 1-19.

Scott, J. (1986) *Capitalist Property and Financial Power*. Brighton, Sussex: Wheatsheaf Books.

Scott, J. (1987) 'Intercorporate structures in Western Europe: A comparative historical analysis', in M.S. Mizruchi and M. Schwartz (eds), *Intercorporate Relations: The Structural Analysis of Business*. Cambridge: Cambridge University Press. pp. 208-32.

Scott, J. (1991) 'Networks of corporate power: A comparative assessment', *Annual Review of Sociology*, 17: 181-203.

Scott, J. (1997) *Corporate Business and Capitalist Class*. New York: Oxford University Press.

Scott, J. (2003) 'Transformations in the British economic elite', *Comparative Sociology*, 2(1): 155-73.

Scott, J. (2008) 'Modes of power and the re-conceptualization of elites', in M. Savage and K. Williams (eds), *Remembering Elites*. Oxford: Blackwell. pp. 27-43.

Scott, J, and Griff, C. (1984) *Directors of Industry: The British Corporate Network*, 1900-1976. Cambridge: Polity Press.

Sonquist, J. A. and Koenig, T. (1975) 'Interlocking directorates in the top U. S. corporations: A graph theory approach', *The Insurgent Sociologist*, 5(3): 196-230.

Soref, M. and Zeitlin, M. (1987) 'Finance capital and the internal structure of the capitalist class in the United States', in M.S. Mizruchi and M. Schwartz (eds), *Intercorporate Relations: The Structural Analysis of Business*. Cambridge: Cambridge University Press. pp. 56-84.

Stanworth, P, and Giddens, A. (1975) 'The modern corporate economy: Interlocking directorships in Britain, 1906-1970', *The Sociological Review*, 23(1): 5-28.

Stearns, L. B. and Mizruchi, M. S. (1986) 'Broken-tie reconstitution and the functions of interorganizational interlocks: A reexamination', *Administrative Science Quarterly*, 31(4): 522-38.

Steglich, C.E.G., Snijders, T.A.B. and West, P. (2006) 'Applying SIENA: An illustrative analysis of the coevolution of adolescents' friendship networks, taste in music, and alcohol consumption', *Methodology*, 2: 48-56.

Stokman, F.N., van der Knoop, J. and Wasseur, F.W. (1988) 'Interlocks in the Netherlands: Stability and careers in the period 1960-1980', *Social Networks*, 10: 183-208.

Stokman, F.N., Ziegler, R. and Scott, J. (eds) (1985) *Networks of Corporate Power: A Comparative Analysis of Ten Countries*. Cambridge: Polity Press.

Sweezy, P. M. (1953) *The Present as History: Essays and Reviews on Capitalism and Socialism*. New York: Monthly Review Press.

Useem, M. (1978) 'The inner group of the American capitalist class', *Social Problems*, 25 (3): 225-40.

Useem, M. (1984) *The Inner Circle: Large Corporations and the Rise of Business Political*

Activity in the U.S. and U.K. New York: Oxford University Press.

Useem, M. and Karabel, J. (1986) 'Pathways to top corporate management', *American Sociological Review*, 51(2):184-200.

van de Bunt, G.G. and Groenewegen, P. (2007) 'An actor-oriented dynamic network approach: The case of interorganizational network evolution', *Organizational Research Methods*, 10: 463-82.

van der Pijl, K. (1984) *The Making of an Atlantic Ruling Class*. London: Verso.

Whitley, R. (1974) 'The city and industry: The directors of large companies, their characteristics and connections', in P. Stanworth and A. Giddens (eds), *Elites and Power in British Society*. London: Cambridge University Press. pp. 66-82.

Whitley, R. (1999) *Divergent Capitalisms*. New York: Oxford University Press.

Windolf, P. (2002) *Corporate Networks in Europe and the United States*. New York: Oxford University Press.

Zeitlin, M. (1974) 'Corporate ownership and control: The large corporation and the capitalist class', *American Journal of Sociology*, 79(4): 1073-119.

Zweigenhaft, R.L. and Domhoff, G.W. (1998) *Diversity in the Power Elite: Have Women and Minorities Reached the Top*? New Haven, CT: Yale University Press.

企业联络的政治维度 14

POLITICAL DIMENSIONS OF CORPORATE CONNECTIONS

⊙ 马修·邦德(Matthew Bond)　　尼古拉斯·哈里根(Nicholas Harrigan)

引　言

社会网络分析(Social Network Analysis,SNA)是一种对联系个体行动者的社会关系的容量及模式进行分析的方法,也是探讨社会结构及其对行为的影响的一种理论化方式。换言之,分析企业的政治活动是对商业政治进行经验检验的一部分。这两种路数是不同的智识努力,然而它们常常交叉,成为互惠的伙伴关系。在经验研究的一些实质性领域中,社会网络分析者有机会检验他们提出的测度和理论倾向的效用。商业政治学者使用社会网络分析的一套工具完成理论操作化及检验任务。

本章回顾并评估这些协作。首先概述与商业政治有关的广泛研究进程的历史和轮廓,接着讨论在对企业法人行动者(corporate actors)及将行动者连成一个社会网络的关系进行概念化时涉及的一些分析性问题,然后继续考察经验研究文献是如何利用社会网络机制和测度的。最后展望未来的协作前景,得出结论。

历史与背景

学者对商业机构与其政治后果的社会[1]关系产生兴趣已有很长历史。亚当·斯密(Adam Smith,1776［1937］)对企业家之间联系的关注首开纪录,然而,本回顾主题的研究传统则起源于 1910 年代初。

作为对资本主义经济诸多变化的回应,学界对企业行为和政治学的兴趣逐步发展起来。在其早期阶段,资本主义生产受家族企业的控制,但相对于它们运行于其中的市场来说,这些家族企业的规模较小。生产规模的扩大伴随着协调公司的复杂、多样性行动现象的产生,由此带来的压力导致了现代企业经济的诞生(Chandler,1977)。有五个相互关联的结果伴随着这些变化。第一,大规模生产从根本上扩大了企业对资本的需求,因此企业依赖于外部金融来源。第二,企业开始大规模生产,其产品在社会总供给中占有很大比重。第三,合股的增长导致家族所有权的削弱。第四,一群精于管理的经理人出现,他们未必是其所经营企业的所有者。第五,诸如共享公司董事会人员(即连锁董事)的出现,科层式的协调机制明显被公司内和公司间的市场机制所替代。

尽管这些趋势可能主要以技术和经济的形式出现,它们却吸引了政治权威的关注,被后者认为具有政治后果。在美国,这些变化,尤其是名义上的公司竞争者之间关系的变化使人们有如下担忧:这些新兴的大经济企业可能参与垄断性活动,如价格控制。作为回应,反垄断法案得以实施,管制性框架得以提出,并且,在美国之外的战略性产业中的企业许多被国有化了。

另一种回应对使用网络分析的研究传统有更深远的影响,提出金融资本与帝国主义理论的学者(Hobson,1902;Hilferding,1910;Lenin,1916)对此进行了阐述。对于他们来说,经济变化,尤其是为了满足大规模生产的投资需要而出现的金融集中化和中心化为有权力的资本家、统治阶级奠定了基础。用列宁的话来说,生产变得社会化,但分配仍然是私人的。社会生产资料仍然是少数人的私有财产。形式上承认的自由竞争普遍框架仍然保持着,实质上部分垄断者对其余人口的压迫变得百倍地强烈、明显和无法忍受(Lenin,1916:25)。"和银行有关的几千名资本家能够用新的协调企业的规则满足自己的私人需要。一个核心的政治后果是:为了给资本投资寻求新的领域,国家之间会爆发战争。

精英理论家(如 Mills,1956;Domhoff,1998)虽然不认同列宁所坚定的马克思主义,却也得出了相似的观点。米尔斯(C. Wright Mills)认为,在现代社会中,大规模科层机构的增长为少数精英的统治创造了条件。米尔斯(Mills)不同于金融资本理论家之处在于他采纳了韦伯式的多元权力观。企业精英是广泛的整合性精英的一部分,后者也来自政界和军界。尽管在权力分配和对现代社会发展趋势的看法上,精英之间互有差别,但是金融资本理论家和精英理论家一致认为,企业精英数量少、高度整合、有权力。

当然,这些断言极具争议。多元论者认为,一般精英(特别是企业精英)的整合是被假想出来的,而不是由精英自身及马克思主义学者所证明的那样(Rose,1968)。尽管多元主义者认为经济权力已经转移到少数人身上,他们也断言现代社会存在着许多对抗性的力量(Galbraith,1952)。第一,民主控制的政体可独立审查企业权力(Dahl,1961)。第二,企业精英并没有统一的利益集合——精英的利益在强化的同时,也在交错(Berg and Zald,1978)。第三,所有权和控制权的分离(Berle and Means,1932)剥夺了资本家整合社会关系的能力,而正是这些社会关系可使他们进行动员并采取一致的政治行动(Bell,1960;Useem,1984)。前两种观点经不起网络方法的检验;然而实践证明,检验企业或董事(恰当的分析单位问题将在下一节讨论)是否拥有可用于形成政治社群的关系,社会网络分析(SNA)已成为最适合的方法。

网络研究的具体细节稍后再述。现在足以能概要地说明在权力结构的争论中,所利用的网络方法和理论起了什么样的作用。

作为对多元主义者批评的回应,精英和金融资本理论家收集并呈现了资本家的社会网络数据(Sweezy,1953[1939];Aaronovitch,1961;Kolko,1962);然而,他们在社会网络分析的测度和计算工具发展之前就这样做了。从 1970 年代开始,一批新的学者开始利用社会网络分析的进展来描绘企业网络(如 Levine,1972;Carroll,1982;Mizruchi,1982;Scott and Griff,1984;Scott,1990;Carroll and Sapinski,本书)。他们论述了以下 3 个方面的内容:①将公司连接起来的各类社会关系;②大多数企业都是有关联成分的一部分;③有许多中心行动者,它们如果能从那些关系中获得权威,就能够协调诸多他人的行动(如 Mintz and Schwartz,1985)。

然而困难仍然存在。尽管这些研究证实了企业网络的结构与精英及金融资本理论家广泛宣称的结构是一致的,但是他们的推论框架中存在着如下缺陷。第一,他们缺乏一种概率的基线(probabilistic baseline)。在整个网络学者共同体中,随机网络的特征或者不被了解,或者没有被普及。企业网络的特征是标示了有意识的设计与协调,还是由随机过程产生的,现在仍不清楚。第二,即使网络特征不是随机的,其政治后果还是不明显。企业有可能具有使它们形成一个强大政治共同体的社会资源,但是没有证据表明它们能够或者会利用这些资源。

对这些研究进行判断是困难的。任何严肃的经验研究者都只能欣赏所收集的数据范围以及所运用的精致的测量策略。然而,缺乏推论的框架会限制人们对其结论的信任程度。这种研究还存在一个问题,即确认了网络的特征后,评价其政治后果会变得非常困难。 197

从 1980 年代开始,研究企业社会网络政治后果的第二代学者出现了。一个较早的例子是 Useem(1984)的如下论断:有一群紧密联系的董事和企业,除了其他方面之外,他们更可能进行政治捐款或者是在智囊团中表现活跃。然而,直到美国学者 Val Burris(1987),Dan Clawson 和 Alan Neustadtl(Clawson et al.,1986;Neustadtl and Clawson,1988)与 Mizruchi(1989,1990,1992)各自独立主持了三个项目之后,网络方法论才被系统地用于考察企业的政治行为。他们利用了可公开获得的美国企业对政治运动所作贡献的数据资料。由于美国选举法案的变化,这些资料到最近才得以公开。他们的分析主要关注的是企业政治的团结性与党派性。美国的政治在 1980 年代开始右倾,商业在此过程中起什么样的作用,这是有历史争议的。他们就是在这个背景下开展研究的。

这些有创见的研究不仅探究政治后果,还关注那些政治上活跃的企业之间的二方及派系关系。对国家企业网的大致轮廓的关注被政治活跃的企业之间的关系结构所取代了。如果接受 Dahl(1958)的观点,认为联合是权力的一个必要前提,那么隐含的后果便是认为存在二方的、派系的关系基础。企业及其董事也许有大量潜在的集体权力;然而,如果每个个体/企业都追求不同的目标或支持不同的候选人,那么他们的集体权力也许永远不会实现。

　　这些研究为我们理解商业政治提供了极大的帮助:它们提出了推理框架,同时也创造性地运用了网络方法。也许给人印象最深的是,这些研究把有关权力结构争论的两方面观点都当作可检验的假设了。至于更细致地描述资本家活动在资本主义经济中的图景,则是这些研究留下的传统。

　　他们的成就是多方面的,然而这些研究有一些局限。第一,正如这些学者或多或少做的那样,如果一个学者屈从于 Dahl 的断言,他就可能理所当然地忽视以下效应:许多大的、不协调的商业贡献可能影响政治系统。这是一个有争议的论断。毕竟,对资本主义社会的原则性批判强调了其对理性政治讨论的扭曲效应(Habermas,1987)。我们感兴趣的不仅是企业对政治系统产生的有意义的效应,还包括意料之外的效应。至少,不协调的企业政治行为有可能将随机误差源加入政治交流与商议之中。第二,他们对政治活跃的企业的关注以及二元的框架使他们无法作出有关整个网络的陈述。他们的研究设计意味着他们不能告诉我们政治无为的网络原因有哪些,或者政治无为的企业是否影响其他企业的政治活动。即便完全关注政治上活跃的企业,也极难说早期的学者已经在试图推断国家企业结构的政治后果了。

　　最近,一组新的分析关注点吸引了使用网络方法论学者的注意。Val Burris(1991,2001,2005;也见 Bearden and Mintz,1987)将对企业政治行为的关注扩展到了董事和企业。这使得他在企业政治行为分析和注重精英个体研究传统(如 Mills,1956;Domhoff,1998)之间建立了联系,为研究企业而发展起来的网络方法论已被用于研究精英。其他发表关于考察董事背景和网络所产生的政治后果论文的学者有 Bond(2007)、Harrigan(2007b)、Bond 及其同事(2006)。

　　Bond(2004)提出,最近对美国企业行为的研究的外部效度都不高。在某种程度上,对商业联合体的关注是美国制度性关系以及有希望的美国社会主义党或工党的缺席选举所带来的副产品。当有权力的政治力量威胁到资本主义企业的生存时,企业政治选择的领域就会窄化——可以将分裂的企业自由解释为美国商业统治的证据。例如,在工党-保守党竞选国家政权时期,压倒性多数的企业都在政治上支持保守党(见 Pinto-Duschinsky,1981;Linton,1994;Ewing,1987)。这些观察与 Smith(2000)的发现相一致,即在巨大的危险面前,美国的商业被极大地联合起来了。

　　联合、动员(例如,用企业进行政治捐助的比例来测量)和强度(例如,用捐助量来测量)是企业政治行为的重要维度。现在的注意力已经不再关注联合,这一转向具有网络意义:没有理由期待动员会像联合一样受网络机制的影响。在围绕着动员而展开的新文献中,有一项关键的分析进展,它将样本扩大了,包括政治不活跃的公司/董事(Bond,2004,2007;Bond et al.,2006;例如,Harrigan,2007a,b 同时研究了党派性和动员)。在一个界定了的总体中,假定所有的企业都有机会进入样本,这有助于摆脱政治活跃的企业之间的二方关系,更接近于早期的关于国家企业网络结构的研究。企业社会结构中的角色位置及二方关系与动员有关(Bond,2007)。

　　要想评判最近一批使用网络方法论的学术研究所作出的贡献,现在或许为时太早;然而,一些潜在的弱点已经开始显露出来。首先,用来收集董事身份信息的社会名录还不完整(名录中只包含部分董事)。这一缺点促使经验研究者去寻找新的数据源,对于注重统计的社会网络研究者来说,他们还要勾画出缺失数据的推断性后果。其次,选择和影响在这些研究中扮演什么角色,还存在许多重要的问题,如果收集到纵向和横向的跨国数据,这些问题会更易于处理。

　　回顾企业政治的社会网络研究可以表明,对企业政治及科技知识增长的网络研究至少有三个分析的阶段。在企业政治研究中,网络方法论的地位是坚实的,已被证实的。拥有多种理论倾向和调查各类制度环境的分析者已转向 SNA,并将其视为一种方法论和理论资源。在接下来的两节中,我们希望更正式地评价文献中强调的网络方法论和机制。

网络方法论

　　本节强调了已在企业政治研究中出现的一般性的网络分析问题。在将有关商业行为的理论陈述转变为具体的研究策略时,研究者会面对一些重要的挑战。我们计划通过这些挑战来引导研究者。

企业网络

　　可以建立许多数据矩阵来表示企业网络。最常见的数据是从两类行动者开始的:企业和隶属于企业的个人。重叠的隶属关系可用来建立企业之间和个体之间的网络。到目前为止,得到广泛研究的企业间网络是以连锁董事为基础的,其中一个企业的董事也是另一企业的董事会成员。然而我们下面提出的框架是适合于范围广泛的不同网络的,这些网络将董事、企业和企业的其他持股人联系起来了(例如,网络可以基于所有权而构建,参见 Zeitlin,1974)。

　　选择什么样的企业来研究商业行为,最好的标准是规模。样本是在一个国家经济中的 n 个最大的企业。在受私人资助的新闻列表中,可以找到这些大企业,其范围从"财富 500 强"(Fortune 500)到"金融时报 500 强"(FTSE 500)。通过考察更多的初始资料,如企业实际的法定报告(statutory reporting practices)(年度报告),研究者就会很容易地确定这些列表排名的有效性。在许多情况下,需要额外检验这些列表的有效性,因为它包括的行动者数超出了理论预期。例如,如果依据列宁(Lenin,1916)、米尔斯(Mills,1956)或 Baran 和 Sweezy(1966)的观点,不出意外,如果大部分对国家有影响的经济行动者的编号是几十或几百,那么列表就应该包括每一位有政治影响力的商业精英。然而,从大量企业中选出的样本已经是理论的结果了。其假定的合理性是一个值得额外进行经验及理论研究的领域。和规模标准一样,一些研究将自身限制在政治上活跃的企业或使用一种如行业这样的分层标准。这些文献中的调查缺少从所有公司总体中抽取的简单随机样本。

总的来说,我们所研究的 n 个企业是从一个大企业总体中抽取的。作为隶属于企业的人,董事受到了最普遍的研究,因为一般假定他们是企业中的最高政治权威。[2] 他们大体上符合对一线资本家(working capitalists)的公认描述。将来研究者可以采取一个更广泛的隶属者范围,从企业主到债权人再到雇员。至于选择什么隶属者,这是一项理论决定。

我们也研究隶属于 n 个企业的 m 个个体。当我们将隶属的个体与企业交叉列表时,就得到个体隶属于企业的一个 $m \times n$ 矩阵 A(Borgatti,本书)。依据 Breiger(1974)的思路,如果用它后乘以[3]其转置,[4]得到 AA^T;它就是 $m \times m$ 的企业-企业矩阵 B。如果我们用其转置前乘这个矩阵,就得到 $n \times n$ 的个体-个体矩阵 C。尽管这些矩阵有关,却具有各自的结构特征(见 Bearden and Mintz,1987)。连锁董事网就是 B 矩阵的实例(参见 Mizruchi,1982;Scott and Griff,1984;Bond,2004)。

可以通过创建这些矩阵的诸多变体,来反映企业网络的多模特征。可以构建额外的矩阵 D,它把 m 个企业或 n 个人连接到第三方 p 个行动者上,p 的范围很广,可以涵盖从社会俱乐部到政党,这个矩阵 D 因而有多模特征。例如,Bond(2007)构建了个体-俱乐部矩阵 D($n \times p$)。他用企业-董事矩阵 A($m \times n$)前乘这个矩阵,得到 AD,它是一个 $m \times p$ 的矩阵 E。用该矩阵乘以其转置矩阵,即 EE^T,得到矩阵 B($m \times m$),这个新矩阵的单元格值表示的是企业之间通过其各个董事所隶属的共享俱乐部总数。[5]

在企业政治研究中,所使用的网络不只是通过隶属矩阵建构起来的。它们可能是依据企业之间或董事之间的直接关系建立起来的。例如,Mizruchi(1992)使用行业之间的贸易和市场集中情况来建构企业之间的市场限制矩阵。

许多网络测度已被应用在企业政治研究中。研究者的兴趣在于探测优势企业的政治影响,从"金融寡头"经由"利益集团"到一个"内部圈子"都用中心度测度来操作化这些概念(Useem,1984;Mintz and Schwartz,1985)。凝聚力测度(包括政治同质性和派系分析)已被用于探测政治派系之间特殊或紧密的关系(如Bond,2004;Clawson and Neustadtl,1989)。最后,有些社会控制机制能在企业政治中产生动员和团结的作用,对此感兴趣的研究者使用了结构对等性(structural equivalence)测度(Mizruchi,1992;Bond,2004)。结构对等性也被作为基础,用于将企业聚类成诸多社会位置,这些位置之间有典型的角色关系(Bond,2007)。

企业政治行为

如前文所讨论的,网络研究将政治行为当作因变量,可依据网络影响来解释它。政治行为常被操作化为动员或联合。

在关注动员的研究中,因变量通常被处理成二分变量,例如企业是否向政党捐款(Bond,2004,2007)。在考察动员性和党派性的同时,可将因变量看作多分类变量,例如企业是否捐款,在意识形态上是有贡献,还是起阻碍作用(Harrigan,2007a)。

在关注团结性或党派性的研究中,因变量的概念化表现了网络思维的影响。研究团结的学者通常用二方关系术语来刻画政治行为的相似性。例如,Mizruchi 的样本中有 57 个制造业企业,他针对由此产生的全部 1 596 个二方关系构建了相似性测度。对每个二方关系来说,他计算了如下所示的政治行为相似性测度:

$$S_{ij} = n_{ij} / (n_i \times n_j)^{1/2}$$

其中 n_{ij} 是企业 i 和企业 j 共同决定的企业捐赠总数, n_i 和 n_j 是每个企业捐赠的总数。然后,Mizruchi 基于这个政治相似性二方测度(dyadic measure)对二方社会关系(dyadic social relations)的效应进行建模。Su 等(1995)据此创建了企业-企业数据矩阵,其单元格是政治相似性二方测度。与 Mizruchi 的不同之处在于,他们进行了派系分析(Alba,1973),依据政治行为的相似性将企业聚类成不同的集团。然后,他们试图解释这些分组中的成员身份,而不是直接解释二方关系。

企业属性

企业的属性通常作为控制变量被纳入企业政治网研究之中。这样做是为了避免可能存在的遗漏变量偏差,即由与企业网络自变量和政治因变量都有关的变量生成的偏差。例如,某些行业中的企业更可能独立地享有一种社会关系,并采取特殊类型的政治行为:当控制行业时,社会关系和政治行为之间的关系可能就是虚假的。属性可被概念化为个体的属性或二方组的属性。

统计模型

研究企业的社会网络有何政治后果,有志于此道者不可避免地运用统计模型来估计社会因素之间关系的大小,以及该模型是否显著地区别于无关系的虚无模型。因政治行为(因变量)的测量方式的不同,可以选择一般化线性模型的某种变体。例子包括带有虚拟变量的最小二乘法(least squares with dummy variables,LSDV)(Mizruchi,1989)、二次指派程序回归(quadratic assignment procedure regression,QAP)和逻辑斯蒂回归(logistic regression)(Bond,2004)。

由于这些方案使用的是关系模型,政治行为和企业网络的观测值在统计上通常是不独立的。关注整合的研究者对这一问题给予了大量关注,他们在模型中引入了针对缺乏独立性而进行的修正。网络观察数据如果缺乏统计独立性会带来一些难题,为了精确地解决这些难题,人们设计了诸多统计网络模型。Harrigan(2007b)便是首批利用此类模型的学者之一。

用"大企业"作为将企业选入样本的标准,这会引出样本选择问题(Berk,1983;Breen,1996;Heckman,1979)。Val Burris(2005)使用 Heckman 选择模型(Heckman selection models)试图控制样本选择,但这只是个例。如果分析者将自己的观察只限于大企业,他就可能会认为这在理论上是合理的,但是这种选择产生的分析性结果是需要解释的。毕竟,富人(掌权者)与穷人(无权者)相比,除了钱(权力)多之外在其他方面就没有差异吗?针对不同的抽样设计进行系统的比较,这是一个有前景的研究领域。

网络机制

本节将注意力从方法论转向理论。我们关注居于企业政治网分析中心的三种机制:(1)中心度;(2)凝聚力;(3)结构对等性(Doreian et al.,本书;Hanneman and Riddle,本书)。虽然我们可以独立地讨论中心度,但是关于凝聚力和结构对等性的争论已如此混乱,以至于我们觉得同时讨论二者是有意义的;然而这三种测度的每一种都有重叠维度。

中心度

在企业经济中,核心行动者的角色已成为商业权力理论的关键。正如上文已讨论的,列宁这样的马克思主义理论(Lenin,1916)和米尔斯这样的精英理论(Mills,1956)会导致我们有这样的期待,即现代企业经济中的强势行动者会通过许多正式及非正式的关系连在一起。

关于国家的企业间网络的结构,金融资本和银行控制方面的理论家已给出极为明确的预测。金融权力的集中应该能导致少数企业集团聚集在有控制能力的银行周围。网络的关键特征是它的中心势(centralization),它反映着资本的过度聚集趋势;然而,网络被划分为各个独立的凝聚群体,每个群体因依赖于同样的金融机构,如利益团体(Sweezy,1953[1939])而连接在一起。该结构的政治重要性在于,它为以金融寡头为中心的资本主义统治阶级提供了组织基础。

有一个用网络术语对这些思想进行精致操作化的例子,它来自 Mintz 和 schwartz(1981,1983,1985),他们使用 1960 年代美国大型企业之间的连锁董事数据,检验了由银行控制理论预测的结构构型。他们的理论有 4 个要素。第一,连锁董事被当作竞争缺失的指标[6]——连锁的企业并不竞争。相反,可以表明它们要么是合作性的,要么是权威性的关系。第二,在连锁董事网中,企业的度数中心度应该有一种正偏态,金融企业被连锁起来的数目最大。这反映出:(a)企业对资本有依赖,这是大规模工业化生产不可避免的产物;(b)金融资本集中在少数人手中,这是资本家竞争的结果。第三,具有凝聚力的子群体应该围绕金融企业组织起来。第四,子群体**内部**存在的连锁关系反映了依赖于相同的一些金融机构的公司之间的合作,子群体**之间**缺乏连锁关系反映了子群体的竞争。群内与群外连锁之比测量了"群内团结"相对于"群间竞争"的水平。

针对这些问题,Mintz 和 Schwartz(1981,1983,1985)采用的网络分析策略有两个部分。第一,他们用加权的[7]中心度测度证实了金融企业的中心性。大型金融企业控制着所列出的 20 个最核心的企业。第二,他们确定了围绕这些企业的峰值和聚类。峰值分析要搜索核心企业,它们要比与其连接的企业更具有中心性——这些企业被称为峰值。一旦确定了峰值,对于某个企业来说,如果与它连接的其他企业都比它更处于同一聚类中(即与同一峰值相连),则称该企业为以峰值为中心的聚类的一部分。这种定义聚类的方法有一些特殊的特征值得关注：它根据峰值界定聚类，而企业不必直接连接到一个峰值（其后果是，同一聚类中的企业无须直接联系），一个企业不能处于多个聚类中，一些公司则可能不处于任何聚类中。

Mintz 和 Schwartz 发现，在 1960 年代，美国的企业网络中存在若干个峰值，但是围绕着这些峰值的聚类则倾向小型化。例如，1966 年他们发现了 10 个"主"峰，它们都是商业银行，但在所有的企业中，仅有 5% 是聚类的成员。他们从这些分析中得出结论：尽管金融机构在公司网络中处于中心位置，有影响力，但是企业网络并没有被划分为围绕它们的离散聚类。Mintz 和 Schwartz 从这些发现中得出两点结论：（1）金融资本理论描述的利益集团构型并没有准确地描述连锁董事网；（2）离散的、竞争性利益集团的缺乏，意味着"走向团结的趋势超过了分裂的力量"（Mintz and Schwartz, 1983: 201）。

这些结论是合理的，抑或不过是其过程中的人造物？

值得称道的是，Mintz 和 Schwartz 对资本集中化和连锁董事网结构之间的关系概括出了清晰的假设，这与从列宁（Lenin, 1916）到 Sweezy（1953[1939]）的金融资本理论者的观点一致。他们也努力证实其发现的有效性，证明的方法是，用来自商业出版物的质性数据进行三角印证，这些数据确证了企业联合的存在。然而，从纯粹的社会网络分析角度看，推断上的困难依然存在。如果网络中的行动者与关系的数量与美国的企业网一样多，我们应该期望从中发现多少个峰值？多少个聚类？如果没有随机网作基线，要想判断 Mintz 和 Schwarts 所确证的网络特征是不是完全随机出现的，或者它们是否表明了由银行控制或金融资本理论家所预测的偏差，这些都是有困难的。

尽管 Mintz 和 Schwartz 以及金融资本理论家主要用连锁董事作为缺乏资本流动或竞争的指标，但是 Michael Useem（1984）是将其角色作为政治联合体的机制来研究的。他并不考虑这样的观点，即连锁仅反映了金融依赖。他将反驳建立在他对英国和美国董事的访谈资料的基础上（这些董事一致否认连锁能反映依赖关系），也建立在 Koenig 等（1979）、Ornstein（1980）与 Palmer（1983）的发现（即认为破裂的连锁很少被替代）的基础上。这与它们作为企业间依赖的指标是不一致的。相反，他认为，人们都想努力获得广泛的企业共同体的普遍信息，这种努力的行为驱动了企业连锁。

市场压力不断冲击着董事及其企业，使他们持有一个短视的、技术治理式和利益驱动的关注点。他们不愿意让自己及企业牵涉到政治行动中，除非它能够理性化地对企业利益产生直接的积极影响。鉴于商业政治活动有许多集体行动特征（Olson, 1965; Bond, 2004），企业很可能搭其他政治行动的便车，这意味着企业层面的理性主导着群体/阶级层面的理性。当某些董事出任其他公司的董事会时，企业社群会面临挑战，他们也会与那些与自己处于同一地位和情境的其他董事共享互惠互利，他们对这些都很敏感。与狭隘的对企业层面的关注相比，这些多元董事的被强化了的政治意识使得对阶级范围内的理性的关注占了上风。

政治活跃的多个董事可称为内部圈子。Useem 诉诸各类例子——从向政党捐款,到出任智囊团的董事会成员,其中最核心的董事和企业也最活跃——以支持他的多元董事论点。

　　Useem 的理论也根据核心集团来预测政治活动的性质。他认为,该性质会倾向于企业自由主义(corporate liberalism)(Weinstein,1968),即在对商业很致命的一些问题上可能更加折中。这是因为其阶级范围的理性与劳动和国家政权是适应的,后两者对资本主义制度的长期存在是必要的。

　　Useem 的连锁效应理论得到了文献的混合性支持。Mizruchi(1989)与 Burris(1987)没有发现直接连锁数对美国企业政治行动的相似性有影响。Clawson 等(1986)发现,高度连锁的企业最可能遵循务实、稳定、理性的政治捐款策略。他们认为,高度连锁的企业有机会保护阶级的政治利益,而不是向意识形态候选人捐款。没有连锁的企业没有其他渠道表达其阶级范围的政治利益。

　　Bond(2004)发现,在英国的连锁董事网中,核心企业更可能向保守党捐款。
202　当他划分连锁时,这种图景变得更为混杂。划分的依据取决于连锁是由企业高层、企业社群外的非高层创建的,还是当第三方公司的董事出任这两家公司的董事会成员时自然带来的。两个重要发现是,“派出”多位董事的公司更可能捐款,“接收”关系的企业不大愿意捐款,除非他们所来自的企业本身就是捐款者。他认为,这些发现与以下思想相矛盾,即内部圈子的职位影响着公司的政治行为及其董事。相反,他们与“有影响力的”、政治活跃的企业和董事更加一致,这些企业和董事与其他公司行动者有选择性的多种关系。因此,他们会使用多种关系去影响其他企业/个人接受他们的政治领导。

　　中心度似乎与政治行为相连,但没有一致性。二者在以下方面仍存在不一致:(1)具有多位董事的公司是否更可能采取阶级层面的或公司层面的政治立场;(2)企业网中的核心企业是否在政治方面受到其关系的影响,或者具有某些政治偏好的企业是否更可能选择生成多种关系;(3)企业连锁在不同的国家政治系统中是否会产生同样的政治后果。

凝聚力和结构对等性

　　社会网络理论中的一个核心争论是,凝聚力和结构对等性在产生社会控制过程中的影响孰大孰小。争论中的主要学者用二方关系术语将凝聚力定义为两个行动者之间的直接关系,用三方关系术语将结构对等性定义为:当两个行动者都与相同的第三方行动者有关系时,这两个行动者之间的间接两步关系。在宏观水平上,我们研究这些潜在的远距离关系之间的系统性互动。

　　我们可以梳理出如下三类凝聚机制。行动者之间的关系[8]可以改变(或不改变)任意一方的行为,方法:(1)劝说——自我表示同意/不同意他者(如 Habermas,1987);(2)影响——自我采用他者的行为作为一种角色模型(如 Friedkin,1998);(3)权力——自我的意愿支配着他者的意愿(如 Weber,1947)。无论是社会网络共同体内部还是外部的社会科学家,都对这些机制进行了理论表述。

我们可以区分出下面两类结构对等机制(可与 Burt,1992 相比)。间接的二步关系可以通过如下两个有关联的机制改变(或不改变)任意一个参与者的行为:(1)竞争——两个行动者可能为获得第三方控制的一系列资源而竞争,进而采取类似的行动,因为他们认为这是开启第三方资源的关键;(2)第三方控制——第三方可能利用这种竞争的一致性,确保二者按照满足第三方利益的方式行事。运用社会网络分析概念[9]的社会科学家或使用参照群体理论的社会学家已经将这些机制进行了最广泛的理论化。

凝聚机制和结构对等机制都为解释网络中个体行为的二方协方差(dyadic covariance)作出了贡献。观测到的协方差还有额外的来源,包括研究者和工具的可错性、选择和遗漏变量的偏误。每一种来源都很重要,但是选择性偏误却给企业政治行为的社会网络分析带来最紧迫的难题。在凝聚的或结构对等的关系中,个体行为的相似性会增加,但这不是因为他们相互**影响**,而是因为他们有相似的特征,正是这些特征才使他们彼此独立地选择进入了那些关系。这里有两个例子:物以类聚规范(norm of homophily)会使行动者选择与自己相近之人结成凝聚关系(Lazarsfeld and Merton,1954),行动者都对第三方控制的资源感兴趣,这使他们有类似的行为表现(Burt,1992;最基本的情形是,他们将选择与第三方有同样的关系)。

Mizruchi(1989,1990,1992)在一系列论文和一部专著中努力论证道,除了凝聚关系之外,通过间接关系达成的结构对等性对企业政治行为来说也很重要。他声称,就政治行为的二方相似性的来源来说,最好将它嵌入三方社会关系之中来解释。他考察了企业政治行为的二方相似性的来源,其范围从向相同的政党或候选人捐款,到国会委员会前的证词。至于 Mizruchi 的样本及数据分析方法的细节,已在方法论部分讨论过。

分析的关注点是二方相似性,因为它表达了商业团结性。Mizruchi 强调指出,团结性(即行为相似)的基础存在于直接的凝聚关系或结构对等的关系中。两个企业之所以做出类似的捐款,或者是因为二者之间有直接的凝聚关系,或者是因为它们在企业网中占据结构对等的位置。一个能促进政治相似性的直接凝聚关系的例子是,企业为候选人捐款不是因为支持该候选人,而是因为想讨好该候选人的重要供应商。而通过间接关系促进政治相似性的结构对等性的例子是,如果两个企业为同一个候选人捐款,这是因为它们都与相同的第三方企业有联系。

Mizruchi(1990)在文章中最清楚地阐释了驱动企业政治联合的网络机制,强调了其研究中的两个总是出现的结果:(1)(通过金融机构的)间接连锁比直接连锁对二方相似性的影响大得多;(2)在同一行业中运转对政治相似性的影响比市场限制[其界定是,一个行业在销售和资源方面对另一个行业的依赖,根据后者的集中程度加权(Mizruchi,1989:410,根据 Burt,1983b)]的影响更大。

在 Mizruchi 看来,选择这些例子是因为它们能够证明,在创造企业的团结性方面,结构对等性机制起的作用即使不比凝聚机制,至少也一样大。Mizruchi 对间接连锁效应和共享的第一产业的解释是,它们或者例示了第三方控制,或者例示了了为了获得第三方行动者占有的资源而竞争。在这两种情况下,企业朝着"自认为与其角色相适应的方向调整其行为"(Mizruchi,1990:31)。

是否接受 Mizruchi 的论断,在很大程度上取决于他所用测度的建构效度:第一产业和间接关联可以作为结构对等、凝聚力或根本没有网络机制的指标吗?如果不考虑在区分结构对等和凝聚力时涉及的测量问题,即处于凝聚关系中的行动者多数也是结构对等的(Burt,1987),那么我们认为,针对变量的另类解释同样是存在的。

我们从对产业的处理开始。首先要注意的是,产业可以被概念化为公司之间共享的一种属性。共享的属性不意味着有任何互动(即行动者可以拥有共享的属性,但处于不关联的成分中)。诸如资本集中或管理结构这样的特征,也许会内生地创造企业的政治利益。Emirbayer 和 Goodwin(1994)坚持认为大多数社会概念都隐含着关系本体论。我们不必对此争论,不过,如果我们愿意接受这样的观点,即对企业政治行为的某些影响因素比其他影响因素更具有关联性,那么显然,同为第一产业成员肯定要比其他影响因素更不具有关联性。

同样的关注促使 Coleman(1982)对连锁董事研究给予了尖锐批评,这些关注也反映在我们对 Mizruchi 用结构对等性来解释间接连锁的质疑中。Coleman 写道:

> 工业企业用其他公司或金融机构的高管作为其董事会成员,其做法并不涉及代理问题(agency)。这些人因其个人能力而成为董事会成员,而且,只是因为他们从这些位置上习得了技能或知识,他们的其他位置才是恰当的。这就指明了对"连锁董事"进行社会学研究的主要困难……由于董事会成员不是代理者(agent),而是自然人,在常识的意义上不存在连锁关系。正是由于这个原因,这种研究对于社会的功能研究来说永远不会被证明是有用的(Coleman,1982:13)。

当两家企业各派出一位主管到第三方机构的董事会任职时,就在两个企业之间创建了一个间接关系,但是在主管之间创建的是直接关系。换言之,企业在结构上对等,而主管之间的相关是有凝聚力的。这两个对偶的方面有不同的结构特征(Breiger,1974)——不同的网络机制可以在个体或企业层面运作。

图 14.1 展示了企业连锁对董事及其所属企业所产生的不同后果。企业 A、B 与企业 C 有连锁关系。它们在结构上对等,但没有直接的凝聚关系。董事 1 来自 A,董事 2 来自 B,然而董事 1 和董事 2 因供职于同一董事会而有直接关系。个体行动者层面的凝聚力和组织层面的结构对等性相伴而生。由此引出的问题是,企业主要决策者的代理人角色是代表着企业的政治利益,还是个体层面的利益? Mizruchi 隐性地假定,政治代理根植于组织而非阶级的利益中。

最近的三项研究强调了由这些问题所引出的复杂性。Burris(2001,2005)与 Bond(2007)研究了董事与企业层面利益之间的关系。Burris(2001)发现,美国的董事政治捐款模式不同于其所供职的企业。他还发现,董事的个体层面特征并

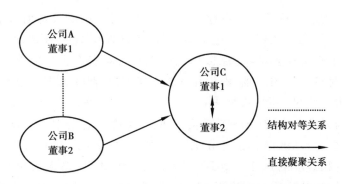

图 14.1　企业之间的结构对等性与董事之间的凝聚性

不影响企业的政治捐款(尽管他没有说明这些发现)。Bond(2007)在对英国大企业的政治捐款研究中发现了不同的结果。企业向保守党捐款的可能性与其董事的教育背景和附属的俱乐部有关。至于在大的经济型企业中,政治控制的轨迹是什么,在有把握地确定相关的假定之前,还需要进一步研究。

　　董事在向大选中的总统候选人捐款方面有相似性,连锁的董事对这种相似性有何影响? Burris(2005)的研究发现,董事之间的直接凝聚关系与捐赠款模式中增加的相似性有关。在他估计的模型中,直接关系和间接关系的系数大小相等这种关系,甚至在六步之遥时也显著。从 Burris 的结果中可以得到两点经验:第一,由连锁董事生成的凝聚关系如果不是企业层面的政治影响机制,也是个体层面的机制。如果董事使用企业政治捐款来增进其利益,那么连锁董事就能够创建出有凝聚力的政治共同体。第二,Burris 发现,政治相似性甚至与六步之遥的间接关系有关,这表明,如果是影响而不是选择带来这些结果,那么结构对等或凝聚链条就会推动政治触染,或者有社会机制在高于三方组层面上运行。

　　尽管 Mizruchi 的研究推动了对企业政治行为的社会网络分析研究,但是他的结论也有不确定性。企业及其董事的政治行为是互为条件的,嵌入于更广泛的企业网络中的二方组是有效应的,为了确证(或不确证)他的主张,以上这些都必须加以探究。

新的方向

　　对企业政治的社会网络研究提出的问题和回答的问题一样多。以下列出一些未来可能的方向。这里关注的都是我们认为与网络有较大相关性的课题。例如,我们不讨论跨国研究的必要性,因为它们没有直接、清晰的社会网络分析结果,尽管我们认为它们对于理解企业政治的本质和效果来说都非常关键。

205

超出权力结构之争

　　在权力结构的辩论中,反对者的智识性承诺(intellectual commitments)将公司政治的学术分析引向了对团结和凝聚力的关注。我们担心的是,关注团结会限制对企业行为进行更广泛的网络分析。首先,对团结的关注有没有学术原则,目前还不清楚。例如,如果多元主义者声称,资产阶级处于分裂状态并且在政治上无效,而这个声称得到证实,那么马克思主义者对资本主义社会的反对就不会消失;这些反对有更深的基础,即根植于阶级之间的剥削关系的非正义性和历史上的单调乏味的效果。同时,如 Poulantzas(1973)这样的马克思主义学者认为,资本家之间的无政府主义经济关系会反映在其政治活动中。其次,它限制了我们认识企业政治行动的政治影响的作用。如果认为团结具有决定性意义,就意味着忽视动员和强度的作用。如果企业得到高度动员,投入大量精力来实现其政治目标,我们就认为这会对政治制度有显著的影响。例如,持不同辩论观点的资本家都将其他参与者排挤出去。如果民主有协商性,那么强烈的、分裂的企业干预起码会创建一个随机误差项,该误差项使政治体制的效率降低。再次,权力结构之辩会导致系统性地忽视有组织的劳工对企业政治行为的影响。从选举方面讲,美国的社会党不重要,这种经验是否意味着学者们过多地关注了在商业内部搜寻反对源呢? 最后,考虑到什么是恰当的网络方法论,对团结的关注便具有了研究设计的意义。它鼓励了从二方或三方关系方面关注凝聚机制和结构对等机制。其结果是,对更广泛的网络效应——如政治上沉默的企业的中心度和网络特性等——的考察被忽视了。

二元性的两面之间的关系:董事与企业

在现代企业秩序中,有两类资本主义行动者是重要的:企业及其董事/所有者。在 Burris(1991,2001,2005)的研究工作之前,这些行动者在很大程度上是被分别对待的(参见 Bearden and Mintz,1987)。企业政治的分析者研究的是企业,而精英论者则在研究董事/所有者。正如本章多个地方已指出的,分别研究这两类行动者可能带来网络分析上的困难。所选择的分析单位会因依赖于政治机构的所在地而变化。从网络视角看,这一点是重要的,因为网络一方面将董事/所有者联系起来;另一方面将企业连接起来。这种网络的结构特征未必重合,正如前文提到的,企业之间的结构对等性可能蕴含着其董事之间的凝聚关系。如果政治机构处于一个层面,那么在另一个分析层面上推论网络机制就有可能误入歧途。社会网络分析者通过系统地研究董事网与企业网之间的分歧,以及这些分歧对于企业网络的含义,就可以为我们理解企业政治行为作出重要贡献。隶属网或 2-模网也可以有效地应用于分析企业政治。

影响与选择

网络分析者面临着艰难的识别问题。法人行动者的政治倾向和行为会受到它们在企业网中的关系的影响吗? 或者拥有不同政治倾向的法人行动者也可能选择进入不同类型的社会关系中吗? 在研究企业政治时,由于不可能进行实验设计,也就无法明确回答这些问题。然而,一些研究设计会比其他研究设计给出相对明确的答案。通过收集法人行动者之间的关系及其政治行为方面的纵向数据,研究者就可以减轻选择带来的风险。例如,正如内部圈子理论所预测的,当董事与企业社群发展出更多的关系时,研究者就可以检测其政治行动是否改变。社会网络的统计分析的最新发展提供了方法和计算工具,可以推断选择和影响在纵向社会网络中起到的作用(Snijders,2001;Snijders and Steglich,本书)。企业网络是否反映了资本集中和统治阶级的互动,统计性的社会网络分析(SNA)可促成此类研究的复苏。推断问题似乎不再不可解。

结　论

　　本章试图概括社会网络分析者和企业政治研究者联合的历史、成就和问题。 206 我们希望已经表达了这种研究的多样性和范围——在我们看来,这是一个社会网络分析(SNA)已作出巨大经验贡献的领域。有学者对资本主义社会中的权力均衡感兴趣,也有学者钟情于将复杂的社会结构建模成网络,但仍然存在着许多智识性的挑战,它们既应该吸引前者,也应该吸引后者。

注　释

　　1.与纯经济关系或市场关系相反。

　　2.董事对政治决策的权威在多大程度上可制度化,这随国家的选举法而变。

　　3.我们提到前/后乘,因为矩阵之积的顺序会影响其结果。矩阵乘法的顺序不可换。

　　4.矩阵的转置无非是将矩阵的行和列调换位置罢了。

　　5.例如,如果公司 A 有两名董事,他们是一个社交俱乐部的成员,公司 B 有三名成员,二者之积将是 6,即会有六种可能的社会互动路径。针对所有的俱乐部汇总这些乘积,即得到社交俱乐部网络中可能存在的社会互动路径总数。

　　6.企业董事之间连锁的意义和/或功能是什么?这是一个棘手的问题,但如果我们认为关联董事是值得研究的,就不能对此袖手旁观。关联董事是个体资本家坐下来讨论政治的小型议会大厅吗?或者他们是一些场域吗?来自相似社会背景的个人结果拥有了相同的资本主义经济地位,他们在这些场域中与类似/不同的他人相聚?我们在这些问题上是思想开放的。至于董事应该如何行事,我们自有想法,但是大企业的董事是在一系列可观察的行为之外扮演其角色的——我们更感兴趣的是董事的行为,而不是社会科学家思想中的什么是董事最适合的行为,我们关注的是前者。我们的猜测是,连锁有多样的含义或功能。至于连锁是否有这些意义或功能,社会科学家会作出判断,他们通过考察其结果,并在概率框架内检验那些结果是否体现在其观察中。关于连锁意义的讨论,参见 Mizruchi(1996)。

7.用连接的企业的中心度(即特征向量中心度)作为权重。

8.如果我们采纳 Burris(2005)的非难,开始认真研究越来越远的关系(即三步、四步等),那么同凝聚力和结构对等性的机制相比,将有更多类型的关系需要研究。如果有的话,什么样的机制会在大于两步的关系上影响个体行为呢?

9.其中最重要的一个智识贡献是对非直接的关系进行系统的理论化。决定人类行为的直接和间接关系的平衡是一个悬而未决的问题,但是对该问题的回答对于如何有效地配置社会网络分析和其他类社会科学观点之间的智识性资源具有潜在的重要影响。

10.由于有关商业交易的投入-产出表可在产业层面(industry level)而不是公司层面(firm level)获得,因此,可用企业之间的约束作为个人之间约束的替代项。

参 考 文 献

Aaronovitch, S. (1961) *The Ruling Class. A Study of British Finance Capital.* London: Lawrence and Wishart.

Alba, R.D. (1973) 'A graph theoretic definition of a sociometric clique', *Journal of Mathematical Sociology*, 3: 113-26.

Baran, P.A. and Sweezy, P.M. (1966) *Monopoly Capital.* Harmondsworth: Penguin.

Bearden, J. and Mintz, B. (1987) 'The structure of class cohesion: The corporate network and its dual', in Mark S. Mizruchi and Michael Schwartz (eds), *Intercorporate Relations: The Structural Analysis of Business.* New York: Cambridge University Press. pp. 187-207.

Bell, D. (1960) *The End of Ideology.* New York: Collier. Berg, I. and Zald, M. (1978) 'Business and society', *Annual Review of Sociology*, 4: 115-43.

Berk, R.A. (1983) 'An introduction to sample selection bias in sociological data', *American Sociological Review*, 48: 386-98.

Berle, A. and Means, G. (1932) *The Modern Corporation and Private Property.* New York: Harcourt Brace and World.

Bond, M. (2004) 'Social influences on corporate political donations in Britain', *British Journal of Sociology*, 55: 55-77.

Bond, M. (2007) 'Elite social relations and corporate political donations in Britain', *Political Studies*.

Bond, M., Glouharova, S. and Harrigan, N. (2006) *The Effects of Intercorporate Networks on Corporate Social and Political Behaviour.* Report to the Economic and Social Research Council (ESRC award ref. RES-000-22-0872).

Breen, R. (1996) *Regression Models: Censored, Sample Selected, or Truncated Data.* Thousand Oaks, CA: Sage.

Breiger, R.L. (1974) 'The duality of persons and groups', *Social Forces*, 53: 181-90.

Burris, V. (1987) 'The political partisanship of American business: A study of corporate political action committees', *American Sociological Review*, 52: 732-44.

Burris, V. (1991) 'Director interlocks and the political behavior of corporations and corporate elites', *Social Scientific Quarterly*, 72: 537-51.

Burris, V. (2001) 'The two faces of capital: Corporations and individual capitalists as political actors', *American Sociological Review*, 66: 361-81.

Burris, V. (2005) 'Interlocking directorates and political cohesion among corporate elites', *American Journal of Sociology*, 111: 249-83.

Burt, R.S. (1983a) 'Cohesion versus structural equivalence as a basis for network subgroups', in Ronald S. Burt, Michael J. Minor and Associates (eds), *Applied Network Analysis.* Beverly Hills: Sage. pp. 262-82.

Burt, R. S. (1983b) *Corporate Profits and Cooptation: Networks of Market Constraints and Directorate Ties in the American Economy.* New York: Academic Press.

Burt, R. S. (1987) ' Social contagion and innovation: Cohesion versus structural equivalence ', *American Journal of Sociology*, 92: 1287-335.

Burt, R. S. (1992) *Structural Holes: The Social Structure of Competition.* Cambridge, MA: Cambridge University Press.

Carroll, W. K. (1982) ' The Canadian corporate elite: Financiers or finance capitalists? ' *Studies in Political Economy*, 8: 89-114.

Chandler, A. D. (1977) *The Visible Hand: The Managerial Revolution in American Business.* Cambridge: Harvard University Press.

Clawson, D. and Neustadtl, A. (1989) ' Interlocks, PACs, and corporate conservatism ', *American Journal of Sociology*, 94: 779-73.

Clawson, D., Neustadtl, A. and Bearden, J. (1986) ' The logic of business unity: Corporate contributions in the 1980 election ', *American Sociological Review*, 51: 797-811.

Coleman, J. S. (1982) *The Asymmetric Society.* Syracuse, NY: Syracuse University Press.

Dahl, R. A. (1958) ' A critique of the ruling elite model ', *American Political Science Review*, 52: 463-69.

Dahl, R. A. (1961) *Who Governs?* New Haven: Yale University Press.

Domhoff, G. W. (1998) *Who Rules America: Power and Politics in the Year* 2000. New York: McGraw Hill.

Emirbayer, M. and Goodwin, R. (1994) ' Manifesto for a relational sociology ', *American Journal of Sociology.*

Ewing, K. D. (1987) *The Funding of Political Parties in Britain.* Cambridge: Cambridge University Press.

Friedkin, N. (1998) *A Structural Theory of Social Influence.* Cambridge: Cambridge University Press.

Galbraith, J. K. (1952) *American Capitalism.* Boston, MA: Transaction Press.

Habermas, J. (1987) *The Theory of Communicative Action, Vol II: The Critique of Functionalist Reason.* Cambridge: Polity Press.

Harrigan, N. (2007a) ' Political partisanship and corporate political donations in Australia ', Unpublished manuscript. Australian National University.

Harrigan, N. (2007b) ' The inner circle revisited: A social selection model of the politics of interlocking directorates ', unpublished manuscript. Australian National University.

Heckman, J.J. (1979) ' Sample selection bias as a specification error ', *Econometrica*, 47: 153-61.

Hilferding, R. (1910) *Financial Capital.* London: Routledge Kegan Paul.

Hobson, A. (1902) *Imperialism: A Study.* London: James Pott and Company.

Koenig, T., Gogel, R. and Sonquist, J. (1979) ' Models of the significance of interlocking corporate directorates ', *American Journal of Economics and Sociology*, 103: 173-86.

Kolko, G. (1962) *Wealth and Power in America.* New York: Frederick A. Praeger.

Lazarsfeld, P. and Merton, R. K. (1954) ' Friendship as social process: A substantive and methodological analysis ', in Morroe Berger, Theodore Abel, and Charles Page (eds), *Freedom and Control in Modern Society.* New York: Van Nostrand. pp. 21-54.

Lenin, V. I. (1916) *Imperialism: The Highest Stage of Capitalism.* London: Martin Lawrence.

Levine, J. (1972) ' The Sphere of Influence ' *American Sociological Review*, 37: 14-27.

Linton, M. (1994) *Money and Votes.* London: Institute for Public Policy Research.

Mills, C. W. (1956) *The Power Elite.* New York: Oxford University Press.

Mintz, B. and Schwartz, M. (1981) ' The structure of intercorporate unity in American business ', *Social Problems*, 29: 87-103.

Mintz, B. and Schwartz, M. (1983) ' Financial interest groups and interlocking directorates ', *Social Science History*, 7: 183-204.

Mintz, B. and Schwartz, M. (1985) *The Power Structure of American Business.* Chicago: University of Chicago Press.

Mizruchi, M. S. (1982) *The American Corporate Network, 1904-74.* Beverly Hills: Sage.

Mizruchi, M. S. (1989) 'Similarity of political behavior among large American corporations', *American Journal of Sociology*, 95: 401-24.

Mizruchi, M. S. (1990) 'Cohesion, structural equivalence, and similarity of behavior: An approach to the study of corporate political power', *Sociological Theory*, 8: 16-32.

Mizruchi, M.S. (1992) *The Structure of Corporate Political Action.* Cambridge, MA: Cambridge University Press.

Mizruchi, M.S. (1996) 'What do interlocks do? An analysis, critique, and assessment of research on interlocking directorates', *Annual Review of Sociology*, 22: 271-98.

Neustadtl, A. and Clawson, D. (1988) 'Corporate political groupings: Does ideology unify business political behaviour', *American Sociological Review*, 53: 172-90.

Olson, M. (1965) *The Logic of Collective Action.* Cambridge, MA: Harvard University Press.

Ornstein, M. (1980) 'Interlocking directorates in Canada: Evidence from replacement patterns', *Social Networks*, 4: 3-25.

Palmer, D. (1983) 'Broken ties: Interlocking directorates and intercorporate coordination', *Administrative Science Quarterly*, 28: 40-55.

Pinto-Duschinsky, M. (1981) *British Political Finance: 1830-1980.* Washington, D.C.: American Enterprise Institute.

Poulantzas, N. (1973) *Political Power and Social Classes.* London: New Left Books.

Rose, A. (1968) *The Power Structure: Political Process in American Life.* New York: Oxford University Press.

Scott, J. (ed.) (1990) *The Sociology of Elites, Vol III.* Aldershot: Edward Elgar.

Scott, J. and Griff, C. (1984) *Directors of Industry: The British Corporate Network: 1900-1976.* Cambridge: Polity Press.

Smith, A. (1776 [1937]) *An Inquiry into the Nature and Causes of the Wealth of Nations.* New York: Random House.

Smith, M. A. (2000) *American Business and Political Power.* Chicago: University of Chicago Press.

Snijders, T. A. B. (2001) 'The statistical evaluation of network dynamics', in M.E. Sobel and M. P. Becker (eds), *Sociological Methodology.* London: Basil Blackwell.

Su, T-t, Neustadtl, A. and Clawson, D. (1995) 'Business and the conservative shift: Corporate PAC contributions, 1976-1986', *Social Science Quarterly*, 76: 22-39.

Sweezy, P.M. (1953 [1939]). 'Interest groups in the American economy', in Paul M. Sweezy (ed.), *The Present as History.* New York: Monthly Review.

Useem, M. (1984) *The Inner Circle.* New York: Oxford University Press.

Weber, M. (1947) *The Theory of Social and Political Organization*, London: William Hodge.

Weinstein, J. (1968) *The Corporate Ideal in the Liberal State* 1900-18. Boston: Beacon.

Zeitlin, M. (1974) 'Corporate ownership and control: The large corporation and the capitalist class', *American Journal of Sociology*, 79: 1073-119.

政策网络 **15**

POLICY NETWORKS

◉ 戴维·诺克(David Knoke)

关于如何制定法规和制作香肠,人们知之越少,睡觉越香。

——奥托·冯·俾斯麦总理(Chancellor Otto von Bismarck)(1815—1898)

政策网络分析致力于确定在政策制定机构中涉及的重要行动者——政府组织和非政府组织、利益集团和个人,以便描述和解释它们在制定政策过程中的互动结构,解释并预测集体性的政策决策和结果。为了实现这些目标,运用网络分析视角的政策理论家和经验研究者界定了多重概念、原则和命题,以阐释政策网络的不同方面。一些基本的研究目标包括政策网络如何随着时间的推移而形成、维持和变化。关于政治影响和政治信仰的社会网络理论考察的是,政策参与者之间的关系是如何形塑他们的政治态度、偏好和意见的。其他目标是,要说明对于那些在具体的公共政策竞技场中争论与合作的行动者来说,他们的网络结构关系会产生怎样的政策后果。在国家机构和私人利益集团之间的网络结构关系方面存有国家差异,比较研究者会探究这种差异的历史起源及其对政策网络动态与集体结果的影响。

首次明确使用"政策网络"(policy network)这一术语的学者可能是 Peter Katzenstein(1976),他在一篇文章中比较了法国和美国的对外经济政策。接下来的三十年间,实质的政策网络和形式的政策制定模型方面的理论和经验研究迅速扩展,其范围从城市(如 Laumann and Pappi,1976)到国家(Schneider,1992)、地区(Thomson et al.,2006),再到全球性的分析(Witte et al.,2000)。本章将回顾政策网络分析的历史和现状;尽管不能面面俱到,毫无遗漏,但还是突出了关键的发展和争议。第一部分界定了大多数政策网络分析家使用的重要概念;第二部分总结了政策网络和政策领域诸观点的起源;第三部分描述了最近的经验研究;第四部分讨论了集体决策的形式网络模型的发展;结论部分就政策网络分析的未来走向提出几点建议。

政策网络的一些重要概念

与任何社会网络一样,**政策网络**(policy network)也由一组有边界的行动者和将这些行动者联系起来的一组或多组关系构成。尽管政策网络行动者可以是个人,但是如果在国家和国际的层面上分析,更典型的行动者则是正式组织,如
210　政党、立法机构、执法机构和利益集团组织等。例如,Kenis 和 Schneider(1991)将政策网络定义为一组公共的和私人的法人行动者,它们通过沟通性的关系相连接,以便交换信息、专门知识、信任和其他政治资源。与之密切相关的另外一个概念是**政策域**(policy domain),其边界是通过行动者的相互承认而社会地建构起来的,即行动者都承认自己对政策事件的偏好与行动必须被其他领域的参与者考虑到(Laumann and Knoke,1987:10)。更正式地说,政策域是任何一种这样的子系统,即该子系统"通过具体说明一个被实质地定义了的标准而得以确认,这个标准便是在一系列作为结果的行动者之间要彼此相关或有共同取向,这些行动者关切着行动(即政策选择)的选择、制定和倡议过程,其目的是要解决所关注的实质性划界问题"(Knoke and Laumann,1982:256)。政策域的例子包括国防、教育、农业、福利(Knoke and Laumann,1987:10)、健康、能源和交通等(Burstein,1991:328)。政策域可以勾画出一个有界系统,其成员通过多重政策网络连接起来。承认这一点,就将政策网络和政策域这对孪生概念结合起来了。

社会网络理论假定,其基本分析单位是一种连接社会系统成员的社会关系(它是某种特定类型的关系)。网络行动者之间关系存在与缺失的模式构成了其社会的结构。此外,"组织行动者被嵌入在更大的结构网络之中,他们的感知、态度和行动为这个网络所形塑,行动者的行为反过来也会改变这些网络结构"(Knoke,2001:63-64)。这些假定将分析者的注意力集中于多类组织之间的关系上,而这些关系对解释政策领域的社会结构、理解单个组织层面及整体政策域层面的后续行动来说是重要的。Knoke(2001:65)认为,研究者应该考虑如下五类基本的**组织间关系**,其中每一类关系都可能揭示出一个独特的网络结构:资源交换、信息传输、权力关系、边界渗透和情感依附。尽管政策网络中的资源交换(如金钱或人员)一般说来是自愿的,不过有时政府授权——立法或行政法规——也会强加并强化组织间的联系。组织之间信息传输的范围广泛,从科技数据到政策建议和观点。不对称的权力关系与其说依赖于强制力量,不如说依赖于对权威当局所发布的命令的理所当然的信念以及期望的顺从(韦伯式的合法性权力)。在强加和巩固某领域的利益方面,公共部门的权威通常比私人部门的组织拥有更大的权力。边界渗透涉及两个或多个行动者协调其行动来实现共同目标(Knoke,2001:65),经典的例证是下一段讨论的游说联盟。最后,情感依附是指主观的、感情的依属,它在行动者之间产生团结和互助,例如,工会提供相互政治支持的情感倾向。

　　游说联盟(lobbying coalition)涉及两个或多个行动者自觉的协调性活动,从而影响一项政策决定。联盟围绕一个具体的**政策事件**而形成,即对提出的一项立法草案、监管法规或法庭案件的裁决等作出有待处理的决定。联盟包括一组**行动集合**,其中的合作伙伴对任一事件都有相同的政策倾向,他们通过交流网联系起来,并且会协调他们的游说和其他能够影响政策的活动(Knoke,1996:22)。尽管一些组织各自尝试劝说立法者或定规者选择有利于其利益的政策,但是当这些组织把它们的物质和政治资源集中起来形成一个联合的政策战的时候,其成功的可能性会更大。相对于不太同步的、资源较少的反对者联盟来说,在权力强大的联盟成员之间做有效的劳动分工,能够提高团队对于政策性事件结果的政治影响力。成员们将他们的力量和专门知识联合起来,就能够采用更大范围的政治影响战术。例如,董事会成员协会可以动员更多的成员给立法者写信和发邮件。配备了精良研究人员的组织在与政府官员的私人会面中,在公共立法或监管听证会的证词上,都能够给出更加令人信服的证据。游说既非政治行贿,也非公开的报偿性的交易(Browne,1998)。相反,联盟要想产生政策影响,需要将其最具有说服力的案例呈现给最终的决策机构:游说者向政策制定者提供具有说服力的信息、实质性的技术分析、提议的政策性语言以及政治上的准确论断,以此来说明为什么他们应该支持联盟者偏好的解决方案而不是支持反对者的显然是如此低劣、站不住脚的政策选择。

　　通常情况下,游说联盟是用短期努力来影响一个具体的、狭义界定的政策事件的结果。在公务员提交一项决策之后,联盟的成员通常要分散开来追逐各自的议程项目。虽然一些组织也许会依据随后的政策事件而再次聚合,但是大多数联盟都涉及不同的参与者群体,他们为影响其利益的实质之物所吸引。“情知不是伴,事急且相随”(politics makes strange bedfellows),该警句表明,先前是敌人而现在就双方共同关注的事件而一起工作,这种偶然事件是可能发生的。例如,自由派和保守派都反对布什总统在美国内部实施非法窃听,认为这是对美国人公民权利的严重侵犯。然而,大多数游说联盟涉及的组织在范围广泛的利益、身份或意识形态关注等方面都有类似的偏好,这些将指导他们对政策立场进行政治上的计算。广泛和持久的分裂经常出现在政策域内部;例如,劳动政策中的企业与工会、农业政策中的生产商和经销商、健康政策中的医药企业和消费者(Heinz et al.,1993)。通常来说,只有对某个政策问题产生普遍兴趣的组织子集合才会主动加入联盟,以实现具体的政策事件结果(Knoke,2001:351-56)。两个基本的研究问题是:参与联盟的组织在多个政策事件上有重叠,如何最好地描述和测量由此产生的网络结构? 如何更好地解释联盟参与者的社会凝聚和集体行动是否会导致特定的政策事件结果? 接下来的两节将对回答这些问题的最初努力进行回顾。

211

政策网络与政策域研究

本节简要总结对政策网络和政策域进行理论化和研究的各种努力(至于更广泛的回顾,参见 Knoke,1998;Granados and Knoke,2005;Robinson,2006)。下面三小节讨论美国、英国、德国政策网络的独特视角的起源。

美国

公共政策的网络分析法起源于 Edward O. Laumann 和 Franz Urban Pappi (1976)在《社区精英研究的新方向》(*New Directions in the Study of Community Elites*)中开展的社区权力研究。他们展示了连接一个德国小城里所有精英的多重网络是如何促进并制约其集体性力量以影响社区政策的。在伊利诺伊州的两个中等城市里,他们使用这种方法进行复制研究,揭示了占据网络中心位置的组织在社区事件决策上有更大的影响力,在政治争论中更可能动员行动,在 公 共 政 策 争 论 中 更 可 能 实 现 其 偏 好 的 结 果 (Laumann et al., 1978; Galaskiewicz,1979)。Laumann 和 Knoke 在《组织式国家》(*The Organizational State*)(1987)一书中,将对权力结构的网络分析扩展到国家政策领域,并将后者概念化为正式组织(而非精英个人)之间的多元网络。它们的联系使敌对的利益组织联盟起来动员政治资源,以便集体地争取对特定公共政策的决策施加影响。用组织之间的信息、资源、声誉和政治支持构成的多重网络模式来揭示国家权力结构,这些组织的政策利益部分是重合的,部分则相反。对美国、德国、日本的劳动政策领域进行比较时(Knoke,1996)则发现,在交流网络(用政策信息的交换来测量)和支持网络(用资源的交换来测量)中都处于中心位置的组织有更高的声誉,就像在劳工政策上极具影响力的人一样。两个网络的中心度导致它们参与到六类政治影响活动的大量立法事件中,包括与共享相同政策偏好的其他领域的组织进行联盟。在美国和德国,沟通中心度比支持中心度对组织的声誉和政治行动有更大的影响,但是在日本则相反(Knoke et al.,1996:120)。大多数国家的劳工政策斗争都是由相对小型的行动集合开展的,在这三个国家中,工会与商业协会组成了基本的联盟领袖。这些派系在立法草案上通常持相反立场,也几乎不合作,即便是在他们对政策结果持有相同偏向的极少数情况下也是如此。

英国

英国学者试图根据其分化的多元论者和企业家特征来确定国家政策网络结构的维度(Rhodes,1985,1990;Atkinson and Coleman,1989,1992;Jordan and Schubert,1992)。从 1980 年代开始,随着环境和健康这样的国家政策领域中的问题日益复杂,英国的政策制定开始远离根深蒂固的影子政府(entrenched subgovernments)(即在国家部长级层面上的政策领域),因为影子政府严格地控制着一致认可的政策议程。在他们那里,更具有流动和不可预知的网络出现在 212 农业、民用核动力、青年就业、吸烟、心脏病、海上防御和信息技术这样的政策领域(Richardson,2000:1009-11)。英国政治学家详述了一个自组织群体的政策社群(policy community)模型,它吸引了政府科层制和相关的压力组织中的政策参与者(Wilks and Wrights,1987;Rhodes,1990;Jordan,1990)。到了 1990 年代,越来越多的政府间管理、新型的公共管理实践和"掏空的"(hollowed out)政府部门推动网络成了英国人类服务部门的持久属性(Rhodes,1996)。

Marsh 和 Rhodes(1992)提出了一个利益调停模型,它强调的是参与政策过程的政府部门、压力群体和非正式人员之间的结构关系的重要性。他们的方法贬低了人际关系的重要性,在政策网络与政策结果之间呈现出一个静态的、单一方向的关系。批评者(Dowding,1995,2001;Raab,2001)认为,政策网络研究缺乏一种理论基础,不能解释网络转型。作为回应,Marsh 和 Smith(2000)提供了一个辩证变迁(与稳定性)模型,该模型涉及三种交互影响,它们发生在政策网络及网内运作的能动者、网络及其社会环境、网络及政策结果之间。他们用该模型的因果及反馈的相互关系来解释 1930 年代以来英国农业政策的转变。例如,1930 年到 1947 年,当全国农场主联合会(National Farmers' Union)与政府官员互动,并且知道了在经济环境改变时应该提出什么样的要求时,他们对政府价格支持的偏好就越来越强了。Marsh 还用这个辩证模型来解释英国在转基因食品和农作物政策上的改变,揭示了"局外人"的环境群体在强迫转基因食品从超市货架上消失方面所具有的力量(Toke and Marsh,2003)。最近,Kisby(2007)还倡导到,要将"程序信念"(programmatic beliefs)作为先行观念情境加入 Marsh 的辩证模型中去。

德国

Franz Pappi 和 Edward Laumann(1973)就上文讨论的社区权力结构上有过合作研究,Lehmbruch(1984)对德意志联邦共和国(Federal Republic of Germany,FRG)重新统一之前的企业家政治进行过分析。从这些研究中可以看出,德国政策网络分析的视角根植于美国的研究。依据连锁政治(interlocking politics)的研究(Scharpf et al.,1976),Lehmbruch 将组织间网络之网描绘成一个重要的制度性限制,它使集体政策行动保持平衡。与法国和英国这样比较集中化的民族国家相比,德国则类似于美国的联邦政府体系。在该体系里,面对中央政府,各州(Länder)保持着重要的政策权力。联邦德国企业家的**协作**涉及不同利益组织(私人部门组织、州和联邦机构、政党)之间的一般化交换,创建了自主的、部门性的政策网络的连锁系统,该系统在总体上非中心化的网络中得到整合(Lehmbruch,1989)。经济政策网络的目标指向是实现国家的同质性,尽管地方政策网络的力量明显在日益增强。利益集团的谈判和适应能力优于联邦德国等级制的中心化。Lehmbruch 的重要洞见(即机构塑造了政策网络的具体形式和动态)在很大程度上被后来的研究者忽视了,他们大多数都在单个政府系统内部探究政策域。

　　美国和英国将政策网络概念化为利益集团和政府之间的基本调停结构,相比之下,很多德国学者倾向于将政策网视为一种新的治理形式。也就是说,政策网络是以下两种治理制度的备选,一是中心化的权威等级;二是有效解决国家与公民社会之间政策冲突的放松管制的市场(Borzel,1998)。特别是在超国家的欧盟政策领域,政策网络的扩大反映出国家-社会关系的某些趋势:在公共和私人组织之间的资源越来越分散;对新政策领域的详细阐述需要有集体决策;政府的负担过重,依赖于与私人组织的合作,因此在政策制定和执行过程中必须考虑到213　私人组织的利益(Kenis and Schneider,1991;Schneider,1992)。当彼此依赖但非等级制的组织之间有结构化的互动时,政策网络就会促使其成员协调利益,共享和交换资源,就政策提案进行协商。当不存在一种能强加其倾向性政策解决方案的中央官方机构时,(基于交流、信任、支持、资源交换和其他组织间的关系而形成的)合作性政策模块就构成了非正式的制度化框架,以便进行复杂的商议并达成集体的政策性决策(Marin and Mayntz,1991;Mayntz,1993;Benz,1995)。这个分析框架构成了欧洲人决策的正式网络决策模型,我们将在下文中进行讨论。

　　Volker Schneider 对德国和欧盟危险化学品、电子通信政策领域进行了比较研究,举例说明了如何将德国式的政策网络概念转化为独特的治理模式(Schneider,1986,1992;Schneider et al.,1994)。他发现,公共决策过程中指派私人部门的行动者有多种治理机制:从制度化的正式咨询部门到劳动委员会,再到非正式的隐蔽群体。在德国重新统一之后的 1990—1994 年,前东德造船业和巨型钢铁企业施行了私有化。一项对这一过程所作的研究发现,密集的横向沟通和中等程度的等级权力网络成了新出现的治理结构(Raab,2002)。正如德国的宪法规定和组织之间的报告要求所表明的那样,在利益相关的公共和私人组织之间的网络关系形成方面,以及就东德工业财产的私有化或关闭进行多边协商方面,正式的制度规则都是占据主导的影响因素。

近期的政策网络研究

　　关于政策发展和成果的可检验命题可以构成严格的理论,最初对政策网络和政策域的研究未能形成这样的理论。早期的研究使用的术语不精确,类型也多,在很大程度上依赖于隐喻和描述(Burstein,1991;Dowding,1995)。有时,分析者似乎不确定是否将政策网络当作主要因变量或自变量(Mikkelson,2006:18),即主要目的是解释政策网络的形成还是解释集体行动与政策结果的网络动态后果。但是这些早期的研究努力引入了大量的网络概念、原则、测度和方法,激发了这一领域的研究,为后续的进展奠定了基础。在这些研究的基础上,本节简要考察最近的美国、欧洲和非西方国家的政策网络研究的例子,并进行跨国层面的分析。

美国的政策域研究于 1980 年代进入全盛期,随后进入休整阶段,因为其开创者将研究注意力转到了别处。然而,当一些政治科学家考察已有的研究或在新的方向上扩展政策领研究时,这种研究就显示出复苏的迹象。例如,通过对 Laumann 和 Knoke 的健康政策域数据进行再分析,表明了当该领域对政策信息的需求增加时,利益组织就会投入更多的时间和资源,以便能与其信任的政治盟友建立更强的交流关系,而不是追求更广的熟人策略(Carpenter,2003)。但是,强关系往往在派系内部形成,它无法像派系间的弱关系那样将新信息快速传出去。由于在最需要之时却无法高效率地传播信息,强关系策略容易带来网络故障,“政策社群容易破裂成为一些不能共享信息的竞争性派系”(第 433 页)。

其他政治科学家研究政治体制和政策网络之间的关系。地方的治水政策网络催生了地方机构,这些机构加强了联邦《清洁水法案》(*Clean Water Act*)在 1994 年到 2000 年的执行和遵守,甚至在那些易于破坏这些努力的保守地区也有促进作用(Scholz and Wang,2006)。Lubell(2007)发现,对涉及农业用水政策组织的政策信任与萨克拉门托河(Sacramento River)流域农民对核心政策的信念之间存在强关系,这标志着政策领域的分水岭。在国家层面上,在那些有一个主导性的国会委员会或涉及一个领导性的联邦机构的领域中,有 18 个政策域的政策凝聚度(用问题集中度、利益集中度、政策目标来衡量)最高(May et al.,2006)。针对生物技术政策领域的比较研究发现,美国将该领域拆分为不同的农业和食品网络,它们共享关键的行动者;而加拿大将该领域拆分为管理生物技术推广的网络和另一个专注于环境和健康风险评估的网络(Montpetit,2005)。这些国家层面上的结构性差异所导致的一个后果是使美国具有更为宽松的监管环境。尽管对美国政策领域持续的经验研究令人鼓舞,但是没有人能给出全面的、新的理论框架以整合并激励进一步的研究。

与美国的静态场面相比,欧洲的政策网络研究近年来激增,并扩展到新的国家和超国家的欧盟。活动的增加伴随着研究向更广泛领域的转移:从政府到治理过程;从单一中央政府到多层决策;从自上而下的等级结构到自下而上的协商;从国家到超国家及地方各级的分析层面;从政策形成到政策实施。针对英国一家新医院建设的一项个案研究得出结论认为,多层政府中的实施网络破坏了民主选举产生的地方官员问责制(Greenaway,2007)。相比之下,对两个地方社群可持续发展的研究发现,当国家积极操控网络时比国家退出其中心位置时有更广泛的参与(Hudson et al.,2007)。在德国,出现了作为选择性游说(selective lobbying)的国家-社会关系“游说主义”(lobbyism)范式,它取代了倡导利益的制度化社团主义(institutionalized corporatist)形式(Von winter,2004)。德国统一之后,联邦与地方当局的重新定位和越来越多利益集团的出现引起了德国扶贫政策网络的结构性变化(von Winter,2001)。在欧洲的其他国家,学者们研究了各类政策网络,包括法国和荷兰的城市政策(Le gales,2001;De Vries,2008)、希腊的乡村发展(Papadopoulos and Liarikos,2007)、瑞典的能源政策(Kriesi and Jegen,2001)和捷克的社会福利(Anderson,2003)。

　　欧盟政策决策分析家强调政策网络的重要性,领域包括诸如高等教育(Lavdas et al.,2006)、转基因食品(Skogstad,2003)和行业监管(Coen and Thatcher,2008)。对七个西方国家中的三个政策领域(欧洲一体化、农业和移民)的比较研究强调了欧盟情境的重大影响和国内具体领域权力结构的条件性效果(Kriesi et al.,2006)。对整合领域的块模型分析揭示了独特的联盟和分裂,这意味着理论的目的必须旨在"理解具体国家及具体政策情境下的综合性影响"(第358页)。下一节讨论的一些形式模型针对的是欧盟成员国之间就立法决策进行的协商及谈判。

　　与在发达民主社会中进行的研究项目相比,非西方国家的政策网络分析则少得多。少量现有的报告主要是描述性的而不是有理论引导的研究。一些最近的实例包括智利的自由贸易谈判(Bull,2008)、埃及和埃塞俄比亚的水资源政策(Luzi et al.,2008)、墨西哥的林业政策(Paredes,2008)、韩国和中国台湾等国家和地区发展(Kondoh,2002)。显然,要扩大对政策领域的跨国研究,存在着大量的机会。

　　就识别和描绘全球的或国家间的政策网络来说,其他学者则进行了试探性的但却大有希望的研究(如 Witte et al.,2000;Benner et al.,2004)。这些网络涉及重要组织之间的关系,这些组织要应对跨界的政策问题;例如,全球贸易、瘟疫和流行病、贩运非法物资和濒危物种、气候变化。联合国的组织和机构综合体组成了一个网络,该网络在很多政策领域中都可以跨国达成(Reinicke and Deng,2000)。许多国家政府、私营部门和非政府组织(NGO)也置身这些政策网络中。在这些权力结构中,关键人员通常由国际组织和机构组成,他们拥有有限授权和正当权力来制定并执行领土之外的规则和标准(例如,世界贸易组织、国际货币基金组织、国际濒危物种贸易公约)。Goldman(2007)描述了世界银行是如何推动跨国水资源政策网络的建立的,该网络将环境和发展方面的非政府组织与商业企业联系起来了。其后果是在少数跨国公司的控制下,非洲、亚洲和拉丁美洲的供水迅速私有化。相比之下,对公司主导的经济全球化来说,跨国倡议网络充当了平衡力量。这些联系松散的网络会调动基层活动家、社会运动和其他公民社会组织跨越边界,迫使政府和企业改变其政策和做法。著名的实例包括全球基金会(Global Fund)的抗击艾滋病、结核病、疟疾;获取基本药物的运动(Campaign for Access to Essential Medicines)(Kohlmorgen et al.,2007);在西雅图、达沃斯和热那亚发起的关于人权、选举监督和反全球化的抗议活动。

形式的网络决策模型

　　这里有一个长期的理论挑战,即抛弃通用的隐喻,用严格的社会网络分析原则来构建公共决策的形式模型。形式模型尝试阐释的是,对所提出的法案和法规的有约束力的决策是如何在集体行动系统(如立法机关、法院、监管机构)内部通过信息交流、政治资源库、联盟、投票交易以及其他动态的政治互动而出现的。例如,互投赞成票(log rolling)(分肥政治)(pork-barrel politics)是一位立法者同意为另一个法案而投票,目的是换取对方的赞成票。或者立法者可能在一个不太重要的法案内容上作出让步,以换取对方支持自己所关注的重要问题。

网络决策的形式模型通常用矩阵代数表达式来表示,它假设一组政策领域事件的集体结果(如立法法案)是涉及资源交换的,这些资源被对特定事件的结果产生各类切身利益的政策行动者所控制。权力大的行动者动员并部署自己的政治资源去影响权力小的行动者的行动,使后者依赖于前者,从而使权力大的行动者增加了实现其所偏好的政策结果的能力。基于这样的一些假设,下面一小节会讨论各种值得注意的构建形式模型的努力。如果不诉诸一些简单的矩阵代数表示法,就不能准确地描述这些模型。

社会影响模型

这些模型也称为网络影响或传染模型,显示的是行动者之间的网络关系如何相互形塑个人的信念和行动。这里的一般性假设是,网络中两个行动者的距离越近,其中一个行动者的反应越有可能因另外一个行动者的行动而做出改变,这也许会在非故意或无意识的影响下发生(Marsden and Friedkin, 1994:4)。Friedkin(1984,2004)提出了一个确定性的、时间离散的线性过程模型,其中每个行动者的态度或偏好都会因其他行动者对他的某种影响(例如,直接网络关系)而调整。所有行动者的观点同时还取决于网络中的结构关系。用正式的矩阵代数术语表示,y 是行动者在时间 t 上的态度向量,W 是行动者的网络关系矩阵。公式 15.1 显示了在时间 $t+1$ 上的态度向量。Friedkin 和 Johnson(1990)对该模型加以推广,使之包括了自变量矩阵 X 和其回归系数列向量 b(如等式 15.2 所示)。

$$y_{t+1} = Wy_t \qquad (15.1)$$

$$y_{t+1} = \alpha Wy_t + \beta Xb \qquad (15.2)$$

一些研究结果与社会网络影响模型假定的效果相一致。在政策网络研究中应用社会影响模型的实例是 Mark Mizruchi(1989,1990),他证明,同在第一产业中运行的制造型企业往往会对相同的政治候选人予以资金支持。公司越处于相关的行业中,越会通过共享的银行和保险公司间接地关联起来,其行为的相似度就越高。

集体行动模型

在《集体行动的数学》(*The Mathematics of Collective Action*)(1973)一书中,James S. Coleman 将立法投票交易建模成为一个关于政策偏好的信息完备的开放市场,使行动者拥有对事件结果的报价(权力)。在市场均衡的情况下,存在着与其他立法者感兴趣的事件(即他对一组法案进行投票)相关的宝贵资源,立法者的权力与对这些资源的控制成比例。受权力驱动的行动者通过交换选票而寻求其主观期望效用的最大化,放弃对低利益事件的控制权,以换取对更高利益事件的控制权。我们来说明一下互投赞成票的过程:如果来自农业州的参议员 A 在价格支持法案上有较大的利益,而来自沿海地区的参议员 B 希望港口发展议案得到通过,这个二方组(dyad)就可能同意为对方投票。事实上,每个参议员都将对小利益事件的控制权转向对更重要事件的控制权。Coleman 的模型为整个立法提供的联立权力方程的解可用矩阵代数表示如下,P 是在所有的选票交换发生后的立法者均衡权力向量;X 是由投票决定的一组立法议案上的立法者利益矩阵;C 是每个立法者对每个事件的控制(即每个议案上每人一票)。

$$P = PXC \qquad (15.3)$$

网络获得模型

Peter V. Marsden(1983)修订了 Coleman 的市场交换模型,使得网络关系能够限制行动者获取潜在的选票交换。Coleman 的市场模型允许每个立法者同所有他者进行选票交易,相比之下,Marsden 则假定二方组选票交易有不同的机会。利益的兼容性(基于信任、意识形态或党派忠诚)也许会限制行动者子集,其中的立法者倾向于互投赞成票。这个网络获得模型的权力等式(如等式 15.4 所示)因包括获得矩阵 A 而不同于 Coleman 的模型,在这个等式里,如果行动者 i 和 j 之间可能出现选票交换,则 a_{ij} = 1,如果不发生交换,则 a_{ij} = 0。A 相当于社会影响模型中的网络关系矩阵 W。Marsden 通过对他的限定性网络获得模型的模拟揭示出:(1)行动者之间的资源交换水平降低;(2)权力重新分配给最有利的网络位置的行动者;(3)可能转向更有效率的系统(即总利益满意度更高)。

$$P = PAXC \qquad (15.4)$$

动态政策模型

Franz Pappi 提出了网络交换的制度获得模型(institutional access models of network exchange),该模型的设计是为了阐明利益集团是通过什么样的内在机制影响到组织式国家(organizational state)的决策的。这种研究区分了国家政策领域中的**行动者**(如利益集团)与**能动者**(如拥有投票权力的公共机构,诸如立法机构),将网络结构置于利益成分中(Pappi and Kappelhoff, 1984;Pappi, 1993;Könif, 1993;Pappi et al. , 1995)。行动者的权力来自他是否能接触到有效力的能动者,这些能动者是网络成员的一个子集(也就是说,能动者也可以是行动者,他们在一些事件结果上有自己的利益)。行动者或者通过部署自己的政策信息,或者通过调动能动者的信息来控制政策事件。基于动员的动态政策模型中的关键等式是等式 15.5,其中 K^* 是平衡时的事件控制矩阵(L 个行动者控制 K 个能动者的投票),W 是网络关系矩阵。基于资源部署可以给出该模型的备选模型,它将行动者的控制操作化为**确证**的(confirmed)政策交流网络,用还没有确认发送方的信息交换申请(即它是在系统中的独立性指标)的组织数来测量**自我控制**。

$$PXA = WK^* \qquad (15.5)$$

当 Pappi 及其同事用制度获得模型来预测美国、德国、日本的劳工政策域网络中的立法结果时,他们发现信息动员过程与美国的数据更为拟合,尽管部署过程更好地解释了德国的政策决策(Knoke et al.,1996:184)。在自由民主党派长期统治国会期间,这两个模型对日本具有同样的解释力。在所有这三个国家中,政府当局在执法和立法领域中都扮演着代理人的角色,是最有权力的行动者。这些组织的权力来源于对政策信息保持高度的自我控制,而这些信息则正是其他公共和私人部门的行动者所寻觅的。

动态访问模型

在 Frans Stokman 的动态访问模型中,集体决策的发生有一个二阶段过程,其中行动者首先互相选择他们偏好的政策,然后基于那些导出的偏好进行投票。具体说来:(1)每个行动者的政策事件偏好都受到与他们有网络关系的所有其他行动者的偏好的影响;(2)公职人员基于一组政策偏好来投票,这些偏好是在第一个阶段形成的,在这个阶段有可能发生有影响行动(Stokman and Van den Bos,1992;Stokman and Van Oosten,1994;Stokman and Zeggelink,1996)。等式 15.6 展示了这个动态访问模型的三个关键方程,其中 C 是对事件的控制,R 是行动者的资源,A 是对其他行动者的访问网络;X 是行动者在事件中的利益,S 是事件决策的显著性;V 是公职人员的投票权力,O 是预测的事件结果。

$$C = RA \qquad X = XCS \qquad O = XV \qquad (15.6)$$

Stokman 和 Berveling(1998)比较了另一种版本的动态访问模型所预测的结果与阿姆斯特丹的十项政策决策的实际结果。政策最大化模型要比控制最大化模型或二阶段模型的效应都要好。在最大化模型中,受政策驱动的行动者选择性地同意那些他们相信会最可能提高其政策地位的要求。由于意识到距离远的有权力的对手是不能轻易触及的,因此,行动者转而尝试影响同他们自己最相似的人。也就是说,行动者为了获得其偏爱的政策地位,会有意选择那些能够提高成功机会的影响策略,但当试图劝说别人支持他们的时候,却要避免改变其偏好(1998,第 598 页)。

217

动态访问模型被极为广泛地应用于欧盟(European Union)成员国之间在立法决策上所进行的制度化政治协商和谈判之中(Bueno de Mesquita and Stokman,1994;Thomson et al.,2006)。在欧盟的治理规则下,欧洲执行委员会(European Commission)(由 25 个成员国中每个成员国的一位委员长构成)或者向欧盟委员会(Council of EU)(由各国的部长组成,他们负责处理政策领域问题),或者向欧盟委员会和欧洲议会(European Parliament)(由欧盟成员国直接选举出的 785 个成员组成)提出政策提议。在多数表决制(qualified majority system)(即在欧盟成员国之间按人口规模分发选票)下磋商和投票之后,立法机构最终采纳或者拒绝提出的政策(Thomson and Hosli,2006:12-19)。在委员会的准备阶段或委员会及欧洲议会的决策阶段,不同的利益集团都会试图影响政策提议。Thomson 等人(2006)著述中的各章节将各类非正式协商和正式决策程序模型应用于从 1999

年到 2001 年的 66 个委员会提议和 162 个政策决议中。

　　与政策网络视角最相关的是对三个备选的两阶段模型进行比较,其中的行动者试图通过引导其他人支持自己的政策地位来建立赢家联盟(Arregui et al.,2006)。每个模型都是由持有不同政策偏好的行动者之间的首轮非正式协商构成的,这会导致一些行动者随着时间推移而改变其政策立场,随后便是采纳政策的正式投票阶段。简单的**和解模型**(compromise model)(Achen,2006)要追溯到修昔底德(Thucydides)对伯罗奔尼撒战争(Peloponnesian War)时期城市与国家之间权力平衡的分析,他把政府机构视作重要的行动者,它们的相对权力可决定政策结果。在非正式协商期间,如果行动者共同的政策利益高于他们相异的偏好,那么一些行动者就会基于令人信服的信息和劝说来改变自己的政策立场。然后,使用纳什(John Nash)对协商博弈的解,就可以将政策决策预测为对行动者最偏爱的政策所做的加权平均,这里的权重可以用行动者权力与政策显著性之积来计算。在**挑战模型**(challenge model)中(Bueno de Mesquita,2002),基于非合作性博弈论中的理性效用最大化决策,行动者在非正式协商阶段会经历一系列潜在的敌对遭遇。在政策决策被正式采纳之前,联盟试图使用权力支配而不是有说服力的论据,以此迫使不同立场的其他行动者改变其政策偏好。**立场交换模型**(position exchange model)(Arregui et al.,2006)则假定行动者会在最后一轮投票阶段自愿改变其最初的偏好而支持其他人的立场,因为行动者在各对政策决策中进行的是互利的交换(即互投赞成票)。

　　分析人员最初发现,仅基于 16 个政策问题,挑战模型便能对决策结果作出最准确的预测(Bueno de Mesquita and Stokman,1994)。然而,当将这三个模型应用到包含 162 个欧盟政策决策的更大的数据库上时,整体上看,简单的和解模型在预测政策采纳时误差更少,尽管在统计上并不少于立场交换模型(Arregui et al.,2006:151)。立场交换模型对于两极分化的政策问题所作的预测更为准确;和解模型对于二值化问题的预测不准;立场交换模型在需要一致的和多数投票制的共同决策过程中预测的最准。尽管每个模型都捕捉到了被其他模型忽略的政策制定的一些方面,但是作者的主要结论是,和解模型最好地解释了欧盟的立法过程,在此过程中信息和劝说是最主要的,成员们愿意在它们的立场上和解,以达成共同的解决方案(Arregui et al.,2006:152)。

政策网络分析的未来发展方向

　　在过去的 30 年里,政策网络分析理论和研究逐渐摆脱了关于政治行动者相互联系的模糊隐喻,转而说明正式的网络概念、原则和数据分析方法,这能够产生关于网络形成、结构构成、集体行动和政策结果的重要洞见。下面的结论部分给出了我对政策网络分析未来可能走向的一些建议。

　　Raab(2002:581)有先见之明地问道:"政策网络来自哪里?"并且给出这样

的回答：宏观结构源于有意识地获取资源的微观决策。目前，研究者对于已经建构起来的政策领域内部常规性行为的认识比对政策网络的起源、发展和转变的认识要多得多。为了解释公民社会中的条件是如何导致了新的政策领域和组织间网络的，分析者应该根据历史的发展揭示出能动和结构之间的动态相互作用，尽管这一点很难做到。Knoke（2004）提出了一个关于国家政策领域的社会政治建构的临时框架。他以9·11恐怖袭击和光纤监视技术为例，认为"焦点性事件"和创新性事件扰乱了常规的安排。互联网是一个特别具有颠覆性的政治力量（Rethemeyer，2007），它可以产生新的政治资金和交流模式潮流。政策企业家对政策问题进行了重构，使之或者需要一种重要的重建过程，或者需要用足够的资源生成新的领域以便处理那些分歧。最终的结果是"对行动者、项目、程序进行新的制度性配置，以便在重构的实质问题上进行常规性的政策制定"（Knoke，2004：93）。为了检验这个模型，需要从档案文件中采集纵贯数据。

与大多数社会网络研究一样，严格的政策网络理论分析落后于其日益复杂的数据分析方法（Carlsson，2000；Raab and Kenis，2007）。然而，开发新的概念、命题和理论框架的机会是很多的。例如，政治资本在概念上类似于社会资本，可定义为个体行动者获得他者所拥有的资源的能力（Knoke，2009）。组织通过互相帮忙获得政治资本，例如工会把金钱和竞选活动的工作人员捐献给党派的政治家以换取对立法的支持（Hersch et al.，2008）。尽管很少从社会网络视角对政治资本进行明确的研究（很少的例外有 Siegel，2008；Sørensen and Torfing，2003），但是政治资本是能融入形式的网络决策模型中的。另一个建构理论的可能路径是将**倡导联盟框架**（advocacy coalition framework，ACF）研究中的洞见吸收到政策子系统中（Weible and Sabatier，2007）。与政策网络分析一样，ACF 倡导参与者要同与其共享政策偏好的盟友相协调，政策经纪人要在对立的双方中进行调节。ACF 提供了三个解释政策变迁的机制：外部冲击（external shocks）、"伤害性僵局"（hurting stalemate）和科技信息的累积。第三个理论发展选项是要与新制度主义建立起紧密的联系，特别是要通过如下方式，即确认正式的治理规则是如何限制非正式的网络实现其集体决策的能力的（Blom-Hansen，1997；Klijn and Koppenjan，2006）。

智识上成熟的政治网研究有其最终的标志，这个标志就是出现了一种独特的理论解释，它能够在每个分析层面上完全解释政策领域的起源、发展和政策结果。该理论应该能够产生出新的命题，并能用精确测量的网络概念和纵贯数据分析方法来检验这些命题。尽管这些迫切需要的理论现在看起来似乎是乌托邦，但是政策网络领域在过去的30年里还是展示出了令人深刻的印象，即突破性进展也许比任何人的合理预期都会更早地到来。

参 考 文 献

Achen, C. (2006) 'Institutional realism and bargaining models', in Robert Thomson, Frans N. Stokman, Christopher H. Achen and Thomas König (eds), The European Union Decides. Cambridge, UK: Cambridge University Press. pp. 86-123.

Anderson, L. S. (2003) 'Constructing policy networks: Social assistance reform in the Czech Republic ', International Journal of Public Administration, 26: 635-63.

Arregui, J., Stokman, F. and Thomson, R. (2006) 'Compromise, exchange and challenge in the EU', in Robert Thomson, Frans N. Stokman, Christopher H. Achen and Thomas König (eds), The European Union Decides. Cambridge, UK: Cambridge University Press. pp. 124-52.

Atkinson, M. M. and Coleman, W. D. (1989) 'Strong states and weak states: Sectoral policy networks in advanced capitalist economies', British Journal of Political Science, 19: 47-67.

Atkinson, M. M. and Coleman. W. D (1992) 'Policy networks, policy communities and the problems of governance', Governance, 5: 154-80.

Benner, T., Reinicke, W. H. and Witte, J. M. (2004) 'Multisectoral networks in global governance: Towards a pluralistic system of accountability', Government and Opposition, 39 (2): 191-210.

Benz, A. (1995) 'Politiknetzwerke in der horizontalen Politikverflechtung', in Dorothea Jansen and Klaus Schubert (eds), Netzwerke und Politikproduktion: Konzepte, Methoden, Perspektiven. Marburg, Germany: Schüren. pp. 185-204.

Blom-Hansen, J. (1997) 'A new institutional perspective on policy networks', Public Administration, 75: 669-93.

Börzel, T. A. (1998) 'Organizing Babylon: On the different conceptions of policy networks', Public Administration, 76: 253-73.

Browne, W.P. (1998) Groups, Interests, and U.S. Public Policy. Washington: Georgetown University Press.

Bueno de Mesquita, B. (2002) Predicting Politics. Columbus, OH: Ohio State University Press.

Bueno de Mesquita, B. and Stokman, F. (eds) (1994) European Community Decision Making: Models, Applications and Comparisons. New Haven: Yale University Press.

Bull, B. (2008) 'Policy networks and business participation in free trade negotiations in Chile', Journal of Latin American Studies, 40 (2): 195-224.

Burstein, P. (1991) 'Policy domains: Organization, culture, and policy outcomes', Annual Review of Sociology, 17: 327-50.

Carlsson, L. (2000) 'Policy networks as collective action', Policy Studies Journal, 28: 502-20.

Carpenter, D., Esterling, K. and Lazer, D. (2003) 'The strength of strong ties: A model of contact-making in policy networks with evidence from U.S. health politics', Rationality and Society, 15(4): 411-40.

Coen, D. and Thatcher, M. (2008) 'Network governance and multi-level delegation: European networks of regulatory agencies', Journal of Public Policy, 28: 49-71.

Coleman, J. S. (1973) The Mathematics of Collective Action. Chicago: Aldine.

De Vries, M. S. (2008) 'Stability despite reforms: Structural asymmetries in Dutch local policy networks', Local Government Studies, 34: 221-43.

Dowding, K. (1995) 'Model or metaphor? A critical review of the network approach', Political Studies, 43: 136-58.

Dowding, K. (2001) 'There must be an end to confusion: Policy networks, intellectual fatigue, and the need for political science methods courses in British universities', Political Studies, 49(1): 89-105.

Friedkin, N. E. (1984) 'Structural cohesion and

equivalence explanations of social homogeneity', *Sociological Methods and Research*, 12: 235-61.

Friedkin, N.E. (2004) 'Social cohesion', *Annual Review of Sociology*, 30: 409-25.

Friedkin, N. E. and Johnson, E. C. (1990) 'Social influence and opinions', *Journal of Mathematical Sociology*, 15: 193-205.

Galaskiewicz, J. (1979) *Exchange Networks and Community Politics*. Beverly Hills, CA: Sage.

Goldman, M. (2007) 'How "Water for All!" policy became hegemonic: The power of the World Bank and its transnational policy networks', *Geoforum*, 38: 786-800.

Granados, F. J. and Knoke, D. (2005) 'Organized interest groups and policy networks', in Thomas Janoski, Robert R. Alford, Alexander M. Hicks, and Mildred A. Schwartz (eds), *Handbook of Political Sociology: States, Civil Societies, and Globalization*. New York: Cambridge University Press. pp. 287-309.

Greenaway, J., Salter, B. and Hart, S. (2007) 'How policy networks can damage democratic health: A case study in the government of governance', *Public Administration*, 85 (3): 717-38.

Heinz, J.P., Laumann, E.O., Nelson, R.L. and Salisbury, R. H. (1993) *The Hollow Core: Private Interests in National Policymaking*. Cambridge, MA: Harvard University Press.

Hersch, P., Netter, J.M. and Pope, C. (2008) 'Do campaign contributions and lobbying expenditures by firms create "political" capital?', *Atlantic Economic Journal*, 36: 395-405.

Hudson, J., Lowe, S., Oscroft, N. and Snell, C. (2007) 'Activating policy networks: A case study of local environmental policy-making in the United Kingdom', *Policy Studies*, 28: 55-70.

Jordan, G. (1990) 'Sub-government, policy communities and networks: Refilling the old bottles?' *Journal of Theoretical Politics*, 2 (3): 319-38.

Jordan, G. and Schubert, K. (1992) 'A preliminary ordering of policy network labels', *European Journal of Political Research*, 21: 7-27.

Katzenstein, P. (1976) 'International relations and domestic structures: Foreign economic policies of advanced industrial states', *International Organization*, 30: 1-45.

Kenis, P. and Volker, S. (1991) 'Policy networks and policy analysis: Scrutinizing a new analytical toolbox', in Bernd Marin and Renate Mayntz (eds), *Policy Networks: Empirical Evidence and Theoretical Considerations*. Boulder/Frankfurt: Campus/Westview Press. pp. 25-62.

Kisby, B. (2007) 'Analysing policy networks: Towards an ideational approach', *Policy Studies*, 28: 71-90.

Klijn, E.-H. and Koppenjan, J. F. M. (2006) 'Institutional design: Changing institutional features of networks', *Public Management Review*, 8: 141-60.

Knoke, D. (1998) 'The organizational state: Origins and prospects', *Research in Political Sociology*, 8: 147-63.

Knoke, D. (2001) *Changing Organizations: Business Networks in the New Political Economy*. Boulder, CO: Westview.

Knoke, D. (2004) 'The sociopolitical construction of national policy domains', in Christian H. C. A. Henning and Christian Melbeck (eds), *Interdisziplinare Sozialforschung: Theorie und empirische Anwendungen*. Frankfurt: Campus Verlag. 81-96.

Knoke, D. (2009) 'Playing well together: Creating corporate social capital in strategic alliance networks', *American Behavioral Scientist*, 52: 1690-708.

Knoke, D. and Laumann, E. O. (1982) 'The social structure of national policy domains: An exploration of some structural hypotheses', in Peter V. Marsden and Nan Lin (eds), *Social Structure and Network Analysis*. Beverly Hills: Sage. pp. 255-70.

Knoke, D., Pappi, F., J Broadbent, J. and Tsujinaka, Y. (1996) *Comparing Policy Networks: Labor Politics in the U.S., Germany and Japan*. New York: Cambridge University Press.

Kohlmorgen, L., Wolfgang, H. and Sonja, B. (2007) ' Networks and governance. Transnational networks as a basis for emancipatory politics in global society?', *Peripherie*, 27(105-6): 8-34.

Kondoh, H. (2002) ' Policy networks in South Korea and Taiwan during the democratic era ', *Pacific Review*, 15(2): 225-44.

König, T. (1993) ' The impact of policy networks in a model of political decision making and public-private influence ', *Journal fur Sozialforschung*, 33: 343-67.

Kriesi, H. and Jegen, M. (2001). ' The Swiss energy policy elite: The actor constellation of a policy domain in transition ', *European Journal of Political Research*, 39(2): 251-87.

Kriesi, H., Silke, A. and Margit, J. (2006) ' Comparative analysis of policy networks in Western Europe ', *Journal of European Public Policy*, 13: 341-61.

Laumann, E. O., Galaskiewicz, J. and Marsden, P. V. (1978) ' Community structure as interorganizational linkages ', *Annual Review of Sociology*, 4: 455-84.

Laumann, E. O. and Knoke, D. (1987) *The Organizational State: A Perspective on the Social Organization of National Energy and Health Policy Domains*. Madison: University of Wisconsin Press.

Laumann, E. O. and Pappi, F. U. (1976) *Networks of Collective Action: A Perspective on Community Influence Systems*. New York: Academic Press.

Lavdas, K. A., Papadakis, N. E. and Gidarakou, M. (2006) ' Policies and networks in the construction of the European higher education area ', *Higher Education Management and Policy*, 18: 129-39.

Lehmbruch, G. (1984) ' Concertation and the structure of corporatist networks: Order and conflict in contemporary capitalism ', in John H. Goldthorpe (ed.), *Order and Conflict in Contemporary Capitalism*. Oxford: Oxford University Press. pp. 60-80.

Le Gales, P. (2001) ' Urban governance and policy networks: On the urban political boundedness of policy networks: A French case study ', *Public Administration*, 79: 167-84.

Lehmbruch, G. (1989) ' Institutional linkages and policy networks in the federal system of West Germany ', *Publius*, 19(4): 221-35.

Lubell, M. (2007) ' Familiarity breeds trust: Collective action in a policy domain ', *Journal of Politics*, 69(1): 237-50.

Luzi, S., Hamouda, M. A., Sigrist, F. and Tauchnitz, E. (2008) ' Water policy networks in Egypt and Ethiopia ', *Journal of Environment and Development*, 17: 238-68.

Marin, B. and Mayntz, R. (eds) (1991) *Policy Networks: Empirical Evidence and Theoretical Considerations*. Boulder, CO: Westview Press.

Marsden, P. V. (1983) ' Restricted access in networks and models of power ', *American Journal of Sociology*, 88: 686-717.

Marsden, P. V. and Friedkin, N. E. (1994) ' Network studies of social influence ', in Stanley Wasserman and Joseph Galaskiewicz (eds), *Advances in Social Network Analysis: Research in the Social and Behavioral Sciences*. Thousand Oaks, CA: Sage. pp. 3-25.

Marsh, D. and Rhodes, R. A. W. (eds) (1992) *Policy Networks in British Government*. Oxford: Clarendon Press.

Marsh, D. and Smith, M. (2000) ' Understanding policy networks: Towards a dialectical approach ', *Political Studies*, 48(4): 4-21.

May, P. J., Sapotichne, J. and Workman, S. (2006) ' Policy coherence and policy domains ', *Policy Studies Journal*, 34 (3): 381-403.

Mayntz, R. (1993) ' Modernization and the logic of interorganizational networks ', *Knowledge and Policy*, 6: 3-16.

Mikkelsen, M. (2006) ' Policy network analysis as a strategic tool for the voluntary sector ', *Policy Studies*, 27: 17-26.

Mizruchi, M. S. (1989) ' Similarity of behavior among large American corporations ', *American Journal of Sociology*, 95: 401-24.

Mizruchi, M. S. (1990) ' Cohesion, structural equivalence, and similarity of behavior: An approach to the study of corporate political power ', *Sociological Theory*, 8: 16-32.

Montpetit, E. (2005) 'A policy network explanation of biotechnology policy differences between the United States and Canada', *Journal of Public Policy*, 25(3): 339-66.

Papadopoulos, A. G. and Liarikos, C. (2007) 'Dissecting changing rural development policy networks: The case of Greece', *Environment and Planning C: Government and Policy*, 25: 291-313.

Pappi, F. U. (1993) 'Policy-Netze: Erschienungsform moderner Politksteuerung oder methodischer Ansantz?' *Sonderheft 24 der Politischen Vierteljahresschrift*, pp. 84-94.

Pappi, F. U. and Kappelhoff, P. (1984) 'Abhängigkeit, Tausch und kollektive Entscheidung in einer Gemeindeelite', *Zeitschrift fur Soziologie*, 13: 87-117.

Pappi, F.U., König, T. and Knoke, D. (1995) *Entscheidungsprozesse in der Arbeits- und Sozialpolitik. Der Zugang der Interessengruppen zum Regierungssystem uber Politikfeldnetze: Ein deutsch-amerikanischer Vergleich*. Frankfurt/NewYork: Campus Verlag.

Paredes, S. V. (2008) 'Policy networks and organizational change in Mexican forestry policy', *Gestion y Politica Publica*, 17: 101-44.

Raab, C. (2001) 'Understanding policy networks: A comment on Marsh and Smith', *Political Studies*, 49: 551-56.

Raab, J. (2002) 'Where do policy networks come from?' *Journal of Public Administration Research and Theory* 12: 581-622.

Raab, J. and Kenis, P. (2007) 'Taking stock of policy networks: Do they matter?' in Frank Fischer, Gerald J. Miller and Mara S. Sidney (eds), *Handbook of Public Policy Analysis: Theory, Methods and Politics*. London: Taylor & Francis. pp. 187-200.

Reinicke, W. H. and Deng, F. (2000) *Critical choices: The United Nations, Networks, and the Future of Global Governance*. Ottawa, Canada: International Development Research Centre.

Rethemeyer, R. K. (2007) 'Policymaking in the age of Internet: Is the Internet tending to make policy networks more or less inclusive?' *Journal of Public Administration Research and Theory*, 17: 259-84.

Rhodes, R. A. W. (1985) 'Power dependence, policy communities and inter-governmental networks', *Public Administration Bulletin*, 49: 4-29.

Rhodes, R. A. W. (1990) 'Policy networks: A British perspective', *Journal of Theoretical Politics*, 2(3): 293-317.

Rhodes, R.A.W. (1996) 'The new governance: Governing without government', *Political Studies*, 44: 652-67.

Richardson, J.J. (2000) 'Government, interests groups and policy change', *Political Studies*, 48: 1006-25.

Robinson, S. E. (2006) 'A decade of treating networks seriously', *Policy Studies Journal*, 34: 589-98.

Scharpf, F., Reissert, B. and Schnabel, F. (1976) *Politikverflechtung: Theorie unde Empirie des kooperativen Foderalismus in der Bundesrepublik*. Kronberg, Germany: Scriptor Verlag.

Schneider, V. (1986) 'Exchange networks in the development of policy: Regulation of chemicals in the OECD, EEC, and the Federal Republic of Germany', *Journal Fur Sozialforschung*, 26: 383-416.

Schneider, V. (1992) 'The structure of policy networks: A comparison of the "chemicals control" and "telecommunications" policy domains in Germany', *European Journal of Political Research*, 21(1-2): 109-29.

Schneider, V., Dang-Nguyen, G. and Werle, R. (1994) 'Corporate actor networks in European policy-making: Harmonizing telecommunications policy', *Journal of Common Market Studies*, 32 (4): 473-98.

Scholz, J. T. and Wang, C.-L. (2006) 'Cooptation or transformation? Local policy networks and federal regulatory enforcement', *American Journal of Political Science*, 50: 81-97.

Siegel, J. (2008) 'Contingent political capital and international alliances: Evidence from South Korea', *Administrative Science Quarterly*, 52: 621-66.

Skogstad, G. (2003) 'Legitimacy and/or policy effectiveness? Network governance and GMO regulation in the European Union', *Journal of European Public Policy*, 10: 321-38.

Sørensen, E. and Torfing, J. (2003) 'Network politics, political capital, and democracy', *International Journal of Public Administration*, 26: 609-34.

Stokman, F. and Berveling, J. (1998) 'Dynamic modeling of policy networks in Amsterdam', *Journal of Theoretical Politics*, 10: 577-601.

Stokman, F.N. and Van den Bos, J.M.M. (1992) 'A two-stage model of policymaking with an empirical test in the U. S. energy-policy domain', *Research in Politics and Society*, 4: 219-53.

Stokman, F.N. and Oosten, R.V. (1994) 'The exchange of voting positions: An objective-oriented model of policy networks', in Bruce Bueno de Mesquita and Frans Stokman (eds), *European Community Decision Making: Models, Applications and Comparisons*. New Haven, CT: Yale University Press. pp. 105-27.

Stokman, F.N. and Zeggelink, E.P.H. (1996) 'Is politics power or policy oriented? A comparative analysis of dynamic access models in policy', *Journal of Mathematical Sociology*, 21: 77-111.

Thomson, R. and Hosli, M. O. (2006) 'Explaining legislative decision-making in the European Union', in Robert Thomson, Frans N. Stokman, Christopher H. Achen and Thomas König (eds), *The European Union Decides*. Cambridge, UK: Cambridge University Press. pp. 1-24.

Thomson, R., Stokman, F.N., Achen, C.H. and König, T. (eds) (2006) *The European Union Decides*. Cambridge, UK: Cambridge University Press.

Toke, D. and Marsh, D. (2003) 'Policy networks and the GM crops issue: Assessing the utility of a dialectical model of policy networks', *Public Administration*, 81: 229-51.

von Winter, T. (2001) 'From corporatism to statism: Changes in the structure of the German poverty policy network', *Zeitschrift fur Politikwissenschaft*, 11: 1573-608.

von Winter, T. (2004) 'From corporatism to lobbyism: A change of paradigm in the theory and analysis of advocacy', *Zeitschrift fur Parlamentsfragen*, 35: 761-76.

Weible, C. M. and Sabatier, P. A. (2007) 'A guide to the advocacy coalition framework', in Frank Fischer, Gerald J. Miller and Mara S. Sidney (eds), *Handbook of Public Policy Analysis: Theory, Methods and Politics*. London: Taylor & Francis. pp. 123-36.

Wilks, S. and Wright, M. (eds) (1987) *Government-Industry Relations: West Europe, U.S. and Japan*. Oxford: Clarendon Press.

Witte, J. M., Reinicke, W. H. and Benner, T. (2000) 'Beyond multilateralism: Global public policy networks', *Internationale Politik und Gesellschaft*, 2: 176-88.

社会运动与集体行动 **16**

SOCIAL MOVEMENTS AND COLLECTIVE ACTION

◉ 马里奥·戴安尼(Mario Diani)

本章从两个不同的角度考察网络分析法与集体行动之间的关系。[1]首先介绍网络分析对于解决"集体行动"困境所作出的独特贡献,即网络嵌入性是如何影响人们参加集体行动的决定的。接下来考察作为联盟结果的集体行动者是如何出现的,广义地说就是个体如何有目的地建立关系。本章关注的是场域,即由多重组织与个人之间的互动构成的场域。结论部分给出了未来研究的几个领域。

虽然社会运动和集体行动的学者在研究中越来越多地采用网络概念和视角,可是他们对正式网络分析工具的使用仍然有限。因此,本文还包括那些没有遵循经典的定量方法而是注重质性观察的研究(即使在社会网络的"阳光地带年会"上,这样的研究现在也很有代表性。)相反,有关网络在社会进程中的角色已经有了更广泛的理论讨论,本章就甚少关注(相关例子,参见 Emirbayer and Goodwin,1994;Gilchrist,2000;Livesay,2002;Fine and Harrington,2004)。

社会网络与集体行动

个体效应

网络进程总是与政治行为分析者有关(Zuckerman,2005)。然而,自 1960 年代以来,这种关注已经太多,新一代学者(常常具有社会活动家背景)发现,先前的研究将集体行动解释为受到"个人病理学和社会解组"的驱动,这是不充分的,他们要与这种不充分的解释作斗争(McAdam,2003:281)。它激发的一种智识运动强调了行动主义是如何正常地嵌入丰富的社会关系情境中的。[2]

继而出现了一些研究,这些研究表明,与已经活跃之人有广泛的联系会促进社会参与(Booth and Babchuk,1969;Snow et al.,1980;Stark and Bainbridge,1980;McAdam,1986;Klandermans and Oegema,1987;della Porta,1988;Diani and Lodi,1988;Opp,1989;Opp and Gern,1993;Oegema and Klandermans,1994)。一些研究

表明,各个群体以某种方式整合到社会之中,对于依附于这样的群体中的个人来说,网络最重要,而对于孤立的个体来说,依附于拒世的宗派却最重要(Snow et al.,1980)。其他研究则表明,要想参与形式上有高要求的活动(无论是宗教的还是政治的),加入特定的网络最重要,而比较个人主义的、以市场为导向的,以及/或者对抗性较少的行动方式更可能在先前没有关系的情况下发生(Stark and Bainbridge,1980;Diani and Lodi,1988)。嵌入社会网络中不仅对招募成员(recruitment)来说很重要,而且还能阻止成员离开,支持成员继续参与(McPherson et al.,1992),并产生实质性的从众效应(Sandell,1999)。

223　关于社会网络在推动参与方面的重要作用,至今已经积累了很多的证据(文献回顾见 Crossley,2007)。例子的范围从罗马尼亚(Vasi,2004)和墨西哥(Holzner,2004)的当地社群,到英国的大学生网络(Crossley,2008);从和平运动(Nepstad,2004)、公民权利运动主义(civil rights activism)(Lowe,2007)到白人权力群体(Futrell and Simi,2004)。然而,最重要的是如下事实,即在过去的数年中,诸如"哪个网络确实可以解释什么?"与"在什么情况下某些特定的网络变得有意义"这样的问题不断得到完善。一些研究发现,先前的行动可以提高人际网络的中心度,这反过来会增强对后面活动的参与(如 Fernandez and McAdam,1988,1989)。预期的参与者个体网形式,即行动者所联络的其他行动者之间的关系分布与密度也同样重要。已经参与并紧密联系的相关他人数与参与的社会动机正相关(Sandell and Stern,1988)。人们也评估了招募情境所产生的影响。研究发现,在反主流文化的社区很弱的时候,具体的政治网络就显得尤为重要(Kriesi,1988:58;McAdam and Fernandez,1990)。当社区强大时,更多的人会通过人际友谊网络或者通过包括自我申请在内的其他渠道被招募。但是,我们也可以找到相反情况的事例,其社会环境(milieus)很少发生抗议,人们是通过与政治抗议间接有关的情境(context)中发展出来的交往者而实现动员的。人们可能嵌入各种情境中,从家长教师协会(Parent-Teacher Asociation,PTA)到运动俱乐部,它们不直接促进活动,而是为具有相似背景之人创造见面的机会,并且最终发展出联合行动(Ohlemacher,1996)。研究还发现,工作场所对人们流动的机会也产生了持久的积极影响(Dixon and Roscigno,2003)。

研究人员越来越多地认识到人们参与多个关系,其中的一些关系可能有助于参与,另外一些关系可能起阻碍作用。如此看来,无论是嵌入组织关系中,还是与已经活跃之人保持强关系都未必能预测行动。如果潜在的参与者嵌入更广泛的组织网络中,且该网络与他们正考虑参与的活动或组织相一致,那么缺少直接关系这一问题可能就会得到解决(Kriesi,1988;McAdam and Fernandez,1990;McAdam and Paulsen,1993)。在宗教集会中,人与人之间也可能发生类似的机制(Becker and Dhingra,2001;Smilde,2005)。

在过去的几年里,我们越来越认为我们应该寻找机制而非相关性,即我们应该弄清楚网络究竟是如何起作用的,对参与到底有什么影响。Kitts(2000)区分了**信息、认同与交换**这几种机制。沿着类似的研究路径,McAdam(2003)确定了四种重要机制：招募尝试（recruitment attempts）、认同运动联系（identity-movement linkages）、积极与消极的影响尝试（positive and negative influence attempts）。Passy（2001，2003；亦见 Passy and Giugni，2000）区分了网络的**社会化、结构-连接及决策形成**功能。这些功能具体采取什么形式，取决于促进招募的组织有哪些特性及其在公共领域中的可见性。

总体效应

上一节的分析主要将网络位置视为一种个体属性，通过对教育、年龄、职业及地位的控制来评估其影响。然而，要想从结构角度解释参与，还需要分析者考察个体关系是如何组合成更复杂的网络模式的，是如何影响愿意为事业奉献的人们，或者是考察参与特定人群的强度的。在正式的建模和经验案例研究中，这些问题都得到了回应。Marwell 和 Oliver（1993；Oliver and Marwell，2001）使用形式模型[3]挑战了 Olson（1963）的著名论断，即只有小群体才能产生实质性的集体行动。他们重点强调关键人物（"组织者"）的关键角色，无论作为一个整体的群体规模有多大，他们都准备直面开启一个集体行动的成本。他们的模拟研究还发现，群体的中心势和其成员想要参与集体行动的倾向之间存在强正相关（Marwell and Oliver 1993：101-29），而**派系**的存在显然没有什么影响。Kin 和 Bearman（1997）发现，只有当对特定问题所产生的兴趣与行动者的网络中心度正相关时，集体行动才会发生。

网络的异质性似乎也很重要。在高度异质性的网络中，针对一个总体中特定子群体的选择性动员尝试要比在同质性网络中更有效（Marwell and Oliver，1992：130-56）。这一说法与更普遍的观点相一致，即招募成员策略的不同之处在于它如何平衡两种能力。一种能力是如何对待一个广泛且多样化的潜在参与者群体，另一种是如何用强信息来动员一个受限却有积极性的选民群体（**选择性**；参见 Friedman and McAdam，1992）。

从这种独特、系统的角度研究集体行动的动力也能够回答一个更为广泛的问题，即为什么网络最终是重要的？一些人强调，网络关系能够使人们计算其行动产生的影响（Kim and Bearman，1997）。公正规范在确定集体结果时也很重要。网络联系越紧密，集体行动的水平就越高，因为人们不想自己被看成是"搭便车者"（Gould，1993b）。如果最先开始集体行动的那些人在整个网络中处于核心地位，那么集体行动的参与率会骤然大增（Gould，1993b）。

Gould（1991，1993a，1995）率先对集体表现和网络变量之间的关系进行了经验研究。他在一项开创性的研究中表明，在 1871 年春的公社起义中，巴黎不同街区的集体行动水平可由街区[4]之间的组织性的和非正式的关系以及非关系性的属性（如街区的财富水平、工薪阶层居民所占比重以及白领中产阶级居民所占的比重）来解释。

Peter Hedström 及其同事也强调地理单元和动员过程之间的联系，但是重点放在传播过程而不是参与水平上。他们发现，空间接近性和由此产生的个人私交可能性的增加显著地影响瑞典工会和社会民主党组织在 1890 年至 1940 年的传播(Hedström,1994;Hedström et al.,2000;Sandell,2001)。Edling 和 Liljeros(2003)在分析新组织形式的传播中也提到了瑞典的工会。在扩展这一探究路径的过程中,Hedström 等人(2000)格外重视特定的积极分子(社会主义煽动者)在(不煽动就失联的)行动者群体和地区之间创建宏观网络时所起的作用。在给定地理距离或其他街区的社会民主党成员数相等的情况下,煽动者的来访以及地区之间的关系强度都会产生影响。在 1960 年代美国南方民权运动的传播过程中,坚定的积极分子起到了关键作用(Andrews and Biggs,2006)。

Centola 和 Macy(2007)坚持强关系与弱关系的经典区分,他们认为,弱关系实际上可能妨碍而不是促进复杂的感染(complex contagion)。在个人层面起作用的因素未必在集体层面起作用。在少有的一项对经验数据的应用研究中,Biggs(2005)表明,罢工的升级遵循幂律分布。他将该模型比作是"森林火灾",再次指出了(如 Centola and Macy,当然也包括 Hedström et al.,2000)空间接近性是扩散过程中的关键因素。

网络真的重要吗?

网络在招聘过程中起什么作用,人们从不同角度对相关的经验证据提出了质疑。有人捍卫崩溃/整合(breakdown/malintegration)论断,指出它仅指集体暴力和破坏性行为,而不是大多数集体行动理论家们在其研究中所包含的更为广泛且争议较少的行动形式(Piven and Cloward,1992:308-9)。最近的一些研究实际上在强调崩溃论者(breakdown theorists)所认同的某些机制的关联性。McVeigh(2006)指出,在美国,左派与右派激进群体的参与程度与难以处理的社会整合指标(如种族和宗教的异质性或收入不平等)显著相关。Anheier(2003)指出,"孤立成员"(即入党者与活跃的成员以前没有联系)在纳粹党的活动中很重要。或者如 Biggs(2006)所表明,在 1960 年代的美国南方,不满情绪比教会网络中的整合度更能解释个人参与民权运动的行为(亦见 Snow et al.,1980;Luker,1984;Mullins,1987)。

既然关系在群体与个人之间传播,网络命题就在很大程度上是同义反复的(Piven and Cloward,1992:311)。即便发现了存在网络效应,这些发现有时也是模糊的(Oliver,1984;Nepstad and Smith,1999)。分析者不应该只强调人们积极参与网络关系的那些案例,还应该关注那些有网络但不参与的案例(如参见Klandermans and Oegema,1987;Dixon and Roscigno,2003)。

非民主政权的国家对集体行动的兴趣逐渐增加,进一步质疑了网络在成员招募方面的作用,因为网络常常取决于公共协会的活动,而这些活动在这些情境中并没有受到公开压制,也没有受到鼓励。例如,Vala 和 O'Brien(2007)观察了中国基督教派的人员招募。他们表明,网络在人员招募中的作用比通常假定的要小,网络往往是招募的结果,而非前提。同样的迹象来自对中东地区(Bennani-Chraïbi and Fillieule,2003;Pedahzur and Perliger,2006)与中亚地区(Collins,2007)

的伊斯兰活动的研究。政治组织的招募也许有强制性,正如中美洲游击队组织的案例(Viterna,2006)所示,网络在这种情境下发挥的作用同样是模糊的。

在组织的群体动力学问题上也有类似的疑问。一项有关美国南部 1960 年春的民权运动扩散的研究显示,社会网络在扩散过程中发挥的作用有限,而运动组织和新闻媒体的活动家骨干起到了更加重要的作用(Andrews and Biggs,2006)。一项有关极端情绪问题的群众集会参与研究也得出同样的结论。该研究认为,媒体比社会网络发挥了更大的作用(Walgrave and Massens,2000)。Edwards and McCarthy(2004)考察了反醉驾母亲协会(Mothers Against Drunk Driving,MADD)的生存率。他们发现,弱关系很重要,从博客招募机制中出现的强关系对于组织的生存似乎没有多大贡献。

社会运动、联盟与组织场域

作为网络的社会运动

大规模集体行动一直是以网络的形式组织起来的(如可参见 Ansell,2001;Rosenthal et al.,1985,1997),社会运动的网络性质一直备受强调(Gerlach,1971,2001;Curtis and Zurcher,1973)。近年来,Diani(2003a;Diani and Bison,2004)提出了集体行动形式的关系类型学,关注行动者对协调和边界定义问题作出的不同反应。社会运动是集体行动者,其中的协调是通过形式上独立的行动者之间的非正式网络进行的,然而这些行动者都认同一个共同的原因,其强度可变。可以将这些运动与受不同行动逻辑驱动的联盟、组织和社区作对比(也参见Jackson,2006)。

在很多情况下,网络的动态变化仍然是完全非正式的。例如,在 1990 年代的环境正义运动中,许多草根群体倾向于通过非正式的网络策略而不是依靠严格的环保科层机构进行协调,这些机构获得了解释那些问题的"授权"(Schlosberg,2002:第 5 章)。然而,有时候,"网络组织"的混合模型却生长出来了(Powell,1990;Monge and Contractor,2003),它将正式元素与来自松散网络结构的那些元素结合在了一起。"网络组织"模型经常在跨国规模流动的组织中被发现(如 Anheier and Themudo,2002;Katz and Anheier,2007;Smith,2008)。

网络组织形式有利于建立联盟,反过来,人们发现它还可以增加利益组织的成功机会(Laumann and Knoke,1987:387;Knoke,1990:208);网络组织也可以促进思想和实践的扩散,并在某类有组织的群体中降低失败带来的负面影响(Gerlach,1971)。自 1980 年代以来,随着政党和其他既有形式的政治代表经历了合法化危机,网络也被视为一个令人满意的、比较正当的、民主的政治组织形式(参见 Dumoulin,2006;关于网络和民主理论,参见 Hadenius,2001:第3 章)。

另一方面,虽然松散的网络形式可以增加社会运动组织的可用资源,但也提高了不同组织单位和不同意识形态派别之间发生内部冲突危险的可能性(Kleidman,1993:39-40;Brooks,2004)。也因为这个原因,同更有科层制的组织相比,许多网络组织的寿命往往更短且不稳定(Anheier and Themudo,2002:192-93;Markham,2005)。

关系类型

强、弱关系的经典区别在传统上是被用于个人招募研究的,广义地讲被用于个人行为研究,但是这种区分也被用于研究组织网络。在公民社会中,不管依据地区性(如 Musso et al.,2006)、问题性(Baldassarri and Diani,2007),还是其他事物来作为参照定义集群,弱关系似乎最能充当不同组织集群之间的桥梁。虽然弱关系能较好地将公民社会联系起来,但它们的桥接功能通常不会超越信息交换或特定的联盟工作。另外,较强的纽带关系会促进集体行动,但是其代价是在公民社会内部再生产出不平等(Musso et al.,2006),或者是在没有或者很少有交流的集群中鼓励公民社会的分裂(Baldassarri and Diani,2007)。

强关系往往被概念化为组织交换的重合以及由个人活动家及他们的多重成员资格所提供的链接[有关该原则的一般性应用,参见 Simmel,1908(1955)];McPherson,1983;Cornwell and Harrison,2004)。考察个人如何通过其成员资格而将组织链接起来,就会产生关于社会运动背景结构的有用洞见。Carroll 和 Ratner(1996)分析了温哥华社会运动部门中的多重成员资格网络,将不同的结构位置同不同活动者的框架与表征关联起来。在研究纽约州 1840—1914 年的 202 个主要女性主义者的组织隶属关系时,Rosenthal 等人(1985,1997)将重叠的成员资格视为是组织之间的联系,他们的这种处理是最早且最系统的相关研究之一。由于有历时性数据,他们就能用图表描绘不同历史阶段的网络转换。他们既关注地方性的也关注全国范围的组织背景,还能解决核心-边缘关系问题以及妇女组织领域中的劳动分工问题。

大多数对个人-群体二元性的研究都关注核心人物与运动领袖。Schmitt-Beck(1989)研究了 1980 年代德国和平运动中的核心人物及其与教会、工会、大学、媒体及其他已有的社会政治组织之间的关系。Schurman 和 Munro(2006)也使用定性术语考察了欧洲农业的反基因工程运动。在塑造 1970 年代以来美国福音派领袖的期望和意识形态立场方面,人们发现除了宗教身份以外,有凝聚力的网络也发挥了重要作用(Lindsay,2008)。从历史社会学的角度看,Hillmann(2008)着眼于英国内战期间的政治和商业精英网络,而 Han(2009)则探讨了一些个体经纪人,最著名的是 Paul Revere 在美国革命中发挥的作用。

一些研究明确地提出了运动网络内部的多重关系问题。Diani(1995)区分了"可视"关系和"潜在"关系,前者包括组织间的交换,后者包括活动者的朋友关系和多重成员资格创建的关系。Baldassarri 和 Diani(2007)依据"交易"重新表述了强-弱关系二分法,它只包含资源交换和"社会纽带",后者将资源交换与共享成员结合起来(还可见 Lémieux,1998)。Park(2008)研究了韩国的环境运动结构,探讨了治理结构(用成员的重叠来确定)、知识结构(用组织之间共享的观念元素表示)和隶属结构(表示为共同参与事件)是如何在同样的情境中运作的。[5]

运动结构:运动网络内部的区隔与劳动分工

社会运动网络实际上可以采用差异很大的方式。Diani(2003a)基于如下两个基本维度提出类型学划分:网络中心势与去中心趋势、网络整合与区隔。由此产生四类网络:"轮形/星形"网络,它有高度中心性与整合性(见 Diani,1995,2003b,以及图 16.1);"多群"网(policephalous networks),包括多组不同的集群,各自的中心势可变,节点之间的平均距离大于轮/星形网络模型(例子参见 Phillips,1991);"派系"网络,它完全无中心并且高度整合,因为所有节点都彼此邻接(当然,在现实情况中最有可能出现 2-派系网络,因为节点不太可能与所有其他节点都连接);最后一个是"区隔、去中心化"网络,它包括不同的成分,每一成分都由横向的二方组或派系构成(Diani,2003a:306-12)。最近,Baldassarri 和 Diani(2007)为地方公民社会网络确定了一种"小世界"结构类型,该结构与随机网络相比有着紧密的集群互动,这些集群由少数桥接关系连接,整体上层级水平较低。

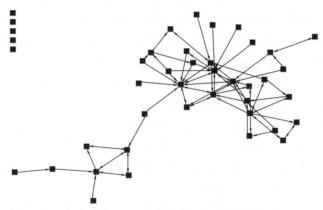

图 16.1　1980 年代中期米兰市环境运动的结构

通过考察整体网络的结构并特别注重中心度测量,也可以阐明社会运动内部领导动力学的某些方面。有关利益导向型组织的网络研究早已在网络中心度与影响之间建立了一种相关性(Brass and Burckhardt,1993),至于这是否也可以应用于非营利性的、经常倾向于抗议的组织网络,还存有争议。实际上,早期对社会运动的一种解释很有影响力,它指出,运动的本质是多头式(Gerlach,1971),甚至是无头式(acephalous)(Gerlach,2001)的网络。经纪人的角色在不沟通的社会情境中起桥接作用,这对全球规模的运动有特殊意义(Smith,2002,2005,2008)。其他研究也强调了运动网络的相对中心势(relative centralization)。Phillips(1991:779)的研究表明,中心度(centrality)而非资源能够解释加拿大妇女团体内部的效能感知(perception of efficacy)。Diani(2003b)发现,米兰的环境　227

群体中的高点入度值(high in-degree scores)可以由成员多重身份资格建构的社会资本来解释,而高经纪分值(high brokerage scores)则更多地依赖于组织资源。然而,从行动者网络理论(Actor Network Theory)的角度来审视这一问题时,其他学者(Routledge et al.,2007)却没有发现资源与中心度之间有关联。

然而,是什么导致了结构化模式? 运动网络产生于独立的行动者在以下方面作出的互不相关的选择:联盟伙伴、其专有的信息源,或者就个人而言要加入的组织或想归属的群体。事实上,特定的网络形式并不是深思熟虑计划的结果,而是临时的或权宜的结果(Padgett and Ansell,1993)。那么是什么决定了这些选择,即缔结联盟背后的原则是什么? 这已成为近年来许多研究的目标(Rucht,2004;vanDyke and McCammon,2010),然而这些研究很少利用社会网络分析工具(见 Ansell,2003)。

议事日程、时间、资源约束、路径依赖机制等方面是有差异的,与这种差异有关的实际考虑无疑对联盟的形成有显著作用。尽管对运动网络的易变性方面有不实之词,但是,在那些至少是由最重要的和最持久的组织作出的合伙人选择上,还是有着实质的连续性的。例如,Shumate 等人(2005)的研究显示,以前的关系可以解释国际非政府组织在人类免疫缺陷病毒(HIV)危机上的结盟。Diani(1995:152-62)发现,1980—1990 年代的米兰环保协会也如此。

尽管如此,无论是功能性的劳动分工还是路径依赖,都不能使我们全面理解运动网络的结构。我们还需要考察同质性机制,换言之,研究行动者及其信念系统和认同的哪些特征促进或阻碍了关系的建立。例如,环保、性别或公民权问题上的广泛联盟的发展可能受到文化差异强度的阻碍,反过来,文化差异强度又建立在种族、阶级或再建立在性别的基础之上,它们都在社区内运行,运动动员就应该发生在这些社区里(如 Lichterman,1995;Croteau,1995)。运动的行动者如何代表自己及其对手,无论他们所活动于其中的政治制度是怎样的,他们所卷入的冲突处于怎样的危机,这些也都会对潜在联盟的选择有多重影响(Diani,1995;Lichterman,1995;Lavalle et al.,2007)。

社会人口学过程常常塑造着网络的模式。让我们考察一下各种差异显著的族群隔离实例。当作为一个整体的美籍亚洲人与社会其他成员隔离时,美国泛亚洲集体行动得以发展的机会就似乎更多一些;如果隔离的模式在亚洲各子群之间体现得不均衡,那么泛亚洲人的合作机会就会减小(Okamoto,2003)。像新自由主义政策导致的那些社会经济系统的剧变也可能影响联盟的构建。例如,构建跨国联网的可能性会增加,而国内集体行动的机会可能会降低(Bandy,2004)。

结　论

在过去的几年里,网络概念在社会运动和集体行动研究中越来越得到关注。网络对于个体招募的贡献尤其得到了广泛的研究与批判性的讨论(Diani,2004);

相比之下,尽管有少数几个例外(Phillips,1991;Diani,1995;Ansell,2003;Diani and Bison,2004;Mische,2003,2008;Park,2008),社会网络分析工具在跨组织过程中的应用却相对很少。因此,下面我试着确定几个我认为更值得关注的问题作为本文的结论。

我们需要更认真地思考网络的空间维度,因为它不可能在真空中产生,而是嵌入具体的领域中(Hägerstrand,1967)。政治学者和城市地理学者已经倾注了很多力量去关注地方及全球层面的集体行动过程。然而,他们的大多数研究并没有利用社会网络分析工具(Cumbers et al.,2008;Leitner et al.,2008;Routledge,2003;Routledge et al.,2006,2007,2008;Nicholls,2008,2009),至于像 Hedstrom 等人的或 Gould 的分析研究则甚为稀有。

我们还应该更多地关注时间动力学和网络演变。与关注空间情形一样,对长时间跨度的研究受到资源限制的严重制约,最重要的是受到数据可获得性的制约。迄今为止,在个体网分析中,Ann Mische(2003,2008)采用历时角度作了最复杂的尝试,她探究了 1970 年代到 1990 年代巴西年轻活动分子的网络。Mische 通过不同活动分子同伴的多重成员资格,描述了网络随着时间推移的演变过程。为了实现这一目的,她开创性地应用加罗华格(Galois lattice)技术来研究集体行动过程(Mische and Pattison,2000)。这使她能够把个体、组织与事件的信息结合起来。David Tindall(2002,2004;Tindall et al.,2003)利用跨越 30 年的三阶段面板数据,描述了活动者(在这里主要是英国哥伦比亚环保活动者)随着时间推移而出现的职业演变,此类研究是很少见的。有一个比面板研究或生活史更经济的方法,它包括使用既有个体成员资格的调查数据,利用 2-模网的原则和技术(Breiger,1974;Borgatti and Everett,1997),或者是利用公民社会不同部分之间关系的历时态演变(例子见 Rosenthal et al.,1985,1997;也可见 McPherson and Rotolo,1996)。像美国综合社会调查(General Social Survey,GSS)或世界价值观调查(World Values Survey)这样可获得的调查数据也能被用于达到这一目标(有时已被使用:Cornwell and Harrison,2004)。

至于组织数据,历时性研究的主要障碍仍然在于难以确认有效数据源,利用这种数据源无须依靠核心成员数据就能描绘跨组织网络的演变。有时,媒体报告提及了特定组织参与的抗议事件,这样就可以依据这种报告来描述那些组织之间的关系,随后再依据 2-模网络的分析逻辑(Bearman and Everett,1993;Rootes,2003;Boudourides and Botetzagias,2007)。人们也挖掘了档案数据,用以描述不同历史背景下合作性的和冲突性合作者之间的互动(Franzosi,1999;Tilly and Wood,2003)。

我们还需要更多地关注社会网络分析在虚拟网络分析中的应用。在过去的几年里,以计算机为媒介的传播(computer-mediated communication,CMC)是能够创造出新的社会关系,还是只不过简单地扩展并放大了"真实的""面对面"的关系,这里有相当多的争议(关于电脑媒介传播和集体行动,除了其他文献之外,可参见 Walgrave and Massens,2000;Earl and Schussman,2003;Tilly,2004:95-108;van de Donk et al.,2004;della Porta and Diani,2006:131-34)。然而,用于网络分析工具的可用证据仍然罕见,至少在社会运动研究中就是如此。为数不多的例外是全球正义组织网站之间联系的研究(van Aelst and Walgrave,2004),以及全球通信权利动员的组织和活动家的研究(Mueller et al.,2004;Padovani and Pavan,2009;Pavan,2009)。

最后,必须有更多的理论建构和研究来考察情境(特别是其结构的、文化的和政治的特点)与网络结构之间的联系。情境与社会网络之间的关系只是在最近才得到社会网络分析的关注的(Entwisle et al.,2007)。在社会运动分析的案例中,情境的属性,特别是"政治机会"(Tarrow,1998;Meyer and Minkoff,2004)通常被用来解释个体的或聚合的行为。然而,它们是如何塑造互动模式的,这也值得研究。例如,Stevenson 和 Greenberg(2000)的研究表明,政治机会影响了行动者在政策网络中的网络策略。Cinalli 和 Füglister(2008)声称,行动者对失业问题的动员在不同欧洲国家产生了不同的联盟,这取决于集体行动的民族特点,它反过来又与政策制定的支配性指令和类型有关联。Carmin 和 Hicks(2002)考察了前社会主义国家中跨国网络对国内动员的影响。

这种逻辑可以适当地扩展到集体行动,传统的断裂的显著性会影响运动网络内部的区隔水平以及同盟关系的总体分布;同样地,抗议文化和技能的整体强度可能鼓励某些联盟,也可能给他人带来损害。有些研究指向了这个方向。例如,在 1980 年代的意大利,环保组织大多与在重大政治分歧上有相同立场的行动者联盟,只有当重大分歧的显著性减少时,相对整合的运动才会发展起来(Diani,1995)。20 年后,美国和平运动的活动家往往会加入不同的和平运动部门,这取决于他们的政党忠诚度(Heaney and Rojas,2007)。和平人士通过多次参与而在一些欧洲国家产生了网络,这些网络似乎也因已有分歧的显著性而不同(Diani,2009)。然而,其他研究发现,分歧的显著性与公民社会网络的结构属性之间无关(Baldassarri and Diani,2007)。需要重申的是,在我们就这一重要问题提出更坚实的理论断言之前,还需要进行更多的研究。

注　释

1.这里,我借鉴了该问题以前的处理方式并有所扩展,特别是 Diani(2003a,2004)以及 della Porta and Diani(2006)。

2.Pinard(1968),Bolton(1972),Oberschall(1973),Pickvance(1975),McCarthy 和 Zald(1977),Tilly(1978)。早期阶段的详细解释见 Diani(2004:340-43)。

3.有关将形式建模应用于集体行动动力研究的其他系统性尝试包括 Macy(1990,1991,1993)和 Heckathorn(1989,1990,1993,1996),最近的尝试有 Oliver 和 Myers(2003)和 Takacs 等人(2008)。虽然将形式理论应用于具体经验案例的分析比较少见(Gould,2003),但是上述研究实际上也引发了经验研究(例如,参见 Brown and Boswell,1995）。

4.对邻里之间的网络链接进行这样的测量,即 j 街区队伍招募的 i 街区居民人数除以从其他地方招募的居民总人数 i。其他联系指标包括不同地区居民的通婚率。

5.有关不同类型的连接在联盟过程中的作用,参见 Molm and Cook(1995)。

参 考 文 献

Andrews, K. T. and Biggs, M. (2006) 'The dynamics of protest diffusion: Movement organizations, social networks, and news media in the 1960 sit-ins', *American Sociological Review*, 71: 752-77.

Anheier, H. (2003) 'Movement development and organizational networks: The role of 'single members' in the German Nazi party, 1925-1930', in Mario Diani and Doug McAdam (eds), *Social Movements and Networks*. Oxford: Oxford University Press. pp. 49-74.

Anheier, H. and Themudo, N. (2002) 'Organizational forms of global civil society: Implications of going global', in Marlies Glasius, Mary Kaldor, and Helmut Ahheier (eds), *Global Civil Society* 2002. Oxford: Oxford University Press. pp. 191-216.

Ansell, C. (2001) *Schism and Solidarity in Social Movements. The Politics of Labour in the French Third Republic*. Cambridge: Cambridge University Press.

Ansell, C. (2003) 'Community embeddedness and collaborative governance in the San Francisco Bay Area environmental movement', in Mario Diani and Doug McAdam (eds), *Social Movements and Networks*. Oxford: Oxford University Press.

Baldassarri, D. and Diani, M. (2007) 'The integrative power of civic networks', *American Journal of Sociology*, 113: 735-80.

Bandy, J. (2004) 'Paradoxes of transnational civil societies under neoliberalism: The Coalition for Justice in the Maquiladoras', *Social Problems*, 51: 410-31.

Bearman, P. and Everett, K. D. (1993) 'The structure of social protest, 1961-1983', *Social Networks*, 15: 171-200.

Becker, P.E. and Dhingra, P. (2001) 'Religious involvement and volunteering: Implications for civil society', *Sociology of Religion*, 62: 315-35.

Bennani-Chraïbi, M. and Fillieule, O. (eds) (2003) *Resistances et protestations dans les societes musulmanes*. Paris: Presses de Sciences Po.

Biggs, M. (2005) 'Strikes as forest fires: Chicago and Paris in the late nineteenth century', *American Journal of Sociology*, 110: 1684-1714.

Biggs, M. (2006) 'Who joined the sit-ins and why: Southern black students in the early 1960s', *Mobilization*, 11: 241-56.

Bolton, C.D. (1972) 'Alienation and action: A study of peace group members', *American Journal of Sociology*, 78: 537-61.

Booth, A. and Babchuk, N. (1969) 'Personal influence networks and voluntary association affiliation', *Sociological Inquiry*, 39: 179-88.

Borgatti, S. P. and Everett, M. G. (1997) 'Network analysis of 2-mode data', *Social Networks*, 19: 243-69.

Boudourides, M. and Botetzagias, I. A. (2007) 'Networks of protest on global issues in Greece 2002-2003', in Derrick Purdue (ed.), *Civil Societies and Social Movements*. London: Routledge. pp. 109-23.

Brass, D. J. and Burckhardt, M. E. (1993) 'Potential power and power use', *Academy of Management Journal*, 36: 441-70.

Breiger, R.L. (1974) 'The duality of persons and groups', *Social Forces*, 53: 181-90.

Brooks, C.D. (2004) 'Faction in movement: The

impact of inclusivity on the anti-globalization movement', *Social Science Quarterly*, 85: 559-77.

Brown, C. and Boswell, T. (1995) 'Strikebreaking or solidarity in the Great Steel Strike of 1919: A split labor market, game-theoretic, and QCA analysis', *American Journal of Sociology*, 100: 1479-519.

Carmin, J. and Hicks, B. (2002) 'International triggering events, transnational networks, and the development of Czech and Polish environmental movements', *Mobilization*, 7: 305-24.

Carroll, W.K. and Ratner, R.S. (1996) 'Master framing and cross-movement networking in contemporary social movements', *Sociological Quarterly*, 37: 601-25.

Centola, D. and Macy, M. (2007) 'Complex contagions and the weakness of long ties', *American Journal of Sociology*, 113: 702-34.

Cinalli, M. and Füglister, K. (2008) 'Networks and political contention over unemployment: A comparison of Britain, Germany, and Switzerland', *Mobilization*, 13: 259-76.

Collins, K. (2007) 'Ideas, networks, and Islamist movements. Evidence from central Asia and the Caucasus', *World Politics*, 60: 64-96.

Cornwell, B. and Harrison, J.A. (2004) 'Union members and voluntary associations: Membership overlap as a case of organizational embeddedness', *American Sociological Review*, 69: 862-81.

Crossley, N. (2007) 'Social networks and extraparliamentary politics', *Sociology Compass*, 1: 222-37.

Crossley, N. (2008) 'Social networks and student activism: On the politicising effect of campus connections', *Sociological Review*, 56: 18-38.

Croteau, D. (1995) *Politics and the Class Divide. Working People and the Middle Class Left*. Philadelphia: Temple University Press.

Cumbers, A., Routledge, P. and Nativel, C. (2008) 'The entangled geographies of global justice networks', *Progress in Human Geography*, 32: 183-201.

Curtis, R. L. and Zurcher, L. A. Jr. (1973)

'Stable resources of protest movements: The multi-organizational field', *Social Forces*, 52: 53-61.

della Porta, D. (1988) 'Recruitment processes in clandestine political organizations: Italian left-wing terrorism', in Bert Klandermans, Hanspeter Kriesi, and Sidney Tarrow (eds), *From Structure to Action*. Greenwich: JAI Press. pp. 155-72.

della Porta, D. and Diani, M. (2006) *Social Movements*. Oxford: Blackwell.

Diani, M. (1995) *Green Networks. A Structural Analysis of the Italian Environmental Movement*. Edinburgh: Edinburgh University Press.

Diani, M. (2003a) 'Networks and social movements: A research programme', in Mario Diani and Doug McAdam (eds), *Social Movements and Networks*. Oxford: Oxford University Press. pp. 299-318.

Diani, M. (2003b) 'Leaders or brokers?', in Mario Diani and Doug McAdam (eds), *Social Movements and Networks*. Oxford: Oxford University Press. pp. 105-22.

Diani, M. (2004) 'Networks and participation', in David Snow, Sarah Soule, and Hanspeter Kriesi (eds), *The Blackwell Companion to Social Movements*. Oxford: Blackwell. pp. 339-59.

Diani, M. (2009) 'The structural bases of protest events. Multiple memberships and networks in the February 15th 2003 anti-war demonstrations', *Acta Sociologica*, 52: 63-83.

Diani, M. and Bison, I. (2004) 'Organizations, coalitions, and movements', *Theory and Society*, 33: 281-309.

Diani, M. and Lodi, G. (1988) 'Three in one: Currents in the Milan ecology movement', in Bert Klandermans, Hanspeter Kriesi, and Sidney Tarrow (eds), *From Structure to Action*. Greenwich, CT: JAI Press. pp. 103-24.

Dixon, M. and Roscigno, V.J. (2003) 'Status, networks, and social movement participation: The case of striking workers', *American Journal of Sociology*, 108: 1292-327.

Dumoulin, D. (2006) 'Usage comparé de la notion de reseau. Propositions d'analyse pour l' action collective', *Cahiers des Ameriques Latines*,51-52: 125-44.

Earl, J. and Schussman, A. (2003) 'The new site of activism: On-line organizations, movement entrepreneurs, and the changing location of social movement decision-making', *Research in Social Movements, Conflict and Change*,24: 155-87.

Edling, C. R. and Liljeros, F. (2003) 'Spatial diffusion of social organizing: Modeling trade union growth in Sweden, 1890-1940', *Advances in Strategic Management: A Research Annual*, 20: 267-90.

Edwards, B. and McCarthy, J. D. (2004) 'Strategy matters: The contingent value of social capital in the survival of local social movement organizations', *Social Forces*, 83: 621-51.

Emirbayer, M. and Goodwin, J. (1994) 'Network analysis, culture, and the problem of agency', *American Journal of Sociology*,99: 1411-54.

Entwisle, B., Faust, K., Rindfuss, R. R. and Kaneda, T. (2007) 'Networks and contexts: Variation in the structure of social ties', *American Journal of Sociology*,112: 1495-533.

Fernandez, R. and McAdam, D. (1988) 'Social networks and social movements: Multiorganizational fields and recruitment to Mississippi freedom summer', *Sociological Forum*,3: 357-82.

Fernandez, R. and McAdam, D. (1989) 'Multiorganizational fields and recruitment to social movements', in Bert Klandermans (ed.), *Organizing for Change*. Greenwich, CT: JAI Press. 315-44.

Fine, G. A. and Harrington, B. (2004) 'Tiny publics: Small groups and civil society', *Sociological Theory*,22: 341-56.

Franzosi, R. (1999) 'The return of the actor. Interaction networks among social actors during periods of high mobilization (Italy, 1919-1922)', *Mobilization*,4: 131-49.

Friedman, D. and McAdam, D. (1992) 'Collective identity and activism: Networks, choices, and the life of a social movement', in Aldon D. Morris and Carol Mueller (eds),

Frontiers in Social Movement Theory. New Haven: Yale University Press. pp. 156-73.

Futrell, R. and Simi, P. (2004) 'Free spaces, collective identity, and the persistence of U.S. white power activism', *Social Problems*, 51: 16-42.

Gerlach, L. (1971) 'Movements of revolutionary change. Some structural characteristics', *American Behavioral Scientist*,43: 813-36.

Gerlach, L. (2001) 'The structure of social movements: Environmental activism and its opponents', in John Arquilla and David Ronfeldt (eds), *Networks and Netwars: The Future of Terror, Crime, and Militancy*. Santa Monica, CA: Rand. 289-310.

Gilchrist, A. (2000) 'The well-connected community: Networking to the "edge of chaos"', *Community Development Journal*,35: 264-75.

Gould, R. V. (1991) 'Multiple networks and mobilization in the Paris Commune, 1871', *American Sociological Review*,56: 716-29.

Gould, R. V. (1993a) 'Trade cohesion, class unity, and urban insurrection: Artisanal activism in the French commune', *American Journal of Sociology*,98: 721-54.

Gould, R. V. (1993b) 'Collective action and network structure', *American Sociological Review*,58: 182-96.

Gould, R. V. (1995) *Insurgent Identities: Class, Community, and Protest in Paris from 1848 to the Commune*. Chicago: University of Chicago Press.

Gould, R. V. (2003) 'Why do networks matter? Rationalist and structuralist interpretations', in Mario Diani and Doug McAdam (eds), *Social Movements and Networks*. Oxford: Oxford University Press. pp. 233-57.

Hadenius, A. (2001) *Institutions and Democratic Citizenship*. Oxford: Oxford University Press.

Hägerstrand, T. (1967) *Innovation Diffusion as a Spatial Process*. Chicago: University of Chicago Press.

Han, S.-K. (2009) 'The other ride of Paul Revere: Brokerage role in the making of the American Revolution', *Mobilization*, 14:

143-62.

Heaney, M.T. and Rojas, F. (2007) 'Partisans, nonpartisans, and the antiwar movement in the United States', *American Politics Research*, 35: 431-64.

Heckathorn, D.D. (1989) 'Collective sanctions and the creation of prisoner's dilemma norms', *American Journal of Sociology*, 94: 535-62.

Heckathorn, D.D. (1990) 'Collective sanctions and compliance norms: A formal theory of group-mediated social control', *American Sociological Review*, 55: 366-84.

Heckathorn, D.D. (1993) 'Collective action and group heterogeneity: Voluntary provision versus selective incentives', *American Sociological Review*, 58: 329-50.

Heckathorn, D.D. (1996) 'The dynamics and dilemmas of collective action', *American Sociological Review*, 61: 250-77.

Hedström, P. (1994) 'Contagious collectivities: On the spatial diffusion of Swedish trade unions, 1890-1940', *American Journal of Sociology*, 99: 1157-79.

Hedström, P., Sandell, R. and Stern, C. (2000) 'Mesolevel networks and the diffusion of social movements: The case of the Swedish Social Democratic Party', *American Journal of Sociology*, 106: 145-72.

Hillmann, H. (2008) 'Mediation in multiple networks: Elite mobilization before the English Civil War', *American Sociological Review*, 73: 426-54.

Holzner, C. (2004) 'The end of clientelism? Strong and weak networks in a Mexican squatter movement', *Mobilization*, 9: 223-40.

Jackson, B.A. (2006) 'Groups, networks, or movements: A command-and-control-driven approach to classifying terrorist organizations and its application to Al Qaeda', *Studies in Conflict & Terrorism*, 29: 241-62.

Katz, H. and Anheier, H. (2007) 'Global connectedness: The structure of transnational NGO networks', in Marlies Glasius, Mary Kaldor, and Helmut Anheier (eds), *Global Civil Society* 2005/2006. London: Sage. pp. 240-65.

Kim, H. and Bearman, P.S. (1997) 'The structure and dynamics of movement participation', *American Sociological Review*, 62: 70-93.

Kitts, J. (2000) 'Mobilizing in black boxes: Social networks and SMO participation', *Mobilization*, 5: 241-57.

Klandermans, B. and Oegema, D. (1987) 'Potentials, networks, motivations, and barriers: Steps towards participation in social movements', *American Sociological Review*, 52: 519-31.

Kleidman, R. (1993) *Organizing for Peace: Neutrality, the Test Ban, and the Freeze*. Syracuse, NY: Syracuse University Press.

Knoke, D. (1990) *Organizing for Collective Action. The Political Economies of Associations*. New York: Aldine de Gruyter.

Kriesi, H. (1988) 'Local mobilization for the people's petition of the Dutch peace movement', in Bert Klandermans, Hanspeter Kriesi, and Sidney Tarrow (eds), *From Structure to Action*. Greenwich, CT: JAI Press. pp. 41-82.

Laumann, E.O. and Knoke, D. (1987) *The Organizational State. Social Choice in National Policy Domains*. Madison: University of Wisconsin Press.

Lavalle, A.G., Castello, G. and Bichir, R.M. (2007) 'Leading actors within civil society: Networks and centralities of civil organizations in Sao Paulo', *Dados-Revista De Ciencias Sociais*, 50: 465-98.

Leitner, H., Sheppard, E. and Sziarto, K.M. (2008) 'The spatialities of contentious politics', *Transactions of the Institute of British Geographers*, 33: 157-72.

Lémieux, V. (1998) *Les coalitions: liens, transactions e control*. Paris: P.U.F.

Lichterman, P. (1995) 'Piecing together multicultural community: Cultural differences in community building among grass-roots environmentalists', *Social Problems*, 42: 513-34.

Lindsay, D.M. (2008) 'Evangelicals in the power elite: Elite cohesion advancing a movement',

American Sociological Review,73：60-82.

Livesay, J. (2002) 'The duality of systems：Networks as media and outcomes of movement mobilization', *Current Perspectives in Social Theory*,22：185-222.

Lowe, M.R. (2007) 'An "oasis of freedom" in a "closed society"：The development of Tougaloo College as a free space in Mississippi's Civil Rights Movement, 1960 to 1964', *Journal of Historical Sociology*,20：486-520.

Luker, K. (1984) *Abortion and the Politics of Motherhood*. Berkeley：University of California Press.

Macy, M.W. (1990) 'Learning-theory and the logic of critical mass', *American Sociological Review*,55：809-26.

Macy, M.W. (1991) 'Chains of cooperation：Threshold effects in collective action', *American Sociological Review*,56：730-47.

Macy, M.W. (1993) 'Backward-looking social-control', *American Sociological Review*, 58：819-36.

Markham, W.T. (2005) 'Networking local environmental groups in Germany：The rise and fall of the Federal Alliance of Citizens' Initiatives for Environmental Protection (BBU)', *Environmental Politics*,14：667-85.

Marwell, G. and Oliver, P. (1993) *The Critical Mass in Collective Action*. Cambridge：Cambridge University Press.

McAdam, D. (1986) 'Recruitment to high risk activism：The case of freedom summer', *American Journal of Sociology*,92：64-90.

McAdam, D. and Fernandez, R. (1990) 'Microstructural bases of recruitment to social movements', in Louis Kriesberg (ed.), *Research in Social Movements, Conflict and Change.Vol.*12. Greenwich, CT：JAI Press. pp. 1-33.

McAdam, D. and Paulsen, R. (1993) 'Specifying the relationship between social ties and activism', *American Journal of Sociology*, 99：640-67.

McAdam, D. (2003) 'Beyond structural analysis：Toward a more dynamic understanding of social movements', in Mario Diani and Doug McAdam (eds), *Social Movements and Networks*. Oxford：Oxford University Press. pp. 281-98.

McCarthy, J.D. and Zald, M.N. (1977) 'Resource mobilization and social movements：A partial theory', *American Journal of Sociology*,82：1212-41.

McPherson, M. (1983) 'An ecology of affiliation', *American Sociological Review*, 48：519-32.

McPherson, M, Popielarz, P. and Drobnic, S. (1992) 'Social networks and organizational dynamics', *American Sociological Review*, 57：153-70.

McPherson, M. and Rotolo, T. (1996) 'Testing a dynamic model of social composition：Diversity and change in voluntary groups', *American Sociological Review*,61：179-202.

McVeigh, R. (2006) 'Structural influences on activism and crime：Identifying the social structure of discontent', *American Journal of Sociology*,112：510-66.

Meyer, D. and Minkoff, D. (2004) 'Conceptualizing political opportunity', *Social Forces*,82：1457-92.

Mische, A. (2003) 'Cross-talk in movements：Reconceiving the culture-network link', in Mario Diani and Doug McAdam (eds), *Social Movements and Networks*. Oxford：Oxford University Press. pp. 258-80.

Mische, A. (2008) *Partisan Publics*. Princeton, NJ：Princeton University Press.

Mische, A. and Pattison, P. (2000) 'Composing a civic arena：Publics, projects, and social settings', *Poetics*,27：163-94.

Molm, L.D. and Cook, K.S. (1995) 'Social exchange and exchange networks', in Karen S. Cook, Gary A. Fine, and J.S. House (eds), *Sociological Perspectives on Social Psychology*. Stanford：Stanford University Press. pp. 209-35.

Monge, P.R. and Contractor, N.S. (2003) *Theories of Communication Networks*. Oxford：Oxford University Press.

Mueller, M., Pagé, C. and Kuerbis, B. (2004) 'Civil society and the shaping of communication-information policy：Four decades of advocacy',

Information Society,20: 169-85.

Mullins, P. (1987) 'Community and urban movements',*Sociological Review*,35: 347-69.

Musso, J.A., Weare, C., Oztas, N. and Loges, W. E. (2006) 'Neighborhood governance reform and networks of community power in Los Angeles', *American Review of Public Administration*,36: 79-97.

Nepstad, S. E. (2004) 'Persistent resistance: Commitment and community in the plowshares movement',*Social Problems*,51: 43-60.

Nepstad, S.E. and Smith, C. (1999) 'Rethinking recruitment to high-risk/cost activism: The case of Nicaragua exchange',*Mobilization*,4: 25-40.

Nicholls, W. (2008) 'The urban question revisited: The importance of cities for social movements',*International Journal of Urban and Regional Research*,32: 841-59.

Nicholls, W. (2009) 'Place, networks, space: Theorising the geographies of social movements', *Transactions of the Institute of British Geographers*,34: 78-93.

Oberschall, A. (1973) *Social Conflict and Social Movements*. Englewood Cliffs: Prentice-Hall.

Oegema, D. and Klandermans, B. (1994) 'Why social movement sympathizers don't participate: Erosion and nonconversion of support ', *American Sociological Review*,59: 703-22.

Ohlemacher, T. (1996) 'Bridging people and protest: Social relays of protest groups against low-flying military jets in West Germany ', *Social Problems*,43: 197-218.

Okamoto, D. G. (2003) 'Toward a theory of panethnicity: Explaining Asian American collective action ', *American Sociological Review*,68: 811-42.

Oliver, P. (1984) 'If you don't do it, nobody else will: Active and token contributors to collective action ', *American Sociological Review*,49: 601-10.

Oliver, P. and Marwell, G. (2001) 'Whatever happened *to* critical mass theory? A retrospective and assessment ', *Sociological Theory*,19: 292-311.

Oliver, P. and Myers, D. (2003) 'Networks, diffusion, and cycles of collective action ', in

Mario Diani and Doug McAdam (eds), *Social Movements and Networks*. Oxford: Oxford University Press. 173-204.

Olson, M. (1963) *The Logics of Collective Action*. Cambridge, MA: Harvard University Press.

Opp, K.-D. (1989) *The Rationality of Political Protest*. Boulder: Westview Press.

Opp, K.-D. and Gern, C. (1993) 'Dissident groups, personal networks, and spontaneous cooperation. The East German revolution of 1989 ', *American Sociological Review*, 58: 659-80.

Padgett, J.F. and Ansell, C.K. (1993) 'Robust action and the rise of the Medici, 1400-1434 ', *American Journal of Sociology*,98: 1259-319.

Padovani, C. and Pavan, E. (2009) 'Fra reti tematiche e reti sociali. Un ritratto delle mobilizazioni sui diritti di comunicazione in Italia',*Quaderni di Sociologia*,p. 49.

Park, H.-S. (2008) 'Forming coalitions: A network-theoretic approach to the contemporary South Korean environmental movement ', *Mobilization*,13: 99-114.

Passy, F. (2001) 'Socializing, connecting, and the structural agency/gap. A specification of the impact of networks on participation in social movements',*Mobilization*,6: 173-92.

Passy, F. (2003) 'Social networks matter. But how?', in Mario Diani and Doug McAdam (eds),*Social Movements and Networks*. Oxford: Oxford University Press. pp. 21-48.

Passy, F. and Giugni, M. (2000) 'Life-spheres, networks, and sustained participation in social movements. A phenomenological approach to political commitment',*Sociological Forum*,15: 117-44.

Pavan, E. (2011) Networking Global Communication Governance. Lanham: Rowman & Littlefield.

Pedahzur, A. and Perliger, A. (2006) 'The changing nature of suicide attacks: A social network perspective ', *Social Forces*, 84: 1987-2008.

Phillips, S.D. (1991) 'Meaning and structure in social movements. Mapping the network of national Canadian women's organizations ',

Canadian Journal of Political Science, 24: 755-82.

Pickvance, C. (1975) 'On the study of urban social movements', *Sociological Review*, 23: 29-49.

Pinard, M. (1968) 'Mass society and political movements: A new formulation', *American Journal of Sociology*, 73: 682-90.

Piven, F. F. and Cloward, R. (1992) 'Normalizing collective protest', in Aldon D. Morris and Carol Mueller (eds), *Frontiers in Social Movement Theory*. New Haven: Yale University Press. 301-25.

Powell, W. W. (1990) 'Neither markets nor hierarchy: Network forms of organization', *Research in Organizational Behavior*, 12: 295-336.

Rootes, C. (ed.) (2003) *Environmental Protest in Western Europe*. Oxford: Oxford University Press.

Rosenthal, N., Fingrutd, M., Ethier, M., Karant, R. and McDonald, D. (1985) 'Social movements and network analysis', *American Journal of Sociology*, 90: 1022-54.

Rosenthal, N., McDonald, D., Ethier, M., Fingrutd, M. and Karant, R. (1997) 'Structural tensions in the nineteenth century women's movement', *Mobilization*, 2: 21-46.

Routledge, P. (2003) 'Convergence space: Process geographies of grassroots globalization networks', *Transactions of the Institute of British Geographers*, 28: 333-49.

Routledge, P., Cumbers, A. and Nativel, C. (2007) 'Grassrooting network imaginaries: Relationality, power, and mutual solidarity in global justice networks', *Environment and Planning A*, 39: 2575-92.

Routledge, P., Cumbers, A. and Nativel, C. (2008) 'The entangled geographies of global justice networks', *Progress in Human Geography*, 32: 183-201.

Routledge, P., Nativel, C. and Cumbers, A. (2006) 'Entangled logics and grassroots imaginaries of global justice networks', *Environmental Politics*, 15: 839-59.

Rucht, D. (2004) 'Movement allies, adversaries, and third parties', in David Snow, Sarah Soule, and Hanspeter Kriesi (eds), *The Blackwell Companion to Social Movements*. Oxford: Blackwell. pp. 197-216.

Sandell, R. (1999) 'Organizational life aboard the moving bandwagons: A network analysis of dropouts from a Swedish temperance organization, 1896-1937', *Acta Sociologica*, 42: 3-15.

Sandell, R. (2001) 'Organizational growth and ecological constraints: The growth of social movements in Sweden, 1881 to 1940', *American Sociological Review*, 66: 672-93.

Sandell, R. and Stern, C. (1988) 'Group size and the logic of collective action: A network analysis of a Swedish temperance movement 1896-1937', *Rationality and Society*, 10: 327-45.

Schlosberg, D. (2002) *Environmental Justice and the New Pluralism*. Oxford: Oxford University Press.

Schmitt-Beck, R. (1989) 'Organizational interlocks between new social movements and traditional elite', *European Journal of Political Research*, 17: 583-98.

Schurman, R. and Munro, W. (2006) 'Ideas, thinkers, and social networks: The process of grievance construction in the anti-genetic engineering movement', *Theory and Society*, 35: 1-38.

Shumate, M., Fulk, J. and Monge, P. (2005) 'Predictors of the international HIV-AIDS INGO network over time', *Human Communication Research*, 31: 482-510.

Simmel, G. (1908 [1955]) 'The web of group affiliations', in *Conflict and the Web of Group Affiliations*. New York: Free Press.

Smilde, D. (2005) 'A qualitative comparative analysis of conversion to Venezuelan evangelicalism: How networks matter', *American Journal of Sociology*, 111: 757-96.

Smith, J. (2002) 'Bridging global divides? Strategic framing and solidarity in transnational social movement organizations', *International Sociology*, 17: 505-28.

Smith, J. (2005) 'Building bridges or building

walls? Explaining regionalization among transnational social movement organizations', *Mobilization*, 10: 251-70.

Smith, J. (2008) *Social Movements for Global Democracy*. Baltimore, MD: John Hopkins University Press.

Snow, D.A., Zurcher, L.A. and Ekland-Olson, S. (1980) 'Social networks and social movements: A microstructural approach to differential recruitment', *American Sociological Review*, 45: 787-801.

Stark, R. and Bainbridge, W. S. (1980) 'Networks of faith: Interpersonal bonds and recruitment to cults and sects', *American Journal of Sociology*, 85: 1376-95.

Stevenson, W. B. and Greenberg, D. (2000) 'Agency and social networks: Strategies of action in a social structure of position, opposition, and opportunity', *Administrative Science Quarterly*, 45: 651-78.

Takacs, K., Janky, B. and Flache, A. (2008) 'Collective action and network change', *Social Networks*, 30: 177-89.

Tarrow, S. (1998) *Power in Movement*. Cambridge: Cambridge University Press.

Tilly, C. (1978) *From Mobilization to Revolution*. Reading, MA: Addison/Wesley.

Tilly, C. (2004) *Social Movements* 1768-2004. Boulder, CO: Paradigm.

Tilly, C. and Wood, L. (2003) 'Contentious connections in Great Britain, 1828-1834', in Mario Diani and Doug McAdam (eds), *Social Movements and Networks*. Oxford: Oxford University Press. pp. 147-70.

Tindall, D. B. (2002) 'Social networks, identification and participation in an environmental movement: Low-medium cost activism within the British Columbia Wilderness Preservation Movement', *Canadian Review of Sociology and Anthropology*, 39: 413-52.

Tindall, D. B. (2004) 'Social movement participation over time: An ego-network approach to micro-mobilization', *Sociological*

Focusm, 37: 163-84.

Tindall, D. B., Davies, S. and Mauboules, C. (2003) 'Activism and conservation behavior in an environmental movement: The contradictory effects of gender', *Society & Natural Resources*, 16: 909-32.

Vala, C.T. and O'Brien, K.J. (2007) 'Attraction without networks: Recruiting strangers to unregistered Protestantism in China', *Mobilization*, 12: 79-94.

Van Aelst, P. and Walgraave, S. (2004) 'New media, new movements? The role of the Internet in shaping the "anti-globalization" movement', in Wim van de Donk, Brian Loader, Paul Nixon, and Dieter Rucht (eds), *Cyberprotest. New Media, Citizens and Social Movements*. London: Routledge. pp. 97-122.

van de Donk, E., Loader, B., Nixon, P. and Rucht, D. (eds) (2004) *Cyberspace Protest*. London: Routledge.

van Dyke, N. and McCammon, H. (ed.) (2010) *Social Movement Coalitions*. Minneapolis: University of Minnesota Press.

Vasi, I.B. (2004) 'The fist of the working class: The social movements of Jiu Valley miners in post-socialist Romania', *East European Politics and Societies*, 18: 132-57.

Vasi, I.B. (2006) 'Organizational environments, framing processes, and the diffusion of the program to address global climate change among local governments in the United States', *Sociological Forum*, 21: 439-66.

Viterna, J. S. (2006) 'Pulled, pushed, and persuaded: Explaining women's mobilization into the Salvadoran guerrilla army', *American Journal of Sociology*, 112: 1-45.

Walgrave, S. and Massens, J. (2000) 'The making of the White March: The mass media as mobilizing alternative to movement organizations', *Mobilization*, 5: 217-39.

Zuckerman, A.S. (ed.) (2005) *The Social Logics of Politics*. Philadelphia: Temple University Press.

犯罪与社会网络分析 **17**

CRIME AND SOCIAL NETWORK ANALYSIS

◉ 彼得·J. 卡林顿 (Peter J. Carrington)

社会网络分析在用于研究犯罪时主要分为三个主题领域:个体网络对个体违法或犯罪的影响,邻里网络对邻里内犯罪的影响,犯罪群体及活动的组织。当然,现有的文献并没有像本架构表明的那样将资料整齐地组织起来,甚至相关文献的界限也不清,不过下面的内容是围绕这些类别展开的,同时承认有些研究跨越了这种分类,或者只是部分地在这种分类之内。

个人网络对违法和犯罪的影响

社会网络分析在犯罪方面最常见的用途是分析个体网络对青少年犯罪(在一定程度上也包括成人犯罪)的影响。此类研究几乎都或明或暗地以犯罪和不法行为的两个理论或之一为基础:差异接触理论和社会控制理论。

差异接触理论

这种犯罪理论最早由 Edwin Sutherland(1939;Sutherland et al.,1992)于1939年提出。根据该理论,罪犯的态度和行为不是天生的,而是从"亲密的私人群体"中学来的。根据该理论的第6个命题(如下所示),儿童或青少年犯罪的可能性受到其亲密伙伴对犯罪和反犯罪"定义"(即规范)的相对强度的影响。

> 6.一个人之所以犯罪,是因为同伴中支持违法的定义超过了不支持违法的定义。这就是差异接触原则。它既指犯罪的,也指反犯罪的接触,并涉及抵抗的力量。(Sutherland et al.,1992:89)

后来再次论述差异接触理论时就引出了犯罪的"社会学习"(social learning)理论(Burgess and Akers,1966)和"朋辈影响"(peer influence)理论(Warr,1993,2002)。后者声称,"朋辈影响"是大多数犯罪行为的**主要近因**(principal proximate cause)(Warr,2002:136;原文为黑体)。

个体犯罪与其朋友或朋辈群体犯罪之间存在着一致性的强经验关系,甚至在控制了其他因素之后,也可以将这种强关系解释为对差异接触理论的强烈支持(Shoemaker,2005:152;Warr,2002:76)。然而,这一理论也受到了批评,其中的一个理由是很难测量自我关系人中的亲犯罪与反犯罪定义(pro- and anticriminal definitions)的相对强度(Shoemaker,2005:151;也见后文的"测量朋辈犯罪")。236　Sutherland 的第 7 个命题就此问题提出了指导性原则。

7.差异接触在频率、持续时间、优先级和强度等方面各异。(Sutherland et al.,1992:89)

1992 年,Luckenbill 就测量问题作出如下评论:

在精确地描述一个人的犯罪行为时,可用量化形式对这些模式进行评估,给出一个数学比例。不过,在此意义上的公式至今还未给出,该公式的提出将是极其困难的。(Sutherlandet et al.,1992:89)

对于熟悉社会网络分析的人来说,对差异接触理论中的主要概念进行操作化显然有其潜在的用途。犯罪学习据以发生的"亲密个人群体"无非是个人的个体网络罢了(Chua et al.,本书)。测量交往的"频次、持续时间、优先级和强度"则是个体网络研究的主要内容(Hanneman and Riddle,本书)。评估传播过程和信息在网络中的扩散,也是社会网络关于传播和信息扩散研究的主要内容(如Monge and Contractor,2003;Myers,2000;Shih and Chang,2009;Valente,1995)。因此,可以将差异接触理论看作是更一般状态的社会学习网络理论中的一个特例,自我的态度和行为受其个体网络成员的态度和行为的影响,而影响效果受网络特点的调节。这与 Sutherland 本人的观点,即"导致系统性犯罪行为的过程与导致系统性守法行为的过程基本上形式相同"是一致的(引自 Warr,2002:75)。

社会控制理论

Hirschi(1969)首次提出了社会控制理论。他认为,反社会、离经叛道或犯罪行为等倾向是天生的,但通常也受内化的和外部的非正式社会控制的限制,因为个人与父母、家人、朋辈、学校、社区这样的社会控制能动者有纽带联系,即个人融合在社会之中。因此,违法犯罪是社会纽带弱化带来的结果。

用网络术语来解释社会控制理论,就意味着罪犯往往是社会隔离者,拒绝朋辈并被朋辈拒绝,也被潜在的非正式社会控制的能动者拒绝(Ekland-Olson,1983:275-76);反之,非犯罪者往往与这些能动者有紧密的联系。这与差异接触理论形成了鲜明的对比,差异接触理论认为,罪犯行为与非犯罪行为都嵌入朋辈和家庭网络中,但是有不同的规范性平衡。这两种犯罪理论之间的矛盾含义推动了社会网络研究者去尝试评估每一种理论的经验支持水平。

Krohn 的犯罪网络理论

Marvin Krohn(1986)的网络理论代表着一种早期的以社会网络分析来明确地解释犯罪行为的尝试。Krohn 的理论将关于犯罪的社会控制理论和差异接触理论中的元素结合了起来。根据该理论,自我的个体网的社会凝聚力——由其多样性和密度表示——既影响自我的社会整合(如社会控制理论所示),又影响网络中亲犯罪和反犯罪行为定义的平衡(如差异接触理论)。在宏观结构层面上,一个社区的犯罪率与其社会网络的密度和多样性成反比,而社会网络又受社区的社会结构特征(如人口密度、地域流动和社会分层体系)的影响。

Krohn 的理论将对家长、教师和其他成年人的依恋看成是社会纽带的一个方面,因此它是社会控制理论而不是差异接触理论的一个要素。对成人和朋辈的区分与后来许多对差异接触理论进行检验或运用的研究是一致的,无论社会网络分析是否告诉了我们以下情况:我们在"亲密个人群体"内部测量亲犯罪和反犯罪定义的平衡性,而这种群体通常会被假定为只由青年人的同龄人或"朋友"构成,这样就将差异接触理论等同于朋辈影响理论了(Warr,2002:73)。与父母和家人的关系被当作存在社会纽带的证据。然而,Sutherland 在表述差异接触理论时并没有区分社会控制的成年能动者(如父母)与年轻人的同龄人(Sutherland et al.,1992:89;Warr,2002:73)。社会网络分析所开启的差异接触研究考虑的是**任何**角色的个体对自我的影响,在决定将谁纳入个体网中的时候,采用的标准是纽带关系的类型和强度,而非世代内的对等性(generational equivalence)。

Krohn 的犯罪网络理论得到的重视有限。继 Friday 和 Hage(1976)之后,Krohn 等人(1988)发现,个体网中的多重性或角色重叠(包括父母和朋友)可以部分解释一座中西部城市高中生的吸烟行为:年轻人与其父母或朋友共同参与活动(如做功课、田径运动、做礼拜、成为其他组织的成员)时,他们便很少抽烟。Haynie(2001)发现,个体网密度是自我犯罪和朋辈犯罪之间关系的重要调节项(conditioner),对于拥有高密度网络的个体来说,这种关系更强。她超越了 Krohn 的理论,发现自我的中心度和知名度也可以调节这种关系,但不如网络密度的调节作用大,对于具有较高中心度和知名度的个人来说,这种关系更强。

网络构成

在用与差异接触理论或社会控制理论有关的社会网络分析作研究时,大多数只关注朋辈网络的**构成**,即在某些情况下犯罪的朋友和家庭成员的数量或比例,而忽略了其结构特点(如 Capowich et al.,2001;Deptula and Cohen,2004;Elliott and Menard,1996;Giordano et al.,1993;Gutierrez-Lobos et al.,2001;Hanson and Scott,1996;Laird et al.,1999;Lee,2004,McCatthy and Hagan,1995;Weerman and Bijleveld,2007)。Haynie(2002)进行过一项复杂的研究,她尝试测量朋辈网络(peer network)中犯罪和非犯罪定义的平衡性,她发现,犯罪朋友的比例(而不是犯罪朋友的数量、朋友犯罪的平均水平或整体水平)与个人犯罪的关系最大。她还发现,朋辈网络中存在的共识(亲犯罪行为或反犯罪行为)与个体自己的行为最相关。Bruinsma(1992)还将家长作为自我个体网中越轨定义的可能来源,不过这种差异接触研究案例是罕见的。他应用荷兰 1 096 位中学二年级学生的数据和逐步路径分析方法发现,与越轨的父母和朋辈接触的频次都对个人形成越轨行为的正向概念具有正影响,这反过来增加了受访者犯罪行为的频次;然而,越轨朋友的影响要大得多。Lonardo 等人(2009)发现,父母和同龄人的越轨行为均与青少年的越轨行为相关,但是越轨的恋人有更大的影响。

测量朋辈的犯罪行为

传统的对朋辈犯罪的研究依赖于受访者对其同龄人犯罪行为的评价。这种研究路数因其容易产生测量误差而受到批评,因为这种研究限定了受访者观察并记忆其朋辈犯罪态度和行为的能力,同时也因为个人将其自己的态度和行为投射到其朋辈上而产生偏差;因此,这个路数夸大了自我犯罪与朋辈犯罪之间的相关性(有关本问题的回顾,参见 Meldrum et al.,2009)。其他研究则比较了受访者的犯罪报告和朋辈的犯罪报告之间的相关程度,这些研究发现,当采用受访者的报告时,相关程度的确很大。Weerman 和 Smeenk(2005:518)对这种发现的解释是:真正的相关度介于这两个估计值之间。在自我中心网络的研究中,这是一个更为普遍的测量问题实例,自我提供的他人特征和行为的"代理报告"在准确性上是可变的,这取决于询问信息的类型(参见本书 Marsden 的讨论)。

性别构成

在研究朋辈网络组成和个体犯罪行为之间的关系时,还有一种略有不同的路数,它考察的是同伴网络的性别构成。这里的一般思路是,女性主导的网络往往会提供"更多的社会控制,更少的侵犯机会和动机,因此更有可能阻止犯罪",这对于男女来说都适用,但尤其适用于女性(McCarthy et al.,2004)。这支持了社会控制理论,但是女性主导的网络的效应也可能来自差异接触,因为女性比男性犯罪概率小。Lacasse 等人(2003)发现,青少年友谊网络的性别构成会影响潜在性侵犯行为的发生,但不影响被试对这种行为的容忍度。Haynie 和 Piquero(2006)发现,男孩个体网的性别构成会调节青春期起始和暴力伤害行为之间的关系:对于男孩来说,如果其网络中女生比例越高,这种影响越弱;对于女孩来讲,没有发现网络构成有调节作用。在巴尔的摩(Baltimore)的成人注射海洛因样本中,Curry 和 Latkin(2003:482)发现,"对于女性来说,其网络中女性的比例越高,她被捕的频次就越小。"Lichtenstein(1997)发现,在阿拉巴马州的一个涉毒犯罪妇女样本中,她们的个体网络主要包括男性亲密伙伴,使用快克可卡因(crack cocaine)被归因于受到这些男性伙伴的影响。Weerman 和 Bijleveld(2007)基于荷兰高中生的样本发现:未犯罪者及轻度犯罪者、重度罪犯者的个体网差异主要源于跨性别的友谊。有犯罪行为的学生比没有犯罪行为的学生在跨性别的友谊中更受欢迎(女孩经常提及犯罪的男孩,男孩经常提及犯罪的女孩),而在与自己同性别的群体中,未犯罪、轻度犯罪、严重犯罪者受欢迎的程度居中。

关系类型

Houtzager 和 Baerveldt(1999)区分了荷兰高中生之间的不同关系类型。他们发现,受访者自我报告的犯罪水平与同伴关系的情感紧密度不相关,与积极关系(如实际支持、情感性支持、友谊和亲密友谊)的发生或不受欢迎度都不相关。Baerveldt 等(2004)使用同一数据,分析了 10 种不同类型的关系,他们发现,没有证据表明罪犯具有较弱的同伴关系,却有证据表明个体的犯罪水平与关系强及弱的同伴关系有关——这些含蓄地支持了差异接触理论而不是社会控制理论。Weerman 和 Smeenk(2005)发现,在荷兰高中生的网络中,"普通朋友"和"最好朋友"都影响个体犯罪,且影响强度差异不大。

在 Granovetter(1973)的"弱关系的强度"理论框架内,Patacchini 和 Zenou(2008)对"全国青少年及成人健康历时研究"(The National Longitudinal Study of Adolescent to Adult Health, AddHealth)的调查数据进行了分析。Granovetter 提出,关系弱的人比关系强的人更容易成为影响变化的来源。关系强(如家人和密友)的人往往彼此了解,容易形成封闭的交往圈子,其中循环的都是相同的信息和态度。此外,依据同质性原则(McPherson et al., 2001;见下文"帮派、群体与网络"),一个人的密友往往持有与此人相似的态度和意见。相比之下,与一个关系弱的人(如熟人、校友、同事、远亲)往往有自己独立的社交圈,他们的态度也与此人不一致。因此,弱关系更可能成为社会圈之间的"桥梁",否则这些圈子就断裂开来,弱关系因此也是新信息和态度的来源。就犯罪而言,Granovetter 的理论意味着,未犯罪者的密友同样也不会犯罪,与非犯罪者有弱关系的人才可能犯罪,并因此产生犯罪影响。Patacchini 和 Zenou(2008)找到了支持这一假设的证据:在友谊网中,强关系与弱关系相比,前者对犯罪行为的发生有正向影响。

结构:中心度、凝聚力和桥接

Baerveldt 和 Snijders(1994)没有找到证据支持"个体犯罪与网络区隔有关"的假设。Baron 和 Tindall(1993)发现,团伙成员犯罪态度的强度与其中心度(中间中心度与接近中心度)成相关,与传统的弱关系也正相关。Pearson 和 West(2003)研究了苏格兰高中生对"危险行为"(吸烟和使用大麻)的接受情况。他们发现,个人在朋辈网络中的位置(作为群体的成员,群体边缘或相对隔离的位置)和网络的凝聚力都积极地影响着自我对网络中其他成员的影响。Lee(2004)使用全国家庭药物滥用调查(National Household Survey on Drug Abuse)数据,考察了大麻使用者、非使用者和卖家的网络位置。使用者往往聚集为子群体,该子群体要比未使用者子群体更处于中心位置,更具有凝聚力;卖家往往处于使用者群体的中心。然而,在不同的调查抽样单位中,使用者群体的中心度和凝聚力存在显著差异。[1]

通过使用上述青少年及成人健康调查(AddHealth)的第一拨截面数据,Schreck 等(2004)发现,紧密的犯罪朋辈网络的中心度与暴力受害的高风险有关,而紧密的传统网络的中心度则有相反效果。McGloin 和 Shermer(2009)使用来自该项调查的纵向数据来考察以下变量的作用:网络密度、Bonacich 中心度、个体对朋辈网络的参与、个体的自我控制(Gottfredson and Hirschi, 1990)以及有

239

关个体未来犯罪的其他变量。McGloin 和 Shermer 关注的是直接的网络效应,他们发现,网络密度会降低犯罪,而中心度与参与度会增加犯罪;中心度效应的强度与朋辈网络中的整体越轨水平正相关(2009:53)。参与朋辈网络与个体的自我控制(2009:59)呈负相关。Mangino(2009:147)发现,"对于那些在两个或多个大而有凝聚力的朋辈群体之间起社会桥接作用的非洲裔男孩来说,他们的犯罪比例要低于那些只处于单一朋辈群体中的非洲裔男孩。"这是由于家长对这些起桥接作用的儿童产生了亲社会性的影响。

同伴影响与同伴选择

人们可以观察到青少年犯罪与其同龄人犯罪之间有强且一致的相关性,对此至少有三种解释:(1)差异接触影响论:同龄人会影响个体犯罪;(2)选择论(同质性)或"人以群分物以类聚"论:个人愿意同与自己类似的人交往;(3)以上两者都不是,因为关系是虚假的。研究人员利用纵向社会网络分析来评估影响论和选择论的相对解释力。所得到的共识是,这两个过程通过互动而彼此强化(如 Thornberry[1987]所指出的那样),但是每个过程对上述相关性的相对贡献是多少,证据还不明了。

Elliott 和 Menard(1996)用全国青年调查(National Youth Survey)数据,建构了三拨交叉滞后面板的结构方程模型,他们的结论是,导致犯罪的朋辈影响往往先于而且强于犯罪朋辈的选择。然而,来自同一调查的另一个交叉滞后面板数据模型发现,"犯罪行为对朋辈关系的影响大于朋辈关系对犯罪行为的影响(Matsueda and Anderson,1998)。Brook 等人(2003)针对哥伦比亚青少年样本的研究发现,在 T1 时间上使用大麻的人预计在 T2 时间上有吸大麻的朋友(即选择)。Espelage 等人(2007)用 $p*$ 模型(Robins,本书)研究了七年级学生友谊网络中的微观结构及其与欺凌行为之间的关系,他们发现,支持同质性(选择)和朋辈影响的证据都存在。

Snijders 和 Baerveldt(2003)分析了荷兰高中生的二拨调查数据,发现犯罪行为的相似性既影响关系形成,也影响关系解散。这支持了选择假设(selection hypothesis),但是该研究没有检验影响假设(influence hypothesis)。Baerveldt 等人(2008)对荷兰 16 所高中的调查数据,用面向行动者的社会网络建模(actor-oriented social network modeling)("SIENA",参见 Snijders,本书),结果发现,在全部 16 所学校中都"普遍"存在影响过程;而选择性只在四所学校中发挥作用。选择强度取决于学校之间的网络差异。作者认为,选择性显著的网络主要是由惯犯所控制的。Burk 等(2007,2008)运用 SIENA,对瑞典青少年样本作了纵向分析,他们发现,在青少年友谊网络形成的早期,选择朋辈和朋辈影响都会发挥作用,但是朋辈影响的作用更大。

使用 AddHealth 调查数据,Haynie 和 Osgood(2005:1109)发现,"朋辈对犯罪行为的规范性影响要比以往大多数研究表明的影响更有限,并且规范性影响并不会因更紧密地依附于朋友或花更多的时间陪朋友而增加。"他们还发现,有证据支持 Osgood 等人(1996)的"**机会理论**",该理论源于 Cohen 和 Felson(1979)的惯例活动理论:朋友犯罪会提高本人的犯罪机会,不论其规范性影响如何。McGloin(2009)发现,有证据支持由平衡理论修订而来的朋辈理论版本:在 T1 时间上自己和密友的犯罪程度如果有不平衡,则可以预测在 T2 时间上,本人犯罪行为会向密友所属的方向改变。Light 和 Dishion(2007)使用 SIENA 分析了俄勒冈州的中学生数据,检验了"融合假说"(confluence hypothesis):被同伴拒绝会导致高危的青少年形成派系,然后彼此强化越轨倾向。因此,同伴的拒绝会导致选择越轨的朋伴,后者会影响个体本人的犯罪。他们发现,该假设的因果链的第一部分(即被拒绝的青年会拉帮结派)得到了有力的证据支持,但是在派系内部的朋辈影响则只得到较弱的支持。

朋辈网络中的扩散

Kirke(1990,1995,2006)研究了非法药物使用在青少年强朋辈关系网中的扩散。她的结论是,药物使用是通过从使用者到非使用者的强关系扩散的,非使用者因此就成了使用者,也成了潜在的危及其他非使用者的新扩散源;因此,"在特定的社会条件下会发生药物扩散的循环,其中结构影响个体行动,个体行动也影响结构"(1990:摘要)。Korobow 等人(2007)基于能动者的仿真模型,分析了植入于社会网络中的不守法纳税行为。他们发现,有的个人对其网络近邻的支付了解有限,有的则能够将近邻的支付纳入自己的决策考量中,前者比后者更守法。

断念

个体网络在制止违法、犯罪或滥用药物方面也发挥断念作用(desistance)。Gainey 等(1995)研究了寻求治疗的重度可卡因使用者的个体网。他们发现,样本"具有稳定的和支持性的传统纽带(1995:27),他们与不使用药物者在情感上最近"。然而,他们显然更可能拥有某些类型的功能性关系,如向药物使用者借东西或钱。Gainey 等人推测,吸毒者的社会网络性质可以部分解释他们寻求治疗的决定。Sommers 等(1994)发现,对于那些长期混迹街头的女犯法者来说,形成新的个体网是其"获得新生"过程的一部分。Shivy 等(2007)也发现,在成功回归到非犯法者人口行列方面,个体网的支持是一个影响因素。Zhang(1998)主张,在评估针对罪犯实施的训练治疗的有效性时,要将其纳入社会网络数据。

已有的大量文献探讨了个体网在成功治疗药物滥用方面的作用。这些研究共同发现,个体网的构成——主要是犯罪同伴的数量和比例——及个体网的精神支持,特别是与家人的关系性质,都对成功治疗的可能性有重要影响(如 Griffith et al.,1998;Knight and Simpson,1996;Skeem et al.,2009;Sung et al.,2004;Wild et al.,2006)。

反向或复杂的因果性

一些研究考察了违法犯罪对个体网的影响,或个体网在三变量因果架构

(three-variable causal schemes)中的中介作用。早期的研究结果表明,个人的职业可能会影响其个体网的性质。沿此路数,Romans 等人(2001)发现,在新西兰,女性性工作者便利样本的网络性质和两个年龄匹配的社区妇女大样本的网络性质没有差异。Kandel 和 Davies(1991)发现,非法使用毒品促使年轻成年男性之间产生强关系,但这一点不适合女性。Moss 等人(2003)发现,从青春期前期到青春期中期,如果父亲有药物依赖,那么孩子更可能有越轨的伙伴,并推测这些越轨属性可能导致孩子本人的反社会行为。Van der Poel 和 Van de Mheen(2006)对 16~24 岁的年轻人样本进行研究,他们发现,使用纯卡因加速了边缘化进程,该进程在其滥用之前就开始了。使用纯卡因会使其个体网萎缩,网络中纯卡因使用者的比例增加。Schroeder 等人(2007)发现,个人网的变化(特别是同伙犯罪)对非法使用毒品在未来犯罪上的影响有部分中介效应。Bernburg 等人(2006)发现,犯罪同伙的隶属关系在青少年正义干预(juvenile justice intervention)对未来犯罪的影响上有中介效应。

结 论

犯罪的差异接触理论和社会控制理论都用个体直接的微观社会环境来解释其行为。社会网络分析将这种环境操作化或建模为**个体网**。用个体网属性(如构成、关系类型和结构特点)的变化来解释个体违法犯罪行为的变化,并据此评估来自社会控制理论和差异接触理论的竞争性论断。在测量个体网的相关属性以及建立因果路径方面,还需要有许多研究。

邻里网络

241　　社会网络分析也在邻里层面上解释犯罪行为。人们早已观察到弱势群体和异质性街区中的犯罪率较高。这种现象的一种解释是,犯罪是由于邻里中的社会解组(social disorganization)或正式社会控制的破裂造成的,这又是由于社会经济劣势、种族异质性、居住性迁移等造成的(Shoemaker,2005)。虽然这种解释本身通常也被视为是一个理论,但是它也被看作是关于个人犯罪的社会控制理论在社区层次上的一个版本。另外一种竞争性解释认为,在弱势社区中犯罪的朋辈对犯罪行为的影响更大。这是差异接触理论在社区层面上的解释。

社会解组理论

在 Shaw 等人(1929)最早提出"社会解组"理论之后的很长一段时间内,"社会解组"这一中介性概念的确切含义始终悬而未定。Sampson(1987)认为,社会解组是社区内社会纽带关系的弱化,结果带来了**非正式社会控制**的弱化。邻里中的某些结构条件,如集中起来的弱势、种族的异质性以及居住地的迁移等,损害着社区非正式地调节邻里行为以保证其遵守共享价值观的能力,最终导致了不论是原居民还是外来人口的犯罪水平增加(Sampson,2006:49-50)。因此,社会解组理论是社会控制理论的一种形式,但它是社区层面而不是个体层面的理论。Sampson(2004a,2004b;Sampson et al.,1997:918)后来引入"**集体效能**"(collective efficacy)这一概念,将它界定为"邻里间的社会凝聚力以及代表共同利益而进行干预的意愿"。Sampson(1987:110)和Leighton(1988:365)提出,邻里之间的这种凝聚力有可能依赖于社区居民之间的社会网络。Sampson(2006b:151-153)强调弱关系的作用,他认为,弱关系刻画了现代城市中的睦邻关系。Sampson将社会解组概念化为受损的"集体效能",这是一种"情境的"和"情境的"视角,不是个体-发展的视角:"……集体效能固然可以预测邻里中暴力事件的发生率,但是未必能预测出社区青年的犯罪率(2006a:50)。

同样,Clear(2008)引介了邻里社会网络,将其作为高监禁率对高犯罪率影响的干预变量。对于集中在某些街坊社区中的中年男性来说,他们的高监禁率会破坏当地的社会网络(和其他亲社会的邻里机构),而这反过来又会导致集体效能降低和社区犯罪率升高。其他研究者(如Galster and killen,1995;Galster and Mikelsons,1995,Kennedy et al.,1998)还发现了在社区结构条件、社会网络和犯罪之间的联系,但他们要依靠的是社会凝聚力和社会资本的概念。根据Sampson(2006a:37,Sampson,2003)的观点,虽然社会网络可以增强社会凝聚力,但是它本身不足以把握"集体效能"的概念,后者还包括一些额外的元素,即"互信和共同的期望"。

差异性的社会组织理论

其他研究发现,邻里网络和社区犯罪率之间的关系并不总是直接的、负向的,如社会控制理论或集体效能理论所暗示的那样(如Friedman et al.,2007;Gayne,2004;Triplett et al.,2003;Warner and Rountree,1997)。Pattillo(1998)发现,在芝加哥的一个黑人中产阶级社区中,由房屋产权和居住稳定性带来的紧密社会网络具有犯罪的因素,同时也有保护性因素。这些亲属、朋友、邻居构成的紧密网络可加强对邻里青少年的非正式社会控制,这与社会解组理论相一致(但是是反向的),也能促进当地罪犯与他们的犯罪影响进行整合。这一发现支持了差异接触理论和朋辈影响理论,不过它是在社区层面上的支持:一些类型的社区是有可能通过越轨的青年人和成人的犯罪网络促进亲犯罪定义超过反犯罪定义的,其促进的程度各不相同。

Matsueda(2006)依据Sutherland(1939)提出的鲜为人知的差异社会组织理论(differential social organization)——它是社会学视角下的差异接触社会心理学理论——对邻里社会网络的各种构成、结构、亲社会(prosocial)及反社会(antisocial)效应等进行了如下理论化表述(Matsueda,2006:3):

> 奖励既能鼓励犯罪,也能阻止犯罪,用这种方式就可以将社会组织起来。个体现在可能是犯罪群体组织的一员,同时也可能是打击犯罪的群体的成员。(Sutherland et al.,1992:105-6)

换言之,社区邻里层面上的不同社会组织导致了个人层面上的差异接触。

Browning 等人(2004)支持该理论。他们发现,芝加哥街区的社会网络扮演着双重角色,它有高水平的社会组织和高犯罪率:促进亲社会性的集体效能,同时也给罪犯提供社会资本。James 等人(2004)的分析数据来自美国的"法院指定的特殊支持药物滥用项目"(American CASAWORKS substance abuse program)(CASA 为 Court Appointed Special Advocates 的缩写——译者注)中对随机抽取的 24 名妇女进行的半结构式访谈,结果发现,在贫穷社区居住会使妇女处于当地违法和滥用药品的网络之中,与此同时,也限制了她去获得支持性的亲社会网络。Harding(2009)比较了青春期男孩社会网络的年龄构成及其对劣势程度不同的社区中犯罪的影响。他发现,生活在劣势社区中的男孩更容易与年长男性一起度日,这导致了"隔代社会化"的犯罪。

结　论

我们可以将社会控制理论和差异接触理论看成是在个体层面探究违法犯罪的理论。相比之下,社会解组理论和差异社会组织理论可以看作是在社区层面上解释违法犯罪的理论。用社会网络分析建构社区网络模型,用社区网络属性的变异来解释犯罪率的变化。

根据 Sutherland 的差异社会组织理论,社区的结构方面(如弱势、异质性和居住地迁移)是影响社区网络中"反社会"和"亲社会"均衡的外生变量,它反过来又影响社区犯罪率。因此,该理论及其相关的研究可以归为个人网络对个体犯罪影响的研究。这一传统中的社会网络研究通常分析潜在罪犯的个人网络特征,将这些个人网络特征作为外部结构性条件的结果。

但是,社会解组理论的现代版本(如 Sampson 的集体效能理论)则完全不同。集体效能理论及研究认为,社区网络是(亲社会的)居民网络,该网络因外部结构条件的不同而不同,其效能体现在对社区犯罪施加非正式的社会控制上——无论是对本地人还是外来人都是如此。根据这个理论,社会控制会减少社区犯罪。这种作用不是通过潜在罪犯的个体网,而是通过亲社会居民的个体网来实现的,这些居民被公认为是实施社会控制的能动者。利用社会网络分析进行集体效能研究的意义在于,那些解释社区犯罪的要素不是潜在罪犯的个体网属性,而是社区居民中存在的整体网属性,尤其是社区凝聚力和动员集体行动的能力。

集体效能理论的一个主要概念性困难在于,如前文引用的部分研究所表明的那样,社区人口不能被整齐地划分为潜在的犯罪分子和作为潜在的社会控制能动者的亲社会居民。很多居民都被归为这两类,每个人都经历过亲社会和反社会的平衡。此外,社区整体网不仅包括所谓的亲社会居民之间的关系,也包括所谓的反社会居民之间的关系。这些反社会居民指的是潜在的罪犯,最后还包括那些非互斥群体成员之间的关系。正如 Sweetser(1942:533)所言:

……如果犯罪区域的文化被视为是犯罪传统和守法传统在空间上的渗透，它因邻里之间的差异性接触和熟悉而长久地存在，那么在犯罪率最高发的地区，许多男孩就可能无法吸收犯罪"传统"，守法因而是可能的。

243

社区网络研究在方法论上的困难在于，收集整个社区的人口属性数据以及他们之间联系的数据是非常困难的。在实践中，此类研究一直依靠居民抽样中的个体网。然而，从个体网样本推论到整体网绝不是简单的（Frank，本书）。解决这些概念上和方法论上的难题还需要更多的研究。

犯罪网络

社会网络分析也可用于对犯罪社会组织进行建模。本述评使用的网络模型从静态和动态两个方面描述了犯罪团伙和犯罪活动。本研究注重探索性和描述性的研究，而不是理论验证，虽然研究中的大部分是以如下两个理论问题为基础的：

1.为了对各类与任务相关的和因环境而生的权宜性作出反应，会出现哪些组织内和组织间的网络结构呢？

2.采用不同的组织内和组织间的网络结构，会产生哪些与表现（performance）有关的后果呢？（在这里，"表现"主要是指如盈利性、长寿性等组织成功的指标）

这些也是组织社会学（如 Aldrich，1979；Handel，2003；Perrow，1986）和工业组织研究（如 Pepall et al.，2008；Williamson，1975）中的两个基本问题。在用社会网络分析研究犯罪网络时，其方式是与在这些学科中的应用方式相类似的（如 Burt，1983，1992，2000；Carrington，1981；Cross and Parker，2004；Kilduff and Krackhardt，2008；White，1981，2002）。

Waring（2002:43）认为，犯罪活动的性质使得最好将其概念化为一种网络组织形式，而不是其他的诸如等级或市场这样的形式。因此，犯罪活动被归入一类更为广泛的被作为网络组织起来的活动中，包括政策联盟、合资企业、电影项目、友谊、商业、政治与社区精英。Felson（2009）区分了四个层次的犯罪合作程度，其范围从"原始集群"到"扩展的世袭体制"。

犯罪网络、朋辈影响及社区网络的网络研究之间各不相同，其主要差异在于，原则上讲，犯罪网络只包括那些已参与犯罪活动的人，所以研究的问题不涉及犯罪的病因，只包括其组织、原因和结果。此外，与朋辈网络研究相比，犯罪网络分析通常针对的是整体网，而不是以个人为中心的个体网。也就是说，从概念上看，无论其如何界定网络一般不是集中于个人，而是包括整个犯罪团伙。但是，这些"整体网"往往来自警方调查的以个人为中心的网络数据［Renée van der Hulst，个人沟通］。

帮派、群体和网络

有些犯罪群体中的成员数比"有组织犯罪"结构中的成员要少,犯罪行为更多地体现为本地化的和相对简单的"街头犯罪"。本节主要解决的就是社会网络分析在这样的犯罪群体中的应用。许多这样的研究都涉及"青年团伙"或"犯罪群体",可以进一步将这两种犯罪同有组织的犯罪区分开来,不但根据成员的年龄,而且根据假定的参与动机。在有组织犯罪的情况下,参与动机主要是工具性的,而在青年团伙中,参与动机是工具性和表达性动机的混合。

分析社群图和社群矩阵(Hanneman and Riddle,本书),记录被试的朋友或同伴(共犯),这在犯罪组织研究中已经有很长时间的历史了。的确,正是 Moreno 发明的这种技术被用来研究兴格监狱(Sing Sing prison)(1932)和赫德森女子学校(Hudson School for Girls)(1934)中被监禁者的社会网络,该地才被许多历史学家确认为是社会网络分析的诞生地(如 Freeman,2004:7)。然而,Shaw 和 McKay(1931:200-221)使用 2-模发生矩阵(2-mode incidence matrix)(Borgatti and Halgin,本书)对犯罪派系的研究[2]要早于莫雷诺发明的社会计量法。Spaulding(1948)回顾了运用社会网络分析的概念和方法研究"派系、帮派和网络"的早期发展。

帮派存在吗?

在有关违法和犯罪团伙的文献中,社会网络分析被用来解决一个核心问题:帮派真的存在吗?或者所谓的帮派只是自发的、暂时的、机会主义式的、松散的,由无组织的个人组成的变动性联盟?对于所谓的有组织的犯罪群体的"组织"程度问题(见下文),有一个惊人的类比。对假定的团伙成员进行网络分析时一般就会发现,他们——像所谓的有组织的犯罪群体一样——在较大的松散网络内部呈现出局部的集群,它们是有二到十多个成员的小群体,与其他此类群体之间有不同程度的联系(Daly,2005;Fleisher,2002;Hood and Sparks,1970;Klein and Crawford,1967;McGloin,2005;Reiss,1988;Sarnecki,1990,2001,2009;Short and Strodtbeck,1965;Spergel,1990:203-4;Warr,1996,2002:39;Whyte,1943)。这些发现促使学者们利用局部集群(派系)分析来确定较大网络内部的犯罪群体(如 Cadwallader and Cairns,2002;Clarke-McLean,1996;Sarnecki,2001)。

244

在追问犯罪集团是否真的是群体时,还有一种不同的方法,该方法要分析犯罪集团构成在时间上的稳定性,即其成员资格在时间上的稳定性。例如,Warr 谈及"大多数犯罪群体的'成员资格'的极端不稳定性……所有群体……都如此短命,甚至在论及犯罪**群体**时都毫无意义。"(1996:33;原文为黑体字)。其他关于犯罪群体的研究也有类似的、尽管不总是如此极端的结论(Sarnecki,1990,2001;van Mastrigt,2008;Warr,1996)。另一方面,Clarke-McLean(1996)发现,在由 92 个被关押青年构成的样本中,存在着"相当稳定"的网络,这也许是因为他们受关押的缘故。

同质性

对犯罪群体的网络研究普遍发现,有证据表明他们在年龄、居住地和犯罪经历方面(Clarke-McLean,1996;Daly,2005;Sarnecki,2001)有同质性(McPherson et al.,2001)。性别有强同质性(Clarke-McLean,1996),但是对女性罪犯来说,同质性要弱一些(Daly,2005;Fleisher,2002;Sarnecki,2001,2004;Warr,1996)。Carrington(2002)使用一种概率模型和加拿大的同伙犯罪数据表明,可以用性别比例来解释女犯人之间存在的较低的同质性,这并不意味着有任何偏好(也可参见 van Mastrigt,2008)。其他对混合性别犯罪群体的研究也发现了年长男性招募女孩、男性影响并利用女性(Fleisher and Krienert,2004;Pettersson,2005)以及群体中有性别化的犯罪角色(Mullins and Wright,2003;Waring,1993)的证据。在美国,犯罪群体中存在着种族的或族群的同质性(Clarke-McLean,1996;Daly,2005);而在瑞典,这种同质性以更为复杂的方式表现出来(Pettersson,2003;Sarnecki,2001)。

结构

Waring(1993)用美国联邦法院在 1980 年代处理白领犯罪的预判报告数据来研究白领共同犯罪网络结构。她从 747 个样本成员中构造了 377 个共同犯罪网络,关注有如下两种构型之一的网络:完整的(子)网络或派系和星形(子)网络,在前一个网络中,所有成员都直接与他人相连;在后一个网络中,核心成员与所有其他成员相连,其他成员之间彼此不相连。她还依据规模和角色分化区分了这两种结构类型中的网络。她使用定性分析探讨网络为什么采取这些形式,研究这些结构对网络成员的活动所产生的后果。Calvó-Armengol 与 Zenou(2004)在模拟研究中发现,犯罪网络中的连接结构决定了犯罪行为竞争与合作中的纳什均衡。

Morselli 和 Tremblay(2004)的研究表明,个体犯罪接触的非冗余性影响着其能否犯罪成功,这里用个人中心犯罪网络的"有效规模"(Burt,1992)来测量非冗余性。McGloin 和 Piquero(2010)表明,冗余性——用自我中心犯罪网络的关系密度来测量——与个体共犯犯罪类型的专业化正相关。

个体的中心度及其反面(即边缘度)被用作个体嵌入犯罪群体程度的指标(Sarnecki,2001,2004)。核心成员的犯罪经验和主动性往往最强(Sarnecki,1990,2001),犯罪态度最深(Baron and Tindall,1993),成为暴力受害者的风险也最大(Schreck et al.,2004)。女性同男性相比往往不处于中心(Sarnecki,2004)。Calvó-Armengol 等人使用 AddHealth 调查数据和纳什均衡分析发现,在青少年犯罪网络中,青少年的 Bonacich 中心度"是其犯罪活动水平的关键决定因素"(2005:1)。

McGloin(2005:625-26)建议,团伙会集中力量去压制"切点"成员——构成两个人或两个群体之间唯一联系的那个人,这个人有"威慑信息",因此,理想上

会被置于"感染者"的位置。然而,这种对"关键人员"实施阻截策略(Borgatti,
2006)的有效性受到了下述经验研究的质疑(Milward and Raab,2006;Morselli and
Petit,2007)。这表明了犯罪网络在面临威胁时有适应性,将网络结构作为内源
性特征进行的模拟研究对其有效性提出了质疑(Easton and Karaivanov,2009)。

帮派间的网络

1994 年,芝加哥地区存在着与帮派有关的凶杀案构成的社会网络,
Papachristos(2009)通过分析这个网络来研究"帮派凶杀案的社会结构"。其中有
66 个团伙被定义为网络节点,他们的成员是凶杀案的肇事者或受害者,凶杀案本
身被定义为有向关系,从肇事者帮派指向受害者帮派。历时性分析支持了犯罪
行为的蔓延(扩散)性假设。结构分析证实,成员的帮派归属性和帮派间关系的
支配结构等因素影响着杀人行为,杀人行为反过来也影响这些因素。

有组织的犯罪

有组织的犯罪和犯罪帮派及团伙之间的区别并不明显,但在规模、范围、犯
罪活动类型和动机等方面却有差异。以下回顾的是关于有组织犯罪的网络分
析,这个回顾必然有所选择,最近的两篇述评性回顾可以作补充参考(Morselli,
2009b;von Lampe,2009)。

在美国,早期对黑手党组织的研究使用的是正式组织或等级模型,集中体现
在 1950 年代和 1960 年代美国参议院 Kefauver 和 McClellan 委员会所作的报告中
(Albanese,2007:105-6;Cressey,1969)。然而,该模型对许多犯罪组织和活动数
据的拟合都不好,因此,人们对这种过于结构化的模型并不满意。另外,经济企
业模型(Reuter,1983)在对犯罪业务和市场进行概念化处理的时候,将它们的运
行依据理解为是与合法经营企业运行依据相同的经济理性原则,该模型也因其
不足而受到批评(Liddick,1999)。因为它在分析合法业务活动的时候就有缺陷
(Powell,1990;White,1981,2002;Williamson,1975)。

一些早期的研究(如 Albini,1971;Ianni,1974;Ianni and Reuss-Ianni,1972;
Lupsha,1983)提出了一个网络模型,它假定不存在**先验**的特定结构,相反,我们
观察到的行动者的属性及其行动者之间的联系与交易的构型和性质,才"自下而
上"地导致了群体的社会组织(von Lampe,2009:94)。虽然网络分析没有关于结
构的先验假定,不过偏爱于有组织犯罪的"网络模型"就意味着既拒绝了正式组
织模型,也拒绝了经济模型,前者的结构过多,后者的结构过少(Waring,2002:
33)。因此,在网络模型中,犯罪团伙和活动被视为"[利益导向的]结构松散的
关系系统"(Albini,1971,引自 Albanese,2007:110)。然而,采用网络分析方法未
必意味着就采用网络模型了。例如,Natarajan(2000)使用网络分析研究了可卡
因贩运组织,发现它确实符合组织的经典"企业"类型。

另外,Natarajan(2006)研究了纽约市海洛因交易网络的 294 名成员之间的窃
听谈话,他将凝聚力(密度)、子群体(派系)和个人权力(中心度)这样的网络概

念和测度与其他形式的分析结合起来,并推断出,这部分人群并没有形成统一的组织或"阴谋集团",只是"结构松散的网络……很少或根本没有等级结构"(第189页)。然而,尽管这个网络几乎没有"正式组织",但它不缺少所谓的"网络组织",其中存在局部的集群和中心度的分层。其他对走私行为和贩运行为的研究也得出了类似结论,如 Kenney(2007)分析了哥伦比亚的毒品贸易,Heber(2009a)分析了斯德哥尔摩的毒贩,Desroches(2005)对加拿大贩毒进行了研究,Xia(2008)对中国有组织犯罪的组织结构进行了述评,还有关于人口走私和贩运的研究(Kleemans, 2009;Lehti and Aromaa, 2006;Soudijn and Kleemans, 2009;Surtees, 2008;Zhang, 2008;Zhang and Gaylord, 1996)。

社会资本

在关于有组织犯罪的文献中,有两个常规性的主题,即信任和资源获取这两个相关的问题。犯罪团体需要多个行动者的合作与协调,有时这些行动者彼此之间的地理距离甚远。但是,犯罪者缺乏强制执行协议的常规性法律程序资源。因此,在犯罪团体中信任问题尤其突出,社会关系会支持信任,无论关系是预先存在的(如家庭、民族、友谊),还是在犯罪合作过程中发展起来的(Bruinsma and Bernasco, 2004;Felson, 2009;Granovetter, 1985:492;Kleemans, 2007;Kleemans and de Poot, 2008;Kleemans and van de Bunt, 1999;Morselli, 2003, 2005;Tremblay, 1993;von Lampe and Johansen, 2004;von Lampe, 2009;Waring, 2002:38-39;但可参见 van de Bunt, 2008)。另一个主题是需要与供应商、客户、资金源和专家建立联系(Morselli, 2005)。Kleemans 及同事将"社会机会结构"定义成"提供有利可图的犯罪机会的社会关系"(Kleemans and de Poot, 2008:75),并强调了获得这种机会的有限性,他们在总体和生命历程中的分布也不均匀(van Koppen et al., 2010)。他们的"社会机会结构"与"社会资本"概念非常相似。例如,Lin(2001:   246
19)将社会资本定义为"期望从市场上获得预期回报的社会关系投资"或者"利用行动者的关系而得到的社会资产,从其作为成员的网络或群体中获得资源"。因此,Bouchard 和 Nguyen(2010)比较了年轻的大麻种植者从**社会资本**中得到的回报和从**犯罪资本**中得到的回报,他们将前者定义为"你认识谁——关系"或"社会网络中资源",将后者定义为"你知道什么——能力"或者"罪犯的教育、培训、经验"(与非犯罪学文献中的**人力资本**对等)。McCarthy 和 Hagan(1995;Hagan, 1997;Hagan and McCarthy, 1998)将犯罪资本定义为从嵌入的犯罪网络中得到的犯罪知识和技能,从而将人们知道的"谁"和"什么"的概念连接起来。

结构

Bruinsma 和 Bernasco(2004)发现,荷兰的海洛因、妇女、赃车的国际贩运网的网络结构在凝聚力(密度)、多样性和聚集上有差异。海洛因贩卖是一个高风险的活动,其网络是以单一集群的密集、多重关系为特征的。贩运妇女网和被盗车辆网中的关系密度较小,往往是单丛的(uniplex)和工具性的,每个网络都有两个或多个集群,通过中间人或聚类连接成链。他们的结论是,这些差异"似乎与法律和财务风险相关,……与随后发生的需要的信任水平相关"(2004:79)。Canter(2004)使用偏序尺度图分析(partial-order scalogram analysis)法,在网络结构的六个维度上比较了英国的 29 宗毒品交易、财产犯罪或流氓网络组织。他确定了三类群体——特设组织、寡头政治和有组织的罪犯,它们在群体规模和领导者中心度这两个主轴上有差异。在犯罪活动的三方类型学(tripartite-typologies)和组织结构之间只有弱关系。Heber(2009b)在瑞典的建筑劳工黑市中确定了两个核心角色:"修理工"(fixers)和"网络创业者"(network entrepreneurs),并描述了每个网络的特性。McNally 和 Alston(2006)使用三个加拿大非法飙车族成员联络和通信的知识性数据评估了这些群体的结构"弱点和漏洞",评估的方法是确定核心成员、边缘成员和关键成员,基于密度、中心度、集群和桥接等测度来估计帮派的整体凝聚力和通信流路径。

Morselli(2003,2005)在一个使用个体网(而不是整体网)的犯罪网络分析的例子中,运用结构洞概念(Burt,1992;Hanneman and Riddle,本书)分析了两个有组织的罪犯的职业生涯。Morselli 和 Roy(2008)将犯罪手记和网络分析相结合,使用经纪人的两项测度(Burt,2005)——中间中心度(Hanneman and Riddle,本书)和**中介杠杆**(brokerage leverage)(Gould and Fernandez,1989)——分析了加拿大两个参与销售被盗车辆的"振铃网络"(ringing networks)。Morselli(2009a)使用度数中心度和中间中心度(中介度),研究了魁北克省"地狱天使摩托车俱乐部"(Hells Angels motorcycle club)的犯罪活动组织,尤其是检验了以下假设:它们表现出来的组织形式是传统的有组织犯罪范式中的结构紧密的等级组织。结果表明,该犯罪活动的组织更加复杂、细致入微。

对禁止犯罪的启示

Easton 和 Karaivanov(2009)对 Calvó-Armengol 及同事的研究(上文所示)进行了扩展。在考虑到当局减少犯罪的努力的条件下,他们通过在模拟网络中找到纳什均衡,进而来确定"最佳犯罪网络"。这种模拟网络的规模和结构可变(即是有内生性的),变化的依据是个人的决定,即个人对自己的犯罪活动水平及其在网络中与他人的连接状况的决定。他们的结论是:那些假定犯罪网络的规模和结构是固定的(即外源性的)模型有可能引起误导性结果;例如,"剔除"关键行动者的政策(Borgatti,2006)可能不会减少犯罪,这是因为罪犯可能会重新配置其网络来作出回应。Milward 和 Raab(2006:333)述评了有关"基地"组织(Al Qaeda)和哥伦比亚可卡因贩运者反应的研究。从对这些反应的述评到控制代理商压制他们的尝试中,他们得出了结论,即"暗网"(dark networks)的顺应能力取决于他们"再平衡其内部结构中的分化与整合机制"的能力。Morselli 和 Petit(2007)分析了加拿大蒙特利尔的药品进口网络对执法目标的反应,从中也得出了类似的结论。

方法论及程序性的工作

在犯罪网或广义的"暗网"[3]方面,相当多的文献是由方法论的和程序性的论文构成的。这些论文提倡采用"网络模型",或利用社会网络分析去研究有组织的犯罪,或解释如何进行网络分析,有时伴有说明性的案例。典型的例子是 Davis(1981),Ianni 和 Reuss-Ianni(1990)和 Sparrow(1991a,1991b)。近期的例子包括McIllwain(2001),Coles(1999),Chattoe 和 Hamill(2005),McAndrew(2000),Robins(2009)和 van der Hulst(2009)。最近的许多程序性研究提供了犯罪网络分析的新方法或软件(如 Borgatti,2006;Carley et al.,2002;Chen,2002;Hadjidj et al.,2009;Hu et al.,2009;Huang,2005;Kaza et al.,2009;Marshall et al.,2008;Oatley,2006;Oatley et al.,2005;Oatley et al.,2008;Rhodes and Keefe,2007;Schwartz and Rouselle,2009;Smith and King,2002;Stovin and Davies,2008;Tsvetovat and Carley,2007;Tutzauer,2007;Xu and Chen,2003,2005a,2005b;Xu et al.,2004)。

结　论

大部分关于犯罪网络的社会网络研究都是探索性的和描述性的,旨在用图形(字面意义上)描述所研究的网络结构。一些研究超出了描述,探讨了犯罪网络的构成和形态变异的原因或结果。对有组织的犯罪网络的研究(假定其成员的行为主要是理性-工具性的)还探讨了决定网络属性的那些与任务相关的和由环境决定的因素,也从组织成就方面研究了这些属性的结果。犯罪网络研究也探讨网络属性对阻截策略的意义。

正如 van der Hulst(本书)在对恐怖主义的网络分析中所指出的,犯罪网络的研究者大致可以分为如下两类(除少数例外),每一类都是在严格限定的条件下进行研究的。学术型学者有犯罪学理论与研究方面的专业知识(expertise),但是往往缺乏"专业领域知识"(domain expertise),也不能获得好数据。而操作型(犯罪)分析者有专业领域知识,能获得机密数据,但是他们往往缺乏从犯罪问题角度作研究的动机或训练,或者出于保密性考虑而不发表他们的研究。一般而言,顾名思义,准确、综合性的"暗网"数据本来就很难获得。本节引用的经验研究证明了作者们的聪明才智和刻苦耐劳。也许随着社会网络分析在研究犯罪团伙时的价值被日益传播,犯罪学家能获得更多的机密数据。

讨　论

在犯罪学中运用社会网络分析还处于起步阶段。绝大多数针对犯罪和违法行为的所谓网络研究考虑的仅仅是成员或网络的构成或特点,而不是它们之间关系结构的特点。大多数网络结构分析都是仅凭印象的,依靠对社群图的视觉考察而不是计算,甚至是计算性的分析也倾向于将自己限于最简单的网络概念和指标,如密度和中心度。几乎没有犯罪学家认可社会网络分析在犯罪学概念和命题建模方面是有用的,他们也较少受网络方法的训练或使用网络分析软件,很难获得或生成合适的数据。

无论如何,还是有少数犯罪学家在社会网络分析的概念和方法上非常有见地,在寻找或创建合适的数据方面,一些人表现出了巨大的独创性。在过去的十年间,他们进行了大量复杂且卓有成效的犯罪网络分析。未来还需要进行更多的研究,特别是社会网络分析和数据获得方面的训练。在最近出版的犯罪学期刊中(McGloin and Kirk,2010)出现了第一篇关于社会网络分析的教育学文章,这预示着其未来的前景。

注　释

2008 年在柏林召开了主题为"犯罪网络中的人力资本和社会资本"第七届布兰肯湖-学术讨论会(Blankensee-Colloquium),本章从该会上受益颇多。我们也受惠于 Sean Bergin,Martin Bouchard,Reagan Daly,Edward Kleemans,Chris Lewis,Carlo Morselli,Lynn Vincentnathan,Renée van der Hulst,Klaus von Lampe 和 Frank Weerman 在参考文献方面的建议和对初稿的评论。本章的准备也受加拿大社会科学和人文研究委员会的支持。

1.对于这些和其他网络概念的解释,请参阅本书中 Hanneman 和 Riddle 撰写的章节。

2.Frank 和 Carrinton(2007;Frank,2001)在用官方数据来估计共同犯罪和个体犯罪活动时,也采用 2-模发生矩阵和概率模型来估计未报告或未发现的犯罪数,即"暗数"(dark figures)。

3."暗网"既包括犯罪网络,也包括恐怖主义网络,二者有时不同。如果暗网与有组织犯罪研究的关系特别密切的话,我在本章中就论述了"暗网"(dark networks)的来源;关于恐怖主义网络的社会网络分析的文献回顾,请参阅本书中由 van der Hulst 撰写的那一章。

参 考 文 献

Albanese, J. S. (2007) *Organized Crime in Our Times.* 5th ed. Newark, NJ: LexisNexis.

Albini, J.L. (1971) *The American Mafia: Genesis of a Legend.* New York: Irvington.

Aldrich, H. (1979) *Organizations and Environments.* Englewood Cliffs, NJ: Prentice-

Hall.

Baerveldt, C. and Snijders, T. A. B. (1994) 'Influences on and from the segmentation of networks: Hypotheses and tests'. *Social Networks*,16(3): 213-32.

Baerveldt, C., Van Rossem, R., Vermande, M. and Weerman, F. (2004) 'Students' delinquency and correlates with strong and weaker ties: A study of students' networks in Dutch high schools'. *Connections*, 26 (1): 11-28.

Baerveldt, C., Voelker, B. and Van Rossem, R. (2008) 'Revisiting selection and influence: An inquiry into the friendship networks of high school students and their association with delinquency'. *Canadian Journal of Criminology and Criminal Justice*,50(5): 559-87.

Baron, S.W. and Tindall, D.B. (1993) 'Network structure and delinquent attitudes within a juvenile gang'.*Social Networks*,15(3): 255-73.

Bernburg, J.G., Krohn, M.D. and Rivera, C.J. (2006) 'Official labeling, criminal embeddedness, and subsequent delinquency: A longitudinal test of labeling theory'. *Journal of Research in Crime and Delinquency*, 43 (1): 67-88.

Borgatti, S. (2006) 'Identifying sets of key players in a social network'. *Computational & Mathematical Organization Theory*, 12 (1): 21-34.

Bouchard, M. and Nguyen, H. (2010) 'Is it who you know, or how many that counts? Criminal networks and cost avoidance in a sample of young offenders'.*Justice Quarterly*,27: 130-58.

Brook, J. S., Brook, D. W., Rosen, Z. and Rabbitt, C.R. (2003) 'Earlier marijuana use and later problem behavior in Colombian youths'. *Journal of the American Academy of Child and Adolescent Psychiatry*, 42 (4): 485-92.

Browning, C.R., Feinberg, S.L. and Dietz, R.D. (2004) 'The paradox of social organization: Networks, collective efficacy, and violent crime in urban neighborhoods'.*Social Forces*,83(2): 503-34.

Bruinsma, G. J. N. (1992) 'Differential association theory reconsidered: An extension and its empirical test'. *Journal of Quantitative Criminology*,8: 29-49.

Bruinsma, G. J. N. and Bernasco, W. (2004) 'Criminal groups and transnational illegal markets: A more detailed examination on the basis of Social Network Theory'.*Crime Law and Social Change*,41(1): 79-94.

Burgess, R. L. and Akers, R. L. (1966) 'A differential association-reinforcement theory of criminal behavior'.*Social Problems*,14: 128-47.

Burk, W.J., Kerr, M. and Stattin, H. (2008) 'The co-evolution of early adolescent friendship networks, school involvement, and delinquent behaviors'. *Revue Francaise de Sociologie*, 49 (3): 499-522.

Burk, W.J., Steglich, C.E.G. and Snijders, T.A. B. (2007) 'Beyond dyadic interdependence: Actor-oriented models for co-evolving social networks and individual behaviors'.*International Journal of Behavioral Development*, 31 (4): 397-404.

Burt, R. S. (1983) *Corporate Profits and Cooptation*. New York: Academic Press.

Burt, R. S. (1992) *Structural Holes: The Social Structure of Competition*. Cambridge, MA: Harvard University Press.

Burt, R. S. (2000) 'The network structure of social capital', in Robert I. Sutton and Barry M. Staw (eds), *Research in Organizational Behavior*. Greenwich, CT: JAI Press.

Burt, R. S. (2005) *Brokerage and Closure: An Introduction to Social Capital*. Oxford: Oxford University Press.

Cadwallader, T. W. and Cairns, R. B. (2002) 'Developmental influences and gang awareness among African-American inner city youth'. *Social Development*,11(2): 245-65.

Calvó-Armengol, A., Patacchini, E. and Zenou, Y. (2005) *Peer Effects and Social Networks in Education and Crime.Working Paper*. Vol. 645. Stockholm: Research Institute of Industrial Economics.

Calvó-Armengol, A. and Zenou, Y. (2004) 'Social networks and crime decisions: The role of social structure in facilitating delinquent behavior'. *International Economic Review*, 45 (3): 939-58.

Canter, D. (2004) 'A partial order scalogram analysis of criminal network structures'. *Behaviormetrika*, 31(2): 131-52.

Capowich, G.E., Mazerolle, P. and Piquero, A. (2001) 'General strain theory, situational anger, and social networks: An assessment of conditioning influences'. *Journal of Criminal Justice*, 29(5): 445-61.

Carley, K.M., Lee, J.-S.L. and Krackhardt, D. (2002) 'Destabilizing networks'. *Connections*, 24(3): 79-92.

Carrington, P.J. (1981) 'Horizontal co-optation through corporate interlocks'. Doctoral dissertation, University of Toronto.

Carrington, P.J. (2002) 'Sex homogeneity in co-offending groups', in J. Hagberg (ed.), *Contributions to Social Network Analysis, Information Theory and Other Topics in Statistics. A Festschrift in Honour of Ove Frank.* Stockholm: Stockholm University. pp. 101-16.

Chattoe, E. and Hamill, H. (2005) 'It's not who you know -it's what you know about people you don't know that counts: Extending the analysis of crime groups as social networks'. *British Journal of Criminology*, 45(6): 860-76.

Chen, H.C. (2002) 'From digital library to digital government: A case study in crime data mapping and mining'. Digital Libraries: People, Knowledge, and Technology, Proceedings. *Lecture Notes in Computer Science*, vol. 2555. Berlin: Springer-Verlag.

Clarke-McLean, J.G. (1996) 'Social networks among incarcerated juvenile offenders'. *Social Development*, 5(2): 203-17.

Clear, T.R. (2008) 'The effects of high imprisonment rates on communities', in Michael Tonry (ed.), *Crime and Justice: A Review of Research*, vol. 37. Chicago: University of Chicago Press. pp. 97-132.

Cohen, L.E. and Felson, M. (1979) 'Social Change and Crime Rate Trends: A Routine Activity Approach'. *American Sociological Review*, 44: 588-608.

Coles, N. (2001) 'It's not what you know - it's

who you know that counts. Analysing serious crime groups as social networks'. *British Journal of Criminology*, 41(4): 580-94.

Cressey, D.R. (1969) *Theft of the Nation.* New York: Harper Row.

Cross, R.L. and Parker, A. (2004) *The Hidden Power of Social Networks: Understanding How Work Really Gets Done in Organizations.* Cambridge, MA: Harvard Business Press.

Curry, A.D. and Latkin, C.A. (2003) 'Gender differences in street economy and social network correlates of arrest among heroin injectors in Baltimore, Maryland'. *Journal of Urban Health*, 80: 482-93.

Daly, R.M. (2005) 'Delinquent networks in Philadelphia: The structure of co-offending among juveniles'. Ph.D. thesis, University of Pennsylvania.

Davis, R.H. (1981) 'Social network analysis: An aid in conspiracy investigations'. *FBI Law Enforcement Bulletin*, 50(12): 11-19.

Deptula, D.P. and Cohen, R. (2004) 'Aggressive, rejected, and delinquent children and adolescents: A comparison of their friendships'. *Aggression and Violent Behavior* 9 (1): 75-104.

Desroches, F.J. (2005) *The Crime That Pays: Drug Trafficking and Organized Crime in Canada.* Toronto: Canadian Scholars' Press.

Easton, S.T. and Karaivanov, A.K. (2009) 'Understanding optimal criminal networks'. *Global Crime*, 10(1): 41-65.

Ekland-Olson, S. (1983) 'Deviance, social control and social networks'. *Research in Law, Deviance and Social Control*, 4: 271-99.

Elliott, D.S. and Menard, S. (1996) 'Delinquent friends and delinquent behavior: Temporal and developmental patterns', in J.D. Hawkins (ed.), *Delinquency and Crime: Current Theories.* Cambridge: Cambridge University Press. pp. 28-67.

Espelage, D.L., Green, H.D., Jr. and Wasserman, S. (2007) 'Statistical analysis of friendship patterns and bullying behaviors among youth'. *New Directions for Child and Adolescent Development*, 118: 61-75.

Felson, M. (2009) 'The natural history of extended co-offending'. *Trends in Organized Crime*, 12(2): 159-65.

Fleisher, M.S. (2002) 'Doing field research on diverse gangs: Interpreting youth gangs as social networks', in C. Ronald Huff (ed.), *Gangs in America*. Thousand Oaks, CA: Sage. pp. 199-217.

Fleisher, M.S. and Krienert, J.L. (2004) 'Life-course events, social networks, and the emergence of violence among female gang members'. *Journal of Community Psychology*, 32: 607-22.

Frank, O. (2001) 'Statistical estimation of co-offending youth networks'. *Social Networks*, 23 (3): 203-14.

Frank, O. and Carrington, P.J. (2007) 'Estimation of offending and co-offending using available data with model support'. *Journal of Mathematical Sociology*, 31(1): 1-46.

Freeman, L.C. (2004) *The Development of Social Network Analysis*. Vancouver, BC: Empirical Press.

Friday, P.C. and Hage, J. (1976) 'Youth crime in postindustrial societies: An integrated perspective'. *Criminology*, 14: 347-68.

Friedman, S.R., Mateu-Gelabert, P., Curtis, R., Maslow, C., Bolyard, M., Sandoval, M. and Flom, P.L. (2007) 'Social capital or networks, negotiations, and norms? A neighborhood case study'. *American Journal of Preventive Medicine*, 32(6): S160-S170.

Gainey, R.R., Peterson, P.L., Wells, E.A., Hawkins, J.D. and Catalano, R.F. (1995) 'The social networks of cocaine users seeking treatment'. *Addiction Research*, 3: 17-32.

Galster, G.C. and Killen, S.P. (1995) 'The geography of metropolitan opportunity: A reconnaissance and conceptual- framework'. *Housing Policy Debate*, 6(1): 7-43.

Galster, G.C. and Mikelsons, M. (1995) 'The geography of metropolitan opportunity: A case-study of neighborhood conditions confronting youth in Washington, D.C.'. *Housing Policy Debate*, 6(1): 73-102.

Gayne, M.K. (2004) 'Illicit wigmaking in eighteenth-century Paris'. *Eighteenth-Century Studies*, 38(1): 119-37.

Giordano, P.C., Cernkovich, S.A. and Demaris, A. (1993) 'The family and peer relations of black-adolescents'. *Journal of Marriage and the Family*, 55(2): 277-87.

Gottfredson, M.R. and Hirschi, T. (1990) *A General Theory of Crime*. Stanford, CA: Stanford University Press.

Gould, R.V. and Fernandez, R.M. (1989) 'Structures of mediation: A formal approach to brokerage in transaction networks', in Clifford C. Clogg (ed.), *Sociological Methodology*. Vol. 19. Oxford: Basil Blackwell. pp. 89-126.

Granovetter, M. (1973) 'Strength of weak ties'. *American Journal of Sociology*, 78(6): 1360-80.

Granovetter, M. (1985) 'Economic action and social structure: The problem of embeddedness'. *American Journal of Sociology*, 91: 481-510.

Griffith, J.D., Knight, D.K., Joe, G.W. and Simpson, D.D. (1998) 'Implications of family and peer relations for treatment engagement and follow-up outcomes: An integrative model'. *Psychology of Addictive Behaviors*, 12 (2): 113-26.

Gutierrez-Lobos, K., Eher, R., Grunhut, C., Bankier, B., Schmidl-Mohl, B., Fruhwald, S. and Semler, B. (2001) 'Violent sex offenders lack male social support'. *International Journal of Offender Therapy and Comparative Criminology*, 45(1): 70-82.

Hadjidj, R., Debbabi, M., Lounis, H., Iqbal, F., Szporer, A. and Benredjem, D. (2009) 'Towards an integrated email forensic analysis framework'. *Digital Investigation*, 5 (3-4): 124-37.

Hagan, J. (1997) 'Crime and capitalization: Toward a developmental theory of street crime in America', in Terence P. Thornberry (ed.), *Developmental Theories of Crime and Delinquency*. Vol. 7 of *Advances in Criminological Theory*. New Brunswick, NJ: Transaction. pp. 287-308.

Hagan, J. and McCarthy, B. (1998) *Mean Streets: Youth Crime and Homelessness*. Cambridge, UK:

Cambridge University Press.

Handel, M. J. (ed.) (2003) *Sociology of Organizations: Classic, Contemporary and Critical Readings*. Thousand Oaks, CA: Sage.

Hanson, R. K. and Scott, H. (1996) 'Social networks of sexual offenders'. *Psychology Crime and Law*, 2(4): 249-58.

Harding, D. J. (2009) 'Violence, older peers, and the socialization of adolescent boys in disadvantaged neighborhoods'. *American Sociological Review*, 74(3): 445-64.

Haynie, D. L. (2001) 'Delinquent peers revisited: Does network structure matter?' *American Journal of Sociology*, 106 (4): 1013-57.

Haynie, D.L. (2002) 'Friendship networks and delinquency: The relative nature of peer delinquency'. *Journal of Quantitative Criminology*, 18(2): 99-134.

Haynie, D. L. and Osgood, D. W. (2005) 'Reconsidering peers and delinquency: How do peers matter?' *Social Forces*, 84(2): 1109-30.

Haynie, D. L. and Piquero, A. R. (2006) 'Pubertal development and physical victimization in adolescence'. *Journal of Research in Crime and Delinquency*, 43 (1): 3-35.

Heber, A. (2009a) 'The networks of drug offenders'. *Trends in Organized Crime*, 12 (1): 1-20.

Heber, A. (2009b) 'Networks of organised black market labour in the building trade'. *Trends in Organized Crime*, 12(2): 122-44.

Hirschi, T. (1969) *Causes of Delinquency*. Berkeley: University of California Press.

Hood, R. and Sparks, R. (1970) *Key Issues in Criminology*. New York: McGraw-Hill.

Houtzager, B. and Baerveldt, C. (1999) 'Just like normal: A social network study of the relation between petty crime and the intimacy of adolescent friendships'. *Social Behavior and Personality*, 27(2): 177-92.

Hu, D., Kaza, S. and Chen, H. (2009) 'Identifying significant facilitators of dark network evolution'. *Journal of the American Society for Information Science and Technology*,

60(4): 655-65.

Huang, C.Y. (2005) 'File sharing as a form of music consumption'. *International Journal of Electronic Commerce*, 9(4): 37-55.

Ianni, F. A. J. (1974) *Black Mafia: Ethnic Succession in Organized Crime*. New York: Simon and Schuster.

Ianni, F. A. J. and Reuss-Ianni, E. (1972) *A Family Business*. New York: Russell Sage Foundation.

Ianni, F. A. J. and Reuss-Ianni, E. (1990) 'Network analysis', in Paul P. Andrews, Jr. and Marilyn B. Peterson (eds), *Criminal Intelligence Analysis*. Loomis, CA: Palmer Enterprises. pp. 67-84.

James, S. E., Johnson, J. and Raghavan, C. (2004) ' " I couldn't go anywhere "—Contextualizing violence and drug abuse: A social network study'. *Violence against Women*, 10(9):991-1014.

Kandel, D. and Davies, M. (1991) 'Friendship networks, intimacy, and illicit drug-use in young adulthood: A comparison of 2 competing theories'. *Criminology*, 29(3): 441-469.

Kaza, S., Xu, J., Marshall, B. and Chen, H. (2009) 'Topological analysis of criminal activity networks: Enhancing transportation security'. *IEEE Transactions on Intelligent Transportation Systems*, 10(1): 83-91.

Kennedy, B.P., Kawachi, I. and Brainerd, E. (1998) 'The role of social capital in the Russian mortality crisis'. *World Development*, 26 (11): 2029-43.

Kenney, M. (2007) 'The architecture of drug trafficking: Network forms of organisation in the Colombian cocaine trade'. *Global Crime*, 8(3): 233-59.

Kilduff, M. and Krackhardt, D. (2008) *Interpersonal Networks in Organizations: Cognition, Personality, Dynamics, and Culture*. Cambridge, UK: Cambridge University Press.

Kirke, D.M. (1990) 'Teenage drug abuse: An individualistic and structural analysis'. Ph.D. thesis, University College, Dublin.

Kirke, D.M. (1995) 'Teenage peer networks in the community as sources of social problems: A sociological perspective', in T. S. Brugha (ed.), *Social Support and Psychiatric Disorder: Research Findings and Guidelines for Clinical Practice*. Cambridge: Cambridge University Press.

Kirke, D.M. (2006) *Teenagers and Substance Use*. New York: Palgrave-Macmillan.

Kleemans, E. R. (2007) 'Organized crime, transit crime, and racketeering. Crime and justice in the Netherlands', in Michael Tonry and Catrien Bijleveld (eds), *Crime and Justice: A Review of Research*, vol. 35. Chicago: University of Chicago Press. pp. 163-215.

Kleemans, E.R. (2009) 'Human smuggling and human trafficking', in Michael Tonry (ed.), *The Oxford Handbook of Crime and Public Policy*. Oxford: Oxford University Press.

Kleemans, E.R. and van de Bunt, H.G. (1999) 'Social embeddedness of organized crime', *Transnational Organized Crime*, 5(1): 19-36.

Kleemans, E. R. and de Poot, C. J. (2008) 'Criminal careers in organized crime and social opportunity structure'. *European Journal of Criminology*, 5(1): 69-98.

Klein, M. W. and Crawford, L. Y. (1967) 'Groups, gangs, and cohesiveness'. *Journal of Research in Crime and Delinquency*, 4 (1): 63-75.

Knight, D. K. and Simpson, D. D. (1996) 'Influences of family and friends on client progress during drug abuse treatment'. *Journal of Substance Abuse*, 8(4): 417-29.

Korobow, A., Johnson, C. and Axtell, R. (2007) 'An agentbased model of tax compliance with social networks'. *National Tax Journal*, 60: 589-610.

Krohn, M.D. (1986) 'The web of conformity: A network approach to the explanation of delinquent behavior'. *Social Problems*, 33(6): S81-S93.

Krohn, M. D., Massey, J. L. and Zielinski, M. (1988) 'Role overlap, network multiplexity, and adolescent deviantbehavior'. *Social Psychology Quarterly*, 51(4): 346-356.

Lacasse, A., Purdy, K.T. and Mendelson, M.J. (2003) 'The mixed company they keep:

Potentially offensive sexual behaviours among adolescents'. *International Journal of Behavioral Development*, 27(6): 532-40.

Laird, R. D., Pettit, G. S., Dodge, K. A. and Bates, J. E. (1999) 'Best friendships, group relationships, and antisocial behavior in early adolescence'. *Journal of Early Adolescence*, 19: 413-37.

Lee, J.S. (2004) 'Generating networks of illegal drug users using large samples of partial ego-network data'. Intelligence and Security Informatics, Proceedings. *Lecture Notes in Computer Science*, vol. 3073. Berlin: Springer-Verlag.

Lehti, M. and Aromaa, K. (2006) 'Trafficking for sexual exploitation', in Michael Tonry (ed.), *Crime and Justice: A Review of Research*, 34: 133-227.

Leighton, B. (1988) 'The community concept in criminology—Toward a social network approach'. *Journal of Research in Crime and Delinquency*, 25 (4): 351-74.

Lichtenstein, B. (1997) 'Women and crack-cocaine use: A study of social networks and HIV risk in an Alabama jail sample'. *Addiction Research*, 5(4): 279-96.

Liddick, D. (1999) 'The enterprise "model" of organized crime: Assessing theoretical propositions'. *Justice Quarterly*, 16(2): 403-30.

Light, J. M. and Dishion, T. J. (2007) 'Early adolescent antisocial behavior and peer rejection: A dynamic test of a developmental process'. *New Directions for Child and Adolescent Development*, 118: 77-89.

Lin, N. (2001) *Social Capital*. Cambridge, UK: Cambridge University Press.

Lonardo, R.A., Giordano, P.C., Longmore, M.A. and Manning, W.D. (2009) 'Parents, friends, and romantic partners: Enmeshment in deviant networks and adolescent delinquency involvement'. *Journal of Youth and Adolescence*, 38(3): 367-83.

Lupsha, P. (1983) 'Networks versus networking: Analysis of an organized crime group', in G. Waldo (ed.), *Career Criminals*. Beverly Hills, CA: Sage. pp. 59-87.

Mangino, W. (2009) 'The downside of social closure: Brokerage, parental influence, and delinquency among African American boys'. *Sociology of Education*,82(2): 147-72.

Marshall, B., Chen, H. and Kaza, S. (2008) 'Using importance flooding to identify interesting networks of criminal activity'. *Journal of the American Society for Information Science and Technology*,59(13): 2099-114.

Matsueda, R. L. (2006) 'Differential social organization, collective action, and crime'. *Crime Law and Social Change*,46: 3-33.

Matsueda, R.L. and Anderson, K. (1998) 'The dynamics of delinquent peers and delinquent behavior'. *Criminology*,36(2): 269-308.

McAndrew, D. (2000) 'The structural analysis of criminal networks', in David Canter and Laurence Alison (eds), *The Social Psychology of Crime: Groups, Teams and Networks*, vol. III. Aldershot, UK: Ashgate. pp. 51-94.

McCarthy, B., Felmlee, D. and Hagan, J. (2004) 'Girl friends are better: Gender, friends, and crime among school and street youth'. *Criminology*,42(4): 805-35.

McCarthy, B. and Hagan, J. (1995) 'Getting into street crime: The structure and process of criminal embeddedness'. *Social Science Research*,24(1): 63-95.

McGloin, J.M. (2005) 'Policy and intervention considerations of a network analysis of street gangs'. *Criminology and Public Policy*,4(3): 607-36.

McGloin, J.M. (2009) 'Delinquency balance: Revisiting peer influence'. *Criminology*,47(2): 439-77.

McGloin, J.M. and Kirk, D.S. (2010) 'An overview of social network analysis'. *Journal of Criminal Justice Education*,21: 169-81.

McGloin, J.M. and Piquero, A.R. (2010) 'On the relationship between co-offending network redundancy and offending versatility'. *Journal of Research in Crime and Delinquency*,47: 63-90.

McGloin, J.M. and Shermer, L.O.N. (2009) 'Self-control and deviant peer network structure'. *Journal of Research in Crime and Delinquency*,46(1): 35-72.

McIllwain, J.S. (1999) 'Organized crime: A social network approach'. *Crime Law and Social Change*,32(4): 301-23.

McNally, D. and Alston, J. (2006) 'Use of social networkanalysis (SNA) in the examination of an outlaw motorcycle gang'. *Journal of Gang Research*,13(3): 1-25.

McPherson, M., Smith-Lovin, L. and Cook, J.M. (2001) 'Birds of a feather: Homophily in social networks'. *Annual Review of Sociology*, 27: 415-44.

Meldrum, R.C., Young, J.T.N. and Weerman, F.M. (2009) 'Reconsidering the effect of self-control and delinquent peers: Implications of measurement for theoretical significance'. *Journal of Research in Crime and Delinquency*, 46: 353-76.

Milward, H.B. and Raab, J. (2006) 'Dark networks as organizational problems: Elements of a theory'. *International Public Management Journal*,9(3): 333-60.

Monge, P.R. and Contractor, N. (2003) *Theories of Communication Networks*. New York: Oxford University Press.

Moreno, J.L. (1932) *Application of the Group Method to Classification*. New York: National Committee on Prisons and Prison Labor.

Moreno, J.L. (1934) *Who Shall Survive?* Washington, D.C.: Nervous and Mental Disease Publishing Company.

Morselli, C. (2003) 'Career opportunities and network-based privileges in the Cosa Nostra'. *Crime Law and Social Change*,39(4): 383-418.

Morselli, C. (2005) *Contacts, Opportunities, and Criminal Enterprise*. Toronto: University of Toronto Press.

Morselli, C. (2009a) 'Hells Angels in springtime'. *Trends in Organized Crime*,12(2): 145-58.

Morselli, C. (2009b) *Inside Criminal Networks*. New York: Springer.

Morselli, C. and Petit, K. (2007) 'Law-enforcement disruption of a drug importation network'. *Global Crime*,8(2): 109-30.

Morselli, C. and Roy, J. (2008) 'Brokerage qualifications in ringing operations'. *Criminology*,

46(1): 71-98.

Morselli, C. and Tremblay, P. (2004) 'Criminal achievement, offender networks and the benefits of low self-control'. *Criminology*, 42 (3): 773-804.

Moss, H. B., Lynch, K. G. and Hardie, T. L. (2003) 'Affiliation with deviant peers among children of substance dependent fathers from pre-adolescence into adolescence: Associations with problem behaviors'. *Drug and Alcohol Dependence*, 71: 117-25.

Mullins, C.W. and Wright, R. (2003) 'Gender, social networks, and residential burglary'. *Criminology*, 41(3): 813-39.

Myers, D.J. (2000) 'The diffusion of collective violence: Infectiousness, susceptibility, and mass media networks'. *American Journal of Sociology*, 106: 173-208.

Natarajan, M. (2000) 'Understanding the structure of a drug trafficking organization: A conversational analysis'. *Crime Prevention Studies*, 11: 273-98.

Natarajan, M. (2006) 'Understanding the structure of a large heroin distribution network: A quantitative analysis of qualitative data'. *Journal of Quantitative Criminology*, 22 (2): 171-92.

Oatley, G. (2006) 'Decision support systems for police: Lessons from the application of data mining techniques to "soft" forensic evidence'. *Artificial Intelligence and Law*, 14: 35-100.

Oatley, G. C., Belem, B., Fernandes, K., Hoggarth, E., Holland, B., Lewis, C., Meier, P., Morgan, K., Santhanam, J. and Squires, P. (2008) 'The gang gun crime problem: Solutions from social network theory, epidemiology, cellular automata, Bayesian networks and spatial statistics'. *Computational Forensics*. New York: Springer.

Oatley, G., Zeleznikow, J., Leary, R. and Ewart, B. (2005) 'From links to meaning: A burglary data case study'. Knowledge-based Intelligent Information and Engineering Systems, Part 4, Proceedings. *Lecture Notes in Artificial Intelligence*, vol. 3684. Berlin: Springer-Verlag.

Osgood, D.W., Wilson, J.K., O'Malley, P.M.,

Bachman, J. G. and Johnston, L. D. (1996) 'Routine activities and individual deviant behavior'. *American Sociological Review*, 61: 635-55.

Papachristos, A.V. (2009) 'Murder by structure: Dominance relations and the social structure of gang homicide'. *American Journal of Sociology*, 115(1): 74-128.

Patacchini, E. and Zenou, Y. (2008) 'The strength of weak ties in crime'. *European Economic Review*, 52(2): 209-36.

Pattillo, M. E. (1998) 'Sweet mothers and gangbangers: Managing crime in a black middle-class neighborhood'. *Social Forces*, 76 (3): 747-74.

Pearson, M. and West, P. (2003) 'Drifting smoke rings: Social network analysis and Markov processes in a longitudinal study of friendship groups and risk-taking'. *Connections*, 25 (2): 59-76.

Pepall, L., Richards, D. and Norman, G. (eds) (2008) *Industrial Organization: Contemporary Theory and Empirical Applications*. 4th ed. Malden, MA: Blackwell.

Perrow, C. (1986) *Complex Organizations: A Critical Essay*. 3rd ed. New York: McGraw-Hill.

Pettersson, T. (2003) 'Ethnicity and violent crime: The ethnic structure of networks of youths suspected of violent offences in Stockholm'. *Journal of Scandinavian Studies in Criminology and Crime Prevention*, 4(2): 143-61.

Pettersson, T. (2005) 'Gendering delinquent networks. A gendered analysis of violent crimes and the structure of boys' and girls' co-offending networks'. *Young Nordic Journal of Youth Research*, 13(3): 247-67.

Powell, W. (1990) 'Neither hierarchies nor markets', in Barry Shaw and L. L. Cummings (eds), *Research in Organizational Behavior*, vol. 12. Greenwich, CT: JAI Press. pp. 295-336.

Reiss, A. J., Jr. (1988) 'Co-offending and criminal careers', in Michael Tonry and Norval Morris (eds), *Crime and Justice: A Review of Research*. 10: 117-70.

Reuter, P. (1983) *Disorganized Crime: The Economics of the Visible Hand*. Cambridge, MA:

MIT Press.

Rhodes, C.J. and Keefe, E.M.J. (2007) 'Social network topology: A Bayesian approach'. *Journal of the Operational Research Society*, 58 (12): 1605-11.

Robins, G. (2009) 'Understanding individual behaviors within covert networks: The interplay of individual qualities, psychological predispositions, and network effects'. *Trends in Organized Crime*, 12(2): 166-87.

Romans, S. E., Potter, K., Martin, J. and Herbison, P. (2001) 'The mental and physical health of female sex workers: A comparative study'. *Australian and New Zealand Journal of Psychiatry*, 35(1): 75-80.

Sampson, R. J. (1987) 'Communities and crime', in Michael R. Gottfredson and Travis Hirschi (eds), *Positive Criminology*. Beverly Hills, CA: Sage. pp. 91-114.

Sampson, R.J. (2003) 'The neighborhood context of well-being'. *Perspectives in Biology and Medicine*, 46(3): S53-S64.

Sampson, R. J. (2004a) 'Networks and neighbourhoods: The implications of connectivity for thinking about crime in the modern city', in Helen McCarthy, Paul Miller and Paul Skidmore (eds), *Network Logic: Who Governs in an Interconnected World?* London, UK: Demos. 157-66.

Sampson, R. J. (2004b) 'Neighbourhood and community: Collective efficacy and community safety'. *New Economy*, 11: 106-13.

Sampson, R. J. (2006a) 'How does community context matter? Social mechanisms and the explanation of crime rates', in Per-Olof Wikström and Robert J. Sampson (eds), *The Explanation of Crime: Context, Mechanisms, and Development*. Cambridge, UK: Cambridge University Press. pp. 31-60.

Sampson, R. J. (2006b) 'Collective efficacy theory: Lessons learned and directions for future inquiry', in Francis T. Cullen, John Paul Wright and Kristie R. Blevins (eds), *Taking Stock: The Status of Criminological Theory*, vol. 15. New Brunswick, NJ: Transaction. pp. 149-67.

Sampson, R.J., Raudenbush, S.W. and Earls, F. (1997) 'Neighborhoods and violent crime: A multilevel study of collective efficacy'. *Science*, 277(5328): 918-24.

Sarnecki, J. (1990) 'Delinquent networks in Sweden'. *Journal of Quantitative Criminology*, 6 (1): 31-50.

Sarnecki, J. (2001) *Delinquent Networks: Youth Cooffending in Stockholm*. Cambridge: Cambridge University Press.

Sarnecki, J. (2004) 'Girls and boys in delinquent networks'. *International Annals of Criminology*, 42: 29-57.

Sarnecki, J. (2009) 'Delinquent networks: youth co-offending', in Hans Joachim Schneider (ed.), *Internationales Handbuch der Kriminologie*, vol. 2. Berlin: Walter de Gruyter. pp. 995-1023.

Schreck, C.J., Fisher, Bonnie S. and Miller, J.M. (2004) 'The social context of violent victimization: A study of the delinquent peer effect'. *Justice Quarterly*, 21: 23-47.

Schroeder, R. D., Giordano, P. C. and Cernkovich, S. A. (2007) 'Drug use and desistance processes'. *Criminology*, 45 (1): 191-222.

Schwartz, D.M. and Rouselle, T. (2009) 'Using social network analysis to target criminal networks'. *Trends in Organized Crime*, 12(2): 188-207.

Shaw, C. R. and McKay, H. D. (1931) *Social Factors in Juvenile Delinquency. Report on the Causes of Crime*, vol. II. Washington, D. C.: National Commission on Law Observance and Enforcement.

Shaw, C.R., Zorbaugh, F.M., McKay, H.D. and Cottrell, L. S. (1929) *Delinquency Areas*. Chicago: University of Chicago Press.

Shih, H.-Y. and Chang, T.-L. S. (2009) 'International diffusion of embodied and disembodied technology: A network analysis approach'. *Technological Forecasting and Social Change*, 76: 821-34.

Shivy, V. A., Wu, J. J., Moon, A. E., Mann, Shay C., Holland, J.G. and Eacho, C. (2007) 'Ex-offenders reentering the workforce'. *Journal of Counseling Psychology*, 54(4): 466-73.

Shoemaker, D. J. (2005) *Theories of Delinquency*. 5th ed. New York: Oxford University Press.

Short, J. F., Jr. and Strodtbeck, F. L. (1965) *Group Process and Gang Delinquency*. Chicago, IL: University of Chicago Press.

Skeem, J., Louden, J. E., Manchak, S., Vidal, S. and Haddad, E. (2009) 'Social networks and social control of probationers with co-occurring mental and substance abuse problems'. *Law and Human Behavior*, 33(2): 122-35.

Smith, M. N. and King, P. J. H. (2002) 'Incrementally visualizing criminal networks'. Proceedings of the Sixth International Conference on Information Visualisation, 2002.

Snijders, T. A. B. and Baerveldt, C. (2003) 'A multilevel network study of the effects of delinquent behavior on friendship evolution'. *Journal of Mathematical Sociology*, 27(2-3): 123-51.

Sommers, I., Baskin, D. R. and Fagan, J. (1994) 'Getting out of the life: Crime desistance by female street offenders'. *Deviant Behavior*, 15(2): 125-49.

Soudijn, M. R. J. and Kleemans, E. R. (2009) 'Chinese organized crime and situational context: Comparing human smuggling and synthetic drugs trafficking'. *Crime, Law and Social Change*, 52: 457-74.

Sparrow, M. K. (1991a) 'The application of network analysis to criminal intelligence: An assessment of the prospects'. *Social Networks*, 13(3): 251-74.

Sparrow, M. K. (1991b) 'Network vulnerabilities and strategic intelligence in law enforcement'. *International Journal of Intelligence and CounterIntelligence*, 5(3): 255-74.

Spaulding, C. B. (1948) 'Cliques, gangs and networks'. *Sociology and Social Research*, 32: 928-37.

Spergel, I. A. (1990) 'Youth gangs: Continuity and change', in Michael Tonry and Norval Morris (eds), *Crime and Justice: A Review of Research*, vol. 12. Chicago: University of Chicago Press. pp. 171-275.

Stovin, G. and Davies, C. (2008) 'Beyond the network: A crime science approach to organized crime'. *Policing*, 2(4): 497-505.

Sung, H. E., Belenko, S., Feng, L. and Tabachnick, C. (2004) 'Predicting treatment noncompliance clients: A theoretical and among criminal justice-mandated empirical exploration'. *Journal of Substance Abuse Treatment*, 26(1): 315-28.

Surtees, R. (2008) 'Traffickers and trafficking in Southern and Eastern Europe: Considering the other side of human trafficking'. *European Journal of Criminology*, 5(1): 39-68.

Sutherland, E. H. (1939) *Principles of Criminology*. 3rd ed. Philadelphia, PA: Lippincott.

Sutherland, E. H., Cressey, D. R. and Luckenbill, D. F. (1992) *Principles of Criminology*. 11th ed. Dix Hills, NY: General Hall.

Sweetser, F. L., Jr. (1942) 'A new emphasis for neighborhood research'. *American Sociological Review*, 7: 525-33.

Thornberry, T. P. (1987) 'Toward an interactional theory of delinquency'. *Criminology*, 25(4): 863-91.

Tremblay, P. (1993) 'Searching for suitable co-offenders', in Ronald V. Clarke and Marcus Felson (eds), *Routine Activity and Rational Choice. Advances in Criminological Theory*. 5: 17-36.

Triplett, R. A., Gainey, R. R. and Sun, I. Y. (2003) 'Institutional strength, social control and neighborhood crime rates'. *Theoretical Criminology*, 7(4): 439-67.

Tsvetovat, M. and Carley, K. (2007) 'On effectiveness of wiretap programs in mapping social networks'. *Computational and Mathematical Organization Theory*, 13(1): 63-87.

Tutzauer, F. (2007) 'Entropy as a measure of centrality in networks characterized by path-transfer flow'. *Social Networks*, 29: 249-65.

Valente, T. W. (1995) *Network Models of the Diffusion of Innovations*. Cresskill, NJ: Hampton Press.

van de Bunt, H. (2008) 'A case study on the

misuse of hawala banking'.*International Journal of Social Economics*,35(9): 691-702.

van der Hulst, R. C. (2009) 'Introduction to Social Network Analysis (SNA) as an investigative tool'.*Trends in Organized Crime*,12 (1): 101-21.

van der Poel, A. and van de Mheen, D. (2006) 'Young people using crack and the process of marginalization'. *Drugs-Education Prevention and Policy*,13(1): 45-59.

van Koppen, M.V., de Poot, C.J., Kleemans, E. R. and Nieuwbeerta, P. (2010) 'Criminal trajectories in organized crime'.*British Journal of Criminology*,50: 102-23.

van Mastrigt, S. B. (2008) 'Co-offending: Relationships withage, gender and crime type'. Ph.D. thesis, University of Cambridge.

von Lampe, K. (2009) 'Human capital and social capital in criminal networks: Introduction to the special issue on the 7th Blankensee Colloquium'. *Trends in Organized Crime*, 12 (2): 93-100.

von Lampe, K. and Johansen, P. O. (2004) 'Organized crime and trust: On the conceptualization and empirical relevance of trust in the context of criminal networks'.*Global Crime*,6: 159-84.

Waring, E. J. (1993) 'Co-offending in white-collar crime: A network approach'. Ph. D. thesis, Yale University.

Waring, E.J. (2002) 'Co-offending as a network form of social organization', in Elin J. Waring and David Weisburd (eds), *Crime and Social Organization*, vol. 10. New Brunswick, NJ: Transaction. pp. 31-47.

Warner, B. D. and Rountree, P. W. (1997) 'Local social ties in a community and crime model: Questioning the systemic nature of informal social control'.*Social Problems*,44(4): 520-36.

Warr, M. (1993) 'Age, peers, and delinquency'.*Criminology*,31(1): 17-40.

Warr, M. (1996) 'Organization and instigation in delinquent groups'.*Criminology*,34(1): 11-37.

Warr, M. (2002) *Companions in Crime: The Social Aspects of Criminal Conduct*. Cambridge,

UK: Cambridge University Press.

Weerman, F.M. and Bijleveld, C. (2007) 'Birds of different feathers: School networks of serious delinquent, minor delinquent and non-delinquent boys and girls'.*European Journal of Criminology*,4(4): 357-83.

Weerman, F. M. and Smeenk, W. H. (2005) 'Peer similarity in delinquency for different types of friends: A comparison using two measurement methods'. *Criminology*, 43 (2): 499-523.

White, H. C. (1981) 'Where do markets come from?' *American Journal of Sociology*, 87: 517-47.

White, H. C. (2002) *Markets from Networks: Socioeconomic Models of Production*. Princeton, NJ: Princeton University Press.

Whyte, W. F. (1943) *Street Corner Society*. Chicago: University of Chicago Press.

Wild, T.C., Cunningham, J.A. and Ryan, R.M. (2006) 'Social pressure, coercion, and client engagement at treatment entry: A self-determination theory perspective'. *Addictive Behaviors*,31(10): 1858-72.

Williamson, O. E. (1975) *Markets and Hierarchies: Analysis and Antitrust Implications*. New York: Macmillan.

Xia, M. (2008) 'Organizational formations of organized crime in China: Perspectives from the state, markets, and networks'. *Journal of Contemporary China*,17(54): 1-23.

Xu, J. and Chen, H. C. (2003) 'Untangling criminal networks: A case study'. Intelligence and Security Informatics, Proceedings. *Lecture Notes in Computer Science*, vol. 2665. Berlin: Springer-Verlag.

Xu, J. and Chen, H. C. (2005a) 'Criminal network analysis and visualization'. *Communications of the ACM*,48(6): 100-107.

Xu, J. and Chen, H. C. (2005b) 'CrimeNet explorer: A framework for criminal network knowledge discovery'. *ACM Transactions on Information Systems*,23(2): 201-26.

Xu, J., Marshall, B., Kaza, S. and Chen, H.C. (2004) 'Analyzing and visualizing criminal network dynamics: A case study'. Intelligence and Security Informatics, Proceedings. *Lecture Notes in Computer Science*, vol. 3073. Berlin: Springer-Verlag.

Zhang, S. X. (1998) 'In search of hopeful glimpses: A critique of research strategies in current boot camp evaluations'. *Crime & Delinquency*, 44(2): 314-34.

Zhang, S. X. (2008) *Chinese Human Smuggling Organizations. Families, Social Networks and Cultural Imperatives*. Stanford, CA: Stanford University Press.

Zhang, S. X. and Gaylord, M.S. (1996) 'Bound for the Golden Mountain: The social organization of Chinese alien smuggling'. *Crime Law and Social Change*, 25: 1-16.

恐怖主义网络:连通性的威胁 **18**

TERRORIST NETWORKS: THE THREAT OF CONNECTIVITY

◉ 勒妮 C. 范德尔·赫尔斯特(Renée C. vander Hulst)

在当今社会中,极端主义和恐怖主义是不断演变的难题。恐怖行动成为了实现目标的武器,并且不必惊讶的是,相关的机会性结构常常存在于那些嵌入社会的网络之中。全世界都在尽一切努力防止未来可能发生的恐怖袭击,这已成为人类的首要任务。为了推动反恐这一事业的发展,我们就需要假定对(恐怖分子)网络、相关联的关系结构以及资源(如信息、技巧、金钱或武器)的交换进行系统分析,以便能够提供关键性引导。大多数社会网络都是该领域的研究对象,然而,与恐怖主义有关的网络却具有内在的隐蔽性。这就需要一系列复杂的研究方法和工具来提高我们检测、预防和应对恐怖事件的能力。本章旨在回顾应用社会网络分析(Social Network Analysis,SNA)来研究恐怖主义的国际文献。我们知道什么? 它指向哪里? 本章将阐述网络范式是怎样应用于恐怖主义领域的,评估其研究现状,批判地思考研究进展并探索未来的研究方向。

以上帝之名

目前,虽然国际上对于恐怖主义仍然缺乏一致性的定义,但是大多数定义都强调,恐怖主义行为涉及暴力和侵略的手段,并故意利用这些手段来制造恐惧,以进一步达到政治或意识形态的目标。例如,正在威胁当代社会的"第四代"恐怖主义者的动机便来自对宗教认同的基要性诠释(fundamental interpretations)。谁能忘记 2011 年 9 月 11 日在美国被劫持坠毁的飞机,谁不记得发生在巴厘岛(Indonesia,2002)、卡萨布兰卡(Morocco,2003)、马德里(Spain,2004)、伦敦(United Kingdom,2005)和最近的孟买(India,2008)的爆炸事件,然而这才只是几例。自从 9·11 的悲剧事件发生以来,对抗恐怖主义的战役在世界范围内越发激烈,并已经成为全球的首要重任。

本章重点从社会网络的角度研究恐怖主义。社会网络被定义为行动者(如个人、团体、组织)及其之间关系(联系、活动)的集合(Wasserman and Faust,

1994)。人们迫切需要更好地了解恐怖网络(包括相关的激进或极端的运动)的兴起及其功能,相应地,人们也日益需要高级的方法、信息技术和分析工具。早在二十年以前,Sparrow(1991b:251)就强调,执法机构和情报机构很落后,并且"在使用分析工具和概念上相当不精密",特别是关于 SNA 学科方面更是如此。 256
虽然在许多学科(如社会学、企业管理、生物学)中,SNA 已经是一种被认可的研究方法,但是直到 9·11 之后,该方法在情报机关和安全领域中的应用才引起研究者的认真关注,投入了大量资金的大型研究计划才得以启动,不同学科的学者借助先进的信息技术和分析工具共同致力于解决全球安全问题。尤其是物理学家、生物学家、计算机科学家、人工智能研究人员、工程师和军事运筹学家最近也介入进来,他们对特大型网络(如互联网)、网络动力学及其抵御攻击的研究越来越多(Carley,2003;Stohl and Stohl,2007)。尽管有这些进展,但该领域的大部分研究仍处于起步阶段。在反恐领域中,围绕着网络的总体思路在过去的十年间不断演变,在下面的章节中,我们将对此进行讨论。

发现结构

激进主义、灌输、态度形成、恐怖主义阴谋和集体行动等大多数进程都是在与他人的关系中产生、演变和发展的(Borum and Gelles,2005;Dean,2007;Ressler,2006;Sageman,2004,2008)。在此基础上,对关系结构的系统分析更是成为了透彻地了解恐怖行为的"必要条件"(Koschade,2006;Schwartz and Rouselle,2008;Stohl and Stohl,2007)。虽然与恐怖主义相关的社会网络的重要性经常被强调,但是目前对恐怖主义的研究仍主要集中在个人(即微观层面)以及与恐怖主义有关的社会的、文化的或政治的条件(即宏观层面)上。来自不同学科的学者越来越多地进入网络研究领域,(但是根据学术文献)对恐怖主义的系统的和经验的社会网络研究仍然十分稀少。[1]我们找到的恐怖主义网络研究文献要么缺乏分析技术,要么缺乏适当的数据和专业知识,它们大多也只是理论层面的论述。此外,关于恐怖主义网络的不同观点都在力争其各自的有效性,而这些观点实际上是相辅相成的。以下几节介绍两种思维流:一种是专注于恐怖主义的全球性威胁,另一种是针对地方性威胁。

全球恐怖主义威胁

在主流的反恐专家中,时下的一种流行观点认为,全球化促使组织将其传统的(等级性的)犯罪手法变成去中心化的、自我管理的项目组织,以便能更有效地工作(Arquilla and Ronfeldt,2001)。自从 1980 年代和 1990 年代以来,去中心化的系统和半自治的项目团队的想法在商业管理中已经流行起来了(见 Borgatti and Foster,2003;Rothenberg,2001)。然而,恐怖组织还是趋于以网络形式组织起来并被视为网络(即细胞结构,而不是等级结构),这种趋势是比较新的。特别是无标度的"中心辐射型"(hub-and-spoke)结构似乎是迎合了人们普遍认同的恐怖主义特征,而在此之前,恐怖组织是被假定为按等级运行的(Barabási and Albert,1999;Watts,1999;Zanini and Edwards,2001;Qin et al.,2005)。

中心辐射型网络是一种有效地将单元连接起来的组织结构,它能够抵御分裂。在各个单位之间的人力资源并没有固定的安排,但是它们一般拥有结构对等的角色(如思想领袖、战略领导、资源集中和专家)(Tsvetovat and Carley,2005)。操作性知识和单位之间的沟通保持在最低的限度上,以"需要知道"原则(need-to-know principle)为基础。信息、材料和其他资源可以通过备选路径在网络中传递(即一个角色或单位的损失很容易由另一个角色或单位来接管其业务活动),行动者、关系和单位在此意义上是冗余的。然而,单位领导人最有可能成为高级人员,他们往往是多个单位的构成部分,并且比其他成员知道得更多(Carley et al.,2001)。

在这些网络中大部分行动者的联络都有限,他们通过数量有限的高度连接的行动者进行沟通或交换资源。这些高度连接的行动者也被称为中心枢纽(hub),可以减少网络中任意两个节点之间(如领导和下属)的命令链(即降低平均路径长度)。行动者本质上是在缺少中央控制等级结构的情况下协调其活动的。由于作为整体的网络仍然稀疏,恐怖阴谋可能由于其较低的密度而保持隐秘性,随机干扰的效果很可能由于网络缺乏中心领导而受到限制。另外,即使中心枢纽不是实际领导者,消除中心枢纽也能导致对网络的重大破坏。

257　　一般认为,由于日益增加的分散性与无标度单位特征,诸如基地组织这样的群体或运动已经变得不容易被发现或被瓦解了。虽然无标度网络在情报分析员之间很流行,但是 Tsvetovat 和 Carley(2007:76)认为,它们与现实并不完全相符,因为当中心枢纽被删除时,不只是中心枢纽,还有局部的密集单位也会继续提供连接(即网络是有弹性的,因为网络也表现出小世界的属性)(见 Milgram,1967;Watts,1999)。在这方面,Tsvetovat 和 Carley(2005)提出了"冬眠态联络"(sleeper links)网络的安全性:从一个单元到另一个单元的非业务性纽带关系(如家庭关系),主要用于协调行动,这些关系很少被激活。在单元内,只有少数几个成员有这种连接。

来自内部的本地威胁

全球兴起的恐怖组织(如基地组织)之所以能够存在,部分原因在于它们有呼吁世界各地穆斯林的能力,这与他们的国籍无关(Rothenberg,2001;Tsvetovat and Carley,2005)。作为集合体,恐怖组织未必统一行动。无论他们身处何方,个体行动者和群体都"代表"全球圣战(或组织)而自由行动。事实上,西欧的很多恐怖阴谋都是由个人组织起来的,在本地寻求发展,并且是去中心化的。Garfinkel(2003)用"无领袖抵抗"(leaderless resistance)来描绘缺乏正式等级命令结构的新一代小型、分散的秘密网络和单位(不限于宗教动机的恐怖主义)所带来的威胁。后来,Sageman(2008)使用无领导圣战(leaderless jihad)这个术语来描述自组织的、本土崇信者的伊斯兰恐怖主义者分散的这一蜂窝状结构（dispersed cellular Islamist terrorist structures）。

受恐怖全球化的启发,地方网络的成员自愿采用同等的,有时甚至是致命的暴力行动,这使得地方网络变得激进(如2004年在阿姆斯特丹杀害荷兰电影导演 Theo van Gogh)。罪犯施以暴力行为是受到其所读和所看之物的鼓励,而不是被恐怖组织招募或接到犯罪和暴力恐怖活动的命令(Sageman,2004)。Tsvetovat 和 Carley(2007)认为,这些网络的特点是有相对较小的单元(6~10个行动者),因其规模小而易于管理。在单元内部,群体成员志同道合,共享强的宗教或意识形态纽带,相互亲密接触(如共同居住),彼此替代(即他们在结构上是相等的)(Sparrow,1991b)。

这种小型、自组织的群体缺乏一个正式的、核心协调系统。行动者常常通过互联网的渠道[2]来跨越不同的地理边界,分享信息、加强思想意识、协调实现共同目标的活动(如招募、激励和动员年轻成员、进行非法活动并征集资金)(Chen,2006;Coates,1996)。他们通过共享的思想意识或宗教进行无领袖式控制,同时网络也受控于强大的、非正式的、信任的关系,而不是受控于等级组织结构。当然,在本地联络起来的同谋可能会主动寻找与全球恐怖组织的联系(即除了自上而下的招募以外,还有自下而上的招募)。此外,尽管恐怖单位的运行是去中心化的,但是可以证明,它有半自治性,并且获得外围力量在资金或指导方面的支持(Borum and Gelles,2005;Rothenberg,2001)。

秘密网络的连续体

总之,围绕恐怖主义网络进行争论的特征是,越来越多的人意识到"需要"去中心化,但是这并不是严格的区分:恐怖主义网络有多种形式,它们不互斥。其治理结构可变,从等级系统到去中心化的系统都有可能,并且活动范围既可限于本地(即与特殊的地区或区域相关),也可遍及全球(即涉及整个世界)。此外,其治理和活动范围都可以随时间而变。例如,Osama bin Laden 的基地组织网络(Al Qaeda network)已从一个等级的地方军事圣战组织运动(与占领阿富汗的俄罗斯人战斗)发展成一个支持各种自组织行动者的思想意识和基础结构的全球性运动(Borum and Gelles,2005:470)。

不仅由于网络边界的错误设定(Stohl and Stohl,2007:108),而且因为缺乏对恐怖主义网络的区分,才会使社会网络在打击恐怖主义的有用性方面打了折扣。毕竟,不同的网络在情报策略和反恐策略上有不同的意涵。为了解决这个问题,我们提出一个秘密网络连续体,它明确地区分了治理结构(水平轴:去中心化与等级性)和活动范围(垂直轴:本地与全球),在这里,恐怖主义网络被绘制为连续统一体中的"坐标"。图18.1展现了恐怖主义或任何秘密网络的二维"雷达"球(two-dimensional "radar" spheres,TDRS)。

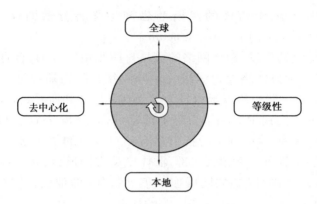

图 18.1　秘密网络的二维"雷达"球

通过结构达到需求均衡:效率/安全的权衡

TDRS 坐标本身未必能够刻画出网络结构的特点。然而,在其社会结构中,那些发现自己处于特定领域的秘密网络则非常有可能具备相同的特征和规律(或形象)。问题在于,社会网络不是无组织的,而是以社会动力和心理过程(如**机会**结构、**选择**偏好和社会**影响**)为基础发展和演变的。到目前为止,对恐怖主义的网络研究往往不注重将与分析量纲有关的各种解释机制结合起来(这些量纲实质上以这样的理论为基础),而这些过程很可能取决于不同类型的治理结构或恐怖活动的范围。

例如,根据同质性理论(见 McPherson et al.,2001),人们更可能同与自己有共同特征(如宗教、国籍、背景)的他人以及那些与自己在社会或空间距离较近(如训练营、清真寺内部)之人开启联系。此外,信任非常重要,它是恐怖分子主要在其自己的民族、家庭、朋友和宗教圈中(有时可将其特点刻画为有强烈的、历史的或社会纽带关系)[3]进行招募的原因之一(Krebs,2001;Sageman,2004;Tsvetovat and Carley,2005,2007;Qin et al.,2005)。同样,人们也更容易受其密友和同事的影响,在密集的网络中,行动者们的信仰、社会规范、态度和行为会随着时间的推移而变得更为同质。这些密友与同事被认为是这种同质性的主要原因(Borgatti and Foster,2003;Friedkin and Johnsen,1999)。特别是强传递关系(即朋友的朋友成为朋友的倾向),它可能会强化行动者参与代价高、有风险或有争议行为的意愿(Centola and Macy,2007)。

这种密集的、有凝聚力的隶属网络通常以高度冗余、信任和社会支持为特征(Lin et al.,2001)。另外,连接松散的经纪人网络则以结构洞、非冗余性和更具有竞争力的信息效益为特征(见 Burt,1992,2005;Granovetter,1973)。事实上,这两类结构在运行效率和保密方面都有不同的功能性含义(Erickson,1981;Kadushin,2002;Krebs,2001;Morselli et al.,2007;Rothenberg,2001;Stohl and Stohl,2007)。密集且凝聚的网络促进群体内的协调,增加群体的适应性,不容易受外来者的渗透,也难以动摇。可信关系可以促进内部的安全性,但是,它易于侦破,因为它只用一个行动者去发布关于大多数其他人的关键信息(Xu et al.,2004)。另外,经

纪关系能促进新信息和资源在不同群体或社会圈子中传播,这些传播可以带来
效益和改变。尽管这种连接松散的网络面临着背叛和渗透的高风险,但是,它们
却难以追踪并且能对变化作出更灵活的反应。秘密网络需要在效率、灵活性和
安全性之间寻求某种平衡。系统地分析那些激进或恐怖主义网络中的从属关
系、沟通和活动模式,会有助于理解和预测那些社会系统的行为并识别其弱点。

社会结构研究

近几十年以来,传统的连接分析已被用于执法和情报领域,以便可视化地描
绘秘密结构(Harper and Harris,1975;Klerks,2001;Schroeder et al.,2003)。社会
网络分析(SNA)加入其中后,便可以从数学角度建立结构模型,提供有关网络活
动、位置、权力、依赖性和社会角色等各种量化指标(Wasserman and Faust,1994)。
Sparrow(1991a,1991b)可能是强调网络分析对(犯罪)情报重要性的第一人。其
他学者赞同其观点,并将 SNA 设定为一组复杂的工具,用它来阐明秘密网络并提
高检测、预防和应对恐怖事件的能力(Asal and Rethemeyer,2006;Carley et al.,
2001,2007;Chen,2006;Koschade,2006;Reid et al.,2004;Ressler,2006;Van der
Hulst,2009a)。

重要的典型行动者

在社会网络研究中,最常报告的一个指标是行动者的中心度(Bonacich,
1972;Burt,1992;Freeman,1979)。行动者的中心度指标被用来推断社会控制的
相对重要性。例如,恐怖分子可能在一个网络或密谋中有影响,这是因为他们是
积极分子,连接着众人(即度数中心度);他们能够快速地从网络中获得(或向网
络散布)信息和资源(即接近中心度),他们能使人们聚在一起并控制通信和资源
在网络各个分散部分之间的流动(即中间中心度或最大流量中心度),或者是因
为其邻点占据着良好的位置(即特征向量中心度)。特别是那些处于权力位置上
的、常常做中介连接的行动者,他们可以控制通信流,传播新信息,并在协调恐怖
袭击中扮演着重要角色(如提供化学品、武器、伪造的文件或其他资源)。

然而,研究人员必须小心谨慎不可过度高估中心度的重要性。其原因在于
中心度的意义可能不是直截了当的,而是取决于网络(如等级的网络或去中心化
的网络)或数据(Carley et al.,2001)的类型。此外,关键领导人和自杀式恐怖分
子(即准备行动的"潜伏单位")可能更喜欢保持低调并且在大网络的外围活动。
为了同网络的主体保持联系,他们可能依靠联络人(如中心度高的行动者)并且
只在必要时才协调行动(见 Chen,2006;Krebs,2001;Tsvetovat and Carley,2007)。
除此之外,Borgatti(2006)认为,在某些问题场景中,诸如中心度(或切割点和切割
点集)这样的传统测度不能提供最佳解决方案。例如,出于反恐的目的,我们可
以锁定一个最优的行动者**集合**(而不是单个个体)为目标,而如果以中心度排序

为基础,那么孤立的个体就成为目标。此外,他还认为,可以通过使行动者中立(即使关键人物变得消极)来最大化地破坏或者分裂网络;也可出于防御或情报的目的去最大化地收集或扩散信息(即使关键人物变得积极),这二者之间存在差异。

在理想情况下,在研究恐怖主义网络时,应该考虑与行动者(如他们的能力)、关系(如其性质或持续时间)和资源(如独特性)有关的性质(Sparrow,1991b;Tsvetovat and Carley,2007)。Borgatti(2006)强调,需要把行动者的属性与关键角色的指标加以合并,以使分裂(或信息)既取决于网络位置,也取决于所涉及行动者的特定属性。在关键行动者问题的基础上,Schwartz 和 Rouselle(2008)提出了隐蔽网络分析的两个核心概念:(1)针对优化分裂(optimised fragmentation)的网络资本(Network Capital,NC);(2)针对优化信息收集的情报价值(Intelligence Worth,IW)。这两个测度的基础是行动者的中心度和共享资源的倾向性,另外还要考虑行动者(对于网络资本来说)的实际资源,以及行动者之间实际信息的差距和关系强度(对于情报价值来说)。

典型任务、角色和重要的资源

恐怖袭击尽管总是不期而至,但它并不是随机性的,一般需要详细的规划、准备和多个相关行动者之间的协调。确定恐怖阴谋的基本片段(序列)(如关键任务、角色和活动),并将这些模式与犯罪者联系起来,这就要求对后勤保障、机会结构和恐怖主义策略有深入的理解(参见 Cornish and Clarke,2002)。图 18.2 展示了一个从计划到招募,到促进活动,再到实际操作的恐怖主义阴谋的假想脚本。

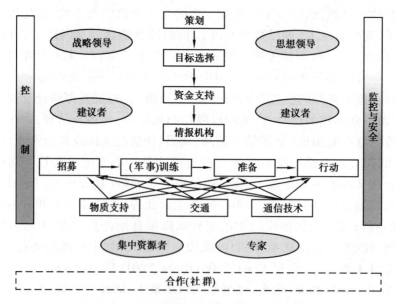

图 18.2　恐怖主义阴谋的关键人物和角色剧本

在图 18.2 中,矩形表示任务,应在"计划"和"实践"片段中加以区分(也见 Rothenberg,2001:37,他区分了这两类人)。椭圆表示 Tsvetovat 和 Carley(2007:68)[4]区分的重要角色:"思想的(通常是有魅力的)战略领导人""建议者""资源集中者"和"专家"。如果对恐怖主义单元或网络的系统分析可以同这种关键任务和角色(包括人口学、社会心理学、文化和情境的因素)联系起来,就有可能提供丰富的对有关行动者和群体起作用的线索。然而,大多数关于恐怖主义网络的研究报告甚至没有区分出不同类型的关系,更不用说去关注恐怖主义阴谋中的不同过程了。Carley 及同事提出的元矩阵被看作是一个例外。Carley 等人(2001)认为,如果要用中心度作为引导去破坏网络(如限制信息流动或一般的任务表现)或者识别新出现的领导人(例如,行动者从任务、知识和资源网络的角度去接近原来的领导人),那么应该同时考虑多个网络(也参见 Moon and Carley,2007)。元矩阵是一个很好的例子,它结合了多个类别系统(如行动者连同他们的知识、态度、资源、任务或者事件、群体成员资格、角色、行动和地位)中的信息。

动态网络分析

总的来说,SNA 的一个主要缺点是它把网络看作静态系统,但是网络实际上却是流动的,容易变化的。为了研究动态网络,可以区分三类方法:描述的、数学的和仿真的研究(Borgatti and Foster,2003)。最简单的方法是用描述的方式对随时间而变的网络属性进行比较。比较复杂的方法是数学研究,如指数随机图或者 p^* 模型(参见 Robins,本书),可以用它进行假设检验。这些研究是根据数据估计模型参数,并且要估计这些参数在多大程度上与观察数据相拟合(见 Snijders et al.,2010)。最后,基于能动者的模拟研究(agent-based simulation studies),将行动者建模为策略理性的决策者(被称为能动者),其行为旨在效用最大化。能动者可以从以前的事件中学习,多个能动者的选择决定了网络如何演化(Tsvetovat and Carley,2007)。最近,更先进的统计工具和计算技术的发展 SNA 被应用在执法和情报领域中(Carley,2004;Stohl and Stohl,2007)[5]。当然,情报领域的研究信息不能公开。如此看来,关于恐怖主义网络的结构属性我们真正能了解什么呢?

我们知道什么

恐怖主义网络的研究者基本上有两类:拥有该领域专业知识(domain expertise)的行动分析者(如从事此类工作的调查员)和可以为行为建模的具有专业知识(expertise)的科研人员(即学者)(Ressler,2006;Schroeder et al.,2003)。这两类研究者都要处理一个无法避免的数据的收集偏差问题。前一类研究者着重研究犯罪嫌疑人,并一点点由内而外地描绘他的个体网。这种方法被称为滚雪球抽样方法,其缺点是它偏向有着高度联系的行动者,这可能会导致对网络核心-边缘结构的错误认识(DSTL,2004)。后一种研究也有偏误,因为他们不能获得受限制的数据和集成的数据集(Reid et al.,2004)。这就使得恐怖主义网络研究很大程度上依赖于开放的数据源,诸如提供恐怖事件信息的档案数据(如法院文件、指控、证据)或者媒体报道(Baker and Faulkner,1993;Krebs,2001;Sageman,2004)。然而,这些来源即便没有错误也可能不完整,因此大多数科学家缺乏所需领域的专业知识来解释其结果。这可能就是为什么对恐怖主义网络进行系统的和经验的研究(至少那些可**公开**获得的研究)极为稀少的一个原因。

该领域的专家越来越意识到网络的重要性,并且有著作已经令人信服地证明了这一点(如 Arquilla and Ronfeldt,2001;Sageman,2004,2008)。然而,在缺少实际网络指标的情况下,大多数研究依然局限于把社会网络作为一种范式、某种理论论证或基本的定性分析来加以讨论。学术性网络文献同样如此,其中的大多数论文都是描述性的(但有限),或者是勾勒出 SNA 在研究秘密网络方面的潜在价值。经验研究的实际数量(至少那些可公开获得的研究)依然很少,很少有研究进行了实际的假设检验(Contractor and Monge,2004)。Asal 和 Rethemeyer 批判了这一情形,他们将该领域的研究描述为是**几乎没有经验证实的理论建构**(Asal and Rethemeyer,2006:68)。事实上,恐怖主义领域中的 SNA 研究大量集中在先进算法和软件系统集成的开发上。[6]Ressler(2006)在评价这种状态时十分敏锐地强调指出,除了 Carley 及其同事的研究(CASOS,卡耐基梅隆大学),现有恐怖主义网络的复杂建模仍然相当有限。基于此,我们不再一一赘述,只回顾一些各国文献中的基础性研究发现。

经验分析

社会网络分析在反恐领域中的应用似乎仍然处于起步阶段,但是研究人员对该课题的兴趣却在逐渐增加,这就要求高级方法论的进步发展(如果不是一时冲动的话)。在学术文献中发现的一些研究成果更具有探索性和推测性,与其他研究相比,这些分析不太复杂。大部分研究大大地依赖于可公开获得的信息来源(如媒体报道),其范围也十分广泛。例如,基于恐怖组织名称的共同出现(co-occurrence)或互联网网址的交互链接,就可以用网络指标来识别仇恨群体(hate groupings)和积极分子组织的重要思想群组(ideological groupings)或聚类(Basu,2005;Chen,2006;Garfinkel,2003)。Memon 等人(2008)使用马德里(2004)火车爆炸案和伦敦地铁爆炸案(2005)的公开数据,探索并展示了如何从在线渠道(如互联网)中检测到关键的行动者。根据 Jordán(2008)的研究,对伦敦地铁地图进行的 SNA 表明,2005 年的爆炸事件本来可能是被选来作为引发对运输系统这一重要基础设施造成最大的破坏(即阻断最短通路)的讨论。

其他的一些分析是比较典型的描述性个案研究。例如,有学者基于二次分析发现,全球萨拉菲圣战组织(Global Salafi Jihad,GSJ)的四大恐怖群体($N = 364$)(由 Sageman,2004 确认)都是无标度(scale-free)网络(Chen,2006;Qin et al.,2005)。少数几个度数高和高中间中心度的行动者被该领域的专家明确地确认为是四个地理"块"的 GSJ 领导人,块-建模分析(block-modelling analysis)确认了 Osama bin Laden 在这四个块之间的协调者角色。除了 GSJ 领导人,这些领导人最直接的副手和协调者(即"副官")的中间中心度也很高。有趣的是,65%的领导人之间的关系是强的信任关系(如家人、朋友),相比之下,领导者和追随者之间只有 38%的关系是这样。Rodríguez(2004)研究了基于马德里爆炸案的社会网络,也强调了弱关系的重要性。

Koschade(2006)研究分析了对声称为巴厘岛爆炸案(2002 年 10 月)负责的回教祈祷团(Jemaah Islamiyah)的恐怖主义网络。与 9·11 劫机者研究相比(N=19,密度为 16%)(Krebs,2001,2002,见以下部分),祈祷团的伊斯兰网络更具有凝聚力(N=17,密度为 43%)。[7] 其中有如下两个紧密的团体同时参与到需要大量协调的活动中:炸弹制造组(A 计划)和必要时进行支援的支持组(B 计划)。战地和后勤指挥官(即 Samudra 和 Idris)是网络中最核心的行动者(用标准化的度数中心度、中间中心度和接近中心度来测量)。总体而言,网络是围绕爆炸行动而集中起来的,配有一个支援组和相对远离核心的两个支援者。

Van der Hulst(2009b)对荷兰海牙的犯罪组织"皇都网络"(Hofstad network)进行了二次分析。他们确认该网络的核心(N=13)具有高度的凝聚力。所有对人的生命进行攻击(或准备攻击)的行动者——以及叙利亚逃犯和所谓的群体思想领袖 Al Issa——在度数中心度、接近中心度、中间中心度、特征向量中心度和流量中心度等方面都是高度集中的。最核心的是那些卷入招聘和宣传活动中的行动者。参与犯罪活动的顾问和协助者在网络外围活动。有趣的是,在所有中心度指标(除了经纪人指标即中间中心度或流量中心度以外)上都居于核心的行动者是**同情者**,他们为核心者提供服务(如住房)。相反,充当经纪人的行动者在其他中心度指标上**不是**中心的,他为网络提供宝贵的独特资源(如国家机密、伪造证件、国际训练营、与另一个恐怖组织的连接)。有一位女性(即一位核心成员的妻子)尤其突出,她在网络中发挥了重要的中介功能。

9·11 劫机阴谋

然而,被引用最多的分析大概是 Krebs(2001,2002)的一项研究,他基于公开来源(报纸)所获得的信息,用 SNA 指标研究了 9·11 劫机网络。他是做此类研究的第一人,并因此而出名。本节对其主要的研究结果进行全面的总结。2001 年 9 月 11 日,在美国坠毁的四架飞机涉及与"基地组织"相关的 19 名劫机者,他们通过先前的信任者实现了高度关联,有可能在阿富汗训练营完成训练之后就建立了互信的联系,共同生活在一起,共享邮箱、信用卡和电话号码。一些人进入同一所大学、飞行学校或训练营,一些人通过亲属关系连在一起(Jonas and Harper,2006)。然而,一旦劫机者身处美国,为了继续保密,不同单位成员之间的强联系就很少启动了(Krebs,2001:49)。

核心网(N=19,k=54)的密度是 16%,聚类系数为 0.41,平均路径长度为 4.75。如果考虑到休眠的交错关系(即临时的休眠联络,以便协调活动)(K=

66),那么平均路径长度就从 4.75 下降至 2.79。Krebs 使用不同规模的数据集:一个是"整个阴谋"的集合($N=63$),另一个是较小的运作核心部分(即劫机者及其直接同事)($N=37$)。这两个网络的行动者的平均中心度和群体中心势见表 18.1。

表 18.1   9·11 阴谋的行动者平均中心度及群体中心势

	大阴谋群体($N=63$)	核心执行成员($N=37$)
度数中心度	0.081	0.128
中间中心度	0.032	0.046
接近中心度	0.352	0.393
度数中心势	0.289	0.306
中间中心势	0.565	0.296
接近中心势	0.482	0.372

资料来源:Krebs(2001,2002)

表 18.2   9·11 劫机者、直接及间接联系者的中心度指标

(ID)行动者中心度	度数中心度(秩)		中间中心度(秩)		接近中心度(秩)	
	$N=63$	$N=37$	$N=63$	$N=37$	$N=63$	$N=37$
33-Mohammed Atta[a]	0.361 (1)	0.417 (1)	0.588 (1)	0.318 (2)	0.587 (1)	0.571 (1)
40-Marwan Al-Shehhi[a]	0.295 (2)	0.389 (2)	0.088 (7)	0.158 (4)	0.466 (2)	0.500 (4)
46-Hani Hanjour[a]	0.213 (3)	0.278 (3,4,5)	0.126 (5)	0.227 (3)	0.445 (3)	0.507 (3)
55-Nawaf Alhazmi	0.180 (4,5)	0.278 (3,4,5)	0.154 (4)	0.334 (1)	0.442 (4)	0.537 (2)
21-Essid S.B. Khemais	0.180 (4,5)	—	0.252 (2)	—	0.433 (7)	—
15-Zacarias Moussaoui	0.131 (13)	0.056 (34)	0.232 (3)	0.000 (36)	0.436 (5,6)	0.371 (22)
25-Ramzi bin Al-Shibh	0.164 (6,7)	0.222 (6)	0.048 (9)	0.010 (19)	0.436 (5,6)	0.414 (12)
41-Ziad Jarrah[a]	0.164 (6,7)	0.278 (3,4,5)	0.017 (17)	0.076 (8)	0.424 (9)	0.480 (5)

这些指标是基于核心网络($N=37$)和更大阴谋网络($N=63$)中的前五位核心行动者得出的。括号内是中心度的相对排名。

a 是其中某架被劫持飞机中的飞行员。

资料来源:Krebs(2001,2002)

虽然分析报告中不包括标准化的测度(这使得组间难以比较),但是研究结果表明,平均而言,核心网络中的**行动者**比在较大的密谋网络中的行动者处于更为核心的地位。有趣的是,较大的密谋网络是由少数几个单独的行动者主导的,他们协调(即接近中心度)并连接网络的隔离部分(即中间中心度)。表18.2汇总了各个行动者的中心度(括号内为相对排名)。

这两种分析一致地确认了四位飞行员中的三位(Mohammed Atta、Marwan Al-Shehhi and Hani Hanjour)和五个关键中心行动者之一的Nawaf Alhazmi(此人为高级侦探,被认为是Mohammed Atta的副指挥官)的重要作用。Mohammed Atta在大的或许正在筹划的密谋中似乎比在运行核心网络中还处于中心的位置。其他行动者的中心度也随网络规模而发生变化。例如,Ziad Jarrah(第四位飞行员)在核心中更居于中心位置,但在大的密谋中则不那么居于核心。而对于Essid Sami Ben Khemais,Ramzi bin Al-Shibh和Zacarias Moussaoui来说则相反,他们在较大的密谋网络中是核心,但在行动时则远离核心。有趣的是,Moussaoui和Bin Al-Shibh看似只在较大的密谋网络中协调活动,充当连接中介,其实Bin Al-Shibh在较大的密谋网络及运行核心网络中都是积极的参与者。这些发现和公开的资料相一致,Bin Al-Shibh和Moussaoui是打算以飞行员的身份参加9·11事件的。然而,Bin Al-Shibh未能获得进入美国的签证,他便继续为9·11的行动者和在阿富汗和巴基斯坦的"基地组织"领导人提供便利。Moussaoui在攻击前的三周被捕。Essid S.B. Khemais被认为是领导了一个"基地组织"在欧洲行动的区域网络(**全球安全**)。[8]

多年以来,人们基于Krebs数据集的某种变体,对9·11网络进行了各类其他研究。在早期的研究中,并没有出现补充的网络指标;其他学者则探索了新的算法和说明性的结果(为方便起见,这里没有报告分析的结果)(Brams et al.,2006;Latora and Marchiori,2004;Shaikh et al.,2007;Qin et al.,2005)。然而,大多数研究都服务于探索性的目的或说明,并没有对结果进行太多的阐述。有些甚至是不完整的,专注于可视化,缺少网络指标的完整报告。此外,边界设定采用的标准也各不相同(这里不再报告)。从广义上讲,大多数研究的结果都与Krebs(2001)的报告基本一致。大多数研究中的问题是,分析中使用的数据基于的是不完整的媒体报告,其结果的信度和效度不能被检验。Qin等人(2005)的研究似乎是一个例外,该分析的基础是Sageman(2004)提供的更有深度的定性数据材料。他们对9·11网络的第一轮分析就确认,拉登(Osama bin Laden)是最有影响力的行动者(即根据中间中心度),Ayman Al-Zawahiri——bin Laden在基地组织活动中的副手,最活跃(根据度数中心度)。虽然分析的结果似乎确认了恐怖袭击阴谋的主要成员,但是媒体可能有选择性地只关注飞行员和"基地"组织领导人。另外有可能是分析结果的一部分以这样一种方式支持了关于行动者的信息,即它可以提供良好的起点,并引发下一步的研究。毕竟,情报机关不只提供调查线索,也会"挤"出更多可用的否则将被忽视的信息。然而,需要提醒的是,SNA永远不能改变用来输入分析的数据的质量。

264

基于实践的模拟实验

在 9·11 事件发生之前的一年多的时间里,中央情报局(CIA)就已经锁定了一些基地组织成员(Dryer,2006),后来发现,这些成员与全部 19 名劫机者看似都只有一步之遥。考虑到事后检查(已知有肇事者、手法和目标)相对容易,Jonas 和 Harper(2006)提出,是否仅用新技术就有可能阻止 9·11 袭击,这有待考证。SNA 能在多大程度上被真正用于检测隐藏的结构、改善情报的策略或促进作为早期预警系统的信号改变呢? 我们将对一些研究进行简单的讨论。

确认缺失的链接

在打击恐怖主义时有一个重要的问题是,即便是恐怖阴谋的关键行动者,也不能被发现。此外,从 SNA 的目的来看,不完整的数据会引起意料之外的偏差。因此,对缺失的行动者和联系进行识别是一个需要克服的重大挑战。为了有效地发现核心行动者,人们正在提出一些研究方法(Maeno and Ohsawa,2009)。例如,Rhodes 和 Keefe(2007)进行了一项令人印象深刻的研究表明,在推测网络拓扑结构和预测恐怖分子的联系时,贝叶斯统计推断方法的预测精度达到了 64%。基于这些发现,作者强调,网络拓扑推断有助于战略和战术决策的制定(如情报优先和部署资产)。

有效的情报策略

Tsvetovat 和 Carley(2007)用模拟实验来评估智能窃听策略(例如,基于度数中心度和中间中心度指标)的有效性。其目标是在情报资源方面以尽可能最小的成本来优化网络识别的范围和精度。与滚雪球或随机抽样相比,基于社会网络分析(SNA)的抽样被证明是更为有效的,当与通信内容(例如,以认知需求和知识排他性为核心的内容)相结合时,得到的结果最好。

信号改变

最近,McCulloh 和 Carley(2008)展示了一个有趣的实验,它将 SNA 与统计过程控制图结合起来以检测通信网络中的显著变化,将其作为可能带来威胁信号的预警系统。该项技术成功地标识出了基地组织成员(1988—2004 年)之间通信联系中的网络改变。9·11 悲剧事件的最初根源可追溯到 1997 年(即基地组织领导人 Osama bin Laden 和埃及伊斯兰圣战组织的领导人 Ayman Al Zawahiri 再次联手)。[9]

方法论问题

具体的方法论问题在学术文献中已被广泛强调。这些问题关系到诸如数据获得、数据质量(如开放源)、结果效度、边界设定、不可避免的数据遗失、相关测度、网络变化、统计假设以及与网络规模有关的尺度比例等(Carley,2004;Reid et al.,2004;Sparrow,1991b;Stohl and Stohl,2007;Van der Hulst,2009a)。当研究秘密网络时,需要特别关注边界设定问题。而要决定是什么构成了网络连接,谁应该包含在有待研究的网络中,这就取决于研究者的研究目的(也可见 Scott,2000:54)。要从我们并不知情的熟人或同情者的偶然关系中区分出明显的恐怖主义者的连接和行动,仍然是难题。

更为重要的是,不完善的和缺失的数据会影响分析结果(尽管这是任何秘密网络分析自身所固有的,因为它在地下秘密运行)。研究者要意识到这些结果并加以区分,这一点尤为重要,因为某些测度对不完整的数据比其他测度更加稳健。例如,中心度测度在随机误差量小(如小于 10%)的随机网络中是相当稳健的(Borgatti et al.,2006)。[10]然而,如果数据不是随机缺失的,而是由数据收集中的系统误差(如缺少外围的行动者)引起的,那么问题就会变得比较严重(Borgatti et al.,2006)。好消息是,目前的研究已经表明,利用网络的部分数据就可以估算网络(Rhodes and Keefe,2007)。尽管如此,还是需要更多的研究去对参数已知的网络进行建模,不过这些参数要对缺失数据保持稳健(Carley,2004),这样就可以在各类缺失值存在的情况下去估计效果了(Butts,2000),也可以开发出用来识别重要数据可能丢失的区域的工具(Rhodes and Keefe,2007)。

批判性的反思和未来研究方向

对当前发展状况的批判性回顾表明,SNA 在对抗恐怖主义的战斗中似乎大有可为。然而,其应用依然处于初步阶段,并且其工具箱不应被视为是万能的(Carley et al.,2001)。此外,SNA 共同体应该注意其扩散的不利方面,因为有相当多的研究似乎是在玩弄学术标准。不同学科的学者涌入该领域,他们必然需要高级的方法论工具(特别是出于反恐目的)。然而,有一个迫在眉睫的危险是,如果仅仅把 SNA 看成是一个知识发现、数据挖掘和质量监控的把戏,它就会被忽视和湮没了。不过,当从大数据中检索信息时,SNA 可以是有用的,不仅如此,它与社会理论和科学的连接也不应该被弃之不理。在接下来的章节里,我们要解决四个关键问题,其目的是要探索和鼓励新的研究方向,这将使该研究领域超越现有的限制:

(1)需要对网络进行更详尽的定义和区分;(2)更多的网络经验研究;(3)将理论和假设检验相结合;(4)充分使用现有的网络工具。

细节和区分

存在着大量不必要的源于文献的混乱,即在恐怖主义网络之间缺乏区分(例如,它们的治理和范围)。不进行这样的区分,就会限制切实可行的类型学的发展,也会限制确保这种分类精度的反恐战略的发展。在许多研究中,还反映出了另一个缺陷,即无法通过区分数据中的关系、活动与资源的不同属性而积累丰富的数据。对数据的探索和利用很不够,限制了"动态及连贯的社会行动理论"(Stohl and Stohl,2007:102)。例如,Stohl 和 Stohl(2007)强调了对单丛关系(如通过因特网强化的共同思想意识)和多丛关系(如行动者不但共享思想意识,还共享民族、亲属或友谊的关系)进行区分的重要性。其他相关的区分可能是关系的持续时间、它们的角色类别(正式的、非正式的或二者兼而有之)、资源(工具性的、表现性的或者二者兼而有之)、沟通渠道(如电话、电子邮件、网页、面对面会议)以及与结构有关的各种活动(如旅游记录、金钱转移)(Carley et al.,2004;Krebs,2001;Van der Hulst,2004,2009a)。

　　相当有限的注意力也放在了结构与如下所示的一些属性之间的关系上:实际角色(如领导关系、专家、辅助者)、人口统计学属性(如年龄、性别、家庭地位、国籍、种族、教育、职业、工作地位)、心理学属性(如性格、态度、价值观、宗教背景)、知识属性(如教育类别、职业类别、宗教信仰、职业技能),甚至行为属性(如活动、犯罪记录)和地理。尽管 SNA 方法是劳动密集性的,但是这一方法的强度是和一些细节一起发生的,社会结构的形成、演化和结果会视这些性质而定(Burt,1997;Contractor and Monge,2004;Robins,2009;Van der Hulst,2004,2009a)。

经验研究

　　SNA 和恐怖主义领域中的很多研究都致力于开发高级的研究方法和软件。然而,经验的网络研究却相当罕见,而且其主要注意力又集中在伊斯兰恐怖主义。还急需更多的经验性案例研究来评估和补充这些研究结果,以便提出具有静态和动态网络属性的类型学。这些研究应该明确地考虑恐怖主义的初级阶段(如极端主义、招募信息)、其他群体和相关的现象(如动物权利、环境活动、网络恐怖主义、青年人的网络动力、女性在恐怖主义网络中的角色),并将其他领域或学科(如社会运动)中的研究融入进来(参见 Macy et al.,2004;Wiktorowicz,2001;Zanini and Edwards,2001)。到目前为止,一个特殊的并令人感兴趣的领域受到了重视,这个领域就是恐怖主义和有组织犯罪之间的交互联系。我们知道,犯罪已经成为恐怖分子融资的一个关键来源,但是目前依然不清楚的是,这些活动实际上在多大程度上是联手行动,行动者在什么基础上决定合作,以及是否应该考虑这些交互关联以便构建一个"新威胁"或提供反击的"新机遇"(如渗入)(Makarenko,2004;Shelley and Picarelli,2005;Stohl,2008)。最后,未来的研究当然还需要评估以 SNA 为基础的反恐对策和干预措施的有效性(参见 Lum et al.,2006)。

将理论和假设检验整合起来

　　文献中观察到的一个令人担忧的趋势是缺乏理论导向的研究,用描述性的网络测量显然考虑不周。为了增强我们对恐怖主义网络的理解(并能在预防方面提供可操作的知识),未来的网络研究应该建立在与社会、文化和社会心理学理论(如态度、规范、地位、认同)相关的解释性机制上(Contractor and Monge,2004;Koschade,2006;Ressler,2006;Robins and Kashima,2008;Steglich et al.,2010;Stohl and Stohl,2007)。为了有效地解释网络分析、自动信息检索和数据操作的进展,可以向专家求助,以便识别行动风险指标和相关参数。

分析性操作

用 SNA 作分析的可能性范围广泛,但还没有得到充分的挖掘(Asal and Rethemeyer,2006)。例如,除了中心度以外,其他强大的工具和指标往往被忽视了,但是它们反而是可以增添有用的(甚至是更好的)洞见的。尽管可以在不同层面(如行动者、关系、子群体、整体网,或变量的交互作用)上检验研究假设(Borgatti and Foster,2003;Reid et al.,2004;Wasserman and Faust,1994),但是大多数的研究甚至没有用心去对这些不同的层面作区分。在使用网络指标时,最明显的指标(如中心度)似乎是在没有深思哪些指标最适于一个特定的情境或研究问题时就被用上了。在指标上东施效颦,缺乏创新,导致误用亦频。

这里提出的批评部分可能是由关注点从小规模到大规模网络(如互联网)的转变造成的。像抽样、缺失数据、变量分布、模型变化、可视化技术、理论导向的计算算法、指标或统计量这样的问题在未来依然是方法论的挑战(Carley,2004;McCulloh and Carley,2008;Reid et al.,2004)。此外,我们预计多学科合作研究的趋势会进一步增强(如开发软件系统,使之从类型变动不居的大数据中自动采集、处理和识别信息)。事实上,信息技术、知识管理、数据挖掘和 SNA 等方面的学科有可能在这个领域里相融合。然而,考虑到恐怖主义背后的蓬勃力量依然具有行为动机,并具有人为因素(包括本地和全球的)的特点,一个明智之举就是,为了实现研究之目的而重新获得二者的平衡,并找回"社会学"。

总　结

总之,尽管研究的兴趣在增加,SNA 在恐怖主义研究中的应用却仍然处于初级阶段。不过,最近几年,它已经在方法论和技术上取得了一些进步。现在看来,学术研究界以及安全与情报机构充分利用 SNA 研究中的新机遇的机会也在日渐成熟。比其他网络研究领域走得更远的是,如果该领域转换到一个基于实践的,在计算机科学家、系统开发人员、社会科学家和领域专家之间进行跨学科合作的多学科领域,这不是不可能的。弥合这一鸿沟会使我们:

(1)提高对复杂的和隐藏的网络的理解(如识别活动、角色、治理机制的模式);

(2)识别并揭开秘密网络(如核心成员、子群之间的重叠、缺失的联系);

(3)发布更及时和更关键的恐怖主义阴谋预警(如通过情报平台);

(4)开发更有效的反恐和控制对策(如识别漏洞、找出最佳的情报、泄露和不稳定策略)。

新的理论范式可能推动创新的进一步发展,同时警告该学科不要以纯实质内容为代价去进行技术上的融合。所有的恐怖主义研究者都要密切关注理论、研究、实践和技术之间的平衡。我们相信这个警告对于他们来说是十分紧要的。

注 释

1.许多研究专注于知识管理和技术解决的过程,该过程有助于解决分析**前**的条件(如高效的数据收集、自动过滤过程、数据挖掘、信息融合)。由于数据挖掘和知识管理并不等同于社会网络分析,这些主题因而超出了本章的范围。

2.Arquilla 和 Ronfeldt(2001)使用"**网络战**"(netwar)(在 Zanini,1999 之后)这个术语去指涉那些在没有正式敌人的情况下极其依赖信息和通信技术(Information and Communication Technology,ICT)的共谋者。

3.请注意,如果这些"休眠连接"只是在必要时才被激活的话(Krebs,2001),那么强关系就会作为弱关系而出现。

4.我们得到以下文献的概况:施普林格科学+商业媒体(Springer Science + Business Media),M. Tsvetovat & K.M. Carley,"论窃听计划在描绘社会网络时的有效性",《计算与数理组织理论》(*Computational & Mathematical Organization Theory*)第 13 卷,2007 年,第 68 页。

5.例如,Carley 等人(2007)创建了一个集成工具箱(DNA),它将自动提取、连接分析(可视化)、统计分析和多智能体动态建模(模拟)等诸多特点结合起来。

6.计算机科学和工程领域的一些学者,如 Chen 及其同事(亚利桑那大学人工智能实验室)专注于自动化分析和暗网挖掘(dark web mining)的研究。

7.如需进一步比较,可知:11-17 革命组织(Revolutionary Organisation November 17)($N=22$)的整体网密度是 27%(Rhodes and Keefe,2007)、马德里爆炸案的整体网($N=74$)密度是 9%(Rodríguez,2004)、荷兰海牙的犯罪组织"皇都网络"(Hofstad network)的整体网($N=67$)及其核心网($N=13$)的密度分别是 24%和 62%(Van der Hulst,2009b)。

8.GlobalSecurity.org 是一个在线数据库,它从全球范围内的各种来源里,提供防御、情报和国土安全领域方面的综合信息和参考材料(如恐怖嫌疑人的简介)。

9.McCulloh 和 Carley(2008)强调,对结果的解释应该小心,因为结果还没有得到确证。而且,变动检测法只适用于正态分布的网络测度(这可能意味着该方法不能应用于点数小于 30 的网络)和经历了一个动态均衡周期的网络(以便估计参数)。

10.Borgatti 等(2006)估计,如果网络关系中有 5%的随机缺失,那么(随机网络中)真实的中心度和观察的中心度之间的相关系数仍然是 0.90。

参 考 文 献

Arquilla, J. and Ronfeldt, D. (2001) *Networks and Netwars: The Future of Terror, Crime and Militancy.* Washington D.C.: Rand.

Asal, V. and Rethemeyer, R. K. (2006) 'Researching terrorist networks', *Journal of Security Education*, 1(4): 65-74.

Baker, W. E. and Faulkner, R. (1993) 'The social organization of conspiracy: Illegal networks in the heavy electronical equipment industry', *American Sociological Review*, 58 (6): 837-60.

Barabási, A.-L. and Albert, R. (1999) 'Emergence of scaling in random networks', *Science*, 286: 509-12.

Basu, A. (2005) 'Social network analysis of terrorist organizations in India', at the 2006 Conference of the North American Association for Computational Social and Organizational Science.

Bonacich, P. (1972) 'Factoring and weighting approaches to status scores and clique identification', *Journal of Mathematical Sociology*, 2: 113-20.

Borgatti, S. (2006) 'Identifying sets of key players in a network', *Computational and Mathematical Organization Theory*, 12 (1): 21-34.

Borgatti, S., Carley, K. M. and Krackhardt, D. (2006) 'On the robustness of centrality measures under conditions of imperfect data', *Social Networks*, 28(2): 124-36.

Borgatti, S. P. and Foster, P. C. (2003) 'The network paradigm in organizational research: A review and topology', *Journal of Management*, 29(6): 991-1013.

Borum, R. and Gelles, M. (2005) 'Al-Qaeda's operational evolution: Behavioral and organizational perspectives', *Behavioral Sciences and the Law*, 23: 467-83.

Brams, S. J., Mutlu, H. and Ramirez, S. L. (2006) 'Influence in terrorist networks: From undirected to directed graphs', *Studies in Conflict and Terrorism*, 29(7): 703-18.

Burt, R. S. (1992) *Structural Holes: The Social Structures of Competition.* Cambridge, MA: Harvard University Press.

Burt, R. S. (1997) 'The contingent value of social capital', *Administrative Science Quarterly*, 42 (2): 339-65.

Burt, R. S. (2005) *Brokerage and Closure: An Introduction to Social Capital.* Oxford: Oxford University Press.

Butts, C. (2000) *Network Inference, Error, and Informant (In) Accuracy: A Bayesian Approach.* Pittsburgh, PA: Carnegie Mellon University.

Carley, K. M. (2003) 'Dynamic network analysis', in R. Breiger, K. Carley and P. Pattison (eds.), *Dynamic Social Network Modeling and Analysis: Workshop Summary and Papers.* Washington, D. C.: National Academy Press. pp. 133-45.

Carley, K. M. (2004) 'Linking capabilities to needs', in R. Breiger, K. Carley and P. Pattison (eds.), *Dynamic Social Network Modeling and Analysis: Workshop Summary and Papers.* Washington, D. C.: National Academy Press. pp. 324-44.

Carley, K. M., Diesner, J., Reminga, J. and Tsvetovat, M. (2004) *An Integrated Approach to the Collection and Analysis of Network Data.* Pittsburgh, PA: Carnegie Mellon University.

Carley, K. M., Diesner, J., Reminga, J. and Tsvetovat, M. (2007) 'Toward an interoperable dynamic network analysis toolkit', *Decision Support Systems*, 43: 1324-47.

Carley, K. M., Lee, J.-S. and Krackhardt, D. (2001) 'Destabilizing networks', *Connections*, 24(3): 79-92.

Centola, D. and Macy, M. (2007) 'Complex contagions and the weakness of long ties', *American Journal of Sociology*, 113: 702-34.

Chen, H. (2006) *Intelligence and Security Informatics for International Security: Information Sharing and Data Mining.* New

York：Springer.

Coates, J. F. (1996) 'A thriving future for terrorism', *Technological Forecasting and Social Change*, 51：295-99.

Contractor, N. S. and Monge, P. R. (2004) 'Using multitheoretical multi-level (MTML) models to study adversarial networks', in R. Breiger, K. Carley, and P. Pattison (eds.), *Dynamic Social Network Modeling and Analysis：Workshop Summary and Papers*. Washington, D. C.：National Academy Press. pp. 324-44.

Cornish, D. B. and Clarke, R. V. (2002) 'Analyzing organized crimes', in A. Piquero and S.G. Tibbetts (eds.), *Rational Choice and Criminal Behavior*. New York：Garland. pp. 41-62.

Dean, G. (2007) 'Criminal profiling in a terrorism context', in R. N. Kocsis (ed.), *Criminal Profiling：International Theory, Research, and Practice*. Totowa, NJ：Humana Press. pp. 169-88.

Dryer, A. (2006) 'How the NSA does social network analysis', *Washington Post*.

DSTL (2004) *Network Methods as a Tool for Defence Analysis*. London：UK Defence Science and Technology Laboratory.

Erickson, B. H. (1981) 'Secret societies and social structure', *Social Forces*, 60 (1)：188-210.

Freeman, L. C. (1979) 'Centrality in social networks, I：Conceptual clarification', *Social Networks*, 1(3)：215-39.

Friedkin, N. E. and Johnsen, E. C. (1999) 'Social influence networks and opinion change', *Advances in Group Processes*, 16：1-29.

Garfinkel, S. L. (2003) 'Leaderless resistance today', *First Monday*, 8 (3). www.firstmonday.org.

Granovetter, M.S. (1973) 'The strength of weak ties', *American Journal of Sociology*, 78：1360-80.

Harper, W. R. and Harris, D. H. (1975) 'The application of link analysis to police intelligence', *Human Factors*, 17(2)：157-64.

Jonas, J. and Harper, J. (2006) 'Effective counterterrorism and the limited role of predictive data mining', *Policy Analysis*, 584：1-12. Washington, D.C.：Cato Institute.

Jordán, F. (2008) 'Predicting target selection by terrorists：A network analysis of the 2005 London underground attacks', *International Journal of Critical Infrastructures*, 4 (1/2)：206-14.

Kadushin, C. (2002) 'The motivational foundation of social networks', *Social Networks*, 24：77-91.

Klerks, P. (2001) 'The network paradigm applied to criminal organisations', *Connections*, 24(3)：53-65.

Koschade, S. (2006) 'A social network analysis of Jemaah Islamiyah：The applications to counterterrorism and intelligence', *Studies in Conflict and Terrorism*, 29：559-75.

Krebs, V. E. (2001) 'Mapping networks or terrorist cells', *Connections*, 24(3)：43-52.

Krebs, V. E. (2002) 'Uncloaking terrorist networks', *First Monday*, 7 (4). www.firstmonday.org/issues/issue7_4/krebs.

Latora, V. and Marchiori, M. (2004) 'How science of complex networks can help in developing strategy against terrorism', *Chaos, Solitions and Fractals*, 20：69-75.

Lin, N., Cook, K. and Burt, R.S. (2001) *Social Capital：Theory and Research*. New York：Aldine de Gruyter.

Lum, C., Kennedy, L.W. and Sherley, A. (2006) 'Are counterterrorism strategies effective? The results of the Campbell systematic review on counter-terrorism evaluation research', *Journal of Experimental Criminology*, 2：489-516.

Macy, M. W., Kitts, J. A., Flache, A. and Benard, S. (2004) 'Polarization in dynamic networks：A Hopfield model of emergent structure', in R. Breiger, K. Carley and P. Pattison (eds.), *Dynamic Social Network Modeling and Analysis：Workshop Summary and Papers*. Washington, D. C.：National Academy Press. pp. 162-73.

Maeno, Y. and Ohsawa, Y. (2009) 'Analyzing covert social network foundation behind terrorism disaster', *International Journal of Services*

Sciences, 2(2): 125-41.

Makarenko, T. (2004) 'The crime-terror continuum: Tracing the interplay between transnational organised crime and terrorism', *Global Crime*, 6(1): 129-45.

McCulloh, I.A. and Carley, K.M. (2008) *Social Network Change Detection*. CASOS technical report CMUISR- 08-116. Pittsburgh, PA: Carnegie Mellon University.

McPherson, M., Smith-Lovin, L. and Cook, J.M. (2001) 'Birds of a feather: Homophily in social networks', *Annual Review of Sociology*, 27: 415-44.

Memon, N., Larsen, H.L., Hicks, D.L. and Harkiolakis, N. (2008) 'Detecting hidden hierarchy in terrorist networks: Some case studies', in C. C. Yang et al. (eds.), *Intelligence and Security Informatics—LNCS 5075*. Berlin: Springer-Verlag. pp. 477-89.

Milgram, S. (1967) 'The small world problem', *Psychology Today*, 2(1): 60-67.

Moon, I.-C. and Carley, K.M. (2007) 'Modeling and simulation of terrorist networks in social and geospatial dimensions', *IEEE Intelligent Systems, special issue on Social Computing*, 22: 40-49.

Morselli, C., Giguère, C. and Petit, K. (2007) 'The efficiency/security trade-off in criminal networks', *Social Networks*, 29: 143-53.

Qin, J., Xu, J.J., Hu, D., Sageman, M. and Chen, H. (2005) 'Analyzing terrorist networks: A case study of the Global Salafi Jihad network', in P. Kantor et al. (eds.), *Intelligence and Security Informatics—LNCS 3495*. Berlin: Springer-Verlag. pp. 287-304.

Rapoport, D. (2003) 'The four waves of rebel terror and September 11', in C. Kegley (ed.), *The New Global Terrorism*. New Jersey, NJ: Prentice Hall. pp. 36-51.

Reid, E., Qin, J., Chung, W., Xu, J., Zhou, Y., Schumaker, R., Sageman, M. and Chen, H. (2004) 'Terrorism knowledge discovery project: A knowledge discovery approach to addressing the threats of terrorism'. Working paper.

Ressler, S. (2006) 'Social network analysis as an approach to combat terrorism: Past, present, and future research', *Homeland Security Affairs*, 2(2). www.hsaj.org/pages/volume2/issue2/pdfs/2.2.8.pdf.

Rhodes, C.J. and Keefe, E.M.J. (2007) 'Social network topology: A Bayesian approach', *Journal of the Operational Research Society*, 58: 1605-11.

Robins, G. (2009) 'Understanding individual behaviors within covert networks: The interplay of individual qualities, psychological predispositions, and network effects', *Trends in Organized Crime*, 12(2): 166-87.

Robins, G. and Kashima, Y. (2008) 'Social psychology and social networks: Individuals and social systems', *Asian Journal of Social Psychology*, 11: 1-12.

Rodríguez, J. A. (2004). 'The March 11th terrorist network: In its weakness lies its strength', Paper presented at the VIII Congreso Español de Sociología, Alicante.

Rothenberg, R. (2001) 'From whole cloth: Making up the terrorist network', *Connections*, 24(3): 36-42.

Sageman, M. (2004) *Understanding Terror Networks*. Philadelphia: University of Pennsylvania Press.

Sageman, M. (2008) *Leaderless Jihad: Terror Networks in the Twenty-First Century*. Philadelphia: University of Pennsylvania Press.

Schroeder, J., Xu, J. and Chen, H. (2003) 'CrimeLink Explorer: Using domain knowledge to facilitate automated crime association analysis', *Lecture Notes and Computer Science*, 2665: 168-80.

Schwartz, D. M. and Rouselle, T. (2008) 'Targeting criminal networks: Using social network analysis to develop enforcement and intelligence priorities', *IALEIA Journal*, 18(1): 18-44.

Scott, J. (2000) *Social Network Analysis*. London: Sage.

Shaikh, M.A., Wang, J, Yang, Z. and Song, Y. (2007) 'Graph structural mining in terrorist networks', in R. Alhaij et al. (eds.), *Advanced Data Mining and Applications—LNAI*

4632. Berlin: Springer-Verlag. pp. 570-77.

Shelley, L. I. and Picarelli, J. T. (2005) 'Methods and motives: Exploring links between transnational organized crime and international terrorism', *Trends in Organized Crime*, 9(2): 52-67.

Snijders, T. A. B., Steglich, C. E. G. and Van de Bunt, G. G. (2010) 'Introduction to stochastic actor-based models for network dynamics', *Social Networks*, 32: 44-60.

Sparrow, M. K. (1991a) 'Network vulnerabilities and strategic intelligence in law enforcement', *Journal of Intelligence and Counterintelligence*, 5 (3): 255-74.

Sparrow, M. K. (1991b) 'The application of network analysis to criminal intelligence: An assessment of the prospects', *Social Networks*, 13: 251-74.

Steglich, C., Snijders, T. A. B. and Pearson, M. (2010) 'Dynamic networks and behavior: Separating selection from influence', *Sociological Methodology*, 40: 329-93.

Stohl, C. and Stohl, M. (2007). 'Networks of terror: Theoretical assumptions and pragmatic consequences', *Communication Theory*, 17: 93-124.

Stohl, M. (2008) 'Networks, terrorists and criminals: The implications for community policing', *Crime, Law and Social Change*, 50: 59-72.

Tsvetovat, M. and Carley, K. M. (2005) 'Structural knowledge and success of anti-terrorist activity: The downside of structural equivalence', *Journal of Social Structure* 6. www.casos.cs.cmu.edu/publications/papers/.

Tsvetovat, M. and Carley, K. M. (2007) 'On effectiveness of wiretap programs in mapping social networks', *Computational and Mathematical Organization Theory*, 13: 63-87.

Van der Hulst, R. C. (2004) 'Gender differences in workplace authority: An empirical study on social networks'. Thesis, Groningen: Groningen University.

Van der Hulst, R. C. (2009a) 'Introduction to Social Network Analysis (SNA) as an investigative tool', *Trends in Organized Crime*, 12(2): 101-21.

Van der Hulst, R. C. (2009b) 'Terroristische netwerken en intelligence: Een sociale netwerkanalyse van de Hofstadgroep [Terrorist networks and intelligence: A social network analysis of the Dutch Hofstad network]', *Tijdschrift voor Veiligheid*, 8(2): 8-27.

Wasserman, S. and Faust, K. (1994) *Social Network Analysis: Methods and Applications*. Cambridge: Cambridge University Press.

Watts, D. J. (1999) 'Networks, dynamics and the small world phenomenon', *American Journal of Sociology*, 105(2): 493-527.

Wiktorowicz, Q. (2001) 'The new global threat: Transnational salafis and jihad', *Middle East Policy*, 8(4): 18-38.

Xu, J., Marshall, B., Kaza, S. and Chen, H. C. (2004) 'Analyzing and visualizing criminal network dynamics: A case study', in H. Chen et al. (eds.), *Intelligence and Security Informatics—LNCS* 3073. Berlin: Springer-Verlag. pp. 359-77.

Zanini, M. (1999) 'Middle Eastern terrorism and netwar', *Studies in Conflict and Terrorism*, 22 (3): 247-56.

Zanini, M. and Edwards, S. J. A. (2001) 'The networking of terror in the information age', in J. Arquilla and D. Ronfeldt (eds.), *Networks and Netwars: The Future of Terror, Crime and Militancy*. Washington, D.C.: Rand. 29-60.

科学与学术网 **19**

SCIENTIFIC AND SCHOLARLY NETWORKS

◎ 霍华德·D.怀特(Howard D. White)

导　言

Randall Collins(1998)曾说过,科学与学术网络是"思想之联盟"。其中的关键关系有如下两类:关系可能是社会性的,在诸如合作者或其他同事这些健在之人之间进行直接的互动;关系也可能是文化性的,仅涉及通过阅读被人们所知之人,阅读带来的关系超越了个人交往的界限。此外,社会关系与文化关系都可能出现在同一个网络中。例如,引用网(citation networks)常常是"社会文化性的",因为学者们可以常规性地引用那些健在或已故的熟人、从未谋面的健在或已故的当代人、不可能见面的已故的非当代人。相比之下,完全社会性的网络可包括性伴侣或者共用针管的毒品使用者等。

事实上,科学家和学者不能只读不写,他们的名声来自其出版物和同辈人对其价值的认可。此外,在写作方面,他们必须使用适当的术语,参考前人的工作,即他们的著述必须与前人的研究建立联系。这些做法界定了学术文献的含义:即有专业词汇和明确跨文本联系的著述集合。因此,科学和学术网络(Scientific and scholarly networks,S&SNs)独特地扎根于文献之中,甚至对个人沟通网络(诸如谁发电邮给谁、频繁程度是多少、谁共享数据等)的研究最终也产生了对与既定文献相关联的**作者**的兴趣。读者特别想要了解谁和谁有联系以及该联系的亲密程度,因为这可以揭示出一个专业或学科内部的知识结构和社会结构。

如果无法从交往日志中获得信息,那么有关个人的数据就必须通过劳动密集型的访谈和调查才能收集到,因为他们的社会互动大部分没有被记录下来。相比之下,有关他们在文献(即著述)中的关系数据却可以从现存的书目数据库中获得,这些数据记录可以相对容易地被挖掘出来。因此,很多科学和学术网研究(S&SNs)在本质上是文献计量学的研究。例如,这些研究可以揭示出合著、共引或共词(co-term)关系的模式。共词指的是在出版物的标题、索引、摘要或者全文中共同出现的名词短语(作者名字网络可以转换成共词网络,反之亦然;例子参见 Lievrouw et al.,1987)。作为网络研究的分析单位,出版物中的科学家或学者的名字是异常含糊的。一方面,这些分析单位可以指**个人**,是活生生的被访者本人;另一方面,可以将它理解为**署名**,以书目类型的数据库形式实现,其象征符号是可数的(例如,字符串"Barry Wellman"可能指多伦多的一位教授或出现在他的书和文章的标题页中的单词)。任何一种用法——个人或署名——都可能出现在一项研究中也可互不相关。但是这种含糊性也可以在同一研究中得以利用:关于人的社会变量可以放到一个带有(关于相同署名之人的)文献计量变量的矩阵中,进而可以考察它们之间的关系。此外,如果网络中的个体可以根据一个变量来排名并比较,这必然会有利于激起人们对最高级别者的兴趣——最高到最低、最多到最少、最好到最差。(与网络无关的文献计量排名可能更有刺激性,但这里不作深入讨论。)[1]

电子信息交换系统文件

当网络数据能够可视化时,最高级的位置就会特别引人注目。举一个例子,有这样一个著名的数据文件,它发生在 1978 年的前网络时代,内容是关于在地理上分散的 32 位社会科学家如何使用电子信息交换系统(Electronic Information Exchange System,EIES)的。EIES 系统受国家科学基金会的资金资助,它允许这些研究者使用专用的计算机互相发送在当时看来是全新的电子邮件以及新闻群组信息(Freeman and Freeman,1980)。这 32 个人本身就是社会网络研究领域的专家,现在他们在自己的涌现出来的结构中成了有联系的节点。文件中的变量包括每一对研究者之间的信息、他们的学科以及他们 1978 年在社会科学引用索引(Social Science Citation Index,SSCI)中被引用的次数,该数字大致评估了他们作为作者的声望。

EIES 矩阵收录在 UCINet 软件中作为样本数据,该软件是一款重要的分析软件程序包,可用内置的网络画图程序(NetDraw)实现可视化。图 19.1 显示了其中的一个结果,它是社会学与文献计量学变量交互作用的结果。节点表示 32 个(未经确认的)研究者,节点形状代表学科。节点的大小与研究者在 1978 年的被引数成比例,这些是作为标签而被加入的。这些联系线已经被修剪到仅表示成对节点之间的至少 25 个信息流,用线的宽度表示信息的容量,那么最细的线代表大约 25 个信息流;最粗的线代表大约 560 个信息流。箭头表示流动方向;如果联系是单向的,那么只有目标人物从其他对成员(pair member)那里收到 25 个或者更多的信息;如果联系是双向的,两人都会收到信息。每一对信息流值的较大者决定了线的粗度。

显然,EIES 网络以一个高度互动的研究者为核心。中心者有 19 个引用——称他为"19"——除了三个其他群组的成员之外,他与所有人的联系都不低于

25。同一中心者通过密集的信息量同由 7 个他者(从左下方起顺时针算起:17,18,12,15,1,9,3 和 0 个引用)构成的内部圈子连接起来。后面这几个人也与他人交换大量的信息。这 8 个人是群组里的高级沟通者。

然而,这种可视化显示出一种有趣的分裂现象。被引量最高的这 8 个人作为群组的高级学者,都处在网络中较低的**外围**。以一年的计数(从 46 到 170)为基础,这些名人都比核心中的人物更优秀。然而他们仅同一两个核心研究者有联系,他们的信息量相当低。此外,三个最优秀的被引者(被引次数分别是 56,64 和 170)都从中心者"19"那里**接收**信息。他们没有向中心者或其他任何人发送足够的信息以达到不低于 25 这个门槛。(例如,被引数最高的 EIES 成员是右下方的"170",他在整个研究过程中总计发送 4 条信息给"19",给其他两个成员每人 5 条信息)。其他高排名的被引者处在较低的外围,被引数分别为 56,46 和 31,他们收到的信息也多于发送的信息。

如此看来,这种分裂描述了一个这样的特征,即知名度不高、可能较年轻的研究者处于核心,他们活跃地使用 EIES 技术,外围则是知名度高或年长的研究者群体,他们对 EIES 技术的使用则可能冷淡得多。(后者是否将新流行的电子邮件看作是对比较严肃的写作的干扰?)思想和品位的这种不一致性不能由学科归属来解释。尽管在网络中有其他可确认的子群体(引用数和信息量居中之人;很少或不被引用之人以及很少有 EIES 伙伴的人),但在不太知名的"狂热者"和比较知名的"潜水者"之间可能存在着社会学和心理学上的差异,这些差异在 1978 年实验后的 30 年时间里仍然具有挑战性。

社会关系

几乎所有的科学和学术网(S&SNs)研究都具有历史性,以真实的个人(即使有时候还未经确认)或其出版物的时限作为基础。例外的情况是,一些研究用计算机来模拟此类网络的动态过程和性质(如 Barabási et al.,2002;Börner et al.,2004),即便这些研究被验证为是不符合历史数据的。然而,S&SNs 研究的风格则迥然有别,它要考虑的是历史基础。这取决于人们是抽象地探究网络(个别作者隐匿于总结性的测度中),还是具体地探究网络(对作者及其研究进行非常详细的讨论)。物理学家 Mark Newman 和 Albert-László Barabási 通常选择第一种方法;社会学家 Randall Collins 通常选择第二种方法。居于二者之间的研究则从数值矩阵中获得指定作者的交流、合作或引证模式。

接下来回顾作者矩阵中一些成对的社会关系。我们假定作者还健在,尽管刚刚过世的学者的文献可能还会出现。这里只简单地认为文献中的关系例子具有典型性,当然这些例子不能穷尽所有的可能性。

熟悉度

正如 Wasserman 和 Faust 的著作(1994:62-63)中所描述的那样,EIES 文件中

的变量也包括那些发生在 1978 年 1 月和 9 月中的每一对研究者之间自我报告的熟悉程度。如人们所期望的,量表(这里有略微改动)是有序的:0 表示"不知道";1 表示"听说过但没见过";2 表示"见过";3 是"朋友";4 是"密友",如图 19.1所示。一个待检验假设是,以 1 月份为基点,截至 9 月份,EIES 中的记录对熟悉程度有何影响。这就是 Freeman 和 Freeman(1980)的研究工作。

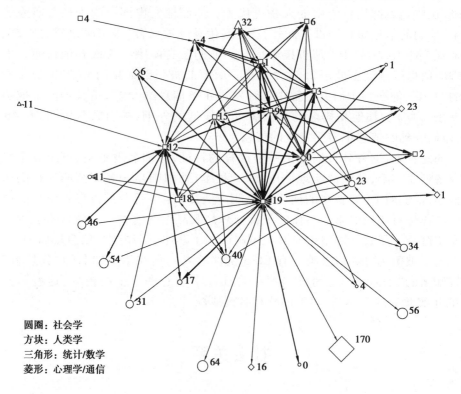

图 19.1   EIES 研究者之间发出的信息量≥25 条

交流的模式

White 等人(2004a)描述了跨科国际网(Globenet)——这是一个致力于从多学科视角研究人类发展的小型跨国组织的化名(它是成立于 1993 年的一个国际小群体,由来自 7 个学科的 16 名致力于研究人类发展的学者组成。Globenet 是 White 使用的一个化名,用来代表这个跨国小群体——译者注)——的 16 位成员之间的交流模式。跨科国际网成员(Globenetters)在小群体里非正式地见面,一年内正式见三次面。16 位成员会被问到使用特定模式(如面对面谈话、电话、邮件、电子邮件和传真)与对方交流的频次,以及交流是否涉及学术。这个列表除了电子邮件以外很像 Lievrouw 等人(1987)给出的表。今天,人们会预期电子邮件在不管多么分散的学术群体中都占据主要地位,但是,其他的交流模式依然存在,并且一定会出现在问卷之中。

合作的类型

除了合著关系,还有很多合作的类型(Sonnenwald,2007 有例子),这些合作类型在出版时可能被承认或不承认(Cronin,1995,Cronin et al.,2003)。显然,合作类型将因研究领域的不同而改变。例如,一些研究者将软件或者计算机可读数据送给他人(McCain,2000),另外一些研究者则交换实物材料,比如在果蝇遗传学中的**果蝇**(McCain,1991)。White 等人(2004a)在研究中用到的跨科国际网成员合作类型就包括了阅读彼此的文章,讨论彼此的想法。这些是 Mullins(1973:18-19)和 Chubin(1976)记录的各类"可信任顾问"角色。根据 Laudel(2002)的研究,署名中的合著贡献分(coauthorship credit)源于同事之间**创造性**劳动的分配。如果同事只是作为可信任的顾问起到咨询作用、提供设备使用、传达专门技能或启迪思想,则应向他们致谢,其贡献分要少一些。

非同事之间的一个值得关注的合作是导师-学生关系。在图书馆学和信息科学领域,这种关系在一个名为 MPACT 的有趣网站上可以进行量化和可视化(Marchionini et al.,2006)。Collins(1998)观察到,在 S&SNs 的紧密结构中,师-生关系几乎是不可或缺的。他的著作包括很多智识谱系图(diagrams of intellectual lineages),在图中,用这种关系可展示世界级的人物。例如,他的"青年黑格尔主义者与宗教/政治激进分子,1835—1900"(第 766 页)的隔代图就表明,德国哲学家弗里德里希·谢林(Friedrich Schelling)教过克尔凯郭尔(Søren Kierkegaard)、恩格斯(Friedrich Engels)、米哈伊尔·巴枯宁(Mikhail Bakunin)和雅各布·布克哈特(Jacob Burckhardt)。布克哈特(Burckhardt)教过弗里德里希·尼采(Friedrich Nietzsche)。知识分子就科学或学术问题发表研究结果,对他人的研究给出创造性的反应,这样就建立了 Collins 的所谓的"文化资本"。随着时间的流逝,人们感知到一位学者的思想创意及其重要性,为他赢得了不同程度的认可(例如,通过引证或评论)。如果学生可以分享导师的文化资本,这对学生来说是有益的;学生也可以延伸导师的思路,这对导师来说也有益处。声誉和资源取决于个体在网络中的位置,在这里,个体在该网络中是否成为关注的中心转化为了相对中心度和边缘度。

合著关系

在过去的 20 年间,对各类网络的定量研究都在快速增长,互联网和万维网图论模型的魅力尤其激发了这一增长(Newman et al.,2006)。合著网络在那些经常被研究的领域之列,它既在图书馆学中,也在信息科学中,并且远不止于此。然而,来自其他学科的有影响力的理论家如 Newman 和 Barabási,他们没有写出这种主要作为历史学家的合作形式的著述。他们感兴趣的是特大网络中的结构属性和演化属性,即节点代表谁或代表什么。因此,他们分析网站或者电子网格中的结构时,就像研究人一样容易。如果他们有时候真的写到了人,那是因为必要的数据已经用电脑处理过了,因此是可靠的大数据。这个文献记录数据中的上百万条分值或名字是连在一起的。

　　由 Newman 勾勒并被 de Castro 和 Grossman(1999)着力研究的一个著名先例,是一个与匈牙利数学家 Paul Erdös(1913—1996)合著论文的学者网络。Paul Erdös 非常多产,朋友们怀着歪曲的敬意,将 Erdös 数 1(Erdös number 1)分配给他的 500 多位直接合著者,Erdös 数 2 分配给那些和 Erdös 数 1 者有过合著的人,以此类推。根据维基百科,"有人估计世界上活跃的数学家中有 90%的 Erdös 数小于 8……"Grossman(2007)在万维网上讨论了该现象,附有可下载的原始数据;其可视化分析可参见 Batagelj 和 Mrvar(2000)。

　　现在让读者可能感兴趣的其他可视化合著关系包括 Otte 和 Rousseau(2002)对 57 位社会网络研究者(其中有不少名家,如 Barry Wellman、Lin Freeman、Patrick Doreian、Stanley Wasserman)的研究以及 Börner(2007)对 630 位网络科学家的大型研究。后者对万维网上的合著关系进行了放大着色,并提供了超链接方便人们探讨。

作者之间的冲突

　　Collins(1998:1)用这样的句子作为其书的开篇,"知识分子的生活首要是冲突和争论"。他提出,科学家和学者争着引起人们的注意和承认,争名的方式或者是依靠促进现有的思想集合,或者是直接攻击与其对立的视角。在他的"青年黑格尔主义者和宗教/政治激进分子,1835—1900"图中,巴枯宁和卡尔·马克思之间就是这种相互对立的关系。图中还显示,马克思攻击马克斯·施蒂纳(Max Stirner),后者还攻击其从前的老师黑格尔(G. W. F. Hegel)。小说家伊凡·屠格涅夫(Ivan Turgenev)和费奥多·陀思妥耶夫斯基(Fyodor Dostoyevsky)与"俄国的虚无主义者"——尼古拉·车尔尼雪夫斯基(Nikolai Chernyshevsky)、迪尔特里·比沙列夫(Dimitri Pisarev)和谢尔盖·涅恰耶夫(Sergey Nechaiev)——发生过争执。Collins 记录的冲突不是基于其对"知识分子敌对"矩阵中每一对作者的系统评价的;他只是对自己阅读中所发现的显著对立进行编码,但是这样的一个矩阵却是可以被构建出来的。在我们这个时代,数不尽的知识分子(不管是否有名)之间都有冲突(例如 Stephen Jay Gould and Steven Pinker)。

　　冲突和竞争可以发生在子学科群体之间,当然也可以发生在个人之间。在其全书中,Collins 主张,在任何既定的时段,各个领域都由三到六个为获得"关注空间"而竞争的小组构成:"我指的是小数定律,即在知识分子创造力的最前沿,总有一小部分人的立场敌对;不存在单独的内室(inner chamber),但多于 6 组的情况也很罕见"(Collins,1998:42)。我们稍后在科学研究的共引作者图中可以看到对立群组的例子。

对无形学院的注解

　　"无形学院"是 17 世纪的一个术语。Derek J. de Solla Price(1961)赋予了该词新的内涵。后来,社会学家 Diana Crane(1972)用一本书的篇幅对它进行了研究。起初无形学院指的是自然哲学方面的一群业余爱好者——英国皇家协会的一批先驱者,他们定期在伦敦见面讨论那个年代的科学技术思想。在 20 世纪学者 Price 的用法中,该术语指的是研究者的内群体,他们在不同的地点工作,但却相互往来频繁,因为他们对所关注的专业有共同的兴趣(参见 Zuccala,2006)。

Price 将现代无形学院的出现视为是快速传播科学信息的媒介。他猜测,用口头或者非正式信件高效率地交换信息的科学家可能多达 100 位,这是对慢节奏的期刊出版物的一种修补。无论他的无形学院的数量有多少,都由健在的研究者组成,他们会展示出本节之前提出的全部社会关系。成员们召开集会,与其他成员谈话并通信,就论断和理论进行争论,为了得到批判性的审阅而交换其文章的手稿、预印本和重印本,按惯例加入多种形式的合作,包括合著。最后这种做法是适合的,因为它会增加创作量,并使更多的作者获得发表信誉分。

在 Price 的基础上,Crane(1970,1972)将无形学院看作是在几个层面上发展起来的核心-边缘结构(White and McCain,1989:130)。从社会性上看,他们中的关系分布是非常不均匀的,几个核心人物("明星")被认为是比边缘人有更多的交流或创作活动(用 EIES 群组中的点入度和点出度表示)。从文献计量学上看,无形学院中出版的作品相对集中在少数几本核心期刊中,其他作品则散布在很多比较边缘的期刊中;而且,这些出版物的索引极少涉及那些被多次使用的核心术语,尽管许多边缘性术语的使用频率也在降低。显然,当无形学院的成员在检索信息时,他们必须努力在核心和边缘之间达成平衡(参见 Standstrom,2001)。如果他们只关注核心者(即研读相同的局内人的研究并与其交谈,引用其熟人和本人的观点,检索知名刊物的文章,在熟悉的期刊中搜索熟悉的索引词),那么他们的研究就会有近亲关系而且存在冗余风险。如果他们仅关注边缘者,即向那些在其专业中处于(或超越)边缘的人咨询、扩展文献检索的词汇、广泛浏览新奇的术语、为了超越跨学科的极限而研读,那么这种研究就会冒反常和非积累性的风险。Crane 表明,随着时间的推移,当个体成员想要避免这两种极端情况中的任何一种发生时,无形学院便会成长为各个学科专业了。

引用关系

作者互引

寻找专业的圈内和圈外成员的一个方法就是分析交互引用,即在一组固定的作者中记录谁引用了谁的观点。这种数据开始于作者姓名,其顺序要与一个矩阵的行和列的顺序相同(相同的结构出现在 EIES 发送和接收电子邮件的矩阵中)。每个行名一个可能的表示是对集合中其他成员进行引用的人(发送者)。每个列名将同一个人表示为是一个可能的被其他成员引用的人(接收者)。在引用索引中,对发出的"向外引用"和接收的"向内引用"进行计数,并将其放在非对角线的单元格中,如图 19.2 所示。对角线上的单元格可以空着或者用自引数填充。得到的结果矩阵是非对称的,因为,例如作者 A 和作者 B 的彼此引用无须相等。

	A	B	C
A	—	3	2
B	5	—	0
C	9	4	—

275

图 19.2　互引矩阵

图 19.2 不包括自引数,它表示作者 A 从其他人那里接收到的最多引用(14),而作者 C 发出的引用最多(13)。从理论上讲,A 可以被视为是知识领袖(影响着群组的思想),而 C 更多被看作是组织领袖(将群组联系在一起)。Mullins(1973)论述了这两种角色,它们在 White 等人(2004a)的"跨科国际网成员"(Globenetters)中表现得很明显。

图 19.3 表示一个未发表的网络,它源自一项国有组织中交流模式的研究,这个组织从事了一项多学科水利研究的项目(Dimitrova et al.,2007)。该网络由 NetDraw 绘制而成,它显示了 12 位专业学者在那些年是如何彼此引用的。该数据是 2007 年获得的,它来自科学引文索引数据库(Scisearch)和社会科学引文检索数据库(Social Scisearch)。为了保持匿名性,真实名字用学科标识掩盖了。如图 19.1 一样,双向箭头表示互相引用,单向箭头表示单向引用。互引计数的范围从 1(最细的链接)到 31(从生物学家 1 到生态学家 2)。31 是单向外引用的最大数,引用这位作者的其他作者最多有 5 个,他就是生态学家 3。他被他人引用的总数是 30,这表明他在这些科学家中产生了智识性影响。由生态学家和生物学家构成的子网居于群组的中心;其他人处于边缘,特别是两个有联络的经济学家和孤立的地理学家。

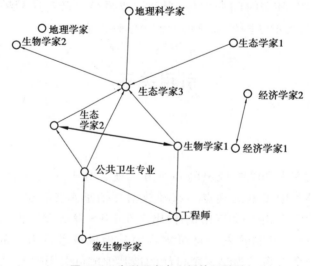

276

图 19.3　水利研究者之间的互引图

作者共引

如前所述,互引关系可能并且常常(但不必)与健在学者之间的社会关系相一致,共引关系也是如此。然而,互引和共引的来源迥然有别。互引关系仅发生在预先设定的作者集合之中(无论其是否是正式地组织起来的)。共引关系**研究**也针对预先设定的作者集合,但是,一般而言,那些共引的作者是一个开放群组,可能有数千人。因此,作者共引分析揭示的是某领域中的"引用者共识"。这对识别主要作者并将他们按专业分组尤为有用,例如恐怖主义的研究者,正如在Reid 和 Chen(2005)中所看到的那样。

当两位作者的任何一种著述出现在任意他人的另一种著述的参考文献中的时候,两位作者就被共引了(White and McCain,1989)。每当两位作者的著述共同出现在一个参考文献的附加列表中时,他们的共引次数便增加一次。这里计算的是共引的著述次数,并不是参考文献列表中任意一位被共引的著述数。从这种计数矩阵中可生成作者共引网。

第一类共引研究将科学**文章**视为链接的节点。作为节点的共引**作者**只不过是被引的文章或其他出版物的集合。因此,"作者"在这个意义上就是署名的集合——**其全部作品**,而不是一个人。但是,再次重申,关于**全部作品**及其作者个人的数据是可以合并在同一个矩阵内被加以分析的。

如图 19.4 所示,共引是对称的:A 对 B 的共引计数等于 B 对 A 的共引计数。任何两个作者都可能用 A 和 B 代替;例如,White(2000)共引了 Walt Whitman 与 Eugene Garfield,后者是引用分析之父。但是,如果这样的配对没有被他人广泛接受(就像 Garfield-Whitman 没有被广泛接受一样),他们就只有各自独特的含义了。一对作者随着时间的推移而被**重复地**共引才意味着他们之间有着某种重要的关系。

	A	B	C
A	—	22	7
B	22	—	0
C	7	0	—

图 19.4　共引矩阵

Small(1978)提出了这样一个观点,即科学文章被多次引用,是因为这些文章可以充当特殊的概念方便速记。比如,一位化学家只需引用,"Cromer 和 Weber,1965",而无须解释"原子散射因子"(atomic scattering factors)这一概念。所以,随着时间的流逝,共引量很高的一对作者开始蕴含着一种相当稳定的关系。最常见的共引理由或许是感知到了主题的相似性(或者有时是方法上的相似性)。两位作者的名字可能有各自的主题意义,共引作者对(author pairings)则会使主题的范围变窄。例如,Derek J. de Solla Price 博学多闻,他对科学史、技术史、科学交流社会学和文献计量学都作出了突出贡献。但是当他和 Diana Crane 一起被引用时(在撰写本文时,他们出现在社会科学引文索引数据库的 416 篇文章中),其名字放在一起所标识的主题最可能是"无形学院"。当独自引用 Price 或者 Crane 时,却未必暗含着该主题。

共引次数高的作者们的学术立场常常"站在一起":他们甚至可能共同著述。但是共引关系也可能反映在 Collins 所展示的那种冲突或对立上。McCain (1983)在一篇共引作者网络研究的早期论文中描绘了宏观经济学家,他发现,从算法上看,代表 James Tobin 和 Milton Friedman 的两个节点是被置于接近的位置的。这并不是因为两人心心相通,而是因为引用者更多的时候是把他们作为对立思想流派的标志而将他们放在一起。McCain(第 289 页)引用的一本教材称 Tobin 为"坦率的第一反对者,他反对 Milton Friedman 对财政问题的分析,反对积极的政府干预"。在人类学家 Marvin Harris 关于知识遗产的著作中,有一章是被大量共引的,Sandstrom 和 White(2007)同样收集了那些与 Marvin Harris 共引次数最多的作者。前三名是克利福德·格尔兹(Clifford Geertz)、马歇尔·萨林斯 (Marshall Sahlins)和克劳德·列维-斯特劳斯(Claude Levi-Strauss),他们都是 Harris 严厉批判的人(萨林斯遭到了"报应")。

277　　图 19.5 展示了一些共引作者的关系。这是 20 世纪末科学研究的一个"个体-中心"图,它是以多面手 Derek J. de Solla Price 为种子创建的。该图展示了他(位于底部的中心)和其他 24 位作者,这些作者是 1988—1997 年在艺术和人文引文索引数据库(Arts and Humanities Citation Index,AHCI)中与他共引次数最多的人。[2] AHCI 数据库里的名字拥有简洁的"姓-连字符-首字母"形式;Price 变成了 "Price-DJD"。每条线上的数字是每一对作者的共引数。这里展示的结构显示了一种**探路者网络**(Pathfinder Network,PFNET)程序,其中的算法要考察矩阵中每一对作者的共引计数,然后画出只反映每一对作者之间**最大**(或关系最多)计数的连线。因此,在这些数据中,Garfield 的最高共引计数是同 Price 形成的,但是,Price 和 Crane 的最高共引计数却是与社会学家罗伯特·K.默顿(Robert K. Merton)形成的。所有其他的联系都被删除了,尽管矩阵中大多数作者对的共引计数都大于 0,Price 与每个人的共引计数都不是 0。

如果考虑到图 19.5 中的名字和梗概的共引联系(barebones cocitation links),聪明的解释者就可以识别出"思想的联盟"——它涉及不同代际、多学科、个人关系以及冲突思想,就像 Collins 所预测的一样(亦可参见 White and McCain,2000 中的图)。该图没有捕捉到科学研究中最近的一代领袖,但刻画了两位先驱。其中的一些作者已经故去(如 Price 于 1983 年逝世,享年 61 岁;默顿于 2003 年逝世,终年 92 岁),健在者在其领域中享有很高地位。他们代表的专业有文献计量学(Garfield,Griffith,Simon)、科学社会学(默顿和他身边的群体;Ben-David, Gieryn,Chubin)、科学史(Kuhn,Gillispie,Cohen,Shapin)、技术史,尤其是科学工具史(Bedini,Landes)和科学知识社会学(Latour,Edge,Barnes,H. M. Collins, Gilbert)。社会关系包括夫妻关系(Merton-Zuckerman)、师-生关系(如 Merton-

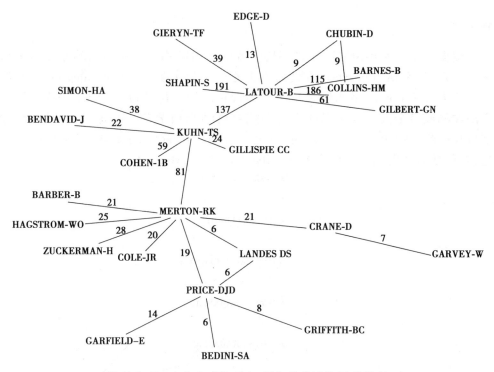

图 19.5　Derek J. de Solla Price 及与其共引的 24 位学者

Cole,Price-Crane)、相识关系(如 Gieryn-Latour)、密友关系(如 Price-Griffith)和合著关系(如 Zuckerman-Cole,Garvey-Griffith)。

　　由于作者共引的方式不同,图 19.5 自动地捕捉到了两个思想学派,它们在 1970 年代就开始为获得注意力空间而竞争:美国科学社会学围绕着默顿(Merton),建构主义者对科学的描述则以布鲁诺·拉图尔(Bruno Latour)为中心。[3]该图也描绘了参与争辩的单个作者(如 Latour 对 H. M. Collins;Griffith 对 Edge)。在智识上,Price 与默顿的距离比与拉图尔的距离更近,这就是为什么在前 24 位引用者中建构主义者相对较少的原因。(在某种程度上说,这种对立在以下两个期刊中也存在,《科学计量学》是 Price 式的和比较默顿式的,《社会科学研究》是建构主义的。)这两个对立的学派通过托马斯·S.库恩(Thomas S. Kuhn)——一个超级模棱两可的人物——在这个共引图中被连在一起,这很合乎情理。Doty 等人(1991:26)在区分默顿主义者和反默顿主义者(广义地说是建构主义者)时评论道:"……托马斯·库恩的研究,特别是那本强调了科学之认知方面的《科技革命的结构》(1970),都常常被强加在反默顿主义一边。然而,认为库恩是反默顿主义者显然是武断的:默顿和库恩都表达过对他人研究工作的赞美,对坚持其不可通约性的学者失望……"

　　作者共引图鼓励人们在解释联系时要寻找这样的指导。让作者们去评论以他们为中心的共引网络尤为有趣,正如 White 等人(2004b)对人口遗传学家 Montgomery Slatkin 所做的那样。

编史学

编史学是按照年份来降序排列科学或学术出版物的。从早期的作品引出后来的一系列"系谱"(begats),在此意义上它们类似于系谱学(genealogies)。它们也有些类似于 Collins 的人际关系图。尽管它们的分析单位是个人出版物(不是**全部作品**或多个人),却可以证实它们能对科学家和学者产生智识性的影响,包括自我影响。图 19.6 中的例子取自关于"小世界"网络的文献,下面将简要讨论,它包括前文提到的两位作者——Barabási 和 Newman。

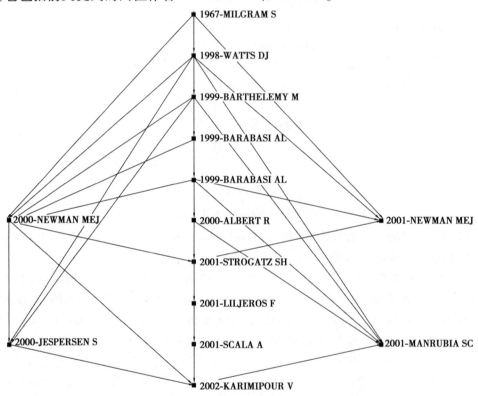

图 19.6　源自 Milgram 的"小世界"论文的历史编纂学

Garfield 等人(1964)作出了第一个重要的编史学研究报告。那篇技术报告的灵感来自 Isaac Asimov 的《基因代码》(*The Genetic Code*)一书。这本书记述了流行的遗传学历史,从其 19 世纪的起源,到 1950 年代沃森(Watson)和克里克(Crick)及其直接继任者对 DNA 结构的研究。Garfield 及其合作者想要知道的是,Asimov 声称的影响路线在多大程度上也可以通过引用链被追溯到,然后就可以在后来成为科学引文索引数据库(Science Citation Index, SCI)中再度得到这种影响路线。他们在 Asimov 的描述和引用记录之间的确找到了重叠的部分,还发现了一些被 Asimov 忽略的联系,而这些联系丰富了他编的历史。

Garfield 是科学信息学会(the Institute for Scientific Information)的创立者,该学会现在为路透社(Thomson Reuters)。他也是诸多数据库的创立者,这些数据库是通过"科学网"(Web of Science)提供的,Garfield 终生对其引用的编史学感兴趣。最近几年,他和一组程序员开发了一种引文链接分析工具 HistCite,用它来分析从"科学网"中下载的有引文链接的文献(Garfield et al.,2003)。例如,HistCite 可以按年代顺序将链接的出版物排列,根据引用次数排序,展示作者、期刊和组织(这些对引用计数都有贡献)的不同创作能力,并对符合一定引用次数门槛的出版物进行编史。HistCite 现在是一款商业产品,但是,Garfield 在万维网上提供了免费获取诸多符合编史学分析格式的数据集的途径。 279

图 19.6 提供了 HistCite 数据集中的一个小子集——一个到 2002 年引用了 Stanley Milgram 的"小世界问题"(Small World Problem)(它是 1967 年的名篇,引发了"六度分割"思想)的出版物文献目录。Batagelj 和 Mrvar(2006)利用了该数据,它被 Pajek 软件——一款将大型矩阵进行可视化的免费软件程序包——进行了特殊格式化处理。(Pajek 软件的下载地址可以从刚刚提到的页面中获得。)Pajek 包含的一个系谱宏指令(genealogical macro)(All Before-All After)可从 HistCite 输入中绘制一个结构好的图,如图 19.6 所示。(在 Garfield,2004:132 和 Börner,2007:816 中,同样针对这些"小世界"论文中的一些,用 HistCite 进行绘图时,图是比较紊乱的)。

为了清楚地进行展示,已经用 Pajek 软件将图表限制在 396 篇文章中的 14 篇了。除了底端最近的 4 篇之外,全部文献都有大量的引用计数,从 Watts[与 Strogatz 合著]的引用计数(365)到 Liljeros[与他人合著]的引用计数 33,Milgram 的引用数量是 148。箭头全都指向下方,反映的是"被引"关系。Pajek 软件算法的一个良好特性是,从 Watts 到 Karimipour 的中心链自动地将那些引用了上述全部或几乎全部文献的文章包含在内。然而,图 19.6 表明的不是 Milgram"小世界问题"的全部历史(注意该文与下一篇文章之间有长时间的间隔),而是当数学老手(多数是物理学家)在接管网络模型时所表现出的极大兴趣。Milgram 的研究刊登在《当代心理学》上。30 年以后,诸如 Newman,Barabási,Douglas J. Watts,Steven H. Strogatz 和 Réka Albert 这样的继承者们,他们的研究成果发表在《科学》《自然》《自然史 A》《物理评论 E》和《国家科学院院刊》上。(他们也在此过程中参照了 Price 的一些研究;参见 Newman et al.,2006:17-18。)

合著关系研究

尽管合著关系已经得到了广泛的理解,它在不同学科中却仍然有不同的含义。这些差异导致分析者要研究以下因素:关于作者署名顺序的习惯、在既定的出版物中列出的合作者数、作者共同发表著述的次数以及他们合作的各类出版物(如 Börner,2007)。

有相当多的 S&SNs 的定量研究都报告了不同学科或专业的合著者聚类的(coauthor clusters)规模和密度(如 Börner et al.,2005),以及作者中心度的标准化测度(如度数中心度、中间中心度和接近中心度)和作者之间的平均链接数(如

Otte and Rousseau,2002;Liu et al.,2005)。我们还看到,一些研究考察了学科内部、学科之间以及跨国合作关系趋势的增长(如 Ding et al.,1999,Yoshikane and Kageura,2004)。第三类研究寻求的是与合著关系有关的变量,如学科之间的关系、社会关系、机构隶属和学术等级(如 Rodriguez and Pepe,2008)。

　　由于当代科学涉及了多人参与、耗资巨大的项目,所有参与者都希望自己付出的努力得到认可,因此,团队执笔的文章现在已经很常见了。Beaver(2004)给出了一种收益(payoff)的证据:同单一作者完成的论文相比,平均而言,多作者的科学论文会在更长的时间内被更频繁地引用,即使这两类文章都出现在高影响因子的期刊中。他的结论是,与同伴(不是学生)合作能增加知识的权威性。当然,这不总是真的,大多数学科都有学者单独创造经典的传统。但是有趋势表明,合作性的合著关系在增加,不论其领域是大(如 Glänzel,2002 的生物医学、化学、数学领域;Moody,2004 的社会学领域)还是小(如 Willard 等人,2008 对澳大利亚图书馆学和信息科学的研究)。此外,由不同国家的科学家组成的研究小组也越来越多。

　　Bordons 和 Gomez(2000)以及 Cronin(2001)回顾了涉及多作者时的作者计分认定(authorial credit)的认证问题。"出版物中的多作者关系",Bordons 和 Gomez(2000:201)写到,"提出了论文的成果该认定给谁的问题。在已有的解决方案中,我们注意到了以下的做法:全部归功于第一作者(一作认定)、全部归功于每一位作者(作者全认定),或者是平均分配给每个作者(平均认定)。……全部作者都算数这个办法在合作研究中最常用。"

　　但是,现在的问题是,什么可以算作是"合作关系",首页位置的作者意味着什么?这个问题很重要,因为对认证的考量会影响到网络中节点和联系所代表的含义。在传统主义者看来,作者就是那位写出了可发表的文章的人,在合作研究中为文章承担最多责任的人自动地应该成为第一作者。但是,一些研究小组会在署名中增加名人(如研究地点的实验室主管),这就稀释了"合作关系"。还有一些文章将研究小组的领导者列为了第一署名,而不管谁对这篇论文的贡献最大,或者将最主要的作者放在了最后。另一个变化是按字母顺序列出诸多作者,这也模糊了相对的功绩。

　　当对合著关系的引用进行认证时,"科学网数据库"(the Web of Science)将第一和第二作者分开了。(只有第一作者才给予认证)。Frandsen 和 Nicolaisen(2008)表明,在信息科学中,很多研究者都了解"科学网数据库"的规定,即第一作者常常给最重要的作者(通常也应该给此人)。但是在经济学中,很多研究者在文献计量学方面一无所知,作者团队中的名字常常被简单地按字母顺序排列。所以,在 1978—2007 年,尽管多作者关系在这两个领域中都有所增加,但是,名字按字母排序的情况在经济学中有所增多,在信息科学中却在减少。

　　科学合作网的分析者也遇到过合著者数量远超出历史规范的论文。Cronin(2001)将这种现象称为"超作者身份"(hyperauthorship);他指出,在生物医学中的某些部分中,尤其是实验高能物理学中,这种现象很流行。在这些领域的文章中可以发现多达 100(甚至多于 1 000)位作者。当一篇论文的 100 位作者中的每一位都得到一篇文章的全部认定时,"全部作者都算数"意味着什么呢? 或者当每位作者得到百分之一的认证时,"平均认定"又意味着什么? 不管怎样,谁在智识上为论文负责? 更为要紧的是,当"合著关系"已成为一个完全含糊和分散的概念时,还怎样研究合作网络?

答案是用统计量对合作网络求和,这样就可以掩饰一下这种关注。Newman(2001,2004a,2004b)在一项有影响的研究中提供了关键测度的模板(也见 Börner et al.,2004)。他使用多个文献目录数据库,收集了 1995—1999 年生物医学、物理学各专业、计算机科学中的作者合作数据。Newman(2004b)还增加了 1940 年到大约 2003 年的数学领域中的合作数据。因此,他能报告出全部的论文和全部的作者,得出每位作者的平均论文数、每篇论文的平均作者数以及每位作者的平均合作者数(除了其他指标之外)。他说(Newman,2001:406),"在这项研究所涉猎的五年间,作者普遍写了 4 篇论文"。"平均每篇论文有 3 位作者。值得注意的是,在理论高能物理学和计算机科学中,小合作(平均 2 个人)是规范,而在 SPIRES(Supporting People who Investigate Research Environments & Spaces 的缩写)高能物理学数据库中,每篇论文平均有 9 位作者。"Newman 的最具影响力的统计值统计的是每位作者的平均合作者数量:在计算机科学和理论高能物理学中,有大约 4 位合作者;在生物医学和天体物理学中有大约 15 个合作者;在 SPIRES 数据库的实验高能物理学中有 173 位合作者(和理论高能物理学相反)。他表明,每位作者的论文数和合作者数恰好拟合了指数删节的幂律(可能因为分析的是五年期的数据,因而人为地带来了删节)。

此外,Newman 的全部网络还显示了一个所谓的大成分,他将它定义为"个体组成的大群组,他们全都通过中间的熟人路径相连"(Newman,2001:407)。在一些领域中,这些成分大概包含了所研究的科学家的 80%~90%。联系**最少**的科学家是理论高能物理学家(71%)和计算机科学家(57%)。Newman 发现,事实上,科学家之间的联系一般在 6 个连接之内,甚至在诸如生物医学这样的大领域中也是如此,这又一次例证了传奇的 6 度分割。(在 Newman,2004a 中,他在三个领域中**提名**了联系最紧密的科学家,对于物理学的网络分析者来说这并不常见。)此外,他研究了聚类系数 C(Watts and Strogatz,1998)。他发现,"在科学共同体中存在着非常强的聚类效应:如果两位科学家都和第三位科学家有过合作,他们通常就有 30%或者更大可能性的合作"(Newman,2001:408)。显然,科学需要高水平的人际联络。人文学科中依然有很多独自发表成果的学者,因此可推测,该学科的人际联络会更加碎片化。

Barabási 等人(2002)沿着该思路继续研究,展示了合作的科学家网络是如何演化的。他们以一年为间隔,分析了 1991—1998 年数学和神经系统科学中的合作关系数据,结果表明,Newman 的测度是取决于时间的。他们得出如下结论:(1)依附于作者-节点的联系服从幂律(也称为无标度)分布,即其中高度联系的节点相对较少,联系较少的节点越来越多地处于分布的长尾上;(2)节点之间的联络路径相对较短,并且随着时间的增加而缩短,这是与随机生成的网络相反的 "小世界"特点;(3)"巨型成分"的相对规模随时间而增加。网络增长的模式被 称为"偏好依附"(preferential attachment)。也就是说,新的节点"……更有可能 同那些已经有很多连接数量的节点相连"(Barabasi et al.,2002:599)。更具体地 说,新作者更可能与那些已经有很多合作者的人合写论文,这是一种文化资本。 (Price 称同样的现象为"积累性优势",常常被译为"富者越富"。)另一种演化的 模式是,网络中已有的作者再次根据偏好依附,加盟形成新的合著关系。同新作 者生成的连接相比,后一种模式将更高比例的新连接加到网络中(Barabasi et al., 2002:613)。

真正的黏合剂

是什么因素将科学网和学术网结合在一起? 从最基本的层面上讲,就是成 员有能力写出什么——他们知道**什么**,而不是知道**谁**。在那些拥有互补才能的 人之间常常有多种人际关系,从敌意关系到友情关系再到亲密的情爱关系。学 术利益已经专门化,那些共享利益之人在其生活中会找到见面的机会,这一情况 并不奇怪。但是在研究中,相对于智识的相关性来说,社会的和情感的联系居于 次要位置。学科和专业的存在可以将利益彼此相关之人结合起来。同时,它的 存在也是为了提醒活着的人继续从事已逝者的相关事业。

很多文章在广义上指出了所谓的智识关系的重要性。例如,Rodriguez 和 Pepe(2008)研究了"基于美国的嵌入式网络传感中心"(the U.S.-based Center for Embedded Networked Sensing),在其多学科的、多机构的合著者小组中,他们使用 四种不同的算法去探查结构性社群。这些社群建立的基础有如下特征:院系、大 学隶属、母国及学术位置。对于样本中的 291 位合著者来说,所有这四种算法都 表明,同一院系是到目前为止最强的特征,大学隶属性也显著。这表明,感知到 的智识关系因物理空间的接近而加强。但是,如果双方都没有必不可少的知识 与兴趣,那么空间上的接近性对于合著关系来说也就没有什么意义了。

Moody(2004)提供的另一个例子说明了彼此有相关知识的重要性。他主要 利用《社会学文摘》中的数据,对 1963—1999 年 36 个论域中的合著关系进行了 复杂的多变量分析,这里仅引用他的两个主要发现。就合著关系网络中的**参与 者**来说,"专业对合著的可能性有明显影响。与专业更具实证和定量特征的作者 相比,专业是历史学的、质性的、激进的以及诠释学的那些作者更难成为共著者" (Moody,2004:224)。在预测合著关系网络中的**嵌入度**(一位作者直接或间接连 接的其他合作者数)方面,专业的重要性要比提升一个研究小组的方法论精致性 的能力小一些。Moody(2004:235)指出,"合著关系并没有均衡地分布在社会学 研究中。如其他人所预测的那样,合著关系更有可能出现在劳动分工易于执行 的专业之中。研究方法看起来特别重要,它说明了定量研究比非定量研究更易于合著。"

第三个例子涉及了合著、共引和互引。正如前文所述，White 等人（2004a）分析了"跨科国际网"（Globenet）中 16 位成员的成对数据，目的是要发现一系列社会和沟通的变量能否预测以下两种互引情况：一是这些成员发表的期刊文章在 20 多年间的互引情况；二是在 1999 年撰写出版的一部总结性著作中，全体"跨科国际网成员"（Globenetters）的互引情况。如果分别考虑，如下 9 个关系变量与文章中的共引有关。社会关系变量有：（1）在"跨科国际网"（Globenet）形成之前就认识一个人；（2）与一个人成为朋友；（3）寻求过一个人的建议。智识关系变量有：（1）共引数量；（2）在相同的学科中；（3）阅读过一个人的研究。将社会关系与智识关系结合起来的关系变量则有：（1）与一个人合作过；（2）成为 1999 年版著作的编辑；（3）在该书中合著一章。

然而，当将这 9 个变量纳入回归模型中去预测文章中的互引时，有一个变量会消除所有其余变量的影响，即每一对跨科国际网成员（Globenetters）的共引计数。换言之，一个共引计数（它表示引用者通常是如何看待任意一对作者的）是任意两个作者如何相互看待对方的最好的预测变量。这并不是说像朋友关系、寻找建议和合作这样的关系不真实或不重要，而是说，促进引用的历时变化以及将其他关系归类时，主要动力是主题和方法上所感知到的相似性。这就是重复共引所捕捉到的内涵。

相比之下，书中的互引根本不随共引模式的变化而变化。相反，它主要随着该书的一个编辑或共著者而变化。但是，即便是这些关系也不是完全的社会关系；它们仍然植根于智识性的、富含内容的关系之中。正如我们在 Rodriguez 和 282 Pepe（2008）以及 Moody（2004）中所看到的那样，这些关系是将共著者结合起来的"真正黏合剂"。在 White 等人（2004a：112）的著作中出现过关于引用的同样观点：

> ⋯⋯社会关系既不是引用的**必要**条件（人们引用一些作者，可以不认识他们），也不是**充分**条件（认识某些作者也不足以引用他们）。在这个问题上，没有任何一个清楚的时间箭头：引用可能或不能导致双方见面，见面也可能或不能导致引用。因此，任何依据相识关系来解释引用的尝试都是失败的。为了较好地解释人们为什么引用，我们必须考虑一些智识性因素，如在学科、主题、研究方法和视角（如理论对经验、定量对定性）方面的一致性。

因此，合著网络和引用网络都源自对智识相关性的理解，在此意义上，二者是有统一的解释的。

这个解释使他们在某种分析框架下的研究合理化了。这个分析框架是，将发表的论文（产量）和得到的引用（影响）结合起来就可以表明合作的相对成功性。举最后一个例子，Börner 等人（2005）为合著的论文设计了影响权重，以反映每个作者团队所共享的引用。当对数据进行可视化时，其中作者被当作节点，连线代表合著关系，联系的粗细表示接收的总引用数，那么显然会看出不同的作者是如何被连接在一起的，哪个小组的影响是最大的。这样做很重要，因为根据

Börner 等人(2005:66)的观点,很多领域中的合著关系渐增,这预示着"与由单个专家驱动的科学相反,更加跨学科的、全球联系的科学正在出现"。Börner 将它比喻为"涌现的全球脑"(the emerging global brain)。恰当地说,其中任意单个例子都是 Collins 所说的一个"思想上的联盟"(coalitions in the mind)。

注 释

1.这种排名一般来说反映了作者的产量(用出版物数来衡量)或影响力(以被引用数来计算),抑或二者的某种组合。维基百科和互联网上的多篇论文解释了 h-指数和 g-指数,作为一种比较科学家个人产量和影响力的方法,它们已经被普遍使用了。不过,这些指标仍然有争议(人们对这些指标提出过各种改进),但是更有争议的是,一些测度如何使研究单位(如学术部门)的生产力和影响重新排序。后一种测度是有争议的,因为政策制定者可以利用这种测度来确定资助这些单位的力度——这是许多研究人员想留给同行评审的。(这些研究人员经常理直气壮地不相信文献计量学的数据)。与此同时,大型研究评估中的同行评审比较艰难,不易实施,因此,依靠文献计量学的排名便成为更划算、高效的替代方法。有很多快速增加的文献探讨了这种争议。Hicks(2009)调查了来自美国、英国和澳大利亚的结果,将它们连接成一篇不错的介绍性参考文献目录。

2.出于研究的需要,AHCI 的发布者——路透社(Thomson Reuters)将 AHCI10 年的子数据赠予了德雷克塞尔大学(Drexel University)。为了获得该图,可以将 Price 的名字输入 AuthorWeb 中,这是一款在德雷克塞尔大学开发的网络可视化软件。依据他们与 Price 的共引计数顺序,对 Price 及其 24 位最高共引者进行检索。然后,该软件检索了所有这 24 人的彼此共引情况,并形成一个矩阵,生成了 (25×24)/2 = 300 对作者关系。PFNET 算法是 AuthorWeb 对该矩阵进行运算的三种算法之一。

3.这些科学研究作者的计数来自十年内的**人文类**期刊,其中诸如 Latour 这样的社会建构主义者赫然耸现。如果数据来自同一本十年内的社会科学引文索引数据库(SSCI)涵盖的期刊,那么全部作者对(pairs)的计数会更大,而那些建构主义者的计数就不会占主导了。另外,在这种基于 Price 的矩阵中,Gieryn 和 Chubin 的研究同拉图尔的研究都有最高的共引量,但是他们不是其学派的成员。进一步的数据会把 Randall Collins 引入此图中。例如,他同 Joseph Ben-David 一起研究并合著了文章。

参 考 文 献

Barabási, A. L., Jeong, H., Néda, Z., Ravasz, E., Schubert, A. and Vicsek, T. (2002) 'Evolution of the social network of scientific collaborations', *Physica A*, 311: 590-614.

Batagelj, V. and Mrvar, A. (2000) 'Some analyses of Erdös collaboration graph', *Social Networks*, 22: 173-86.

Batagelj, V. and Mrvar, A. (2006) 'Citation networks', http://vlado. fmf. uni-lj. si/pub/networks/data/cite/default.htm (accessed May 2009).

Beaver. D. deB. (2004) 'Does collaborative research have greater epistemic authority?' *Scientometrics*, 60(3): 399-408.

Bordons, M. and Gomez, I. (2000) 'Collaboration networks in science'. In Blaise Cronin and Helen B. Atkins (eds), *The Web of Knowledge*; *A Festschrift in Honor of Eugene Garfield*. Medford NJ: Information Today. pp. 197-213.

Börner, K. (2007) 'Making sense of mankind's scholarly knowledge and expertise: Collecting, interlinking, and organizing what we know and different approaches to mapping (network) science'. *Environment and Planning B: Planning and Design*, 34: 808-25.

Börner, K., Dall'Asta, L., Ke, W. and Vespignani, A. (2005) 'Studying the emerging global brain: Analyzing and visualizing the impact of co-authorship teams'. *Complexity*, 10 (4): 57-67.

Börner, K., Maru, J. T. and Goldstone, R. L. (2004) 'The simultaneous evolution of author and paper networks'. *Proceedings of the National Academy of Sciences*, 101 (Supp 1): 5266-73.

Chubin, D. E. (1976) 'The conceptualization of scientific specialties.' *Sociological Quarterly*, 17(4): 448-76.

Collins, R. (1998) *The Sociology of Philosophies: A Global Theory of Intellectual Change*. Cambridge MA and London: Belknap Press of Harvard University Press.

Crane, D. (1970) 'The nature of scientific communication and influence'. *International Social Science Journal*, 22(1): 28-41.

Crane, D. (1972) *Invisible Colleges: Diffusion of Knowledge in Scientific Communities*. Chicago: University of Chicago Press.

Cronin, B. (1995) *The Scholar's Courtesy: The Role of Acknowledgements in the Primary Communication Process*. London: Taylor Graham.

Cronin, B. (2001) 'Hyperauthorship: A postmodern perversion or evidence of a structural shift in scholarly communication practices?' *Journal of the American Society for Information Science and Technology*, 52(7): 558-69.

Cronin, B., Shaw, D. and Barre, K. L. (2003) 'A cast of thousands: Coauthorship and subauthorship collaboration in the 20th century as manifested in the scholarly journal literature of psychology and philosophy'. *Journal of the American Society for Information Science and Technology*, 54(9): 855-71.

de Castro, R. and Grossman, J. W. (1999) Famous trails to Paul Erdös. *Mathematical Intelligencer*, 21(3): 51-63.

Ding, Y., Foo, S. and Chowdhury G. (1999) 'A bibliometric analysis of collaboration in the field of information retrieval'. *International Information and Library Research*, 30: 367-76.

Dimitrova, D., Koku, E., Wellman, B. and White, H. (2007) *Network Mapping Study (Final Report): Prepared for the Canadian Water Network*. Accessed December 2010.

Doty, P., Bishop, A. P. and McClure, C. R. (1991) 'Scientific norms and the use of electronic research networks'. *Proceedings of the 54th Annual Meeting of the American Society for Information Science*, 28: 24-38.

Frandsen, T. F. and J Nicolaisen, J. (2008) 'Reactive tendencies of bibliometric indicators: Alphabetization of authorship in economics and information science'. *Proceedings of the 71st Annual Meeting of the American Society for Information Science and Technology*, 45: unpaginated CDROM.

Freeman, L. and Freeman, S. (1980) 'A semi-invisible college: Structural effects on a social network group.' In M. M. Henderson and M. J. MacNoughton (eds), *Electronic Communication: Technology and Impacts*. (AAAS Selected Symposium Series, No. 52.) New York: Westview Press. pp. 77-85.

Garfield, E. (2004) 'Historiographic mapping of knowledge domains literature'. *Journal of*

Information Science, 30(2): 119-45.

Garfield, E., Pudovkin, A. I. and Istomin V. S. (2003) 'Why do we need algorithmic historiography?' *Journal of the American Society for Information Science and Technology*, 54(5): 400-412.

Garfield, E., Sher, I.H. and Torpie, R.J. (1964) *The Use of Citation Data in Writing the History of Science*. Philadelphia: Institute for Scientific Information. http://www.garfield.library.upenn. edu/papers/useofcitdatawritinghistofsci. pdf (accessed May 2009).

Glänzel, W. (2002) 'Coauthorship patterns and trends in the sciences: A bibliometric study with implications for database indexing and search strategies—1980-1998'. *Library Trends*, 50 (3): 461-73.

Grossman, J. W. (2007) 'The Erdös Number Project'. http://www4.oakland.edu/enp/ (accessed May 2009).

Hicks, D. (2009) 'Evolving regimes of multi-university research evaluation'. *Higher Education*, 57(4): 393-404.

Kuhn, T.S. (1970) *The Structure of Scientific Revolutions*. 2nd. ed. Chicago: University of Chicago Press.

Laudel, G. (2002) 'Collaboration and reward. What do we measure by co-authorships?' *Research Evaluation*, 11(1): 3-15.

Lievrouw, L.A., Rogers, E.M., Lowe, C.U. and Nadel, E. (1987) 'Triangulation as a research strategy for identifying invisible colleges among biomedical scientists'. *Social Networks*, 9: 217-48.

Liu, X., Bollen, J., Nelson, M.L. and Sompel, H.V.D. (2005) 'Co-authorship networks in the digital library research community'. *Information Processing and Management*, 41: 1462-80.

Marchionini, G., Solomon, P., Davis, C. and Russell, T. (2006) 'Information and library science MPACT: A preliminary analysis'. *Library and Information Science Research*, 28: 480-500. The visualizations are at http://ils. unc.edu/mpact (accessed May 2009).

McCain, K.W. (1983) 'The author co-citation structure of macroeconomics'. *Scientometrics*, 5: 277-89.

McCain, K. W. (1991) 'Communication, competition, and secrecy: The production and dissemination of research- related information in genetics.' *Science Technology and Human Values*, 16(4): 491-516.

McCain, K. W. (2000) 'Sharing digitized research-related information on the World Wide Web.' *Journal of the American Society for Information Science*, 51(14): 1321-27.

Milgram, S. (1967) 'The small world problem'. *Psychology Today*, 1(1): 60-67.

Moody, J. (2004) 'The structure of a social science collaboration network: Disciplinary cohesion from 1963 to 1999'. *American Sociological Review*, 69(2): 213-38.

Mullins, N.C. (1973) *Theories and Theory Groups in Contemporary American Sociology*. New York: Harper and Row.

Newman, M. E. J. (2001) 'The structure of scientific collaboration networks'. *Proceedings of the National Academy of Sciences*, 98: 404-9.

Newman, M. E. J. (2004a) 'Who is the best connected scientist? A study of scientific coauthorship networks'. In E. Ben-Naim, H. Frauenfelder, Z. Toroczkai (eds), *Complex Networks*. Berlin: Springer. pp. 337-70.

Newman, M.E.J. (2004b) 'Coauthorship networks and patterns of scientific collaboration'. *Proceedings of the National Academy of Sciences*, 101(Supp 1): 5200-5205.

Newman, M., Barabási, A.-L. and Watts, D. J. (eds) (2006) *The Structure and Dynamics of Networks*. Princeton: Princeton University Press.

Otte, E. and Rousseau, R. (2002) 'Social network analysis: A powerful strategy, also for the information sciences'. *Journal of Information Science*, 28(6): 443-55.

Price, D. de. S. (1961) *Science since Babylon*. New Haven and London: Yale University Press. (Enlarged edition, 1975.)

Reid, E. and Chen, H. (2005) 'Mapping the contemporary terrorism research domain: Researchers, publications, and institutions analysis'. In P. Kantor et al. (eds), *Lecture Notes on Computer Science*, 3495: 322-39.

Rodriguez, M.A. and Pepe, A. (2008) 'On the relationship between the structural and socioacademic communities of a coauthorship network'. *Journal of Informetrics*, 2: 195-201.

Sandstrom, P.E. (2001) 'Scholarly communication as a socioecological system'. *Scientometrics*, 51 (3): 573-605.

Sandstrom, P.E. and White, H.D. (2007) 'The impact of cultural materialism: A bibliometric analysis of the writings of Marvin Harris'. In Lawrence A. Kuznar and Stephen K. Sanderson (eds), *Studying Societies and Cultures: Marvin Harris's Cultural Materialism and Its Legacy*. Boulder CO and London: Paradigm Press. pp. 20-55.

Small, H.G. (1978) 'Cited documents as concept symbols'. *Social Studies of Science*, 8 (3): 327-40.

Sonnenwald, D. H. (2007) 'Scientific collaboration'. *Annual Review of Information Science and Technology*, 41: 643-81.

Wasserman, S. and Faust, K. (1994) *Social Network Analysis: Methods and Applications*. Cambridge, UK: Cambridge University Press.

Watts, D. J. and Strogatz, S. H. (1998) 'Collective dynamics of "small-world" networks'. *Nature*, 393: 440-42.

White, H. D. (2000) 'Toward ego-centered citation analysis'. In Blaise Cronin and Helen Barsky Atkins (eds), *The Web of Knowledge: A Festschrift in Honor of Eugene Garfield*. Medford NJ: Information Today. pp. 475-96.

White, H. D. and McCain, K. W. (1989) 'Bibliometrics'. *Annual Review of Information Science and Technology*, 24: 119-86.

White, H. D. and McCain, K. W. (2000) 'In memory of Belver C. Griffith'. *Journal of the American Society for Information Science*, 51 (10): 959-62.

White, H. D., Wellman, B. and Nazer, N. (2004a) 'Does citation reflect social structure? Longitudinal evidence from the "Globenet" interdisciplinary research group'. *Journal of the American Society for Information Science and Technology*, 55: 111-26.

White, H. D., Lin, X., Buzydlowski, J. and Chen, C. (2004b) 'User-controlled mapping of significant literatures'. *Proceedings of the National Academy of Sciences*, 101 (Supp 1): 5297-302.

Willard, P., Kennan, M.A., Wilson, C.S. and White, H. D. (2008) 'Publication by Australian LIS academics: A preliminary investigation'. *Australian Academic and Research Libraries*, 39(2): 65-78.

Yoshikane, F. and Kageura, K. (2004) 'Comparative analysis of coauthorship networks of different domains: The growth and change of networks'. *Scientometrics*, 60(3): 433-44.

Zuccala, A. (2006) 'Modeling the invisible college'. Journal of the American Society for Information Science and Technology, 57 (2): 152-68.

文化网络 **20**

CULTURAL NETWORKS

◎ 保罗·迪马吉奥(Paul DiMaggio)

要是放在40年前,本章标题的表述可能会被认为是矛盾的。早期的网络分析主要植根于社会心理学(社会计量学)或者激进的结构主义(块模型),它视文化为迷雾般模糊的社会实在,而非一种正当的分析类别(Freeman,2004;White et al.,1976)。[1]对于他们来说,文化分析者要么将文化定义得过于宽泛,以至于包含所有模式化的行为及符号系统(人类学家);要么定义得过于抽象,以至于它拒绝经验研究(帕森斯式的社会学家)。甚至那些使用网络分析来理解信息流的传播学者也尽量回避作为文化研究核心的意义问题(Rogers,1962)。

这种状况已经发生了改变。社会网络分析(Social Network Analysis,SNA)和文化研究中的进展已经拉近了这些领域的研究。如Breiger(2004)所指出的,White在《身份与控制》(1992a)(*Identity and Control*)一书中论述了文化分析的拥护、认知科学中的关联主义转向(Strauss and Quinn,1997)以及文化社会学和文化人类学(如Fuhse,2009)的发展等。这些论述都促进了这一趋势的发展。而且,互联网的崛起使得将文化当作一类网络变得更加容易了,同时生成的大量文本数据可以进行SNA分析。

我希望使读者相信,**在文化分析上,要从占主导的理论探讨中经验地发展出洞见,网络分析是自然的方法论架构**。对于那些最有影响的分析性文化研究来说,关系性(relationality)是理解文化系统如何运作的核心(Emirbayer and Goodwin,1994;Mische,本书)。尽管很少有文化学者使用正式的网络分析法,他们的理论还是将他们引向了SNA的边缘地带。在这个地带中,一些典范性的研究使两个领域联系得更加密切了。

有关文化的社会科学著作有三个分析焦点:**生产和分配文化产品的正式组织系统;促进个体和组织认同感以及群际边界的表达性符号;符号性的意义组织**。关系理论居于每个主题的核心。

文化生产系统。艺术研究已经聚合到对艺术世界(Becker,1982)、场域(Bourdieu,1983)和生产系统(Peterson and Anand,2004;Caves,2002)的分析上。Becker(1974)认为,合作性网络("艺术界")可以产生艺术,而这些(而非"艺术家"个人)才是社会科学分析的合适对象。布迪厄(Bourdieu)对艺术家和其他创意工作者(科学家、传教士、厨师)的描述是,他们受其所在场域(*champs*)中位置的限制,容易将其重新构思为网络,而这会影响不同审美策略的回报。文化生产研究路径是在有关媒体行业的研究中发展起来的(Peterson and Berger,1971),该路径研究的是合作性组织网络如何通过把关者将符号物品流从创作者引向公众的。该路径的经济学变体(Caves,2002)则比较了两种系统:一种将产品内化到企业;一种则通过社会网络和短期项目将产品组织起来(这越来越流行)。尽管每个传统的奠基性文章都只是偶尔使用"网络"这一术语,但最近的研究则采用SNA来实现潜在的成形想法。关于科学的研究(White,本书)已经以类似的方式使"无形学院"(Crane,1972)的基本形象形式化了。该领域的研究侧重于文化生产者之间的 1-模关系网络以及将生产者与把关者连接起来的 2-模网络。

文化、身份及边界。文化学者研究表达性符号、品位及风格是通过哪些方式构成并标志身份的,以及怎样定义社会边界(Lamont and Molnár,2002)。这种研究路数起源于韦伯和涂尔干的观点。韦伯认为,地位群体会发展出独特的文化,可用来宣扬荣耀,识别内部群体的成员和维护团结(Weber,1946[1925]);涂尔干(1933[1893])则认为,复杂的社会要求有新形式的文化凝聚力,其基础是职业分化以及观念与符号通过网络交换进行传播(即**有机团结与机械团结**)。共享文化通过两种机制促进社会网络的建构和持续。首先,可视符号使人们识别出与自己共享同一地位或身份的他者(Goffman,1951);其次,共享的知识、品位、样式通过促进、强化来自会话交换的情感回报而产生纽带关系(Collins,2004;Erickson,2004)。可见,个人和文化符号之间的关系具有二元性特征,使得共享的品位或利益构成了社会群体,共享的公众构成了风格或亚文化(DiMaggio,1987;Breiger,2000)。这一视角适用于使用 2-模网络(Borgatti,本书)来描述个人(或组织)和文化产品、符号或信仰之间的关系。

通过关系生成意义。瑞士语言学家索绪尔(Ferdinand de Saussure)(1977[1916])认为,语言的意义来自单词和音素之间的关系。俄罗斯符号学家巴赫金(Mikhail Bakhtin)将该原则拓展到更长的文本要素,超越文本而进入其他的符号系统中(1986)。诠释性的文化研究认为,意义反映了**词或符号之间的关系**,而不是每个词或符号的固定内容,因此,对文化对象之间的关系进行网络分析便是一种解决意义问题的自然方式(Mohr,1998)。最近,研究心智模型(mental models)(Carley and Palmquist,1992)和叙事性(narrativity)(Franzosi,1998)的学者提出,要从关系角度理解文化和认知。这与后续学者的以下观点是一致的,即"除了社会网络以外,制度生活是围绕着文化网络,也围绕着由意义、价值、故事、言辞连接起来的关系结构而组织起来的网络"(Mohr and White,2008)。这种研究路数适用于文化要素(如词语、修辞、态度、符号或品位)之间的共现关系 1-模网络(single-mode networks of co-occurrence relations)。

本章逐一回顾了这三个领域中的网络研究。我是从字面上定义"网络分析"这一概念的,其中包括的一些研究能生成适用于传统网络方法的关系性矩阵,但是研究结果却是运用非网络测量和聚类方法生成的。我赞成那些将系统描述成网络的研究,而不是使用空间方法的研究。本章集中于经验研究,忽略那些使用计算网络模型分析文化变迁理论的研究。我跳过了两个相关的主题——科学社会学和有关传播、传染的研究,这是本书其他章节讨论的内容。

文化生产系统

　　关于文化的许多社会科学研究都考察了文化产品得以生产的情境——产业、行业、组织、非正式工作群体等。所谓"文化产品",我指的是离散的、可理解的人类创造物(歌曲、绘画、报纸文章、膳食、布道、法律、诗歌、科学论文、服装等)以及文化生产的相关制度化领域。这些文化产品存在于合作性的企业和个人网络中,并通过它们生产出来。

　　这种研究路数的早期例子有,White 和 White(1965)对印象主义起源的研究、布迪厄(Bourdieu et al.,1965)对摄影师的研究、贝克尔(Becker,1974)的视觉和表演艺术分析、Peterson 和 Berger(1974)以及 Hirsch(1974)对文化产业系统的研究。虽然这些研究使用的是网络意象而不是网络方法,但是正式的研究很快就跟进了。

　　也许最早的此类研究是 Kadushin 对美国知识精英的考察(1974)。Kadushin 确认了几个文化生产网络都共有的关键特征,包括循环性(高度的相互认识和关注)、界限不清、不对外人透露、正式制度扮演的角色是有限的(它们可作为互动的**焦点**,但并不要求创意工作者有长期的、完整的承诺)、密集的核心和稀疏的边缘(没有正式的领导结构)、资源的长期不确定性和声望的模糊性(二者都会导致信息和评估的积极交换)。

287 　　近年来,如下四种研究在创新领域的网络分析中占据主导地位:布迪厄的竞争理论、有效边界理论、小群体研究、对带来创意或财富成功的结构机制进行的分析。SNA 也可以解决艺术家群体抽样这一长期存在的挑战,而利用常规手段则难以解决这一难题。

对场域的分析

　　布迪厄(Bourdieu,1983)将场域视为是策略性竞争的场所,该竞争发生在拥有不同程度文化资本(适应并熟悉有声望的文化形式)和经济资源的行动者之间。(他将社会资本[个体网]定义为第三种资源,但没有从经验上发展这一见解[1986])。简单来说,布迪厄强调,行动者拥有的经济和文化资本的数量和构成(即相对比例)影响了他们所能形成的社会关系,社会关系反过来又形塑了对备选创新性策略的回报预期。

在研究德国科隆的文学家时,Anheier 和 Gerhards(1991;Anheier et al.,1995)就将布迪厄的分析与 SNA 结合起来了。研究人员收集了有关友谊、认识、援助和参照组的关系数据,使用块模型来描述该场域的结构,用对应分析(correspondence analysis)(布迪厄青睐的技术)将网络位置映射到态度、成员身份、文学风格和职业成功上。研究者发现该网络是稀疏的,只有一小部分精英有密集的联系,在严肃的文学类小说创作者和白话文小说创作者之间,网络是垂直分开的。

在 DeNooy(2002)的一项创新性研究中,他们构造了 18 本荷兰语和佛兰芒语(Flemish)的文学杂志和 249 位 1970—1981 年在该杂志上发表文章的作者之间的隶属关系网络,他使用马尔科夫蒙特卡罗估计程序(Markov Monte Carlo estimation procedures)来探究作者声望和杂志声望之间的关系。不出所料,有声望的作者更趋向于流向有盛名的杂志。更引人关注的是,对这种流动的预测不是依据静态的知名度作出的,而是根据动态的声望测度得出的,该测度意在对布迪厄关于文学领域中位置的双重构造思想进行操作化,从而追踪杂志之间的近期走势。

其他几项研究探讨了布迪厄的洞见,即风格分类(genre classifications)与社会区隔(social distinctions)类似。在研究 40 位荷兰文学作家和评论家之间的关系时,DeNooy(2003b)将布迪厄的论点与 White 的类属网(catnets)理论联系起来。DeNooy 认为,网络本身是由作者的社会出身塑造的,网络构成的文学风格使作者身份具有了双重意义,这反过来会影响其社会与审美等级。DeNooy 的方法的新颖之处在于,他利用平衡理论和三方谱系(triad censuses)来理解产生等级的微观结构。Giuffre(2001)也借鉴场论来分析网络(1980 年代共享画廊的纽约摄影师)和风格分类之间的关系。最成功的摄影师会保持结构和审美的模糊性,将网络中的不同位置桥接起来,反对用重要的杰作去表征自己的风格。在对巴西的热带主义音乐运动(*tropicália*)的研究中,Kirschbaum 和 Vasconcelos(2007)分析了社会网络和风格分类之间的关系,他们将这种关系描述为是艺术家之间合作关系在自然增加时的涌现现象,而这些艺术家先前是属于不同的结构流派的。

文化市场的组建

有关文化产业的诸多研究表明,当每一种商品都有独特性并且市场不确定时,使用合同或特设项目组要比通过正式组织能更有效地分配人才(Peterson and Berger,1971;Caves,2002)。网络分析者在这种著述方面已有贡献。

在一项对波士顿地区现场流行音乐组织的典范性研究中,Foster 及其同事(2006)分析了乐队表演场地和两类乐队——“翻唱”乐队(翻唱著名艺术家的曲目)与“独立”乐队(创作并表演自己的原创作品)——之间的联系。作者将如下几类数据结合了起来:基于 10 000 多场演出的乐队-俱乐部网络、对俱乐部售票员的访谈、售票员的建议网络、资深线人对乐队的分类。他们发现,翻唱乐队的特点是俱乐部经理之间有紧密联系,但是俱乐部-艺术家的关系弱,而独立乐队受聚焦于俱乐部的赞助商-客户关系网主导,他们将这个差异归因于后者面临的更大的市场不确定性。

Giuffre(1999)采用块模型和最优匹配序列分析法,探讨了在 1981 年和 1992 年之间网络是如何塑造纽约摄影师的职业生涯的。她将职业描绘成一个双模博弈(two-mode game),其中摄影师和画廊都试图通过与声名鹊起的同行建立关系而向上发展。因此,摄影师的声望受到其他摄影师加入或离开画廊(每个人都与画廊有联系)决定的制约。另一项关于艺术家-画廊网络的研究(Boari and Corrado,2007)认为,特有的不确定性使当代艺术家在识别并占据结构洞方面投入颇多,产生的系统明显具有小世界特性。

小世界研究

在分析互联网电影数据库(Internet Movie Database,IMDB;www.imdb.com)中的演员-电影网络(转变成行动者-合作网)时,Watts(1999)首次观察到,艺术家网络(除了其他特征以外)显示出小世界的特性:高度的局部聚类和很低的平均路径距离同时发生(二者都与随机网相比)。这一研究导致了对合作网络描述性研究的激增,这些研究都报告说他们的研究领域是"小世界"[如 Gleiser 和 Danon (2003)对早期爵士乐师的研究、Jacobson 和 Sandler(2008)对音乐家在"我的空间"(Myspace)网站上朋友的研究、DeLima e Silva 等(2004)对巴西流行乐手的研究]。

在这些研究中,(只是有时候可能会)遇到的挑战是如何将小世界领域的结构分析与值得关注的实质性问题连接起来——例如,使用比较方法或者将结构性属性与领域表现相连接。前一种研究的一个例子是(Park et al.,2006; Teitelbaum et al.,2008),他们比较了两个录音师"网络":实际的合作录音网络和基于专家对相同乐队的风格判断而生成的相似性矩阵网络。虽然这两个网络表现出标准的小世界特性,不过,相似性网络却整齐地映射了风格,而合作网络则是一个由地理集群、围绕大乐队的中心话语结构以及弥散性合作所构成的混合物。作者们用创新的可视化方法表明,随着时间的推移,增加的跨风格合作降低了基于风格相似性的分区和基于合作的分区之间的一致性。

在有关小世界特性如何影响系统表现方面,Uzzi(2008;Uzzi and Spiro,2005)对百老汇音乐剧的研究堪称典范。1945—1989 年有 523 场原创音乐剧上演,Uzzi考察了参与演出的艺术团队中的主要成员和制作者的网络(同时将同一制作中一起工作的参与者连接起来)。尽管这段时期存在着大量的制度变革,聚类系数也有较多波动,但他仍然发现那段时期的度数分布、路径长度及同类性都存在着稳定性。百老汇的繁荣时代表现出适度聚类的特点,而高和低的聚类系数都与财政的重大的衰退有关。Uzzi 认为,这些结果说明低和高的聚类都会引起不同形式的停滞,而适度的聚类会优化交叉创作。

网络如何塑造创造力与成功

Uzzi 的研究因关注系统属性而不同寻常。但是,有关社会网络和在文化领域中获得成功之间关系的研究则要追溯到默顿(Merton)的文章"科学中的马太效应"(1968)和 White 的印象派运动研究(1965)。

Collins(1989,1998,2000)对两千多年以来哲学流派的社会组织进行了权威性的研究,该研究展示了他的学术变迁冲突理论,并在一项对哲学家和建筑师的比较研究(Collins and Guillen,2009)中得到了进一步发展。该理论所提供的框架极有价值。Collins 针对推动学术运动的网络提出了一些见解:第一,学术和创新性进步是以强的正向网络外部性(positive network externalities)为特征的,会引起重大运动的时空聚集;第二,最杰出的思想家与知名的同道有密切联系;第三,声誉传染(reputational contagion)("光回路"效应或"马太"效应)会让优势学派(即共享同一身份的文化生产者所构成的一个紧密联系的聚类)的学者水涨船高;第四,运动领袖通过建立新关系来向外扩大自己的影响力(而不是借结构洞的位置寻租);第五,学派往往历经代际冲突后走向分裂;第六,系统在任何一个时间点上都可以容纳 3~6 个有活力的学派;最后,制度变迁往往会发动网络的快速精致化和创造力爆发的过程。Crossley(2009)在所分析的网络中强调了类似的主题,该网络导致了英国朋克音乐的情境(punk music scene):大量的强互惠关系、正向网络外部性、资源库、声誉传染和作为集体物品的身份,这些都是情境不可或缺的因素。

Burt(2004)提供了一个有价值的研究以理解个人层面的网络位置和创造力之间的关系。他认为,经纪人位置("结构洞")的独占性使得位置占有者接触到了广泛的思想。反过来,这样的跨界者(boundary-spanners)会产生**更多**的想法,同不那么见多识广的同行的想法相比,他们产生的想法更容易被接受。尽管 289 Burt 的论据来自对一家电子公司的研究,但这些观点很容易被推广到艺术创作领域。

大量的研究分析了网络位置是如何影响到个人或团队的成功的,其中大都集中于电影产业。电影是由特定的创意团队制作出来的,产生出了联系相对密集、发展比较快速的合作网络。Faulkner 和 Anderson(1987)第一次证明了团队发展中普遍存在着地位同质性,团队地位和票房收入有关。互联网电影资料库(Internet Movie Database,BIMDB)数据的可获得性刺激了这方面文献的增长,这些文献典型地描绘了这样的网络,即这一网络以创意工作者为节点,以参与同一电影项目为边,而边会随时间的推移而消散。这里有几个例子值得注意。

Esparza 和 Rossman(2006)研究了与美国电影艺术与科学学院(Academy of Motion Picture Arts and Sciences)成员(Academy members)的关系和团队成员的表现对这个演员得到奥斯卡提名的影响;Cattani 和 Ferriani(2008)探讨了个人和团队的中心度对获奖提名和经济成功的影响;Sorenson 和 Waguespack 研究了制片组和发行组之间的重复合约(2006)。

其他的研究关注了爵士乐的创新。Kirschbaum 和 Vasconcelos(2006)运用1930—1969 年的乐手/唱片公司隶属关系矩阵,追溯了摇摆乐、波普爵士乐和其他乐风的出现。创新是在网络的外围出现的,随着新风格得到认可,创新者也走进了中心。Grandadam(2008)探讨了蓝调(Blue Note)(纽约的爵士乐俱乐部)唱片品牌中的合作网络,研究表明,该品牌公司给新人配备了已经成名的伴奏者,此种宣传新人的方式增加了网络融合,促进了新风格的出现。

运用网络理论寻找艺术家

系统地研究艺术家群体是困难的,因为他们往往很难被找到。合同工通过非正式关系找到工作,他们很少参加正式组织,很少做广告,只有他们相对比较成功的时候才会引起公众的关注。解决这一问题的传统方案——民族志、考察与可识别的机构有联络的艺术家,或者依赖于工会会员或获奖者名单——会引入不同形式的选择偏误。在一篇提供了更好解决方案的开创性文章中,Heckathorn 和 Jeffri(2001)使用应答者驱动抽样法(Respondent Driven Samping, RDS)确定了美国四座城市中的爵士乐手人群,这是一种高度控制的应答者推荐方法,可以用来研究如 HIV 阳性的药物使用者这样的隐蔽人群。MvPherson (2001)描述了另一种基于网络的方法,即超网抽样法(hypernetwork sampling)的应用性,当总体太大以至于无法利用 RDS 得到艺术家的时候,就可以应用这种方法通过抽样调查来锁定艺术家。

文化、身份及界线

任何文化分析都必须考虑一些身份问题,如(人与事的)身份如何出现、身份如何维持、身份在哪些条件下变得凸显。文化分析还必须考虑行动者用分类图式(scheme)将彼此归类(Lamont and Molnár, 2002)的情况。在围绕团体——半偶制、氏族、乡村、种姓、诸多自为的阶级(classes-for-themselves)——组织起来的领域中,身份和界限相对来说不是问题。而在围绕着流动、开放、功能分化的网络组织起来的领域中,社会身份和群际边界则比较复杂,依赖于情境并模棱两可(Castells, 1997; Tilly, 1998)。为了理解这些过程,网络分析者提供了四种强有力的观点(以及与其相伴的方法)。

基本观点：二元性、类属网、网络转换、结构多样性与文化多样性的同源

这四种概念中的第一个是**二元性**（duality）（Breiger，1974），即 2-模网络中的每一种模态都构成另一模态的身份。最初，二元性是指群体（由加入群体的个人来定义）和个人（由群体隶属关系的交集来定义）的相互构成。但是，我们也可以认为文化实体是由那些共享文化的行动者构成的，文化又构成了这些行动者。我们在语言中最容易看到这一点：在语言多元的社区中，2-模网络表示说话人与其所用语言之间的一组关系，对该网络的分析能够快速地将说话人分成不同的语言群体（如果有正确的算法，也可识别双语者），也可以将词集分成不同的语言（或许也可以识别外来借用语）。以此类推，人们可以使用行动者-艺术品网络（喜欢和不喜欢的关系）来识别风格和品位群体；用行动者—消费者—商品网（用关系表示占有）来识别亚文化；用行动者—提议网（关系表示信仰与怀疑）来识别思想共同体和信仰体系。 290

第二个关键思想是在网络形成中起捷径作用的共享身份，它可以提高两个人形成积极关系的概率。Harrison White（2008[1965]）在其早期关于类属网（catnets）——网络与社会类别的交互——的研究中阐明了这一洞见。随后的经验研究证实了 White 的洞见，该经验研究表明，首次会面之人会确立基础，或者通过识别共同的关系（拥有共同的朋友），或者通过识别共享的类别身份（Erickson，1975）。将 White 的洞见从指定的角色扩展到共享的文化类别（品位、信仰、沟通方式）上，就会为理解网络形成的模式提供进一步手段。

第三个重要概念是网络转换（network switching）（Mische and White，1998）。传统观点认为文化是连贯的、稳定的，以价值观为基础。这种观点使文化理论无力解释如下述这样的普遍现象：人们有能力坚守明显不一致的信仰，如政治革命和种族灭绝这样的罕见但影响深远的事件，如宗教复兴这样的大规模的社会态度转变。最近，社会学家和人类学者将文化重新构思为一种结合松散的、由各种表现构成的类目（repertoires），这些类目在社会群体内的分享是流动且变化的（Swidler，1986；Hannerz，1996）。认知心理学的类似研究证明了文化的图式基础、图式的领域专属性以及社会情境在激发社会现实的另类构建方面所发挥的作用（D'Andrade，1995；DiMaggio，1997）。White（1995；Mische and White，1998）诉诸语言代码转换的研究，凸显了作为情境的网络在激发特定的身份、表征、价值取向及与它们有关的文化符号方面所起的作用。跨越社会网络的运动也在不同的社会领域（如工作、家庭、政治、社区）之间转移着注意力，从而唤起了与每个领域有关的独特的图式结构。White（1992a）创造了"**网域**"（netdoms）这个术语以表示针对一个特殊领域的特定网络。

最后一个观点是，**文化的多样性与社会网络的多样性是同源的**（DiMaggio，1987；Erickson，2001）。这种洞见使得关于大同主义（cosmopolitanism）的传统观念形式化了（Merton，1949）。多样的社会网络中的人也拥有最多样的文化类目（cultural repertoires），这既是因为多样的网络能使人们学习到更多的文化，也是因为拥有不同类目的二人组(dyads)更容易找到共同的旨趣或认同,从而有利于关系的创建。Erickson(1996)对安大略省私人安保业参与者的经典研究从经验上证明了这种关系。

二元性和文化分析

二元性观念已经出现在很多研究中了,包括"美国进步时期"的社会福利机构、20 世纪美国医疗保健系统的变化、丹麦的色情作品以及美国大学的课程项目变化等。其中大部分的研究都借鉴了"制度逻辑"这一概念(Friedland and Alford,1991),将它构想为一系列的将特定实践与特定身份关联在一起的规则。

John Mohr 率先在一组卓越的论文中将二元性用于文化分析。这些论文采用的数据来自 19 世纪末和 20 世纪初纽约市的社会服务指南,并被编码为 3-模网络,即**组织**是通过提供**服务**使**群体**接受援助的(Mohr,1994;Mohr and Duquenne,1997;Mohr and Guerra-Pearson,2010)。Mohr 从制度逻辑角度研究了社会服务领域的演变,即研究了基于个人慈善的制度逻辑是怎样演变为根植于专业主义和社会进步论的制度逻辑的。这种转型需要改变一些普遍流行的信念,这些信念是关于主要群体的身份、与这些群体有关的问题以及处理这些问题的适当方案。Mohr 之所以采用 SNA 来研究这种转型,原因则是关于组织、救济对象、问题和处理的分类是相互构成的。

Ruef(1999)使用了医疗保健系统的成千上万条文本数据,以同样的方式构建了一个以行和列为主题词和组织类型的矩阵。他对这些数据执行多维量表分析,表明了医疗保健领域的话语建构(discursive construction),这样就能描述出 20 世纪末医疗保健的转型了。Jensen(2006)将丹麦电影海报中的共享视觉和文本元素编码成了关系,并据此确认,在 1960 年代后期色情影片合法化之后,色情轻喜剧逐渐出现了。Rawlings 和 Bourgeois(2004)获得了 1890 年和 1940 年之间的 65 所农学院中的 117 个学位项目(如乳品技术、农村社会学、农业细菌学)的历时态数据,他们分析了由这个数据构成的网络,从而探讨了农业教育的内部分化。

分析个人-群体网络二元性的常规方法是结构对等分析(structural equivalence analysis),该方法能使分析者确认个案在两类群体的每一种结构中的位置,同时安排这些个案到这些位置上去。研究个人-文化网络的学者除了采用此方法(Breiger and Mohr,2004),也使用其他方法,如对应分析和伽罗华格(Galois lattices)。Breiger(2000)根据最高法院大法官对若干法律领域决策的兴趣和控制,采用对应分析确认了这些人员的块模型。Mohr 和 Duquenne(1997)采用伽罗华格方法描绘了"纽约进步时期"(Progressive-era New York)的社会群体和治疗模式的相互构成。Mohr 及其同事(2004;也可见 Mohr and Lee,2000)借助加州大学的文件,使用伽罗华格法分析了当系统适应了反歧视行动项目的禁令后,学生类别(尤其少数族裔大学生)和大学服务(如暑期课程和辅导)是如何相互构成的。

网络、情境与身份

如 White(1992b:210)所说,"现实之人表现为身份的集合体"。果真如此的话,社会科学面临的核心挑战就是要理解社会关系在特定的时间、特定的地点是如何引发特定的身份的。相关的研究在社会语言学领域开始出现并蓬勃发展,同时已扩大到其他领域中。[2]

代码转化:网络如何塑造交谈以及语言如何标识网络域

Basil Bernstein 和 John Gumperz 在 1960 年代开创了语言和社会网络之间关系的基础性研究。Bernstein(1971)吸收了涂尔干的观点,进行了如下论证:第一,与那些拥有简单、联系比较紧密的网络之人相比,拥有比较复杂的社会网络(即封闭性较低、关系多重)之人会使用更正式的话语形式和更抽象的概念("复杂代码");第二,人们在公共场合以及与熟人交谈时会比私下与密友交谈时更常使用精细的代码。Gumperz(1982)基于其对通双语者的研究,描述了"代码的转换"。他的研究表明,第一,当精通双语者在其社会网络的不同部分中与他人说话时,会使用不同的语言和讲话形式;第二,说话者会在其**谈话内部**的讲话形式之间转换,目的是要**参考**其社会世界的不同部分。

这一传统已在多个方向上得到发展。其一是走向更复杂的网络测度:Milroy和 Margrain(1980)提出了一种社会网络密度和多重性测度,它显著地预测了北爱尔兰首都——贝尔法斯特(Belfast)的工薪阶层居民是在多大程度上使用传统的工人阶级的说话形式的(至于在西班牙的类似结论,参见 Villena-Ponsada,2005)。其他人则关注听众的身份是如何影响语言的使用的:Gal(1979)使用奥地利边境上的一个匈牙利小镇中的居民二人组(dyads of residents)数据进行研究并发现,说话者的对话伙伴的地位比说话者自身的地位更能预测说话者会使用什么样的语言。其他的研究则强调了参考对话内环境的方式会引起代码的转化:Gal 的匈牙利受访者在讨论正式话题时更可能使用德语单词;Labov(1972)发现,非洲裔的年轻美国人在讨论庄严的主题时会使用标准的美式英语;Wei(1994)报告说,英国的说双语的中国人在谈话中会转用英语来表明自己与父母和祖父母的分歧。

从代码转换到文化转换

如 White(1995)所指出的,人们可以将语言研究视为一种广义的文化研究范式,将对话的主题、表达的品位或其他见解、互动的风格等看成特殊的指标。研究表明,对话的主题如同语言代码一样,可以标识身份并向网络提供连贯性。Fred Erickson(1975)在一项关于社区大学咨询经历的研究中发现,陌生的二人组在开始对话时试图通过共同的亲戚、朋友或熟人来建立同一网络的成员关系,或者如果做不到这一点,就会寻找共同的业余爱好。与此相一致,Erickson(1996)报告说,被试者参与的对话主题的广度及其地方文化知识的范围会随他们的社会网络的多样性而增加。利用 Erickson 的网络多样性测度,Harshaw 和 Tindall(2005)预测出了个人身份的复杂性和应答者赋予森林资源的价值范围。Bearman 和 Parigi(2004)表明,主题和角色关系之间存在对应性:美国人与其配偶讨论孩子和金钱,与朋友谈论宗教和社区事务,与每个人谈论新闻和政治。

网络可以塑造会话规范以及话题和代码。Gibson(2005)对社会关系和对话转变的创造性研究表明,社会关系对会话角色有影响。例如,当下级说话比上级多时,上级就会要求转换话题并作出回应,朋友之间会加强彼此的干预,下属则会将注意力重新转向他们的上司。正如 Mclean(1998)在其分析文艺复兴时期佛罗伦萨的求职者信件时所指出的那样,互动风格(如讲演的模式)也反映出行动者提升其网络的努力。在中观层面,Eliasoph 和 Lichterman(2003)发现,处于不同关系情境(如酒馆对社区会议)中的人对谈话的主题和风格(如玩笑或认真)也有不同的预期。

韦伯和布迪厄的理论认为,文化在建立、维持群体边界发挥作用,一些研究者发展了该理论的社会网络意涵。在这些研究中,审美品位在标志身份、促进新关系的发展方面起着与语言相似的作用;反过来,网络结构也影响着人们品位上的广度和性质。Lizardo(2006)利用美国综合社会调查(General Social Survey)数据报告发现,人们的网络规模和他们参与活动的数量是正相关。用品位来预测关系的模型要比用关系来预测品位的模型更拟合。而且,Lizardo 发现,高雅文化的品位模式与较多的强关系有关,而流行文化的参与度与较大的弱关系网有关,这与高雅文化使人分化、流行文化使人凝聚的观点相一致。在研究大学生的个体网和文化参与时,Kane(2004)表明,个人网络的密度与运动兴趣有关,个体网络的异质性与高雅文化的品位有关,相对于男性来说,女性的这些相关性更强。Yair(1995)基于为欧洲电视歌曲大赛候选人的投票,构建了一个跨国联盟网络。

消费模式也反映了网络结构。Schweitzer(1993)使用格模型(Lattice model)揭示了发展中世界社区中人员和物品的二元排序。Schummer(2005)分析了联合采购网络(来自个人-买书矩阵),识别了人们对纳米技术的兴趣并理解它的不同模式(一些购书者似乎将纳米与科学联系起来,其他人则将其与科幻小说联系起来)。

来自第三方的身份

身份可以主动选择或被动强加。一项有关产业边界的创新性研究(Kennedy,2005)针对两个共生矩阵——其一是商业报刊中的文章所使用的工作站企业的名称,其二是这些企业在新闻发布中所提及的同行——的历时性分析表明,公司自己对行业界限的定义要遵循而不是先于媒体叙事中出现的界限。Kennedy 认为,这些媒体叙事(而不是直接经验)才是管理者既理解"市场分类的意义又理解竞争性对抗的结构以及分类在该结构中的位置"的来源。

网络和政治身份

在研究英国内战之前的一个世纪中的精英庇护和观念转变时,Bearman (1993)将精英之间的多重关系块模型与意识形态分析结合起来。他认为,当传统的社会结构陷入危机、宗教信仰服务于桥接本地网络时,精英就开始信奉清教了,从而创造出这样一种艺术风格,即它在共同的旗帜下将怀有不同怨气的贵族团结起来。

Mische(2007)对1990年代巴西激进团体进行了宏大分析,该分析将转换动力学研究与二元性分析结合起来。作者关注的行动者将社会运动的不同部分关联起来,这些运动在1992年影响了对巴西总统的弹劾及罢免。这些跨界者(boundary-spanners)操纵着不同的身份和话语形式,以产生成功的群体间合作。Mische和Pattison(2000)使用伽罗瓦格分析了3-模网络,它包括运动组织、政治原因和政治事件。他们证明,巴西的社会运动组织(Social Movement Organizations,SMO)从单一问题策略转向了针对多问题的合作。在转变过程中产生了一种有效的运动,这种运动是通过对有争议的诸多立场采取主动压制而整合起来的(像 Bearman 论述的本地精英用宗教来消除差异一样)。Mische 的研究提出的挑战是,将网络重构为"作为多重、交叉的关系集合的网络,它由对话动力学、分享的故事线索、社会情境的可变定义来加以支撑"(2003:258)。这一研究不只是要探索网络**指向**文化现象**的**关系,还要把网络自身视为是文化形态。

文化与在线边界

本节所描述的大多数研究都集中于面对面的互动网络。至于在线的身份动力学和社会边界规定是怎样的,我们还知之甚少。但是获取大规模的在线网络数据是相对容易的,这使我们无法抗拒这一主题,而这种研究在处理社会科学核心问题方面的能力是非常重要的。

Adamic 和 Adar(2003)的示范性研究考察了斯坦福大学和麻省理工学院个人主页之间的联系。该研究呈现的方法可以解决一个文化界研究者长期争执的问题:确认哪些品位、兴趣或者能力对网络的形成有最大影响。两位作者确认了那些比其他兴趣更能提高链接和社群出现可能性的共同兴趣:在斯坦福大学,珍珠奶茶(女生联谊会成员的身份标记)、技术系统和传染病(一种研究兴趣)在预测链接与社群方面是高度显著的;而在麻省理工学院,兄弟会、神经科学和西班牙裔联盟群体则是很强的预测项。在斯坦福大学和麻省理工学院,个人主页都向外链接到与科学和族群认同有关的网址上;在麻省理工学院(而非斯坦福大学),宗教场所也很显著。该文作为一个典范,展示了 SNA 是如何将文化研究中长期的理论争执转变成卓有成效的经验研究项目的。

293

意义网络

　　没有什么能比诠释意义更居于文化研究的核心了,然而也没有什么比它更困难。在人文学科和人类学中,诠释经常是艺术鉴赏家的表演。然而,诠释的可说明性要求用可复制的程序来呈现意义。在现有的研究方式中,SNA 最能领会这样的基本洞见,即意义源自文化元素之间的关系,而非内含于元素本身。尽管现在的例子还相对较少,但是,总体而言,在将 SNA 用于意义研究方面,特别是在用于叙事性研究(它是文化研究的中心主题)方面,研究者都已经采取了有前景的措施。一般来讲,关注意义的研究采用 2-模网络来绘制词汇在一些文本集合(如报纸文章、参考书、访谈记录或民意调查)中的共生关系,而叙事性研究则通过某种形式的时间顺序来分析相关的 1-模数据。

从文化元素之网中获取意义

　　在前文中,笔者将 Mohr 的研究描述成一种可揭示显著身份的二元论方法。然而,它也是一种从文本中生成网络以再创共享意义的方式。Mohr 和 Neely(2009)使用结构对等分析法确认了 19 世纪后期纽约监狱机构实践中的制度逻辑。他们提出的操作性观念来自福柯(Foucault, 1977),用符号代码的方式探讨了社会身份(行)与对这些身份拥有者的处理(列)之间的关系模式。

　　这些代码可以界定框架(符号、例子、唤起对一个社会问题的某些特定理解的诸论断的组合)和身份。Vedres 与 Csigo(2002)研究了在匈牙利后社会主义转型关键时期的经济政策话语中所使用的框架。通过对陈述-言语动作矩阵进行块模型分析,作者识别出其"框架"(即结构位置,其特点是经常使用一些语句而避免使用其他语句),然后,通过探究那些发生在短暂的公共争论阶段中的框架组合序列来分析话语策略。

　　Yeung(2005)在一项抽样调查中,基于社群成员互做的品质归因之间的联系,也基于二方组成员刻画自身关系的方式,使用伽罗瓦格方法比较了 49 个城市社群成员所报告的关系的意义。他表明,像"爱"和"人格魅力"这样的短语在不同的社群中有不同的含义(即与指向个性和关系的不同归因有关)。Yeung 解释了社群结构中的差异性是怎样导致这些文化差异的。

　　DiMaggio 及其同事(2007,2008)提出了一种态度调查数据的网络分析法,用它来解决应答者之间的框架异质性问题。该方法的关键在于以下洞见:类似的回答可能意味着不同的事情,这取决于与它们链接的其他回答是什么。在关系相似性矩阵的基础上,该方法将回答者分割成了各个子群体,然后用图来表示心理模型。该方法[在算法上由 Amir Goldberg(2011)实现了]的关键在于一种邻近测度,该测度以对题项对(pairs of items)(即共享意义的模式)的回答之间的关系为基础,而不是以对个别题项的回答(即共享意见的模式)为基础。DiMaggio 等人（2008）使用这种方法来分析美国人对待科学、宗教及神秘事物的态度，他们发现，只有一半的美国公众认为科学和宗教是互相对立的，其他人则认为科学与宗教是相互支持（并反对合法性较低的信仰形式）、相互直交或者都是值得怀疑的。

前文指出了代码转换在文化和身份研究中的核心性。文本中类似的意义转化机制在于**多义性**（multivocality）（包含多种说法或意义）。通过引入多样化阅读，多义因素对于异质的受众来说是有吸引力的，并成为多个解释性社群之间语义分割的转换回路节（Bakhtin，1986）。Carolan（2008）在一项开创性的研究中，分析了一本权威教育研究期刊中的那些经常被下载的文章中的读者群重叠现象。与基于共引网的研究相比，他发现了一个单独的巨大成分，其中心是一组值得注意的多含义文章。他认为，多义核心的文章可以将不同社群的读者聚在一起，这样就能"对读者群如何在网络之间流动进行生态控制"了（第70页）。

Kathleen Carley 提出了一些经验方法将心理模型表示成概念网络（Carley and Palmquist，1992），这些概念来源于文本分析。Carley 将认知科学和文化社会学的研究桥接起来，提出了有意义的结构理论。她的模型是句法式的（即通过文本元素之间的结构关系对它们进行分类），也是语义性的。研究者从一组文本（如通过田野调查、小说或词库中的同义词链来收集话语）中提取概念，界定它们之间的一系列关系，探讨文本中呈现出来的概念之间的关系，并用图来表达这些关系。Carley 及合作者运用这种方法分析了美国人的"戏剧"和"喜剧"图示、科幻小说中对机器人描写的改变、童年回忆（Carley，1994），以及组织文化研究领域的发展（Hill and Carley，1999）。

Anjewierden 及其同事（2004）采用类似的在线研究，使用网络方法询问使用相同短语的博主是否以同样的方式去理解这些短语的意义。这些作者确定了一组词语（专有名词和主题），对每个博客建立了一个网络，用词语作为节点，用关系代表共生，并被表达成条件概率。该软件能使用户从每个博客的语料库中建立概念网络的图示，也能比较不同博主的网络。

叙事网络

叙事性这个概念是大多数文化研究的核心。事实上，White（1992a）认为，叙事是通过使行动具有可解释性而构成社会生活的。由于叙事具有连续性，也由于叙事往往会产生多重交叉，所以用图形表示才会很自然。此外，在一个言语社群内，叙述有约定俗成的倾向，所以类似的比喻或序列会在不同的叙述中出现，SNA 也就自然成为一种研究相似性（DeNooy，2001）和互为文本性（intertextuality）（Kristeva，1980）的方式。叙事理论的具体要素——例如，辅助语句和内核（语句是如此居于叙事的核心，以至于将语句删除就会破坏叙事网络的稳定性）之分——加强了叙事和 SNA 之间的共鸣（Franzosi，1998）。

Bearman 和 Stovel（2000）分析的一组作文是1934年德国纳粹为作文大赛准备的作品。故事描述了作者是如何成为纳粹的。这些作文细节丰富，因此，事件之间的联系数足以构建有意义的密集网络。两位作者瞄准单一叙事，将 SNA 和内容分析法结合起来以确定三个方面——宏观事件、当地事件以及作者变成纳粹的思想过程(认可、实现等)——之间的相关性以及相对重要性。

　　Smith(2007)同样使用 SNA 来研究"意义是如何从叙事元素之间的关系结构中涌现出来的"(第24页)。作者分析了伊斯特拉半岛①人(Istrians)的生命史叙述。他们是生活在一个有争议地区的居民,第二次世界大战结束后,该地区在意大利和南斯拉夫之间被划分开,岛上的居民既包括克罗地亚种族人,也包括意大利种族人。作者将伊斯特拉岛目前的意大利和克罗地亚(Italian and Croatian Istria)居民的叙述与纽约的伊斯特拉人居住区中移民的叙述进行了比较。在纽约,两类伊斯特拉人共享教会和其他机构,叙述中省略了有争议的元素;而在欧洲,意大利人和克罗地亚人的叙事明显不同。该研究用关系表示叙事成分之间的连接,用聚合图表示以族群及居住地定义的典型故事类型。

　　可以将 SNA 用于研究创新型共同体、群体界限或认同的形成。相比之下,在意义问题方面,SNA 的应用却较少,这是因为它面临着各种挑战。由于众所周知的原因(同音、不同的拼写、同义词、复合词的各种穿插等),对自然语言的分析颇具挑战性,但是计算机科学家在这些技术问题上取得了进展(如 Anjewierden and Efimova,2006;关于可视化,参见 DeJordy et al.,2007)。此外,在要收集的信息种类方面,研究者还面临着一系列的非技术选择问题(如专有名词是应该被标记以供评价,还是应该无论可评价内容如何都要被同等对待? 文本要素应该分类吗[如作为行动者、行动或行动对象?])。在如何解释共生关系方面,他们也面临着抉择(例如,共生是否意味着相互关联、共同赞成、功能相互依赖,还是其他?)。用 SNA 研究叙事的研究者尤其要应对以下令人生畏的挑战:时间是叙述的核心,却难以用矩阵形式表示,叙述网络往往非常稀疏。然而,研究人员已经取得进展,并且研究的目标常常会指明走出方法论困境的正确答案。最重要的是,如果得到正确的引导,这样的研究可以对行动作出科学严谨的解释,也可以将意义问题带回文化分析的核心。

结　论

　　在本章中我们已经指出,社会网络分析(SNA)是从经验上完善和探索文化研究中的若干核心思想的自然方式:文化产品是由具有创造性的专业人士和组织合作的网络而非个别天才创造出来的;群体身份和个人身份是从人们之间的关系以及人们和多种文化之间的关系中涌现出来的;广义地讲,意义自身产生于符号或其他文本元素之间的关系中。可以肯定的是,并不是所有的文化进程都是通过社会网络来维持或调节的;嵌入空间安排或由媒体传递的构成性诠释至少可以在某种程度上独立发挥作用。但总体而言,对文化的关系式理解需要有

---

　　① 它是位于欧洲巴尔干半岛西北部的一个半岛。——译者注

关系分析式的方法。

正如我们已看到的,大部分科学研究的进展都来自对文化的关系理论作出具体表达的努力。长期的思维习惯——在社会科学及人文科学中,许多文化学者不愿意采用形式方法和激进的结构主义(它们显然对现代 SNA 作出了形式上的贡献)——阻碍了这些发展。本章引用的书籍和论文有一半以上出版在 21 世纪(如果已经出版的话),这绝非偶然。然而,无论此项运动的到来如何缓慢,它都已经到达了关键时刻,在今后几年的文化研究中,社会网络分析将发挥越来越重要的作用。

致　谢

感谢 Stephanie Schacht 在识别和整理本章述评的文献方面给予的帮助,感谢 Ron Breiger、Peter Carrington、Amir Goldberg 提供有益的评论。

注　释

1.在早年的一项长期未发表的研究中,White 写道,有必要"将文化元素引入到我们对社会结构的基本术语的定义本身中"。他认为,共享的意义使得关系可以解释,并定义了网络的边界:"如果有一个网络的话,肯定有一个共同的文化来严格且清楚地定义这一类关系"(2008[1965],2,3)。虽然 White 的敏锐洞见(即本地文化提供的图示可以塑造网络成员的感知)很快被经验地证实(Killworth and Bernard,1976),但是早期的块模型研究还是将文化加在了括号之中,不予理睬(Santoro,2008)。

2.一个单独的研究传统确定了什么能够成为一个日益突出的文化因素,包括教育背景(Smits,2003)、宗教信仰(Sherkat,2004)、婚姻选择(它是一个特别重要的网络链接)。然而,这样的研究还是没有利用社会网络数据。

参 考 文 献

Adamic, L. and Eytan, A. (2003) 'Friends and neighbors on the Web', *Social Networks*, 25: 211-30.

Anheier, H.K. and Gerhards, J. (1991) 'Literary myths and social structure', *Social Forces*, 69 (3): 811-30.

Anheier, H. K., Gerhards, J. and Romo, F. P. (1995) 'Forms of capital and social structure in cultural fields: Exploring Bourdieu's social topography', *American Journal of Sociology*, 100(4): 859-903.

Anjewierden, A., Brussee, R. and Efimova, L. (2004) 'Shared conceptualizations in weblogs', Manuscript, https://doc. telin. nl/dsweb/Get/Document-43470/Shared_conceptu-alisations_in_weblogs.pdf (accessed January 5,

2009).

Anjewierden, A. and Efimova, L. (2006) 'Understanding weblog communities through digital traces: A framework, a tool and an example', in Robert Meersman, Zahir Tari, and Pilar Herrero (eds), *On the Move to Meaningful Internet Systems*. Lecture Notes in Computer Science, Volume 4277. New York: Springer. pp. 279-89.

Bakhtin, M.M. (1986) *Speech Genres and Other Late Essays*. Edited by Caryl Emerson and Michael Holquist. Translated by Vern McGee. Austin: University of Texas Press.

Bearman, P. (1993) *Relations into Rhetorics: Local Elite Social Structure in Norfolk, England: 1540-1640*. New Brunswick, NJ: Rutgers University Press.

Bearman, P. and Parigi, P. (2004) 'Cloning headless frogs and other important matters: Conversation topics and network structure', *Social Forces*, 83(2): 535-57.

Bearman, P. and Stovel, S. (2000) 'Becoming a Nazi: A model for narrative networks', *Poetics*, 27: 69-90.

Becker, H.S. (1974) 'Art as collective action', *American Sociological Review*, 39(6): 767-76.

Becker, H. S. (1982) *Art Worlds*. Chicago: University of Chicago Press.

Bernstein, B. (1971) *Class, Codes and Control, Volume 1: Theoretical Studies Towards a Sociology of Language*. Boston: Routledge & Kegan Paul.

Boari, C. and Corrado, R. (2007) 'Network and egocentric uncertainty: Relationships among art galleries in the contemporary art system', paper presented at the 23rd EGOS Colloquium, http://papers.ssrn.com/sol3/papers.cfm?abstract_id = 1013270 (accessed January 5, 2009).

Bourdieu, P. (1983) 'The field of cultural production, or the economic world reversed', *Poetics*, 12(4-5): 311-56.

Bourdieu, P., Boltanski, L., Castel, R. and Chamboredon, J-C. (1965) *Un art moyen: Essai sur les usages sociaux de la photographie*. Paris: Editions de Minuit.

Breiger, R.L. (1974) 'The duality of persons and groups', *Social Forces*, 53: 181-90.

Breiger, R.L. (2000) 'A tool kit for practice theory', *Poetics*, 27: 91-115.

Breiger, R.L. (2004) 'The analysis of social networks', in Melissa Hardy and Alan Brymann (eds), *Handbook of Data Analysis*. London: Sage. pp. 505-26.

Breiger, R. L. and Mohr, J. M. (2004) 'Institutional logics from the aggregation of organizational networks: Operational procedures for the analysis of counted data', *Computational and Mathematical Organization Theory*, 10: 17-43.

Burt, R.L. (2004) 'Structural holes and good ideas', *American Journal of Sociology*, 110(2): 349-99.

Carley, K.M. (1994) 'Extracting culture through textual analysis', *Poetics*, 22: 291-312.

Carley, K. M. and Palmquist, M. (1992) 'Extracting, representing, and analyzing mental models,' *Social Forces*, 70(3): 601-36.

Carolan, B. V. (2008) 'The structure of educational research: The role of multivocality in promoting cohesion in an article interlock network', *Social Networks*, 30: 69-82.

Castells, M. (1997) *The Power of Identity*, vol. 2 in *The Information Age: Economy, Society, Culture*. New York: Blackwell.

Castells, M. (2000) 'Materials for an exploratory theory of the network society', *Journal of Sociology*, 51(1): 5-21.

Cattani, G. and Ferriani, S. (2008) 'A core/periphery perspective on individual creative performance: Social networks and cinematic achievements in the Hollywood film industry', *Organization Science*, 19(6): 824-44.

Caves, R. (2002) *Creative Industries: Contracts between Art and Commerce*. Cambridge: Harvard University Press.

Collins, R. (1989) 'Toward a theory of intellectual change: The social causes of philosophies', *Science, Technology and Human Values*, 14(2): 107-40.

Collins, R. (1998) *The Sociology of Philosophies: A Global Theory of Intellectual Change*.

Cambridge: Harvard University Press.

Collins, R. (2000) 'The sociology of philosophies: A précis', *Philosophy of the Social Sciences*, 30(2): 157-201.

Collins, R. (2004) *Interaction Ritual Chains*. Princeton: Princeton University Press.

Collins, R. and Guillen, M. (2009) 'Mutual halo effects in cultural production networks: Eminence and success among modernist architects', working paper, Wharton School, University of Pennsylvania.

Crane, D. (1972) *Invisible Colleges: Diffusion of Knowledge in Scientific Communities*. Chicago: University of Chicago Press.

Crossley, N. (2009) 'The man whose web expanded: Network dynamics in Manchester's post/punk music scene 1976-1980', *Poetics*, 37: 24-49.

D'Andrade, R. (1995) *The Development of Cognitive Anthropology*. New York: Cambridge University Press.

DeJordy, R., Borgatti, S.P., Roussin, C. and Halgin, D.S. (2007) 'Visualizing proximity data', *Field Methods*, 19: 239-63.

DeLima e Silva, D., Soares, M.M., Henriques, M.V.C., M.T. Schivani Alves, S.G. de Aguiar, Carvalho, T.P.D., Corso, G. and Lucena, L.S. (2004) 'The complex network of the Brazilian popular music', *Physica A*, 332: 559-65.

DeNooy, W. (2001) 'Stories and social structure: A structural perspective on literature in society', in Dick Schram and Gerard Steen (eds), *The Psychology and Sociology of Literature: In Honor of Elrud Ibsch*. Amsterdam: J. Benjamins. pp. 359-77.

DeNooy, W. (2002) 'The dynamics of artistic prestige', *Poetics*, 30(3): 147-67.

DeNooy, W. (2003a) 'Fields and networks: Correspondence analysis and social network analysis in the framework of field theory', *Poetics*, 31: 305-27.

DeNooy, W. (2003b) 'Artistic classifications as collective representations', paper presented at the 6th conference of the European Sociological Association, http://home.medewerker.uva.nl/w.denooy/bestanden/ESA2003.pdf (accessed January 5, 2009).

DiMaggio, P. (1987) 'Classification in art', *American Sociological Review*, 52 (4): 440-55.

DiMaggio, P. (1997) 'Culture and cognition', *Annual Review of Sociology*, 23: 263-87.

DiMaggio, P., Goldberg, A. and Shepherd, H. (2008) 'Science vs. religion? A new look at an old opposition using data on public attitudes in the U.S.', paper presented at the Annual Meeting of the American Sociological Association, Boston.

DiMaggio, P., Shepherd, H. and Goldberg, A. (2007) 'Can exploring schematic heterogeneity in attitude data help us adjudicate debates about white Americans' racial attitudes?' paper presented at the annual meeting of the American Sociological Association, New York.

Durkheim, E. (1933 [1893]) *The Division of Labor in Society*. Translated by George Simpson. New York: Free Press.

Eliasoph, N. and Lichterman, P. (2003) 'Culture in interaction', *American Journal of Sociology*, 108(4): 735-94.

Emirbayer, M. and Goodwin, J. (1994) 'Network analysis, culture, and the problem of agency', *American Journal of Sociology*, 99 (6): 1411-54.

Erickson, B. H. (1996) 'Culture, class and connections', *American Journal of Sociology*, 102(1): 217-51.

Erickson, B.H. (2001) 'Networks and linkages: Cultural aspects', in N.J. Smelser and P.B. Baltes (eds), *International Encyclopedia of the Social & Behavioral Sciences*. Amsterdam: Elsevier. pp. 10505-9.

Erickson, F. (1975) 'Gatekeeping and the melting pot', *Harvard Educational Review*, 45 (1): 44-70.

Erickson, F. (2004) *Talk and Social Theory*. Cambridge, UK: Polity.

Esparza, N. and Rossman, G. (2006) 'I'd like to thank the Academy: Complementary productivity and social networks', working paper CCPR-035-06, California Center for Population Research, University of California, Los Angeles.

Faulkner, R. R. and Anderson, A. B. (1987) 'Short-term projects and emergent careers: Evidence from Hollywood', *American Journal of Sociology*, 92(4): 879-909.

Foster, P., Borgatti, S. and Jones, C. (2006) 'The contingent value of embeddedness: Gatekeeper search and decision making in a local culture market', paper presented at the Organizations and Markets Workshop, Graduate School of Business, University of Chicago, http://www.chicagogsb.edu/research/workshops/orgs-markets/docs/Foster-LocalMarkets.pdf (accessed January 5, 2009).

Foucault, M. (1977) *Discipline and Punish*. New York: Pantheon.

Franzosi, R. (1998) 'Narrative analysis - or why (and how) sociologists should be interested in narrative', *Annual Review of Sociology*, 24: 517-54.

Freeman, L.C. (2004) *The Development of Social Network Analysis: A Study in the Sociology of Science*. Vancouver, BC: Empirical Press.

Friedland, R. and Alford, R. (1991), 'Bringing society back in: Symbols, practices, and institutional contradictions', in Walter W. Powell and Paul DiMaggio (eds), *The New Institutionalism in Organizational Analysis*. Chicago: University of Chicago Press. pp. 232-63.

Fuhse, J. A. (2009) 'The meaning structure of social networks', *Sociological Theory*, 27(1): 51-73.

Gal, S. (1979) *Language Shift: Social Determinants of Linguistic Change in Bilingual Austria*. New York: Academic Press.

Gibson, D. (2005) 'Taking turns and talking ties: Networks and conversational interaction', *American Journal of Sociology*, 110 (6): 1561-97.

Giuffre, K. (1999) 'Sandpiles of opportunity: Success in the art world', *Social Forces*, 77 (3): 815-32.

Giuffre, K. (2001) 'Mental maps: Social networks and the language of critical reviews', *Sociological Inquiry*, 71(3): 381-93.

Gleiser, P. M. and Danon, L. (2003) 'Community structure in jazz', *Advances in Complex Systems*, 6(4): 565-73, arXiv:cond-mat/0307434v2 [cond-mat.dis-nn].

Goffman, I. (1951) 'Symbols of class status', *British Journal of Sociology*, 2 (4): 294-304.

Goldberg, A. (2011) 'Mapping shared understandings using Relational Class Analysis: The case of the cultural omnivore reexamined', *American Journal of Sociology* 116 (5) (in press).

Grandadam, D. (2008) 'Evolving networks and the finest in jazz', paper presented at the Creative Industries and Intellectual Property Conference, May 22-23, 2008, London, http://www.dime-eu.org/working-papers/wp14/41 (accessed March 18, 2009).

Gumperz, J.J. (1982) *Discourse Strategies*. New York: Cambridge University Press.

Hannerz, U. (1996) *Transnational Connections: Culture, People, Places*. New York: Routledge.

Harshaw, H. W. and Tindall, D. B. (2005) 'Social structure, identities and values: A network approach to understanding people's relationships to forests', *Journal of Leisure Research*, 37(4): 426-49.

Heckathorn, D.D. and Jeffri, J. (2001) 'Finding the beat: Using respondent-driven sampling to study jazz musicians', *Poetics*, 28: 307-29.

Hill, V. and Carley, K.M. (1999) 'An approach to identifying consensus in a subfield: The case of organizational culture', *Poetics*, 27:1-30.

Hirsch, P. M. (1972) 'Processing fads and fashions: An organization set approach to cultural industry systems', *American Journal of Sociology*, 77(4): 639-59.

Jacobson, K. and Sandler, M. (2008) 'Musically meaningful or just noise? An analysis of on-line artist networks'. *Proceedings of the CMMR* http://doc.gold.ac.uk/~map01bf/papers/kjacobson_cmmr2008.pdf.

Jensen, M. (2006) 'Legitimizing illegitimacy: Identity spaces and markets for illegitimate products', manuscript, University of Michigan, http://www.chicagogsb.edu/research/workshops/orgs-markets/docs/jensen-legitimacy.pdf (accessed January 5, 2009).

Kadushin, C. (1974) *The American Intellectual Elite. Boston: Little, Brown.*

Kane, D. (2004) 'A network approach to the puzzle of women's cultural participation', *Poetics*, 32: 105-27.

Kennedy, M. T. (2005) 'Behind the one-way mirror: Refraction in the construction of product market categories', *Poetics*, 33: 201-26.

Killworth, P. D. and Bernard, H. R. (1976) 'Informant accuracy in social network data', *Human Organization*, 35(3): 269-86.

Kirschbaum, C. and Vasconcelos, F. (2006) 'Jazz: Structural changes and identity creation in cultural movements', in Martin Kornberger and Siegfried Gudergan (eds), *Only Connect: Neat Words, Networks and Identities*. Malmo, Sweden: Liber, Copenhagen Business School. pp. 230-56.

Kirschbaum, C. and Vasconcelos, F. (2007) 'Tropicália: Strategic maneuvers in networks of musicians', *RAE. Revista de Administracao de Empresas*, 47: 10-26, http://www.rae.com.br/rae/index. cfm? FuseAction = Artigo&ID = 3453&Secao = ARTIGOS&Volume = 47&numero = 3&Ano = 2007.

Kristeva, J. (1980) *Desire in Language: A Semiotic Approach to Literature and Art*. New York: Columbia University Press.

Labov, W. (1972) *Sociolinguistic Patterns.* Philadelphia: University of Pennsylvania Press.

Lamont, M. and Molnár, V. (2002) 'The study of boundaries in the social sciences', *Annual Review of Sociology*, 28: 167-95.

Lizardo, O. (2006) 'How cultural tastes shape personal networks', *American Sociological Review*, 71: 778-807.

McLean, P.D. (1998) 'A frame analysis of favor seeking in the Renaissance: Agency, networks, and political culture', *American Journal of Sociology*, 104(1): 51-91.

McPherson, M. (2001) 'Sampling strategies for the arts: A hypernetwork approach', *Poetics*, 28: 291-306.

Merton, R. K. (1949) 'Patterns of influence: Local and cosmopolitan influentials', in Paul F. Lazarsfeld (ed.), *Communication Research*, 1948-49. New York: Duell, Sloan & Pearce. pp. 441-74.

Merton, R. K. (1968) 'The Matthew Effect in Science', *Science*, 159(3810): 56-63.

Milroy, L. and Margrain, S. (1980) 'Language loyalty and social network', *Language and Society*, 9(1): 43-70.

Mische, A. (2003) 'Cross-talk in movements', in Mario Diani and Doug McAdam (eds), *Social Movements and Networks: Relational Approaches to Collective Action*, New York: Oxford University Press. pp. 258-80.

Mische, A. (2007) *Partisan Publics: Communication and Contention Across Brazilian Youth Activist Networks*. Princeton: Princeton University Press.

Mische, A. and Pattison, P. (2000) 'Composing a civic arena: Publics, projects and social settings', *Poetics*, 27: 163-94.

Mische, A. and White, H. (1998) 'Between conversation and situation: Public switching dynamics across network domains,' *Social Research*, 65(3): 695-724.

Mohr, J. (1994) 'Soldiers, mothers, tramps and others: Discourse roles in the 1907 New York City charity directory', *Poetics*, 22: 327-57.

Mohr, J. (1998) 'Measuring meaning structures', *Annual Review of Sociology*, 24: 345-70.

Mohr, J.W., Bourgeois, M. and Duquenne, V. (2004) 'The logic of opportunity: A formal analysis of the University of California's outreach and diversity discourse', Center for Studies in Higher Education working paper CSHE-9-04, University of California.

Mohr, J.W. and Duquenne, V. (1997) 'The duality of culture and practice: Poverty relief in New York City, 1888-1917', *Theory and Society*, 26(2/3): 305-56.

Mohr, J.W. and Guerra-Pearson, F. (2010) 'The duality of niche and form: The differentiation of institutional space in New York City, 1888-1917', in Greta Hsu, Ozgecan Kocak, & Giacomo Negro (eds), *Categories in Markets: Origins and Evolution, Research in the Sociology of Organizations*, 31: 321-68.

Mohr, J. W. and Lee, H. K. (2000) 'From affirmative action to outreach: Discourse shifts at the University of California', *Poetics*, 28: 47-71.

Mohr, J. W. and Neely, B. (2009) 'Modeling Foucault: Dualities of power in organizational fields', in Renate Meyer, Kerstin Sahlin-Andersson, Marc Ventresca & Peter Walgenbach (eds), *Ideology and Organizational Institutionalism*, *Research in the Sociology of Organizations*, 27: 203-56.

Mohr, J.W. and White, H.C. (2008) 'How to model an institution', *Theory and Society*, 37: 485-512.

Park, J., Celma, O., Koppenberger, M., Cano, P. and Buldú, J. M. (2006) 'The social network of contemporary popular musicians', *Physics and Society* arXiv: physics/0609229v1 [physics.soc-ph].

Peterson, R. A. and Anand, N. (2004) 'The production of culture perspective', *Annual Review of Sociology*, 30: 311-34.

Peterson, R. A. and Berger, D. (1971) 'Entrepreneurship in organizations: Evidence from the popular music industry', *Administrative Science Quarterly*, 16 (1): 97-106.

Rawlings, C. M. and Bourgeois, M. D. (2004) 'The complexity of institutional niches: Credentials and organizational differentiation in a field of U.S. higher education', *Poetics*, 32: 411-37.

Rogers, E.M. (1962) *Diffusion of Innovation*. New York: The Free Press.

Ruef, M. (1999) 'Social ontology and the dynamics of organizational forms: Creating market actors in the healthcare field, 1966-94'. *Social Forces*, 77: 1403-32.

Santoro, M. (2008) 'Framing notes: An introduction to "Catnets"', *Sociologica*, http://www. sociologica. mulino. it/doi/10. 2383/26574.

Saussure, F. de (1977 [1916]) *Course in General Linguistics*. Translated by W. Baskin. Glasgow: Fontana/Collins.

Schummer, J. (2005) 'Reading nano: The public interest in nanotechnology as reflected in purchase patterns of books', *Public Understanding of Science*, 14: 163-83.

Schweizer, T. (1993) 'The dual ordering of actors and possessions', *Current Anthropology*, 34(4): 469-83.

Sherkat, D.E. (2004) 'Religious intermarriage in the United States: Trends, patterns and predictors', *Social Science Research*, 33: 606-25.

Smith, T. (2007) 'Narrative boundaries and the dynamics of ethnic conflict and conciliation', *Poetics*, 35: 22-46.

Smits, J. (2003) 'Social closure among the higher educated: Trends in educational homogamy in 55 countries', *Social Science Research*, 32: 251-77.

Sorenson, O. and Waguespack, D. M. (2006) 'Social structure and exchange: Self-confirming dynamics in Hollywood', *Administrative Science Quarterly*, 51(4): 560-89.

Strauss, C. and Quinn, N. (1997) *A Cognitive Theory of Cultural Meaning*. Cambridge: Cambridge University Press.

Swidler, A. (1986) 'Culture in action: Symbols and strategies', *American Sociological Review*, 51(2): 273-86.

Teitelbaum, T., Balenzuela, P., Cano, P. and Buldú, J. M. (2008) 'Community structures and role detection in music networks', *Chaos* 18, doi: 10.1063/1.2988285.

Tilly, C. (1998), *Durable Inequality*. Berkeley: University of California Press.

Turner, F. (2006) *From Counterculture to Cyberculture: Stewart Brand, the Whole Earth Network, and the Rise of Digital Utopianism*. Chicago: University of Chicago Press.

Uzzi, B. (2008) 'A social network's changing statistical properties and the quality of human innovation', *Journal of Physics A: Mathematical and Theoretical*, 41, doi: 10. 1088/1751-8113/ 41/22/224023.

Uzzi, B. and Spiro, J. (2005) 'Collaboration and creativity: The small world problem', *American Journal of Sociology*, 111(2): 447-504.

Vedres, B. and Csigo, P. (2002) 'Negotiating the

end of transition: A network approach to local action in political discourse dynamics, Hungary 1997', Institute for Social and Economic Research and Policy, Columbia University, working paper, http://www.iserp.columbia.edu/research/working_papers/downloads/2002_06.pdf (accessed January 5, 2009).

Villena-Ponsoda, J.A. (2005) 'How similar are people who speak alike?: An interpretive way of using social networks in social dialectology research', in Peter Auer, Frans Hinskens, and Paul Kerswill (eds), *Dialect Change: Convergence and Divergence in European Languages*. Cambridge: Cambridge University Press. pp. 303-34.

Watts, D.J. (1999) 'Networks, dynamics and the small world phenomenon', *American Journal of Sociology*, 105(2): 493-527.

Weber, M. (1946 [1925]) 'Class, status and party', in Hans Gerth and C. Wright Mills (eds. and trans.), *From Max Weber: Essays in Sociology*. New York: Oxford University Press. pp. 180-95.

Wei, L. (1994) *Three Generations, Two Languages, One Family: Language Choice and Language Shift in a Chinese Community in Britain*. Clevedon, UK: Multilingual Matters.

White, H.C. (1992a [2nd ed. 2008]) *Identity and Control*. Princeton: Princeton University Press.

White, H.C. (1992b) 'Social grammar from culture: Reply to Steven Brint', *Sociological Theory*, 10(2): 209-13.

White, H.C. (1995) 'Network Switchings and Bayesian Forks', *Social Research*, 62: 1035-62.

White, H.C. (2008) 'Notes on the constituents of social structure - Soc. Rel. 10 - Spring '65', *Sociologica*, http://www.sociologica.mulino.it/doi/10.2383/26575.

White, H.C., Boorman, S.A. and Breiger, R.L. (1976) 'Social structure from multiple networks (part 1): Blockmodels of roles and positions', *American Journal of Sociology*, 81(4): 730-80.

White, H.C. and White, C. (1965) *Canvasses and Careers: Institutional Change in the French Painting World*. Chicago: University of Chicago Press.

Yair, G. (1995) '"Unite Unite Europe": The political and cultural structures of Europe as reflected in the Eurovision song contest', *Social Networks*, 17: 147-61.

Yeung, K.-T. (2005) 'What does love mean? Exploring network culture in two network settings', *Social Forces*, 84(1): 391-420.

社会网络、地理位置及邻里环境效应 21

SOCIAL NETWORKS, GEOGRAPHY AND NEIGHBOURHOOD EFFECTS

◉ 罗恩·约翰斯顿(Ron Johnston)　　查尔斯·帕蒂(Charles Pattie)

在 Bishop(2008:5)看来,近年来的美国形成了一种"明显的政治信仰地理模式,在自 1976 年以来的总统大选中,该模式愈发显著……[它]一直在自行归类,在最微观的社会层次上筛选,就像人们拖家带口,带着唱片、家犬在搬家那样"。他认为,人们在搬家时,会就在什么样的邻里范围内选择新家设定一套标准,这套标准包括"选择与什么样的人为邻,与谁共同生活"。他认为,这些选择有重要的政治影响。因此,在郡县层次,如 1976 年,在一位大获全胜的总统候选人的居住地,只有不到四分之一的美国人住在那里,而到了 2004 年,该比例超过了半数。美国在政治上已经变得越来越空间两极分化了,因为在他们的移民模式中,"人们正在创造新的、同质的关系"(Bishop,2008:6)。

于是,那些同质的邻里环境就变成自主延续的社会分区了。Bishop(2008:6)再一次表达了这种情况,"志同道合的邻里环境支持着志同道合的教会,二者都确认了在那里生活并敬拜的部族象征及信仰"。其他的当地机构——如学校、正式俱乐部及协会等——也会维持与强化该过程,就像与邻居的非正式交往所起到的作用一样。生活方式越一致,越形塑着政治信仰和选举模式的空间分化。

这种政治/选举的两极分化不单发生在美国。在英国,Curtice 和 Steed 也注意到选民空间两极分化的增长,后来的研究在各个层次上都证实了该现象(Johnston and Pattie,2006)。和 Bishop 一样,他们也把这种空间分化——至少是其中的一部分——与选择性迁移联系在一起,尽管后来的研究发现,几乎没有什么证据可以证明选择性迁移对该两极分化有重大影响(McMahon et al.,1992;Denver and Halfacree,1992)。对其他人来说,一个更重要的影响因素便是情境的或邻里的效应。Butler 和 Stokes(1969:182)发表的开创性著作推断:"一旦某种党派倾向在某一局部区域占据了优势,舆论形成的过程就会吸引到对这个占优势党派的额外支持。"承此思路,Miller(1977,1978)论证道,"联系是达成共识的条件(1977:48),因此联系——包括邻里之间的联系——会产生两极分化:

> 社会联系受到家庭、择友、社会特征及地域性的型构。如果集团利益或集团态度的政党诉求引起了任何不同的政治反应,那么人际接触模式就会倾向于在联系频繁的群体内提高政治共识。

他的确发现,对于人们如何投票而言,他们的地域性比他们的社会特征更有预测性,因为"一起聊天者也共同投票"(Miller,1977:65)。其他人也持相似的论点,例如 Anderson 和 Heath 主张(2002:126):

301

　　如果选民与同一社会阶级之人定期交往,我们便期望在其中会发现阶级投票(class voting)有渐强之势。另一方面,对于经常与其他社会阶级之人交往的选民来说,这种交往往往会使其趋于与其他社会阶级人士保持一致,我们因而期望他们的阶级投票会日益减弱。简而言之,选民与其他社会阶层人士交往得越频繁,我们预期的阶级投票会越弱。

许多研究利用聚合(生态)数据得到了与此假设相符的结论,即对某个特定党派进行投票时的空间两极分化要大于支持该党派的社会团体的空间两极分化(例如,对英国工党进行投票时的空间两极分化要大于社会阶级中——多为蓝领工人——的空间两极分化,在这些人中间,工党得到了最大的支持)。但是,几乎所有这些例子都只是提供了邻里效应的间接证据;这些模式虽然与该效应相符,不过其过程没有被观察到。

下面的一系列命题可以被用来支持邻里效应论证。

　　1.居住地抉择在相当大的程度上是一种社会选择,人们据此选择想要居住的地区——特别是居住地的邻里环境——应该是志同道合者居多之地。

　　2.因此,人们所加入的邻里社会网络是由同道人支配的,这些人不但在其社会——经济、人口统计以及其他特征上与自己类似,还在观念形态、态度和行为上志同道合。此类交往会使他们保持甚至强化自己的态度及行为;生活在思维及行事方式与你类似的人群中,只会增强你自身的诸多倾向性,并使你更可能进行相应的思与行。

　　3.然而出于多种原因,很少有哪些区域会在社会及行为上有同质性,大多数地区中都会有一些不同于本地的人的社会背景。因此,邻里之间的社会交往有可能让人们接触到与自己不同的态度及行为。当地的少数人会接触到当地多数人的规范,与之相比,当地的多数人却较少处在这种"偏离的"倾向中。因此,少数人更可能转而相信多数人的观念——通过谈话而转化,而非反之。结果就是观察到了两极分化。

这些命题的成立要依据一系列的假定。最重要的是——大多数社会互动都发生在那些涉及邻里本地化的社会网络中。这些社会网络几乎不可能是孤立的,其中的许多成员会与非当地网络(例如,基于工作单位或家庭/亲属)或毗邻的独立网络有联系,或者与二者都有联系:这些外部联系对于网络内部而言是新信息的持续来源,为成员提供需要回应的刺激,有些情况下,还会改变成员们的态度及行为。如此看来,本地社会网络就是有信息(几乎总是被诠释过的信息)在其中流动的结构,其后果刚讨论过。但是,人们对此类信息流还知之甚少:人们假定了它们的存在,这是因为所观察到的行为模式与假定其存在的假设及模型是一致的。

这些论证不仅适用于与选举决策相关的态度及行为,还适用于更广泛的态度和行为。就像政治信息和态度是通过这种社会网络的传播一样,大量的与其他类行为相关的其他现象是如此——如创新的采纳,正如 Mark(1998)对音乐喜好论证的那样。而且,此类社会网络也被认为是其他类传播的主要渠道,例如传染病的传播。再次重申,聚合模式是与这些模型相符的,但是,在很多情况下,其潜在的过程——即沿着网络中的联系进行实际传播——却没有被揭示出来,只有某些例外[例如在 2005 年,Rothenberg 等人在科罗拉多州的科泉市(Colorado Springs,CO)研究了艾滋病病毒的传播;他们发现,每个家庭之间的地理距离并没有"充分的解释力",然而地理距离却可能是某种能滋养疾病传播的网络构型的内在成分(第 511 页),还可参见 Rotherberg,2007]。[1]

因此,在回顾关于本地社会网络、信息传播与态度/行为之间关系的文献时,我们必须将那些直接提出本文所认定的假设(即社会网络在地理上是集中的,经由这些网络的传播会影响到态度和行为)的著述与一组更广泛的文献结合起来。该组文献能辨别出与这些假设相符的模式,却没有揭示其持续的过程。在着手进行该项任务时,作为此类过程及模式的一个例子,我们最关注政治态度和选举行为,强调来自这两类研究的证据。

社会网络的空间性

过去的数十年间,在许多社会科学中,城乡之间在社会交往性质方面的重要差异一直是一个核心问题。众所周知,在滕尼斯(Tönnies)的二分法中,乡村的特征是共同体(gemeinschaft)或社群,城市被刻画为社会(gesellschaft)或社团。这里的假定(当然不仅如此)是,农村地区(包括相对小的聚居区)的基础是有紧密的社会交往模式,而城市地区却是以更为多样化、更加短暂的社交模式为特征的,其中的人际关系相对淡薄,反映出这类地域中的分隔(正如家庭与工场的空间分离那样)。然而,经验研究却挑战了这种二分法,一方面,在城区(特别是在工人阶级居民区及少数移民聚居区,尽管不限于此)内能识别出共同体,另一方面,许多"城市"的生活方式也扩散到了农村地区,从而导致当地许多运行良好的共同体土崩瓦解。

社会网络的重要性被 Tilly(1992:2)强调如下:

> 社会构建及个体融入社会都要有人际网络……日常生活通过私人关系得以推进:工人会雇用配偶家的亲属和自己的表亲堂亲在一个新建筑工地干活;父母会根据个人推荐给自己的孩子选择儿科医生;投资者从他们的网球搭档那里得到小道消息……一般来说,社会的诸多抽象部分——家庭、经济等——之间的交往最终是彼此相识的真实个体之间的私人交往,最终是个人网络的运作……在我们的一生中,最能影响我们行动的是那些从亲友那里听闻的真真假假及众多争论。这种影响是相互的,大多数人只能通过

影响身边的人来影响社会。那些个人关系也是我们最重要的行为动机：保护亲人、取悦朋友、获得同事的尊重和仅享受陪伴。

因此，按照 Tilly 的论述，如果我们"保护亲人、取悦朋友、获得同事的尊重以及仅享受陪伴"，那么我们就必须与很多人互动——通常还是面对面的接触，尽管未必如此（学者可通过其著述得到同事的尊重）。这是因为人们的大多数相遇，特别是与亲属、同事、朋友的频繁相遇都是受空间限制的——就像自一位先驱者将地理领域确定为是有关"距离之学科"（Waston，1955；Johnston，2003）以来，地理学家已经强调了半个多世纪的那样——这不只是因为在克服距离阻力时需要时间、成本和精力的投入（Hägerstrand，1982）。建立并维持这样的社会交往都要受到空间的限制；社会世界是在地理上构建的。

在 Tilly（1982）的一项研究中，这些论点都得到了充分的论证，该项研究考察的是生活在加利福尼亚州多个地区中居民的社会网络。多数受访者都各有一个包含了 15~19 个相识者的社会网络；在这些社会网络中，最大的团体是由亲属构成的（占所有被提及的网络成员的 40% 以上），同事及邻居都各占 10%。可见，非亲属、非同事关系的邻居并不主导此类社会网络，虽然如此，它们却是人们交际圈的重要组成成分。但是，当地人——可能是其中的两类或三类人——却是日常社会网络的主要组成部分：该社会网络有大约 16 个人，其中 5 人距离受访者家 5 分钟车程，还有 6 人离其家 5~60 分钟车程，最后 5 人住得更远。虽然受访者提名的本地（指 5 分钟车程之内）亲属数在居住地类型（半农村、城市、大都市、区域中心——后者主要指旧金山和奥克兰）上有差异，但是其提名的非亲属数却几乎没有差异；居住在各类地区的受访者都有同样数量（平均值为 3.6 人）的离其家不超过 5 分钟车程的社会网络成员（即邻居），尽管居住在大都市及其中心地带的受访者提到了住得更远的多个成员（即与居住在农村地区的受访者相比，他们的社会网络成员更多，也更分散）。不管怎样，Tilly（1982：167）总体上发现，与住在大聚居区的人们相比，居住在小镇的人们与本地居民关系密切得多，并且"城里人，特别是高收入的城里人，他们用远距离的关系取代了从前的本地关系"。

Tilly（1982：174-175）发现，当考虑到人际交往的性质时，与近邻交往的不同活动的百分比大不相同。被考虑进来的活动范围广泛，从社会性活动（拜访及共进晚餐）到讨论爱好，探讨私人问题，在大事上获得建议及借钱等，并且，

> 对于某些交换来说，距离至关重要，对于其他交换来说，距离只是边际成本。当某人从前一种交换转向后一种交换时，从需要经常亲临现场的接触转向偶尔可能通过电话或信件交往时，从琐事转到要事时，好友的优势都减少了。就社会性的交往来讲，近邻比远友更多地被谈论到。在谈论爱好方面，它通常涉及一起从事该爱好，近邻就会再次被经常地提及，尽管没有那么频繁。亲身到场会促进人们谈论私人问题，但这不重要且本地朋友的优势也不明显。如果是在重要决策方面提建议以及在紧急情况时借钱，远处的朋友有时可以轻易做到，近邻却很难。

因此，如果很多信息通过社会网络传播，而这些信息涉及一系列的态度及行

303

为(如与政治及选举等相关的态度及行为,他们大都是无结构的和未经计划的),那么邻里社会圈就可能很重要了。

　　Huckfeldt(1988)在底特律作的一项邻里背景研究支持了此结论。受访者的社会网络在很大程度上是受社会阶层建构的,在所有的阶层中,约有40%的人的大多数朋友是本地邻居(住在10分钟车程内),少于三分之一的人没有本地朋友。然而,本地社会背景对于选择朋友有重要影响;一个人不管处于什么阶层,只要他居住在 x 阶层占主导的地区,就很可能有一个或多个来自 x 阶层的朋友。因此,一个地区中的少数人有可能接触到当地多数人的观点,这与早期关于邻里效应的论点相一致。这样就可能产生假设的政治态度效应。Huckfeldt(1996:50)在纽约州水牛城(Buffalo)的一项研究中发现,对于工人阶级的受访者来说,居住在工人阶层居多的邻里背景中比居住在工人阶层少的邻里背景中更可能认同民主党(其比例分别是60%及48%),而非工人阶层的受访者则相反(其比例分别为49%及37%)。邻里背景类型之间的差异与邻里背景类型内的阶层间差异一样大,这与 Miller 的观点相一致。另外,对于那些认同工人阶层(根据职业等确定的)的中产阶级成员来说,他们的工人阶层朋友越多,其居住地区的工人阶层者就越多,他们也就越可能认同民主党。因此,背景上的差异大大超出了政治上的立场:择友、种族忠诚、居住满意度等都与邻里的社会特征相关。这些特征既受到有结构的初级群体的影响,也受到本地环境内部的无结构的(随意)互动的影响。

　　这些数据是从互联网和手机被广泛使用之前的调查中得到的,许多人认为互联网等新兴事物已经改变了交流网络的本质;近距离交往不再是保持联系和传递信息的重要因素。例如,Wellman 区分了三类社群,即迷失型、得救型和解放型。除了其他特征的差异外,它们在面对面交往以及电话联系的重要性上具有差异性,且与大量其他分类形成对比(详见 Wellman and Potter,1999)。1960 年的多伦多居民调查显示,尽管“住在附近之人[像传统的共同体那样]有着更多的联系”,不过这种情况下的近距离只是一个相对的概念;大多数包含非亲属朋友的网络都分布在整个都市中而非仅限于受访者的近邻中。在受访者最亲密的友人中,只有13%与他们住在同一地区(Wellman,1979,1996)。

　　在互联网产生以前,距离是否对社会互动有重要的限制作用,用 Wellman 的数据可以作这个探索,这些探索也为评价后续研究提供了基点。1978 年的一项调查分析显示,与亲属及非亲属密友社会交往的紧密度呈现出预期的随距离增加而衰退的模式,不仅如此,如果两个人的住址距离超过 5 英里,那么他们见面的频次也会明显下降(Mok et al.,2007)。尽管在东约克市的受访者中,没有一个人与那些住在离其家 1 英里步行路程之内的个体有过多的交往(Wellman et al.,1988);电话联系只是在两者距离超过 100 英里时才开始减少。2005 年对同一地区居民所作的调查可以与这些结果作比较。结果显示,同 1978 年一样,在两人的家庭住址距离超过 5 英里的情况下,见面的接触开始减少,电话联系的减少则发生在超过 100 英里的情况下,但是电子邮件联络受距离的影响甚小。如此看来,存在着一种持续的模式,即见面接触呈现本地化,电话联系呈现区域化,但是新兴的基于互联网的交流模式却基本不受距离的限制(Mok et al.,2008)。因此,社会网络转型的程度远不及其拓展的程度大,且相对于区域性及远距离的交往来说,本地交往的重要性更是取决于他们是不是亲属与密友,因为交往强度因群体而异,也因收入而异(Carrasco et al.,2008a,b)。在一项类似的可上网的郊区迁入者研究中,Hampton 和 Wellman(2001)发现,那些没有意识到互联网潜力的人在搬家之后社会交往减少了,而意识到互联网潜力的人就没有任何变化——但这里包括了与邻里及更遥远之人的交往。因此,Mapton 和 Wellman 得出结论,尽管对有些人来说,搬家会减少与亲友的接触和来自亲友的支持,但是对那些会上网的人来说,反倒使他们在 Wellman(1999)所描述的"松散结合的世界"中那样与远近之人都建立起了联系,且得到了他们的支持。

304

随着网络空间越来越重要并且本地化,密集型社区的意义在淡化,我们进入了被 Wellman(2001:3)和其他学者所定义的全球本地化(glocalization)情境中:

> 除了族群或种族隔离的情况以外,当代西方社区通常是由诸多专业关系构成的连接松散、结构稀疏、辐射面广的社会网络。社区已变得"全球本地化",而不是其所有成员都是团结一致的邻居和亲属。当代都市的人们在处理由亲属、邻居、朋友、同事及组织关系构成的多变且无形的社会网络时,会忙于在基于兴趣形成的多元、专业、广泛的网络社区中去争取获得有限的成员资格。仅有少数网络成员彼此直接交往。亲友大多住在不同的区域,许多居住在不同的大城市中。人们上班时常与远距离的人而非邻座的同事共事。人们通常从与自己不相邻的他人那里得到支持、社交性、信息及归属感。

通过社会网络传播信息和邻里效应

不管社会网络有哪些空间维度,它都是人们交换信息的沟通渠道,这些信息可能是完全真实的或涉及价值判断。有人认为,信息的传播会影响人们的信仰、态度及行为,所以,了解某人与何人交谈以及谈论的内容是什么,对于发现其思想及行动来说极为重要。例如,在政治背景下,信息传播可能包括谈论多种选举事宜,如各党的政策、政府的表现及某位政客的领导资历。反过来,这些谈论素材可能影响人们在选举时如何投票。因此,对运行中的社会网络的研究可以促进对政治行动的探究,这有助于理解选举结果。进一步说,如上所述,如果许多社会网络(特别是基于面对面互动的社会网络)都有一个清晰的空间型构,那么这种通过本地焦点网络的传递信息的结果就应该在明显的政治行为模式中实现。

遵循这一论点,有逻辑的研究设计就应该研究导致这些模式的过程,探究那些通过本地社会网络进行的与选举相关的信息传播,用这个研究结果来解释观察到的选举模式。然而,出于种种原因,采用这种格式的研究还相对少见,多数原因与这种深度研究策略的成本有关。因此,正如这里所例示的那样,结果一直是两类:一类是识别出选举模式,它与邻里效应的概念相一致,这会导致这样的推断,即这些模式是因本地居民谈论相关问题而产生的;另一类是探讨人们在谈话情境下的决策,如果该探讨表明,这些模式会导致某些人在选举问题上改变主意,那么就意味着该结果也与邻里效应相一致。显然,这两类应该合为一体,但很少有研究这样做,因此才有了以下部分。

本地社会背景和邻里效应

如上所述,如果交谈(特别是在那些政治问题及在选举中投票选谁问题上持不同意见的人交谈)会激发人们重新思考自己的立场,那么在任意一个其中的多数人支持某观点/候选人/党派,而其余的人支持另一方的社会网络中,遭遇到的意见的分量更容易使多数人观点的坚持者转向支持少数人的观点,而非相反。结果是,与利用对个体个人特征(例如,他们在英国大选中选保守党还是工党)的了解去预测结果相比,网络中多数人的观点将在更大程度上起主导作用。并且,如果那些谈话网络受空间限制,那么不同地区的政治局面就应该比这些地区的社会构成所意味的政治局面更加两极化——正如 Cox(1969)在一篇开创性文章
305 中所提到的那样。

这种论证已成为大量的生态学研究的基础,那些研究利用的是各个层次上的区域性的汇总数据。许多自变量反映了当地背景,它们显然是从人口普查中得到的社会经济及人口统计学数据,因变量是选举结果。其中的许多研究——尤其是英国的研究,除了议会选区以外都缺少投票数据,选区平均有 70 000 名选民——的地域范围都大大超出了社会互动得以产生的本地社区。然而,如果如此大规模的分析发现了与邻里效应相关的两极化模式,那么它就可以作为支持该论点的旁证。也就是说,如果在一个由工人阶级主导的英国议会选区中,工党得到的选票份额超出了根据其阶级构成预测的选票份额(这种情况比较普遍:Johnston et al.,1988),那么就表明两种情况:(a)此选区中,工人阶级占主导的社区多于非工人阶级占主导的社区;(b)支持工党的邻里效应会在整个选区内起主导作用。

大量这样的旁证(如 Johnston and Pattie,2006 所述;参见 Cho and Rudolph,2008)逐渐被其他证据所支持,那些证据将有关个人投票行为的调查数据与有关当地背景的人口普查数据结合在一起(早期的例子是 Harrop et al.,1992)。这种研究近年来被拓展了,一些研究利用关于所谓"定制社区"(bespoke neighbourhoods)的情境数据,这样的数据不是将每一位个体被访者都定位在一个相对较大的人口普查区域——如在英国的初级选区中那样,而是利用很小块的人口普查数据来识别那些与每位受访者家邻接的地区特征。这些研究发现了很明显的模式,情势上看甚至是更强,完全与邻里效应相一致;当地人口中来自某个政党的"自然"的阶级支持者所占的比例越大,任意一个党派背景的选民越可

能为该党投票(McAllister et al.,2001)。况且,对"定制社区"来讲,在各种地域范围内都发现了这种关系:当地居民对一个政党的支持力度越大,支持该党的选举的两极分化就越明显(Johnston et al.,2001,2005a,2007)。后来的研究显示,受访者的当地社会资本及与邻里交往水平越高,受访者中与邻里效应相一致的模式就越明显(Johnston et al.,2005b)。

然而,社会互动并不是产生与邻里效应相一致的选举模式的唯一过程。许多人的投票决定都是基于其对政府政策,尤其是经济政策的评价。他们会通过投票使那些曾经带来经济繁荣的政府重新掌权,但也会通过投票给其对立党派(特别是那个看起来会治理得更好的对立党派)来惩罚他们。此类慎重计算的适用范围很广,包括个人层面("我去年发展得好吗?""我觉得我的收入和生活质量明年会提高吗?")、国家层面("国民经济近来有改善吗?""它近期会有所改善吗?")、区域性或地方性层面("本地的状况近年来有所改善吗?""这种改善还会持续下去吗?")。慎重计算可能涉及一系列政府政策,如在福利方面(见Johnston and Pattie,2001a,2001b)。在这些计算中,情境也不可或缺,实际上,利用"定制社区"方法的研究发现,对于那些对自己经济状况持乐观态度的人来说,居住在相对贫困的地区比居住在邻里富足地区更不愿意为政府投票以让其掌权(Johnston et al.,2000)。看起来,社会情境激发了人们的利他行为。

影响投票决定的另一个地理性变量是党派的竞选活动。确保一个党派的支持者都出现在最需要他们参与的选区中,这是大多数竞选活动所关注的空间问题——特别是可能赢得或失去的微弱票数是取决于弃权票的情况。由于此类活动越来越被锁定成为一系列宣传和其他旨在联系并动员选民个体的策略(希望选民通过其社会网络来动员其他人)的目标,所以其影响力很明显,特别是在反对党/候选人的竞选活动强度加剧时(Pattie and Johnston,2008b)更是如此。这种关注地域的竞选活动的结果有可能成为一种选举模式,该模式与由传统的邻里效应所产生的模式相一致——这意味着社会互动的影响无关紧要了。然而,将经济选举、党派竞选活动密集度与定制社区法结合后的分析显示出,这三种方法是互补的。在政党已经带来繁荣的地区,在其竞选活动举行得最为密集的地区,在当地的社会网络可能会在投票时倾向于支持该党的地区,这样的政党都会表现得更出色(Johnston et al.,2007)。总之,大量的研究发现与邻里效应假设完全一致,这意味着信息在社会网络中的流动影响投票决定,但是,其证据绝大多数却只是旁证而已。

通过对话带来转变

大多数民主理论都以市民之间的讨论为核心。民主要想有效用,就必须为各类观点留有余地,让那些观点自由表达,同时还得解决差异和冲突问题。政治性商谈提供了一条途径,它可以在一个选区内传播显著的信息、观点和争论,让个人能够通过测试其不同于他人的观点来决定自己在相关问题及/或人格上的立场。例如,一个著名的政治沟通两步模型认为,本地的舆论领袖从媒体那里得

306

到政治信息,然后传递给本地社区里与自己有联系的他人(Katz and Lazarsfeld,1955)。个体的社会网络或许被那些与自己分享大量的观点、成见、价值的人所主导,但是他们有可能会遇到所持观点与自己截然不同的人。在前一种情况下,与他人交谈可能会增强自己的信念,而在后一种情况下,可能让个体质疑自己的观点——特别是如果他们还没有强烈地承诺支持某个立场、候选人或政党,并且在谈话网络内部持有的是少数人的观点。因此,在其他条件相同的情况下,这些少数人观点的支持者或许会改变主意,同意其网络内的多数人的观点。有证据支持了此观点:与一个人交谈的某政党的支持者越多,如果此人以前还为另一党投了票或弃权,那么此人现在就越有可能将其选票转投向该政党(Huckfeldt and Spraque,1995;Pattie and Johnston,2000,2001)。

　　参与相关的交谈也能激励他人的政治参与(Putnam,2000),谈话内容涉及如何参与并间接证实其同事参与的可能性,因此交谈增强了社会规范的影响,尽管那些已经愿意参与的人(作为承诺的结果)或许会比那些没打算参与的人更有可能与他人谈论政治。研究证实,有众多交谈圈子的人会比交谈圈子数量有限的人参与得更多,特别是当如果谈论内容主要是政治时更是如此(Leighley,1990;McClurg,2003,2006a,2006b)。

　　谈话的内容与谈话的普遍存在可能同等重要。有些人的周围都是些肯定自己观点是正确的人,有些人可能会通过选择网络朝着这个方面努力,这两者是一回事情(Finifter 于 1974 年对美国汽车厂的工人进行了研究,结果显示,持少数人观点的人——在民主党支持者占优势的环境中支持共和党——不仅更可能与工作中的同道者结交,而且与他们的民主党支持者同事相比,他们就更不大可能在工作单位以外谈论政治了)。面临普遍存在的分歧可能就是截然不同的另一回事了。然而,多数人在其交谈网络内至少还是遇到过一些不同意见的,很少有人会把自己和不同见解隔离开;在交谈网络中存在着观点一致性的压力,尽管如此,交谈的特点就在于有不同的见解(Huckfeldt et al.,2004)。当然,不同见解才是影响得以产生的重要因素(McPhee,1963)。在人们意见完全一致的地方,就无法说服他们。

　　网络内部意见分歧的影响被证明是有争议的。传统的多元民主论认为,在意见分歧存在的地方,人们及/或群体会被动员起来,呈现他们要表达的不同见解,因此起到一种动员力量的作用(Dahl,1989)。但是心理学模型认为,由于人们不愿意冲突,所以不论采取逆来顺受还是沉默不语的方式,他们都会尽量避免冲突(Festinger,1957;Ulbig and Funk,1999)。一些学者与上述立场保持一致,他们指出,交谈网络中的反对意见会部分地增加公民之间的不确定性,从而阻止他们的参与(Mutz,2002a,2002b;Mutz and Mondak,2006;Pattie and Johnston,2008a)。另一方面,McClurg(2006a)报告说,分歧的影响会因背景而变,特别是因某人是属于本地政治多数还是少数成员而变。他的研究结果表明,对于持本地多数人政治观点的人来说,其政治参与不受谈话网络中反对意见的影响;但是对于那些持本地少数人政治观点的人来说,当他们接触到的不同意见增多时,就不太可能参与了：意见分歧是因为当地少数人遏制了人们的参与。

如果人们觉得其谈话伙伴在政治上富有经验，就更可能参与；如果觉得他们缺乏专门知识，就不大可能参与（McClurg，2006b）。

307

综合起来

在以上所回顾的文献中，通过社会网络传播的信息和空间两极化的聚合性选举模式的方法并没有出现在大多数对邻里效应的研究中。我们的结论强有力地支持了如下观点，即本地密集的社会互动确实影响了人们的投票决定，影响的方式很可能产生了两极化的模式，但证据还不够确凿。

一些人开始设法弥补此不足，主要是通过对所选地区进行特别小规模的研究（如 Fitton，1973）或利用与邻居交往的抽样调查数据（Curtice，1995）来实现的。然而，迄今为止，最重要的此类研究一直是 Huckfeldt 及其合作者进行的大规模抽样调查，该调查研究了人们在空间背景下的社会网络。最初的开创性研究（Huckfeldt and Sprague，1995）利用了对印第安纳州南本德市（South Bend）居民的抽样调查，受访者在 1984 年美国总统大选前后的三种场合下接受了访谈，他们提供了与其一起谈论政治问题的人的信息（这些人又细分为配偶、其他亲属及非亲属）。作者把受访者的这些及其他数据同那些关于其所居住社区的数据整合在了一起：被受访者提名的讨论者有三分之一是受访者的邻居，有 40% 的人与受访者在同一地区工作，仅有 6% 的人既是同事又是邻居。当受访者提名的主要讨论伙伴是其配偶时，后者的政治选择对前者影响最大；在家庭的近亲中，当受访者正确地了解到其主要讨论伙伴的政治偏好（1984 年，他或她是支持里根[Reagan]还是蒙代尔[Mondale]）时，后者的影响最大。

Huckfeldt 和 Sprague（1995：189）得出结论认为，"投票偏好是社会建构的，不仅取决于选民的特征，还取决于与选民谈论政治之人的特征及偏好"。该结论通过纳入更多的变量而得以推广，这些变量表示受访者邻里的社会政治背景的政治特征及当地社区的竞选活动强度。他们发现，在一个社区中，与选民的接触不仅会影响与其有联系的人，还影响该地区的其他人，因此，接触者扮演了"一个开启了一系列事件的催化者的角色"（Huckfeldt and Sprague，1995：255），因为"人们了解邻居的政治取向，了解的原因之一是党组织会向他们传递信息（Huckfeldt and Sprague，1995：254）。因此，一个社区的受访者不管其个人的特性如何，他支持某党的比例（他们的样本在空间上比较集中，易于估测）与住在该社区的受访者是否认同该党的关系极大。当然，不是每个人都会转而支持当地多数人的观点；后来的研究显示，某人与其主要谈论伙伴的分歧有时会持续整个互动过程而不减弱——特别是当该分歧与此人社会网络中的普遍观点不一致时更是如此（Huckfeldt et al.，2002）。当然，人们对本地背景的反应取决于其认识的性质：Baybeck 和 McClurg（2005）发现，绝大多数南本德市的受访者都能够准确地表达出他们所在的邻里特性。因此，就像两位作者所说的那样，"当一个社区的多数观点变得明显时，即使是与其有分歧的选民也能把它弄明白"（第 509 页）。

Huckfeldt 的早期研究比几乎所有其他研究者的研究都坚决地将社会网络与邻里背景相结合，尽管如此，网络地理位置在相当大程度上还是被推断出来。后来在两个城市中做的研究更加深刻了，这两项研究利用了受访者及其主要讨论伙伴的家庭住址邮编信息，以此来建立那些网络的地域离散度。如前文所评论过的那些关于社会互动地理位置的其他研究所预测的那样，这些社会网络并非强烈本地化的：对于亲属(配偶除外)而言，仅有 23% 的亲属居住在距离受访者家 1 千米之内，且二者距离的均值为 6.4 千米；对于非亲属而言，只有 15% 的家庭住址距离受访者家 1 千米内，且二者的平均距离为 8.4 千米，然而该群体内超过半数的人住在离受访者家车程 15 分钟之内(Baybeck and Huckfeldt,2002a)。网络越离散，其中发生的讨论就越不紧密。信息是在更大范围的邻里背景下通过更分散的社会网络进行传播的，即使这些信息未必能将那些在社会和政治上更为多元的人联系起来，却还是可以将那些空间上比较聚类的网络中的人联系起来。邻里环境能"将社会与政治上多元化的地区桥接起来(第 273 页)，或者说是Granovetter(1973)所定义的"弱关系"把(可能不中听的)信息引入到一些彼此分离的网络和场所之中了，尽管在竞选活动中，这样的两个弱关系者不大可能如下面的这两个人那样达到意见一致：如果他们是两个相似的人，是空间上高度紧密的网络中的成员，他们之间的交往也更加频繁(Baybeck and Huckfeldt,2002b)。看来，在政治多元的城市地区里，空间上比较分散的网络会产生一种政治上同质的表层——人们正在用实验数据来探究这个结论(如 Ahn et al.,2007)。[2]

308

注　释

1.在疾病传播中涉及的关系类型也很重要。例如，与妓女的接触就不太可能是由邻里社会网络形塑的。

2.详见《政治科学与政治学》杂志(PS：Political Science and Politics)2011 年第 44 卷第 1 期关于社会网络的特刊。

参 考 文 献

Ahn, T.K., Huckfeldt, R. and Ryan, J.B. (2007) 'Networks, groups, and contextual constraints on political communication'. Available at http://faculty.psdomain.ucdavis.edu/rhuckfeldt. Last accessed 14 February 2011.

Andersen, R. and Heath, A.F. (2002) 'Class matters: The persisting effects of contextual social class on individual voting in Britain', 1964-97. *European Sociological Review*, 18: 125-38.

Baybeck, B. and Huckfeldt, R. (2002a) 'Spatially dispersed ties among interdependent citizens: connecting individuals and aggregates'. *Political Analysis*, 10: 261-75.

Baybeck, B. and Huckfeldt, R. (2002b) 'Urban contexts, spatially dispersed networks and the diffusion of political information'. *Political Geography*, 21: 195-210.

Baybeck, B. and McClurg, S. D. (2005) 'What do they know and how do they know it? An examination of citizen awareness of context'. *American Politics Research*, 33: 492-520.

Bishop, B. (2008) *The Big Sort: Why the Clustering of Like-Minded America Is Tearing Us Apart*. Boston: Houghton Mifflin.

Butler, D. and Stokes, D. (1969) *Political Change in Britain: Forces Shaping Electoral Choice*. London: Macmillan.

Carrasco, J.-A., Miller, E. J. and Wellman, B. (2008a) 'How far and with whom do people socialize? Empirical evidence about the distance between social network members'. *Transportation Research Record: Journal of the Transportation Research Board*, 2076: 114-22.

Carrasco, J.-A., Hogan, B., Wellman, B. and Miller, E.J. (2008b) 'Agency in social activity interactions: The role of social networks in time and space'. *Tijdschrift voor Economische en Sociale Geografie* 99: 562-83.

Cho, W. K. T. and Rudolph, T. J. (2008) 'Emanating political participation: Untangling the spatial structure behind participation'. *British Journal of Political Science*, 38: 273-89.

Cox, K.R. (1969) 'The voting decision in spatial context'. *Progress in Geography*, 1: 83-117.

Curtice, J. (1995) 'Is talking over the garden fence of political import?' In M. Eagles (ed.), *Spatial and Contextual Models in Political Research*. London: Taylor and Francis. pp. 195-209.

Curtice, J. and Steed, M. (1982) 'Electoral choice and the production of government: The changing operation of the electoral system in the United Kingdom since 1955'. *British Journal of Political Science*, 12: 249-98.

Dahl, R. (1989) *Democracy and Its Critics*. New Haven: Yale University Press.

Denver, D.T. and Halfacree, K. (1992) 'Inter-constituency migration and turnout at the British general election of 1983'. *British Journal of Political Science*, 22: 248-54.

Festinger, L. (1957) *A Theory of Cognitive Dissonance*. Palo Alto: Stanford University Press.

Finifter, A. (1974) 'The friendship group as a protective environment for political deviants'. *American Political Science Review*, 68: 607-25.

Fitton, M. (1973) 'Neighbourhood and voting: A sociometric explanation'. *British Journal of Political Science*, 3: 445-72.

Granovetter, M. (1973) 'The strength of weak ties'. *American Journal of Sociology*, 78: 1360-80.

Hägerstrand, T. (1982) 'Diorama, path and project'. *Tijdschrift voor Economische en Sociale Geografie*, 73: 323-39.

Hampton, K. and Wellman, B. (2001) 'Long distance community in the network society: Contact and support beyond Netville'. *American Behavioral Scientist*, 45: 476-95.

Harrop, M., Heath, A. and Openshaw, S. (1992) 'Does neighbourhood influence voting behaviour—and why?' In I. Crewe, P. Norris, D. Denver and D. Broughton (eds), *British Elections and Parties Yearbook* 1. Hemel Hempstead: Harvester Wheatsheaf. pp. 103-20.

Huckfeldt, R.R. (1988) 'Social contexts, social networks, and urban neighborhoods: Environmental constraints on friendship choice'. *American Journal of Sociology*, 89: 651-69.

Huckfeldt, R. R. (1996) *Politics in Context: Assimilation and Conflict in Urban Neighborhoods*. New York: Agathon Press.

Huckfeldt, R., Johnson, P. E. and Sprague, J. (2002) 'Political environments, political dynamics, and the survival of disagreement'. *Journal of Politics*, 64: 1-21.

Huckfeldt, R., Johnson, P. E. and Sprague, J. (2004) *Political Disagreement: The Survival of Diverse Opinions within Communication Networks*. Cambridge: Cambridge University Press.

Johnston, R. J. (2003) 'Order in space: Geography as a discipline in distance'. In R.J. Johnston and M. Williams (eds.), *A Century of British Geography*. Oxford: Oxford University Press for the British Academy. pp. 303-46.

Johnston, R.J., Dorling, D. F. L., Tunstall, H., Rossiter, D.J., McAllister, I. and Pattie, C.J. (2000) 'Locating the altruistic voter: Context, egocentric voting and support for the Conservative party at the 1997 general election in England and Wales'. *Environment and Planning A*, 32: 673-94.

Johnston, R. J., Jones, K., Propper, C. and Burgess, S. (2007) 'Region, local context, and voting at the 1997 general election in England'. *American Journal of Political Science*, 51: 640-54.

Johnston, R. J. and Pattie, C. J. (2001a) 'Dimensions of retrospective voting: Economic performance, public service standards and Conservative party support at the 1997 British general election'. *Party Politics*, 5: 39-54.

Johnston, R.J. and Pattie, C.J. (2001b) 'It's the economy, stupid—but which economy'? Geographical scales, retrospective economic evaluations and voting at the British 1997 general election'. *Regional Studies*, 35: 309-19.

Johnston, R.J. and Pattie, C.J. (2006) *Putting Voters in Their Place: Geography and Elections in Great Britain*. Oxford: Oxford University Press.

Johnston, R.J., Pattie, C.J. and Allsopp, J.G. (1988) *A Nation Dividing? The Electoral Map of Great Britain* 1979-1987. London: Longman.

Johnston, R.J., Pattie, C.J., Dorling, D.F.L., McAllister, I., Tunstall, H. and Rossiter, D.J. (2001) 'Housing tenure, local context, scale and voting in England and Wales', 1997. *Electoral Studies*, 20: 195-216.

Johnston, R. J., Propper, C., Burgess, S., Sarker, R., Bolster, A. and Jones, K. (2005a) 'Spatial scale and the neighbourhood effect: Multinomial models of voting at two recent British general elections'. *British Journal of Political Science*, 35: 487-514.

Johnston, R.J., Propper, C., Jones, K., Sarker, R., Bolster, A. and Burgess, S. (2005b) 'Neighbourhood social capital and neighbourhood effects'. *Environment and Planning A*, 37: 1443-57.

Katz, E. and Lazarsfeld, P.F. (1955) *Personal Influence: The Part Played by People in the Flow of Mass Communications*. Glencoe, IL:

Free Press.

Leighley, J. E. (1990) 'Social interaction and contextual influences on political participation'. *American Politics Quarterly*, 18: 459-75.

Mark, N. (1998) 'Birds of a feather sing together'. *Social Forces*, 77: 453-85.

McAllister, I., Johnston, R. J., Pattie, C. J., Tunstall, H., Dorling, D.F.L. and Rossiter, D. J. (2001) 'Class dealignment and the neighbourhood effect: Miller revisited'. *British Journal of Political Science*, 31: 41-59.

McClurg, S. D. (2003) 'Social networks and political participation'. *Political Research Quarterly*, 56: 448-64.

McClurg, S. D. (2006a) 'Political disagreement in context: The conditional effect of neighborhood context, disagreement and political talk on electoral participation'. *Political Behavior*, 28: 349-66.

McClurg, S.D. (2006b) 'The electoral relevance of political talk: Examining disagreement and expertise effects in social networks on political participation'. *American Journal of Political Science*, 50: 737-54.

McMahon, D., Heath, A. F., Harrop, M. and Curtice, J. (1992) 'The electoral consequences of north-south migration'. *British Journal of Political Science*, 22: 419-43.

McPhee, W.N. (1963) *Formal Theories of Mass Behavior*. New York: The Free Press of Glencoe.

Miller, W. L. (1977) *Electoral Dynamics in Britain since* 1918. London: Macmillan.

Miller, W. L. (1978) 'Social class and party choice in England: A new analysis'. *British Journal of Political Science*, 8: 259-84.

Mok, D., Wellman, B. and Basu, R. (2007) 'Did distance matter before the internet? Interpersonal contact and support in the 1970s'. *Social Networks*, 29: 430-61.

Mok, D., Wellman, B. and Carrasco, J.-A. (2008) 'Does distance matter in the age of the internet?' Available at http://homes. chass. utoronto. ca/~wellman/publications/Last accessed 14 February 2011.

Mutz, D. (2002a) 'The consequences of cross-cutting networks for political participation'. *American Journal of Political Science*, 46: 838-55.

Mutz, D. (2002b) 'Cross-cutting social networks: Testing democratic theory in practice'. *American Political Science Review*, 96: 111-26.

Mutz, D. and Mondak, J. (2006) 'The workplace as a context for cross-cutting political discourse'. *The Journal of Politics*, 68: 140-55.

Pattie, C.J. and Johnston, R.J. (2000) 'People who talk together vote together: An exploration of contextual effects in Great Britain'. *Annals of the Association of American Geographers*, 90: 41-66.

Pattie, C.J. and Johnston, R.J. (2001) 'Talk as a political context: Conversation and electoral change in British elections'. *Electoral Studies*, 20: 17-40.

Pattie, C.J. and Johnston, R.J. (2008a) 'It's good to talk: Talk, disagreement and tolerance'. *British Journal of Political Science*, 38: 677-98.

Pattie, C.J. and Johnston, R.J. (2008b) 'Still talking but is anybody listening? The changing face of constituency campaigning in Britain, 1997-2005'. *Party Politics*, 14.

Potterat, J.J. et al. (2002) 'Sexual network structure as an indicator of epidemic phase'. *Sexually Transmitted Infections*, 78: 152-58.

Putnam, R.D. (2000) *Bowling Alone*. New York: Simon and Schuster.

Rothenberg, R. (2007) 'Maintenance of endemicity in urban environments: A hypothesis linking risk, network structure and geography'. *Sexually Transmitted Infections*, 83: 10-15.

Rothenberg, R., et al. (2005) 'Social and

geographic distance in HIV risk'. *Sexually Transmitted Disease*, 32: 506-12.

Tilly, C. (1982) *To Dwell among Friends: Personal Networks in Town and City*. Chicago: University of Chicago Press.

Ulbig, S.G. and Funk, C.L. (1999) 'Conflict avoidance and political participation'. *Political Behavior*, 21: 265-82.

Watson, J.W. (1955) 'Geography: A discipline in distance. *Scottish Geographical Magazine*, 71: 1-13.

Wellman, B. (1979) 'The community question: The intimate networks of East Yorkers'. *American Journal of Sociology*, 84: 1201-31.

Wellman, B. (1996) 'Are personal communities local? A Dumptarian reconsideration?' *Social Networks*, 18: 347-54.

Wellman, B. (1999) 'From little boxes to loosely-bound networks: The privatization and domestication of community', in J. Abu-Lughod (ed.), *Sociology for the Twenty-First Century: Continuities and Cutting-Edges*. Chicago: University of Chicago Press. pp. 94-114.

Wellman, B. (2001) *The Persistence and Transformation of Community: From Neighbourhood Groups to Social Networks. Report to the Law Commission of Canada*. Toronto: Wellman Associates.

Wellman, B., Carrington, P. and Hall, A. (1988) 'Networks as personal communities'. In B. Wellman and S.D. Berkowitz (eds.), *Social Structures: A Network Approach*. Cambridge: Cambridge University Press. pp. 130-84.

Wellman, B. and Potter, S. (1999) 'The elements of personal communities'. In B. Wellman (ed.), *Networks in the Global Village*. Boulder, CO: Westview Press. pp. 49-82.

各国世界体系的多元网络分析,1995—1999 **22**

A MULTIPLE-NETWORK ANALYSIS OF THE WORLD SYSTEM OF NATIONS, 1995-1999

◉ 爱德华·L.基克(Edward L. Kick) 劳拉·A.麦肯尼(Laura A. McKinney)
史蒂夫·麦克唐纳(Steve McDonald) 安德鲁·乔根森(Andrew Jorgenson)

导 言

在世界体系的宏观社会学研究中有一些网络方法,本章将为这些方法奠定理论及经验基础,用多元网络结果来分析现代世界体系的结构及各个国家在其中的位置。有了这些结果,我们就能复制由 Snyder 和 Kick(1979)开创的全球网络研究的发现。他们的研究在文献中仍然有相当大的引用量(见 Mahutga,2006),不过他们使用的是 1960 年代初期的网络数据,现在看来他们对现代世界体系的描述已经过时了。

在宏观社会学研究中,像我们这样的网络分析是相对较新的。社会网络的经验分析真正"抵达"社会学只是最近三十年的事(Granovetter,1973;White et al.,1976;Wellman,1983),将网络分析用于研究世界体系开始于 Snyder 和 Kick(1979)。然而,他们的研究以及我们目前的分析仍然有赖于一些历史的和当代的理论,这些理论要解释网络动力对于一系列国家发展成果有哪些影响。例如,Snyder 和 Kick 之所以能够检验现代化和世界体系/依附论的观点,主要是因为他们对促进国家经济发展的社会层面的网络进行了经典的理论化分析。

在导言及结论部分作简要总结是必要的。例如,孔德(Comte,[1842]1854)在其开创性的研究中,关注的是迅速工业化的欧洲和在社会层面上变化的网络,它们使最"原始"的社会转变为了其现代的形式。同时,斯宾塞(Spencer,1887)、滕尼斯(Tönnies,1887)和涂尔干(Durkheim,[1893]1964:236-60)都强调了从简单和未分化的社会联系形式(共同体;机械团结)向更加复杂和相互依赖的联系形式(社会;有机团结)的转变,它扩大了社会的劳动分工。此外,韦伯(Weber,1921[1978])在写西方文化价值观在资本主义扩张和现代社会形成中所起的传播作用时,也提出了跨国边界的联系问题。

这些经典研究遵循了早期作家在网络思维中所明确阐明的主题,如亚当·斯密(Adam Smith)(Simth,1776[1977])在《国富论》(*Wealth of Nations*)中论述的思想。斯密主张,在国际体系中,国家通过参与那些能将其经济福利最大化的贸易网络来开发自己的"比较优势"。19 世纪的社会学家对让西方世界在全球体系中脱颖而出的经济和非经济动力进行了理论分析,对他们来说,西欧国家的比较优势是显而易见的。同时,用当代的现代化和世界体系/依附视角来研究全球结构和国家利益时,他们的重点是显而易见的。这种视角推动了 Snyder 和 Kick(1979)的网络分析,也使我们能够复制他们的研究。 311

当代的链接

Snyder 和 Kick 检验了那些取自当代"现代化"理论的主题,他们采用像"分化"和"一体化"这样的经典网络构念(construct),讨论了将西方技术和价值体系带入到发展中国家的全球性交换,这种交换能通过革除国家发展的传统性障碍来刺激变革(Parsons,1966;Eisenstadt,1974)。其他人也遵循韦伯的观点,他们认为,与西方社会制度建立关联就会引入新的价值观(如新教伦理),这可以帮助发展中国家发展经济,在全球劳动分工中参与竞争(Inkeles and Smith,1974;Rostow,1960)。

Snyder 和 Kick 还强调,宏观社会学中的现代化研究受到了由马克思主义启发的依赖性及关于全球系统和国家福利的世界体系视角的挑战。论述拉美国家依赖性的经济学家,如 Prebisch(1962)质疑了如下观点,即"西化"在第三世界社会中创造了进化过程。相反,他们认为,国际劳动分工是由富裕国家控制的,既能导致与西方的关联,也会引起那些不发达国家的非平等交换(Frank,1966;Cardoso,1970;Cardoso and Faletto,1979;Evans,1979)。

世界体系理论关注的全球性网络系统出现在 1400 年代中、后期(Wallerstein,1974),当时的投资和扩张性的贸易网络都极有利于最强大或最"核心"的国家。这些全球性的交换关系具有掠夺性质(Armer et al.,1989),因此,核心国家获得的优势是以牺牲边缘国家(如非洲)的利益为代价的。"半边缘"国家在层级上形态各异且分布广泛,从全球分工布局来看,它们相对于边缘国家有利可图,但是由于类似的动力性,相对来讲,这些国家还是远远落后于核心国家。这就使得边缘国家和半边缘国家都难以获得西欧诸国的先进社会特征,而这些特征已经被许多 19 世纪的社会学家理想化了。

他们的世界系统论证和网络研究主导着我们的分析方式,正如它们是 Snyder 和 Kick 研究的核心部分一样。纵观我们的复制性研究,我们认识到自己提出的网络应用最终还是依赖于经典的基础。无论网络隐喻在表达上是否给出如此的标签,它都居于几个世纪以来国家发展思想的核心。

全球结构和关键网络

全球体系论证概要

与所有的社会系统一样(Emerson,1962;Homans,1961;Blau,1964;Cook et al.,1983),全球系统也反映着其构成单位之间的交换结构和过程。我们从理论及实践上关注的全局系统的单位是民族国家,然而跨国公司和全球城市(Sassen,1998)也是当代世界经济的中心。我们同意Sklair(1999)的观点:全球化力量的崛起并不是如此强大,以至于民族或国家的存在受到严重质疑。我们的结论是,继续强调国际体系是有保障的。

我们关注世界体系和依附理论家的研究,关于一系列的"价值观转移"机制是怎样在世界体系中发挥着相对重要的作用的,他们的观点有一定的分歧(Chase-Dunn and Rubinson,1977;Arrighi and Drangel,1986)。就当前的目标而言,我们强调全球贸易所起的重要作用,也强调这样的事实,即边缘国家出口的商品通常都集中在包括农产品在内的初级产品上。按照亚当·斯密的理论,这样做可以得到更为有利的结果,现代化的方法也预料到了这个进步。与之相反的是,全球贸易网能够确保的却是:当边缘国家遵循它们的"比较优势"时,就会在技术和教育上继续着它们的比较劣势,其主要劳动力仅从事着最低级的生产活动。边缘国家参与全球贸易网的结构性结果便是经济停滞和在世界体系中缺乏流动性(Kentor,1998)。而对排在全球等级前列的核心国家来说,则反之亦然。相对而言,核心国家极大地受益于这些结构布局,与边缘化国家和半边缘化国家交易的是资本密集型的高端商品和服务。

半边缘国家(包括中东大部分地区、拉丁美洲、亚洲、非洲的一部分)与核心国家、边缘国家共享着全球化网络的特点(Terlouw,1993;Arrighi and Drangel,1986;12)。半边缘国家的"缓冲带"地位源于它们的贸易网络,包括制成品出口、高需求的资源、工业化产品要依赖于周边国家,而且其贸易要屈从于技术先进的核心国家(World Bank,2008)。伴随着国家制度的转型和人类福祉的转变,全球贸易网络将半边缘国家(与边缘国家相比)相对快速的工业化结构化了,因此,很多的半边缘进程都反映出一种进化式的变迁,古典宏观社会学理论家和早期就被认同了的现代化分析都提出过这种变迁的理论。这种变迁是千真万确的,尽管在半边缘国家中这一进程已经导致了令人震惊的环境问题(见如Burns et al.,1994;McKinney et al.,2009)。

世界体系概念化中的关键问题

经济联系和非经济联系

随着世界体系理论主要议题的建立,我们聚焦于该系统在概念化过程中的一些关键问题。遵循 Snyder 和 Kick 的逻辑,我们强调,除了经济联系以外,文化网络(Snyder and Kick,1979;Ramirez and Boli,1987;Meyer et al.,1997)和政治军事网络(Snyder and Kick,1979;Szymanski,1981;Giddens,1985;Mann,1988;Chase-Dunn,1989)也在世界体系中扮演着十分重要的角色。这不仅是因为非经济联系自身对社会有直接影响,它们在全球化过程中的作用被日益承认,而且也因为它们与其他那些有可比性影响的联系是相互深入渗透的(见 Galtung,1971;Sklair,1999)。

非经济力量在世界体系的研究中很重要,这个观点在一些研究中是有争议的(Delacroix and Ragin,1981;Nemeth and Smith,1985),我们下面提供几个例证。例如可考虑这样一例,美国通过出售常规武器,就可以"管控"、"控制"远距离的大部分世界体系(如近期控制中东地区)(见 Albrecht et al.,1974;Mann,1986)。Beckfield(2008)也强调,政府间组织(Intergovernmental organizations,IGOs)对国家政策和国际贸易有强烈影响,因为核心国家利用 IGOs 和一种新兴的世界政体来监督国际秩序,给自己带来(相对于半边缘和边缘国家来说)更多的利益(Meyer et al.,1997;Schofer and Meyer,2005;True and Minstrom,2001;Hafner-Burton and Tsutsui,2005)。

我们也认为,在其他社会体系(群体、组织、社会)中,很少见权力依赖关系仅取决于经济交换机制的情况,从一般的社会科学理论的立场上来看,应该明确承认社会系统结构有许多维度,这样的研究路数是适当的。基于这个逻辑,Snyder 和 Kick 和目前的处理方式都依赖于本质上是经济的和非经济的多元国际联系网络。

网络关系和国家属性

作为本研究的另外一个必要的准备,我们要指出这样一种趋势,即不相信国家分类是源自全球、多元网络的结果,诸如下文将呈现的研究那样。例如,Snyder 和 Kick(1979)分析了 118 个国家,Bollen(1983)对其中 3 个国家的分类表示质疑,因为在他的关于政治民主的回归分析中,这些国家在"离群值"。

关注"分类误差",使用其他的国家属性来对国家重新进行分类,将这些作为补救措施是可以理解的,但是这种做法值得商榷。很多理论家指出,基于属性的"实体论"研究不能解释社会行动者和历史进程的关系特征(如 Granovetter,1985;Emirbayer,1997)。此外更具体的是,世界体系理论是一种结构性理论,它的基础是对全球单位(global units)之间的关系(尤其是国家间的关系)及这些关系对国家的后果进行的分析(Wallerstein,1974;Chirot,1985)。单位的属性可能是结构的结果,但是,使用属性来确定该结构(即国家在体系中的"位置")的组成部分是不恰当的。当接受它的逻辑结论时,是基于属性和结果测度对国家在世界体系中的位置作分类或再分类,并用这个分类或再分类去检验理论。所以从本质上讲,这样给出的世界体系视角从定义上看才是对的。基于这个逻辑,Snyder 和 Kick 以及本研究都使用了对国际联系的多元网络分析来确定世界体系结构以及各个国家在其中的位置,我们则愿意利用网络方法论进行复制研究以分析我们研究结果的精确性。

其他网络关系和国际属性

　　一些研究声称,像投资依赖性、贸易集中度这样的指标测量的是世界体系中的"位置"或"控制"(Rubinson,1976;Delacroix and Ragin,1978;Kentor,1981)。然而,这些都是连续变量,它们基于给定的标准对国家进行分层。这些变量在**表示**位置时,并不比个人的收入或教育指标更能测量到他或她的(离散)阶级地位(Wright and Perrone,1977;也见 White and Breiger,1975:68)。这些变量还缺少跨国流动的制度轨迹。例如,一个给定的边缘国家的贸易额并不能确定跨国资本流动是否完全地、部分地或者可忽略不计地起源于(比方说)核心或其他类型的国家。这些起源具有不同的影响,这在理论上有合理性,也是世界体系理论化的核心部分。相比之下,多元网络方法是一种测量这种流动的高级方法论,这种逻辑也是我们为自己及 Snyder 和 Kick 所采用的方法论进行的辩护。也就是说,我们现在要简要地回顾社会学中的一些利用多元网络分析来探究世界体系结构的经验文献。

对世界体系结构和国家后果的经验阐释

　　一些学者已经利用社会网络分析来考察核心国家/边缘国家的等级结构了,他们还评价一些假设,这些假设涉及现代世界体系的关系结构及其对国家特征所产生的影响。[1]正如 Lloyd 等人(即将出版)所表明的,这些研究大多嵌套在确认世界体系结构的两个一般性方法中。这些方法因所使用的关系数据形式的不同而变化。第一种方法明确地关注经济交换,它区分了特定形式商品的贸易关系。第二种一般性的方法则延续了 Snyder 和 Kick(1979)的步骤,将非经济的和经济的数据结合起来研究世界体系的关系结构。在下面的段落中,我们简要总结一下每一种方法的主要贡献。[2]

　　第一种方法在很大程度上始于 Breiger(1981),他在 CONCOR 程序中利用结构对等标准来分析贸易关系。他关注原材料、农产品、制成品和能源的贸易。然而,Breiger 将他的分析限定在富裕的经济合作组织中的国家(OECD nations)中。即使利用的数据集是有限的,他还是发现了不同国家之间存在的核心/边缘关系。这表明,在经济发达国家之间存在着权力差异。此外,他的分析策略与 Snyder 和 Kick 的非常相似,这两项研究都是在结构对等(即国家之间的等价关系)的基础上确定了块模型群体。

　　Nemeth 和 Smith(1985)也使用 CONCOR 程序,他们试图在国家之间商品贸易模式的基础之上去区分边缘国家、半边缘国家和核心国家。他们的研究结果区分了一个核心、一个强的半边缘、一个脆弱的半边缘和一个边缘。确认了这四种不同的类型后,他们接着作回归分析,结果表明,核心国家比脆弱的半边缘国家和边缘国家有更高的财富水平和更低的儿童死亡率,比所有的非核心国家有更多的财富生产和能源消耗。

　　Smith 和 White(1992)在很大程度上借鉴了 Nemeth 和 Smith(1985)的研究,他们利用规则对等性(regular equivalence)测度来分析世界体系中的流动性。通过使用规则对等测度(该测度基于行动者与类似的他人之间的关系来将这些行动者分组),Smith 和 White(1992)分析了贸易数据,找出了五个世界系统区域:核心国家、强半边缘国家、弱半边缘国家、强边缘国家和弱边缘国家。他们对世界体系流动性的分析表明,从 1965 年到 1980 年,国家向上流动比向下流动更加普遍。然而,如何对这些流动模式给予因果解释,还有待于今后的研究。

最近,Mahutga(2006)利用类似于 Smith 和 White 的分析策略,评价了 1965 年至 2000 年的世界经济结构的变化。通过分析不同类型商品的贸易数据,Mahutga 发现,核心国家/边缘国家的互动模式在整个 35 年期间相对未变,商品交换在世界体系各区域内仍然不平等,少数国家在国际系统中经历了明显的向上流动。

第二种方法是在 Snyder 和 Kick 的创造性分析的基础上对各种关系数据进行的分析。令人惊讶的是,这些社会学的探究远远少于那些明确聚焦于国际贸易关系的探究。事实上,我们只能找到另外两项对这种方法作出贡献的研究。第一,在 Snyder 和 Kick 的一项后续研究中(1979),Kick 和 Davis(2001)采用结构对等分析法证实了核心是由西方工业国家组成的。这些国家在政治、军事、交通、通信、社会文化以及经济网络上都主导着世界系统。第二,Van Rossem (1996)利用了外国军队、外交交换、进口和出口方面的关系数据。为了"检验作为一般发展理论的世界系统范式"(Van Rossem,1996:508),Van Rossem 采用了一种基于三方谱系(triad census)的角色对等(role equivalence)测度。他在分析中也尝试着去确定最好将核心/边缘等级视为是连续还是分类的。关于世界体系的结构,Van Rossem(1996)的结果与 Snyder 和 Kick(1979)、Kick 和 Davis (2001)的结果是一致的。然而,他强调世界体系中的"核心度"(coreness)更应该是连续变量而非分类变量。他的世界体系位置测度似乎与经济发展并不直接相关,这在很大程度上与 Snyder 和 Kick(1979)的早期分析形成了对比。

314

我们用来分析世界体系的网络方法论

数据

我们依据 1995—1999 年的四类国际网络(贸易、武器转让、政府间组织和大使馆),对世界体系结构给出了操作化定义。首先用相互独立的邻接矩阵来表示这四类网络,如果一名成员与另一名成员有"关系",就在相应的单元格中被编码为"1",无"关系"就编码为"0"。在全部四个网络上,166 个国家都有数据,我们的块模型分析就基于这些国家。我们的编码程序将几年内(1995—1999)每一年的独特特征最小化,捕捉当代的特征,允许研究者考察当代全球结构和国家属性之间在时间顺序上的互惠性。

贸易

贸易数据均取自国际货币基金(International Monetary Fund)(IMF,2000)。IMF 只记录总额为 100 万美元及以上的年度交易,所以在从 1995 年到 1999 年的任何一年中,100 万美元成为贸易矩阵编码关系中的临界值。

军备转让

斯德哥尔摩国际和平研究所(Stockholm International Peace Research Institute)(SIPRI,2007)展示了转让常规武器的数据,包括飞机、海军舰艇、导弹、装甲战斗车辆(从 SIPRI 网站上可以下载)。使用二进制编码方案,以"1"代表 1995—1999 年从出口国到接受国之间的武器转让。

政府间组织

关于政府间组织的数据反映了共享的隶属关系。该数据是从 2-模形式(国家与组织之间的关系)转换成 1-模形式(国家与国家之间的关系)的。这种转换生成了一个无向矩阵,其单元格中的内容表示的是各国之间共享的隶属关系数。为了与其他 3 个二值网络关系矩阵相匹配,将该矩阵中的数值被进行了二值化处理,超过均值的设为 1,所有其他值设为 0。我们检验这种转换的多个分割点,不过是基于均值计算的,因为它导致了一个可用于块模型分析的具有足够变异性的矩阵,并最终产生一组类似的多值数据的模块化结果。Beckfiedld(2008)慷慨地与我们分享了他的政府间组织数据。

大使馆

大使馆矩阵数据取自一份驻外使馆名单(Anzinger,2002)。该名单为每一个"发送国"提供了一张含有多个"接受国"的列表,在每个"接受国"中,要有一个使馆总部存在。对于每一个"发送国"来说,如果该国派出驻外代表(即大使)到了另一个国家,我们就编码为 1,否则为 0。

这些矩阵的密度各不同,贸易和 IGO 数据的密度最大(分别是 44% 和 41%),使馆和武器转让数据的密度最小(分别为 7% 和 2%)。将每个矩阵组合(或堆叠)在一起,合并为一个单独文件,进行同步分析。[3]对于上面讨论过的跨国互动所具有的实质性的重要维度,这四类网络都捕捉到了,可以对 Snyder 和 Kick (1979)的研究进行合理的复制了。

分　析

我们使用 UCINET 中的 CONCOR 程序(Borgatti et al.,2002)。CONCOR (Breiger et al.,1975;White et al.,1976)基于结构对等性来识别块-群体,决定哪些行动者与其他行动者在何种程度上有对等的关系。虽然其他人(如 Mahutga,2006)认为,在识别世界体系中的定位方面,结构对等性设计的标准过于严格,不过我们使用这种技术的目的则在于复制 Snyder 和 Kick 的方法论。

具体而言,CONCOR 将最初的网络矩阵分成两个结构不同的群体,然后将得到的每个群体再分成两个群体,以此类推。这种块分裂过程一直持续下去,直到一个单独的行动者占据了一个块群体,或者一个块群体中的全部行动者都有相同的网络关系。然而,UCINET 允许研究人员自行确定多少个分区。我们的分区决策基于这样一个目标:将块群体的同质性最大化,并与 Snyder 和 Kick 报告的分区作比较。

为了找出潜在的"离群值"(outliers),我们计算各个国家相对于系统其余部分的密度(即每个国家的总发送-接收关系数除以所有可能的关系数),并与整个系统中各个国家对应的每个块群体的密度作比较。因此,我们使用度数中心度(degree centrality)作为标准来检验块群体的效度,下面我们就报告那些离群的国家。

发　现

表 22.1 列举了我们给出的十个块和 Snyder 和 Kick(1979)发现的块。表22.2列出了每个国家块(blocks of nations)之间和内部的关系密度,它们是针对上述四类关系中的每一类分别计算出来的——它们是特定算符(operator-specific)下的密度,也列出了所有这四类关系的均值。图 22.1 描绘了密度的大小,用粗线条表示更强的关系。

316

表 22.1　来自本研究及 Snyder 和 Kick(1979)的块模型国家列表

1995—1999 年的结果	大约 1960—1965 年的结果
1 块(中央核心块)——法国、德国、意大利、荷兰、英国、美国	**C 块(核心)**——澳大利亚、奥地利、比利时、加拿大、丹麦、法国、希腊、意大利、日本、卢森堡、荷兰、挪威、葡萄牙、南非、西班牙、瑞典、瑞士、英国、美国、西德、南斯拉夫
2 块(西欧块)——奥地利、比利时、卢森堡、巴西、丹麦、芬兰、希腊、爱尔兰、以色列、挪威、波兰、葡萄牙、西班牙、瑞典、瑞士、土耳其	**D 块(半边缘)**——保加利亚、古巴、塞浦路斯、东德、匈牙利、伊朗、伊拉克、爱尔兰、以色列、约旦、肯尼亚、黎巴嫩、罗马尼亚、土耳其、苏联
3 块(亚洲块)——澳大利亚、加拿大、中国、印度、印度尼西亚、日本、马来西亚、巴基斯坦、菲律宾、南非、韩国、泰国	**D′块(半边缘)**——缅甸、锡兰、芬兰、印度、马来西亚、巴基斯坦、菲律宾、沙特阿拉伯、中国台湾 **C′块(半边缘)**——阿根廷、秘鲁、韩国、乌拉圭、委内瑞拉
4 块(东欧块)——阿尔巴尼亚*、保加利亚、克罗地亚、捷克共和国、匈牙利、马耳他、新西兰、罗马尼亚、俄罗斯*、斯洛伐克共和国、斯洛文尼亚	**F 块(边缘)**——柬埔寨、中国、捷克斯洛伐克、牙买加、冰岛、老挝、马耳他、蒙古国、尼泊尔、新西兰、波兰、泰国、特立尼达和多巴哥
5 块(东南亚/中东块)——阿富汗、巴林、喀麦隆、科威特、缅甸、尼泊尔、朝鲜、阿曼、沙特阿拉伯、新加坡*、阿拉伯联合酋长国、越南	**F′块(边缘)**——阿富汗、阿尔巴尼亚、印度尼西亚、科威特、朝鲜、南越、叙利亚

续表

1995—1999 年的结果	大约 1960—1965 年的结果
6 块(苏联块)——亚美尼亚、阿塞拜疆、白俄罗斯、波斯尼亚和黑塞哥维那、爱沙尼亚、格鲁吉亚、冰岛、哈萨克斯坦、吉尔吉斯斯坦、拉脱维亚、立陶宛、马其顿、摩尔多瓦、乌克兰＊＊、乌兹别克斯坦、土库曼斯坦、南斯拉夫	**E 块(边缘)**——玻利维亚、巴西、智利、哥伦比亚、厄瓜多尔、北越、巴拿马、巴拉圭
7 块(中东块)——孟加拉国、塞浦路斯、埃及、伊朗、约旦、黎巴嫩、摩洛哥、斯里兰卡、阿拉伯叙利亚共和国、突尼斯	**E′块(边缘)**——哥斯达黎加、多米尼加共和国、萨尔瓦多、危地马拉、海地、洪都拉斯、墨西哥、尼加拉瓜
8 块(南美块)——阿尔及利亚、阿根廷、巴哈马、巴巴多斯＊、玻利维亚、佛得角、智利、哥伦比亚、哥斯达黎加、科特迪瓦、古巴、多米尼加共和国、厄瓜多尔、萨尔瓦多、危地马拉、圭亚那、海地、洪都拉斯、牙买加、肯尼亚、墨西哥、尼加拉瓜、尼日利亚、巴拿马、巴拉圭、秘鲁、苏里南＊、特立尼达和多巴哥、乌拉圭、委内瑞拉	**A 块(边缘)**——阿尔及利亚、布隆迪、乍得、刚果、埃塞俄比亚、利比亚、马拉加西共和国、摩洛哥、卢旺达、索马里、苏丹、突尼斯、乌干达、阿拉伯联合共和国、也门
9 块(非洲块)——安哥拉、贝宁、博茨瓦纳、布基那法索、布隆迪、柬埔寨、中非共和国、乍得、科摩罗＊、刚果、吉布提、赤道几内亚＊、埃塞俄比亚、加蓬、冈比亚、加纳＊、几内亚、几内亚比绍、莱索托、利比里亚、利比亚、马达加斯加、马拉维、马里、毛里塔尼亚、毛里求斯、莫桑比克、纳米比亚、尼日尔、卢旺达、塞内加尔＊、塞拉利昂、索马里、苏丹＊、斯威士兰、坦桑尼亚＊、多哥、乌干达、赞比亚、津巴布韦	**B 块(边缘)**——喀麦隆、中非共和国、达荷美、加蓬、加纳、象牙海岸、利比里亚、马里、毛里塔尼亚、尼日尔、尼日利亚、几内亚共和国、塞内加尔、塞拉利昂、多哥、上沃尔塔
10 块(南太平洋/中东块)——不丹、文莱达鲁萨兰国、厄立特里亚、斐济、伊拉克、老挝、蒙古、巴布亚新几内亚、卡塔尔、所罗门群岛、塔吉克斯坦、图瓦卢、也门	

317   注：＊ 离群值(±0.1)；＊＊ 离群值(±0.15),括号内为块均值。

　　表 22.2 报告了预期的密度信息,根据此预测以大致的等级顺序展示了各个聚类。在转向这些密度数据和相关证据以获得初步印象背后之前,我们要强调几个最明显的"离群"案例。在模块 4 中,阿尔巴尼亚是一个边缘国家,其整体密度值远远低于块模型的均值(每个国家的系数可向本文作者索取)。考虑到该国的国际关系特点,这一点是可以理解的。在同一个块模型中,俄罗斯是一个突出的离群值。在模块 6 中乌克兰也是离群值,它来自苏联,是个最突出的全球参与者。考虑到参与结构对等建模上的严格组合规则,离群案例还是可以预期的(见Mahutga,2006)。

表 22.2　块密度

	中央核心	西欧	亚洲	东欧	东南亚/中东	苏联	中东	南美	非洲	南太平洋/中东
全部										
1.中央核心	0.917	0.906	0.917	0.739	0.517	0.517	0.742	0.651	0.458	0.295
2.西欧	0.700	0.606	0.615	0.537	0.289	0.376	0.498	0.466	0.309	0.145
3.亚洲	0.705	0.610	0.663	0.495	0.393	0.211	0.527	0.467	0.346	0.250
4.东欧	0.606	0.527	0.506	0.487	0.182	0.303	0.407	0.279	0.123	0.079
5.东南亚/中东	0.372	0.250	0.382	0.114	0.186	0.059	0.277	0.076	0.081	0.074
6.苏联	0.456	0.346	0.199	0.293	0.070	0.217	0.150	0.061	0.028	0.033
7.中东	0.571	0.460	0.513	0.371	0.279	0.111	0.470	0.239	0.204	0.115
8.南非	0.571	0.431	0.428	0.240	0.072	0.036	0.254	0.275	0.113	0.018
9.非洲	0.388	0.247	0.291	0.091	0.055	0.012	0.184	0.108	0.231	0.013
10.南太平洋/中东	0.228	0.081	0.192	0.040	0.070	0.008	0.100	0.014	0.012	0.029
贸易往来										
1.中央核心	1.000	1.000	1.000	1.000	0.986	0.990	0.967	0.994	1.000	0.808
2.西欧	0.956	0.948	0.972	0.952	0.872	0.945	0.933	0.920	0.778	0.554
3.亚洲	0.986	0.978	0.970	0.902	0.896	0.750	0.933	0.858	0.777	0.679
4.东欧	1.000	0.99	0.909	0.864	0.621	0.738	0.818	0.536	0.311	0.259
5.东南亚/中东	0.972	0.811	0.896	0.447	0.576	0.230	0.717	0.258	0.273	0.186
6.苏联	0.951	0.824	0.657	0.679	0.260	0.636	0.482	0.218	0.087	0.113
7.中东	0.917	0.840	0.925	0.782	0.733	0.359	0.889	0.290	0.317	0.269

续表

	中央核心	西欧	亚洲	东欧	东南亚/中东	苏联	中东	南美	非洲	南大平洋/中东
8.南非	0.972	0.762	0.714	0.409	0.242	0.122	0.357	0.501	0.114	0.033
9.非洲	0.842	0.533	0.563	0.227	0.171	0.047	0.230	0.095	0.121	0.017
10.南大平洋/中东	0.718	0.297	0.500	0.140	0.179	0.018	0.208	0.018	0.012	0.064
武器转让										
1.中央核心	0.667	0.711	0.792	0.258	0.431	0.108	0.317	0.244	0.067	0.141
2.西欧	0.100	0.095	0.111	0.048	0.044	0.047	0.040	0.044	0.010	0.021
3.亚洲	0.111	0.028	0.091	0.030	0.063	0.005	0.050	0.022	0.029	0.032
4.东欧	0.030	0.030	0.076	0.064	0.076	0.064	0.100	0.045	0.045	0.028
5.东南亚/中东	0.014	0.017	0.028	0.000	0.008	0.005	0.017	0.000	0.002	0.006
6.苏联	0.000	0.004	0.039	0.021	0.015	0.011	0.047	0.008	0.025	0.005
7.中东	0.000	0.000	0.008	0.000	0.000	0.012	0.022	0.007	0.000	0.000
8.南非	0.000	0.000	0.000	0.000	0.000	0.000	0.000	0.006	0.001	0.000
9.非洲	0.000	0.000	0.000	0.000	0.000	0.000	0.002	0.000	0.001	0.002
10.南大平洋/中东	0.000	0.005	0.000	0.000	0.000	0.005	0.000	0.000	0.002	0.000
使馆关系										
1.中央核心	1.000	0.911	0.875	0.712	0.458	0.461	0.717	0.444	0.271	0.167
2.西欧	0.744	0.381	0.378	0.152	0.089	0.043	0.073	0.044	0.022	0.000
3.亚洲	0.722	0.433	0.591	0.182	0.153	0.044	0.150	0.128	0.019	0.058

319

	1	2	3	4	5	6	7	8	9	10
4.东欧	0.409	0.145	0.174	0.055	0.023	0.005	0.018	0.015	0.002	0.014
5.东南亚/中东	0.306	0.022	0.146	0.000	0.008	0.000	0.025	0.006	0.000	0.006
6.苏联	0.363	0.090	0.054	0.064	0.005	0.037	0.006	0.002	0.000	0.005
7.中东	0.400	0.053	0.142	0.009	0.033	0.006	0.011	0.013	0.002	0.000
8.南非	0.389	0.104	0.139	0.033	0.008	0.004	0.010	0.033	0.001	0.000
9.非洲	0.217	0.028	0.044	0.005	0.000	0.000	0.005	0.000	0.001	0.000
10.南太平洋/中东	0.128	0.015	0.038	0.007	0.006	0.000	0.000	0.000	0.002	0.000
政府间组织										
1.中央核心	1.000	1.000	1.000	0.985	0.194	0.510	0.967	0.922	0.492	0.064
2.西欧	1.000	1.000	1.000	0.994	0.150	0.467	0.947	0.856	0.427	0.005
3.亚洲	1.000	1.000	1.000	0.864	0.458	0.044	0.975	0.858	0.558	0.231
4.东欧	0.985	0.994	0.864	0.964	0.008	0.406	0.691	0.518	0.132	0.014
5.东南亚/中东	0.194	0.150	0.458	0.008	0.152	0.000	0.350	0.039	0.050	0.096
6.苏联	0.510	0.467	0.044	0.406	0.000	0.184	0.065	0.016	0.000	0.009
7.中东	0.967	0.947	0.975	0.691	0.350	0.065	0.956	0.647	0.498	0.192
8.南非	0.922	0.856	0.858	0.518	0.039	0.016	0.647	0.961	0.335	0.038
9.非洲	0.492	0.427	0.558	0.132	0.050	0.000	0.498	0.335	0.801	0.031
10.南太平洋/中东	0.064	0.005	0.231	0.014	0.096	0.009	0.192	0.038	0.031	0.051

　　表 22.2 呈现的密度表明(也见表 22.1,使用 NetDraw 生成该图——参见 Borgatti et al.,2002),对于所有这些放在一起的关系来说(即"全部"所在的各行),我们所说的"中央核心"块(center core block)与系统所有其余部分的关系要比任一其他块与系统所有其余部分的关系更为广泛。这个节点模块清楚地构成了世界体系"核心中的核心",虽然当我们越来越远离这个中心时,模块 1 与其他块的关系密度趋于减弱。模块 2 和模块 3 与系统其余部分相连接的方式非常类似于这个最核心的块。把它们放在一起考察时,除了少数例外的国家,模块 1、2 和 3 还是在很大程度上重现了 Snyder 和 Kick 研究中的"核心"。例外的国家包括一组对于我们来说至少是具有表面效度的国家,如印度、印度尼西亚、马来西亚、巴基斯坦、菲律宾、泰国甚至还包括中国,尽管中国近年来在系统中有了一定的可识别的优势。我们注意到,当进一步分块时,这些核心国家的"依附者"就从西欧国家和中心核心中分裂了出来。

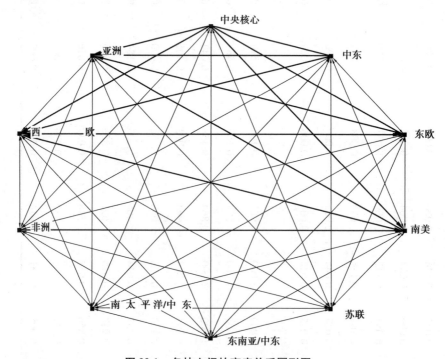

图 22.1　各块之间的密度关系圆形图

　　随后的各个模块的联系密度是减弱的,从东欧集群开始,并包括一个异质性群体,这些群体被认为是"上半边缘"国家(upper semiperipheral countires)。同模块 1 到 3 的核心相比,模块 4 与系统其他部分的联系更弱,即使它相对于其余模块来说有更多的关系。之后,东南亚洲/中东、苏联、中东和南美的块构成了更传统的半边缘系统。我们之所以得出这样的认定,虽然不如模块 1 到 4 的联系那样广泛,但与系统的其余两个模块(9 和 10)相比,这些国家在整个系统中具有更广泛的联系。

　　非洲模块(9)和主要由南太平洋和中东国家构成的集群占据了世界体系的

边缘。密度表明,模块 9 和 10 对核心国家有某种依附性,但是它们比模块 1 到 8 更脱离(decoupling)全球社会系统的主体。

表 22.2 中的整体关系密度表明,全球体系的结构大致与 Snyder 与 Kick 呈现的世界系统论断及结果类似。在这个体系中,当从系统核心移向边缘时,关系在逐渐下降,这似乎支持了世界体系等级更具有"连续性"的解释,而不是支持那种依赖于二分法(核心/边缘)或三分法(核心/半边缘/边缘)的完全"离散性"的解释(见 Chase-Dunn,1989;Van Rossem,1996)。

在贸易密度矩阵中,除了少数的例外,所有模块的出口和进口都与最中心的核心块有紧密的联系。其他两个看似核心的模块也在全球经济结构的整体中再现了这种作用。进一步的分析发现,两个半边缘分别出现在贸易矩阵模块 4 和 5、模块 6—8 中,边缘模块 9 和 10 再次显现出严重的脱钩现象。

武器转让表现出明显不同的排列。只有中央核心(center core)与系统的大部分核心及边缘有联系。从模块 1 到苏联模块的武器出口关系相对缺乏,可以用"冷战政策"还在持续的事实来解释这种现象。世界体系中其余国家的武器出口则微不足道或根本不存在。虽然东欧模块稍比其他模块突出一些,但是"向上"和"向下"的半边缘之间却并没有明确的分区。最明显的是中央核/非核的结构化,这里有几项选择,其中中央核守门者(central core gatekeepers)是舵手。

使馆成员复制了中心核的节点位置,但是西欧和亚洲的核心仍然居于次要地位——模块 3 的密度分布接近于西欧的核心。相对于核心而言,整个半边缘集群中明显存在着一般结构的同质性,模块 9 和 10 的相对脱钩仍然很明显。

IGO 关系数据显示出一组相对更密集的国际关系。中央核比其他块更具有优势,但是模块 2 和 3 的关系广度彼此接近,然后是模块 4、7、8,再后是 5、6、9。模块 10 再次扮演了一个基本上脱钩的边缘角色。对角线中反映出来的密集区域关系对 Beckfield(2008)的下述观点添加了一个有趣的细微差别。Beckfield(2008)最近强调了全球性,这与区域的、政治的和文化的规范正相反。趋于普遍规范的倾向有可能反映在系统中的中央核及欧洲关系的广度上,但是持续的区域性活力也是显而易见的。

比较一下 Snyder 和 Kick(1979)的发现和这里给出的网络结构、国家分类和推断是有益的。除了一些例外,这两项研究都确定了什么被最恰当地描述为"松散"的核心/半边缘/边缘结构。这反映出全球结构的历经几个世纪之久的一致性,尽管在系统中,霸权和某些垂直移动(向上或向下)的变化或起或落地发生着。

在这两种处理方式中,**核心**模块上的相似之处是显而易见的(Snyder 和 Kick 中的 C,本文的中央核、西欧、亚洲模块的一些地区)。要想确定一组最核心的国家,需要对 Snyder 和 Kick 的结果加以提炼,他们若对 C 模块进行迭代,也会得到类似的分区结果。本研究的证据表明,有一组更新的、非常大的亚洲国家"核心",其中的大部分国家在全球人口中占据主导地位。相对于其在 1960—1965 年的地位来说——这正是 Snyder 和 Kick 的研究数据所反映的时代——当然要被视为是"新兴"的。对于世界体系核心以外的国家集群来说,这种一致性有点失效,虽然我们找到了一个真正处于边缘位置的非洲国家,它与 Snyder 和 Kick 的边缘模块 A 和 B 是相符的。我们也识别出了另一个边缘模块(10),它包括 Snyder 和 Kick 没有分析的一些国家。相对于 1960—1965 年的伊拉克,我们找到了 1996—1999 年隔离时期的伊拉克,围绕着其在系统中的位置出现的一些事件表明,在我们的复制研究中,我们是可以明确地说明它为什么会"移动"到了边缘的位置上。

Snyder 和 Kick 识别了其他几个边缘集群(E、E′、F 与 F′),包括中美洲和南美洲国家、亚洲国家。我们认为,在今天看来,把这些国家中的大多数都归类到较低的半边缘国家中去会更好。在我们给出的半边缘国家中,其余的那些国家与 Snyder 和 Kick 认定的那些国家(模块 C′、D 及 D′)大致相同。近年来,一些原来的边缘国家或接近边缘的国家(巴西、中国)的上升趋势是惊人的(参见 Evans,1995;Smith and White,1992;Sklair,1999)。很多世界体系研究都确认了一个扩张的、有异质性的半边缘国家群(Wallerstein,1974;Terlouw,1993;Arrighi and Drangel,1986)。这个集群是由非洲、南亚和中美洲、太平洋和亚洲的半边缘国家组成的,它们大概类似于这里呈现出来的分类。

图形解释

为了用简单的方法以图表示网络联系,我们用 NetDraw 软件(Borgatti et al.,2002)将模型密度二值化。如果块密度值大于平均块密度(0.313),就认为块之间是有联系的。这些关系是使用弹簧嵌入图论算法(spring embedding graph theoretic)来绘制的,该算法在相对捷径距离的基础上锁定这些节点(见图 22.2)。像以前一样,密度值高的关系更粗一些。此外,各个结点的大小根据其中间中心度加以调整,该测度测量的是行动者在何种程度上处于其他行动者之间的最短的关系路径上(Knoke and Yang,2008)。中央核模块清楚地凸显了这一方面,因为它与其他模块群体直接且强相关。

总体而言,图 22.2 显示了一个几乎完全连接的世界体系,正如世界体系理论所预期的一样。边缘模块(非洲、南太平洋)是例外,该模块在许多方面与系统的其余部分有结构性分离。在相互联系的图形成分内部,核心与欧洲核心(模块 1 和 2)显然是系统中联系最广、最密集的行动者。同时,对于巨大的和呈上升趋势的亚洲国家以及著名的大不列颠"前殖民地"(模块 3)来说也是一样。比较半边缘的块群体(4—8)与核心模块有直接且强的联系,但是它们之间的联系却不多。

图 22.2 中的展示并没有显示出图 22.1 中的那种广泛的全球性联接,也未完全反映出上文给出的密度系数或相关解释。图 22.2 表明在简明性方面还是有其吸引人之处的,它提供的一些结论也与我们用密度值形式捕捉到的复杂视觉表现相一致。

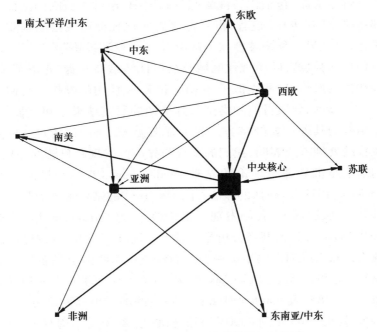

图 22.2 块间密度关系的弹簧嵌入网络图

结论与意涵

前文的介绍性评论已经指出,亚当·斯密(1776)倡导比较优势原则。他的观点集中在国际劳动分工上,其中的各国出口商品,通过自然禀赋或劳动能够在市场上获得最大的收益。他将这一观点视为国家进步的机制,尽管它绝不能保证国家之间的贸易平等。实际上,相反的情况也可能为真。19世纪的社会学家采纳了斯密和其他学者的有机体比喻,并用于考察诸多国家的内生网络及其对国家发展轨迹的影响。更近的现代化理论家接受了这些网络议题,将它们视为其关于全球体系理论化的着力点。他们认为,相对于其早期的环境来说,世界的西化是国家进步的基础。现代依附理论和世界体系理论的应用反驳了这些解释,它们关注的是,国家之间的联系如何能以牺牲(尽管可能不是绝对)依附性国家的利益为代价,确保富裕的核心国家的进步。

我们的发现解释了这些网络议题,虽然因篇幅有限,我们无法在结果方面观照国家发展的特征,但是,要想继续研究全球结构对当代世界中国家发展的影响,这些发现确实打下了基础。我们从根本上为 Snyder 和 Kick 的早期研究提供了另一种思路,而要想了解大约 1960 年代早期的世界体系结构的短期或长期影响,Snyder 和 Kick 的早期研究是奠定了基础的。我们对当今时代的研究结果呈现了两个轴,一个轴是宏观社会学的传统分析法所提出的世界西化现象,另一个轴是当代世界体系/依附性和现代化的路径。因此,我们的网络分析可以检验这

322

些长期存在的理论流派,包括比较优势的基础原则,相对于西欧国家而言发达世界之外的那些国家的"进化"过程,世界范围内西化在促进或限制国家发展方面所起到的作用,以及另一种全球性权力的上升(如"亚洲模块")。

这里所使用的数据反映了现代区域及全球性的重新配置,介绍了一些新的、具有理论合法性的操作,这些类似于 Snyder 和 Kick 使用的操作。我们可以期望的是,仅此一点就可以导致目前的尝试与其早期的研究结果之间有显著差异,与对世界体系结构的其他主要经济方法也有显著差异。然而,我们对世界结构和国家所居位置的处理方式表明,我们的发现与先前的发现有显著的一致性。

我们的结果与世界体系理论的先驱(Wallerstein,1974)和早期的经验应用(Snyder and Kick,1979)所确认的核心/半边缘/边缘的结构大体上是一致的。然而,在更具体的经验层面上,我们发现了多个核心,这与 Breiger(1981)对经济合作组织(OECD)贸易关系的网络分析是一致的。同样,我们的发现也确定了哪些国家可被视为是双重或向上的半边缘(模块 5—6),哪些国家是较低层的半边缘(模块 7—8)。这些最初在 Delacroix 和 Ragin(1981)的研究中讨论过,也在 Nemeth 和 Smith(1985)及 Smith 和 White(1992)的国际贸易网络分析中显示过。Mahutga(2006)发现 1965 年到 2000 年间的核心/边缘贸易结构有连续性,这也在本分析中得到了确认(见 Snyder and Kick,1979;Kick,1987;Kick and Davis,2001)。

当从整体上考虑时,可以认为我们的结果表明,将诸如"核心""半核心""上半边缘""下半边缘"和"边缘"这样的理想型类别应用到当代世界体系结构中是合适的。然而,我们的结果还表明有了另一种选择,即用一种关于权力和依附性的连续量纲而不是用比较离散的类型去测量系统所具有的等级性特征。更具体地说,从总体上考虑经济和非经济的操作时(除去军事转移以外),总的单元密度表明,在 1 到 10 点的量尺上给出基于集群的等级,这可能是有解释力的,得分反映了各国在体系中的相对权力/依附性。这个策略可能与 Wallerstein(1974)的世界体系三重论述或 Frank(1966)的早期"南—北"研究不匹配。无论如何,该策略与最近的构想是一致的,这种构想主张用连续渐变量来测量国家在世界体系中的位置是恰当的。

Kentor(2000:26)认为,"核心/边缘等级中的位置(是否)为连续体还是离散层(地带),对这个问题的重新论述应该用经验来决定而不是在一个先验的基础上作假定。"我们同意这个观点,他认为,尽管使用理想型方法来分析某些实质性问题是有效的,但是在世界体系及其影响的研究中,其复杂性要远远大于三层或两层等级研究的复杂性,利用等级可以有效地把握问题。进一步说,最好用权力/依附方法来理解这些细微差别,这种方法明确地承认并从经验上处理多元的,有时是联合的通向全球性权力的路径,这些路径是由经济、军事、政治和文化的机会提供的。

我们把基于经济和非经济联系的多元网络方法看成是解决世界(社会)体系(如果不是世界经济的话)结构构型问题的最佳路径。使用经济的和非经济联系所产生的一般结果大致等价,但是对于后续的研究来说,一个卓有成效的指向将是开展一项理论驱动的研究计划,它将**每一种**网络类型中的国家位置与相关的国内结果及先前的研究联结起来。例如,可能将文化的或军事的中心度视为是某些国家(印度、以色列)争取全球权力或优势的最佳路径。

很多研究将世界体系结构及块成员属性与国家的国际及国内特征联系起来,可以证明,我们的结果对这些研究是有用的。对 Snyder 和 Kick 最初的发现进行连续的复制性研究及应用证明了此类研究的持久性,但是我们目前的研究已经扩展到比先前的分析更广、更近期的世界体系上了。因此,当古典和当代宏观社会学的核心问题被应用于现代领域时,解决这些问题是有帮助的。

除了这些实质性问题以外,本研究在方法论上还有一些重要含义。CONCOR 产生了一系列理论和经验上都有正当性的块,但是人们也许会考虑使用另一种建模策略。Wasserman 和 Faust(1994)批评 CONCOR 将数据分割成偶数个块群体的方式,因为这可能导致结果有一定的专断性。这里我们使用CONCOR 以更加准确地估计 30 年前的块模型分析,但是未来的研究应该考虑对这些不同方法得出的结果进行比较(如 Burt,1990;Batagelj et al.,1991;Lloyd et al.,即将出版)。

进一步说,只是受 Snyder 和 Kick 的开创性研究的驱动,才有了本次复制性研究,未来的研究也可能会考虑基于不同形式的网络对等性来提出世界体系块模型。结构对等性为确定对等的行动者而建立的标准(即与他人有相同的联系)是严格的,但是一些人建议,规则对等性(regular equivalence)也许更合适,因为该块模型是基于与类似位置的行动者(而不是相同的行动者)的关系而将国家聚群起来的(Lloyd et al.,即将出版)。未来的研究也可以基于其他的对等形式进行研究,包括自同构对等性(automorphic equivalence)(Knoke and Yang,2008)。研究者应该仔细考虑使用不同形式的对等性的理论和经验意义。

未来的研究者也应该考虑使用一个更具演绎性的方法来分析世界系统的结构及其结果。Pajek 软件中包含的一般化块建模方法(generalized blockmodeling approach)尤其适用于假设检验(Doreian et al.,2005)。使用这种技术,人们能够:(1)检验不同的块密度是否符合核心/半边缘/边缘结构先前给出的理论标准;(2)评估世界体系结构的稳定和变化。每一个创新都有助于描述、解释世界体系的结构及其对一系列的国家结果——如经济发展、环境恶化和许多其他重要的国家特征——所产生的影响。

我们诚邀在这些和其他建议的基础上进行一系列的复制性研究。我们也提议,要深入地探究那些在世界体系网络研究中被推进了的块模型成员——实际上,这是一项对网络研究者所得结论进行的元分析。这些分析中的一部分也许是用不同的模式去预测各种国家的特征,从经济发展与不平等到人口和环境的变迁。

致 谢

感谢 SAGE 出版公司的匿名审稿者和编辑对本文提出的有益批评,尽管文责自负。

注 释

1.相关的一系列研究涉及用网络分析来研究全球城市体系(如 Alderson and Beckfield,2004;Smith and Timberlake, 2001)、世界政体的结构(如 Beckfield, 2008)和全球连锁董事(global interlocking directorates)(如 Kentor and Jang, 2004),这超出了本文讨论的范围。

2.对于此类文献的更详细的总结,请参阅 Lloyd 等(即将出版)。

3.我们将各个矩阵合并成为一个矩阵,即将各个关系矩阵的对应元素求和,据此也对数据进行了分块。这两种策略生成的结果都反映了系统的相同等级结构。除了全球等级的"中间层"国家以外,它们得到近乎相同的块成员。最后,我们使用了标准的堆叠程序,因为它可以保留最多信息,并且可以复制以前的分析。

参 考 文 献

Alderson, A. S. and Beckfield J. (2004) *Power and Position in the World City System.*

Anzinger, G. (2002) 'Governments on the WWW: Representations in foreign countries'. http://www. gksoft. com/govt/en/representations. html (accessed May 31, 2008).

Armer, M., Jeong, I. et al. (1989) 'The contributions of schooling to economic growth in East Asia: Japan, Korea, and Taiwan'. *American Sociological Association Proceedings Paper.*

Arrighi, G. and Drangel J. (1986) 'The stratification of the world-economy: An exploration of the semi-peripheral zone'. *Review*, 10(1): 9-74.

Batagelj, V., Doreian, P., et al. (1991) *An Optimizational Approach to Regular Equivalence.* 11th Annual Sunbelt Social Network Conference,

Tampa, Florida.

Beckfield, J. (2008) 'The dual world polity: Fragmentation and integration in the network of intergovernmental organizations'. *Social Problems*, 55(3): 419-42.

Blau, P.M. (1964) *Exchange and Power in Social Life.* New York: John Wiley.

Bollen, K. (1983) 'Orld system position, dependency, and democracy—the cross-national evidence'. *American Sociological Review*, 48(4): 468-79.

Borgatti, S. P. and Everett, M. G. (1992) 'Notions of position in social network analysis'. *Sociological Methodology*, 22: 1-35.

Borgatti, S., Everett, M., et al. (2002) *UCINET.* Harvard Analytic Technologies.

Breiger, R. (1981) 'Structures of economic interdependence among nations'. In *Continuities in Structural Inquiry*. London: Sage. pp. 353-79.

Breiger, R. L., Boorman, S. A. et al. (1975) 'Algorithm for clustering relational data with applications to social network analysis and comparison with multidimensional-scaling '. *Journal of Mathematical Psychology*, 12 (3): 328-83.

Burns, T. J., Kick, E. L. et al. (1994) 'Demography, development and deforestation in a world-system perspective '. *International Journal of Comparative Sociology*, 35 (3-4): 221-39.

Burt, R.S. (1990) 'Detecting role equivalence'. *Social Networks*, 12(1): 83-97.

Burt, R.S. (1992) *Structural Holes*. Cambridge, MA: Harvard University Press.

Cardoso, F.H. (1970) 'Structural and institutional impediments to development '. *Revista Mexicana de Sociologia*, 32(6): 1461-82.

Cardoso, F. H. and Faletto, E. (1979) *Dependency and Development in Latin America*. Berkeley: University of California Press.

Chase-Dunn, C. (1989) *Global Formation: Structures of the Global Economy*. Cambridge, MA: Basil Blackwell.

Chase-Dunn, C. and Rubinson, R. (1977) 'Toward a structural perspective on the world system'. *Politics and Society* 7(4): 453-76.

Chirot, D. (1985) 'The rise of the west'. *American Sociological Review*, 50(2): 181-95.

Comte, A. ([1842] 1854) *The Positive Philosophy of Auguste Comte*. New York: D. Appleton.

Cook, K.S., Emerson, R.M., et al. (1983) 'The distribution of power in exchange networks—theory and experimental results '. *American Journal of Sociology*, 89(2): 275-305.

Delacroix, J. and Ragin, C. C. (1978) 'Modernizing institutions, mobilization, and 3rd-world development—cross-nationalstudy '. *American Journal of Sociology*, 84(1): 123-50.

Delacroix, J. and Ragin, C.C. (1981) 'Structural blockage—a cross-national-study of economic dependency, state efficacy, and underdevelopment'. *American Journal of Sociology*, 86(6): 1311-47.

Doreian, P., Batagelj, V. and Ferligoj, A.

(2005) 'Positional analyses of sociometric data'. In P. Carrington, J. Scott and S. Wasserman (eds), *Models and Methods in Social Network Analysis*. New York: Cambridge University Press. pp. 77-97.

Durkheim, E. ([1893] 1964) *The Division of Labor in Society*. Glencoe, IL: The Free Press.

Eisenstadt, S. N. (1974) 'Studies of modernization and sociological theory'. *History and Theory*, 13(3): 225-52.

Emerson, R. (1962) 'Power-dependence relations'. *American Sociological Review*, 27(1): 31-41.

Emirbayer, M. (1997) 'Manifesto for a relational sociology'. *American Journal of Sociology*, 103 (2): 281-317.

Evans, P. (1979) *Dependent Development: The Alliance of Multinational, State, and Local Capital in Brazil*. Princeton, NJ: Princeton University Press.

Frank, A. G. (1966) 'The development of underdevelopment '. *Monthly Review*, 18: 17-31.

Galtung, J. (1971) 'Structural theory of imperialism'. *Journal of Peace Research*, 8(2): 81-117.

Giddens, A. (1985) *The Nation-State and Violence*. Berkeley: University of California Press.

Granovetter, M. (1973) 'Strength of weak ties'. *American Journal of Sociology*, 78(6): 1360-80.

Hafner-Burton, E. M. and Tsutsui, K. (2005) 'Human rights in a globalizing world: The paradox of empty promises'. *American Journal of Sociology*, 110(5): 1373-411.

Homans, G. (1961) *Social Behavior*. New York: Harcourt, Brace and World.

IMF (2000) *Direction of Trade Statistics*. Washington, DC: International Monetary Fund.

Inkeles, A. and Smith, D.H. (1974) *Becoming Modern: Individual Change in Six Developing Countries*. Cambridge, MA: Harvard University Press.

Kentor, J. (1981) 'Structural determinants of peripheral urbanization—the effects of international dependence'. *American Sociological Review*, 46 (2): 201-11.

Kentor, J. (1998) 'The long-term effects of

foreign investment dependence on economic growth, 1940-1990 '. *American Journal of Sociology*, 103(4): 1024-46.

Kentor, J. (2000) *Capital and Coercion*. London: Taylor and Francis Group—The Garland Publishing, Inc.

Kentor, J. and Jang, Y.S. (2004) 'Yes, there is a (growing) transnational business community—A study of global interlocking directorates 1983-1998'. *International Sociology*, 19(3): 355-68.

Kick, E. L. (1987) 'World-system structure, national development, and the prospects for a socialist world order'. In T. Boswell and A. Bergesen (eds), *America's Changing Role in the World System*. New York: Praeger. pp. 127-55.

Kick, E. L. and Davis, B. L. (2001) 'World-system structure and change—An analysis of global networks and economic growth across two time periods'. *American Behavioral Scientist*, 44 (10): 1561-78.

Knoke, D. and Yang, S. (2008) *Social Network Analysis*, Thousand Oaks, CA: Sage.

Lloyd, P., Mahutga, M. C. and Leeuw, J. D. (Forthcoming) 'Looking back and forging ahead: Thirty years of social network research on the world-system'.

Mahutga, M. C. (2006) 'The persistence of structural inequality? A network analysis of international trade, 1965-2000'. *Social Forces*, 84(4): 1863-89.

Mann, M. (1986) *The Sources of Social Power*. Cambridge, MA: Cambridge University Press.

Mann, M. (1988) *States, War and Capitalism*. Oxford: Blackwell.

McKinney, L.A., Fulkerson, G.M., et al. (2009) 'Investigating the correlates of biodiversity loss: A cross-national quantitative analysis of threatened bird species'. *Human Ecology Review*, 16(1): 103-13.

Meyer, J. W., Boli, J. et al. (1997) 'World society and the nationstate'. *American Journal of Sociology*, 103(1): 144-81.

Meyer, J. W., Hannan, M.T., et al. (1979) 'National economic development, 1950-1970: Social and political factors'. In J. W. M. a. M. T. Hannan (eds), *National Development and the World System: Educational, Economic, and Political Change* 1950-1970. Chicago: University of Chicago Press. pp. 85-116.

Nemeth, R. J. and Smith, D. A. (1985) 'International trade and world system structure: A multiple network analysis'. *Review*, 8: 517-60.

Parsons, T. (1966) 'Religion in a modern pluralistic society'. *Review of Religious Research*, 7(3): 125-46.

Prebisch, R. (1962) 'The economic development of Latin America and its principal problems'. *Economic Bulletin for Latin America*, 7 (February 1962): 1-22.

Ramirez, F. and J. Boli. (1987) 'The political construction of mass schooling: European origins and worldwide institutionalization'. *Sociology of Education*, 60: 2-17.

Robinson, W. I. (2004) *A Theory of Global Capitalism: Production, Class and State in a Transnational World*. Cambridge, MA: Cambridge University Press.

Rostow, W. W. (1960) *The Stages of Economic Growth: A Non-communist Manifesto*. Cambridge, MA: Harvard University Press.

Rubinson, R. (1976) 'World-economy and distribution of income within states—cross-national-study'. *American Sociological Review*, 41(4): 638-59.

Sassen, S. (1998) *Globalization and Its Discontents*. New York: New Press.

Schofer, E. and Meyer, J. W. (2005) 'The worldwide expansion of higher education in the twentieth century'. *American Sociological Review*, 70(6): 898-920.

SIPRI (2007) 'Arms transfers database'. Stockholm International Peace Research Institute. http://armstrade. sipri. org/arms _ trade/values.php (accessed June 31, 2008).

Sklair, L. (1999) *The Transnational Capitalist Class*. Oxford: Blackwell.

Smith, A. (1776 [1977]) *An Inquiry into the Nature and Causes of the Wealth of Nations*. Chicago: University of Chicago Press.

Smith, D. A. and Timberlake, M. F. (2001) 'World city networks and hierarchies, 1977-

1997—An empirical analysis of global air travel links'. *American Behavioral Scientist*, 44(10): 1656-78.

Smith, D.A. and White, D.R. (1992) 'Structure and dynamics of the global economy—network analysis of international trade 1965-1980'. *Social Forces*, 70(4): 857-93.

Snyder, D. and Kick, E.L. (1979) 'Structural position in the world system and economic-growth, 1955-1970—multiple-network analysis of transnational internations'. *American Journal of Sociology*, 84(5): 1096-26.

Spencer, H. (1887) *The Factors of Organic Evolution*. London: Williams and Norgate.

Szymanski, A. (1981) *The Logic of Imperialism*. New York: Praeger.

Terlouw, C. P. (1993) 'The elusive semiperiphery—a critical examination of the concept semiperiphery'. *International Journal of Comparative Sociology*, 34(1-2): 87-102.

Tönnies, F. (1887) *Gemeinschaft and Gesellschaft*. Leipzig: Fues's Verlag.

True, J. and M. Minstrom. (2001) 'Transnational networks and policy diffusion: The case of gender'. *International Studies Quarterly*, 45: 27-57.

Van Rossem, R. (1996) 'The world system paradigm as general theory of development: A cross-national test'. *American Sociological Review*, 61(3): 508-27.

Wallerstein, I. (1974) *The Modern World System: Capitalist Agriculture and the Origins of the European World-Economy in the Sixteenth Century*. New York: Academic Press.

Wasserman, S. and K. Faust. (1994) *Social Network Analysis: Methods and Applications*. Cambridge, MA: Cambridge University Press.

Weber, M. ([1921] 1978) *Economy and Society*. Berkeley: University of California Press.

Wellman, B. (1983) 'Network analysis: Some basic principles'. *Sociological Theory*, 1: 155-200.

White, H.C., Boorman, S.A. and Breiger, R.L. (1976) 'Social structure from multiple networks. 1. Blockmodels of roles and positions'. *American Journal of Sociology*, 81(4): 730-80.

White, H.C. and Breiger, R.L. (1975) 'Pattern across networks'. *Society*, 12(5): 68-73.

World Bank (2008) *World Development Indicators*. CD-ROM. Wright, E. O. and Perrone, L. (1977) 'Marist class categories and income inequality'. *American Sociological Review*, 42(1): 32-55.